首批四川历史名人文化研究中心四川大学"苏轼研究中心"重点项目

成都文理学院重点项目

蘇軾論集

曾枣庄三苏研究丛刊

曾枣庄 著

巴蜀书社

三苏研究一大家

——写在"曾枣庄三苏研究丛刊"出版之际

陶武先

欣闻"曾枣庄三苏研究丛刊"（下称"丛刊"）即将付梓，由衷祝贺！于三苏研究，我是外行，仅属拥趸；于枣庄先生，尚未谋面，可算神交。我借闲暇时日，粗略拜读过"丛刊"一些文稿，大致了解其研究经历：枣庄先生皓首穷经、专心致志，倚重文献整理、史料研究、作品传播，兼备基础性、论述性、独立性，其三苏研究领域广阔、重点深入，形式多样、著述丰硕。"丛刊"不仅展示出使人受益的学术成果，更蕴含着令人敬重的治学精神。

对"不平"之事而严谨求真。"有不得已者而后言"①、严谨求真"鸣不平"，贯穿于枣庄先生的三苏研究历程。（一）情不忍则鸣。所谓"登山则情满于山，观海则意溢于海"②，由衷爱戴、景仰苏轼，自然容不得对其歪曲和抹黑。20世纪70年代末80年代初，为驳斥将苏轼视为"典型的投机派""动摇的中间派"，求"议论常公于身后"③，他毅然改变原来的研究方向，转而从容研究苏轼。"心正而笔正"，写成《苏轼评传》，客观评述其稳健革新的政治主张和从不"俯身从众，卑论趋时"的高尚人格。（二）疑不解则鸣。学贵有疑，有疑则进。大胆提问，小心求证，从而得出确切结论，是常用的研究方法。他研究苏洵，始于其置疑苏轼与王安石的政见分歧与苏洵是否相关，不指名道姓批评王安石的《辨奸论》是否为苏洵所作。为此，他深入研究，撰写了学界第一部关于苏洵的学术传记——《苏洵评传》，力证《辨奸论》出自苏洵，探求苏轼反对王安石激进变法的家学渊源。（三）理不通则鸣。世上没

---

① （唐）韩愈：《送孟东野序》，见《昌黎先生文集》。
② （南朝·梁）刘勰：《文心雕龙·神思》。
③ 宋孝宗《苏文忠公赠太师制》对苏东坡的评价，见（宋）郎晔《经进东坡文集事略》。

有两片完全相同的树叶，何况乎人？《宋史》记载"辙与兄轼无不相同"，他不以为然，深感有悖常理。于是，从人物性格、治世主张、学术观点、文艺思想、诗文风格等多方面分析比较苏轼、苏辙兄弟异同，写成《苏辙评传》（又名《苏辙兄弟异同论》）。其中关于"苏辙为政长于其兄"等论述具有突破性、开创性，标志着他的三苏研究更加理性、成熟。宋代理学家程颐曾言："致思如掘井，初有浑水，久后稍引动得清者出来。人思虑，始皆溷浊，久自明快。"① 枣庄先生力行如此。凡欲做成学问、达成事功者，应当不在例外。

从对象之专而拓展深入。 立体、多维展示作为文学家、史学家、政治家、艺术家的三苏，深入、全面呈现其精神内蕴、艺术特征、人格魅力，并着力关注其相互联系和社会影响，实现由点到面的拓展，由表象到本质的深入，是枣庄先生赋予"丛刊"的鲜明特色。（一）注重由此及彼，由表及里，由个体向整体拓展。"不一则不专，不专则不能。"② 其三苏研究发轫于研究苏轼，由此横向、纵向拓展研究领域，进而由一苏到三苏，由本人特征到姻亲门生，由文献到年谱，由文艺作品到思想价值。修本而应末，举纲而张目，内涵向深，外延趋广，系列逐渐丰厚。（二）注重"博观约取，厚积薄发"③，由通博向专精深入。他倡行"读书宜博，研究宜专"。非但爬梳剔抉研究对象个体资料，而且全面客观掌握相关素材，以"博"纵观时空之广，以"专"追溯方位之深，在更宽视野中精准探索，尽量规避不"博"而"专"的局限，"博"而不"专"的空泛。正如"操千曲而后晓声，观千剑而后识器"④，掌握的史料愈翔实，研究愈深入，论述愈透彻，致力追求渊博史学、宏富史才、独到史识于一体。（三）注重"考述并重，文史合一"，由资料性向思想性凝练。"一要有明确的研究方向，二要全面占有资料，三要弄清基本事实，四要坚持独立思考。"这是他的学术心得，源于他的学术实践。对于"丛刊"中涉及的研究课题，他坚持从原始资料发端，多渠道梳理源头，独到地确定选题，由感觉而倾向，由倾向而观点，由观点而论证。这种以史料与文献为源头活水、

---

① （宋）程颢、程颐：《二程全书·河南程氏遗书》。
② （宋）苏轼：《应制举上两制书》，见《苏轼文集》。
③ （宋）苏轼：《稼说送张琥》。
④ （南朝·梁）刘勰：《文心雕龙·知音》。

文学与史学相得益彰的研究方法，利于防止唯"考"而简单堆砌，唯"述"而苍白说教，实现以"史"证"文"、以"文"化"史"、文史呼应。培根有言："我们应该像蜜蜂，既采集百花，又专心整理，这样才能酿出香甜的蜂蜜来。""丛刊"的形成也可印证：善集"百家之美"，可成"一家之言"。

步空白之域而探索创新。"非取法至高之境，不能开独造之域。"① 枣庄先生不仅将苏轼研究扩展到苏洵、苏辙，整理出版多部关于三苏的著作，而且在宋代文献整理、文学研究和古代文体学研究领域多有著述，具有填补学术空白的意义。其屡"开独造之域"，皆因"取法至高之境"。（一）批评精神首当其冲。多客观评判，少主观取舍，"事非目见耳闻"，不"臆断其有无"。词为长短句，而长短句不一定为词，不少人对这类文体学常识若明若暗。对此，他如鲠在喉，坦率批评近半个世纪不重视文体知识教学与科研，并自发研究中国古代文体学，编纂了《中国古代文体学资料集成》《中国古代文体学史》《中国古代文体分类学》，开学界之先河。（二）协作精神难能可贵，"独学而无友，则孤陋而寡闻"②。他注重与国内学者携手，鼎力推动三苏研究，筹建"曾枣庄三苏文化研究室"。他积极倡导和推动海内外开展三苏学术研究，与十余位海外生友长期合作，为研究三苏文化拓展新的视野、扩充国际影响起到了"推波助澜"的作用。（三）进取精神不可或缺。尽管于三苏研究，学界能出其右者不多，但他依然坚持"不懂就学"，笔耕不辍。其于花甲之年罹患癌症，犹自持"做最坏思想准备，尽量往好处努力"的信念，手不释卷、心无旁骛，不断取得新的成果；于耄耋之年，求知欲不减，进取心未退，犹以"只争朝夕"的执着，结集出版"丛刊"。借势"路漫漫其修远兮，吾将上下而求索"。他锲而不舍，登高行远，为有限的生命增添了认识事物的现实可能。

临浮躁之风而潜心治学。"凡学问之为物，实应离'致用'之意味而独立生存，真所谓'正其谊不谋其利，明其道不计其功'。质言之，则有'书呆

---

① （清）刘开：《与阮芸台宫保论文书》，见《刘孟涂集》。
② （汉）戴圣：《礼记·学记》。

子',然后有学问也。"①枣庄先生之治学,有如梁启超所言之"书呆子"。
(一)宁静而远功利。他说"问学之道,贵在坚持",深谙求近功乃树故步自封的藩篱,坚信"骤长之木,必无坚理;早熟之禾,必无嘉实"②。面对学术造假、论文剽窃屡禁不止和草率成册、粗制滥造等屡见不鲜的不正之风,他时常拍案而起,"不合时宜"地较真到底。对有人不经深入研究就"古今中外的文章都敢写,赶时髦,报刊需要什么就写什么"的功利做法,他不愿苟同,坚持如切如磋,潜心治学。"丛刊"系列十本专著,成稿时间跨度三十六载,方才结集出版,足见其专注。(二)淡泊而远名累。他深畏"为学大病在好名"③"盛名之下,其实难副"④,因而甘居冷门、不凑热闹,博学好思、笃行不倦。坚持探赜与索隐,兀兀以穷年,传播三苏文化,扩大三苏影响,从不计较"采得百花成蜜后,为谁辛苦为谁甜"。因研究三苏成就斐然,被誉为"苏学界权威专家",他为此诚惶诚恐、坚辞不受:"真要有权威,尤其是公认的权威,问题就大了。"谦逊地表示自己只是做了一些古籍整理工作,足见其清醒。(三)尚实而远浮漂。他主张博览群书而不唯书,博采众长而不迷长,围绕具体问题独立思考、深入探索,坚持把三苏研究作为责无旁贷的使命,而非投机取巧的捷径。对于所从事的研究,他说:"中华文化博大精深,为世界所仰慕,我们为先辈留下的文化遗产而自豪。作为学者,有义不容辞的责任,要尽自己的一份力量,让中华文化发扬光大。"足见其务实。"为学做事,忌求近功;求近功,则自画气沮,渊源莫及。"⑤诚然,养成大拙方知巧,学到如愚始是贤。学问、事业有成,还真少不得"书呆子"精神。

"丛刊"对三苏的研究,不止于"形"的复制、"术"的回味,更在于"神"的接续、"道"的弘扬;未囿于怀念贤哲、重温过往,更重视镜鉴今人、启迪未来。"丛刊"面世,其意义正在于为广大读者敞开了一扇从遥远张望到翔实了解三苏的文化之窗。传承文化,一代人有一代人的责任。枣庄先生数

① 梁启超:《清代学术概论》。
② (明)徐祯稷:《耻言》。
③ (明)王阳明:《传习录》。
④ (南朝·宋)范晔:《后汉书·黄琼传》。
⑤ (清)黄宗羲:《明儒学案》。

十年研究三苏，无疑为弘扬中华文化精神、发掘传承先贤经典，做出了贡献。如果"丛刊"出版，能启发为学者"穷不忘道，老而能学"①、治世者"守其初心，始终不变"②，那么，枣庄先生的艰辛付出便得到了时代升华。

莫道桑榆晚，红霞尚满天。致敬枣庄先生的学识和奉献！

---

① （宋）苏轼：《黄州上文潞公书》。
② （宋）苏轼：《杭州召还乞郡状》。

苏海探赜四十年

——"曾枣庄三苏研究丛刊"序

谢桃坊

　　我与枣庄先生是同时代人，而且是新时期以来进入学术界的。1979年暑假，我在成都市和平街（原骆公祠街）四川省图书馆特藏部书库古籍阅览室查阅苏轼乌台诗案资料，于此与枣庄相识。他告诉我关于乌台诗案须读三种书——《东坡乌台诗案》《诗谳》和《眉山诗案广证》。我甚佩服他于文献资料之熟悉。此后我们一同报考中国社会科学院，同作为助理研究员被录取，但随即四川大学中文系杨明照先生请枣庄回去主持编注《苏轼全集》，我则于1981年初到四川社会科学院文学所工作。1984年由枣庄介绍我为上海古籍出版社写作《柳永》小册子。枣庄数十年来是我在成都最好的老友，他对学术事业的执着与勤奋，与其成就之丰硕与卓著，这是我学术友人中甚为罕见的。

　　1956年，我以同等学力考入西南师范学院中文系。同年枣庄考入中国人民大学历史系国际共产主义运动史专业，大学毕业后分配到四川大学马列主义教研室教政治学和哲学。1975年在"崇法批儒"的社会思潮中，因苏轼曾经反对王安石变法，被认为是儒家，属于反动派、顽固派，典型的政治投机者。枣庄向来景慕三苏的为人，他认为："儒家未必不如法家。骂苏轼为反动派，我也无所谓，这是政治问题、立场问题，时过境迁，立场一变，结论也会变；骂苏轼是顽固派，我仍无所谓，因为顽固也可说是立场坚定。……但骂苏轼是'投机派'而且'典型'，我就完全不能接受了，因为这是人品问题。投机者，迎合时势以谋取个人私利是也。"由此他决心系统地研究苏轼。清代学者王文诰以一生的精力完成《苏文忠公诗编注集成总案》，他在《苏诗总案》里写了《苏海识余》，认为关于苏轼的研究如面对汪洋的大海，故称为"苏海"。枣庄自1975年，孜孜不倦地由苏轼研究开始，发展为对三苏的全面研究，迄今已四十余年。今由巴蜀书社出版的"曾枣庄三苏研究丛刊"计收《历代苏轼研究概论》《苏轼评传》《苏洵评传》《苏辙评传》《三苏选集》《三苏文艺理论作品选注》《苏洵苏辙论集》《苏轼论集》《三苏姻亲后代师友门生论集》和《苏辙年谱》十种，这是枣庄研究三苏的成果的汇集，亦是总结性的标志。

自 1949 年以来，学术界因受到庸俗社会学观念的支配，充分肯定王安石为杰出的政治家，而变法是具有进步性质的政治改革。苏轼因为反对王安石变法，因而他是"大地主阶级顽固派"，"他在政治上站在旧党一边，没有看到新法对人民有利的也是主要的一面"，"他的政治观点基本上是保守的、顽固的"，苏轼"反对新法的诗歌一般说来表现了保守落后的政治倾向"，因此苏轼不断受到政治批判。改革开放以来，学术界拨乱反正，解放思想，以新的观念和方法重新探讨学术问题。这时重新评价苏轼成为研究宋代文史的一个突破口。然而当时王水照、朱靖华和刘乃昌等学者试图说明苏轼虽然曾经反对新法，但后来在《与滕达道书》里表示了忏悔，认识到过去反对新法是拘于"偏见"，"所言差谬"。此见解实源于 1957 年漆侠之说。苏轼在贬谪黄州时期与友人滕甫第十九书云："吾侪新法之初，辄守偏见，至有异同之论。虽此心耿耿，归于忧国，而所言差谬，少中理者。今圣德日新，众化大成，回视向之所执，益觉疏矣。若变志易守，以求进取，固所不敢；若哓哓不已，则忧患愈深。"漆侠认为："苏轼的这个忏悔书，不单单表明了他自己的政治态度，而且表明了和他同一类型的动摇派分子的政治态度。"这似乎可以说明苏轼的政治态度是前后不一致的，是变化的，他既然对自己反对新法表示忏悔，则可从维护变法的角度予以原谅了。枣庄于《文学评论丛刊》1979 年第三辑发表《论苏轼政治主张的一致性》，他认为："王安石主张变法当然是革新派。但革新也不是只此一家，别无分店的。苏轼一生虽然反对王安石变法，但不能因此就说他反对变革，只是他们的具体变革主张不同而已。因此，我认为不但不应该把苏轼划入顽固派，也不应把他划作'动摇'的'中间派'，而应把他划入革新派。只是他算不上激进的革新派，而是具有更多的改良色彩的革新派。"枣庄继于《文学评论》1980 年第四期发表《苏轼〈与滕达道书〉是忏悔书吗?》，在考辨第十九书写作时间的基础上认为："当时，他和滕达道在政治上的处境都很困难，因此，他对老友进京可能出现的问题说：我们错了（吾侪新法之初辄守偏见），他们对了（今圣德日新，众化大成），不要再'哓哓不已'了，否则忧患愈深。这与其说是对过去反对新法表示忏悔，还不如说是在劝老友以言为戒。戒则戒矣，但并没有因此放弃自己的政治主张。这就是这封信的基本精神。"这样给苏轼以新的社会评价，在某种意义上开启了中国古代文史研究的一个新方向。枣庄发表此两文时，尚下放在中学教语文，《文学评论》的编辑侯敏泽，支持枣庄的意见，使两文能在权威刊物发表，可见当时学术界的公正态度。1981年枣庄的专著《苏轼评传》由四川人民出版社出版，关于对苏轼的评价，他认为："王安石变法毕竟也是地主阶级的改良，本身就具有很大的局限性，在实际推行的过程中也确实存在不少问题。怎么能因为苏轼反对这样一种变法就全盘否定苏轼呢"，"我们应该如实承认苏轼一生都在反对王安石变法，但他一生也主张革新，只是具体的革新主张与王安石不同而已。他一生不仅在文学的各个领域颇富革新精神，而且在政治上也从来没有放弃过他的'丰财''强兵''择吏'的革新主张，并在他力所能及的范围内，为宋王朝的'丰财''强兵'，为巩固宋王朝的统治做了不少工作。他一生光明磊落，直言敢谏，始终坚持自己的政治主张"，"苏轼不仅是政治上主张革新的，而且在文学艺术的各个领域也颇富革新精神，取得了巨大成就，产生了深远影响"。枣庄对苏轼的评价表现出学者的锐气与个性，在当时确实起到了振聋发聩的作用，奠定了他研究"三苏"的学术基础，他的学术见解得到了学术界的支持，而他也由此成名。我之所以回顾这一段历史，因它是枣庄学术的光辉起点，而且在学术思想史上是有一定意义的。

对王安石的评价，这又涉及苏洵的《辨奸论》，文中的"奸"是指王安石。宋人邵伯温在《邵氏闻见录》卷九记述富弼于北宋熙宁二年（1069）谈到王安石"至得位乱天下，方知其奸"。清代学者李绂和蔡上翔开始怀疑《辨奸论》为邵伯温所作。1974年史学家邓广铭认为："邵伯温却把苏洵装扮成一个预言家模样，料定王安石必然要执政当权，届时又必然为祸天下……因而邵伯温的此文此书一出，立即出现一犬吠影、百犬吠声的情况，在士大夫当中被普遍哄传开来。王安石的真实精神面貌，从此就被邵伯温所勾画的一副鬼脸给掩盖住了。"刘乃昌的《苏轼同王安石的交往》发表于《东北师大学报》1981年第一期，认为《辨奸论》绝非出自苏洵的手笔。枣庄随即发表《苏洵〈辨奸论〉真伪考》，他说："我在研究苏轼的过程中，发现苏轼同王安石的政见分歧实际上从苏洵就开始了。过去有人说苏洵《辨奸论》是伪作，但我从苏洵的其他文章以及苏洵的同时代人，特别是苏洵的友人如韩琦、张方平、鲜于侁等人的言论中，发现了大量与《辨奸论》相似的观点，证明《辨奸论》对王安石的不指名的批评并非'一反众议'，而是当时的'众议'之一，只是用语更加尖锐而已。"他认为苏洵对王安石的厌恶开始于嘉祐元年（1056）以前，苏、王相诋开始于嘉祐元年初次相识之时，其后矛盾越来越尖锐，到嘉祐六年（1061）苏轼兄弟在应制科试的问题上几乎已经到了白热化的程度。正是在这种背景下，嘉祐八年（1063）王安石之母死，苏洵独不往吊，而作《辨奸论》的。文章的观点和用语与苏洵的其他著述一致，说明它确为苏洵手笔。

关于苏辙的研究是向来为学术界所忽略的。苏辙曾参与了王安石变法，在此期间突出地表现了特殊的政治革新的主张。北宋熙宁二年（1069）王安石为参知政事，朝廷设置三司条例司以推行新法，苏辙为三司条例司属官。枣庄认为苏辙向神宗皇帝上书，批评神宗继位以来所施之政"失先后之次"，提出以治财当先的革新朝政的主张。在这个问题上，苏辙与神宗、王安石的看法是基本一致的，这大概就是他们把苏辙安置在变法机构任职的重要原因。但在如何理财的问题上，苏辙同神宗、王安石的看法就不一致了。从"去事之所以害财者"出发，苏辙首先主张去冗官，减任子自大臣始，百司减员；其次是去冗兵，去冗费。由于苏辙反对"求财而益之"，因此他在条例司同王安石发生争论，对青苗法、盐法和铸钱等问题表示了不同的意见，并于是年八月写了《制置三司条例司论事状》对新法做了全面批评。由此可见，在政治革新和实施变法的问题上政治家们主张的复杂性，因而进一步肯定了苏轼和苏辙皆是北宋的政治革新者。枣庄发挥了在哲学、政治学和历史学上的个人学术优势，能在新时期拨乱反正的社会学术思潮的背景下探讨三苏与王安石变法的关系，重新肯定三苏进步的政治革新主张，给予了三苏以合理的历史定位。这是他对中国学术发展所作出的最大贡献。

当我们看待学者在某个学术领域所取得的成就时，必然关注的是这位学者是否解决此领域中的系列的学术难题，也许它们是狭小的问题，却由此可见到学者真正的学术水平。枣庄在长期的三苏研究中是认真解决了所涉及的系列的学术难题的。清代学者王文诰的《苏文忠公诗编注集成总案》四十五卷，实为一部最详尽的苏轼年谱，以资料翔实、考证精密著称，具有极高的学术价值。枣庄的《读王文诰〈苏诗总案〉札记》发表于《中华文史论丛》1983年第三期，对王文诰著作中存在的狭小的学术问题进行了考辨，如苏洵与史经臣、史沆交游的时间；苏洵与张俞居青城山白云溪的时间；苏洵《忆山送人》的写作时间；苏洵与雷简夫订交的时间与地点；《忆山送人》中之"吴君"为谁；苏洵《送吴待制中复知潭州》的写作时间；苏洵幼女之死及《自尤》的写作时间；苏洵《九日和魏公》的写作时间；苏轼与蔡襄论书的时间；苏轼《江上值雪效欧阳体》的写作时间；苏轼《屈原庙赋》的写作地点；苏辙《巫山庙》诗是否收入《南行集》；梅尧臣《老翁泉》的写作时间；苏洵《谢赵司谏启》中赵司谏为谁；苏洵《木假山记》的写作时间等等问题的考辨，皆在比较史料之后纠正了王文诰之失误。我当时读了此文极佩服枣庄治学的谨严和研究的深入。此札记是读《苏诗总案》第一、二卷时所发现的问题，我劝枣庄将整个《苏诗总案》彻底清理一番，当是一部博大精深著作。枣庄说这太难了。可惜此札记未再写下去。关于三苏的亲属，这与三苏研究似乎无重要关系，但他们的事迹和诗文却又与亲属的联系不可能分开，因而从家族文化的角度研究三苏是绝不可忽视的。为此，枣庄对三苏的后人与姻亲进行了细致的考察。苏轼的长子苏迈为中书舍人石昌言孙女婿，次子苏迨娶欧阳修孙女，幼子苏过娶翰林学士范镇孙女，苏辙长子苏迟娶翰林学士梁颢曾孙女，苏适和苏远娶龙图阁直学士黄实之二女。由此可见宋代士大夫间以家族联姻结为一种政治利益的关系。关于苏小妹的传说甚多，皆以为她是苏洵的幼女，苏轼之妹，嫁与著名词人秦少游。枣庄使用了重要资料辨明秦少游之妻为徐成甫之长女文美。苏小妹死于皇祐四年（1052），年仅十八岁。此年秦少游仅四岁。苏小妹本是才气超群而命运悲惨的女子，明代以来的小说和戏剧将这一悲剧人物改写成喜剧人物了。在这些考证中，枣庄使用了罕见的和新发现的资料，解决了三苏研究中细微而困难的学术问题。此外关于三苏合著《南行集》的探索、苏轼著述生前编刻情况、辨苏轼《叶氏宗谱序》之伪、南宋苏轼著述的刊刻情况、清人注苏诗的情况、苏辙《东坡先生墓志铭》之真伪、二苏合著《岐梁唱和诗集》的原貌和苏洵诗文的系年等等狭小的学术问题，枣庄均作了细密的考辨，充分体现了研究的深入。

我们纵观枣庄的治学方法，特别是三苏研究中，明显是建立在实证研究的基础上的。他很重视对史料的搜集与辨析，特别是在整理资料方面开展了大量的艰苦工作。他汇编有《三苏全书》《苏诗汇评》《苏词汇评》《苏文汇评》，编著了《苏辙年谱》，整理了苏洵的《嘉祐集》和苏辙的《栾城集》，编选了《三苏文艺理论作品选注》。由此体现出枣庄研究三苏的一个宏伟的计划，并且是以占有资料为基本条件的。

枣庄在总结四十余年的治学经验时曾说：

我从自己的研究工作中逐渐悟到，从事研究工作，一定要有明确的研究方向。人生的精力有限，真正能在一两个研究领域有所突破，就很不错了。这里有一个博与专的问题，我觉得读书宜博，研究宜专。真正对一两个领域作了深入研究，知识面就自然扩大了。我跟着苏轼转了几个圈，就大大扩充了知识面，有了明确的研究方向，就会注意收集所研究问题的有关资料。否则，一些极有价值的资料会在眼皮底下跑掉。以后想起，可能再也查不到了。二要全面占有资料。我这几十年主要是在做资料员。不是建立在全面占有资料的基础上的所谓"新论"，即使能造成轰动效应，也不可能持久。三要弄清基本事实，进行作家研究，我主张从年谱开始，对该作家的生平事迹及作品先进行编年。我觉得只有如此，研究工作才比较扎实。

枣庄的治学范围除三苏研究外，尚以二十年的主要精力主持并完成了

《全宋文》的巨编，还在宋代文史研究上取得丰硕的成就。他的三苏研究成就卓著，学术影响也特别巨大。他的治学途径与方法既有个性，亦是治学的普遍可行的规则，于三苏研究中的体现尤为明显。这皆值得我们学习和借鉴。

当评价一位学者的学术成就时，我们的确应肯定他"真正能在一两个研究领域有所突破就很不错了"。枣庄在三苏研究和宋代文史研究方面皆有所突破，皆取得了重大成就。他是一位真正的学者，有坚定的意志，明确的目标，宏大的气魄，执着的追求，在某种程度上推进了宋代文史研究的发展，尽到了学者的历史使命。我们对一位学者的评价应该见到其主要的学术贡献，不应求全责备，学术的局限或某些失误是不可避免的。枣庄在三苏研究中长于政治的、历史的批评，深入地解决了若干困难的学术问题，发挥了实证方法的优长，这是我们应充分肯定的。然而每位学者的知识结构和研究方法必然存在局限。枣庄缺乏艺术的敏感，对三苏文艺的研究是较为粗疏的，艺术分析因而难以深入。例如论及苏轼在文学史上的地位时，着重论述了"苏轼诗的现实主义精神和浪漫主义风格"。在庸俗社会学盛行时期，文学理论界以西方流派"现实主义"和"浪漫主义"附会中国古代文学史，这在理论上是一个时代思潮的谬误。再如在《苏轼研究史》中论及20世纪苏诗的整理与研究仅用三千四百余字，而且仅谈苏轼诗整理并未及研究。这部《苏轼研究史》计六十余万字，实际上仅是苏轼传记与诗集的整理史，它出版于2001年，时枣庄已患绝症，是在极端艰苦的境况中完成的。我当时读了此著，于扉页上记下初读的感受：

此著可谓苏轼文献资料史，而于苏轼研究史涉及争议的问题，几乎未谈及。苏轼之历史定位应是文学家，而于其文学评价基本上被忽略。20世纪是关于苏轼研究的新阶段，即所谓"衰落"而"复炽"，惜乎亦未接触重要学术问题，仅述传记资料及集子整理之事。凡此皆未能给历史人物定位所致，而亦反映出著者学术之局限。著者已申明"当恕病人"，又复何言！

也许我过于苛求了。在学术界我也听到某些学者对枣庄的指摘，有公开批评的，也有以书信方式散发而进行攻击的。这也属于自然的学术现象，然而我以为这些学者的看法是偏颇的或具私人成见的，他们并未客观看待枣庄的整个学术成就，也未见到其在中国现代学术发展中的意义。这一切是不可能动摇枣庄在现代学术史上的地位的。我谨祝老友健康长寿，在学术上更臻高境。

2017 年 7 月 13 日酷暑于奭斋

三苏带我走进宋代

——"曾枣庄三苏研究丛刊"自序

曾枣庄

我一生的研究工作，主要集中在两个领域：一是三苏，二是宋代。对三苏，既整理其著作文献，又对他们三父子进行全面的、综合的研究；对宋代，主要是整理宋文，并对宋代文学做多视角的研究。可以说，宋代的三苏、三苏的宋代，耗费了我一生的精力，但值得！

我研究苏轼，始于 20 世纪"文革"期间。"文革"中的"批林批孔"运动，因苏轼反对王安石变法，被定为儒家、反动派、顽固派、典型的投机派。骂苏轼为儒家，我无所谓，即使当时正在崇法批儒，但在我心目中，儒家未必不如法家；骂苏轼为反动派，我也无所谓，这是政治问题、立场问题，时过境迁，立场一变，结论也会变；骂苏轼是顽固派，我仍无所谓，因为顽固也可说是立场坚定，是"不可夺者，嶷然之节"（宋孝宗《苏轼特赠太师制》）的另一种说法，是"从来不因自己的利益或舆论的潮流而改变方向"（林语堂《苏东坡传》）的另一种说法。但骂苏轼是"投机派"而且"典型"，我就完全不能接受了，因为这是人品问题。投机者，迎合时势以谋取个人私利是也。在宋神宗、王安石推行新法时，以苏轼的才华，只要稍加附和，进用可必；但他却反对新法，并因此离开朝廷，被投进监狱，还几乎被杀头。在高太后、司马光当政时，以他们对他的器重，只要稍加附和，或稍加收敛，不太锋芒毕露，不难位至宰相。但他却反对尽废新法，并因此而奔波于朝廷和地方之间，"坐席未暖，召节已行，精力疲于往来，日月逝于道路"（苏轼《定州谢到任表》）。世间哪有这样不合时宜的"典型投机派"呢？为回答这些问题，我决心系统研究苏轼，出版了《苏轼评传》（四川人民出版社，1982 年），为苏轼"翻案"。

研究苏轼，自然避不开他的父亲苏洵、弟弟苏辙。但我感到，对同为唐宋八大家的苏洵、苏辙，学界的研究很薄弱，甚至连他们的别集都还未经整理校点。于是我与金成礼先生合作出版了《嘉祐集笺注》（上海古籍出版社，1993 年），与马德富先生合作点校了《栾城集》（上海古籍出版社，1987 年），与舒大刚先生共同主编了《三苏全书》（语文出版社，2001 年），并陆续出版了《苏洵评传》（四川人民出版社，1983 年）、《苏辙年谱》（陕西人民出版社，1986 年）、《三苏选集》（黑龙江人民出版社，1993 年，与曾涛合注）、《苏辙评传》（台湾五南图书出版公司，1995 年）、《三苏传》（台湾学海出版社，1995 年）、《三苏文艺思想》（四川文艺出版社，1985 年）、《苏诗汇评》（四川文艺出版社，2000 年）、《苏文汇评》（四川文艺出版社，2000 年）、《苏词汇评》（台湾文史哲出版社，1998 年，与曾涛合著），主编了《苏轼研究史》（江苏教育出版社，2001 年）等。

从苏轼到苏洵、苏辙，极大地拓展了我的视野，为我开展宋代文献的研究整理和对宋代文学做多视角研究创造了条件。我对三苏的研究虽然一生都未停止，但主要还是集中在我学术工作的前半期。后半期，我把主要精力放在宋代文献、宋代文学方面，耗时二十年之久与刘琳先生和川大古籍所的同仁共同完成了《全宋文》的编纂，还先后主编了《宋文纪事》（曾枣庄、李凯、彭君华编，四川大学出版社，1995 年）、《中华大典·宋辽金元文学分典》（江苏古籍出版社，1999 年）、《中国文学家大辞典（宋代卷）》（中华书局，2004 年）、《中国大百科全书（第二版）》（宋代文学部分）（中国大百科全书出版社，2009 年）、《宋代辞赋全编》（曾枣庄、吴洪泽主编，四川大学出版社，2008 年）、《宋代传状碑志集成》（四川大学出版社，2012 年）、《宋代序跋全编》（齐鲁书社，2015 年）等，出版了《论西昆体》（台湾丽文文化公司，1993 年）、《北宋文学家年谱》（曾枣庄、舒大刚著，台湾文津出版社，1999 年）、《宋文通论》（上海人民出版社，2009 年）、《宋代文学编年史》（曾枣庄、吴洪泽著，凤凰出版社，2010 年）、《文星璀璨：北宋嘉祐二年贡举考论》（复旦大学出版社，2010 年）等。

回顾四十多年的研究道路，做的工作也不可谓不多，因此多少有些心得，概括起来，不外以下几点：

一是对古代文化、古代文学的研究是完全可以自学的。我在中国人民大学其实是学国际共产主义运动史专业即马列主义的，涉足中国古典文学完全是社会原因和个人兴趣所致。

二是研究工作一定要从资料工作做起，这样研究工作才会有根基，不致人云亦云，甚至胡说八道。

三是要多请教，多切磋。在我几十年的研究工作中，老一辈的专家学者，如陈逸夫先生、王朝闻先生、任继愈先生、邓广铭先生、程千帆先生、缪钺先生、王利器先生、杨明照先生、戴逸先生、孔凡礼先生等都给了我不少指导和启发。与同辈的学者，如许嘉璐先生、章培恒先生、刘乃昌先生、王水照先生、谢桃坊先生、刘尚荣先生等，亦常就学术问题开展争论与争鸣；与晚一辈的学者如舒大刚先生、吴洪泽先生、李凯先生、彭君华先生等，亦多有合作。只有这样做学问，才能有生气。

四是不要在学术热点乃至时政观点上跟风。学术界也像其他行业一样，不同时期有不同时期的热点、重点，但不是你的研究领域，不是你的研究所长就不要去乱掺和，写凑热闹的文章。更不要生硬地将当前的时事政治套入古代文化、古代文学的研究中去，那就不是在继承文化遗产，而是在糟蹋文化遗产了。

最后，感谢巴蜀书社出版我这套"曾枣庄三苏研究丛刊"十种，这十种基本汇集了我一生有关三苏的论著；感谢原四川省政协主席陶武先先生、四川省文史馆馆员谢桃坊先生为本书赐序；感谢巴蜀书社总编侯安国先生、李蓓女士及相关工作人员等为这套丛刊付出的心血；感谢陈小平先生及犬子曾涛对这套丛刊的精心校对；感谢所有关注我的三苏研究的朋友们！

2017 年 7 月 7 日

出版说明

　　《苏轼论集》是曾枣庄教授近四十年大量有关苏轼研究的论文选集，几乎涉及苏轼研究的方方面面，如对苏轼的政治主张、对儒释道的态度、文艺思想的研究；对苏诗、苏词、苏文、苏赋的分体研究；对古代苏轼研究的研究，如对汪师韩、王文浩、李香岩编著苏轼作品的评议探讨；与当代学者的辩论商榷，如与吴世昌、王水照、刘尚荣、谢桃坊、刘乃昌、朱靖华等先生的论辩；还有与国外学者的共同研讨，如与日本池泽滋子畅谈中日苏轼研究等。既有综论，又有专论；既有论辩，又有考证，形式多样。需要说明的是，这些论文发表于不同时间，在引用资料和观点阐述上有些地方有所重复，为保持原貌，不作也不便作删改，敬请读者理解。

目　录

苏词研究

苏赋苏文研究

综论

论苏轼政治主张的一致性

王水照先生的《评苏轼的政治态度和政治诗》（《文学评论》1978 年第 3 期），批驳了"四人帮"及其御用文人横加给北宋著名文学家苏轼的种种罪名，对苏轼的政治态度和政治诗，作了比较客观、比较公正的评价。但对其中的某些提法，我还有不同看法。现在提出来与王先生商榷。

文章说："苏轼一生的政治态度，使自己在北宋统治阶级内部斗争中确定了一个中间派的地位。中间派的特点就是动摇性。"文章还具体勾画了苏轼的"动摇性"：仁宗朝，"苏轼的基本政治倾向是要求变法"；神宗朝，"苏轼的基本政治倾向是反对变法"，"他自食前言，自我否定了前此提出的'丰财、强兵、择吏'的改革主张"，"一反前一时期的主张，完全是守旧派的论调"；在元祐更化时期，"苏轼的基本政治倾向是维护某些新法"，"改变对新法的态度"，在同司马光等的"尖锐的冲突"中，"苏轼是最为激进的"。

我觉得王先生只看到了苏轼在不同时期政治倾向变化的一面，没有看到苏轼在各个时期政治主张未变的一面，因此，做出了苏轼是"动摇"的"中间派"的结论。其实，"苏轼政治态度的'之'字形转化"，只是他根据不同时期的不同政治形势而做出的不同反应，而他的根本政治主张，可说一生从未"动摇"过。

一、仁宗朝，"苏轼的基本政治倾向是要求变法"吗？

苏辙在《东坡先生墓志铭》中说，"公与介甫议论素异"，主张从来不同。这种不同，并不是从神宗朝王安石变法推行以后才开始的，而是早在仁宗朝苏轼刚刚登上政治舞台时就开始了。嘉祐三年（1058）王安石在《上仁宗皇帝言事书》中，系统提出了自己的变革主张。三年后，即嘉祐六年（1061）

苏轼在应制举时所作的二十五篇《进策》中，也系统提出了自己的变革主张。仔细比较他们的文章就不难发现：苏轼既有一些与王安石相类似的看法，也有不少与王安石针锋相对的主张；其中某些议论似乎是专为反驳王安石而发的。

他们对形势的看法是基本上相同的。王安石认为当时的情况是"顾内则不能无以社稷为忧，外则不能无惧于夷狄"（《上仁宗皇帝言事书》，见蔡上翔《王荆公年谱考略》。下引王安石语均见此文）。苏轼认为当时形势的特点是"天下有治平之名而无治平之实"。政治上统治阶级与被统治阶级之间以及统治阶级内部的矛盾已经非常尖锐，"上下不交，君臣不亲"，人民已经到了"咨嗟怨愤""不安其生"的地步；经济空虚，财政拮据，"不足于用"；在同辽和西夏的关系上，"皇皇（惶惶）常有外忧"（《进策》，见《经进东坡文集事略》卷一五。下引苏轼语，凡未注明出处的，均见此文）。

面对这种形势，王安石主张"改易更革"，苏轼也主张"涤荡振刷而卓然有所立"。他说："其病之所由起者深，则其所以治之者，固非卤莽因循苟且之所能去也。而天下之士方且拾掇三代之遗文，补葺汉、唐之故事，以为区区之论可以济世，不已疏乎？方今之世，苟不能涤荡振刷而卓然有所立，未见其可也。"从这里可以看出：第一，说苏轼反对变革是不符合事实的。他主张"涤荡振刷"，这就是要除旧；主张"卓然有所立"，这就是要立新。苏轼在仁宗朝的主要斗争锋芒是反对"因循苟且"。他说："西汉之衰，其君皆非有暴鸷淫虐之行，特以怠惰驰废，溺于晏安，畏期月之劳而忘千载之患，是以日趋于亡而不自知也。"他针对仁宗朝的"怠惰驰废，溺于晏安"，主张"动而不息"："天之所以刚健而不屈者，以其动而不息也。……使天而不知动，则其块然者，将腐坏而不能自持，况能以御万物哉！"在同时所作的《御试制科策》中，苏轼进一步阐述了这种万物皆生于动的观点。他说："天以日运故健，日月以日行故明，水以日流故不竭，人之四肢以日动故无疾，器以日用故不蠹。天下者大器也，久置而不用，则委靡放废，日趋于弊而已矣。"（《御试制科策》，见《经进东坡文集事略》卷二十）这些话表明，苏轼同王安石一样都是坚决主张变革的。第二，前引那段话，苏轼还反对"鲁莽"从事，

　　这显然是针对王安石而言的；苏轼所指责的"拾掇三代之遗文"的"天下之士"也包括了主张"法先王之政"的王安石。因为王安石在《上仁宗皇帝言事书》中曾说："古之人欲有所为，未尝不先之以征诛而后得其意"；"先王欲立法度，以变衰坏之俗而成人之才，虽有征诛之难，犹忍而为之。以为不如是，不可以有为也"。这种观点是一贯主张稳扎稳打，反对操之过急的苏轼所不能接受的。苏轼初从政的时候，曾向他的伯父苏涣请教为政之方。苏涣告诉他，为政就像写文章，写文章要构思成熟才能下笔，为政要考虑成熟才能下手处置："有事入来，见得未破，不要下手；俟了了（弄清情况）而后行，无有错也。"苏轼对这话很重视，"以此言为家法"（《刑赏忠厚之至论》注，见《经进东坡文集事略》卷九）。苏轼所主张的变革不是激进的变革，而是渐进的变革。他后来在《问养生》中说："寒暑之极，至于折胶流金，而物不以为病，其变者微也。寒暑之变，昼与日俱逝，夜与月并驰，俯仰之间屡变，而人不知者，微之至，和之极也。使此二极者，相寻而狎至，则人之死久矣。"（《问养生》，见《经进东坡文集事略》卷六十）白天不知不觉地变成了黑夜，黑夜不知不觉地变成了白天；酷热的夏天不知不觉地变成了严寒的冬天，严寒的冬天不知不觉地变成了酷热的夏天；如果昼夜寒暑骤变，"则人之死久矣"。苏轼要求的变革就是这种微变，渐变。由此可见，在主张变革、反对仁宗朝的因循苟且这点上，苏轼同王安石是一致的；但在如何变革的问题上，苏轼同王安石就分道扬镳了。为了推行变革，王安石主张以"征诛"开路，他是激进的变革派；苏轼认为这太"鲁莽"了。苏轼是渐进的变革派，具有更多的改良主义色彩。

　　在变革什么的问题上，苏轼、王安石的分歧就明显了。王安石认为当时形势危急的原因是"患在不知法度"，"方今之法度，多不合先王之政"；主张"变革天下之弊法"。苏轼却不以为然。他说："天下有二患，有立法之弊，有任人之失。"二者什么是主要的呢？苏轼认为"任人之失"是主要的。他说，贾谊、董仲舒"以立法更制为事"，"后世见二子（贾、董）之论，以为圣人治天下凡皆如此。是以腐儒小生皆欲妄有所变革，以惑乱世主。臣窃以为，当今之患虽法令有所未安，而天下之所以不大治者，失在于任人而非法制之罪也。"这不明明是在反驳王安石的"患在不知法度"吗？这里所攻击的"以立法更制为事"的"腐儒小生"，即使不是专指，至少也是包括了王安石的。苏轼针对王安石"变革天下之弊法"的主张，首先用历史事实证明变法不能解决根本问题。他说，宋王朝建国以来，"国家法令凡几变矣"。但这些变法"其名甚美，其实非大有益也"，并未能"致天下之大治"。苏轼认为声律再好，奏非其人，也会走调；法律再好，任非其人，也不能无奸。他说，汉、唐法令不明，用法不密，"小人以无法为奸"；"今也法令明具而用之至密，举天下惟法之知。所欲排者，有小不如法，而可指以为瑕；所欲与（举）者，虽有所乖戾而可借法以为解；故小人以法为奸。"要排挤你，尽管你只是"小不如法"，也可据法整你；要举拔你，尽管你违法乱纪（"有所乖戾"），也可"借法以为解"。法是死的，人是活的，吏治腐败，法再多再好也无济于事，不仅有法可以不执行，甚至还可"以法为奸"。

苏轼同期所写的其他文章，还有不少反对变法的言论，值得一提的是《应制举上两制书》。在这封信中，他认为当时存在的问题是"用法太密而不求情"，结果造成因循守旧，无所作为。他说，天下未平时，法未立，人们各行其意，"故易以有功，而亦易以乱"。到了天下太平的时候，"天下莫不趋于法，不敢用其私意而惟法之知。故虽贤者所为，要以如法而止，不敢于法律之外有所措意。夫人胜法，则法为虚器；法胜人，则人为备位；人与法并行而不相胜，则天下安。今自一命以上，至于宰相，皆以奉法循令为称其职，拱手而任法，曰：'吾岂得自由哉！'法既大行，故人为备注，其成也，其败也，其治也，其乱也，天下皆曰'非我也，法也'。法之弊，岂不亦甚矣哉！"他还说："今天下泛泛焉（因循守旧），莫有深思远虑者，皆任法之过也。"（《上两制书》，见《经进东坡文集事略》卷四二）在这里，苏轼把当时的因循苟且、无所作为、拱手任法、照章办事、尸位素餐而无远虑，都归罪于"任法"。表面看，他既反对"法胜人"，也反对"人胜法"，主张"人与法并行而不相胜"；但对"讲求法度"的王安石来说，无疑是包含有反对的意思的。以后他在《贺韩丞相再入启》中说："任法而不任人，则责轻而忧浅，庸人之所安；任人而不任法，则责重而忧深，贤者之所乐。"（《贺韩丞相再入启》，见

《东坡集》卷二七）这就更明显地是在强调"任人"的重要了。

苏轼也并非一概反对变法。他在《进策》中说，法"苟不至于害民而不可不去者皆不变也"。这是强调不要轻易变法。但也可这样理解，法如果"害民"，并到了"不可不变"的程度，他也赞成变法。他在凤翔任上就曾改革"衙规"，使"衙前之害减半"。他的《进策》所规划的种种变革措施，也有一些涉及变法。例如他反对举官连坐法说："人之难知，自尧舜病之矣。今日为善而明日为恶犹不可保，况于十数年之后？"他认为举官连坐是让"盗贼质劫良民以求苟免耳。为法之弊，至于如此，亦可变已乎！"这表明他并非绝对反对变法。但他主张变法一定要慎重，"要见之明而策之熟""先定其规模而后从事"，即要把问题症结看清楚，策划成熟，事先拟好计划，然后再从事改革。他反对"姑试行之"，略试又变，以致弄得朝令夕改，"前之政未见其利害，而后之政复发矣"（《思治论》，见《经进东坡文集事略》卷一一）。苏轼指出，范仲淹为相，当他正在深思熟虑还未提出变革措施的时候，仁宗感到他太慢了，不断督促他条陈天下利害；但当他才开始条陈天下利害，还"百未及一二"，结果就"举朝喧哗"，范仲淹也就被逐出朝廷。像这样朝令夕改，任人不专，怎么能达到天下"至治"呢？他主张应像刘备任用"诸葛亮之治蜀"，苻坚任用"王猛之治秦"那样，信任大臣，放手让大臣治理，才能使他们"尽其才"而"毕其功"。否则，"虽得贤人千万，一日百变法，天下益不可治"。总之，苏轼认为治理天下的关键在用人得当，而不在变法；不是迫不得已，"害民"到"不可不变"时，不要轻易变法；要变就要考虑成熟，看准再变；既变，就要坚持到底，不要朝令夕改，虎头蛇尾，有始无终。

苏轼说："周之衰也，时人莫不苟媮而不立"；"秦之衰也，时人莫不贪利而不仁"；"西汉之衰也，时人莫不柔懦而谨畏"；"东汉之衰也，时人莫不矫激而奋厉。"（《上两制书》，见《经进东坡文集事略》卷四二）可见苏轼当时既反对"苟媮而不立""柔懦而谨畏"，这是针对仁宗朝的整个社会风气说的，是苏轼当时的主要斗争锋芒；又反对"贪利而不仁""矫激而奋厉"，这在一定程度上是针对王安石的变法主张说的。因此，说苏轼在仁宗朝的基本政治倾向是主张变革，这是对的；但说苏轼在仁宗朝的"基本政治倾向是主张变法”，就不合乎实际了，相反，他这时是反对王安石的变法主张的。变法与变革是两个既有联系又有区别的概念，变革比变法的含义要广泛得多。

二、神宗朝，苏轼"否定了前此提出的'丰财、强兵、择吏'的主张"吗？

承认苏轼在仁宗朝就反对王安石的变法主张，那么他在神宗朝反对王安石的变法实践就不是"自我否定"了前一时期的政治主张；相反，倒是继续发展了他在前一时期的政治主张。尤其值得注意的是，他在神宗朝反对王安石变法实践的理由，与他在仁宗朝反对王安石变法主张的理由，几乎是完全相同的。

熙宁四年（1071）王安石准备变科举、兴学校。宋神宗对此有些怀疑，征询意见。苏轼在《议学校贡举状》中说："贡举之法，行之百年，治乱盛衰，初不由此。""必欲登俊良、黜庸回，总揽众才，经略世务，则在陛下与二三大臣，下至诸路职司与良二千担耳，区区之法何预焉？"（《议学校贡举状》，见《东坡奏议集》卷一）很明显，这正是苏轼在《进策》中所提出的"天下之所以不大治者，失在于任人而非法制之罪也"的老观点。他在《永兴军秋试举人策问》中说："汉受天下于秦，因秦之制而不害为汉；唐受天下于隋，因隋之制而不害为唐。汉之与秦，唐之与隋，其治乱安危至相远也，然而卒无所改易，又况于积安久治，其道固不事变也。"（《永兴年秋试举人策问》，见《东坡集》卷二二）这就是说，同样的法，秦、隋导致灭亡，汉、唐获得兴盛，可见治乱盛衰本不由此，而决定于人。

正是基于这样的观点，苏轼在《上神宗皇帝书》和《再论时政书》中，虽然对"裁减皇族恩例，刊定任子条式，修营器械，阅习旗鼓"（《上神宗皇帝书》，见《东坡奏议集》卷一）等限制贵族特权和加强国防的措施曾予以肯定，但毕竟对当时推行的新法进行了全面的非难。他说："陛下自去岁以来所行新政，皆不与治同道，立条例司，遣青苗使，敛助役钱，行均输法，四海骚动，行路怨咨，自宰相以下皆知其非而不敢争。"他甚至说："今日之政，小用则小败，大用则大败，若力行而不已，则乱亡随之。"（《再上皇帝书》，见《东坡奏议集》卷一）支持变法的神宗自然不可能采纳苏轼的意见，于是苏轼只好请求外调。

苏轼在出知杭州、密州、徐州、湖州时，仍未改变自己的政治立场。他在地方上对新法分别采取了三种不同态度。一是"因法以便民"，利用他认为新法中有利于民的一面。他在通判杭州时，"四方行青苗、免役、市易；浙西兼行水利、盐法。公（苏轼）于其间常因法以便民，民赖以少安"。二是硬顶，对他认为不能"便民"只能"害民"的某些新法，他敢于拒不执行。他知密州时，司农推行手实法，令民自报财产，又使人得告其不实；并规定不按时施行的"以违制论"。苏轼说："违制之坐，若自朝廷，谁敢不从？今出于司农，是擅造律也。"不久，朝廷也感到手实法不便，废除了。三是"托事以讽"。他在地方上看到"有不便于民"的事，就把它记入诗中，"缘诗人之义，托事以讽，庶几有补于国"（苏辙《东坡先生墓志铭》）。他在《和述古冬日牡丹》诗中写道："一朵妖红翠欲流，春光回照雪霜羞。化工只欲逞新巧，不放闲花得少休。"（《和述古冬日牡丹》，见《东坡集》卷五）据苏轼后来在御史狱中供认，这里的"化工"暗指当时的执政大臣；"闲花"喻老百姓；意思是说当时的执政大臣不断斗新逞巧，花样翻新，新法多如牛毛，"令小民不得暂闲"（《东坡乌台诗案》）。

苏轼还从"天下之所以不大治者，失在于任人"的观点出发，指责王安石变法期间的用人。他对神宗说："安石不知人，不可大用。"（《杭州召还乞郡状》，见《东坡奏议集》卷九）他在《上神宗皇帝书》中说，"自古用人，必须历试。虽有卓异之器，必有已成之功"，"必使积劳而后迁"。而当时的情况刚刚相反，"招徕新进勇锐之人，以图一切速成之效"，"多开骤进之门，使有意外之得。公卿侍从，跬步可得"。结果是"近来朴拙之人愈少，而巧进之士益多"。苏轼特别反对把这些"巧进之士"，"新进勇锐之人"派往各地去监督新法的执行。他说，这些人"朝辞禁门，情态即异；暮宿州县，威福便行。驱迫邮传，折辱守宰"，以致弄得"公私烦扰，民不聊生"（《上神宗皇帝书》，见《东坡奏议集》卷一）。王安石变法在当时条件下有一定的进步意义，苏轼反对王安石变法是错误的。但是，王安石变法在实际推行过程中，确实存在不少问题，特别是要依靠腐朽的封建官僚制度来推行新法，必然会出现许多事与愿违的现象。"诏书恻怛信深厚，吏能浅薄空劳苦"（《寄刘孝叔》，见《东坡集》卷七），苏轼这两句诗，反映了宋神宗、王安石的主观意图同客观效果的矛盾。

苏轼还从主张渐变的观点出发，批评神宗"求治太切"。他对神宗说："智者所图，贵于无迹。"要做到"事已立而迹不见，功已成而人不知"。他认为欲速则不达，"其进锐者其退速。若有始有卒（终），自可徐徐，行之十年，何事不立？"（《谏买浙灯状》，见《东坡奏议集》卷一）苏轼一贯反对下猛药，主张慢慢调养。他在密州任上写的《盖公堂记》中说，他的故乡有一个病人求医，这个医生下这种猛药，那个医生下那种猛药，结果"三易医而疾愈甚"。一个老头告诉病人说，这都是"医之罪，药之过"。他要病人"谢医却药而进所嗜"，待元气恢复后再吃点良药。病人遵从了老头的意见，果然逐渐病愈。苏轼接着说，治国也一样，秦国"立法更制"，以镌磨锻炼其民，可谓极矣，结果招致亡国；汉初"一切与之休息而天下安"。这些话显然是针对王安石的"立法更制"而言的。文章盛赞盖公"贵清静而民自定"的思想，对盖公表示了一往情深的仰慕。他说："吾为胶西守，知（盖）公之为邦人也，求其坟墓子孙而不可得，慨然怀之，师其言想见其为人，庶几复见如（盖）公者。"他特地修了盖公堂，"时从宾客僚吏游息其间而不敢居，以待如（盖）公者"（《盖公堂记》，见《东坡集》卷三二）。苏轼希望"贵清静而民自定"的盖公式人物出现，以代替"立法更制"的人物。

如果我们承认变革与变法是两个不完全相同的概念，并研究了苏轼在神宗朝反对王安石变法实践的理由同他在仁宗朝反对王安石变法主张的理由的内在联系，我们就得承认苏轼在仁宗、神宗两朝的政治主张是基本一致的。

苏轼是否因为反对王安石的变法实践，就"自我否定了前此提出的'丰财、强兵、择吏'的改革主张"呢？也没有。仁宗在苏轼兄弟进士及第时曾说，他为子孙得了两宰相；但苏轼一生从来没有取得相位。相反，他在神宗朝遭到王安石党徒的排斥和打击（王安石自己也遭到他的党徒的排斥），在元祐年间遭到司马光、程颐及其党徒的排斥和打击，绍圣年间又遭到已经变质的新党的排斥和打击，他一生在朝廷的时间很少，多数时间是在任地方官。因此他不可能在全国范围推行他的"丰财、强兵、择吏"的改革主张。但"丰财、强兵、择吏"的目的，无非是为了缓和和解决日趋尖锐的阶级矛盾和民族矛盾，巩固北宋王朝的统治。他的二十五篇《进策》，其中《策略》五篇带有总论性质；十七篇《策别》，就是为缓和阶级矛盾而提出的政治、经济、军事等具体改革措施；三篇《策断》，是为解决同辽和西夏等的民族矛盾而提出的具体措施。如果我们回顾一下苏轼一生的政绩，特别是他的地方政绩，就可看出苏轼不但没有"自我否定"他的"丰财、强兵、择吏"的改革主张；而且在他力所能及的范围内，为北宋王朝的"丰财、强兵、择吏"，也就是为缓和与解决当时的阶级矛盾和民族矛盾，作了不少工作。这里就其大端，略举几例：

谏宫灯。熙宁四年（1071）上元节，神宗下令减价收买浙灯四千盏。苏轼上疏反对这种"以耳目不急之玩夺其（民）口体必用之资"。认为"卖灯之民，例非豪民，举债出息，蓄之弥年，衣食之计，望之旬日。陛下为民父母，惟可添价贵买，岂可减价贱酬"！

惩悍吏。苏轼知密州，悍卒以捕盗为名，凶暴恣行，以禁物诬民，闯入民家，争斗杀人，并畏罪溃散，准备作乱。民告于苏轼。苏轼佯装不信，掷书于地，并说："必不至此！"悍卒听说苏轼不予追究，才敢露面。这时苏轼派人把这些残害百姓的悍卒抓来杀了，为民除了害，平了愤（苏辙《东坡先生墓志铭》）。元祐三年（1088）他还曾上书揭发那些以捕盗讨贼为名而残杀百姓的贪官污吏，如童政讨"广东妖贼岑探"，"贼杀平民数千，其害甚于岑探"；"温杲诱杀平民十九人，冤酷之状，所不忍闻"；"蔡州捕盗吏卒，亦杀平民一家五六人，皆妇女无辜，屠割形体，以为丈夫首级，欲以请赏"（《述灾沴，论赏罚及修河事劄子》，见《东坡奏议集》卷五）。苏轼对这些残民者是痛恨的，要求严惩。

防洪水。元丰二年（1079）苏轼知徐州，黄河决口，水汇城下，城墙将溃。城中富民，争先恐后，出城避水。苏轼说："富民若出，民心动摇，吾谁与守？吾在，是水决不能坏城。"（苏辙《东坡先生墓志铭》）他把富民赶进城，并亲率禁卒筑城堵水，两天两夜不停，"过家不入"，徐州得以保全。接着又调役夫增筑城墙，以防水之再至。

救灾民。苏轼出知杭州、密州、徐州时，水、旱、蝗灾一直很严重。但一些地方官吏为了取悦朝廷，不如实报告灾情，"吏不喜言灾者十人而九"。苏轼坚持如实报告灾情，他说："吾为数十万人性命言也。"（《杭州上执政书》，见《东坡后集》卷一四）当时杭州，饥荒瘟疫并作。他一面请求朝廷减免本路上供米三分之一，以此救济饥民；一面派人带着医生"分坊治病"，救活了很多人，减轻了损失。

修水利。苏轼在各地做官都比较注意兴修水利，特别是以疏浚杭州西湖为有名。苏轼熙宁中通判杭州，西湖已淤积十之二三；元祐中知杭州，相距仅十余年，就埋塞过半。当地父老皆言："十年以来，水浅葑横，如云翳空，倏忽便满。更二十年，无西湖矣。"（《乞开杭州西湖状》，见《东坡奏议集》卷七）于是苏轼组织杭州人民开凿漕河，疏浚西湖，种菱湖中，植柳堤上，世称苏堤。苏轼对其他发展生产、改善民生的事也很注意。他贬官黄州时，在"武昌见农夫皆骑秧马"栽秧，大大减轻了劳动强度，"较之伛偻而作者，劳逸相绝矣"。后来他见到一本《禾谱》，"惜其有所缺，不谱农器"，专门写了一首《秧马歌》，"附于《禾谱》之末"（《秧马歌并引》，见《东坡后集》卷四），推广这种半机械化的农具。他在贬官惠州时，广州人饮咸水，容易得病。他就主张从二十里外的蒲涧山用竹筒引淡水供广州人食用，并主张在每根竹筒上钻一小眼，"以验通塞"。他说："道远日久，无不塞之理。若无以验之，则一竿之塞，辄累百竿矣"（《与王敏仲书》，见《东坡续集》卷四）。请看苏轼对能给人民带来实际利益的改革——"机械化"，"自来水"是多么感兴趣，想得又多么周到呵！这是对攻击苏轼顽固保守的"四人帮"御用文人的一记响亮耳光。

增边备。苏轼对辽和西夏的侵扰一贯主张抵抗。他在任边境地方官时，非常注意加强边防。元祐八年（1093），苏轼知定州，见定州军政不严，边备松弛，军士骄惰，军官贪污军饷。他就把这些贪污首犯充军到又远又苦的地方，并修缮营房，整饬军纪，禁止赌博饮酒，加强军事训练。他还主张加强人民自相团结以备边患的弓箭社，使"沿边人民带弓而锄，佩剑而樵"，组织沿边人民武装自卫，使"沿边之民尽为耕战之夫"。

以上事实说明，苏轼不仅在神宗朝，而且在他整个一生中都没有"自我否定"他的"丰财、强兵、择吏"的改革主张。由于他一生从来没有取得过全面推行自己的改革主张的地位，因此只能在他力所能及的范围内作些点滴改良，来缓和阶级矛盾，防止辽和西夏的侵扰，巩固北宋的统治。

三、哲宗朝，苏轼"改变了对新法的态度"吗？

元丰八年（1085）宋神宗去世，年幼的哲宗继位，守旧派的后台高太后垂帘听政，司马光为相，要"尽革熙丰之法"，要一切"皆如旧制"。苏轼不完全同意这些做法，又遭到守旧派的排斥和打击。

苏轼同司马光的分歧主要表现在恢复差役法的问题上。王安石变法前实行差役法，充役的人不习其役，官府又虐使他们，往往弄得役户倾家荡产。王安石改差役法为免役法，使民出钱雇役。苏轼当时曾经反对这一变法，他担心"后世有多欲之君，辅之以聚敛之臣，庸钱不除，差役仍旧"，加重人民负担，"使天下怨毒"（《上神宗皇帝书》，见《东坡奏议集》卷一）。但在密州任上，他的看法已有改变。他一方面看到地方官吏"以免役为名，实欲重敛"，额外征收"宽剩钱"；但同时他又发现"用宽剩钱买民田以募役人"，"民甚便之"（《论给田募役状》，见《东坡奏议集》卷二）。因此，当司马光要废除免役法，恢复差役法时，他就根据自己"亲行其法"的实际经验，反对"骤变免役而行差役"。他对司马光说："差役免役各有利害：免役之害，掊敛民财，十室九空，钱聚于上而下有钱荒之患；差役之害，民常在官，不得专力于农，而贪吏滑胥得缘为奸。此二害轻重，盖略相等。今以彼易此，民未必乐。"苏轼说，免役法在推行过程中确有弊端，主要是征收免役钱过多，并移作他用；但可"去二弊而不变其法"，这样，"法相因则事易成，事有渐则民不惊"。"若其未也，徐更议之，未为晚也"（《辨识馆职策问诸子》，见《东坡奏议集》卷三）。从上述可以看出，苏轼反对司马光恢复差役法的理由，几乎与反对王安石变法的理由完全相同：法不是万能的，"各有利害"，"虽大圣大贤之法不免于有弊"，关键在执法的人是否得当；反对"骤变"，主张"徐更议之"，认为"事有渐则民不惊"。表面上看，苏轼从反对王安石变法到"维护某些新法"，似乎又是一个"自我否定"，又是一个一百八十度的大转弯。实际上，这都是从他的根本政治主张——主张变革，但反对"骤变"；"失在于任人而非法制之罪"这一老观点出发的。表面看似乎苏轼是"动摇"于以王安石为代表的变法派和以司马光为代表的顽固派之间，实际上正是他始终坚持自己的政治主张的表现。

同时，也不应过分夸大了元丰末、元祐初苏轼同王安石间的"敌意的消除"。他们间的个人关系自来不坏，至少王安石并没有因政见不合而欲置苏轼于死地。乌台诗案中，苏轼得以不死，还可能与王安石的营救有关，因为王安石说过"岂有圣世而杀才士者乎"？（周紫芝《诗谳》）后来苏轼从黄州迁汝州，途径金陵，并去拜访退隐多年的王安石，留连累日，唱和甚多，表现了他们间的相互仰慕。但在政治上他们是始终敌对的，即使在哲宗朝，苏轼也没有完全放弃早年反王安石变法的态度。根据如下：（一）在司马光"尽革熙丰之法"时，苏轼曾对司马光说："公所欲行者，诸事皆上顺天心，下合人望，无可疑者。惟役法一事，未可轻议"（《辨试馆职策问诸子》，见《东坡奏议集》卷三）可见苏轼主要反对司马光废除免役法，而对司马光废除其他新法还是赞同的。（二）元祐元年（1086）王安石去世，苏轼为皇帝草拟的《王安石赠太傅敕》中，对王安石的道德文章称颂备至；而对王安石变法，仅用了"用能于期岁之间，靡然变天下之俗"，"属熙宁之有为，冠群贤而首用"（《王安石赠太傅敕》，见《经进东坡文集事略》卷三九）等寥寥数笔带过。这基本上是客观记叙，算不上什么颂词。（三）元祐三年（1088），当郓州学教授周穜上疏主张"以故相王安石配享神宗皇帝"时，苏轼坚决表示反对。他指责王安石的党徒吕惠卿等"或首开边隙，使兵连祸结；或渔利榷财，为国敛怨；或倡起大狱，以倾陷良善。其为奸恶未易悉数，而王安石实为之首"。他甚至说："王安石在仁宗、英宗朝矫诈百端，妄窃大名，或以为可用。惟韩琦独识其奸，终不肯进。使琦不去位，安石何由得志？"读了苏轼攻击王安石的这些话，恐怕很难说他们在政治上消除了敌意吧！苏轼尤其担心王安石的

014

党徒复用，新法复行。他说，吕惠卿之流"虽已退处闲散，而其腹心羽翼布在中外，怀其私恩，冀其复用，为之经营游说者其众，皆矫情匿迹，有同鬼蜮，其党甚坚，其心甚一，而明主不知，臣实忧之。""忧"什么呢？忧"今既稍宽之，后必渐用之。如此不已，惠卿、蔡确之流必有时而用；青苗、市易等法必有时而复"（《论周穜擅议配享自劾诸子》，见《东坡奏议集》卷五）。读了苏轼这些话，恐怕很难说他"改变（了）对新法的态度"吧！尽管苏轼在给滕元发的信中承认自己早年反王安石变法有"偏见"，有"差谬"；尽管他在同司马光的争论中，主张对新法要"较量利害，参用所长"；但决不意味着他完全"改变（了）对新法的态度"。王水照先生说，哲宗朝"苏轼的基本政治倾向是维护某些新法"。我觉得"某些"二字的限制非常确切，非常必要。

苏轼担心"吕惠卿、蔡确之流，必有时而用；青苗、市易等法，必有时而复"并非多余。元祐八年（1093）高太后去世，宋哲宗亲政，重新起用新党。苏轼深感"国是将变"，怕"急功近利之臣"，劝哲宗"轻有改变"，于是向哲宗上书说："古之圣人将有为也，必先处晦而观明，处静而观动，则万物之情毕陈于前。不过数年，自然知利害之真，识邪正之实。然后应事而作，故作无不成。"（《朝辞赴定州论事状》，见《东坡奏议集》卷一四）很明显，这仍然是他的"见得未破，不要下手；俟了了而后行"的"家法"。但是哲宗并没有静观数年，而是立即把他这位老师一贬再贬，最后贬到海南岛。直至哲宗去世，他才遇赦北还，并于第二年病逝于常州。

四、苏轼的特点是"动摇"吗？

不管自觉与否，认识毕竟是实践的产物，是随实践的发展而发展的。我并不否认苏轼在仁宗、神宗、哲宗三朝的政治主张有变化，因为苏轼自己在《辩试馆职策问诸子》中就说，他在三朝的政治主张有不同侧重点。在仁宗朝，他针对当时因循苟且的情况，主要"劝仁宗励精庶政，督察百官，果断而力行"；神宗朝，他针对神宗急于求成的情况，主要劝神宗"宽恕仁厚，含垢纳污，屈己以裕人"；哲宗朝，高太后称制时，"大率行仁宗故事"，而"神宗励精核实之政渐至惰坏"，因此他又强调新法"不可尽废"，应"参用所长"。这就是说，他在历朝都针对当时存在的一些实际问题，提出了一些与当政者不同的意见。他为什么要这样做呢？他说："臣闻圣人之治天下也，宽猛相资；君臣之间，可否相济。若上之所可，不问其是非，下亦可之；上之所否，不问其曲直，下亦否之；则是晏子所谓以水济水，谁能食之？"（《辩试馆职策问诸子》，见《东坡奏议集》卷三）不同的调料，才能做成可口的羹汤；不同的声调，才能构成悦耳的音乐；"宽猛相资""可否相济"，才能达到"圣人之治"。太单调，太划一，没有不同意见，人人都存"观望希合之心"，那是无补于政的。这就是苏轼在各朝唱反调，从而在各朝都遭受打击的原因。苏轼根据不同时期存在的不同问题，而强调问题的不同方面，这种态度恐怕不能说是"动摇"吧！

在我看来，苏轼的政治立场是相当坚定的，他的政治主张是前后一致的。他一生在下述三个问题上从来没有"动摇"过：（一）主张变革，变革的具体内容就是"丰财、强兵、择吏"，也就是要改变当时那种"常患无财"，"常患无兵"，"常患无吏"的状况。在他从政的四十余年中，为此做了不少工作。（二）主张渐变，反对骤变；（三）反对变法，至少反对轻易变法。并且不仅在神宗朝反对变法，而且在仁宗朝、哲宗朝也反对变法。他一生刚正不阿，直言敢谏，"用之朝廷，则逆耳之态形于言；施之郡县，则疾恶之心见于政"（《杭州谢放罪表》，见《东坡集》卷二六）。他一生几起几落，但从不"俯身从众，卑论趋时"，确实做到了"虽死生不变乎己，况用舍岂累其怀"（《登州谢宣召赴阙表》，见《经进东坡文集事略》卷二五），即或生或死都不改变自己已经表明的主张；用与不用，都无伤于他的抱负。苏轼在《定风波·莫听穿林打叶声》一词中写道：

莫听穿林打叶声，何妨吟啸且徐行。竹杖芒鞋轻胜马。谁怕？一蓑烟雨任平生！料峭春风吹酒醒，微冷。山头斜照却相迎。回首向来萧瑟处，归去，也无风雨也无晴。

面对"穿林打叶"的"风雨",苏轼一面"咏啸",一面"徐行",从容不迫,无所畏惧。"飘风不终朝,骤雨不终日。"在苏轼看来,"风雨"终将过去,"斜照"必然"相迎"。这首词是他一生不畏风吹雨打,政治态度坚定的生动的自我写照。

苏轼是一个全能作家,他以自己丰富的多方面的创作实践,为北宋文学革新运动做出了实际成绩。在文学史上,像苏轼这样的全能作家并不多见。李白、杜甫工于诗,而文章平常;韩愈、柳宗元工于文,而诗歌成就不如李、杜;与苏轼同时代的欧阳修、王安石、曾巩、苏洵、苏辙,其文学成就主要在散文方面;其后的陆放翁工于诗,辛弃疾工于词,其文学成就也主要在某一方面。像苏轼那样在诗、词、散文、书画等各个文学艺术领域都有建树,都有创意的作家,在文学史上确实是少见的。但是,长期以来,就因为苏轼反对王安石变法,而不敢对他作充分肯定。特别是在"四害"横行时,据此就给苏轼扣上了"顽固派""保守派""典型投机派"等帽子,更加搅乱了人们的思想。为了恢复苏轼的本来面目,对苏轼做出公正评价,我觉得必须区别变法与变革的概念。王安石主张变法当然是革新派。但革新也不是只此一家,别无分店的。苏轼一生虽然都反对王安石变法,但不能因此就说他反对变革,只是他们的具体变革主张不同而已。因此,我认为不但不应该把苏轼划入"顽固派",也不应把他划作"动摇"的"中间派",而应把他划入革新派。只是他算不上激进的革新派,而是具有更多的改良色彩的革新派。

(原载《文学评论丛刊》1979 年第 3 辑)

论苏轼对释、道态度的前后一致性

苏轼一生深受儒、释、道思想的影响，而以儒家思想为主，这在学术界几乎没有分歧，笔者也无异议。但学术界还普遍认为，苏轼对儒、释、道的态度，前后期各不相同：前期（指贬官黄州以前）主异，认为儒与释、道是对立的；后期（从贬官黄州到去世）主同，融合儒、释、道。这一观点，南宋汪应辰就已提出："东坡初年力辟禅学，其后读释氏书，见其汗漫而无极……始悔其少作。于是凡释氏之说，尽欲以智虑臆度，以文字解说。"（《与朱元晦书》）今人多采此说，如刘乃昌《论佛、老思想对苏轼文学的影响》一文就说："汪氏的说法是有根据的，苏轼由辟佛、老到融合佛、老大抵经历了一个发展过程。"我对此说有些不同看法。说苏轼随着仕途的失意，受释、道影响越来越深，确实是"有根据的"。但是，如果说苏轼前期才"辟佛、老"，后期则"融合佛、老"，前期就没有"融合佛、老"，根据似乎还不够充分。实则苏轼一生在政治上都在"辟佛、老"，而在其他方面他一生又都在"融合佛、老"。总之，他在融其所认为可融，辟其所认为不可不辟。

一

苏轼少年时代起就"奋厉有当世志"（苏辙《东坡先生墓志铭》）。他在《沁园春·赴密州早行马上寄子由》中说："有笔头千字，胸中万卷，致君尧舜，此事何难！"他说："圣人之所为恶乎异端，尽力而排之者，非异端之能乱天下，而天下之乱所由出也。"他认为正是老、庄的"轻天下，齐万物之术"造成了法家的"敢为残忍而无疑"，结果"秦以不祀，而天下被其毒"（《韩非论》）。因此，"申、韩之罪"，是"老聃、庄周之使然"。在《韩愈论》《子思论》中不仅对儒家以外的诸子持排斥态度，而且对儒家内部的异端思想也持排斥态度。他说:"老聃、庄周、杨朱、墨翟、田骈、慎到、申不害、韩非之徒,各持其私说,以攻乎其外,天下方将惑之而不知其所适从。奈何其弟子门人又内自相攻而不决,千载之后学者愈众,夫子之道益晦而不明者,由此之故欤!"他在《荀卿论》中指责荀子"刚愎不逊而自许太过","喜为异说而不逊,敢为高论而不顾",而其门生发展到"焚烧夫子之六经,烹灭三代之诸侯,破坏周公之井田",这是从异端思想可导致亡国的角度讲的。

熙宁二年(1069)苏轼在《议学校贡举状》中指责"今士大夫至以佛、老为圣人,鬻书于市者非老、庄之书不售也";认为"使天下之士能如庄周齐生死,一毁誉,轻富贵,安贫贱,则人主之名器爵禄,所以砺世磨钝者废矣"。这是从佛、老思想不利于宋王朝的统治说的。

治平四年(1067)苏轼守父丧期间所作的《中和相胜院记》是苏轼前期一篇重要的辟佛名作。是文揭示了残酷的剥削压迫是寺僧增多的重要原因,并说:"吾师之所谓戒者,为愚夫未达者设也,若我何用是为!剡其患专取其利,不如是而已矣,又爱其名,治其荒唐之说,摄衣升座,问答自若,谓之长老。吾尝究其语矣,大抵务为不可知,设械以应敌,匿形以备攻,窘则推堕蒙漾中,不可捕捉,如是而已矣。吾游四方,见辄反复折困之,度其所从循而逆闭其途,往往面颈发赤。……吾之于僧慢侮不信如此!"这里斥责佛教义理是"荒唐之说"。嘉祐二年(1057)苏轼兄弟一举进士及第,可谓少年得志。但嘉祐四年(1059),他在南行赴京途中,一面说"蛮荒安可住,幽邃信难耽";一面又说"尽解林泉好,多为富贵酣。试看飞鸟乐,高遁我心甘"。(《入峡》)究竟是高卧"林泉",还是奔走"富贵",他是很矛盾的。嘉祐六年(1061)苏轼应制科试,接着出任凤翔签判。仕途较为顺利,根本没有遇到什么挫折,但却有"何年谢簪绂,丹砂留迅鬐"(《自仙游回……》)的诗句,可见青年时代的苏轼也是很耽于佛、老的。

苏辙在《东坡先生墓志铭》中说:"(苏轼)初好贾谊、陆贽书,论古今治乱,不为空言。既而读《庄子》,喟然叹曰:'吾昔有见于中,口未能言;今见《庄子》,得吾心矣!'……后读释氏书,深悟实相,参之孔、墨,博辨无碍,浩然不见其涯矣。""初""既而""后"等字确实说明了苏轼研读儒、释、道典籍有一个过程，为了应试，他少年时代主要在研读儒家经史，但是，如果把"既而读《庄子》"，"后读释氏书"说成是在贬官黄州以后，这就不符合实际了，事实上苏轼从少年时代起就开始接触释、道著作。他在《子由生日以檀香观音像为寿》中说："君少与我师皇坟，旁资老聃释迦文。"苏辙批判了"学者不可以读天下之杂说"的观点（《上两制诸公书》），声称自己"百氏之书无所不读"（《上韩枢密书》），这也大体可以代表苏轼少年时代的状况。

苏轼"龆龄好道"，他与和尚、道士的交往也始于青少年时代。苏轼八岁入小学就以眉山天庆观道士张易简为师，自称前生是僧（见惠洪《冷斋夜话》何薳《春渚纪闻》），二十岁时与成都僧惟度、惟简结为好友（见《中和相胜院记》），南行赴京有乡僧宗一送行（见《初发嘉州》），入京后又与净因大觉琏师往来密切（见《次韵水官诗》等），通判杭州时更是广交杭州寺僧。而这一切都是贬官黄州以前的事。

与苏轼往来的琏师是一个沟通儒、释、道的僧人："北方之为佛者皆留于名相，囿于因果，以故士之聪明超轶者皆鄙其言，诋为蛮夷下俚之说，琏独指其妙与孔、老合者。其言文而真，其行峻而通，故一时士大夫喜从之游。"（《宸奎阁碑》）这段话很重要，苏轼及当时的士大夫喜与游者并不是那些"留于名相、囿于因果"，被他们"诋为蛮夷下俚之说"的俗僧，而是能指出佛说之妙"与孔、老合者"的儒僧。由此不难看出，前面说到的那篇以辟佛激烈著称的《中和相胜院记》实际是针对俗僧而言的。因为在同一篇文章中，他对学问渊博的文雅大师惟度和办事精敏谨严的宝月大师惟简，都表示了极大的敬意，称"二师皆吾之所爱"。尤其值得注意的是这篇文章中的"剟其患专取其利"一语，这可说是苏轼一生对释、道的根本态度。苏轼在凤翔应成都文慧大师所请作的《清风阁记》说："所谓身者，汝之所寄也；而所谓阁者，汝之所以寄所寄也。身与阁，汝不得有，而名乌乎施？名将无所施，而安用记乎？……不亦惑欤！"这与他在《后怪石供》中的万物皆幻的观点如出一辙。杭州所作《大悲阁记》，批判了空言道而不愿研究具体问题的"今世之学"；在徐州所作的《送参寥师》意在说明参寥作为僧人，追求苦行空寂，早已心如死灰，身如枯井，为什么像我辈一样追求文字之工，发出豪猛之气的缘由。诗的后一部分回答了这个问题:"细思乃不然,真巧非幻影。欲令诗语妙,无厌空且静。静故了群动,空故纳万境。阅世走人间,观身卧云岭。咸酸杂众好,中有至味永。诗法不相妨,相语更当请。"在苏轼看来,诗人和僧人至少有两点是相通的,一是"空且静",空而不为成见所蔽才能纳万境于心,静而不为动所扰才能洞察万物的纷纭变化。二是"走人间","卧云岭",这既是僧人之所好,也是诗人之所喜。苏轼这里直接说的是诗人和佛法"不相妨",但与儒、佛"不相妨"的观点实际是相通的。

苏轼在贬官黄州以前就用道家清静无为的思想反对新法的扰民,这是大家所熟知的。早在熙宁二年(1069)《上皇帝书》中,他就以道家的养生说喻政:"善养生者慎起居,节饮食,道引关节,吐故纳新,不得已而用药,则择其品之上,性之良,可以久服而无害,则五脏和平而寿命长。不善养生者,薄节慎之功,迟吐纳之效,厌上药而用下品,伐真气而助强阳,根本以空,僵仆无日。天下之势,与此无殊。"《问养生》说:"余问养生于吴子,得二言焉,曰和曰安。"这和、安二字,既是养生之术,也是为政之术。苏轼在贬官黄州以前,就已经用老、庄思想作为自己的处世态度,他说:"人之所欲无穷,而物之可以足吾欲者有尽。美恶之辨战乎中,而去取之择交乎前,则可乐者常少,而可悲者常多。"而他之所以"无所往而不乐者,盖游于物之外也"(《超然台记》)。有趣的是,苏轼辟佛最激烈的《中和相胜院记》和宣扬儒、道相通最彻底的《庄子祠堂记》,均作于贬官黄州以前,元丰元年苏轼在徐州任上所作的《庄子祠堂记》认为庄子"诋訾孔子之徒,以明老子之术",这只是"知庄子之粗者"。他提出了一个相反的观点,认为"庄子盖助孔子者","庄子之言皆实予而阳不予,阳挤而阴助之"。甚至认为《庄子·天下篇》,"论天下道术,自墨翟、禽滑釐、彭蒙、慎到、田骈、关尹、老聃之徒,以至于其身,皆以为一家,而孔子不与",都是尊崇孔子到极点的表现("其尊之也至矣")。这比认为儒、道的某些思想可以相通的观点还要彻底得多。

二

苏轼从贬官黄州起,受佛、老思想的影响确实更深了。他在《黄州安国寺记》中说："道不足以御气，性不足以胜习，不锄其本而耘其末，今虽改之，后必复作。盍（何不）归诚佛僧，求一洗之？得城南精舍曰安国寺，有茂林修竹，陂池亭榭。间一二日辄往焚香默坐，深自省察，则物我相忘，身心皆空，求罪始所从生而不可得，一念清静，染污自落，表里倏然，无所附丽，私窃乐之。"这段自白，既说明了佛学使他暂时忘记人间烦恼，又说明了佛学并不能为他提供人生答案。

贬官黄州以后，苏轼关于儒、释、道可以相通的言论也更多、更鲜明了。元祐年间他曾说："道家者流本于黄帝老子，其道以清静无为为宗，以虚明应物为用，以慈俭不争为行，合于《周易》'不思不虑'，《论语》'仁者静寿'之语"（《上清储祥宫碑》）；"舜、禹之心以奉先为孝本；释、老之道以损王为福田"（《贺储成降德音表》）："孔、老异门，儒、释分宫。又于其间，禅律相攻。我见大海，有北南东。江河虽殊，至海则同。"（《祭龙井辨才文》）贬官岭南时他也说："相反而相为用，儒与释皆然。""宰相行世间法，沙门行出世间法，世间即出世间。""儒、释不谋而同。"（《南华长老题名记》）他在《跋子由〈老子解〉后》中甚至说："使战国时有此书，则无商鞅、韩非；使汉初有此书，则孔、老为一；晋宋间有此书，则佛、老不为二。"

这是否表明苏轼对释、道的态度发生了根本性的变化呢？没有，理由如下：

第一，他对佛教的"荒唐之说"的态度未变。苏轼在《黄州安国寺记》中说他"归诚佛僧"。他所归诚的佛僧是什么佛僧呢？这从同样作于黄州的《答毕仲举书》中不难找到答案。他说："佛书旧亦尝看，但闭塞不能通其妙，独时取粗浅假说以自洗濯。若农夫之去草，旋去旋生，虽若无益，然终愈于不去也。……仆尝语述古：'公之所谈，譬之饮食龙肉也，而仆之所食猪肉也。猪之与龙则有间矣，然公终日食龙肉，不如仆之食猪肉，实美而真饱也。'不知君所得于佛书者果何耶？为出生死、超三乘、遂作佛乎，抑尚与仆非俯仰也？学佛、老书，本期于静而达。静似懒，达似放，学者或未至其所期，而先得其所似，不为无害。仆常以此自疑，故亦以为献。"苏轼在《中和相胜院记》中区别了被他"反复折困"得"面颈发赤"之僧和他"所爱"的

惟度、惟简二僧，在《宸奎阁碑》中他区别了佛教中的"蛮夷下俚之说"和
"妙与孔、老合"之说，这里他以"食龙肉"与"食猪肉"为喻，也区别了对
佛学的两种不同态度。

第二，苏轼在政治上继续"辟佛、老"，他在元祐年间所作的《居士集
叙》就是明证。在这篇《叙》中，一开头就提出："夫言有大而非夸，达者信
之，众人疑焉。"接着他举例说："孔子曰：'天之将丧斯文也，后死者不得与
于斯文也'。孟子曰：'禹抑洪水，孔子作《春秋》而予距杨、墨。'"一般人
对此是怀疑的："禹之功与天地并，孔子、孟子以空言配之，不已夸乎？"苏
轼深信不疑，他从正反两面论证了孔、孟之功可以"配禹"。从正面看："自
《春秋》作，而乱臣贼子惧；孟子之言行，而杨、墨之道废。"从反证看："孟
子既没，有申、商、韩非之学，违道而趣利，残民以厚生。……秦以是丧天
下，陵夷至于胜、广之祸，死者十八九，天下萧然。洪水之患，盖不至此
也。"这与他早年在《韩非论》中所说的老、庄导致申、韩，申、韩造成"秦
以不祀，天下被其毒"的观点是一致。苏轼在《叙》中还说："自汉以来，道
术不出于孔氏而乱天下者多矣。晋以老、庄亡，梁以佛亡。"他以此证明韩
愈、欧阳修辟佛之功。

第三，在治学上苏轼后期的主要精力并未花在研究释、道方面，而仍然
花在研究儒家典籍上。苏洵晚年曾著《易传》，未成而卒，命苏轼继其志。苏
轼贬官黄州期间，不允许他过问政事，他才有时间著书。他在《与滕达道书》
中说："某闲废，无所用心，专治经书，一二年间，欲了却《论语》《书》
《易》。"但看来苏轼在黄州只完成了《易传》和《论语说》，因为他在《黄州
上文潞公书》中说："到黄州无所用心，辄复覃思于《易》《论语》，端居深
念，若有所得。遂因先子之学，作《易传》九卷，又自以意作《论语说》五
卷。……《易传》文多，未有力装写，独致《论语说》五卷。公退闲暇，一
为读之，就使无取，亦足见其穷不忘道，老而能学也。"贬官岭南，他又重操
旧业，不但进一步修改了《易传》和《论语说》，而且完成了《书传》十三
卷，并计划著《志林》（史论）一百篇，但仅完成十三篇（见邵博《闻见后
录》卷一二）。苏轼在岭南著书很勤苦，他说："弃书事君四十年，仕不顾留

书绕缠。自视汝与丘孰贤？《易》苇三绝丘犹然，如我当以犀革编。"（《夜梦》）以上材料说明苏轼两次贬官期间的主要精力和心血都是花在研究、阐释儒家典籍上的。儒家经典他阐释了三部，而《老子》《庄子》和佛书，他却一部也没有作过传注。这充分说明，释、道思想对苏轼后期的影响虽较前期更显著，但儒家思想始终仍占主导地位。说"他的后半生""真正接受了禅宗的思想"，是不符合实际的。

三

苏轼一生在政治上"辟佛、道"，有其深刻的社会原因。佛教在唐代和五代都很发达，寺院占有大量土地和人口，严重影响了国家的财政收入，因此韩愈大力辟佛，五代周世宋还曾下令废除寺院，禁度僧尼。宋太祖赵匡胤和太宗、真宗都很佞佛，僧尼一度达四十余万。以"致君尧舜"为己任的苏轼，为了巩固宋王朝的统治，自然要向统治者敲起"晋以老、庄亡，梁以佛亡"的警钟了。

另外，儒、道两家是中国土生土长的，早在春秋时候就已形成。佛教是东汉时自印度传入的。在儒、释、道长期并存的过程中，它们相互斗争而又相互汲取营养，到宋代更有儒、释、道三教合一的趋势。试把王安石的《庄周》同苏轼的《庄子祠堂记》作一比较，就可看出他们的观点非常接近。王安石在《涟水君淳化院经藏记》中说："有见于无思无为，退藏于密，寂然不动者，中国之老、庄，西域之佛也。既以此为教天下而传后世，故为其徒者，多宽平而不忮，质静而无求。不忮似仁，无求似义。"这更是公开主张儒、道有相似之处。宋代的理学家虽然以正统自居，排斥佛、老，但他们所宣扬的"存天理，灭人欲"，实际就是佛、道鼓吹的禁欲主义。宋代理学是在吸收释、道禁欲主义的基础上集中宣传封建的三纲五常的新儒学。他们虽自称淳儒，实际却"出入于佛、老"。苏轼生活于理学家和反理学家或暗自偷运或公开兜售佛、老思想的时代，生活于"士大夫至以佛、老为圣人"的时代，他当然也不可能超尘出世。

苏轼深受佛、老影响也与他的家庭环境有关，他的父母都是信仰佛、道的。苏洵二十二岁时游成都玉局观，买得一幅张仙画像，迷信者以为祀之能令人有子。当时苏洵"尚无子嗣，每旦必露香以告"。后来生下"皆嗜书"的苏轼兄弟，他相信这是他的祷告之功，还专门写了一篇《题张仙画像》来"记其本末，使异时祈嗣者于此加敬"。苏轼的母亲和前妻王弗也是这样，例证不再胪列。在这样的社会环境和家庭气氛中生活的苏轼，自然受其影响。

　　苏轼深受佛、老思想影响更与他坎坷不平的经历分不开。由于历代统治者多提倡儒术，多数的读书人不得不研读儒家经典以求仕进。但如果仕途不适意，他们往往又用释、道思想来自我安慰。苏轼一生卷入了新旧党争中，他既把佛、老思想作为反对新旧两党的工具之一，他的《盖公堂记》显然是为新党扰民而发，《上清储祥宫碑》也是为旧党生事而发；又把佛、老思想作为他解脱不安于朝，不断贬官的精神苦闷的工具，作为他的处世哲学。苏轼在贬官期间尝尽了世态炎凉，人情冷暖，"平生亲友无一字见及，有书与之亦不答"，甚至对他落井下石，乘机"推骂"（《答李端叔书》）。但是，正是苏轼在贬官黄州时，成都僧惟简派悟清来看他，绵竹道士杨世昌，眉山道士陆惟忠亦不远千里相访，庐山佛印禅师遣使存问，杭州参寥子来陪他同居贬所一年有余。这使苏轼深感僧、道之谊往往超过世俗之谊。苏轼以后谪居岭南，一家骨肉分居数处。诸子不闻苏轼消息，忧愁无聊。苏州定慧院僧卓契顺对苏轼长子苏迈说："子何忧之甚？惠州不在天上，行即到耳。当为汝将书问之。"契顺于是"涉江度岭，徒行露宿，僵仆瘴雾，鼍面茧足，以至惠州，得书径还"。苏轼问其所求，契顺回答说："惟无所求，而后来惠州；若有求，当走都下矣。"（《书〈归去来词〉赠契顺》）世外僧、道这种"道德高风"，确实足以感天地，动鬼神，千载之下仍令人景仰，何况身处其境的苏轼呢？

（原载《天府新论》1985 年第 2 期）

论宋人对苏轼的批评

　　宋人对苏轼的评价，大体可分为四个阶段。在苏轼入仕以前，得到的是众口一词的好评；在入仕以后，特别是在卷入变法派与反变法派的斗政争后，是毁誉相参。政治上有毁有誉，乌台诗案、贬官黄州、远谪岭南以及他死后的徽宗朝，可说毁大于誉，但即使政敌仍不得不称许其文才，其师友门生对他的评价更未受政治因素的影响。在南宋前期，宋王朝鉴于北宋灭亡的教训，痛定思痛，认为是王安石变法导致北宋灭亡，故对反对王安石变法的苏轼特别推崇；南宋中叶以后，尘埃落定，对苏轼的评价渐趋冷静客观，既对他作充分肯定，也有人指出其不足。宋孝宗《苏文忠公赠太师制》云："方嘉祐全盛，尝膺特起之招；至熙宁纷更，乃陈长治之策。叹异人之间出，惊谗口之中伤。放浪岭海，而如在朝廷；斟酌古今，而若斡造化。不可夺者，嶷然之节；莫之至者，自然之名。经纶不究于生前，议论常公于身后。人传元祐之学，家有眉山之书。朕三复遗编，久钦高躅。王佐之才可大用，恨不同时；君子之道暗而彰，是以论世。"（《经进东坡文集事略》卷首，文学古籍刊行社校点本）"经纶不究于生前，议论常公于身后"二语，正好用来概括宋人甚至历代对苏轼"生前""身后"的评价。

　　限于篇幅，本文对宋人对其政治上的褒贬及对其诗文词的推崇，基本上存而不论，而着重论述宋人对苏轼的各种批评，有因文学流派不同而批评苏轼者，有因学术思想不同而批评苏轼者，还有从考据学角度批评苏轼者。但与北宋不同，几乎不再有从政治、人品角度批评苏轼。苏、黄最足以代表宋诗风貌，透过他们对苏轼的批评，尤可看出宋人自己对宋诗风貌的冷静估价。

一

　　从文学角度批评苏轼，北宋就开始了，包括他的亲友门生，王应麟云：

"东坡文章好讥刺,文与可戒以诗云:'北客若来休问事,西湖虽好莫吟诗。'晚年郭功父寄诗云:'莫向沙边弄明月,夜深无数采珠人。'"(《困学纪闻》卷一八,四部丛刊三编本)黄庭坚在《答洪驹父书》说:"东坡文章妙下,其短处在好骂。"(《豫章黄先生文集》卷一九,四部丛刊本)陈师道亦云:"苏诗始学刘禹锡,故多怨刺,学不可不慎也。"(《后山诗话》,历代诗话本)文、郭皆其亲友,黄、陈为其门生。

苏诗滑稽好谑,蔡絛《诗评》云:"东坡诗天才宏放,宜与日月争光。凡古人所不到处,发明殆尽,万斛泉源,未为过也。然颇恨方朔极谏,时杂以滑稽,故罕逢酝藉。"(胡仔《苕溪渔隐丛话》后集卷三三引,人民文学出版社)吕本中云:"东坡长句波澜浩大,变化不测,如作杂剧打猛诨入,却打猛诨出也。"(《童蒙诗训》,宋诗话辑佚本)黄彻云:"坡有'试问高吟三十首,何如低唱两三杯',又'譬如长鬣人,不以长为苦。归来被上下,一夜著无处'。《大觉真赞》云:'书生大抵多穷相,金眼除非是党公。'皆笑林语也。"(《碧溪诗话》卷四,历代诗话续编本)其卷八还批评苏诗与白诗一样多写歌妓:"乐天《九日思杭州》云:'笙歌委曲声延耳,金翠动摇光照身。'子瞻有《怀钱塘》云:'剩看新番眉倒晕,未应泣别脸销红。'梨园耆旧,何遽忘之耶?徐考其集,白《送姚杭州赴任因思旧游》云:'闾里固宜勤抚恤,楼台亦要数跻攀。'苏亦云:"细雨晴时一百六,画船箫鼓莫违民。'是未尝无意于民庶也。然白又有'故妓数人凭问讯,新诗两首倩留传',坡又有'休惊岁岁年年貌,且对朝朝莫莫人',大抵淫乐之语,多于抚养之语耳。夫子称未见好德如好色,而伤之曰'已矣乎'。二公未能免俗,余人不必言。"

南宋前期的诗坛围绕江西诗派而争论,有发展江西诗说和反对江西诗说两种倾向。南宋前期属于江西诗说一派的诗话有《许彦周诗话》《珊瑚钩诗话》《竹坡诗话》《藏海诗话》《风月堂诗话》《艇斋诗话》《诚斋诗话》等。这些诗话苏黄都推崇,但更推崇黄。

《许彦周诗话》有历代诗话本,许颢撰。颢字彦周,襄邑(今河南睢县)人。生卒年不详。年十七曾在金陵与李端叔游,重和中在洪州,宣和中游嵩山,后又与释惠洪在长沙谈诗说艺,颇多唱和。进士及第,绍兴初调官未遂,绍兴二十年曾为儒林郎、永州军事判官。其人善诗画，喜戏谑，通禅理。建炎二年作《许彦周诗话》一卷，兼有评论、考释、记事性质。他论诗推崇苏、黄，尤其推崇黄："东坡诗不可指摘轻议，词源如长河大江，飘沙卷沫，枯槎束薪，兰舟绣鹢，皆随流矣；珍泉幽涧，澄泽灵沼，可爱可喜，无一点尘滓"；"鲁直作诗，用事押韵，皆超妙出人意表"，"精妙明密，不可加矣"。他认为要作好诗，"读书不厌多"，只有"熟读唐李义山诗与本朝黄鲁直诗而深思焉"，才能去掉"作诗浅易鄙陋之气"。李商隐是宋初西昆派所推崇的，他把李商隐与黄庭坚相提并论，可见他已看出江西诗派与西昆派的关系。《四库全书总目·彦周诗话》提要称此书"宗元祐之学，故所述苏、黄绪论为多。其品第诸家，颇为有识"，是完全符合实际的。但他对江西派诗风也并不完全赞同，反对在诗中堆砌典故："凡作诗正尔填实，谓之点鬼簿，亦谓之堆垛死尸。"

《竹坡诗话》有历代诗话本，周紫芝撰。紫芝（1081—?）字少隐，自号竹坡居士，宣城（今属安徽）人。绍兴中进士及第，曾任枢密院编修官，出知兴国军。著有《太仓稊米集》七十卷。其《竹坡诗话》论诗多主江西派诗说，认为"凡诗人作语，要令事在语中而人不知"；"自古诗人文士，大抵皆祖述前人作语"。他喜用"点铁成金"语评诗，如"山谷点化前人语入诗，而其妙如此，诗中三昧手也"；也很推崇苏轼："白乐天《长恨歌》云：'玉容寂寞泪阑干，梨花一枝春带雨。'人皆喜其工，而不知其气韵之俗也。东坡作送人小词云：'故将别语调佳人，要看梨花枝上雨。'虽用乐天语，而别有一种风味，非点铁成金手，不能为此也。"全书以很大篇幅考证故实和词语出处，也显然受江西诗派"无一字无来历"的影响。

《藏海诗话》有历代诗话续编本，吴可撰。可字思道，号藏海居士，金陵（今江苏南京）人。生卒年不详，宣和末官至团练使，责授武节大夫致仕。论诗多袭苏轼之说，如"凡文章先华丽而后平淡"，"方少则华丽，年加长渐入平淡也"，这正是苏轼所说的"凡文字，少小时须令气象峥嵘，采色绚烂。渐老渐熟，乃造平淡"（苏轼《与侄书》）。又多袭江西派诗说，提倡学杜，如"学诗当以杜为体，以苏、黄为用"；"诗且以数家为率，以杜为经，余为兼经也"。他还喜欢以禅喻诗，提倡顿悟："凡作诗如参禅，须有悟门。少从荣天和学，尝不解其诗云：'多谢喧喧雀，时来破寂寥。'一日于竹亭中坐，忽有群雀飞鸣而下，顿悟前语，自尔看诗，无不通者。"

《风月堂诗话》，有中华书局 1988 年校点本，朱弁撰。弁（？—1144）字少章，自号观如居士，徽州婺源（今属江西）人。少颖悟，读书日数千言。既冠入太学，晁说之奇其诗，妻以兄女。第进士。靖康之乱，家破南归。建炎初，奋身自献，奉使金国，拘于云中十六年，守节不屈，拒仕刘豫，拒受金官。绍兴三年和议成，弁得归。十四年卒。为文慕陆贽，援据精博，曲尽事理。诗学李义山，词气雍容，不蹈险怪奇涩之弊。所著《风月堂诗话》二卷，论诗推崇苏、黄："东坡文章至黄州以后，人莫能及，惟黄鲁直诗时可以抗衡；晚年过海，则虽鲁直亦瞠乎其后矣"；"西昆体句律太严，无自然态度，黄鲁直深悟此理，乃独用昆体功夫而造老杜浑成之地"。"句律太严，无自然态度"也正是江西诗派末流的弊端，故力倡自然以救其弊："诗人胜语，咸得于自然，非资博古。……大抵句无虚词，必假故实；语无空字，必究所从。拘挛补缀而露斧凿痕迹者，不可与论自然也。"

葛立方《韵语阳秋》二十卷，有四库全书本，也是一部推崇苏、黄而又欲救其失的著作。立方（？—1164）字常之，号懒真子，其先丹阳（今属江苏）人，后徙吴兴（今浙江湖州），"世为儒家"（《宋史·葛宫传》）。绍兴八年进士，官至吏部侍郎。著有《归愚集》《西畴笔耕》。《韵语阳秋》篇幅较长，内容繁杂，大体以类相从，以记事、考释居多，诗学见解主要集中在前二卷中。论诗显受江西诗派影响，如"欲下笔，当自读书始'；"诗家有换骨法，谓用古人意而点化之，使加工也"。但他主张"浑然天成"，不满江西诗派的刻意求奇，其自序云："谢朝华之已披，起夕秀于未振，学诗者尤当领此。陈腐之语，固不必涉笔，然求去其陈腐不可得，而翻为怪怪奇奇、不可致诘之语以欺人，不独欺人而且自欺，诚学者之大病也。"他力主诗贵平淡："陶潜、谢朓诗皆平易有思致，非后来诗人怵心刿目雕琢者所为也。"但平淡并不等于"拙易"："大抵欲造平淡，当自组丽中来，落其芳华，然后可造平淡之境。如此则陶、谢不足进矣。今人多作拙易诗，而自以为平淡，识者未尝不绝倒也。"（卷一）此亦苏轼之说。

二

自北宋中叶，宋诗形成有别于唐诗的风貌以来，南宋的诗话不仅有宗苏、宗黄之异，而且还有宗宋与宗唐之别，如张戒的《岁寒堂诗话》、黄彻的《䂬溪诗话》、姜夔的《白石道人诗说》等，都不满宋诗，而提倡唐诗，立论与江西诗派迥异，并更富有理论色彩，把宋诗话发展到一个新的高度。

张戒字定甫（一作定复），正平（今山西新绛）人。生卒年不详。宣和六年进士。绍兴年间曾为监察御史、殿中侍御史、司农少卿。所著《岁寒堂诗话》二卷，有四库全书本。上卷以探讨诗歌理论为主，兼论历代诗人诗作；下卷为杜诗篇评。全书着重阐明自己的诗歌见解，不涉杂事，是一部理论性较强的诗话。他论诗以言志为本，开卷即云："建安陶、阮以前诗，专以言志；潘、陆以后诗，专以咏物；兼而有之者，李、杜也。言志乃诗人之本意，咏物特诗人之余事。"唐宋诗人，他最推崇杜甫，对苏轼等人都有微词。他说："王介甫只知巧语之为诗，而不知拙语亦诗也。山谷只知奇语之为诗，而不知常语亦诗也。欧阳公诗专以快意为主，苏端明诗专以刻意为工，李义山诗只知有金玉龙凤，杜牧之诗只知有绮罗脂粉，李长吉诗只知有花草蜂蝶，而不知世间一切皆诗也。惟杜子美则不然，在山林则山林，在廊庙则廊庙，遇巧则巧，遇拙则拙，遇奇则奇，遇俗则俗，或放或收，或新或旧，一切物，一切事，一切意，无非诗者。故曰'吟多意有余'，又曰'诗尽人间兴'，诚哉是言。"他反对苏、黄以议论为诗："《国风》《离骚》固不论，自汉、魏以来，诗妙于子建，成于李、杜，而坏于苏、黄。余之此论，固未易为俗人言也。子瞻以议论作诗，鲁直又专以补缀奇字，学者未得其所长，而先得其所短，诗人之意扫地矣。……苏、黄习气净尽，始可以论唐人诗；唐人声律习气净尽，始可以论六朝诗；镌刻之习气净尽，始可以论曹、刘、李、杜诗。"反对苏、黄以用典为博，以押韵为工："诗以用事为博，始于颜光禄而极于杜子美；以押韵为工，始于韩退之而极于苏、黄。……苏、黄用事、押韵之工，至矣尽矣，然究其实，乃诗人中一害，使后生只知用事、押韵之为诗，而不知咏物之为工，言志之为本也，风雅自此扫地矣。"

黄彻（? —1159）字常明，莆田（今属福建）人。与张戒同为宣和六年进上，历任辰州辰溪县丞、县令、源州军事判官、麻阳、嘉鱼、平江县令，后因忤权贵而弃官归里。《䂬溪诗话》，有历代诗话续编本，其自序云："予宦游湖外十余年，拙直忤权势，投印南归。自寓兴化之䂬溪，闭门却扫，无复功名意，不与衣冠交往者五年矣。平居无事，得以文章自娱，时阅古今诗集，以自遣适。故凡心声所底，有诚于君亲，厚于兄弟朋友，嗟念于黎元休戚及近讽谏而辅名教者，与予平日旧游所经历者，辄妄意铺凿，疏之窗壁间。未几，钞录成帙，而以《䂬溪诗话》名之。至于嘲风雪，弄草木而无与于比兴者，皆略之。"这里交代了写作此书的背景和主旨。"近讽谏而辅名教"，就是他评诗的着眼点，因此全书对杜甫十分推崇。黄庭坚批评苏诗云："诗者，人之性情也，非强谏诤于庭，怨詈于道，怒邻骂座之所为也。"黄彻反驳道："余谓怒邻骂座固非诗本旨，若《小弁》亲亲，未尝无怨；《何人斯》'取彼谗人，投畀豺虎'，未尝不愤。谓不可谏诤，则又甚矣，箴规刺诲，何为而作？古者帝王尚许百工各执艺事以谏，诗独不得与工技等哉？故谲谏而不斥者，惟《风》亦然。……忠臣义士欲正君定国，惟恐所陈不激切，岂尽优柔婉晦乎？"（卷十）这里不只反驳黄，而且反了儒家温柔敦厚的诗教，这是十分大胆的。江西诗派论诗多强调读书的作用，黄彻则认为读书、阅历都很重要，他说："书史蓄胸中，而气味入于冠裾；山川历目前，而英灵助于文字。太史公南游北涉，信非徒然。"

姜夔（1155? —1221?）字尧章，号白石道人，饶州鄱阳（今属江西）人。终生不仕。淳熙十三年南游长沙，浮湘江，登衡山，赴吴兴，居苕溪白石洞天附近，自号白石道人。中年以后，长居临安，来往江、浙、赣、皖，卒于临安。著有《白石道人诗集》《白石道歌曲》等。在学诗上，他也经历了从江西诗派入手到摆脱江西诗派的过程。《白石道人诗集自序》自谓早年"三薰三沐师黄太史氏，居数年，一语不敢吐，始大悟学既病，顾不若无所学之为得，虽黄诗亦复偃然高阁矣"。《白石道人诗说》，有人民文学出版社1983年校点本，正是他出入江西诗派的创作经验总结，提出了气象、体面、血脉、韵度、布置、精思、用事、活法、含蓄、意格、句法、高妙等一系列范畴和法则，实际都在纠正以苏、黄为代表的宋诗弊端。他说："大凡诗，自有气象、体面、血脉、韵度。气象欲其浑厚，其失也俗；体面欲其宏大，其失也狂；血脉欲其贯穿，其失也露；韵度欲其飘逸，其失也轻"；"语贵含蓄……若句中无余字，篇中无长语，非善之善者也；句中有余味，篇中有余意，善之善者也"；他既反对过分雕刻，也反对粗制滥造："雕刻伤气，敷演露骨。……人所易言，我寡言之；人所难言，我易言之，自不俗。"他既讲变化，又讲法度："波澜开阖，如在江湖中，一波未平，一波已作；如兵家之阵，方以为正，又复是奇，方以为奇，忽复是正。出入变化，不可纪极，而法度不可乱。"他对诗体作了简明扼要的分类："守法度曰诗，载始末曰引，体如行书曰行，放情曰歌，兼之曰歌行，悲如蛩螀曰吟，通乎俚俗曰谣，委曲尽情曰曲。"此书篇幅很短，却不涉纪事、考证，也不标举诗作诗句，全为谈理说法，极具理论价值。诗话自产生以来，像他这样不枝不蔓、简明中肯地论说诗法，还是第一部。

南宋后期，江西诗派仍有一定影响，但已是永嘉四灵和江湖派的天下，他们改学晚唐，"猥杂细碎，诗以大敝"。（《四库全书总目·唐诗品汇》提要）因此出现了以否定宋诗著称于世的严羽的《沧浪诗话》。

严羽字仪卿，一字丹邱，号沧浪，邵武（今属福建）人。为人粹温中有奇气，终生不仕，早年家居，后避乱江西，乱后还乡，再度出游，足迹远至川鄂，晚年隐居于乡，不知所终。《沧浪诗话》有人民文学出版社1983年校点本，分为五门：诗辩、诗体、诗法、诗评、考证，末附《答吴景先书》。论诗推崇盛唐，谓诗之众体至唐始备。他以禅喻诗，提倡妙悟，反对宋诗的议论化、散文化倾向，对苏、黄和江湖派都深表不满，认为："夫诗有别材，非关书也；诗有别趣，非关理也。然非多读书，多穷理，则不能极其至，所谓不涉理路，不落言筌者上也。诗者，吟咏情性也。盛唐诸人，惟在兴趣，羚羊挂角，无迹可求。故其妙处，透彻玲珑，不可凑泊。如空中之音，相中之色，水中之月，镜中之象，言有尽而意无穷。近代诸公乃作奇特解会，遂以文字为诗，以才学为诗，以议论为诗。夫岂不工，终非古人之诗也，盖于一唱三叹之音，有所歉焉。且其作多务使事，不问兴致，用字必有来历，押韵必有出处，读之反复终编，不知着到何处。其末流甚者叫噪怒张，殊乖忠厚之风，殆以骂詈为诗。诗而至此，可谓一厄也。然则近代之诗无取乎？曰有之，我取其合于古人者而已。国初之诗，尚沿袭唐人，王黄州学白乐天，杨文公、刘中山学李商隐，盛文肃学韦苏州，欧阳公学韩退之古诗，梅圣俞学唐人平淡处。至东坡、山谷始自出己意以为诗，唐人之风变矣。"（《沧浪诗话·诗辩》）他在《答吴景仙书》中说："（吴景仙）又谓盛唐之诗'雄深雅健'，仆谓此四字但可评文，于诗则用'健'字不得，不若《诗辩》'雄浑悲壮'之语为得诗之体也。毫厘之差，不可不辨。坡、谷诸公之诗，如米元章之字，虽笔力劲健，终有子路未事夫子时气象。盛唐诸公之诗，如颜鲁公书，既笔力雄壮，又气象浑厚，其不同如此。只此一字，便见我叔脚根未点地处也。"

严羽对自己的诗论十分自负："仆之《诗辩》，乃断千百年公案，诚惊世绝俗之谈，至当归一之论。其间说江西诗病，真取心肝刽子手。以禅喻诗，莫此清切。是自家实证实悟者，是自家闭门凿破此片田地，即非傍人篱壁，拾人涕唾得来者。"其论也确实为历代论诗者所信服，李东阳云："严沧浪所论超离尘俗，真若有所自得，反复譬说，未尝有失。"（《怀麓堂诗话》，嘉庆八年重镌本）和春《正德王氏本沧浪严先生吟卷跋》云："惜哉！《诗辩》等作，其识精，其论奇，其语峻，其旨远，断自一心，议定千古。至于指妙悟为入门，取上乘为准则，陋余子为声闻，评辨考证，种种诣极，故谈者尚焉。……噫，识诗者宋季以来无逾沧浪。"（《沧浪诗话·诗辩》附录）胡应麟云："南渡人才，远非前宋之比，乃谈诗独冠古今。严羽卿崛起烬余，涤除榛棘，如西来一苇，大畅玄风。昭代声诗，上追唐、汉，实有赖焉。"（《诗薮》杂编卷五，上海古籍出版社）毛晋《沧浪诗话跋》云："诸家诗话，不过月旦前人，或拈警句，或拈瑕句，聊复了一段公案耳。惟沧浪先生《诗辩》《诗体》《诗法》《诗评》《诗证》五则，精切简妙，不袭牙后。其《与临安表叔吴景先》一书，尤诗家金针也。"毛先舒云："严仪卿生宋代，能独睹本朝诗道之误，谓'近代诸公乃作奇特解会，遂以文字、才学、议论为诗，于一唱三叹之音，有所歉焉。其末流甚者叫噪怒张，乖忠厚之风'。论眉山、江西，亦

可称沉着痛快，真夐绝之识，其书之足传宜也。"（《诗辩坻》卷三，清诗话续编本）

严羽所谓"以文为诗，以才学为诗，以议论为诗"的著名批评，就苏诗而论，可说有三种情况：一是苏诗也具有"以文为诗，以才学为诗，以议论为诗"的特点，如《观鱼台》："欲将同异较锱铢，肝胆犹能楚越如。若信万殊归一体，子今知我我知鱼。"全诗都是隐括《庄子》，说理谈玄，枯燥无味，没有新的思想，没有鲜明的形象，没有诗的意境，读起来晦涩难懂。二是在以议论为主的诗篇中，也有一些虽无鲜明形象，但却耐人寻味的作品。有的甚至成了家喻户晓的名篇，如《题西林壁》《洗儿》等诗，都不是以形象取胜，而是以理趣取胜，读起来仍觉得"言有尽而意无穷"，就在于它善于从人们司空见惯的事物中，发掘出一些颇富哲理的思想。三是在东坡诗中也有不少堪与唐诗媲美的作品，有的感情奔放，气势雄浑，粗犷豪迈；有的文笔细腻，自然流丽，清新隽永。正如沈德潜所指出的：苏轼"天马脱羁，飞仙游戏，穷极变化，而适如意中之所欲出"。这段话道出了苏轼的豪放不羁的浪漫主义特点及其风格的多样性。

三

学界一般多认为理学家重道轻文，认为作诗害道，认为理学家都看不起苏轼。其实，南宋理学家对苏轼既有批评，也有肯定，包括朱熹在内。

杨时（1053—1135）字中立，世称龟山先生，南剑州将乐（今属福建）人。熙宁九年中进士，调官不赴，师事程颢、程颐，杜门不仕者十年。北宋末，除迩英殿说书，拜右谏议大夫兼侍讲，兼国子祭酒。高宗即位，除工部侍郎。他是南北宋之际的著名理学家，著有《龟山集》等，被东南学者推为"程氏正宗"。他在《冰华先生文集序》中，对苏轼推崇毕至："冰华先生钱公讳世雄，字济明，常州晋陵人也。公年十六七时，其诗已为名流所称。比壮，游东坡苏公之门。与之方轨并驰者皆一时豪英，而东坡独称其'探道著书，云升川增'，则其推与之意至矣。然公以是取重于世，亦以是得罪于权要，废之终身，卒以穷死。……余窃谓东坡文妙天下，为时儒宗，士有得其一言者皆足以名世，况知之之深乎？"但他像黄庭坚一样，对苏诗多怨刺颇致不满云："子瞻诗多于讥玩，殊无恻怛爱君之意。"又云："作诗不知风雅之意，不可以作。诗尚谲谏，唯言之者无罪，闻之者足以戒，乃为有补。若谏而涉于毁谤，闻者怒之，何补之有？观苏东坡诗，只是讥诮朝廷，殊无温柔敦厚之气，以此人故得而罪之。"（《龟山集》卷二五，四库全书本）

朱熹是宋代理学的集大成者，他称美"东坡善议论，有气节"（《朱子语类》卷一三〇，中华书局，1986。下引此书，只注卷次）；又称"大抵朝廷文字，且要论事情利害是非令分晓。今人多先引故事，如论青苗，只是东坡兄弟说得有精神，他人皆说从别处去"。（卷一三九）；"苏氏文辞伟丽，近世无匹，若欲作文，自不妨模范"。（《晦庵集》卷四一《答程允夫》）

但朱熹从其理学出发，对苏轼的离经叛道之说多有不满。

一是指责苏轼华而不实："苏氏议论切近事情，固有可喜处，然亦谲矣。至炫浮华而忘本实，贵通达而贱名检，此其为害，又不但空言而已。然则其所谓可喜者，考其要归，恐亦未免于空言也"（同上）；"坡文雄健有余，只下字亦有不贴实处"。（卷一三〇）

二是认为"坡文只是大势好，不可逐一去点检"，"坡文不可以道理并全篇看，但当看其大者"（卷一三九）；他批评苏轼《骏灵王庙碑》《伏波庙碑》《韩文公庙碑》道："如东坡一生读尽天下书，说无限道理。到得晚年过海，做过《骏灵王庙碑》，引唐肃宗时恍惚升天，见上帝，以宝十三枚赐之，云中国有大灾，以此镇之。今此山如此，意其必有宝云云，更不成议论，似丧心人说话！其他人无知，如此说尚不妨，你平日自视为如何，说尽道理，却说出这般话，是可怪否！'观于海者难为水，游于圣人之门者难为言'，分明是如此了，便看他们这般文字不入"；"《骏灵王庙碑》无见识，《伏波庙碑》亦无意思。伏波当时在广西，不在彼中，记中全无发明。扬曰：'不可以道理看他。然二碑俊健。'曰：'然。'又问：'《潜真阁铭》好？'曰：'这般闲戏文字便好，雅正底文字便不好。如《韩文公庙碑》之类，初看甚好读，子细点检，疏漏甚多。'"其他如"东坡说得高妙处，只是说佛，其他处又皆粗"；"苏子瞻虽气豪善作文，终不免疏心处"（均见卷一三九）；"东坡晚年诗固好，只文字也多是信笔胡说，全不看道理"。（卷一四○）他认为这都是苏轼才气过人所造成，因此，有才之人不可学苏："人有才性者，不可令读东坡等文。有才性人，便须取入规矩；不然，荡将去"（卷一三九）；"苏才豪，然一滚说尽，无余意"（卷一四○）。

三是文道关系，指责苏轼"文自文而道自道"，不懂得"文便是道"："道者，文之要本；文者，道之枝叶。惟其要本乎道，所以发之于文，皆道也。三代圣贤文章，皆从此心写出，文便是道。今东坡之言曰：'吾所谓文，必与道俱。'则是文自文而道自道，待作文时，旋去讨个道来入放里面，此是他大病处。只是他每常文字华妙，包笼将去，到此不觉漏逗。说出他本根病痛所以然处，缘他都是因作文，却渐渐说上道理来；不是先理会得道理了，方作文，所以大本都差。"（卷一三○）

朱熹还著《杂学辨》，首列《苏氏易解》，其序云："苏氏不知其说，而欲以其所臆度者言之，又畏人之指其失也，故每为不可言、不可见之说以先后之，务为闪倏滉漾不可捕捉之形，使读者茫然，虽欲考之，而无所措其辨。殊不知性命之理甚明，而其为说至简。今将言之，而先曰不可言；既指之，而又曰不可见。足以眩夫未尝学问之庸人矣，由学者观之，岂不适所以为未尝见、未尝知之验哉？然道衰学绝，世颇惑之，故为之辨。"（同上卷七二）

朱称苏学为杂学，是汪应辰引起的。汪应辰（1118—1176）字圣锡，信州玉山（今江西省玉山县）人。绍兴五年进士第一，反对秦桧卖国，累官吏部尚书。他少从吕本中、胡安国游，后又与吕祖谦、张栻、朱熹相友善，与理学家关系密切。他颇推崇苏轼："蜀士甚盛，大率以三苏为师"；认为把苏轼与王安石"同贬，恐或太甚，论法者必原其情，愿更察之"。（《文定集》卷一五《与朱元晦书》）朱熹反驳汪氏说："今乃欲专贬王氏（安石），曲贷二苏，道术所以不明，异端所以益炽，实由于此。"朱氏认为苏学之害远远超过王氏新学：

苏学邪正之辨，终未能无疑于心。盖熹前日所陈，乃论其学儒不至而流于诐淫邪遁之域。窃味来教，乃病其学佛未精，而滞于智虑语言之间，此所以多言而愈不合也。夫其始之辟禅学也，岂能明天人之蕴，推性命之原，以破其荒诞浮虚之说而反之正哉？如《大悲阁》《中和院记》之属，直掠彼之粗以角其精，据彼之外以攻其内，是乃率子弟以攻父母，信枝叶而疑本根，亦安得不为之诎哉？近世攻释氏者，如韩、欧、孙、石之正，龟山犹以为一杯水救一车薪之火，况如苏氏以邪攻邪，是束缊灌膏而往赴之也，直以身为烬而后已耳。来教又以为苏氏乃习气之弊，虽不知道而无邪心，非若王氏之穿凿附会，以济其私邪之学也。熹窃谓学以知道为本，知道则学纯而心正，见于行事，发于言语，亦无往而不得其正焉。如王氏者，其始学也，盖欲凌跨扬、韩，掩迹颜、孟，初亦岂遽有邪心哉？特以不能知道，故其学不纯，而设心造事，遂流入于邪。又自以为是，而大为穿凿附会以文之，此其所以重得罪于圣人之门也。苏氏之学虽与王氏若有不同者，然其不知道而自以为是则均焉。学不知道，其心固无所取则以为正；又自以为是而肆言之，其不为王氏者，特天下未被其祸而已。其穿凿附会之巧，如来教所称论成佛、说老子之属，盖非王氏所及。而其心之不正，至乃谓汤、武篡弑，而盛称荀彧，以为圣人之徒。凡若此类，皆逞其私邪，无复忌惮，不在王氏之下。借曰不然，而原情以差其罪，则亦不过稍从末减之科而已，岂可以是为当然而莫之禁乎？……今日之事，王氏仅足为申、韩、仪、衍，而苏氏学不正而言成理，又非扬、墨之比。

其《答汪尚书》还从南宋形势说明苏学之害甚于王学：

王氏、苏氏则皆以佛老为圣人，既不纯乎儒者为之学矣，非恶其如此，特于此可验于吾儒之学无所得。而王氏支离穿凿，尤无义味，至于甚者，几类俳优。本不足以惑众，徒以一时取合人主，假利势以行之。至于已甚，故特为诸老先生所诽诋，在今日则势尽祸极，故其失人人得见之。至若苏氏之言，而切近人情，其智识才辩，谋为气概，又是以振耀而光煌之，使听者欣然而不知倦，非王氏之比也。然与道学则迷大本，论事实则尚权谋，炫浮华，忘本质，贵通达，贱名教。此其害天理，乱人心，妨道术，败风教，亦岂尽出王氏之下哉？……使其得志，则凡蔡京之所为，未必不身为之也。

朱熹还反驳汪氏"今世人诵习（苏文），但取其文章之妙而已，初不止于求道也，则其舛谬牴牾，似可置之"之论："语及苏学，以为世人读之，止取文章之妙，初不于此求道，则其失自可置之。夫学者之求道，固不于苏氏之文矣。然既取其文，则文之所述有邪有正，有是有非，是亦皆有通焉，固求道者之所以不可不讲也。讲去其非，以存其是，则道固于此乎在矣，而何不可之有？若曰惟其文之取，而不复识其理之是非，则是道自道，文自文也。"

他在《与芮国器》（卷三七）中还说："苏氏之学以雄深敏妙之文煽其倾危变幻之习，以故被其毒者沦肌浃髓而不自知。今日正当拔本塞源，以一学者之听，庶乎其可以障狂澜而东之。若方且惩之而又遽有取其所长之意，窃恐学者未知所择，一取一舍之间，又将与之俱化而无以自还。是则执事者之所宜忧也。"其《答詹元善》（卷四六）云："苏氏兄弟乃以仪、秦、老、佛，合为一人，其为学者心术之祸最为酷烈，而世莫之知也。"由此可见，朱熹对苏轼的批评涉及洛蜀党争、苏王之争、儒、释之争、文道之争等多个层面。

四

南宋学者多指出苏轼用典之误，阳昉云："用事之误，虽杜少陵不能免，而苏文忠公颇多，前辈评之详矣。止是不切之诗文，亦何所害，若告君之辞，岂容不谨？"（《颍川语小》卷下，四库全书本）严有翼所著《艺苑雌黄》、邵博《邵氏闻见后录》卷一六、叶大庆《考古质疑》卷五等，都曾详列苏轼用典之误。其中《考古质疑》后出，所列最详。

有些所谓苏轼用典之误并不一定是苏轼之误，而是纠误者自己之"轻发"，如洪迈驳《艺苑雌黄》云："严有翼所著《艺苑雌黄》，该洽有识，盖近世博雅之士也。然其立说颇务讥诋东坡公，予尝因论玉川子《月蚀》诗，诮其轻发矣。又有八端，皆近于蚍蜉撼大木，招后人攻击。如《正误篇》中，摭其用五十本葱为'困薤五十本'，发丘中郎将为'校尉解摸金'，扁鹊见长桑君，使饮上池之水，为'仓公饮上池'，郑余庆烝胡芦为卢怀慎云，如此甚多。坡诗所谓抉云汉，分天章，万斛泉源不择地而出。若用葱为薤，用校尉为中郎，用扁鹊为仓公，用余庆为怀慎，不失为名语，于事何害？公岂一一如学究书生，案图索骏，规行矩步者哉。《四凶篇》中，谓坡称太史公多见先秦古书，四族之诛，皆非殊死，为无所考据。《卢橘篇》中，谓坡咏枇杷云'卢橘是乡人'，为何所据而言。《昌阳篇》中《昌蒲赞》，以为信陶隐居之言，以为昌阳，不曾详读《本草》，妄为此说。《苦荼篇》中，谓'《周诗》记苦荼'为误用《尔雅》。《如皋篇》中，谓'不向如皋闲射雉'与《左传》杜注不合，其误与江总'暂往如皋路'之句同。《荔枝篇》中，谓四月食荔枝诗，爱其体物之工，而坡未尝到闽中，不识真荔枝，是特火山耳。此数者或是或非，固未为深失，然皆不必尔也。最后一篇遂名曰《辨坡》，谓雪诗云'飞花又舞谪仙檐'，李太白本言送酒，即无雪事。'水底笙歌蛙两部'，无笙歌字。殊不知坡藉花咏雪，以鼓吹为笙歌，正是妙处。'坐看青丘吞泽芥'，'青丘已吞云梦芥'，用芥字和韵，及以泽芥对溪岭，可谓工新。乃以为出处曾不蹜芥，非草芥之芥。'知白守黑名曰谷'正是老子所言，又以为老子只云为天下谷，非名曰谷也。如此论文章，其意见亦浅矣。"（《容斋四笔》卷一六，上海古籍出版社本）苏轼是才子型人物，其文确实如万斛泉源，不择地而出，不可能像学究书生那样案图索骥，规行矩步。

邵博也曾举出苏轼用典之误十余条，最后写道："'东坡信天下后世者，宁有误邪？'予应之曰：'东坡累误千百，尚信天下后世也。'童子更曰：'有是言，凡学者之误亦许矣。'予曰：'尔非东坡，奈何？'"这一回答看似无理，但实际上回答得很好，苏轼可以有这种错误，他人不可援例。正如叶大庆所云："后生晚学，影响见闻，乃欲以是藉口，岂知以东坡则可，他人则不可，当如鲁男子之学柳下惠可也。"（《考古质疑》，四库全书本）或如陈善所云："东坡诗用事多有误处，……盖惟大才可以阔略，余人正不可学。"（《扪虱新话》下集卷一，儒学警悟本）或如《许彦周诗话》所云："东坡诗，不可指摘轻议，词源如长河大江，飘沙卷沫，枯槎束薪，兰舟绣鹢，皆随流矣。珍泉幽涧，澄泽灵沼，可爱可喜，无一点尘滓，只是体不似江湖。读者幸以此意求之。"

（原载《中华文史论丛》2003 年第 1 期）

东坡论杜述评

　　杜甫和苏轼是耸立于唐、宋诗坛的两大诗人。宋人普遍崇杜，苏轼更不例外，特别是他对杜甫在蜀中的遗迹充满深厚的感情。他晚年思归蜀中而不可得，思乡之情与崇杜之情常常融为一体，他在诗文中对杜甫做出了相当全面的评价。

一

　　在对杜甫的评价中，恐怕没有比"一饭不忘君"一语，影响更大的了。在封建时代，这句话几乎成了对杜甫的定评，也是他被尊为"诗圣"的主要原因。然而近三十多年来，这又成了一些人贬低杜甫，或作为杜诗局限性的主要论据。这句话最早就出自苏轼，他在《王定国诗集叙》中说：

　　太史公论诗，以为《国风》好色而不淫，《小雅》怨悱而不乱。以余观之，是特识变风变雅尔，乌足睹诗之正乎？昔先王之泽衰，然后变风发乎情；虽衰而未竭，是以犹止于礼义，以为贤于无耻而已矣。若夫发于性而止于忠孝者，其诗岂可同日而语哉！古今诗人众矣，而杜子美为首，岂非以其流落饥寒，终身不用，而一饭未尝忘君也欤！

　　无论用"一饭未尝忘君"称美杜甫的古人，还是用这句话贬低杜甫的今人，对这句话的理解都太狭隘了。

　　为准确理解这句话，首先应弄清苏轼提出的论诗标准。司马迁在《屈原列传》中说："屈原之作《离骚》盖自怨生矣。《国风》好色而不淫，《小雅》怨悱而不乱，若《离骚》者可谓兼之矣。"说《离骚》盖自怨生当然不错，但屈原之怨却产生于对楚国国运的忧虑，这才是问题的本质。在苏轼看来，"好色而不淫"，"怨悱而不乱"，只是"变风变雅"的标准，不符合"诗之正"的要求。苏轼所说的"诗之正"，就是《毛诗序》所说的："上以风化下，下以风刺上，主文而谲谏，言之者无罪，闻之者足以戒，故曰风"；"雅者正也，言王政之所由废兴也。"苏轼所说的"变风变雅"，就是《毛诗序》所说的"至于王道衰，理义废，政教失，国异政，家殊俗，而变风变雅作矣。国史明乎得失之迹，伤人伦之废，哀刑政之苛，吟咏情性，以风其上，达于事变而怀其旧俗者也。故变风发乎情，止于礼义。"在苏轼看来，"发乎情止于礼义"即"怨悱而不乱"还不够；而应"发乎性而止于忠孝"，即无论个人的处境如何艰难，都应关心"王政之所由废兴"，"下以风刺上，主文而谲谏"。

杜甫的诗符合这一标准。在《次韵张安道读杜诗》中，苏轼具体描述杜甫"流落饥寒，终身不用"："诗人例穷苦，天意遣奔逃。尘暗人亡鹿，溟翻帝斩鳌。艰危思李牧，述作谢王褒。失意各千里，哀鸣闻九皋。骑鲸遁沧海，捋虎得绨袍。巨笔屠龙手，微官似马曹。迂疏无事业，醉饱死游遨。"前两句总的感慨诗人的不幸；"尘暗"四句写当时的形势，由于爆发逐鹿中原的安史之乱，朝廷在平叛过程中重武（"思李牧"）轻文（"谢王褒"）。"失意"四句写作为文人的李白、杜甫或流落江湖，或逃难入蜀，靠故友资助为生。最后四句说，杜甫才高而官卑，功业无成，不得志而死。杜甫一生尽管如此不幸，却"一饭未尝忘君"。所谓"一饭未尝忘君"，不仅不忘君主，而且包括不忘国事和民瘼等内容，也就是《毛诗序》所说的"王政之所由废兴"，"下以风刺上，主文而谲谏"。在《自京赴奉先县咏怀五百字》里，杜甫说自己是"葵霍倾太阳，物性固难夺"。这当然是典型的忠君思想。但是在同一首诗里，他却无情地鞭挞唐玄宗的荒淫："瑶池气郁律，羽林相摩戛。君臣留欢娱，乐动殷胶葛。赐浴皆长缨，与宴非短褐"；抒发对民间疾苦的深切同情："彤庭所分帛，本自寒女出。鞭挞其夫家，聚敛贡城阙"。并把统治者的奢侈同民间的疾苦进行鲜明对比："朱门酒肉臭，路有冻死骨。荣枯咫尺异，惆怅难再述。"在这一首诗里，忠君思想和关心民艰的思想是融合在一起的，集中表现了杜甫忧君忧民忧国的思想。全诗着重抒发的不是他个人的不幸，而是天下苍生的不幸。他推己及人，写道："生常免租税，名不隶征伐，抚迹犹酸辛，平人固骚屑。默思失业徒，因念远戍卒。忧端齐终南，澒洞不可掇。"免除赋役的自己犹且如此，那些"失业""远戍"的"平人"就可想而知了。苏轼之所以推杜甫为古今诗人之首，杜诗之所以千百年来仍激动着广大读者，正在于杜甫具有这种先天下之忧而忧的伟大胸襟。苏轼曾把杜甫和韩愈作比较说：

> 退之《示儿》云："主妇治北堂，膳服适戚疏。恩封高平君，子孙从朝裾。开门问谁来，无非卿大夫。不知官高卑，玉带悬金鱼。"又云："凡此坐中人，十九持钧枢。"所示皆利禄事也。至老杜则不然，《示宗武》云："试吟青玉案，莫羡紫香囊。应须饱经术，已似爱文章。十五男儿志，三千弟子行。曾参与游、夏，达者得升堂。"所示皆圣贤事也。（胡仔《苕溪渔隐丛话前集》卷一六）

这段记载，同样说明苏轼崇敬杜甫，就在于杜甫不以个人利禄为怀的伟人胸襟。

如联系《王定国诗集叙》的写作背景，进一步探讨苏轼称美杜甫"一饭未尝忘君"的含义，就更加无可非议了。元丰六年冬，苏轼因乌台诗案已贬黄州五年，王定国因与苏轼交游亦坐贬岭南。苏轼在《叙》中说："定国以余故得罪，一子死贬所，一子死于家，定国亦病几死。余意其怨我甚，不敢以书相闻。而定国归自江西，以其岭外所作诗数百首寄余，皆清平丰融，蔼然有治世之音，其言与志得道行者无异。幽愤怨叹之作盖亦有之矣，特恐死岭外，而天子之恩不及报，以忝其父祖尔。"由此可见，苏轼称美杜甫"流落饥寒，终身不用，而一饭未尝忘君"，目的在于称美王定国，并借以自儆。王定国仅因与苏轼交游而远谪岭外，身病子亡，也够不幸的了。但他却不怨天尤人，不戚戚于个人的不幸，"其言与志得道行者无异"。不仅王定国如此，他的歌儿柔奴亦如此。定国南迁归来，苏轼问柔奴："广南风土，应是不好？"柔奴却回答说："此心安处，便是吾乡。"苏轼深受感动，作《定风波》词称美柔奴道："万里归来年愈少，微笑，笑时犹带岭梅香。试问岭南应不好，却道：'此心安处是吾乡。'"苏轼敬佩他们不以物喜，不以己悲，不以个人忧患为怀的精神。实际上，这也是苏轼的夫子自道。他在黄州，"廪入既绝，人口不少"（《答秦太虚书》），过着"先生年来穷到骨"（《蜜酒歌》）的生活，仍同杜甫一样不忘忧国忧民忧君。苏轼也具有浓厚的忠君思想，经常感叹"老去君恩未报，空回首弹铗悲歌"（《满庭芳》）。这种忠君思想也是与忧国忧民结合在一起的，他在《与滕达道书》中说："虽废弃，不忘为国虑也"；在《与李公择书》中说："吾侪虽老且穷，而道理贯心肝，忠义填骨髓，直须谈笑生死之际。……虽怀坎坷于时，遇事有可尊主泽民者，便忘驱为之。"可见，苏轼的"一饭未尝忘君"同"不忘为国虑"是一致的，"尊主"和"泽民"是一致的，绝非牵强附会，美化古人。反之，如把"一饭未尝忘君"仅仅看作是忠君思想的表现，那才是片面的。

二

苏轼推崇杜甫为古今诗人之首，除杜诗具有忧国忧民的丰富思想内容外，还因为杜诗情真景真，形象感人，风格多样，语言凝练，艺术性强。苏轼是一位多才多艺的文学家，他在诗、词、散文、书法、绘画等领域都取得了首屈一指的成就。由于他创作经验丰富，很善于对作品进行艺术鉴赏。他对杜诗的评论就是一个突出的例子。

苏轼论诗很注意诗歌的形象性。他赞美王维说："味摩诘之诗，诗中有画；观摩诘之画，画中有诗。"（《书摩诘蓝田烟雨图》）"诗中有画"，是苏轼论诗的重要艺术标准。杜甫在云安（今重庆云阳）作《子规》诗，其中有："两边山木合，终日子规啼。"前句写山木丛聚，后句写子规哀鸣，有声有色，确实把握住了"峡里云安县"的特点。苏轼认为："非亲到其地，不知此诗之工。"（《书子美云安诗》）据《西湖志》载，宋孝宗曾向一蜀士打听蜀中风景，这位蜀士即以杜甫这两句诗作答，"帝大称赏"。可见即使未到其地，也知此诗之工。杜甫于夔州（今重庆奉节）所作的《月》诗说："四更山吐月，残夜水明楼。"已是四更天，一弯新月才从山上冉冉升起。银色的月光照耀着清澈的长江，水光又反照着江楼，可谓上下通明。如此"残夜"，诗人把明月、江水、山楼，看得真切，写景清真，运意玲珑，被苏轼誉为"古今绝唱"，并以"残夜水明楼"为韵，作《江月五首》（见《东坡诗集》卷三九）。苏轼还曾把此诗同司空图最得意的诗相比较："司空图表圣自论其诗，以为得味于味外。'绿树连村暗，黄花入麦稀。'此句最善。又云：'棋声花院静，幡影石坛高。'吾尝游五老峰，入白鹤观，松阴满庭，不见一人，惟闻棋声，然后知此句之工也。但恨其寒俭有僧态。若杜子美云：'暗飞萤自照，水宿鸟相呼'；'四更山吐月，残夜水明楼。'则才力富健，去表圣之流远矣。"论写景，二者皆工，但前者"寒俭"，后者"富健"；论韵味，杜诗更符合司空图"得味于味外"的艺术标准，给读者留下更多的回味余地。正因为杜甫"诗中有画"，苏轼及其画友经常以杜诗为题材作诗意画。如以《寄赞上人》诗作《卜居图》（苏轼《跋李伯时卜居图》），以"松根胡僧憩寂寞"数句作《憩寂图》。由于杜甫的《屏迹》诗形象地描绘了成都草堂环境的幽静和自己的闲适生活，苏轼戏称："此东坡居士之诗也。"当有人说"此杜子美《屏迹》诗也，居士安得窃之"时，苏轼反驳道，禾麻谷麦起于神农后稷，今家家皆有；《屏迹》诗"字字皆居士实录，是则居士诗也，子美安得禁吾有哉！"（《书子美〈屏迹〉诗》）杜诗情真景真，确实堪称"实录"。

杜甫说自己"晚节渐于诗律细"（《遣闷戏呈路十九曹长》）。这个"细"字，说明他非常讲究诗歌的韵律。但是，任何一个成熟的诗人，都能熟练运用诗律而又不为诗律所限制，绝不以词害意。杜甫也是这样，他的《杜鹃》诗写道："西川有杜鹃，东川无杜鹃。涪万无杜鹃，云安有杜鹃。我昔游锦城，结庐锦水边。……"初读开头四句，简直不像诗句。王谊伯就认为这四句是"题下注"，全诗应"自'我昔游锦城'为首句"。而苏轼不同意王谊伯的看法，他说："伯谊误矣，且子美诗备诸家体，非必牵合程度，偏偏然者也。是篇落句处凡五（当为四）杜鹃，岂可以文害辞，辞害意耶？"（《辨杜子美〈杜鹃〉诗》）是的，杜甫作诗绝不会为"牵合程度"而以词害意的。《三绝句》的第一首写道："前年渝州杀刺史，今年开州杀刺史。群盗相随剧虎狼，食人更肯留妻子？"这与我们熟知的唐人绝句（包括杜甫的绝句）的韵味完全不同，难道能因此否定它是杜诗吗？接着，苏轼分析了《杜鹃》诗的寓意，说："原子美之意，颇有所感，托物以发者也。"何所感呢？据传杜鹃系古蜀帝杜宇所变。"杜鹃生子，寄之他巢，百鸟为饲之。"苏轼认为杜甫是借禽鸟皆知尊崇古帝，"讥当时刺史有不禽鸟若也"。严武在西川，尊重朝廷，故叫"西川有杜鹃"；杜克逊在梓州，废王命，擅军旅，绝贡赋，故叫"东川无杜鹃"。王谊伯说他"来东川闻杜鹃声繁而急"，不可谓"无杜鹃"；苏轼说："凡其尊君者谓有也，怀贰者为无也，不在夫杜鹃之真有无也。"王谊伯又说："子美不应叠韵"；苏轼反驳道："子美自我作古，叠用韵，无害于为诗。"（《辨杜子美〈杜鹃〉诗》）确实如此，为什么只能仿古，而不能"自我作古"呢？何况杜甫还不是"自我作古"，只不过是子美诗"备诸家体"中的又一体而已。因为，在《诗经》中就曾"叠用韵"："有酒醑我，无酒酤我。坎坎鼓我，蹲蹲舞我。"苏轼对四杜鹃的解释未必完全符合杜甫原意，后人也不尽赞同。王嗣奭《杜臆》就认为"谊伯、东坡之说皆非"，认为杜甫是"就身之所历，自纪所闻。鹃鸣有时，西川、云安，当其鸣，则闻之而谓之有；东川、涪、万，当其不鸣，则不闻而谓之无"。但是，苏轼强调杜甫作诗不肯"牵合程度"，不肯"以文害辞，辞害意"，敢于创新，敢于"自我作古"，无疑是道出了杜诗特点的。

　　"为人性僻耽佳句，语不惊人死不休。"（《江上值水如海势聊短述》）杜甫诗歌的语言都是反复锤炼打磨，经得起推敲的。苏轼在《书诸集改字》中说："陶潜诗：'采菊东篱下，悠然见南山'。采菊之次，偶然见山，初不用意而境与意会，故可喜也。今皆作'望南山'。杜子美云：'白鸥没浩荡，万里谁能驯'。盖灭没于烟波间耳。而宋敏求谓余云：'鸥不解没'。改作波。二诗改此两字，觉一篇神气索然也。"把无意之"见"改为有意之"望"，就失去了"初不用意而境与意会"的"悠然"之态。把"灭没"之"没"误解为沉没之"没"，本来是自己不通，反误以为原诗不通，妄改为"波"字，形象的动态描写就变成死板的静态记述了。这就是改此一字，全篇索然的原因。苏轼这段话既是对妄改古书的批评，又是对陶潜、杜甫等大诗人善于炼字的赞美。所以，人称"杜甫诗中有眼"。

三

基于对杜诗思想性和艺术性的认识，苏轼充分肯定杜甫在中国诗歌史上的地位，在《次韵张安道读杜诗》中写道：

> 大雅初微缺，流风困暴豪。张为词客赋，变作楚臣骚。展转更崩坏，纷纶阅俊髦。地偏蕃怪产，源失乱狂涛。粉黛迷真色，鱼虾易蓊牢。谁知杜陵杰，名与谪仙高。扫地收千轨，争标看两艘。

"大雅"四句是说，战国时代因群雄争霸，《诗经》的优良传统逐渐被破坏了，发展成为屈原、宋玉等"楚臣"的骚体和汉代的辞赋。"展转"六句是说，以后每况愈下，到了齐梁时代，便到处都是追逐华丽辞藻的时髦诗人；诗歌的领域越来越偏狭，产生了坏作品，诗界狂涛汹涌；华丽的外表掩盖了本色美，低劣的诗作（"鱼虾"）代替了高雅的诗作（"蓊牢"）。最后四句是说，李白、杜甫清理了整个诗坛，吸收了各种诗法，集前人之大成，有如龙舟竞渡，并驾齐驱。如果说前引一段可算半部杜甫传，概括了杜甫后半生的不幸；那么这里所引的一段也可算半部中国诗歌史。它总结了自先秦至唐代我国诗歌发展的经验和教训，充分肯定以《诗经》为代表的中国诗歌的优良传统，批判了齐梁的不良诗风，公允地评价李白和杜甫在中国诗歌史上的地位和作用。

苏轼在《王定国诗集叙》中说："古今诗人众矣，而杜子美为首。"而在给苏辙的信中又似乎以陶潜为首："吾于诗人无所甚好，独好渊明之诗。渊明作诗不多，然其诗质而实绮，癯而实腴，自曹、刘、鲍、谢、李、杜诸人皆莫及也。"（苏辙《追和陶渊明诗引》）这是否矛盾呢？我认为并不矛盾，只是讲的角度不同而已。《叙》中称杜甫为古今诗人之首，是就杜甫"流落饥寒，终身不用，而一饭未尝忘君"，即杜诗的思想内容讲的；而就诗中忧国忧民忠君的思想而论，无论是陶潜还是李白都是不能与杜甫相比的。《次韵张安道读杜诗》称杜甫"名与谪仙高"，称他们两人是"争标看两艘"，"扫地收千轨"，是就在中国诗歌史上都起着承前启后的作用而言的。杜甫是现实主义诗人的集大成者，而时有浪漫主义的色彩；李白是浪漫主义诗人的集大成者，而诗中亦不乏现实主义的内容。在这个方面，他们确实各有所长，难分高下。《和陶诗引》所说的"曹、刘、鲍、谢、李、杜诸人皆莫及"陶渊明，是就陶诗"质而实绮，癯而实腴"的特有风格而言的。苏轼晚年作诗作文都在追求一种外枯中甘，淡而有味的风格，因此，他对魏、晋书法的"萧散简远"和诗歌的"高风绝尘"都评价很高。在《书黄子思诗集后》中说：

予尝论书，所谓钟、王之迹，萧散简远，妙在笔画之外。至唐颜、柳，始集古今笔法而尽发之，极书之变，天下翕然以为宗师，而钟、王之法亦微。至于诗亦然。苏、李之天成，曹、刘之自得，陶、谢之超然，盖亦至矣。而李太白、杜子美以英玮绝世之姿凌跨百代，古今诗人尽废。然魏、晋以来高风绝尘亦少衰矣。

这段话是苏轼提法不矛盾的最好证明。唐代颜真卿、柳公权集古今书法之大成，李白、杜甫集古今诗法之大成，正如书坛上"萧散简远，妙在笔画之外"的"钟、王之变亦微"一样，诗坛上"魏、晋以来的高风绝尘亦少衰矣"。也就是说李、杜虽然"凌跨百代"，使"古今诗人尽废"，但在"高风绝尘"方面也有不及魏、晋诗人之处，在"质而实绮，癯而实腴"方面也有不及陶潜之处。

四

宋人多崇杜，注意从杜诗中吸取营养。但真正学得好，得杜诗精髓的人却不多。苏轼在《次韵孔毅父集古人句见赠五首》中感叹道：

天下几人学杜甫，谁得其皮与其骨？划如太行当我前，跛羊欲上惊崷崒。名章俊语纷交衡，无人巧会当时情。前生子美只君是，信手拈得俱天成。

孔毅父学杜是否学得来堪称"前生子美"，恐怕倒也未必，很可能只是客气应酬之词。至少苏轼对"孔毅父集古人句"是有些不以为然的，他的同题诗中写道："羡君戏集他人句，指挥市人如使儿。天边鸿鹄不易得，便令作对随家鸡。退之惊笑子美泣，问君久假何时归？"看似戏语，实有微词。正如赵尧卿所说："此诗美之，亦微以讥之耳。盖市人不可使之如儿，鸿鹄不可与家鸡为对，犹古人诗句有美恶工拙，其初各有思致，岂可混为一律耶？"

至于所引诗的前六句，则全是对宋人学杜的不满之词。"谁得其皮与其骨"，虽是问句，实乃肯定语气，即得骨者少，得皮者多。在《书诸葛散卓笔》中也说："散卓笔，惟诸葛能之，他人学之皆得其形似而无其法，反不如常笔。如人学杜甫诗，得其粗俗而已。"为什么宋人学杜，一般都得其皮而失其骨，"得其形似而无其法"，得其粗俗而失其精髓呢？这首先是因为杜诗的思想性和艺术性太高了，"划如太行当我前"；一般人都望尘莫及，有如"跛羊欲上惊嶒崒"。黄庭坚诗，格律之精审几乎可与杜甫比肩，但思想内容却较贫乏。张耒诗对民间疾苦有深切的同情，但过分强调"满心而发，肆口而成，不待思虑而工，不待雕琢而丽"（《东山词序》），缺乏杜甫那种千锤百炼的苦吟精神，也缺乏杜诗的艺术魅力。他们虽是北宋诗坛的佼佼者，但在攀登杜诗的高峰上仍不过是"跛羊"。苏辙在《东坡先生墓志铭》中说："公诗本似李、杜。"即使苏轼也只是"似"杜而已。较之杜诗，苏轼就显得外露，缺乏杜诗的沉郁浑厚。

杜诗的内容太博大、太深厚了，不仅在创作上赶上杜甫很难，而且要正确理解杜诗也不易："名章俊语纷交衡，无人巧会当时情。"杜甫诗多有感而发，前面所举的《杜鹃》诗，如果不了解"当时情"，不了解写作背景，不联系当时武将拥兵自据而抗王命的情况来体会诗的寓意，是很难把握其精神实质的。苏轼在《书子美"自平"诗》中说："杜子美诗云'自平宫中吕太一'，世莫晓其义。而妄者至以唐时有自平宫。偶读《玄宗实录》，有'中官吕太一叛于广南'。……见书不广而以意改文字，鲜不为笑也。"这就是不了解写作背景而致误。"子美诗外尚有事在"（《评子美诗》），这种"当时情""诗外事"是读杜诗的第一道难关。

杜甫自称"读书破万卷"（《奉赠韦左丞丈二十韵》），对历史人物、历史事件有特殊看法，诗中好用典故。如果不了解这些人物和事件的历史背景，也很难了解诗意。如杜甫的名作《八阵图》：

功盖三分国，名成八阵图。江流石不转，遗恨失吞吴。

对于这首诗的最后一句，当时一般都解为以不能灭吴为恨，苏轼却借杜甫托梦做出了另一种解释：

仆尝梦见一人，云是杜子美，谓仆："世人多误会予诗。《八阵图》云'江流石不转，遗恨失吞吴'，世人皆以谓先主、武侯欲与关羽复仇，故恨不能灭吴。非也。我意本谓吴蜀唇齿之国，不当相图。晋之所以能取蜀者，以蜀有吞吴之意，此为恨耳。"

在苏轼看来，所谓"遗恨失吞吴"，并不是刘备、孔明，以未能灭吴为恨，是孔明以刘备征吴失计为恨。尽管苏轼以杜甫托梦之语为词，也未必就符合杜甫的原意，王嗣奭等就作过别的解释。苏轼说："夫诗者，不可以言语求而得，必将深观其意焉。"（《既醉备五福论》）而"深观其意"就颇不易，这是我们读杜诗的又一道难题。

苏轼崇敬杜甫，但他并不迷信杜甫。早在他初次从仕，担任风翔签判的期间，与董传讨论杜诗时，就说过："杜子美不免有凡语。'已知仙客意相亲，更觉良工心独苦'，岂非凡语耶？"董传就不同意苏轼的看法，笑着说："此句殆为君发。凡人用意深处，人罕能识，此所以为'独苦'，岂独画哉！"（《记董传论诗》）后来，苏轼接受董传的看法。尽管如此，从青年时代起他就敢于不迷信权威的精神却是可贵的。杜甫晚年流落湖湘时作有一首《解忧》：

减米散同舟，路难思共济。向来云涛盘，众力亦不细。呀坑瞥眼过，飞樯本无蒂。得失瞬息间，致远宜恐泥。百虑失安危，分明囊贤计。兹理庶可广，拳拳期勿替。

　　苏轼批评说："杜甫固无敌，然自'致远'以下句，真村陋也。此最其瑕疵，世人雷同，不复讥评，过矣。然亦不能掩其善也。"苏轼这段话很值得注意。好并不是一切皆好，即使"诗固无敌"的杜甫也不是一切皆好，也有"瑕疵"，也有"陋句"。杜甫《解忧》是有感于舟中遇险得脱而作，前四句说他平时散米是为济众，而非为了报答；而云涛盘转，危险已极，全靠众力，才得脱险。这是回述先前遇险之事。中四句是说，张开大口的淤坑虽已渡过，但"致远宜恐泥"，要去到远方尚恐再遭阻滞。这是"虑将来之事"。诗意至此已尽，且含蓄有味，启人深思。而最后四句，又出以议论，说视安若危乃前贤之计，推广此理即可免倾覆，应拳拳勿忘。说话太尽，即乏余味，苏轼斥其"村陋"，或即指此。苏轼在批评《解忧》时，首先肯定"杜甫诗固无敌"，最后又说"然亦不能掩其善也"。是的，杜甫诗中也有某些败句、赘句，应持实事求是的分析态度。

（原载《贵州社会科学》1984 年第 1 期）

"屈于生而伸于死"

——中日苏轼研究对谈录

编者按：池泽滋子，日本东京人。现任（日本）中央大学商学部教授。从事苏轼研究、《西昆酬唱集》研究等。著作有《丁谓研究》《苏轼研究史》（第十章）、《日本的赤壁会与寿苏会》《吴越钱氏文人群体研究》等。

一、"经纶不究于生前"

曾枣庄：苏轼（1036－1101）是中国文学史上的奇才，是历代研究得最多的文学家。就时代看，南宋、清代和最近三十年，苏轼研究成果最多。宋孝宗在《苏文忠公赠太师制》（《经进东坡文集事略》卷首，1957 年文学古籍刊行社本）中说："经纶不究于生前，议论常公于身后。"前一句概括了苏轼"生前"的遭遇，后一句概括了他"身后"历代对他的评价。

任何名世的文学家几乎都是悲剧人物，任何传世的文学名著几乎都是悲剧作品，苏轼也不例外。我研究苏轼，常常为他的伟大抱负及他为实现自己的抱负而不屈不挠的奋斗精神所感动，也常常为他的理想无法实现而哀叹。他从小"奋厉有当世志"（苏辙《栾城后集》卷二二《亡兄子瞻端明墓志铭》，1987 年上海古籍出版社本。下引苏辙诗文只括注卷次，引自后集、第三集者加注后集、三集），总想"致君尧舜"（邹同庆、王宗堂《苏轼词编年校注》第 134 页《沁园春·赴密州早行马上寄子由》，2002 年中华书局本。下引苏词只括注页次）。他历仕仁宗、英宗、神宗、哲宗四朝，最后竟"致"出了宋徽宗这样的亡国之君。在他死后二十七年，北宋就灭亡了。

苏轼生前历尽荣辱浮沉。在他未仕以前，因为与他人没有利害关系，得到的几乎是众口一词的好评。而入仕以后，特别是在卷入变法斗争以后，他的一些师友门生仍对他推崇备至，而变法派却把他骂得一钱不值，甚至把他投入监狱，一贬再贬。可见苏轼生前不但不能实现其"经纶"，也得不到公正一致的评论。宋仁宗读到苏轼兄弟的应试文章，喜曰"朕今日为子孙得两宰相矣"（《宋史·苏轼传》，1977 年中华书局本）。但苏轼一生从未获得相位，相反，他从仕四十年，有三分之一的时间都是在贬所度过的，以至他在临死前发出了"试问平生功业，黄州、惠州、儋州（皆苏轼贬所）"（《苏轼诗集》卷四八《自题金山画像》，1982 年中华书局本。下引苏诗只括注卷次）的沉痛哀叹。可悲的现实和不幸的经历是对他"致君尧舜"的美妙理想的无情讽刺。

池泽滋子："经纶不究于生前，议论常公于身后"，确实颇能概括苏轼生前、身后的遭遇。我国长尾雨山在《乙卯寿苏录题词》中也说过类似的话："公殆屈于生而伸于死矣，乌乎，是岂天也欤？抑所谓盖棺论定也！"但他生前的不幸经历无损于他是伟大的文学家，也许正是他一生的不幸才成就了一生巨大的文学成就。他的不幸经历无损于他是一个伟大的的文学家。也许正是这种不幸经历，才成就了他巨大的文学成就。

曾枣庄：正是如此。任何真正的文学家都是深刻的思想家，他们的作品充满了对人生的观察、思考和感慨。苏轼也不例外，他的诗、词、文融儒、释、道为一体，充满了入世与出世、进取与退避等看似相互矛盾，实际又颇为统一的思想。在他那看似轻松达观、游戏嬉笑的文字深层，隐藏着的是他痛苦的思索、彷徨、哀叹和呻吟。读他的作品，看不到他的眼泪，但感觉得到他的心在流血。林语堂的《苏东坡传》认为苏轼是天生的乐天派，李泽厚的《美的历程》认为苏轼是悲观厌世者。他们都各说对了一半，苏轼恰恰是这看似矛盾的二者的统一。其《水调歌头·中秋怀子由》（第 173 页）"人有悲欢离合，月有阴晴圆缺，此事古难全。但愿人长久，千里共婵娟"，这是达观，也是悲观，是一种无可奈何的自我安慰。《念奴娇·赤壁怀古》（第 398 页）是苏轼豪放词的代表作，是一篇气壮山河的作品，也是一篇寄慨万端的作品。他本希望像"千古风流人物"和三国时的"多少豪杰"那样建立功名，特别是希望像"公瑾当年"那样少年得志。但是，可悲的现实却是"早生华发"，一事无成，反落得贬官黄州，于是发出了"人生如梦"的哀叹。他的《赤壁赋》（《苏轼文集》卷一，1986年中华书局本。下引苏文只括注卷次）力图用老庄的听任自然，随缘自适，超然达观的处世哲学来解脱自己贬官黄州的苦闷。作品通过客人"如怨如慕""如泣如诉"的洞箫声，引出了主客间关于人生意义的一场对话，实际上都是作者的独白。作者通过客人之口说，像曹操这样不可一世的英雄，都被时间的流水洗尽了陈迹（"而今安在哉"），何况自己已经"渔樵于江渚之上，侣鱼虾而友麋鹿"，还能在历史上留下什么呢？"寄蜉蝣于天地，渺沧海之一粟。哀吾生之须臾，羡长江之无穷"，人生太渺小了，太短促了！作者又不愿沉浸在这种悲凉的思想中，于是搬出老庄的处世哲学来自我安慰说：要会想。从变的一面看，人生固然短促渺小；但从不变的一面看，"则万物与我皆无尽也"。高官厚禄既"非吾之所有"，就只好"莫取"了；而"江上之清风与山间之明月"，是"取之无禁，用之不竭"的，可以尽情享受而又与世无争。这也是一种无可奈何的自我安慰，掩藏着难以排解的苦闷。

二、"乐天辞笔过鸡林"

池泽滋子："议论常公于身后"，似乎不只"身后"，苏轼"生前"影响就很大。

曾枣庄：是这样，苏轼诗文其生前刊刻之多、流传之广，在中国历史上似乎很难找到第二人。苏轼刚去世，苏辙为撰《亡兄子瞻端明墓志铭》就说："有《东坡集》四十卷、《后集》二十卷、《奏议》十五卷、《内制》十卷、《外制》三卷。"可见东坡七集，当时已有六集，只有《东坡续集》为明人补编。此外还有三苏父子合著的《南行集》，苏轼兄弟合著的《岐梁唱和诗集》，成为乌台诗案罪证的《钱塘集》（通判杭州时的诗文）、陈师仲编的《超然集》（知密州时的诗文）、《黄楼集》（知徐州时的诗文），熙宁末年行世的《眉山集》（王安石有《读〈眉山集〉次韵〈雪诗〉五首》《读〈眉山集〉，爱其雪诗能用韵，复次韵一首》），知颍州时与赵令畤、陈师道唱和，有《汝阴唱和集》。苏轼生前，其诗文的"镂版行世"，基本上都是旁人特别是书贾所为。苏轼《与陈传道书》（卷五三）说："某方病市人逐利，好刊某拙文"，这"市人"即指书贾。苏轼诗文被书贾大量刊刻，除反映了北宋印刷业的发达外，主要是因为他的作品具有深刻的社会意义和感人的艺术魅力，从而赢得了大量的读者。这就是苏轼一生虽屡遭贬责，作品虽被严加禁毁，却仍获得广泛流传的原因。苏轼只对刘沔编录的苏轼晚年诗文集二十卷比较满意。其《答刘沔都曹书》（卷四九）说："蒙示书教及编录拙诗文二十卷。轼平生以语言文字见知于世，亦以此取疾于人。得失相补，不如不作之安也。以此常欲焚弃笔砚，为瘖默人。而习气宿业，未能尽去，亦谓随手云散鸟没矣。不知足下默随其后，掇拾编缀，略无遗者。览之惭汗，可为多言之戒。然世之蓄轼诗文者多矣，率真伪相半，又多为俗子所改窜，读之使人不平。然亦不足怪，识真者少，盖从古所病。……今足下所示二十卷，无一篇伪者，又少谬误。"

苏轼不仅在中国影响很大，而且对邻国影响也很大。秦观《客有传朝议欲以子瞻使高丽，大臣有惜其去者，白罢之，作诗以纪其事》（徐培均《淮海集笺注》卷八，1994年上海古籍出版社本）诗云："颖士声名动倭国，乐天辞笔过鸡林。"颖士指唐代的萧颖士，开元二十三年进士，对策第一，名播天下。当时日本（倭国）遣使入中国，自陈国人愿得萧夫子为师。"颖士声名动倭国"即指此。乐天指白居易。鸡林，古高丽地名，代指朝鲜。唐元稹《白氏长庆集序》（《元氏长庆集》卷五一，四库全书本）谓"鸡林贾人求市（白诗）颇切，自云本国宰相每以百金换一篇"。苏轼生前对朝鲜已很有影响，出身高丽名门望族的金觐，以苏轼兄弟之名为其二子取名为金富轼、金富辙（徐兢《宣和奉事高丽图经》卷八《人物》，四库全书本），可见他对苏轼兄弟的崇拜。但"颖士声名动倭国"只是作为"乐天辞笔过鸡林"的衬笔还是实录？苏轼的声名当时是否已经震动日本？

池泽滋子：很难肯定。中日文化交流在远古史前时期就已开始，在公元三世纪中国典籍已开始传入日本（见日本《古事记》《日本书记》）。在八世纪以前，中国典籍主要通过人口迁移流传日本。在中国唐代，日本皇室掀起学习中国文化的热潮，日本常派遣唐使来华，其成员有不少为世俗、僧侣学者，带回大量的中国典籍，当时中国图书多已传至日本。中国的著名文人如王维、储光羲、李白、刘禹锡等等，都曾与日人唱和，留下不少佳话。但从唐末五代起，直至整个宋代，日本政府停止了向中国派遣使节、留学生和学问僧，唐代中日文人相互唱酬的盛况，在宋代见不到了，宋代中日文化交流远逊于唐。但中日民间的文化交流仍在继续。如太平兴国八年（983）日本奝然曾乘商船至台州，次年到京城开封，献日本国的《职员令》《王年代纪》；又携来《孝经》一卷、唐太宗子越王李贞《孝经新义》。可见日本典籍已流传到中国，而一些在本土失传的中国典籍也从日本回流。欧阳修《日本刀歌》有"徐福行时书未焚，逸书百篇今尚存"句，正是指有一些图书在中国已经失传，而日本却还保留着。但苏轼著述是否在他生前已传入日本，没有明确记载。

三、中国历史上第一次苏轼研究高峰

曾枣庄：南宋王朝认为北宋亡于王安石变法，因此特别推崇反对王安石变法的苏轼。政治上为他恢复名誉，建炎二年（1128）五月追复端明殿学士，绍兴元年（1131）八月特赠资政殿学士、朝奉大夫。宋孝宗乾道六年（1170）九月，赐谥"文忠"，九年（1173）二月特赠太师。宋孝宗在《苏轼文集序》中，对苏轼作了很高的评价，称其"忠言谠论，立朝大节，一时廷臣，无出其右……可谓一代文章之宗"！在最高统治者的倡导下，苏轼著述大量刊刻，其诗词文皆有人作注。文有郎晔编注的《经进东坡文集事略》，词有傅幹的《注坡词》；苏诗更号称百家注，既有分类注，又有编年注。分类注如王十朋《集百家注分类东坡先生诗》，过去有人怀疑此书不是王十朋注，今人卿三祥已令人信服地证明实为王十朋注。编年注有施元之、顾禧、施元之之子施宿的《注东坡先诗》。南宋对苏轼也作了全面深入的研究，各种苏轼年谱不下十种，形成中国历史上第一个苏轼研究高峰。

池泽滋子：中日虽是一衣带水的邻国，但这"水"是大海，比之与中国山水相连的高丽，相互交流要困难得多。苏轼生前，其著述是否流传日本，虽无确证，但南宋年间肯定已传入日本。日本两足院藏有《东坡集》，是南北宋之际中国刊刻的，可能因为战乱关系，在中国各图书馆既无传本，各种目

录书也无著录。它可能是当时偶然为一日本僧人带入日本，至今存世，成为国宝（吉井和夫《两足院本〈东坡集〉初探》）。南宋理宗嘉熙四年（1240）入宋僧圆尔（圣一国师，1202—1280）从中国带回图书数千卷，藏于京都东福寺普门院。其中有《注坡词》二册、《东坡长短句》一册，惜已失传。托名苏轼所作的《历代地理指掌图》却保存下来了，收藏在东洋文库。

四、"苏学行于北"

曾枣庄：十世纪至十三世纪，在中国北方相继出现三个少数民族政权，这就是辽（契丹）、金（女真）、元（蒙古）。辽、金都未能统一中国，而元不仅统一了中国，并使领域空前扩大，横跨欧亚。辽、金、元作为文化相对落后的少数民族入主中原，十分注意学习汉文化，金、元的文学成就尤高。翁方纲说："有宋南渡以后，程（颐）学行于南，苏学行于北。"（《石洲诗话》卷五，1982 年人民文学出版社本）翁方纲所言主要指金代，但用来概括辽、金、元也未始不可。元祐初，苏轼的《眉山集》在契丹已广为流传。苏辙出使契丹，在《神水馆寄子瞻兄》（卷一六）中说："谁将家集过幽都，逢见胡人问大苏。莫把文章动蛮貊，恐妨谈笑卧江湖。"其《北使还论北边事札子》（卷四二）谓契丹臣僚曾对他说："令兄内翰（谓臣兄轼）《眉山集》已到此多时。"契丹自己还曾刊《大苏小集》。王辟之说："范阳书肆亦刻子瞻诗数十篇，谓《大苏小集》。子瞻才名重当代，外至夷虏，亦爱服如此！"（《渑水燕谈录》卷七，中华书局唐宋史料笔记丛刊本）可见苏轼诗文不仅在契丹臣僚中广为流传，而且在契丹民间也广为流传；不仅《眉山集》已传入契丹，而且契丹还自刻有《大苏小集》。

金代与"人传元祐之学，家有眉山之书"（《经进东坡文集事略》卷首宋孝宗《苏文忠公赠太师制》）的南宋并世，更不可能不受南宋文坛的影响。钱谦益《题中州集钞》（《牧斋初学集》卷八三，四部丛刊本）说："自靖康之难，中国文章载籍，捆载入金源，一时豪俊，遂得所师承，咸知规摹两苏。"宋荦《漫堂说诗》（《清诗话》，上海古籍出版社 1978 年版）云："金初以蔡松年、吴激为首，世称'蔡吴'体。后则赵秉文、党怀英为巨擘，元好问集其成，其后诸家俱学大苏。"金初苏学之盛，多归功于南宋使金文臣被留之人，如宇文虚中出使金廷，为金所留，加以官爵，金人号为国师。后以谋反罪诛。有诗云："满腹诗书漫古今，频年流落易伤心。南冠终日囚军府，北雁何时到上林。开口摧颓空抱朴，胁肩奔走尚腰金。莫邪利剑今安在，不斩奸邪恨最深。"（施德操《北牕炙輠录》卷上，四库全书本）颇能代表被迫留金文士的心情。又如朱弁使金被扣留十七年，在金著《曲洧旧闻》十卷、《风月堂诗话》三卷，在金刊刻，其中有不少对苏轼的记述，对在金传播苏轼作品起到了一定作用。又如吴激，字彦高，建州人，米芾之婿。奉使至金，为金扣留，命为翰林待制。他工诗能文，字画俊逸，得米芾笔意；尤精乐府，造语清婉，哀而不伤。其《人月圆》（刘祁《归潜志》卷九，四库全书本）词云："南朝千古伤心事，犹唱后庭花。旧时王谢，堂前燕子，飞向谁家。恍然一梦，仙肌胜雪，宫髻堆鸦。江州司马，青衫泪湿，同是天涯。"《归潜志》卷八称其"思致含蓄甚远，不露圭角"。金代系统批评宋诗特别是苏诗的应推元好问（1190—1257）。元好问于兴定五年（1221）登第，官至尚书省左司员外郎，金亡不仕。郝经《遗山先生墓铭》（《陵川集》卷三五，四库全书本）说："汴梁亡，故老皆尽，先生遂为一代宗匠，以文章伯独步几三十年。"元遗山对苏轼非常仰慕，其《学东坡移居》（《遗山集》卷二，四库全书本）诗"九原如可作，从公把犁锄"；其《陶然集诗序》认为"子美夔州以后，乐天香山以后，东坡海南以后，皆不烦绳削而自合"；他对苏词评价也很高，其《新轩乐府序》（卷三六）说："唐歌词多宫体，又皆极力为之。自东坡一出，情性之外不知有文字，真有一洗万古凡马空气象。"他的诗文风格颇近苏轼，方戊昌《元遗山集序》称其"文诗皆宪章北宋，直接长公（苏轼）。屹然为一大宗"。

　　"一代天骄，成吉思汗，只识弯弓射大雕"，实不尽然。正如《四库全书总目》卷一九〇《御定四朝诗》提要所说："有元一代，作者云兴，虞（集）、杨（载）、范（梈）、揭（傒斯）以下，指不胜屈。"虞集（1272—1348），字伯生，虞允文五世孙，祖籍仁寿（今属四川），宋亡后侨居临川崇仁（今属江西）。元成宗大德六年，官至奎章阁侍书学士。著有《道园学古录》。欧阳玄《虞雍公神道碑》说："皇元混一天下，三十余年，虞雍公赫然以文鸣于朝著之间，天下之士，翕然谓公之文当代之巨擘也。"作为苏轼乡人，他对苏轼十分崇敬。苏轼贬官黄州，月用四千五百钱，日用不过五十，以叉取钱，善于处约。他在《书坡公帖后》（《道园遗稿》卷五，四库全书本）中以孔子困于陈、蔡比之："士君子不以穷乏累其心，而区画亦尽人事，皆中礼之所为也。夫子在陈、蔡，以子路之贤不能无愠色，然处约之道，君子小人之分见焉。"苏轼晚年贬官海南，与诸黎往来，载酒读书，戴笠着屐，混迹于田父野老。他在《东坡笠屐图》（同上卷一）中说："谪居荒滨，无谁与语。言从诸黎，归在中路。风雨适至，借具田父。猠童怪随，传像画者。笠以雨来，屐以泥行。匪以为容，用适其情。"他的诗、文、词风格都颇类苏轼，翁方纲《石洲诗话》卷五说："虞文靖公承故相之家，本草庐之理学，习朝廷之故事，择文章之雅言，盖自北宋欧、苏以后，老于文学者，定推此一人，不特与一时文士争长也。"

所谓"苏学行于北"主要是指文学创作而言，对苏轼的研究根本不能与南宋媲美。孙镇字安常，金章宗承安二年（1197）进士，官陕令。八十四岁卒，著有《注东坡乐府》。元好问编有《东坡诗雅》，另编有《东坡乐府集选》，是就金人孙镇《东坡乐府注》精选的。元延祐七年（1320）叶曾云间南阜草堂刊有《东坡乐府》二卷，是今存东坡词集的最早刻本，世称元延祐本或云间草堂本。这是元人对苏词的最大贡献。卷首有叶曾序，称东坡词"乐而不淫，哀而不伤，真得六义之体"；指责"好事者或为之注释，中有穿凿甚多，为识者所诮"；自称"用家藏善本，再三校正一新，刻梓以永流布"。全书按词调编次，共收苏词六十八调，二百八十一首。叶曾用作"校正"的"家藏善本"，可能包括了南宋傅幹的《注坡词》及曾慥所辑《东坡长短句》，故能兼傅本、曾本之长，而又有所增订。现存于北京图书馆。2001年北京图书馆出版社影印出版了此书。

池泽滋子：元代立国很短，同期的日本对苏轼也没有什么研究。只有日本文和二年（1353）即元代至正十三年，日本东福寺大道一以（1292—1370）整理普门院藏书，编成《普门院经论章疏语录儒书等目录》。此目录中的书多半是普门开山祖圆尔从中国带回的，著录该寺所藏的一百〇二种汉籍外典中，就有前已提及的《注坡词》二册、《东坡长短句》一册，这是现在所知苏词在日本的最早著录。

五、"不好宋诗而独爱东坡"

曾枣庄：从南宋开始的唐、宋诗之争，到明代以尊唐派占优势，所谓"文必秦汉，诗必盛唐"，宋诗大受冷落。宋荦《漫堂说诗》云："明自嘉（靖）、隆（庆）以还，称诗家皆讳言宋，至举以相訾謷，故宋人诗集，庋阁不行。"正是在这一背景下，明人对苏轼的研究既落后于前之南宋，更不能与后之清代媲美。明人对苏轼生平、苏轼作品没有作过深入研究，明人几乎没有自编的苏轼年谱传世，也没有明人自注的苏集传世。但正如清人李调元《雨村诗话》卷下所说："余雅不好宋诗，而独爱东坡。"或如吴之振《宋诗钞·东坡诗钞》所说："世之訾宋诗者，独于子瞻不敢轻议。"此二语可用来概括明、清的所有尊唐派，即使他们对苏轼有所批评，但也否定不了他们对苏轼的喜爱。王世贞《苏长公外纪序》说："操觚之士鲜不习苏公文。"（《苏长公外纪》卷首，明燕石斋刻本）明代文学的突出特点是宗派林立，有以李东阳为代表的茶陵诗派，以前后七子为代表的复古派，以归有光、唐顺之、王慎中、茅坤为代表的唐宋派，以袁宏道为代表的公安派，以钟惺、谭元春为代表的竟陵派，以李贽为代表的童心说。这些不同的文学流派的文论主张、文学风格各不相同，但对苏轼几乎都众口一词地肯定。元末明初的苏伯衡字平仲，是苏辙远孙。他博览群籍，善为古文。元末贡于乡，明初入礼贤馆，擢翰林编修、翰林学士。著有《苏平仲集》。从其《跋先文忠公墨迹》《跋先文忠公和韦诗后》《书读〈易〉后》可看出，他对苏轼十分崇敬："夫当窜责放逐之日，流离道路之际，而游戏翰墨，字势笔意无秋毫不足之意，则公之超然自得，夷险不改其度，抑亦可见矣"；"夫《易》之为书，古矣完矣粹矣，而汩而不明者，吾祖以为诸儒之说乱之也。……文忠之书，非为应有司之问而设"。（《苏平仲文集》卷一○，四库全书本）宋濂《苏平仲文集序》（《文宪集》卷七，四库全书本）说："自秦以下，文莫盛于宋，宋之文莫盛于苏氏。若文安公（苏洵）之变化瑰伟，文忠公（苏轼）之雄迈奔放，文定公（苏辙）

之汪洋秀杰，载籍以来，不可多遇。"同为蜀人的杨慎对苏轼尤为推崇："苏文忠公，宋代诗祖。"(《升庵集》卷三《周受庵诗选序》，四库全书本)又说："宋诗信不及唐，然其中岂无可匹体者？在选者之眼力耳。"就具体作品而言，宋诗有绝似唐者，他举苏舜钦《吴江》诗、王安石《雨》诗、孔文仲《早行》诗、寇准《南浦》诗、郭祥正《水车》诗、苏辙《中秋夜》诗、朱熹《雨》诗、张耒《题南城》等诗为证，并反诘道："谁谓宋无诗乎？"并与力主"诗必盛唐"的何景明开玩笑："亡友何仲默（景明）尝言：'宋人书不必收，宋人诗不必观。'余一日书此四诗（指张耒《莲花》诗、杜衍《雨中荷花》诗、刘才邵《夜渡娘歌》、寇准《江南曲》）询之曰：'此何人诗？'答曰：'唐诗也。'余笑曰：'此乃吾子所不观宋人之诗也。'仲默沉吟久之，曰：'细看亦不佳。'可谓倔强矣。"(均见卷五七《诗话》)

前人有所谓明人刻书而书亡之语，讥明人所刻书错误很多。这大体是合符实际的，但也不可一概而论。明人新编了几种苏轼集，对宋代的苏轼集多有补充，尽管真伪杂陈，但也为我们提供了一些真正的东坡佚诗佚文。中华书局整理出版《苏轼文集》，以明末茅维刊本《苏文忠公全集》为底本，就充分说明了明人搜集苏轼佚文之功。都穆说："苏文忠公文章之富，古今莫有过者。予顷见公诗真迹于友人家，皆集中所不载。诗凡五首，前题云《村醪二尊献张平阳》。其一云：'万户春浓酒似油，想须百瓮列床头。主人日饮三千客，应笑穷官送督邮。'"(《南濠诗话》，知不足斋丛书本)何孟春《余冬诗话》卷下亦就都穆所辑感慨道："东坡诗真迹流落人间，本集不收者多矣。"(《余冬诗话》卷下，学海类编本)可见明人也曾留心苏诗的辑佚。

明代评点派流行，他们翻刻或编刻的各种苏轼诗词文选评本，无疑有利于苏轼诗词文的普及。有专选苏诗的，如袁宏道选、谭元春评的《东坡诗选》；有诗文或诗词文皆选的综合性选本，如钱士鳌的《苏长公集选》二十二卷、陈梦槐的《东坡集选》五十卷、崔邦亮的《宋苏文忠公集选》三十卷。专选苏文的尤多，如闵尔容辑评的《苏文忠公文选》六卷，张溥编选、吴伟业评点的《苏长公文集》六卷，唐顺之的《苏文嗜》六卷。苏轼形式灵活的小品文尤为明人所喜，袁宏道《苏长公合作引》说："坡公之可爱者，多其小文小说。使尽去之，而独存高文大册，岂复有坡公哉？"专选苏轼小品文的有李贽选评的《坡仙集》十六卷，王圣俞选评的《苏长公小品》二卷，李一公选、吴亮辑评的《苏长公密语》六卷，陈仁锡选评的《苏文奇赏》五十卷，题杨慎编注、袁宏道辑评的《三苏文范》十八卷（卷五至卷十六为苏轼文）。

池泽滋子：曾先生曾引清末民初陈衍（1856—1937）的话说："长公之诗，自南宋风行，靡然于金、元，明中熄，清而复炽。二百余年中，大人先生殆无不濡染及之者。"（《石遗室文集》卷九《知稼轩诗叙》，1905 年武昌刊本）日本的情况刚好相反，是在镰仓、室町时代（14—16 世纪），即大体相当于中国"中熄"期的明代才"风行"起来，集中表现就是日本五山禅僧的苏轼研究及其所编注的《四河入海》。五山是指京都、镰仓分别有的五个大寺庙。镰仓的五山是建长寺、圆觉寺、寿福寺、净智寺、净妙寺。京都的五山是天龙寺、相国寺、建仁寺、东福寺、万寿寺（还有南禅寺，在京都五山的上层）。以这些五山禅僧为中心，中国诗文的创作活动和研究很盛行。这些五山禅僧做的诗文叫作"五山文学"。镰仓时代有入了日本籍的宋僧一山一宁和他的门人虎关师炼、雪村友梅等人。他们是后来五山禅僧的中国诗文的创作先驱。后来从南北朝时期到室町时代前期（14—15 世纪）"五山文学"的活动很昌盛。在那个时代，不断涌现出了中岩圆月（虎关的门人，曾入元）、义堂周信、绝海中津（他们是梦窗疏石的门人）等伟大的诗人。室町时代后期（16 世纪前期）在五山僧之间广泛流行阅读《三体诗》《古文真宝》及杜甫、苏轼、黄庭坚的别集，并出版了很多注释本。就在这个时候（1534 年，明世宗嘉靖十三年），五山禅僧笑云清三编了苏诗的讲义录《四河入海》。

曾枣庄：笑云清三是怎样的人？

池泽滋子：笑云清三是明应、永正年间（1492—1520）人，临济宗圣一派的僧侣。法讳清三，道号笑云。伊势人，俗姓不详。在伊势无量寿寺严伯通霭处参禅，以后入京为东福寺大慈庵塔主。在东福寺，他重新建造山门（妙云阁），为修复东福寺做了很多努力，后来他去美浓，住在梅花无尽藏邻地"容安斋"，以万里集九为师，抄写《帐中香》。他在《古文真宝》《无量寿禅师日用清规》《敕修百丈清规》等书里加过注释，撰述《四河入海》。他曾重建天得庵，兼任天得庵塔主。在晚年接受建长寺的公帖，登上东堂位。

曾枣庄：《四河入海》是怎样一部书？

池泽滋子：这是一部日僧集注的苏诗。笑云清三在《四河入海后记》（本文所引日本苏轼研究资料均见《苏轼研究史》中池泽滋子所撰第十章，2001年江苏教育出版社本；池泽滋子《日本的赤壁会与寿苏会》，2006年上海人民出版社本）中说："此抄者集北禅和尚《胜说》、慧林和尚《翰苑遗芳》、一韩《翁听书》、万里居士《天下白》，以题句下，故名曰《四河入海》也。……大永七年（1527）丁亥始笔，天文三年（1534）甲午绝笔矣。字字鲁鱼，句句传傅，庶几后君子以是正焉。"笑云清三从1527年到1534年共花了八年的时间写完这部《四河入海》。《四河入海》这个书名是集成以上四部书的意思。大痴贤谆此书《后跋》对笑云清三及《四河入海》都做了很高的评价："笑云清三和尚者，势（伊势）之奇产也。自幼好学，手不释卷，臂不离案者，四十有余年，至老益壮也，读书既破万卷矣。最殚思于苏玉堂（轼）之诗也，校雠本邦《胜》《翰》《白》诸抄，受业师一韩《翁听书》，抄合成一集而分卷为五十，名曰《四河入海》。譬诸江、河、淮、济之四滨，流入大洋者耶。……四翁注释之余波，榷万斛舟抬巨灵乎。诚可谓雾海南针，夜途北斗也。东涌西没，南涌北没，无处不究其渊源。乌呼，至矣，尽矣，不出巷而知大宋天下者，其唯斯一集耶。嗟夫先生，在汉为邹阳，在唐为乐天（白居易），在宋五祖戒（苏轼），在元虞邵庵（集），今在日东盖非师其谁欤，我又何言乎。所希使学者膳写称，漫于四海，亦使后人传写之，复使后人传之无穷。"

曾枣庄：此书为集注，与中国的集注有何不同。

池泽滋子：类似。《四河入海》的底本是《增刊校正王状元集注分类东坡先生诗》。此书的元刊本传到日本，在日本有很多翻刻本。其集注方式也与《王注苏诗》相似。苏轼的原诗是大字，注释是小字。所集四书用简称，《芳》是《翰苑遗芳》，《白》是《天下白》，《一》是《一韩翁听书（蕉雨余滴）》。基本上每首诗的题下都用《翰苑遗芳》和《天下白》考证作诗年月和作诗时苏轼的情况。然后是苏诗正文。注释方法是先分段，然后从诗里选重要的词语或句子把四个注释汇集起来。《四河入海》的底本是《王注苏诗》，但所引《翰苑遗芳》的注文用了大量《施注苏诗》的注释。现存的宋刊《施注苏诗》残缺不全。《翰苑遗芳》所用施注是完整的施注。《翰苑遗芳》的最大价值就在于此。1965年日本所出版的小川环树、仓田淳之助的《苏轼佚注》，就从《翰苑遗芳》中采集了数千条施注。

六、"家诵户习皆东坡"

曾枣庄：崇祯十七年（1644）李自成攻入北京，明朝末代皇帝朱由检自缢，继而清军入关，建立了满族的清王朝。

清王朝是历代入主中原的少数民族汉化程度最高的，对中国历代典籍进行了大规模的整理，先后编纂了《古今图书集成》《四库全书》《全唐诗》《全唐文》等大型类书和总集。清代是中国古代文化的回光返照，几乎在各个领域都取得了集大成的成就，文学也是如此。清人不满明人对宋诗的否定，对宋诗作了较充分的肯定。沈德潜的格调说，翁方纲的肌理说，袁枚的性灵说，以及嘉庆以后的宋诗派、清末的同光体都推崇宋诗。道光、咸丰年间的何绍基、郑珍、莫友芝等尊宋诗人，更取得了诗坛盟主的地位。词在清代也出现了复兴的势头，陈维崧、纳兰性德、朱彝尊、厉鹗、张惠言、周济都是清词名家，形成影响颇大的浙西词派和常州词派。清代无论古文、骈文都很发达，形成所谓桐城派古文，出现了方苞、刘大櫆、姚鼐等名家；而阮元、钱大昕、章学诚、袁枚等则大力提倡骈文，形成与桐城派古文抗衡的局面。清代的小说、戏剧也有很高的成就。

正是在这一背景下，清代苏轼研究取得了元、明不可比拟的集大成的成就，成为中国历史上第二个苏轼研究高峰。清人对苏诗进行了系统整理，不仅继续整理刊刻历代广泛流传的《王注苏诗》，而且整理出版了的《施顾注苏诗》。清人自己也注释苏诗成风，先后有查慎行的《补注东坡先生编年诗》、翁方纲的《苏诗补注》、冯应榴的《苏文忠公诗合注》、王文诰的《苏文忠公诗编注集成》、沈钦韩的《苏诗查注补证》等。明代的评点派多评苏文，特别是苏轼的小品文，清代却评苏诗成风，代表作有查慎行《初白庵诗评》中的苏诗评、汪师韩的《苏诗选评笺释》、纪昀《评苏文忠公诗》、赵克宜的《角山楼苏诗评注汇钞》、温汝能《和陶诗笺》、李香岩的手批《纪评苏诗》等。清人诗文别集、总集、诗话、笔记评及苏诗者也很多，其数量超过清以前的总和。清人之所以评注苏诗成风，是因为从宋代开始的唐、宋诗之争，清代以宋诗派占优势，他们为纠正明人的"诗必盛唐"，故推重宋诗以矫之。《四库全书总目》卷一七三《精华录》提要说："当我朝开国之初，人皆厌明代王（世贞）、李（攀龙）之肤廓，钟（惺）、谭（元春）之纤仄，于是谈诗者竞尚宋、元"；张崇兰《角山楼苏诗评注汇钞序》（赵克宜《角山楼苏诗评注汇钞》卷首，咸丰壬子丹徒赵氏镂版本）说："国朝诗人厌薄明代摹仿唐贤风气，力矫其失，一以清快透脱为宗，而苏诗于是乎盛行。二百年来，家置一编，五尺童子，皆能上口矣。"清代的苏词、苏文研究远逊于苏诗，评及苏词、苏文者虽不少，却没有人为苏词、苏文作注。清代的苏轼生平研究也取得了巨大成就，出现了王文诰的《苏诗编注集成总案》，这实际上是一部极其详尽的苏轼年谱。

池泽滋子：日本江户时代（17—19 世纪）大体相当于中国的清代，苏轼研究的成就也很突出。山本北山在为日本朝川鼎（善庵）校《东坡先生诗抄》四卷（清周之麟、柴升编）撰写的《叙》中说："坡公住于世也，其为人忠正，胸臆潇洒，事行磊落，以盖世才略，施出人意表之经济。每所经历，皆有功效。若杭州感其恩德特深，至今家家奉祀坡公像，与祖先无异焉。凡涉文事者诗文书画之类，公莫不一一通晓焉。称为千古伟人之冠冕……然观公生涯，得意之日少矣。小之直言正论忤权贵，履逢黜谪；大之罹诗祸，下冤狱，几死仅免。权臣恶公甚，大禁公学，集焚公书，至并与藏公书者罪之，名列党籍，身终异乡。……既已，虽禁公文，公文益明；虽焚公书，公书益贵；虽欲毁公名，公名益高，岂非天所报不薄耶？"此《叙》颇能代表江户时代对苏轼的尊崇。当时在日本刊行的苏轼别集很多，既有日本人刊中国所编苏轼集的校刊本、修订本、训点本，如《东坡文抄》二卷，赤松勋（兰室）编，文化元年（1804）刊；《苏长公小品》四卷，明王纳谏编，布川通璞校，弘化年间（1844—1848）刊；《（宋大家）苏文忠公文抄》二十八卷，明茅坤编，安政五年（1858）刊；《东坡先生诗集》三十二卷、《东坡先生年谱》一卷，宋王十朋编，明陈仁锡评，正保四年（1647）刊。又有日本人的新编本，如《（新刻拔粹分类）苏东坡绝句》七言、五言各一卷，山本泰顺（三径）编，宽文八年（1668）刊。

曾枣庄：在日本的大量有关苏轼的选本中，最值得重视的是什么书？

池泽滋子：我认为是赖山阳的《增评唐宋八大家读本》和《东坡诗钞》。

曾枣庄：赖山阳是何许人？

池泽滋子：赖山阳生活的年代相当于中国乾隆、嘉庆、道光三朝，正是中国乾嘉考据学派盛行的时候，也是中国校注、评点苏诗成风的时候。赖山阳姓赖讳里字子成，通称久太郎，号山阳外史。原籍艺川竹原（今日本应岛县），安永九年（1780）出生于江户港（今东京）。其父讳惟完，字千秋，号春水，先后在大坂、广岛等地授徒。山阳才识天授，而又励精不倦。一日因曝书，见东坡《史论》，叹曰："天地间有如此可喜之文乎！"遂肆力于文章。年三十二游京师，遂居于京。终生不仕，诸藩多荐之，皆固辞不应，以授徒、著述为业。治家俭素，不妄费一钱。庭中杂植梅花竹树，扶疏为荫，置一草堂，临水面山，春花秋叶，皆可坐知。喜出游，名胜古迹，游屐殆遍。天保三年（1832），以积劳成疾而卒，年五十三。赖氏一生著述甚富，著有《日本外史》二十卷、《日本政记》二十卷、《通识》二卷、《春秋讲义》若干卷、《先友录》一卷、《文集》十卷、书后题跋四卷、《日本乐府诗》一卷、《诗钞》八卷、《同遗稿》八卷。此外还有《唐绝句选》二卷、《谢选拾遗》七卷、《宋诗钞》八卷、《杜诗评钞》四卷、《彭泽（陶潜）诗钞》一卷、《韩昌黎诗钞》四卷、《东坡诗钞》三卷、《锦绣段选》一卷、《浙西六家诗钞》六卷、《增评八家文读本》十六卷、《评本文章轨范》七卷等等。其中最重要的当为《日本外史》。

曾枣庄：《增评唐宋八大家文读本》有什么特点？

池泽滋子：《增评唐宋八大家文读本》三十卷，是在沈德潜评点的《唐宋八大家读本》上，加上自己的评论。在每篇文章上，包括〈序〉和〈凡例〉在内，基本上都有他的评语。在八大家中，赖山阳最爱三苏的经世文："此方学者，被束高阁上，书表奏议属无益。然余喜论策，万读反不厌。虽性所爱，不可强之他人，而少年才子亦宜勉读，长其才气。"（《凡例》）《增评唐宋八大家文读本》的赖评，值得注意的是以下几点：

第一，强调"苏家妙诀"，认为苏轼《论范增》本苏洵《管仲论》："引《易》《诗》极力纡舒，即老苏《管仲论》'有舜而知诛四凶，有仲尼而知去少正卯'两句，笔法盖其家传文诀也"；"转揿一语（指'夫治天下譬如治水'）极有力，尤妙在未言尽而再转，是等处苏家独擅"；"三苏每每以虚字书数言，一反一正，驾空立论，而切入人情，是亦其一家妙诀，如此篇'天下皆为而己不为'是也"（《策略四》）；"前说未了，忽出后说，是苏家纵横手段，韩、欧诸公所未知也"（《决壅蔽》）；"乐富贵乐贫贱以一字联合，两句对待变化，此法自《战国策》来，苏家每用"（《上梅直讲书》）。赖山阳有时还把三苏的风格进行比较论述："观东坡之文，要看其用笔爽朗无荆棘，任口议论，自成篇法。是其所以异于老泉、颖滨也"（《大臣论上》）；"大苏策论不如小苏之纡曲，难寻端绪，所以为大苏"（《策略四》）；"三苏并长于譬喻，而长公最妙"（《决壅蔽》）。

第二，强调"东坡本色"："叙事空阔清旷，非坡公无此笔气"（《放鹤亭记》）；"笔墨潇洒处是其本色，非故意模史迁（司马迁）者"（《方山子传》）；"'公昔骑龙'起得突兀奇幻，非坡翁谁能道出？一歌虽摹韩（愈），其飘逸清雄处，是东坡本色"（《潮州韩文公庙碑》中）；"比喻妙，妙在随笔出之，不费思此，这翁独擅伎俩"（《答李端叔书》）；"非坡翁不能形容至此，所谓'兔起鹘落，少纵则逝'者，意翁作文亦然"（《书蒲永升画后》）。赖氏常以"仙才"评苏轼："此段单说'绝之则不用'，却添'用之则不绝'一句，读者不觉是坡文，所以仙也"（《无沮善》）；"是坡翁一生本领，故言之玲珑透彻如此"（《超然台记》）。

第三，赖山阳对苏轼的某些文章也不满意，反对"昔人满口颂赞"："公作集序总不及老欧。此篇为欧作集序，宜属其极力苦思之笔，而不满人意，余不敢雷同昔人满口颂赞也"（《六一居士集序》）；"此篇虽有脍炙人口之语，蹊迳毕露，非坡文之至者，余不甚喜也"（《宝绘堂记》）；"欧、苏内外制虽妙，非其本色，谢表亦然"（《到黄州谢表》）。

曾枣庄：《东坡诗钞》有什么特点？

池泽滋子：一是只选古体。《东坡诗钞》是《韩苏诗钞》的一部分，《韩苏诗钞》含《韩昌黎诗钞》四卷，共收韩诗六十三篇，七十首。《东坡诗钞》三卷，卷数虽较《韩昌黎诗钞》少，但收诗数量还略多一些。共收六十六篇、八十八首。《韩昌黎诗钞》五古、七古、七律、五绝、七绝均选，而《东坡诗钞》仅选五古和七古，近体诗一首未选。为什么赖氏选韩诗几乎各体皆选，而选苏诗却只选古体呢？因为苏诗虽各体皆工，但毕竟以古体见长。方东树《昭昧詹言》卷一一说："诗莫难于七古。七古以才气为主，纵横变化，雄奇浑颢，亦由天授，不可强能。"苏轼正是以才气而名闻古今的，这大概就是赖氏不选苏轼近体诗的原因吧。《韩昌黎诗钞》仅卷二所收七古有评，卷一、卷三、卷四无一评语，有评者不足所选诗的三分之一。《东坡诗钞》却卷卷有评（下简称赖评），八十八首中，六十六首有评，占所选诗的四分之三。

第二，赖评认为苏诗学韩，有不如韩诗处，也有胜过韩诗处。中国有不少学者曾指出苏轼学韩，如汪师韩的《苏诗选评笺释》评《次韵王定国南迁回见寄》"盘空硬语，具体昌黎"；评《送李公恕赴阙》"选词琢句，多出昌黎，激宕豪奇，得骨得髓"。赖氏也认为苏轼有意学韩，有意要超韩。其《书韩苏古诗后》云："苏古诗，有意与韩斗，不特《石鼓》《听琴》也。《海市》斗于《南岳庙》，《赠暹》斗于《谢琴》。以余观之，《石鼓》交绥（交战而势均力敌），其余皆似输一筹。且'汴州乱，雉带箭''东方半明'等，苏集无此健调。然至《馈岁》《守岁》《泛颍》《眼医》等，韩集亦无此妙语也。"赖氏认为，苏与韩"斗"的结果，不少输韩一筹，但也有不少是韩集所无的"妙语"。

第三，赖氏曾以"东坡本色"评苏文，赖评苏诗也常用"东坡本色"、"自是坡翁语"评苏诗。所谓本色指苏诗固有的特色。苏轼之为苏轼，就在于他胸怀坦荡，其诗多直抒胸臆，毫不虚情假饰。《腊日游孤山访惠勤惠思二僧》有"腊日不归对妻孥，名寻道人实自娱"句，赖评云："自是坡翁语。"评《宿临安净土寺》"平生睡不足"云："坡翁惯家语。"苏轼《雨后行菜圃》

是为雨后蔬菜茁壮生长而作，赖评云："（已作杯盘想）东坡本色。（"芥蓝如菌蕈"）以下极细腻。余音。一结出意表，自东坡本色，而意归到小摘山僧句（"小摘饭山僧"），短篇宜有此转环处。"这里两次提到"东坡本色"。评《东坡八首》中的"荒田虽浪莽"一首云："奇绝佳绝，此坡公本色"；评"自昔有微泉"一首中的"泫然寻故渎，知我理荒荟"云："此公本色，非公不能言者"；评《初秋寄子由》的起四句"百川日夜逝，物我相随去。惟有宿昔心，依然守故处"云："何等起手，四句真是这老本色。"可见赖评苏诗对"东坡本色"确实十分重视。

苏诗虽以直抒胸臆为特色，但也有以含蓄不露见长者。赖氏《书韩苏古诗后》云："世服苏之广长舌，不知其收舌不尽展者更好。《试院煎茶》《食荔枝》《林逋诗后》《考牧图》《韩幹牧马》《赠写真何充》《秧马》《砚屏》《墨妙亭》《藏墨》《画竹》《谢铜剑》《横翠阁》《烟江叠嶂》，皆丰约合度，姿态可观。《谢迳英赐御书》《赠写御容》者，最庄雅精炼。《别子由》诸作，皆真动人。要看谑浪笑傲其貌，铁石心肠其神也。"

苏轼善戏谑，爱开玩笑，方东树《昭昧詹言》卷一一云："杂以嘲戏，讽谏谐谑，庄语悟语，随兴生感，随事而发，此东坡之独有千古也。"赖评是把握住了苏诗这一特点的，称其《别岁》"用恢戏笔"。称《韩幹马十四匹》"诙谐，不如前诗（《书韩幹牧马图》）之严正可法，而今选之者，徒取其本色耳。此诗无一句渊源古人之作者，是东坡自我作古之意。"评《大风留金山两日》"却笑蛟龙为谁怒"句云："嘲笑语调，古来今，东坡一人耳。"

第四，赖评还论及苏诗的结构，如评《初秋寄子由》"自情事起笔，全篇唯是言宿昔之事，而其言即时之景，止结末二语，是此诗之妙，后觉所可法。全诗四句一解，六解六韵，亦是五古变体"；"看此诗（《送运判朱朝奉入蜀》），要看其首尾相贯，神气流通，常山蛇势处"。论苏诗的起结云："公诗起处每佳，以景起，以景结。"（《秋怀二首》）

第五，多论苏诗用韵之佳，如"押韵之切如此者，皆见其诗之妙"（《再过泗上二首》）；或称其换韵，"五古每四句换韵，其法自六朝来"（《送运判朱朝奉入蜀》）；或称其一韵到底，"一韵到底，无一字强押，是作者极力者"

（《定惠院海棠》）；"一韵到底，每章似换韵，是此诗之妙处。"（《书王定国所藏烟江叠嶂图》）。

曾枣庄：苏词在南宋已传入日本，日本研究苏词的情况如何？

池泽滋子：日本填词史是从嵯峨天皇（1242—1245）御制《渔歌子》五阕开始的，此后日本填词并不兴旺，更没有研究苏轼词的专书。江户时代中期的田能村孝宪（1777—1837，号竹田）可以说是在日本研究宋词的先驱者。他著述颇多，其《填词图谱》是据清人万树《词律》撰成。共收入一百一十六调，其中收有两首东坡词：《阮郎归·初夏》《双调南乡子·重阳》。其《填词图谱自序》云："宋人以为，词者诗之余也。诗既为文章之一途，又以余称之，最戋戋者也哉。况于本邦，固为无用物耶。士人不敢专攻其业，殆束阁焉。然于古人中，要之有前中书亲王《忆龟山》之词，盖王夙好文学，才藻典丽，罹时不淑，退隐西山，掩关却扫，因制此词，寄调《忆江南》也。读之，词之悽惋，世与《菟裘》诸赋并传，当推以为我邦开山祖也。有祖无传，尔后绝响，一千年于兹。宪（田能村孝宪）也禀性碌碌，躬遇泰运之日，进则无任官之能，退亦无耕野之业，拘拘乎雕虫刻鹄之末，偷生于艺林菁华之际。往日养病竹田书屋，汤药余暇，辑诸图谱，参订斟酌，总为六卷，摘句选声，娱乐遣日。人或嘲之，因自解曰：宪也禀性碌碌，为斯戋戋者，原是本分内之事，复奚疑焉。若夫窃论其志，则嗣龟山之音，以代华封之颂，欲明文治之象，弘汇万类，毫末无遗也，勿谓靡音丽语，以为闲散逸豫，燕宾夸客之资矣。"

七、近百年来的苏轼研究

曾枣庄：最近一百年来（1911—2010），中国的苏轼研究再次经历了由凋落到"复炽"的过程。前四十年战乱频仍，苏轼研究几乎处于停顿状态，唯一值得一提的是林语堂《苏东坡传》影响颇大。继三十年，政治运动不断，苏轼研究有种种禁忌。苏轼"身后"，"议论"的确是"常公"的，但也有两次是极其不公的，一是苏轼刚死的宋徽宗时，诏毁苏轼文集。但即使在徽宗朝，也有人敢于传播苏轼集。费衮《梁溪漫志》卷七载："宣和间，申禁东坡文字甚严，有士人窃携坡集出城，为阍者（守门人）所获，执送有司，见集后有一诗云：'文星落处天地泣，此老已亡吾道穷。才力谩超生仲达（司马懿），功名犹忌死姚崇。人间便觉无清气，海内何曾识古风？平日万篇谁爱惜，六丁（炎神）收拾上瑶宫。'京尹义其人，且畏累己，因阴纵之。"二是20 世纪"文化大革命"时，因苏轼反对王安石变法，就给他加上了反动派、顽固派，典型的投机派等种种恶名，苏轼研究几乎完全中断。但最近三十年，苏轼研究全面复兴，取得了可与清人媲美的成就，成为苏轼研究史上的第三次高潮。中华书局整理出版了孔凡礼的《苏轼诗集》《苏轼文集》及其颇为详尽的《苏轼年谱》。苏词注本，长期以来就只有傅幹《注坡词》以钞本传世，直至1993 年巴蜀书社出版了刘尚荣整理的《傅幹注坡词》。近数十年来，校注苏词成风，有龙榆生的《东坡乐府笺》、郑向恒《东坡乐府校订笺注》、唐玲玲《东坡乐府编年笺注》、薛瑞生《东坡词编年笺证》、邹同庆、王宗堂的《苏轼词编年校注》。1980 年成立了苏轼研究学会，已先后开了21 次苏轼研讨会，对团结国内外的苏轼研究者，推动苏轼研究的深入发展起到了较大作用。

池泽滋子：中日的苏轼研究有同有不同，相同的是日本和中国一样都热爱苏轼，不同的是中国受政治因素影响较大，徽宗朝的禁毁苏集，上世纪批林、批孔、批苏轼，在日本都几乎没有什么反响；而由于为大海所隔，日本没有赶上中国南宋、辽、金、元的苏轼研究热。苏轼著述在苏轼去世后不久就传入日本，但日本真正的苏轼研究，是在中国的明、清两代才开始的，近百年内日本的苏轼研究也没有出现过中国这样的反复。土屋弘1911 年编有《新释详注苏东坡诗选》，1917 年又编有《苏诗选详解》；1928—1931 年有岩垂宪德、释清谭、久保天随译注有《苏东坡诗集》；1965 年仓田淳之助、小川环树编有《苏诗佚注》；1972 年小川环树、山本和义译注有《苏东坡集》，1975 年二人又有《苏东坡诗选》。村上哲见1968 年有《诗与词（苏东坡）》，1989 年又有《苏轼·陆游》。日本早稻田大学内山精也主持的研究会，团结了一批日本中青年学者研究宋代文学，研究苏轼，在他们办的《橄榄》杂志上，1998 年第七号、1999 年第八号上有《苏轼的文学》专题。还有内山精也《传媒与真相·苏轼及其周围士大夫的文学》、保刘佳昭《新兴与传统·苏轼词论述》（均由 2005 年上海古籍出版社出版）等专书。

八、中日的寿苏会和赤壁会

曾枣庄：你出版有一本《日本的赤壁会和寿苏会》，请略作介绍。

池泽滋子：日本人一直很尊崇苏轼。每到苏轼生日，日本的"东坡迷"都要举行寿苏会，撰写纪念诗文。其代表是长尾雨山和富冈铁斋。长尾雨山（1864—1942）名甲，字子生。书法家、诗人，东京帝国大学文科大学讲师。富冈铁斋（1836—1924），名百炼。南画家，石上神宫、大鸟神社的宫司。他和苏轼同日生，因此用"东坡同日生""东坡癖"等图章，室号"聚苏书寮"。他们热爱苏轼，收集有关苏轼的书、画、文具、古董等所有东西。在苏轼的生日开过五次"寿苏会"（1916 年，1917 年，1918 年，1920 年，1937 年），先后刊刻有《乙卯（1916）寿苏录》《丙辰（1917）寿苏录二卷》《丁巳（1918）寿苏录二卷》《己未（1919）寿苏录》《丙子（1937）寿苏展观目录》《寿苏集》（1937）。参加第一次"寿苏会"的有富冈铁斋、内藤湖南、山本竟山、罗振玉、王国维、狩野直喜、上村观光等中日文人学者。西村天囚（1865—1924）在《乙卯寿苏录序》中介绍长尾雨山和他对苏轼的敬爱说："琦长尾子生，负高明之资，挟奇伟之才，而困顿坎轲，海外十余年。既归，侨居京都。绝志当世，翰墨自娱。生平深慕苏文忠为人。大正丙辰一月二十三日，即阴历十二月十九日，为文忠生日。乃与福冈君谋，柬招亲朋，设寿苏之燕（宴）于东山清风阁，壁挂画象，坐陈遗墨法帖之属，抚古论今，畅叙竟日，洵为一时胜会。"

曾枣庄：在苏轼生前就有人作《鹤南飞》为苏轼祝寿。苏轼《李委吹笛并引》（卷二一）："元丰五年十二月十九日，东坡生日也，置酒赤壁矶下，踞高峰，俯鹊巢，酒酣，笛声起于江上。客有郭、石二生颇知音，谓坡曰：'笛声有新意，非俗工也。'使人问之，则进士李委闻坡生日，作新曲曰《鹤南飞》以献。呼之使前，则青巾紫裘，要（腰）笛而已。既奏新曲，又快作数弄，嘹然有穿云裂石之声。坐客皆引满醉倒，委袖出嘉纸一幅曰：'吾无求于公，得一绝句足矣。'坡笑而从之。"其后历代都有人为苏轼祝寿，翁方纲

（1733—1818）晚年自号苏斋，名其室曰苏斋、宝苏室，每年东坡生日都要焚香礼拜，有《十二月十九日东坡生日，同人集苏斋拜像作》《雪后苏斋作，坡公生日，用苏韵二首》《十二月十九日苏斋拜先生真像三首》等诗。陈衍也有《东坡生日陶斋尚书招集宝华庵，成长句七百字》（卷五）诗："公生八百七五岁，公卒八百有十年。犹令后人此景仰，菜羹羊肉非浪传。"陆游《老学庵笔记》卷八云："建炎以来尚苏氏文章，学者翕然从之，而蜀士尤盛，亦有语曰：苏文熟，吃羊肉；苏文生，吃菜羹。""菜羹羊肉非浪传"本此。

韩国文人也常为苏轼祝寿，如与翁方纲相友善的申纬（1769－1845）就有《十二月十九日重摹赵松雪画东坡遗像》《十二月十九日之翌日，追作坡公生日》《十二月十九日东坡生日，余适恩补海上》《腊十九坡公生日，用墨农进士所视轴中韵》《翌日蕉砚追作坡公生日诗寄来为谢答》等诗。（本文所引韩国有关苏的资料，均转引自洪钦禹所撰《苏轼研究史》第九章）

池泽滋子：除寿苏会外，日本文人为纪念苏轼作《前赤壁赋》《后赤壁赋》，还常开赤壁会。西村天囚在《乙卯寿苏录序》中说："昔者柴野栗山为幕府讲官，每岁后赤壁之夕，邀客置酒。享和壬戌，干支适同，因张盛燕，乐翁源公，赠以鲈鱼，时人荣之。"日本文人的赤壁游不止一处，东京千代区神田川的对岳台，大版市都岛区的樱宫，京都宇治市的菊屋，都举行过赤壁会。如（1）宽政十二年（1800）柴野栗山在他居住的对岳台举行的赤壁会，以《庚申十月望，栗山堂会诸子，便题后赤壁图，分"江流有声，断岸千尺，山高月小，水落石出"之字为韵》为题，古贺仆、仓成荃、赤崎祯幹、辛岛宪、万波俊忠、桦公礼、赖惟柔等人皆有诗。（2）享和二年壬戌（1802）十月十五日，柴野栗山再次举行赤壁会，角田简的《续近世丛语》云："柴野栗山常钦慕苏公，每岁十月之望，置酒，会客，以拟赤壁游。"又云："壬戌夕会诸名士。白川越中侯闻之，寄书遗鲈，以求坐客诗。栗山使肥后辛岛井为之记。一时传写以为雅举。"当时有一客人携一块石来，栗山一见激赏，名以小赤壁，并援笔赋《小赤壁》古调一篇。醉墨纵横，一坐竦动。来客以为是给自己的赠诗而拜之，栗山也拜其石曰："此吾家之物也。"遂收之，一时传为佳话。关予"小赤壁"水石，赋咏颇多。后来赖春水的儿子赖山阳写了一篇《小赤壁记》。(3) 享和三年（1803）也曾举行赤壁会，有古贺精里《癸亥十月望三近堂集得脱字》等诗。(4) 文久二年壬戌（1862）大阪湾的淀川的赤壁会，池内陶所（1814—1863）撰《有前赤壁集字诗十二律并引》《后赤壁赋集字诗十五律并引》。(5) 大正十一年（1922）长尾雨山的赤壁会，聚集了全国各地二百左右的文人墨客。当天使用的茶具都是中国式的，提供的茶是从东坡当过太守的杭州送来的龙井茶，酒是中国名酒绍兴酒，充满中国情趣。赤壁会所作诗文，或谓今日之景正似当年苏轼赤壁夜游之景，如候田鹏斋《壬戌九月泛舟台下拟赤壁游》："正是今兹壬戌岁，长江依旧有声流。山鸣谷应当年啸。月白风清此夜游。遗垒高临千尺岸。沉钟空咽九重湫。霜天四顾夜将半。孤鹤横空掠小舟。"或谓应像苏轼一样超脱，无须为当前处境烦恼："白露横江江色和，苇间一棹乐如何。须史方上长空月，窈窕徐凌万顷波。物象遗来无主客，杯盘接待有鱼虾。洞箫不用托悲响，笑正风襟饮且歌。""是非消尽方遗我，哀乐何为更问天。相与目中空一世，斯游安得不遽然。"或叹物是人非，景似当年苏轼所见之景，而再也见不到苏轼其人了："渺茫不有水波兴，棹沂长流天可登。明月清风共舟酌，浩歌舷饮扣舷凭。江山为赋人安在，壬戌遇秋吾未曾。况是樽中盈美酒，雄怀何必美兰陵。"或谓东坡赤壁远胜周郎赤壁："与客汜舟舟自孤，秋光洗得酒怀苏。横天一水长清虚，在望千山方郁乎。人海风波游何止，世间声色有如无。怀须游乐寄明月，笑彼旌旗接舳舻"；"江明山色在苍茫，仙桂光清接水光。自是风流美苏子，何须雄主美周郎。"或谓有了东坡赤壁，人们就对周郎赤壁没有兴趣了，市河宽斋（1749—1820）的〈题东坡赤壁图〉云："孤舟月上水云长，崖树秋寒古战场。一自风流属坡老，功名不复画周郎。"这与明人文征明（1470—1559）《题画》（《甫田集》卷五，四库全书本）的"秋清山水夜苍苍，月出波平断岸长。千古高情苏子赋，东风谁更说周郎"有异曲同工之妙。

曾枣庄：九百多年来，以苏轼贬官黄州，夜游赤壁为题材的文学艺术作品在中国也数不胜数。在数以千计的歌咏赤壁的诗词中，绝大多数都是在歌颂东坡赤壁。苏轼明知道黄冈赤壁未必是"三国周郎赤壁"，但他根据"人道是"，故意把它们联在一起，借以抒发怀抱。清人朱日浚《赤壁怀古》说得好："赤壁何须问出处，东坡本是借山川。"后代诗人也就将错就错，也爱把东坡赤壁和周郎赤壁联系起来抒发感慨。元人陆文圭《赤壁图二首》（《墙东类稿》卷一九，四库全书本）称苏轼文辞可敌周瑜的武功："公瑾子瞻二龙，文辞可敌武功。"甚至超过周瑜武功："却怪紫烟烈焰，不如白月清风。"戴良《题赤壁图》（《九灵活性山房集》卷一七，四库全书本）更笑赤壁图不写周瑜的赤壁之战，却写苏轼的赤壁之游："千载英雄事已休，独余明月照江流。画图不尽当年恨，却写苏家赤壁游。"张之翰《赤壁图》（《西岩集》卷九，四库全书本）谓正是苏轼被贬，进一步成就了他的文学成就，我们才能读到《赤壁赋》："战舰烟消几百年，江山风月属坡仙。玉堂果有容公处，二赋何由世上传。"明人方孝孺的《赤壁图赞》（《逊志斋集》卷一九，四库全书本）说："群儿戏兵，污此赤壁，江山无情，犹有愧色。帝命伟人，眉山之苏，酹酒大江，以涤其污。"群雄争霸，玷污了赤壁；苏轼的"一樽还酹江月"，才洗涤了赤壁的污迹。方孝孺未必不知道黄冈赤壁并非"群儿戏兵"之地，他不过借此抒发对不顾百姓死活的群雄争霸的不满罢了。元、明、清有关苏轼的戏剧近三十种，其中约三分之一也是以苏轼贬官黄州为题材的，如《苏了瞻风雪贬黄州》《苏子瞻醉写〈赤壁赋〉》（元费唐臣）、《赤壁记》（明黄澜）、《赤壁游》（明许时泉）、《游赤壁》（清车江英）等等。历代的书法家也以临摹或重书苏轼的《赤壁赋》《念奴娇·赤壁怀古》《黄州寒食帖》为乐事，历代的画家如元代的赵孟頫、明代的唐寅、仇英都画有东坡游赤壁图。明代还有一位民间雕刻家的微雕，在拇指大小的一块桃核上，雕了一只船，船上有东坡、佛印、黄庭坚和两位船工，并刻了前后《赤壁赋》中的名句"清风徐来，水波不兴"，"山高月小，水落石出"等字，成为一件艺术珍品。为什么历代的文学家、艺术家这样醉心于苏轼的赤壁之游，创作了这样多的文学艺术作品来歌颂苏轼呢？这是因为苏轼"忠而见谤"的不幸遭遇，引起了他们的深切同情；而苏轼贬官黄州期间的高风亮节和文学成就，更赢得了人们的无限仰慕。

近世朝鲜前期文臣李荇、朴誾、洪彦忠、南衮等，也把汉城东边一个汉江绝壁（俗称蚕头）设想为中国的长江赤壁，并在那里泛舟，充满苏轼赤壁风流的浪漫。李荇《七月既望之夜，泛舟汉江，玩月有作》说："拟把汉江当赤壁，何妨壬戌作庚辰。"韩国的"赤壁"还不只汉城蚕头一处，大邱有花园赤壁，安东有芙蓉台赤壁，七月既望的船游习俗，就是模仿苏轼《赤壁赋》而形成的民俗。

池泽滋子：日本万波俊忠诗云："清风白月无今古，何必江流夜半船。"前句谓赤壁之游不必问时间，后句谓不必问地点，看来日、韩文人都同意中国朱日浚"赤壁何须问出处"的观点。

（原载《文艺研究》2011 年第 1 期，有所调整改动）

论眉山诗案

所谓眉山诗案，是指宋神宗元丰二年（1079）御史台以苏轼作诗"谤讪新政"的罪名，把他逮捕入狱，最后贬官黄州一案。因苏轼是四川眉山人，所以这个案件被称为"眉山诗案"；又因御史台叫乌台，所以又被称为"乌台诗案"。这是北宋一场有名的文字狱。本文想对这场文字狱的起因、经过和性质，略作一些分析。

一、北宋统治阶级内部一场严肃的政争是怎样变成排斥打击异己的斗争的？

由于一些戏曲、小说的影响，不少人一直认为，这场文字狱是王安石报复苏轼造成的。其实，苏轼被捕入狱，与王安石根本无关；相反，苏轼未被杀头，倒与王安石的营救分不开。

"乌台诗案"虽然与王安石无关，但却是打着维护王安石的新法的幌子进行的。

面对宋王朝的因循守旧，政治腐败，苏轼和王安石都主张革新朝政，但在具体革新主张上又有很大分歧。王安石强调变法，他早在嘉祐三年（1058）《上仁宗皇帝言事书》中就提出了"变革天下之弊法"的主张。苏轼强调改革吏治，三年后，他在应制科试所作的二十五篇《进策》中系统提出了自己的革新主张。他针对王安石所说的"患在不知法度"说："天下之所以不大治者，失在于任人而非法制之罪也。"（《东坡奏议集》卷三《策略第三》）神宗继位后，采纳了王安石的变法主张，在全国范围内推行新法。苏轼在《上神宗皇帝书》中全面反对新法。因政见不合，他主动要求出任地方官，先后任杭州通判，密州（今山东诸城）、徐州、湖州（今浙江吴兴）知州。"公既补外，见事有不便于民者，不敢言，亦不敢默视也。缘诗人之义，托事以讽，庶几（希望，或许）有补于国。"（苏辙《东坡先生墓志铭》）这些"托事以讽"的诗篇，"曾经臣僚缴进"，但神宗"置而不问"。（苏辙《为兄轼下狱上书》）可见，在王安石当政时，虽然有人想借此陷害苏轼，但宋神宗、王安石并未惩治苏轼。

"眉山诗案"是在王安石罢相三年以后发生的。熙宁九年（1076）王安石因守旧派的攻击和变法派内部的倾轧而第二次罢相后（从此，王安石闲居金陵，再未还朝），统治阶级内部围绕变法所进行的一场政争，逐渐演变成了排斥打击异己的斗争。苏轼在地方任上，政绩卓著。特别是在知徐州时，黄河决口，水汇徐州城下。苏轼亲率军民，筑堤防水，"过家不入"，保全了徐州。神宗通令嘉奖苏轼说："汝亲率官吏，驱督兵夫，救护城壁，一城生齿，并仓库庐舍，得免漂没之害"（《东坡续集》卷十二《奖誉敕记》）。苏轼的地方政绩，神宗对苏轼的奖誉，更让苏轼在朝廷的政敌要置苏轼于死地："先帝（神宗）眷臣不衰，时因贺谢表章，即对左右称道。党人疑臣复用，而李定、何正臣、舒亶三人，构造飞语，酝酿百端，必欲置臣于死。先帝初亦不听，而此三人执奏不已，故臣得罪下狱。"（《东坡奏议集》卷九《杭州召还乞郡状》）

李定对苏轼的"执奏不已"，除担心苏轼"复用"外，还包含有个人恩怨。在开始变法时，苏轼因反对新法而被迫离开朝廷，李定却因吹捧新法而从秀州判官一下子爬到了监察御史里行的高位。他因贪恋官位，不服母丧，为御史弹劾，苏轼也曾写诗讥刺他。从此他对苏轼怀恨在心。元丰二年（1079）四月，苏轼从徐州改知湖州，在《湖州谢表》中说，陛下"知其（苏轼自指）愚不适时，难以追陪新进；察其老不生事，或能牧养小民"。"新进""生事"等语刺痛了李定等靠投机新法起家的暴发户，他们抓住这两句话，并重新搬出了苏轼那些"托事以讽"的诗文，群起攻击陷害苏轼，连章弹劾苏轼。李定说苏轼有四条"可废之罪"：一是"怙终不悔，其恶已著"，二是"傲悖之语，日闻中外"；三是"言伪而辩"，"行伪而坚"；四是"陛下修明政事，怨不用己"。何正臣说苏轼"愚弄朝廷，妄自尊大"；"为恶不俊，怙终自若，谤讪讥骂，无所不为"，"有水旱之灾，'盗贼'之变，轼必倡言，归咎新法，喜动颜色，唯恐不甚。今更明上章疏，肆为低消，无所忌惮"，要求对苏轼"大明诛赏，以示天下"。舒亶弹劾苏轼"包藏祸心，怨望其上，讪讟漫骂，而无复人臣之节者，未有如轼也。"（《东坡乌台诗案》）

神宗最初不愿追究，但在御史台众口一词的围攻下，他只好命令御史派人把苏轼拘捕入京问罪。李定感叹"人才难得"，但他的本意是指找不到一个逮捕苏轼的"如意"的人。太常博士皇甫遵自告奋勇，愿去拘捕苏轼。他在离京前，要求途中夜间把苏轼寄监。神宗不允，说："只是根究吟诗事，不消如此。"皇甫遵领旨后，同其儿子立即离京，奔赴湖州。

二、"顷刻之间，拉一太守，如驱鸡犬"

皇甫遵为捕苏轼，昼夜兼程，其行如飞。驸马都尉王诜是苏轼的好友，他得知消息后，立即派人驰告南京（今河南商丘）的苏辙，要他火速告知湖州的苏轼。皇甫遵到润州（今江苏镇江）后，其子因病求医诊治，耽搁了半天。结果苏辙的人先到一步，苏轼已得知消息。皇甫遵到达后，直接奔赴湖州公堂，左顾右盼，面目狰狞。苏轼问权知州事无颇如何是好，无颇说事已如此，无可奈何，只好出见。苏轼来到公堂，皇甫遵视若无人，沉默不语，空气十分紧张。苏轼只好先开口："轼自来激恼朝廷多，今日必是赐死。死固不敢辞，乞归与家人诀别！"皇甫遵这才慢吞吞地说："不至如此！"无颇试探地问道："太常博士必有文书？"皇甫遵厉声问他是什么人。当无颇说他是权知州事后，皇甫遵才交出文书。打开一看，只不过是一般拘捕文书，大家才松了一口气。（朋九万《眉山诗案广证》）

皇甫遵要苏轼立即起程。苏轼与家人告别，妻子王闰之哭得死去活来。从前，宋真宗曾召见隐士杨朴，问他能否作诗。杨说不能。真宗问临别有没有人作诗送行。杨说只有老妻作了一首诗送他："且休落托贪怀酒，更莫猖狂爱吟诗。今日捉将官里去，这回断送老头皮。"真宗听后大笑，就把杨朴放回去了。苏轼看见妻子哭得这样伤心，就讲了这个故事，并风趣地对她说："子独不能如杨处士妻，作诗送我乎？"这句话把王闰之也逗笑了（周紫芝《诗谳》）。王氏派长子苏迈随同苏轼入京，以便沿途照顾苏轼。二狱卒押苏轼出城登舟，"郡人送者雨泣，顷刻之间，拉一太守，如驱鸡犬"。（《眉山诗案广证》）苏轼后来也说："（李）定等选差悍吏皇遵（即皇甫遵），将带吏卒，就湖州追摄，如捕寇贼。"（《杭州召还乞郡伏》）

苏轼被捕后，御史台又抄了苏轼的家，搜查苏轼所作诗文。苏轼后来回忆当时的情况说："轼始就逮赴狱，有一子稍长，徒步相随。其余守舍皆妇女幼稚。至宿州（今属安徽），御史符下，就家取文书。州郡望风，遣吏发卒，围船搜取，老幼几怖死。既去，妇女惠骂曰：'是好著书，书成何所得？而怖我如此！'悉取烧之。比（等到）事定，重复寻理，十亡其七八矣。"（《东坡集》卷二十九《黄州上文潞公书》）若不遭这次浩劫，苏轼的作品今天当流传更多。

苏轼在途中和狱中都曾准备自杀。舟行至太湖芦香亭下停宿，当晚月色如昼，碧波无际。苏轼望着冷冷的银月和茫茫的碧波沉思：自己被捕入京，必定下狱，审讯中难免牵连他人。若能两眼一闭，投身湖中，顷刻之间，岂不烦恼尽消，万事大吉？但自己虽死得痛快，而弟弟苏辙必不独生，岂不害了弟弟？加之看守很严，苏轼才未举身赴清湖。来到京城苏轼又想绝食求死，但不久神宗遣使到狱中约救，苏轼察觉神宗无意杀他，这才未自杀。苏轼曾同苏迈相约，平日送食只送菜肉，若有不测，则送鱼。一次苏迈因事他往，托一亲戚送饭而又忘记交代。这位亲戚恰好送了鱼，苏轼大惊，就写了题为《狱中寄子由（苏辙）》的两首诀别诗：

圣主如天万物春，小臣愚暗自亡身。百年未满先偿债，十口无妻更累人。是处青山可埋骨，他年夜雨独伤神。与君世世为兄弟，更结人间未了因。

柏台霜气夜凄凄，风动琅珰月向低。梦绕云山心似鹿，魂飞汤火命如鸡。眼中犀角真吾子，身后牛衣愧老妻。百岁神游定何处？桐乡知葬浙江西。

柏台即御史台，犀角形容其子额骨丰盈；牛衣，乱麻编制的衣服，指未给妻子留下什么遗产。

苏轼很喜爱浙中山水，他被捕后，湖州、杭州的老百姓都在为他念解厄经，因此他要苏辙把他葬在浙江。苏轼后来回忆狱中的情况说：

> 去年御史府，举动触四壁。幽幽百尺井，仰天无一席。隔墙闻歌呼，自恨计之失。留诗不忍写，苦泪渍纸笔。（《东坡集》）卷十二《晓至巴河口迎子由》

前四句写狱房之小；次二句写狱中之苦，一个没有失去过自由的人是不懂得自由之可贵的。一墙之隔，两个世界，墙外可放声歌呼，而墙内的苏轼却没有一点自由；最后两句提到的"留诗"，即指托狱卒转给苏辙的《狱中寄子由》，这两首诀别诗确实是浸透了"苦泪"的。

朝臣对乌台诗案的态度很复杂。李定等人必欲置苏轼于死地；并想株连其他大臣，副相王珪乘人之危，推波助澜，落井下石；还有一些人生怕连累自己，避之唯恐不及，但敢于营救苏轼的人也不少。李定曾多次提审苏轼。苏轼最初还想尽量不牵连别人，"虚称（与他人）更无往复"；但御史台已抄得苏轼同朝廷内外大臣的往来书信，在巨大的压力下，苏轼只好承认"与人有诗赋往还"；结果"内外文武官曾与苏轼交往，以文字讥讽政事"而被"收坐"的竟达三十人之多（《东坡乌台诗案》）。在营救者中，苏辙上书神宗要求以自己的官职为兄赎罪。苏轼在被押进京，途经扬州时，扬州知州鲜于侁求见，台吏不许，并警告他与苏轼相知甚久，往来文字应烧掉，否则将获罪。他回答说："欺君负友，吾不忍为！以忠义分谴，则所愿也！"（《历代通鉴辑览》卷七十八）苏轼的前辈好友，已经退休的张方平也上疏营救苏轼，称苏轼为"当下之奇才"。南京（今河南商丘）官吏不敢转呈，他就派儿子张恕进京到闻鼓院投书。太皇太后也出面干预，说："仁宗以制科得轼兄弟，喜曰：'吾为子孙得两宰相。'今闻轼以作诗系狱，得非仇人中伤之乎？"（同上）王安石之弟王安礼说："自古大度之君，不以言语罪人。……今一旦致于理，恐后世谓陛下不能容才。"（同上）王安石的亲家、宰相吴充甚至说："魏武（曹操）猜忌如此，尤能容祢衡。陛下以尧舜为法，而不能容一苏轼，何也？"（《眉山诗案广证》）新党章惇也说："仁宗皇帝得轼，以为一代之宝，今反置于囹圄，臣恐后世以谓陛下听谀言而恶评直也！"退隐金陵的王安石也说："安有圣世而杀才士乎？"（《诗谳》）王安石是神宗特别器重的人物，虽已退隐，但这句话仍很起作用。据说这场公案就"以公（王安石）一言而决"。从上述可以看出，当时起来营救苏轼的，既有执政大臣，也有退隐老臣；既有守旧派，也有变法派。由于上下内外的多方营救，加上神宗本来很赏识苏轼的才华，苏轼才得免于死，贬为黄州团练副使，本州安置，不得签书公判；苏辙、王诜、鲜于侁坐贬，张方平、司马光等二十余人因与苏轼关系密切，均受罚铜处分。苏轼从八月十八日入狱，到十二月二十九日出狱，整整一百天。

三、颠倒黑白，以谏为谤；深文周纳，罗织罪名

苏轼在《出狱次前韵》中说："平生文字为吾累"，事实正是这样。乌台诗案是一场颠倒黑白，无限上纲，罗织罪名的文字狱，其主要"罪证"即苏轼的《钱塘集》（通判杭州所作的诗文）、《超然集》（知密州时所作的诗文）和《黄楼集》（知徐州时所作的诗文）虽早已不传，但现存宋人朋九万《东坡乌台诗案》、周紫芝《诗谳》、清人张鉴秋《眉山诗案广证》等所录的、当时被指控为攻击新法的二三十篇诗文，绝大部分仍保存在《东坡集》中。因此，这些诗文的性质，至今仍有案可稽。苏轼八月十八日入御史狱，二十日就被初审，苏轼供状，除《山村五首》外，"其余文字并无（没有）干涉时事"。这自然是苏轼在有意缩小案情，不足为据。但《东坡乌台诗案》所载苏轼供词是后来在强大的压力下被迫招供的，虽具有重要参考价值，也同样不能作为复核这些诗文性质的可靠凭据。要"重勘乌台诗案"，就必须联系当时的背景，实事求是地分析这些诗文的性质。

当时被指控为攻击新法的诗文有以下几种情况。

第一，确实"攻击"了新法，但所"攻击"的内容也并非完全不是事实。如苏轼一开头就承认其"干涉时事"的《山村五绝》之四（《东坡集》卷四），就是"攻击""青苗法"的：

杖藜裹饭去匆匆，过眼青钱转手空。赢得儿童语音好，一年强半在城中。

意思是说当时发放的青苗钱，农家子弟在城中一下就花光了，只不过学得城中语音而已，对抑制高利贷并未起到什么作用。比较全面地"攻击"新法的是《寄刘孝叔》（《东坡集》卷七）：

保甲连村团未遍，方田讼牒纷如雨。尔来手实降新书，抉剔根株穷脉缕。诏书恻怛信深厚。吏能浅薄空劳苦。

大意是说保甲法、方田均税法、手实法等一个接一个地颁布，事目繁多，吏不能晓。保甲法完全是镇压人民反抗的法律，反动性很明显，我们没有必要为之辩护。方田均税法旨在限制大地主兼并土地而又偷税漏税，苏轼早在仁宗朝所作的《进策》中就提出过类似的主张，问题在于依靠当时那些贪官污吏来丈量土地，确定土地等级，必然大搞徇私舞弊，上下其手，结果引起争讼纷纭。手实法规定老百姓自报财产，以定户等；为防止有人少报，又奖赏告其不实的人；还规定不按时施行的，"以违制论"。苏轼认为这实际是奖励告密，会败坏社会风气。加之它是司农寺擅自制定的，因此，苏轼拒不执行。他说："违制之坐，若自朝廷，谁敢不从？今出于司农，是擅造律也！"（苏辙《东坡先生墓志铭》）手实法是在王安石罢相期间由吕惠卿推行的，王安石也不赞成，所以他复相后很快就废除了。从上述可以看出，苏轼对新法的所谓"攻击"，可能有些偏见，但它的确从一个侧面反映了变法过程中存在的一些实际问题。苏轼后来说："昔先帝召臣上殿，访问古今，敕臣今后遇事即言，其后臣屡论事，未蒙施行；乃复作为诗文，寓物托讽，庶几流传上达，感悟圣意"（《东坡奏议集》卷五《乞郡札子》）。神宗命令苏轼"遇事即言"于先，而当苏轼"遇事即言"以后又予以治罪。在封建专制制度下，即使像神宗这样的"圣君"，也难免在谗臣的包围下干出这种自相矛盾的事来。

第二，有的虽指斥朝政，但并非"攻击"新法，如苏轼的许多指责盐法的诗文就属这种情况。宋自建国以来就实行食盐官榷。苏轼早在王安石变法前就反对"关有征、市有租、盐铁有榷（专卖）、酒有课、茶有算"，反对朝廷对"天下之利，莫不尽取"（《东坡应诏集》卷四《进策·省费用》）。王安石变法期间进一步加强了盐禁，很多人因违反盐禁而身系囚笼。苏轼一到杭州就为"鞭箠"这些囚犯而后悔不该做官。他说："误随弓旌落尘土，坐使鞭箠环呻呼。追胥连保罪及孥（苏轼自注：近屡获盐贼，皆坐同保，徙其家），百日愁叹一日娱。"（《东坡集》卷三《李杞寺丞见和前篇，复用元韵答之》）这年除夕，他因审讯囚犯（其中不少就是所谓"盐贼"）而不能还家，他在《都厅题壁》（《东坡集》卷十八）中写道：

> 除日当早归，官事乃见留。执笔对之泣，哀此系中囚。小人营馑粮，堕网不知羞。我亦恋薄禄，因循失归休。不须论贤愚，均是为食谋。谁能暂纵遣，闵然愧前修。

除夕之夜，囚犯因营食堕入法网而不能回家团聚，他因"恋薄禄"而不能早归，——"不须论贤愚，均是为食谋"。在这里，他竟把自己同囚犯相提并论，为自己不能对囚犯"暂纵遣"，让其在节日与家人团聚而深感羞愧。《山村五绝》中的二、三两首也与盐禁有关。第二首说："但教黄犊无人佩，布谷何劳也劝耕。"意思是说，只要盐法宽平，像汉代的龚遂那样，鼓励反抗的农民卖剑买牛，卖刀买犊，何劳劝农使者（"布谷"）督促农耕？当时，赎卖私盐的人多带刀杖自卫，"吏卒不敢近"，而那些年老体弱无力反抗的人，就只好几个月没有盐吃：

> 老翁七十自腰镰，惭愧青山笋蕨甘。岂是闻韶解忘味？尔来三月食无盐。

苏轼问道，孔夫子听到韶乐，倒可"三月不知肉味"，山村小民三月不知盐味，难道会像孔子闻韶而不知肉味那般快乐吗？这确实是讥讽，但这种讥讽正表现了苏轼对人民的深切同情。

第三，在封建专制制度下，忧国忧民也被认为有罪。苏轼那些反映自然灾害、民间疾苦的诗篇，也被指控为攻击新法。苏轼在杭州、密州、徐州任上，自然灾害一直比较严重，但当时的不少地方官吏根本不关心民间疾苦。

苏轼在《游天竺灵感观音院》(《东坡集》卷三)中写道：

> 蚕欲老，麦半黄。前山后山雨浪浪。农夫辍耒女废筐，白衣仙人在高堂。

这里的"白衣仙人"表面是指观音菩萨，实际是指那些高高在上的统治者，他们对夏收季节造成男耕女织荒废的水涝毫不关心，有些地方官吏为了取悦朝廷还故意隐瞒灾情。他在《捕蝗至浮云岭，山行苦疲，有怀子由弟》(《东坡集》卷六)中说："西来烟障塞空虚，洒遍秋田雨不如。新法清平哪有此？老身穷苦自招渠。"蝗虫遮天蔽日，比雨点还密，但地方官吏却否认灾情严重，所以他只好承认是自己招惹来的。更令人气愤的是，"吏皆言蝗不为灾，甚者或言为民除草"。苏轼愤慨地质问道："使蝗果为民除草，民将祝而来之，岂忍杀乎？轼近在钱塘，见飞蝗自西北来，声乱浙江之涛，上翳日月，下掩草木，遇其所落，弥望萧然。……言蝗不为灾，将以谁欺乎？"(《东坡集》卷二十九《上韩丞相论灾伤手实书》)苏轼如实反映灾情，后来也成了罪名。如前所述，何正臣为苏轼列举的罪名之一就是"有水旱之灾，'盗贼'之变，轼必倡言，归咎新法，喜动颜色，唯恐不甚"。

第四，对苏轼的指控有的还纯属诬陷。最突出的例子就是《王复秀才所居双桧》(《东坡集》卷四)一诗：

> 凛然相对敢相欺，直干凌空未足奇。根到九泉无曲处，世间惟有蛰龙知。

这首诗描写了两株桧树凛然相对，直干凌空，根到九泉，亦无曲处的雄姿，至多不过是苏轼借此抒发他那种刚直不阿的性情而已。但李定等人却把它同蔑视神宗联系起来了。在封建社会里，皇帝被认为是真龙天子。于是他们就在"蛰龙"二字上大做文章。副相王珪说："陛下飞龙在天，而轼求之地下之蛰龙，其不臣如此！"这样的解释太离奇，太牵强附会了，以至神宗都说："诗人之言，安可如此论？彼自吟桧，何预朕事！"章惇虽然在政治上属于变法派，但他也反对这样陷害苏轼。他说："龙者非独人君，人臣亦可以言龙也。"神宗接着说:"自古称龙者多也,如荀氏八龙(东汉荀淑有八子,均有才名,时谓之荀氏八龙),孔明卧龙,岂人君耶?"这些自称维护王安石变法的人,却忘记了王安石也有类似的诗。苏轼在狱中,狱吏曾问他这首诗有无讥讽。苏轼巧妙地回答说:王安石诗"天下苍生待雨雾,不知龙向此中蟠",他所说的龙也就是王安石所说的龙。章惇对王珪曲解苏轼诗意是很不满的,退朝后他质问王珪,是不是想使苏轼家破人亡。王珪面有惭色地回答说:"此舒亶言也。"章惇也不客气,讥讽道,舒亶的口水难道也可吃吗?王珪是一个专看皇帝脸色行事的人,他上朝是为了"取圣旨",皇帝表示态度后他就说声"领圣旨",退朝后就对僚属说"已得圣旨",被人讥为"三旨宰相"。这次,他把神宗的脸色看错了,他以为神宗要处死苏轼,于是就跟着煽风点火,落井下石,对苏轼大搞捕风捉影,栽赃陷害。

在封建制度下,封建君主是至高无上的。要致政敌于死地,"诽谤君父"几乎成了最有效的法宝。因此,不仅新党中的投机派以诽谤神宗的罪名陷害苏轼,而且以后的旧党如程颐的党徒贾易、朱光庭等人也以同样罪名陷害苏轼。例如,苏轼在《试馆职策问》(《东坡集》卷二十二)中说:"欲师仁祖(仁宗)之忠厚,而患百官有司不举其职,或致于媮(苟且);欲法神考(神宗)之励精,而恐监司守令不识其意,流入于刻(苛严)"。贾易等人抓住苏轼这两句话,弹劾苏轼"谤讪先朝"。苏轼这里所说的"媮"与"刻",明明是指现在的百官有司、监司牧守,"文理甚明,灿若黑白",但他们却偏要说这是谤讪仁宗、神宗。苏轼愤慨地说,李定等人诬他谤讪朝廷,还有近似之处,这就是"以讽谏为诽谤";而贾易等人连近似都说不上了,完全是"以白为黑,以西为东"(《东坡奏议集》卷五《乞郡劄子》)。再如,苏轼在神宗去世前夕请求常州居住,并在那里买田置舍。神宗去世后两月,他买到了田舍,写了三首《归宜兴,留题竹西寺》,其中一首是:

此生已觉都无事,今岁仍逢大有年。山寺归来闻好语,野花啼鸟亦欣然。

诗中的"闻好语",本来是指买田成功的消息,但贾易等人竟诬蔑苏轼

"有欣幸先帝（神宗）上仙之意"，是为神宗去世而高兴。新党李定等人抓住"世间唯有蛰龙知"一句，诬陷苏轼对神宗"不臣如此"，旧党贾易等人又抓住"山寺归来闻好语"一句，诬陷苏轼"闻讳而喜"。新旧两党政治上虽然是对立的，但他们陷害苏轼的手法又何其相似乃尔！这种手段正是封建制度的产物，因为在封建制度下，以攻击皇帝为罪名，是最容易置对手于死地的。

苏轼一生直言敢谏，他在仁宗、英宗、神宗、哲宗四朝都提出了一些与当政者不同的政治主张。他的出发点完全是为了缓和当时日趋尖锐的阶级矛盾和民族矛盾，巩固宋王朝的统治。

把苏轼投入监狱并贬官黄州的宋神宗就说过"苏轼终是爱君"。但是，这位"终是爱君"的苏轼，一生大部分时间都不容于朝廷，并因"谤君"之罪一次再次地贬官，而且几乎被杀头，最后背着"谤君"的罪名郁郁而死。在封建专制制度下，"忠而见谤"几乎是"忠言谠论"、直言敢谏之士的共同命运。

（原载《四川师范学院学报》1980 年第 3 期）

苏轼在黄州

苏轼（1036—1101）字子瞻，号东坡，四川眉山人。他是北宋比较关心民间疾苦，富有爱国精神的著名文学家。他同王安石都主张革新，但在改革什么，如何改革的问题上存在较大分歧，他是反对王安石变法的。在王安石变法期间，一些元老重臣因反对新法纷纷离开朝廷，王安石不得不重用一些"新进勇锐之人"，其中也混进了一些野心家、投机派。自熙宁四年（1071）起，苏轼离开朝廷，出任杭州通判，密州（山东诸城）知州、徐州知州。元丰二年（1079），苏轼改知湖州（今浙江吴兴），他在《湖州谢表》中说，神宗"知其（自指）愚不适时，难以追陪新进；察其老不生事，或能牧养小民"[①]。"新进""生事"等语，刺痛了那些靠投机新法起家的人，他们就以"谤讪朝廷"的罪名逮捕了苏轼，要对他"大明诛赏，以示天下"。后经多方营救，包括王安石的营救（时王安石已罢相三年，闲居金陵），苏轼才得免于死，贬为黄州（今湖北省黄冈市）团练副使，本州安置，不得签书公判。苏轼从元丰三年二月到达黄州贬所，至元丰七年四月改为汝州（今河南临汝）团练副使，共在黄州生活了五年。这是苏轼政治上的失意时期，但也是他在文学上的丰收季节。苏辙在《东坡先生墓志铭》中指出，在这之前，他们弟兄的文章还可相"上下"，"既而谪居于黄，杜门深居，驰骋翰墨，其文一变，如川之方至，而辙瞠然不能及也"。本文想对苏轼在贬官黄州期间的生活和创作作一概述，并着重谈谈他在这一期间的文学成就，从而看看"四人帮"给苏轼戴上的所谓"投机派""两面派"这些大帽子，是否符合历史事实。

---

① 《东坡集》卷二五，《湖州谢上表》。下引本集之诗文，只注卷数、篇名。

一、"力耕不受众目怜"

苏轼初到黄州，住在州城东南的定惠院，过着孤独寂寞的生活。众人有些回避他，他也有些回避众人，整天闭门谢客，饮酒赋诗。定惠院东面杂花满山，其中有一株海棠花，当地人不知道它的名贵。苏轼深有感慨地写道：

> 江城地瘴蕃草木，只有名花苦幽独。
>
> 嫣然一笑竹篱间，桃李满山总粗俗。
>
> 也知造物有深意，故遣佳人在空谷。
>
> 自然富贵出天姿，不待金盘荐华屋。

《定惠院海棠》

显然，这株海棠正是苏轼对自己的写照，他正像"幽独"的海棠处于"粗俗"的桃李之中一样，天姿自然，不准备追求"华屋""金盘"。他在《卜算子·黄州定惠院寓居作》中还写道：

> 缺月挂疏桐，漏断人初静。谁见幽人独往来，缥缈孤鸿影。　惊起却回头，有恨无人省。拣尽寒枝不肯栖，寂寞沙洲冷。

这只"孤鸿"也是作者对自己的写照，它独往独来，惊魂不定，满腔幽怨，无人理解，自甘"寂寞"，不肯与世俗同流。

苏轼在定惠院没有住多久，就迁到了黄州城南长江边上的临皋亭。后来苏轼的老友马正卿为他请得城东过去的营房废地数十亩，让他开垦耕种。这就是著名的东坡。苏轼主要参与组织垦荒，实际垦荒的是"家僮"，协助他垦荒的有门生，指点他垦荒、种植的是农夫。他对农夫对他的关心感激不尽：

"再拜谢苦言，得饱不敢忘！"① 他在离开黄州很久以后的元祐四年（1089）知杭州时，还怀着深厚的感激之情说："我顷在东坡，秋菊为夕餐。永愧坡间人，布褐为我完"（《次韵毛滂法曹感雨诗》）。

东坡开垦出来后，苏轼又在这里修建房舍，因为是大雪中修的，就在壁上绘雪景，命名为雪堂。雪堂西畔是北山之微泉，南面是四望亭之后丘，堂前有井，堂后栽有松、桑、枣和元脩菜等，既可供苏轼生活之需，又点缀了雪堂风光。

在这以前，苏轼基本上处于顺境之中。现在贬官黄州，"廪入既绝，人口不少"，生活自然有些困难。但他决心"痛自节俭"来渡过难关。他给自己定了一条规矩，每天的费用不得超过一百五十钱。每月初取四千五百钱分为三十串，挂在屋梁上。每天用又挑取一串，若这一百五十钱未用完，就另放在一个竹筒中，以待宾客来往之需。苏轼颇善于随缘自适，他自我安慰道："口体之欲，何穷之有？每加节俭，亦是惜福延寿之道。"② 后来虽在东坡垦荒数十亩，但因连年遇旱，他仍时为生活着急；"今年旱势复如此，岁晚何以黔吾突"？他决心通过自己的努力来维持生活，决不向人乞讨，表示"形容可似丧家狗，未肯弭尔争投骨"；"腐儒粗粝支百年，力耕不受众目怜"（《次韵孔毅甫久旱，已而甚雨》）。

二、"虽废弃，未忘为国家虑"

苏轼是以言得罪的，因此，他在贬官黄州期间经常警告自己要以言为戒："得罪以来，不复作文字，自持颇严"③；"黄（州）当江路，过往不绝，语言之间，人情难测，不若称病不见为良计"④。但苏轼毕竟是一个对国事民瘼不能忘怀的人，要他不关心国家命运，民间疾苦，是做不到的。他在一封信中说："吾侪虽老且穷，而道理贯心肝，忠义填骨髓，直须谈笑生死际。……虽

① 卷一二，《东坡八首》。
② 《东坡续集》卷五，《与李公择书》。
③ 卷三十，《答秦太虚书》。
④ 《东坡续集》卷四，《与滕达道书》。

怀坎壈于时，遇事有可尊主泽民者，便忘躯为之"① 他是这样说的，也确实是这样做的。

所谓"尊主"，就是忠君，也就是要巩固宋王朝的统治；所谓"泽民"，就是要施恩泽于老百姓。苏轼对人民的反抗是主张镇压的，在《黄州上文潞公书》《与章子厚书》中，他都提出了一些防"盗"措施。但苏轼也清醒地认识到，单靠武力镇压是无济于事的。他说："上不尽利，则民有以为生；苟有以为生，亦何苦而为盗？""贫民有衣食之路，富民无盗贼之忧"②。正是从这种认识出发，苏轼在各地做官都比较关心民间疾苦。苏轼被捕被贬的罪名之一就是"有水旱之灾，盗贼之变，轼必倡言，归咎新法，喜动颜色，惟恐不甚"③。可贵的是苏轼在赴贬所途中和在贬官黄州期间，仍敢继续写诗反映民间疾苦，仍敢发出"下马作雪诗，满地鞭箠痕。伫立望原野，悲歌为黎元"④；"而今风物那堪画，县吏催钱夜打门"⑤；"水中照见催租瘢"⑥ 等哀叹。特别是在《鱼蛮子》一诗中，苏轼详尽描述了渔民的悲惨遭遇，他们以水为田，以舟为室，以鱼为粮，家无完物，连锅都是破的，盐都没有吃的，过着"何异獭与狙"的非人生活。但是比起那些受"赋租"之苦的农民，"鱼蛮子"的生活似乎已经是"天堂"了。"人间行路难，踏地出赋租。"而"鱼蛮子"竟能逃脱"赋租"，这难道不是地狱中的"天堂"吗？"鱼蛮子"担心失去这种天堂生活，因此反复哀求不要把他们的境况告诉外人："蛮子叩头泣，勿语桑大夫！"这是一幅多么悲惨的图画啊！

由于赋税繁重，加之连年天灾，武昌一带的贫苦百姓常常溺婴。根据当时法律，溺婴要判刑两年。但为生活所迫，严刑峻法也不能制止溺婴。苏轼专门写信给鄂州（治今湖北武昌）知州朱寿昌说："闻之酸辛，为食不下。"他希望朱寿昌一面"告以法律，谕以祸福，约以必行"；一面对那些"实贫

---

① 《东坡续集》卷五，《与李公择书》。
② 《东坡奏议集》卷二，《论河北京东盗贼状》。
③ 《东坡乌台诗案·监察御史里行何正大劄子》。
④ 卷十一，《蔡洲道上遇雪》。
⑤ 卷十一，《陈季常所蓄朱陈村嫁娶图》。
⑥ 卷十二，《五禽言》。

甚，不能举子者，薄有以赈之"①。

苏轼对发展农业生产一向比较注意。他在杭州、密州、徐州任上，都比较注意兴修水利，消灭蝗虫，防洪救灾。在贬官黄州期间，也仍然关心农业。当时武昌出现了一种新式农具秧马，农夫都坐着秧马插秧。苏轼很欣赏这种先进的新式农具，后来还专门写了一首《秧马歌》来推广这种农具。歌中描写了不用秧马插秧的辛苦和坐秧马插秧的好处。写得形象生动，绘声绘形。

苏轼生活的时代不仅阶级矛盾很尖锐，而且国内各民族的矛盾也很尖锐。在仁宗朝他针对当时对辽和西夏的侵扰表现的软弱无能、苟且偷安的现实，在二十五篇《进策》中，用了不少篇幅陈述了妥协投降的教训，提出了战胜辽和西夏的一系列办法②，表示自己要"与虏试周旋"的决心。到了神宗朝，他针对神宗"意在用兵"，"群臣百僚，窥见其旨，多言用兵"的状况，又代张方平写了《谏用兵书》，强调"深戒用兵"。在贬官黄州期间，西夏内乱，有人主张乘机用兵。苏轼认为，急用兵只能促其"合而为一，清野以抗王师"，他主张缓用兵，并遣辩士离坏其党，使其"内自相疑"，"以乱其国"③。在这期间，苏轼政治上极不得意，他也没有忘记"臂弓腰箭何时去，直上阴山取可汗"④。

苏轼在《与滕达道书》中问道："西事得其详乎？虽废弃，未忘为国家虑也。"所谓西事是指当时四川泸州一带少数民族首领发动的叛乱。朝廷派去平叛的部队，有的全军覆没；有的将领惧不敢战，谎报军情。苏轼在《答李琮书》中，提出了平叛方略。他主张罢兵，精选一转运使及泸州知州，给他们两年限期，由他们经划处理，允许他们法外行事；多给他们一些钱物，就地采购军粮，减轻运送军粮的费用；派辩士联合其他少数民族首领共同平叛。苏轼在信末对李琮说："此非公职事，然孜孜寻访如此，以见忠臣体国，知无不为之义也。轼其可以罪废不当言而止乎？"不当言而仍要言，正是他"虽废弃，未忘为国家虑"的表现。

---

① 卷三十，《与朱鄂州书》。
② 《东坡应召集》卷五，《策断》。
③ 《东坡奏议集》卷十五，《代滕达甫论西夏书》。
④ 卷十三，《谢陈季常惠一揗巾》。

三、"驰骋翰墨，其文一变"

苏轼在《与滕达道书》中说："某闲废，无所用心，专治经书。一二年间，欲了却《论语》《书》《易》"。苏轼的父亲苏洵曾作《易传》，未成而卒，临终前，叫苏轼为他完成。但他多年来忙于政务，无暇著书。贬官黄州期间，他不仅完成了《易传》，还自著了《书传》《论语说》。其后贬官岭南期间又作了进一步的修改补充。苏轼对自己完成的这三部书是很看重的，他曾说："抚视《易》《书》《论语》三书，即觉此生不虚过……其他何足道。"① 这三部书也确实有不少精辟的见解，只是被他在诗、词、散文等方面的声名所掩盖了。苏轼在历史上被人看重，不是因他对这三部书所作的解说，而是他在诗、词、散文、书法、绘画等各个文学艺术领域的光辉成就；而在诗、词、散文方面的代表作，不少都是在贬官黄州期间写的。

关于苏轼的诗，苏辙曾说"公诗本似李杜"。确实如此，苏轼诗既具有杜甫诗的现实主义精神，又具有李白诗的浪漫主义风格。除上引《鱼蛮子》等诗外，苏轼在黄州期间写的一些抒发个人愤慨的名篇也具有这种特色。如《初到黄州》：

> 自笑平生为口忙，老来事业转荒唐。
> 长江绕郭知鱼美，好竹连山觉笋香。
> 逐客不妨员外置，诗人例作水曹郎。
> 只惭无补丝毫事，尚费官家压酒囊。

这是一篇自我解嘲，自我安慰，充满牢骚的作品。作者嘲笑自己为了糊口，一生忙忙碌碌，结果被贬为"俭校尚书，水部员外郎，充黄州团练副使，本州安置，不得签书公判"，也就是诗中所说的"员外置""曹水郎"。但也正好因祸得福，闲居无事，可以欣赏"鱼美""笋香"了。

----

① 《东坡续集》卷七，《答苏伯固》。

元丰六年（1083）苏轼的爱妾朝云生了一子（名苏遁，一年后夭折）。苏轼有一首《洗儿》诗大约写于此时。诗云：

> 人皆养子望聪明，我被聪明误一生。
>
> 惟愿孩儿愚且鲁，无灾无难到公卿。

寥寥四句，"嬉笑怒骂之词"骂得何等痛快，充满了作者的满腔悲愤。像他这样"有笔头千字，胸中万卷"的"聪明"人，往往一生穷愁潦倒，坎坷不平；而那些"愚鲁"之辈，倒能"无灾无难"，扶摇直上！苏轼这类作品的现实意义就在于它反映了封建社会怀才不遇的知识分子的共同愤懑情绪，有助于我们从一个侧面认识封建社会的黑暗。

《海棠》诗也是苏轼贬官黄州期间的名作：

> 东风袅袅泛崇光，香雾霏霏月转廊。
>
> 只恐夜深花睡去，故烧高烛照红妆。

这首诗格调清新，想象丰富，作者以拟人的手法描绘了月夜海棠盛开的美景，给人以明净、华美的艺术享受，代表了苏轼诗的又一种风格。

苏轼在文学史上的巨大贡献之一是创立了豪放词派。词在中唐初兴的时候，因为来自民间，虽然形式短小，还不成熟，但内容还较广泛，格调也比较清新。到了晚唐五代，词的内容越来越狭窄，语言越来越华丽，格调越来越低下，几乎到了专写女人风姿的地步，充满了寄情声色的脂香粉气。而苏轼"一洗绮罗香泽之态，摆脱绸缪宛转之度"[1] 创立了风格迥然不同的豪放词。据说，苏轼曾问一位善歌的幕士："我词何如柳七？"幕士回答说："柳郎中词，只合十七八女郎，执红牙板，歌'杨柳岸，晓风残月'；学士词，须关西大汉，铜琵琶，铁绰板，唱'大江东去'。"[2] 这位幕士以非常形象的语言，

---

[1]　胡寅《题酒边词》。
[2]　俞文豹《吹剑录》。

道出了以柳永为代表的婉约词和苏轼开创的豪放词的不同风格。这里所谓的"大江东去"，是指苏轼贬官黄州期间写的《念奴娇·苏壁怀古》：

> 大江东去，浪淘尽千古风流人物。故垒西边，人道是三国周郎赤壁。乱石崩云，惊涛裂岸，卷起堆雪。江山如画，一时多少豪杰。
>
> 遥想公瑾当年，小乔初嫁了。雄姿英发。羽扇纶巾，谈笑间，樯橹灰飞烟灭。故国神游，多情应笑我，早生华发。人生如梦，一樽还酹江月。

这是一篇气壮山河，寄慨万端的作品。上阕主要写赤壁，引出怀古；下阕主要写怀古，归到伤今。通篇充满了作者的美妙理想同可悲的现实的矛盾。作者本希望像"千古风流人物"那样建立功名，特别是希望像"公瑾当年"那样，少年得志。但是，可悲的现实却是"早生华发"，一事无成，反落得贬官黄州，因此，发出了"人生如梦"的悲叹。全词慷慨激昂，苍凉悲壮，绘景抒情，怀古伤今，气势磅礴，一泻万里，最能代表苏轼豪放词的特色，被人誉为"古今绝唱"。

此外，苏轼在《定风波·沙湖道中遇雨》中写道：

> 莫听穿林打叶声，何妨吟啸且徐行。竹杖芒鞋轻胜马，谁怕？一蓑烟雨任平生。

作者面对"穿林打叶"的风雨，一面"吟啸"，一面"徐行"，从容不迫，无所畏惧。在苏轼看来，"风雨"终将过去，"斜照"必然相迎，前途是光明的。

风格的多样化，是作家艺术技巧成熟的重要标志之一。东坡词虽然以豪放为特征，但他以传统的爱情题材为内容的词，也不比任何一个婉约派词人逊色。苏轼在黄州期间写的《洞仙歌》是以五代后蜀皇帝孟昶和花蕊夫人纳凉摩珂池上为题材的：

冰肌玉骨，自清凉无汗。水殿风来暗香满。绣帘开，一点明月窥人，人未寝，欹枕钗横鬓乱。

起来携素手，庭户无声，时见疏星渡河汉。试问夜如何？夜已三更，金波淡，玉绳低转，但屈指西风几时来，又不道流年暗中偷换。

这首词上阕刻画了"冰肌玉骨"，"钗横鬓乱"的花蕊夫人形象，下阕写她同孟昶携手纳凉的情景。全词写来"豪华婉逸"，以婉约见长。1958年成都会议期间，毛泽东圈阅"唐宋人写的有关四川的一些诗和词"，就曾圈阅了苏轼这首《洞仙歌》。

苏轼在文学史上的另一重大贡献，就是他一生都在大力推进欧阳修所倡导的古文革新运动，并以自己大量的堪称典范的文章使古文革新运动立于不败之地。

东坡尺牍也有不少脍炙人口的名篇。特别是贬官黄州期间写的《答李端叔书》，非常感人。全信"信笔抒意"，抒发了一种自怨自艾、后悔莫及的感情。他怨自己"贪得不已"，得陇望蜀，中了进士，又举制科，又怨自己缺乏自知之明，因为考取了直言极谏科，就"诵说古今，考论是非"，"妄论利害，搀说得失"，"谀谀至今，坐此得罪"。苏轼笑自己具有制科人好发议论的习气，有如"候虫时鸟，自鸣自已"；笑秦观，黄庭坚（二人均属苏门四学士）对自己"独喜见誉"，如人"嗜昌歜（即昌蒲，楚文王所嗜）羊枣（曾皙所嗜），未易诘其所以"，笑李端叔称说自己的都是自己过去的毛病，如"木有瘿，石有晕，犀有通，以取妍于人，皆物之病也"。这一连串幽默、诙谐的比喻，充满了自怨自艾的感情。苏轼还信笔抒发了对封建社会人情冷暖、世态炎凉的感慨：有的对他乘机"推骂"，落井下石；有的生怕连累自己，避之犹恐不及，"平生亲友，无一字见及，有书与之，亦不答"。就在这样冷酷的社会里，李端叔却一再致书苏轼，称道苏轼；苏轼的感激之情是可想而知的。尽管苏轼说李对他的"称说"是"闻其声不考其情，取其华而遗其实"，所"称说"的"皆故我，非今我"，但这些都不过是含蓄的牢骚而已。苏轼还信笔抒发了忧谗畏讥，借酒浇愁的情怀。他说他"得罪以来，深自闭塞"；又说此信"不须示人，必喻此意"。这是担心招惹是非，大祸再次临头。他说他"偏舟草履，放浪山水，与渔樵杂处，往往为醉"[①]，表面看笔调轻松，实际上包含着难以言状的辛酸。

明人袁宏道说："坡公之可爱者，多其小文小说。使尽去之，而独存高文大册，岂复有坡公哉"[②]！黄州写的《记承天寺夜游》就是这种"小文小说"的代表作，全文仅八十余字：

元丰六年十月十二日夜，解衣欲睡。月色入户，欣然起行，念无与为乐者，遂至承天寺寻张怀民。怀民亦未寝，相与步于中庭。庭下积水如空，水中藻荇交横，盖竹柏影也。何夜无月，何处无竹柏，但少闲人如吾两人耳。

短短几行字，不仅形象地再现了深秋月夜的美丽景色，而且表现了贬官黄州时那种强作轻松的苦闷心情。

苏轼对赋体文学也有重大发展。在唐宋古文革新运动影响下，逐渐产生了句式参差，押韵随便，以散代骈的文赋。苏轼贬官黄州期间写的前后《赤壁赋》，则是文赋的代表作。《前赤壁赋》的开头，描写了月夜泛舟大江的美好景色和饮酒赋诗的舒畅心情。"清风徐来，水波不兴。""月出于东山之上，徘徊于斗牛之间。白露横江，水光接天。"寥寥数笔，作者就烘托出一幅月白风清，天水相连的秋夜景色。"纵一苇之所如，凌万顷之茫然。浩浩乎如冯虚御风，而不知其所止；飘飘乎如遗世独立，羽化而登仙。"这里既抒发了月夜泛舟的舒畅心情，又给人以渺渺茫茫的虚幻感觉，为后面的议论做好了铺垫。接着作者通过客人"如怨如慕，如泣如诉"的洞箫声，很自然地引出了主客间关于人生意义的一场论辩。主客对话，实际都是作者的独白，是他陷于深沉苦闷而又力求摆脱的矛盾心情的表露。苏轼不愿沉浸在悲观颓丧的思想中，而又找不到出路，于是只好搬出老、庄的听任自然，随缘自适的处世哲学来自我安慰。那一段主客对话，我们几乎都可逐字逐句地从《庄子》中找到它

---

① 《答李端叔》。
② 袁宏道《苏长公合作引》。

的蓝本。据苏辙说，苏轼最初好贾谊、陆贽书，因为他想像贾、陆那样"论古今治乱"，有所作为。但在严酷的现实把他美妙的理想击得粉碎后，庄子那些"能自宽"的话就说到他心坎上去了："今见《庄子》，得吾心矣!"① 要会想：从变的一面看，人生固然短促，渺小;但从不变的一面看，"则物与我皆无尽也"。高官厚禄，既"非吾之所有"，但"江上之清风与山间之明月"，是"取之无禁，用之不竭"的，可以尽情享受，而又与世无争。这是一种无可奈何的自我安慰。但苏轼在政治上极端失意时能处以达观，能看到人生"无尽"的一面，仍有其积极意义。文章从泛舟大江有羽化登仙之乐，转入"侣鱼虾而友麋鹿"的现实苦闷，最后又以"清风""明月"之乐作结，全文写得来波澜起伏，曲折多姿，说理谈玄，议论风生，文笔精炼，形象生动，确实堪称"奇妙之作"。但就是这篇文章，却曾被看作是"攻击曹操""攻击变法派的黑文"②。苏轼如在黄泉有知，也会啼笑皆非的!

贬官黄州是苏轼政治上的一大蹭蹬，但在文学上却是一大飞跃。一位封建官吏和封建文人，政治上受那样大的打击，不可能不产生一些消极思想。可贵的是他并没有因此消沉下去：生活上他决心自食其力，政治上仍不忘忧国忧民;而尤其可贵的是，他把自己的满腔郁结发而为文，为我们留下了大量不朽的篇章。这种自强不息，奋发有为的精神确实是可贵的。

（原载《江汉论坛》1980 年第 2 期）

---

① 苏辙《东坡先生墓志铭》。

② 《从苏轼的"忍耐"看林彪的"韬晦"之计——剖析苏轼在黄州的两面派活动》，1974 年 9 月 1 日《湖北日报》。

苏轼知密州十题

苏轼知密州是在熙宁七年至九年（1074—1077），即 39-42 岁期间。1996 年李增坡、邹金祥两先生主编了一部六十万字的洋洋巨著《苏轼在密州》，全面收集了苏轼知密州创作的诗文词及有关资料。今天我不可能也没有必要全面论述苏轼知密州的详情，只能择其要而论十个问题，算作是对《苏轼在密州》一书写的读后感吧。

一、从"山水窟"到"寂寞山城"：苏轼生活的巨大变化

苏轼从杭州通判到密州知州，这是他第一次任知州，第一次从地方副手（凤翔签上、杭州通判等）升任地方的"一把手"，算是升官。但生活却发生了很大的变化，从富饶的"山水窟"杭州来到当时还较贫困的"寂寞山城"密州。他在《蝶恋花·密州上元》一词中，生动描述了这种生活环境的不同："灯火钱塘三五夜，明月如霜，照见人如画。帐底吹笙香吐麝，更无一点尘随马。寂寞山城人老也，击鼓吹箫，却入农桑社。火冷灯稀霜露下，昏昏雪意云垂野。"杭州的上元节（正月十五日）是明月如霜，美人如画，笙管悠扬，罗帐芬芳。密州的上元节却是山城寂寞，灯火稀冷，暗云垂野，一派荒凉萧条的景象。加之连年饥馑，生活艰难，身为太守的苏轼，偶尔也得以野菜充饥。他在《后杞菊赋》（相对于唐陆龟蒙撰的《杞菊赋》而言）中说，他做官十九年，家中越来越贫困，衣食之俸，不如往昔。移守密州，估计可以一饱。结果却"斋厨索然"，生活更加困难。他经常与通守（官位次于知州）刘廷式一起沿着古城废圃寻找杞菊充饥。他自我嘲笑道："吁嗟先生，谁使汝坐堂上称太守？前宾客之造请，后掾属之奔走。朝衙达午，夕坐过西。曾杯酒之不设，揽草木以诳口。对案颦蹙，举箸嚄呕。"

二、苏轼求知密的原因:"请郡东方,实欲昆弟之相近"

杭州、密州贫富差异如此大,他为什要"请郡东方"呢?

自苏轼于熙宁四年(1071)通判杭州,七年(1074)改知密州,苏辙兄弟自颍州一别之后,一直无缘会面。苏辙于熙宁六年任齐州掌书记,熙宁七年苏轼就"求为东州守","实欲昆弟之相近"。

苏轼在《密州谢表》中说:"携孥上国,预忧桂玉之不克;请郡东方,实欲昆弟之相近。"前一句是言不由衷的,他之所以不愿"携孥上国",主要并不是担心京城桂薪玉食,而是怕在朝廷不能容身。后一句是真实的,他"请郡东方",确实是为了与"昆弟之相近"。

苏辙《超然台赋》序)说:"子瞻通守余杭,三年不得代,以辙之在济南,求为东州守。既请得高密,五月乃有移知密州之命。"

历史反复证明,理想与现实总是矛盾的,理想是很难实现的:他本来准备在赴密途中,绕道齐州与苏辙相见。他在《与李公择书》中说:"舍弟在济南,须一往见之。"但因河水封冻不可行,只好自海州赴密州,结果未能去齐州,到达密州已是年终了。齐、密虽相距不远,但齐州属京东西路,密州属京东东路,加之各自都公务繁忙,直至他们罢任,都未能相会。

三、密州"蝗旱相仍,盗贼渐炽",吏治腐败的严重状况

苏轼知密州时,曾向神宗上了《论河北京东盗贼状》。这篇《状》可说是苏轼在密州期间的施政纲领,他在密州任上的所作所为基本上是按《状》中的主张进行的。

密州有重要地位。这里地处京东,是腹心根本之地,这里与中原的离合,常常关系着国家的安危:"王者得之以为王,霸者得之以为霸,猾贼得之以乱天下";"京东之贫富,系河北之休戚;河北之治乱,系天下之安危。"

但这样一个重要的地方,情况却很不妙:"伏见河北、京东,比年以来蝗旱相仍,盗贼渐炽。今又不雨,自秋至冬,方数千里,麦不入土。窃料明年春夏之际,寇攘为患,甚于今日。"情况已经到了"公私匮乏,民不堪命"的

地步。苏轼在《密州祭常山文》中更详尽更具体地谈到了当时的灾情。他说："比年以来，蝗旱相属。中民以上，举无岁蓄。量日计口，敛不待熟。秋田未终，引领新谷……自秋不雨，霜露杀菽。黄糜黑黍，不满困簏。麦田未耕，狼顾相目。道之云远，饥肠谁续？"又说："旱蝗之为虐也，三年于兹矣。东南至于江海，西北被于河汉，饥馑疾疫，靡有遗矣。"

灾情严重，吏治更加腐败，有的隐瞒灾情。苏轼在《上韩丞相论灾伤手实书》中说，当时一些地方官吏，为了讨好朝廷，都说"蝗不为灾"；甚至说蝗虫还可"为民除草"。苏轼反问道，要是蝗虫果然能为民除草，老百姓就会祷告上天，希望多来些蝗虫，怎么会消灭蝗虫呢？他说："轼近在钱塘，见飞蝗自西北来，声乱浙江之涛，上翳日月，下掩草木，遇其所落，弥望萧然。此京东余波及淮浙者耳，而京东独言蝗不为灾，将以谁欺乎？"苏轼坚持如实报告灾情，并要求减免赋税。他经常为不能减轻灾伤而深感内疚："民病何时休？吏职不可越！"（《和赵郎中捕蝗见寄次韵》）"秋禾不满眼，宿麦种亦稀。永愧此邦人，芒刺在肤肌。平生五千卷，一字不救饥！"（《和孔郎中荆林马上见寄》）

四、对人民的反抗，主张"诛一以警百"

面对"蝗旱相仍，盗贼渐炽"的严重状况，统治者准备怎么办呢？"今流离饥馑，议者不过欲散常平之粟，劝诱蓄积之家；盗贼纵横，议者不过欲增开告赏之门，申严缉捕之法。"苏轼认为，这些措施不能解决问题，"皆未见其益也"。面对人民的反抗，苏轼是赞成加强镇压的。他说："自古立法制刑，皆以盗为急。盗窃不已，必为强劫；强劫不已，必至战攻，或为豪杰之资，而致（陈）涉（吴）广之渐。"因此，他认为对"乐祸不悛"的"凶残之党"，"则须敕法以峻刑，诛一以警百"。他反对对盗贼减刑免死，因为盗贼自知不死，就不怕犯法；而人们忧其复来，就不敢报告和捕盗；结果就会造成盗贼公行。为了加强对人民反抗的镇压，他还主张对捕盗之人实行重赏。原来朝廷规定，抓住一个死刑强盗，赏"五十千"；抓住一个应流放的强盗，赏"二十五千"。这时朝廷有旨，灾伤之岁赏钱减半。苏轼在《上文侍中论强盗赏钱书》中说："凡获一贼，告与捕者，率常不下四五人。不胜，则为盗贼所害；幸而胜，则凡为盗者举仇之。其难如此，而使四五人者，分十二千五百，以捐其躯命，可乎？"他认为正因为是灾伤之岁，更应加紧对盗贼的镇压，"今岁之民，上户皆缺食，冬春之交，恐必有流亡之忧。若又纵盗而不捕，则郡县之忧，非不肖所能任也"。他又说，密州"风俗武悍，特好强劫，加以比岁荐饥，椎剽之奸，殆无虚日。自轼至此，明立购赏，随获随给，人用竞劝（争着努力捕盗），盗亦敛迹"。

苏轼在《与王庆源书》中也说："始至，值岁饥人豪，剽劫无虚日。凡督捕奸凶五七十人，近始肃然。"这一切都说明，苏轼为了巩固北宋王朝的统治，是不惜镇压人民的反抗的。

五、"洒涕巡城拾弃孩"：苏轼的忧民思想

苏轼也清醒地认识到，光靠武力镇压，不能解决问题。要平息人民的叛乱，还必须让人民能生活下去。他说："上不尽利，则民有以为生；苟有以为生，亦何苦而为盗？"这时，中民以下，全都缺食，犯法而为盗是死，畏法而不盗则饥；饿死与杀头都是死，而且饿死是更迫近的事，因此，"相率而为盗，正理之常，虽日杀百人，势必不止"。苏轼明确指出："贫民有衣食之路，富民无盗贼之忧。"（《论河北京东盗贼状》）这些话表明，苏轼从根本上说，是在为"上"，为"富民"的长远利益着想；但为了统治阶级的长治久安，正是从这样的认识出发，苏轼在密州期间，一面对人民的反抗实行坚决镇压，一面又在他力所能及的范围内，为减轻人民的痛苦做了一些工作。

其《韵刘贡父、李公择见寄》："何人劝我此间来，弦管生衣甑有埃。渌蚁濡唇无百斛。蝗虫扑面已三回。磨刀入谷追穷寇，洒涕巡城拾弃孩。为郡鲜欢君莫叹，犹胜尘土走章台。"章台指京城章台中街，汉张敞为京兆尹，无威仪，常遮面过章台街。最后两句是说知密州虽"鲜欢"，总比在京为官而"无威仪"好。此诗主旨，《乌台诗话》说："此诗讥朝廷减削公使钱太甚，及造酒不得过百石。故弦管生衣，甑釜生埃，及言蝗虫灾伤盗贼四起，旱涝饥馑，以见政事阙失，皆新法不便之故。""磨刀入谷追穷寇，洒涕巡城拾弃

孩",这两句诗表现了苏轼对人民态度的两重性。"追穷寇"是实写,已如上述;"拾弃孩"也是实有其事的。后来他在《与朱鄂州书》中说:"轼向在密州,遇饥年,民多弃子。因盘量劝诱米,得出剩数百石,别储之,专以收养弃儿。"

为了让老百姓能活下去,苏轼主张要及时救灾,要适当减轻赋税。他认为若不及时救灾,发放救灾物资,老百姓必然去逃荒。平常逃荒,还有去处;现在方圆几千里都受灾,麦子种不下去,往哪里逃荒呢?"但恐良民举为盗矣"。

为此,他拒绝执行王安石的部分新法。苏轼认为,老百姓生活艰难,不仅是旱、蝗等自然灾害造成的,而且也是推行新法造成的。他说:"民非独病旱蝗也,方田、均税之患,行道之人举知之。"(《上韩丞相论灾伤手实书》)他估计青苗、免役、市易、保甲等法是当时的执政大臣必定要实行的,很难使他们放弃;但手实法、盐法,还可争一下。手实法规定老百姓自报财产,以定户等;为防止有人少报,又奖赏告密的人;还规定不按时施行的,以违制论。苏轼认为手实法是奖励告密。过去治理天下的人,厌恶告密的人败坏社会风气,现在却悬赏奖励告密。加之手实法并不是朝廷制定的,而是司农寺制定的,因此,苏轼拒绝执行。他说:"违制之坐,若自朝廷,谁敢不从?今出于司农,是擅造律也。"(苏辙《东坡先生墓志铭》)他在《上文侍中论强盗赏钱书》中也说:司农寺所行文书,施于郡县,很多都出于司农寺官吏一时之意,但却像皇帝诏书一样地施行。他质问道:"岂有增损旧律令,冲改新制书,而天子不知,三公不与,有司得专之者?"这类擅自制定律令的情况还多。当时军器监要老百姓交牛皮,为了防止有牛皮不交,也悬赏鼓励告密。苏轼说,老百姓家死牛比死儿女还要伤心,老弱妇幼之家报官稍迟了一点,就鞭打他们,还要罚款"数十千",并把这些罚款用来奖赏告密者。苏轼愤慨地说:"为牛皮而已,何至是乎?"(《上韩丞相论灾伤手实书》)司农寺推行手实法的目的是要老百姓自报财产,以便评定户等,"均出役钱"。苏轼说,免役法的"利病",从长远看,"轼所不敢言";但朝廷必欲推行免役法,可采用简单易行、为害不大的办法。他反对用手实法来定役钱,主张用"五等古法"

来定役钱。一二三等是大户，应负担主要役钱，把应出钱数派给他们，由他们去分摊；四五等户又各分为上中下三等，五等下户最穷，"不当出分文"；其他的四五等户也较贫困，"须令出钱至（最）少"。免役法还规定额外征收二分利息，叫宽剩钱。苏轼主张用宽剩钱"买民田以募役人"，就像唐代的长征卒，"民出谷帛以养兵，兵出性命以卫农，天下便之"。现在也是民出钱以免役，就可尽力于农事。他在密州实行的结果，"民甚便之"。苏轼在《上神宗皇帝书》中对免役法是坚决反对的。但在密州任上，他的态度已经有了变化，有条件地执行，即按他自己的办法执行。这正是他后来反对司马光废除免役法的思想基础。当时盐税激增，河北、京东两路的盐税原为三十三万二千余贯，熙宁六年增至四十九万九千余贯，净增四分之一。贫民贩盐，本钱很少，偷税则罚款很重，纳税又无利可图，耕田"又值凶岁"。老百姓"若不为盗，惟有忍饥"。尤其荒唐的是，增加的盐税作为捉贼赏钱就几乎支光了，并没有增加朝廷收益。密州在熙宁六年所收盐税比祖额增加了两万贯，支付捉贼赏钱就花了一万一千余贯，而"未获贼人尚多"。因此苏轼主张贩盐在三百斤以下的，一律不收税。

当时，除京东、河北两路外，全国各地对盐已实行官榷，不允许百姓私自煮盐、贩盐。苏轼到密州后，新党章惇主张河北、京东的食盐也要实行官榷。苏轼说，他在杭州每每提笔判决盐犯，未尝不流眼泪。来到京东，见官不卖盐，狱中没有盐因，路上没有因煮盐、贩盐而被流放的人，曾感到高兴。现在京东、河北也要官榷食盐，"不觉慨然太息"。苏轼指出，这里沿海皆盐，要老百姓舍而不煮，煮而不卖是不可能的。他说："东北之人，悍于淮浙远甚。平居椎剽之奸，常甲于他路。一旦榷盐，则其祸未易以一二数也。"（《上文侍中论榷盐书》）苏轼的意见未被采纳，京东仍实行了官榷食盐。后来苏轼知登州，再次要求"先罢登、莱两州榷盐"（《乞罢登莱榷盐状》）。

苏轼喜民之所喜，其《次韵章传道喜雨》（自注：祷常山而得）尤其值得一读：诗的开头描写了旱蝗灾害，特别是蝗灾的严重，蝗子聚集多于泥土，蝗虫飞来，"布阵横空"，如像烧杀掳掠的项羽一样的厉害。在当时的条件下，面对这样严重的灾害，"农夫"无力抵御，只好"拱手但垂泣"。可贵的是，苏轼反对"坐观不救",他主张或用火烧("秉畀炎火"),或用泥埋("荷锄散掘"),以米奖励捕蝗的人("得米济饥还小补")。作者"摩抚疮痍",为民除害的诚心似乎感动了"常山山神",久旱之后忽然大雨倾盆,真是有如天降甘露。童谣说:"天将大雨,商羊鼓舞。"商羊是传说的一种鸟,能预报天雨,它屈其一脚起舞,就将下雨。苏轼以轻松的笔调写道:"山中归时风色变,中路已觉商羊舞。夜窗骚骚闹松竹,朝畦泫泫流膏乳。"欣喜之情,溢于言表!更令苏轼高兴的是,他听见老农说,旱蝗相连,随着旱象的解除,蝗灾也就会减轻,丰收也就在望了:"从来蝗旱必相资,此事吾闻老农语。庶将积润扫遗孽,收拾丰岁还明主。"通篇表现了苏轼急农夫之所急,喜农夫之所喜的感情。

六、《超然台记》:以超然态度面对密州的严重情况

苏轼在密州,生活虽比杭州艰苦得多,但他仍生活得愉快。经过一段时间的治理,他开始有精力修整园圃、庭宇,先后在这里修葺和新建了超然台、雩泉、盖公堂等。这里先谈他的《超然台记》。

关于《超然台记》的主旨,理论上"凡物皆有可乐":"凡物皆有可观。苟有可观,皆有可乐,非必怪奇玮丽者也。餔糟啜漓皆可以醉,果蔬草木皆可以饱。推此类也,吾安往而不乐。"凡有所择则不能乐:"夫所为求福而辞祸者,以福可喜而祸可悲也。人之所欲无穷,而物之可以足吾欲者有尽。美恶之辨战乎中,而去取之择交乎前,则可乐者常少,而可悲者常多。是谓求祸而辞福。夫求祸而辞福,岂人之情也哉!物有以盖之矣。彼游于物之内,而不游于物之外。物非有大小也,自其内而观之,未有不高且大者也。彼挟其高大以临我,则我常眩乱反复,如隙中之观斗,又乌知胜负之所在。是以美恶横生,而忧乐出焉。可不大哀乎!"他以自己的经历证明这一观点:"余自钱塘移守胶西,释舟楫之安,而服车马之劳,去雕墙之美,而庇采椽之居,背湖山之观,而行桑麻之野。始至之日,岁比不登,盗贼满野,狱讼充斥,而斋厨索然,日食杞菊。人固疑余之不乐也。处之期年,而貌加丰,发之白者,日以反黑。余既乐其风俗之淳,而其吏民亦安予之拙也。于是治其园圃,

洁其庭宇，伐安丘（山东半岛西部）、高密之木以修补破败，为苟完之计。而园之北，因城以为台者，旧矣，稍葺而新之。时相与登览，放意肆志焉。南望马耳、常山，出没隐见，若近若远，庶几有隐君子乎？而其东则卢山，秦人卢敖之所从遁也。西望穆陵（关），隐然如城郭，师尚父（周朝吕望）、齐桓公之遗烈，犹有存者。北俯潍水，慨然太息，思淮阴（韩信）之功，而吊其不终。台高而安，深而明，夏凉而冬温。雨雪之朝，风月之夕，余未尝不在，客未尝不从。撷园蔬，取池鱼，酿秫酒，瀹脱粟而食之，曰，乐哉游乎！方是时，余弟子由适在济南，闻而赋之，且名其台曰超然。以见余之无所往而不乐者，盖游于物之外也。"

可见超然台是原有的，名字是他的弟弟苏辙新取的，意思是说苏轼之所以能"无所往而不乐"，就在于他能"超然"物外，"游于物之外"。其《超然台赋并叙》（卷一七）叙云"山居者知山，林居者知林，耕者知原，渔者知泽，安于其所而已，其乐不相及也，而台则尽之。天下之士，奔走于是非之场，浮沉于荣辱之海，嚣然尽力而忘返，亦莫自知也，而达者哀之。二者非以其超然不累于物故耶？《老子》曰：'虽有荣观，燕处超然。'试以超然命之，可乎？"赋云："诚达观之无不可兮，又何有于忧患……惟所往而乐易兮，此其所以为超然者耶！"是的，一个人能以"达观"、"超然"的态度对待外物，就能解除忧患，无往不乐。

"超然于外，不累于物"是苏轼的一贯思想，苏轼的思想一向比较开朗，他一向以超然态度对待政治上的失意和生活上的艰难。《东坡易传》卷六云："超然于外，不累于物。"《东坡志林》卷九云："元祐四年十一月忆在黄州之鱼味美，而知杭州厌水陆之珍。予在东坡尝亲执煮鱼羹以设客，客未尝不称善，意穷约中易为口腹耳。今出守钱塘，厌水陆之品。今日偶与仲天贶、王元直、秦少章会食，复作此味，客皆云此羹超然有高韵，非世俗庖人所能彷佛。岁莫寡欲，聚散难常，当时作此以发一笑也。元祐四年十一月二十九日。"他常以超然称美他人。其《送张安道赴南都留台》（卷五）云："我公古仙伯，超然羡门姿。偶怀济物志，遂为世所縻。"《送张职方吉甫赴闽漕，六和寺中作》（卷七）云："羡君超然鸾鹤姿，江湖欲下还飞去。"《和潞公（文彦博)超然台韵》(卷一四)云："我公厌富贵,常苦勋业寻。相期赤松子,永望白云岑。清风出谈笑,万窍为号吟。吟成超然诗,洗我蓬之心。"《次韵参寥师寄秦太虚三绝句》(卷一七)称美秦观诗文："秦郎文字固超然,汉武凭虚意欲仙。"《赵阅道(抃)高斋》(卷一九)称美赵抃归隐："功名富贵俱逆旅,黄金知系何人袍?超然已了一大事,挂冠而去真秋毫。"《仇池笔记》卷上论晋人书法："谢尚、谢鲲、王衍等字皆奇,(王)夷甫独超然,若群鹤耸翅欲飞而未起也。"在海南岛以超然颂沉香木,其《沉香山子赋》(子由生日作)："矧儋崖之异产,实超然而不群。既金坚而玉润,亦鹤骨而龙筋。"

《超然台记》在当时影响很大,以此作《超然台赋》的,除苏辙外还有李邦直、文同、鲜于侁、张耒等,苏轼为之作跋,如《书子由超然台赋后》(均见卷六六)："子由之文,词理精确,有不及吾,而体气高妙,吾所不及。虽各欲以此自勉,而天资所短,终莫能脱。至于此文,则精确、高妙,殆两得之,尤为可贵也。"《书李邦直超然台赋后》："世之所乐,吾亦乐之……邦直之言,可谓善自持者矣,故刻于石以自儆。"《书文与可超然台赋后》："余友文与可,非今世之人也,古之人也。其文非今之文也,古之文也。其为《超然辞》,意思萧散,不复与外物相关,其《远游》《大人》之流乎?"

苏轼离密州后,一直对密州特别是对超然台念念不忘。刚离密时,《大雪,青州道上有怀东武园亭,寄交代孔周翰》云："超然台上雪,城郭山川两奇绝。海风吹碎碧琉璃,时见三山白银阙。盖公堂前雪,绿窗窗朱户相明灭。堂中美人雪争妍,粲然一笑玉齿颊。就中山堂雪更奇,青松怪石乱琼丝。惟有使君游不归,五更上马愁敛眉。君不见淮西李侍中,夜入蔡州缚取吴元济。又不见襄阳孟浩然,长安道上骑驴吟雪诗。何当闭门饮美酒,无人毁誉河东守。"知杭时有《再过超然台,赠太守霍翔》："昔饮雩泉别常山,天寒岁在龙蛇间。山中儿童拍手笑,问我西去何当还。十年不赴竹马约,扁舟独与渔蓑闲。重来父老喜我在,扶挈老幼相遮攀。当时襁褓皆七尺,而我安得留朱颜……躬持牛酒劳行役,无复杞菊嘲寒悭。超然置酒寻旧迹,尚有诗赋镌坚顽。"

七、苏轼在密州托事以讽的诗文为乌台诗案的祸因之一

苏轼在密州同在杭州一样，对"事不便于民者"，继续"托事以讽"，这也是乌台诗案的罪证之一。

苏轼还在潍水之上新建快哉亭。苏辙在《寄题密州新作快哉亭》（卷六）诗中写道："车骑崩腾送客来，奔河断岸首频回。凿成户牖功无已，放出江湖眼一开。景物为公争自致，登临约我共追陪。自矜新作《超然赋》，更拟兰台诵《快哉》!"从这首诗可知，苏轼曾约弟弟共游超然台和快哉亭，但苏辙未能成行。雩泉在密州城南二十里的常山，是新凿的。这里沿海多风，沟渠不能储水，经常出现旱灾。老百姓到这里求雨，有求必应，常常有德于民，所以叫常山。熙宁八年（1075）苏轼来这里求雨，发现有一泉。他就在泉上凿石为井，筑亭于其上。因古代把求雨叫雩，所以取名为雩泉。苏轼《雩泉记》（卷一一）说："今民吁嗟其所不获，而呻吟其所疾痛亦多矣。吏有能闻而哀之，答其所求如常山雩泉之可信而恃者乎？轼以是愧于神。"由此可见，苏轼筑雩泉是为了"勉吏"，特别是为了自勉：要关心民间疾苦。盖公是秦末汉初人，提倡黄老之术，主张治理国家贵清静无为。苏轼因为反对王安石"立法更制"，因此对盖公"贵清静而民自定"的思想特别推崇。《盖公堂记》（卷一一）说："吾为胶西守，知盖公之为邦人也，求其坟墓、子孙而不可得，慨然怀之，师其言，想见其为人，庶几复见如公者。"为了表示对盖公的仰慕，他专门修了盖公堂，"时从宾客僚吏游息其间而不敢居，以待如（盖）公者"。苏轼希望出现"贵清静而民自定"的盖公式人物，来代替那些"立法更制"的人物。

《寄刘孝叔》（卷一三）对新法的全面批评：

> 君王有意诛骄虏，椎破铜山铸铜虎。
>
> 联翩三十七将军，走马西来各开府。
>
> 南山伐木作车轴，东海取鼍漫战鼓。
>
> 汗流奔走谁敢后，恐乏军兴污资斧。

保甲连村团未遍，方田讼谍纷如雨。

尔来手实降新书，抉剔根株穷脉缕。

诏书恻怛信深厚，吏能浅薄空劳苦。

苏轼对"诛骄虏"本来是赞成的，但他反对为此而加重老百姓的负担，反对朝廷遣使到各地，置三十七将军，开矿、伐木、取鼍（扬子鳄，皮可张鼓），闹得鸡犬不宁。当时保甲法、方田均税法、手实法等一个接一个地颁布，事目烦多，吏不能晓，"诏书恻怛"同"吏能浅薄"形成鲜明对比，宋神宗、王安石的主观愿望同客观效果非常矛盾。在这首诗里，苏轼对新法作了比较集中的批评。

苏轼对当时的用人也是很不满的。《和李邦直沂山祷雨有应》（卷一五）云："半年不雨坐龙慵，共怨天公不怨龙。今朝一雨聊自赎，龙神社鬼各言功。无功日盗太仓粟，嗟我与龙同此责。"这是一首讽刺执政大臣的诗，意思是说，天不下雨本来是由于龙的懒惰，但人们却怨老天爷而不怨龙，就像执政大臣不称职，老百姓不怨大臣而怨皇上一样。这里以"龙神社鬼"喻指执政大臣，自己也与他们一样无功受禄，应先行自劾。

苏轼在密州还写有两首咏史诗，一为《王莽》（卷一二）："汉家殊未识经纶，入手功名事事新。百尺穿成连夜井，千金购得解飞人。""入手功名事事新"即暗指王安石变法；百尺穿井，本指王莽时有人上书说，穿井得白石，石上书有王莽当为皇帝的话，这里暗指王安石急于推行水利法；千金购飞人，本指王莽招募有奇技的人攻匈奴，有人应募自称能一日飞千里，这里暗指王安石用兵西夏，急不择人。一为《董卓》（卷一二）："公业平时劝用儒，诸公何事起相图？只言天下无健者，岂信车中有布乎？"据前人解释，说这两首诗都"具有深意"。郑泰字公业，曾劝董卓用儒士，董卓派他们到各地做官，他们却起兵反对董卓。董卓自以为天下没有可与他为敌的人，哪晓得在他身边就最后杀掉他的吕布。这里的吕布暗指当初拥护王安石，后来却出卖王安石的吕惠卿和曾布等人。苏轼以王莽、董卓比王安石，确实有些不伦不类。王莽、董卓都是专搞阴谋的野心家，都想篡权自立为帝，造成社会大动乱。

而王安石的所作所为完全是为了巩固北宋王朝的统治，他是爱国忧民的政治家，不管他主张的变法产生了多大的副作用，对社会所造成的后果也远没有王莽、董卓严重。但是，苏轼嘲笑王安石不善用人，用了吕惠卿、曾布这样一些野心家，仅就这一点讲，也还是深中王病。

综合上述，可以看出，苏轼在密州期间对新法分别采取了三种不同态度。一是硬顶，对他认为有害无利的新法，如手实法，他就敢于拒不执行。后来朝廷也认为手实法不便，很快就废除了。二是"因法以便民"，按他自己的办法执行，如免役法。三是"托事以讽"。"功利争先变法初，典型独守老成余"（卷一五《次韵子由送蒋夔赴代州学官》），他仍坚持自己的一套政治主张。他在《与晁美叔》（卷五五）说他"奉行新政，多不如法，勘劾相寻，日俟汰遣耳"。当时他还没有被汰遣，但在王安石罢相后三年，即元丰二年（1079），当统治阶级内部围绕变法所进行的一场不同政见之争，逐渐演变成排斥和打击异己的无原则斗争的时候，苏轼就因这些诗文而被捕入狱，贬官黄州。王安石变法在当时条件下有一定进步意义，苏轼因与王安石"议论素异"，因此他几乎只看到变法中存在的弊端，这不能不说是一种片面性，甚至可说带有偏见。但王安石变法毕竟带有很大的局限性，而且要依靠那些如狼似虎的封建官僚来推行新法，也必然要出现许多事与愿违的现象。因此，苏轼那些"托事以讽"的诗文，也使我们从一个侧面看到了王安石变法实际推行过程中存在的一些问题。

八、"西北望，射天狼"的抗敌思想

辽和西夏侵扰一直是北宋王朝的心腹之患。苏轼一贯反对对辽和西夏的妥协投降，反对"岁以金缯数十百万以资强虏"（《进策·策略二》）；主张抗击辽和西夏的侵扰，表示自己要"与虏试周旋"。（卷一《和子由苦寒见寄》）熙宁八年（1075）七月，辽主胁迫宋王朝"割地以界辽"，"凡东西失地七百里"。（《历代通鉴辑览》卷七七）就在这年冬天，苏轼写了著名的《江城子·密州出猎》，抒发了他渴望驰骋疆场，为国立功的豪情。

老夫聊发少年狂，左牵黄，右擎苍，锦帽貂裘，千骑卷平冈。为报倾城随太守，亲射虎，看孙郎。　酒酣胸胆尚开张，鬓微霜，又何妨！持节云中，何日遣冯唐？会挽雕弓如满月，西北望，射天狼！

词的上阕描写自己威武雄壮、风驰电掣般的出猎盛况。下阕说自己虽已"鬓微霜"（苏轼时年四十），但还无妨于自己手挽雕弓，驰骋疆场，为收复失地效劳。他渴望神宗像汉文帝派遣冯唐"持节云中"，重新起用魏尚那样，给自己以抗敌立功的机会。

这次"密州出猎"，苏轼还写了一首七律《祭常山回小猎》（卷一三），表现了同样的爱国豪情：

> 青盖前头点皂旗，黄茅冈下出长围。
> 弄风骄马跑空立，趁兔苍鹰掠地飞。
> 回望白云生翠巘，归来红叶满征衣。
> 圣朝若用西凉簿，白羽犹能效一挥。

西凉簿指晋朝西凉主簿谢艾，他善用兵。挥白羽指晋人顾云，他与陈敏上万人作战，一挥白羽，陈众即溃。这里苏轼自比谢艾、顾云，认为自己还能为收复失地效劳。而骄马腾空，苍鹰掠地，白云叠巘，红叶满衣，生动表现了他驰骋纵横的英雄气概。苏轼在密州期间的大量诗、词、文、赋都表明他确实是一位关心时政、关心民间疾苦、富有爱国精神的人。

九、苏词成熟于密州

关于苏轼何时开始作词，一般认为始于杭州通判时，我是同意这一看法的。1998 年 9 月三秦出版社出版了西北大学薛瑞生的《东坡词编年笺注》。此书提出"东坡词与苏轼诗文同步说"，认为《浣溪沙》（山色横侵蘸晕霞）作于仁宗嘉祐五年（1060）正月，仅晚于编年诗三个月。他的"东坡词与苏轼诗文同步说"恐怕是最不可信之说，即以《浣溪沙》（山色横侵蘸晕霞）为例，这是薛氏《笺注》的开卷之作，可谓开卷即错。词有"湘川风静叶寒花"句，薛氏注意到苏轼平生从未涉足湘水，亦未曾在湘水地域即今湖南为官。但却认为"湘川乃泛指古荆州地域即今湖南、湖北乃至四川东部一带"。词中还有"梦到故园多少路，酒醒南望隔天涯"句，薛氏本此认定此词作于嘉祐五年"正月发荆州出陆北行时"。从上下文看，这里的"故园"即指"湘川"，苏轼的故乡在川西的眉州，而眉州无论如何是不能包括在泛指的"湘川"、"四川东部一带"之中的；而且"公既北行"，"梦到故园"应西望，而不应"南望"，因此很难肯定此词作于嘉祐五年正月，更难作为"东坡词与苏轼诗文同步说"的铁证。在我看来，此词是否为苏轼所作都大可怀疑，既然苏轼"故园"与"湘川"无涉，苏轼一生也"从未涉足湘水"，今存最早的苏词版本傅幹《注坡词》、元延祐本《东坡乐府》都未收此词，今存宋人所作的多种苏轼年谱（何抡、施宿、王宗稷、傅藻）也未提及此词，对苏轼此词的可靠性更应持谨慎态度，更不可轻易以此证明"东坡词与苏轼诗文同步说"。

苏轼声名太大，从苏轼在世时托名苏轼之作者就很多，南宋尤甚，在苏轼诗文词中，苏词尤甚。因此，我觉得曹树铭苏词对"宁严毋滥"的意见是对的。《全宋词》收苏词 360 首，曹氏只收 270 首苏词编了年，加上未编年词也只有 319 首，其他 40 首都收入互见词、可疑词，既保留了各种版本所收的苏词，又提醒读者其中一些苏词未必可靠，尚需研究，不可轻信。曹氏把此词编入误入词也是对的："此词下片三句，尤其次句内'南望'二字，明示作者家在南方，考本集《醉落魄》'轻云微月'下片末云：'此生飘荡何时歇，家在西南，常作东南别。'又本集《醉落魄》'分携如昨'，下片末云'故山犹负平生约，西望峨眉，长羡归飞鹤。'可证东坡言及故山或故国之方向，或言西南，或言西，而此词用'南望'二字，当非东坡故园之所在……今断定此词非东坡所作，而是家在南方，身在湘水流域之别人所作，移列误入词。"

我说苏词成熟于密州，不是为了讨好密州朋友，而是因苏轼的豪放词、婉约词、清旷词，在密州都有名作。前举《江城子·密州出猎》是其豪放词是的代表作。怀念死去已十年的亡妻王弗的《江城子·乙卯正月二十日夜记梦》是婉约词的代表作。《沁园春·赴密州，早行，马上寄子由》则是清旷词的代表作，上阕写他在秋天的早晨离开旅舍，踏上征途的凄凉寂寞、郁郁寡欢的心情：

> 孤馆灯青，野店鸡号，旅枕梦残。渐月华收练，晨霜耿耿；云山摛（铺）锦，朝露泺泺。世路无穷，劳生有限，似此区区长鲜欢。微吟罢，凭征鞍无语，往事千端。

下阕前半段是回忆他和苏辙当年赴京应试，就像晋代的陆机、陆云兄弟一样，才气横溢，雄心勃勃，一定要致君尧舜，但现实却只能"闲处看"：

> 当时共客长安，似二陆初来俱少年。有笔头千字，胸中万卷，致君尧舜，此事何难！用舍由时，行藏在我，袖手何妨闲处看。身长健，但优游卒岁，且斗尊前。

由于他同神宗、王安石在政治上的分歧，只好遵循儒家"用之则行，舍之则藏"的处世哲学，远离京城，优游度日，诗酒自娱。他们兄弟的理想是"致君尧舜"，"优游卒岁，且斗樽前"这对于"奋励有当世志"的苏轼来说，是不得已的。

"奋厉有当世志"的苏轼，当然想回朝廷施展自己的抱负。但看到当时朝廷政争激烈，自己的意见得不到采纳，他又不愿回朝廷。这种矛盾心情，在他那篇著名的《水调歌头·丙辰中秋，欢饮达旦，大醉，作此篇兼怀子由》中表达得特别清楚，上阕表现了作者的忠君思想：

> 明月几时有？把酒问青天。不知天上宫阙，今夕是何年？我欲乘风归去，又恐琼楼玉宇，高处不胜寒。起舞弄清影，何似在人间。

下阕反映了弟兄的离合之情：

转朱阁，低绮户，照无眠。不应有恨，何事长向别时圆？人有悲欢离合，月有阴晴圆缺，此事古难全。但愿人长久，千里共婵娟！

这首词写于熙宁九年（1076）。这时苏轼因为与王安石政见不合，离开朝廷，离别弟弟，已经整整五年。这首词表明，他是身在地方，却时时心在朝廷，关心着"天上宫阙"的情况。据说神宗读到"琼楼玉宇"二句感叹道："苏轼终是爱君。"他很想"乘风归去"，但又怕朝廷难处（"高处不胜寒"），因此还不如就在地方上好（"何似在人间"）。苏轼的担心并非过虑，就在苏轼知密州这一年，王安石因旧党的围攻和新党内部的相互倾轧而第一次罢相；写这首词后不到两个月，王安石又第二次罢相。吕惠卿是王安石一手提拔起来的，但他竟把王安石给他的私人信件也作为排斥打击王安石的证据。由此可见当时朝廷斗争的激烈。苏轼这首词也充满了理想同现实的矛盾。他本想"乘风归去"，却宦游在"寂寞山城"；本想经常同弟弟"寒灯相对"，却长期不得一见。人生不如意的事太多了，苏轼只好无可奈何地自我安慰道："人有悲欢离合，月有阴晴圆缺，此事古难全。"这首充满哲理、寄慨万端的词，充分反映了作者长期郁结的有志难酬的苦闷。

十、尊崇"君子儒"，反对"小人儒"

反对伪儒学不是反对儒学，而是维护真儒学。孔子是反对小人即伪儒学的祖师爷，《论语·雍也》载孔子戒子夏说："女（汝，你）为君子儒，无为小人儒。"君子为儒以明道，小人为儒以炫名。孔子死后，儒学内部进一步分化，《韩非子·显学》说："自孔子之死也……儒分为八。"历代既有被尊为醇儒、宿儒、耆儒、名儒、通儒、大儒、巨儒、硕儒、鸿儒、君子儒者，也有被斥为竖儒、庸儒、迂儒、腐儒、鄙儒、愚儒、俗儒、谀儒、陋儒、小人儒者。而我更愿以真、伪二字区别历代儒者：君子儒是真儒学，他们真正相信并大体实行儒家的伦理道德思想；小人儒是伪儒学，借儒学之名以炫耀自己，贩卖私货。

三苏是尊孔的，苏洵、苏辙都曾作《六经论》，苏轼在密州时，对孔氏后裔尤为亲敬。孔延之字长源，孔子四十七世孙，幼孤励学，学业大成，举乡进士第一，卒于熙宁七年二月。苏轼《孔长源挽词》（卷一三）即作于熙七年知密州时："少年才气冠当时，晚节孤风益自奇。君胜宜为夫子后，林宗不愧蔡邕碑。"东汉郭太字林宗，博通群籍，奖拔士类，卒时为作碑，并云："吾为碑铭多矣，皆有惭德，唯郭有道，无愧色耳。"此以郭太喻孔长源，以蔡碑喻曾巩所为《孔君墓志铭》。这是真孔学、真儒学。苏轼《荀卿论》（卷四）评孔子说："其所言者，匹夫匹妇之所共知；而所行者，圣人有所不能尽。"那些"匹夫匹妇之所共知"的孔子言论，圣人都未必能完全实行，而后世一些以"圣人"或以"儒学大师"自居的伪儒学，根本就未打算付诸实践。同文又说："学圣人者，岂必其言之云尔哉，亦观其意之所向而已。夫子以为后世必有不能行其说者矣，必有窃其说而为不义者矣。"伪儒学的特点就是不仅"不能行其说"，而且"窃其说而为不义"。他们根据自己的需要，借儒学以谋私利，其突出的特点就是口是心非、表里不一，言行不一、言不顾行、行不顾言。苏轼为我们提供了辨别真伪儒学的可靠方法，这是他对儒学的最大贡献，比他所撰的《易传》《书传》《论语说》更有价值。

"心似已灰之木，身如不系之舟"

——苏轼贬官黄州、惠州、儋州的心路历程

一、苏轼《金山自题画像》的本意

北宋著名画家，苏轼好友李公麟画苏轼像于润州（今江苏镇江）金山寺，苏轼去世前不久，过金山，撰《自题金山画像》（卷四八）云：

> 心似已灰之木，身如不系之舟。
>
> 问汝平生功业，黄州惠州儋州。

有人本此说苏轼自认为他的一生"功业"，特别是他最大的文学成就是在贬官黄州、惠州、儋州期间。"诗穷而后工"，仕途得意，特别是身处庙堂之上的文学家往往写不出好作品；只有在他们穷愁潦倒时，才能写出好作品，古今中外，概莫如此。在这个意义上，说苏轼贬官黄州、惠州、儋州期间的文学成就最高是对的。但如果说这是苏轼此诗的本意，那就完全理解错了。苏轼从小也"奋厉有当世志"（苏辙《亡兄子瞻端明墓志铭》），认为"致君尧舜，此事何难"（《沁园春·马上寄子由》），他怎会把三次贬谪认为是他"平生功业"所在呢？这样解释也与前两句"心似已灰之木，身如不系之舟"很不协调。苏轼一生为官四十年，在朝廷任职的时间很短，多数时间是做地方官，有三分之一的时间都是在黄州、惠州、儋州三个贬所度过的，为国建功立业的理想根本无法实现。回顾一生，深感"身如不系之舟"，"长恨此身非我有"（《临江仙》），早已心如死灰，不禁悲从中来，感慨万千。所谓"平生功业"完全是反话，也就是一事无成之意，他在三地的诗文更具体地证明了

此诗的这一主旨。

二、初贬黄州："平时种种心，次第去莫留"

在苏轼的三次贬谪中，对初贬黄州反应最大，最为心灰意冷。元丰二年（1079）十二月在赴黄途中，经过陈州（今河南淮阳），苏辙专门赶来看望他。苏轼在《子由自南都来陈，三日而别》（卷二〇）中写道："别来未一年，落尽骄气浮"；"平时种种心，次第去莫留。"乌台诗案给苏轼的打击很大，不但打掉了他平时的"骄气"，而且连"奋厉当世"，"致君尧舜"的雄心壮志也消磨殆尽了。"便为齐安（即黄州）民，何必归故丘"，平时总想"一旦功成名遂，准拟东还海上，扶病入西州"（《水调歌头》），结果不仅未能"功成名遂"，反而成了罪人，连"扶病入西州（指家乡四川）"也无望了，只好做"齐安民"了。他显然没有把贬官黄视为他的"平生功业"。

经过一个月的行程，苏轼于元丰三年二月一日到达黄州。他在《初到黄州》（卷二〇）诗中自我嘲笑说：

> 自笑平生为口忙，老来事业转荒唐。
>
> 长江绕廓知鱼美，好竹连山觉笋香。
>
> 逐客不妨员外置，诗人例作水曹郎。
>
> 只惭无补丝毫事，尚费官家压酒囊。

贬官黄州不是他的"平生功业"，而是"荒唐""事业"，即无罪被贬。"诗人例作水曹郎"的"例作"二字，充分揭示了正直诗人的共同命运，如何逊、张籍、孟宾于等古之诗人都做过水部郎中之类的闲职。苏轼也被谪为检校尚书、水部员外郎充黄州团练副使，本州安置，不得签书公事。故说"无补丝毫事"。检校官俸例以退酒袋折支，故云"尚费官家压酒囊"。但也正好因祸得福，从此有时间欣赏长江的"鱼美"和山中的"笋香"了。这显然是一首自我解嘲，自我安慰，表面轻松而实际充满牢骚的诗篇。

苏轼在黄州常游赤壁，写下了千古名篇《念奴娇·赤壁怀古》和前后

《赤壁赋》，这一词二赋是他"平时种种心，次第去莫留"的集中表现。《念奴娇·赤壁怀古》是一篇气壮山河，寄慨万端的作品，上阕主要写赤壁，引出怀古："大江东去，浪淘尽、千古风流人物。故垒西边，人道是、三国周郎赤壁。乱石崩云，惊涛裂岸，卷起千堆雪。江山如画，一时多少豪杰。"下阕主要写怀古，归到伤今："遥想公瑾当年，小乔初嫁了，雄姿英发。羽扇纶巾，谈笑间、强虏灰飞烟灭。故国神游，多情应笑我，早生华发。人间如梦，一樽还酹江月。"作者面对滚滚东流的长江，慨叹"千古风流人物"的一去不返，通篇充满了作者的美好理想同可悲现实的矛盾。作者本希望像"千古风流人物"和三国时的"多少豪杰"那样建立功名，特别是希望像"公瑾当年"那样少年得志，功成名就。但是，可悲的现实却是"早生华发"，一事无成，反落得贬官黄州。于是发出了"人间如梦"的哀叹。全词状景写人，怀古伤今，慷慨激昂，苍凉悲壮，气势磅礴，一泻千里，最足以代表苏轼豪放词的特色，被人誉为"千古绝唱"。

《赤壁赋》（卷一）则用老庄的听任自然，随缘自适，超然达观的处世哲学来解脱自己的痛苦。赋的开头描写了月夜泛舟大江的美好景色和饮酒赋诗的舒畅心情；接着，作者通过客人"如怨如慕"，"如泣如诉"的洞箫声，很自然地引出了主客间关于人生意义的一场辩论。主客的对话，实际上都是作者的独白，是他陷于深沉苦闷而又力求摆脱的矛盾心情的表露。作者通过客人之口说，当年的曹操"破荆州，下江陵，顺流而东也，舳舻千里，旌旗蔽空，酾酒临江，横槊赋诗，固一世之雄也，而今安在哉！"浪淘尽千古风流人物，像这样不可一世的曹操，都被时间的流水洗尽了旧迹，何况自己已经"渔樵于江渚之上，侣鱼虾而友麋鹿"，还能"致君尧舜"，留名青史吗？"寄蜉蝣于天地，渺沧海之一粟。哀吾生之须臾，羡长江之无穷。"人生太渺小了，太短促了，这是"奋厉有当世志"的苏轼，在贬官黄州时深感壮志难酬而发出的沉痛哀叹。但作者又不愿沉浸在悲观的思想中，而又找不到出路，于是只好搬出老庄的处世哲学来自我安慰说，从变的一面看，人生固然短促，渺小；但从不变的一面看，"则物与我皆无尽也"。高官厚禄既"非吾之所有"，就只好"莫取"了；但"江上之清风，与山间之明月"是"取之无禁，用之不竭"的，可以尽情享受而又与世无争。结尾处的"客喜而笑，洗盏更酌，肴核既尽，杯盘狼藉，相与枕藉乎舟中，不知东方之既白"，实际上掩藏着作者难以排遣的苦闷，是一种无可奈何的自我安慰。《后赤壁赋》（卷一）的"曾日月之几何，而江山不可复识矣"，更给人一种清冷的感觉，同样表现了作者贬官黄州期间孤寂悲凉的心情。

为什么苏轼对贬官黄州反应如此强烈？这是因为苏轼过去基本上处于顺境中。即使因政见不合，离开了朝廷，但在杭州是任通判，是地方副长官；在密州、徐州、湖州都是知州，是地方长官，过惯了"倾城随太守"（《江城子》）的生活。现在先被投入御史狱，继贬黄州，不得签书公事，生活反差太大了。他在黄州的生活大体可概括如下：

一是孤独，为了防止言多必失，苏轼尽量不与人往来，《与滕达道书》（卷五一）说："黄（州）当江路，过往不绝，语言之间，人情难测，不若称病不见为良计。"为了防止再次因文字得罪，他尽力不作诗文，《答濮州陈章朝请》（卷五七）："某自窜逐以来，不复作诗与文字……其中虽无所云，而好事者巧以酝酿，便生出无穷事也。"苏轼在黄州，众人有些回避他，他更回避众人，整天闭门谢客，过着孤独寂寞，借酒浇愁的生活，他在《定惠院寓居，月夜偶出》（卷二〇）诗中说："幽人无事不出门，偶逐东风转良夜……清诗独吟还自和，白酒已尽谁能借？不辞青春忽忽过，但恐欢意年年谢……饮中真味老更浓，醉里狂言醒可怕。但当谢客对妻子，倒冠落佩从（任，听凭）嘲骂。"他的名篇《寓居定惠院之东，杂花满山，有海棠一株，土人不知贵也》（卷二〇）更是借名花的幽独寓自己的幽独，苏轼正像"幽独"的海棠一样处于"粗俗"的桃李之中，天姿自然，不准备追求华屋金盘：

江城地瘴蕃草木，只有名花苦幽独。

嫣然一笑竹篱间，桃李漫山总粗俗。

也知造物有深意，故遣佳人在深谷。

自然富贵出天姿，不待金盘荐华屋。

他在黄州无事可干，到处闲游：

> 先生食饱无一事，散步逍遥自扪腹。
> 不问人家与僧舍，拄杖敲门看修竹。

突然看到这样一株美丽的海棠，因此感慨万千：

> 天涯流落俱可念，为饮一樽歌此曲。
> 明朝酒醒还独来，雪落纷纷那忍触。

"天涯"一句出自白居易《琵琶行》的"同是天涯沦落人"，自己的命运正好与海棠相似，点明了全诗的主旨。宋人魏庆之说："东坡作此诗，词格超逸，不复蹈袭前人。"又说："（苏轼）平生喜为人写（此诗），盖人间刊石者，自有五六本云。轼平生得意诗也。"此诗正是苏轼高风亮节的自我写照。

二是穷困，其《答李端叔书》（卷四九）说"廪入既绝，人口不少"，他只好开垦东坡荒地为生。他在《东坡八首》（卷二一）中说："废垒无人顾，颓垣满蓬蒿。谁能捐筋力，岁晚不偿劳。独有孤旅人，天穷无所逃。端来拾瓦砾，岁旱土不膏。崎岖草棘中，欲刮一寸毛。喟焉释耒叹，我廪何时高？"

三是在黄州他深深体味到人情冷暖、世态炎凉，有的对他落井下石，乘机"推骂"；有的生怕牵连自己，避之唯恐不及。其《答李端叔书》（卷四九）说"平生亲友，无一字见及；有书与之，亦不答"；《送沈逵赴广南》（卷二四）说："我谪黄冈四五年，孤舟出没烟波里。故人不复通问讯，疾病饥寒疑死矣"；当他"廪入既绝"时，更无人援助，《蜜酒歌》（卷二一）说："先生年来穷到骨，向人乞米何曾得。"

当然也不是所有人都这样势利。《王子立墓志铭》（卷一五）说，当"得罪于吴兴，亲戚故人皆惊散"时，王子立，王子敏兄弟不但没有"惊散"，反而送苏轼出郊，安慰苏轼，并把苏轼家属送到苏辙处。《宋史·鲜于侁传》载，苏轼在湖州被捕，押送进京的途中经过扬州，扬州知州鲜于侁要求见苏轼，为御史台官吏所拒，并要他烧掉同苏轼的往来书信，以免受连累。鲜于侁却说："欺君负友，吾不忍为；以忠义分谴，则所愿也。"《答陈师仲主簿书》（卷四九）说，他贬官黄州后，钱塘主簿陈师仲曾因乌台诗案"偶有关及者"而受牵连，但他仍"不以前事介意"，主动多次给苏轼写信，在他所作诗文中"十常有四五"提及苏轼兄弟。苏轼深有感慨地说："自得罪后，虽平生厚善有不敢通问者。足下独犯众人之所忌，何哉？……何相爱之深也？"特别是马正卿，追随苏轼二十年，苏轼贬官黄州，他也来黄州，并参与东坡垦荒。苏轼在《东坡八首》（卷二一）中写道："可怜马生痴，至今夸我贤。众笑终不悔，施一当获千。"当地的潘生、郭生、古生也参与了东坡垦荒："我穷交旧绝，三子独见存。从我于东坡，劳饷同一飧。"

苏轼的可贵在于虽处困境，仍无所畏惧。他在《定风波·沙湖道中遇雨》中写道："莫听穿林打叶声，何妨吟啸且徐行。竹杖芒鞋轻胜马，谁怕？一蓑烟雨任平生。料峭春风吹酒醒，微冷，山头斜照却相迎。回首向来萧瑟处，归去，也无风雨也无晴。"面对"穿林打叶"的"风雨"，苏轼一面"吟啸"，一面"徐行"，从容不迫，无所畏惧。"飘风不终朝，骤雨不终日"（《老子》），在苏轼看来，"风雨"终将过去，"斜照"必然相迎。

中国的大小河流一般都向东流，蕲水却向西流。苏轼在《浣溪沙·游蕲水清泉寺》中写道："山下兰芽短浸溪，松间沙路净无泥。萧萧暮雨子规啼。谁道人生无再少？门前流水尚能西。休将白发唱黄鸡。"这首词同样表现了他虽处困境，仍对前途充满信心。溪水尚能西流，难道人生就不能再少？何必自伤发白，悲叹衰老呢？

苏轼在黄州既无公务，又不敢多作诗文，不敢多与人交往，他只好努力研读经书，《与滕达道书》（卷五一）说："某闲废，无所用心，专治经书，一二年间，欲了却《论语》《书》《易》。"

苏轼在贬官黄州期间，虽然用各种办法来逃避现实，但是他仍然不能完全克制自己，仍然不时要发泄自己的愤懑。他少有壮志，才气横溢，却遭到贬斥，而那些酒囊饭袋，却能扶摇直上，安于朝廷。

三、再贬惠州："不妨长作岭南人"

元祐八年（1093）是苏轼又一倒霉时期的开始。九月，主持元祐更化的高太后去世，哲宗亲政，政局发生很大变化。哲宗对元祐大臣的态度首先在苏轼出知定州（今河北定县）的问题上表现出来。苏轼作为哲宗的侍读，朝廷的要员，出守边远重镇，理应陛辞。但哲宗却以"本任官阙"为借口，拒绝苏轼上殿面辞。苏轼《朝辞赴定州论事状》（卷三六）说："臣备位讲读，日侍帷幄，前后五年，可谓亲近。方当戍边，不得一见而行。"苏轼深感"国是将变"，要求哲宗"默观庶事之利害与群臣之邪正，以三年为期，俟得利害之真，邪正之实，然后应物而作。使既作之后，天下无恨，陛下亦无悔。"哲宗不但没有听从他这位老师的劝告，反而起用新党，尽逐元祐大臣，苏轼更一贬再贬，再也没有让他回朝。绍圣元年（1094）四月苏轼贬知英州（今广东英德）。苏轼在《被命南迁途中寄定武同僚》（卷三七）中感叹道：

> 人事千头及万头，得时何喜失时忧。
> 只知紫绶三公贵，不觉黄粱一梦游。
> 适见恩纶临定武，忽遭分职赴英州。
> 南行若到江干侧，休宿浔阳旧酒楼。

紫绶，系官印的丝带。恩纶，皇帝的诏令。"适见恩纶临定武"指哲宗不久前还曾派人到定州"赐日历"，"赐衣袄"给他；而现在却突然受到"落两职，降一官"（"分职"）的惩处而被远谪英州。浔阳楼在江西九江，是白居易贬官的地方。苏轼怕触景伤情，因此说"休宿浔阳旧酒楼"。

苏轼在赴贬所途中，作了很多纪行诗，抒发他的抑郁心情。或后悔奔走官场，《过高邮寄孙君孚》（卷三七）说："宦游岂不好，毋令到千钟"；或感叹人间的坎坷，《慈湖峡阻风》（卷三七）说："且并水村欹侧过，人间何处不巉岩"；或深感人生如梦，《天竺寺》（卷三八）说："四十七年真一梦，天涯流落泪横斜"；或感叹救国无术，《望湖亭》（卷三八）说："许国心犹在，康时术已虚。岷峨家万里，投老得归无？"

苏轼在赴英州途中，就担心会有"后命"，《与孙子发书》（卷五六）说："言者尚纷纷，英州之命，未保无改。"果不出他所料，他还未到英州，八月又被贬为宁远军节度副使（宋代，节度使是无权的虚衔），惠州（今属广东）安置。他在《与程德孺书》（卷五六）中说："业已如此，但随缘委命而已。"

苏轼深受老庄思想影响，善于"随缘委命"。他在《十月二日初到惠州》（卷三八）诗中写道：

> 仿佛曾游岂梦中，欣然鸡犬识新丰。
> 吏民惊怪坐何事？父老相携迎此翁。
> 苏武岂知还漠北，管宁自欲老辽东。
> 岭南户户皆春色，会有幽人客寓公。

新丰在陕西临潼东北，汉高祖刘邦是丰邑（今江苏丰县）人，建都长安后，其父思归，刘邦就在这里仿照丰邑改筑此城，并把丰邑之民迁来，故叫新丰。广东也有新丰县，在惠州之北。苏轼虽然是"初到惠州"，但觉得"仿佛曾游"，连新丰的鸡犬似乎都为自己的到来高兴。"吏民惊怪坐何事"，指自己是无罪被逐。苏武，汉武帝时人，出使匈奴，十九年不得返汉。管宁，三国时人，汉末避乱辽东，三十七年始归。"苏武"二句表明，他做好了长期贬谪的思想准备。当地百姓以"岭南万户酒"款待自己，安置他这位远方来客。

他未到惠州时，就有人为他介绍"惠州风物之美"，《舟行至清远县见顾秀才》（卷三八）云："江云漠漠桂花湿，海雨悠悠荔子然。闻道黄柑常抵鹊，不容朱橘更论钱。"到达惠州后，更觉得确实名不虚传，《食荔支二首》（卷四一）云："罗浮山下四时春，卢橘黄梅次第新。日啖荔支三百颗，不妨长作岭南人。"苏轼初贬黄州，心情十分悲凉；再贬惠州，已有较强的承受力，心情好多了："风土食物不恶，吏民相待甚厚"（卷五三《与陈季常》）；"已买白鹤峰，规作终老计。"（卷四一《迁居》）苏轼在惠州萦怀于心的不是贬谪，而是病且死于惠州的侍妾朝云。兹不赘述。

四、三贬儋州："兹游奇绝冠平生"

绍圣四年（1097）朝廷再次加重对所谓元祐党人的惩处，年已六十二岁的苏轼再贬儋州。其《与王敏仲书》（卷五六）说："某垂老投荒，无复生还之望。昨已与长子迈诀，已处置后事矣。今到海南，首当作棺，次便作墓，仍留手疏与诸子，死即葬于海外。"《到昌化军谢表》（卷二四）说，临行时，"子孙恸哭于江边，已为死别；魑魅逢迎于海上，宁（岂）许生还？"

苏辙也再贬雷州（今属广东），苏轼《吾谪海南，作诗示子由》（卷四一）安慰弟弟说："莫嫌琼雷隔云海，圣恩尚许遥相望。……他年谁作舆地志，海南万里真吾乡。"苏轼非常幽默，他说琼州、雷州虽为大海所隔，但还可隔海相望，这正是皇恩浩荡呵！他坚信一切逆境终将过去，"方轨八达之路"就在前头。

苏轼于七月二日到达儋州，儋守张中对他很好，让他暂住行衙，并开始整修官舍，为他准备更好的住房。为了自食其力，苏轼要张中给他一点官地耕种。《籴米》（卷四一）说："籴米买束薪，百物资之市。不缘耕樵得，饱食殊少味。再拜请邦君，愿受一廛地。知非笑昨梦，食力免内愧。"不久，湖南提举常平官董必察访岭南，派人把苏轼从官舍逐出，张中也因此罢官。苏轼只好在儋州城南买地筑屋，以避风雨。尽管当局对苏轼很不好，但当地人民特别是追随苏轼的学子对他很好，帮他建屋。特别是王介石，《与郑靖老书》（卷五六）称他"有士君子之趣，起屋一行，介石躬其劳辱，甚于家隶"。经过友人的帮助，茅屋修成了，新居景色宜人，《新居》（卷四二）说："朝阳入北林，竹树散疏影。短篱寻丈间，寄我无穷境。"比起官屋来，这里宽敞得多："旧居无一席，逐客犹遭屏（屏弃，驱逐）。结茅得兹地，翳翳村巷永。"屋子四周有很多桄榔树，苏轼就用桄榔叶编织了苏东坡三字挂在门上，把这一新居叫做桄榔庵，还写了《桄榔庵铭》（卷一九）："海氛瘴雾，吞吐吸呼。蝮蛇魑魅，出怒入娱。"他决心生住于此，死葬于此（"生谓之宅，死谓之墟"）。

海南人民除帮助苏轼建屋外，在生活上还经常帮助他。有的为他送食，

《纵笔三首》（卷四一）："北船不到米如珠，醉饱萧条半月无。明日东家当祭灶，只鸡斗酒定膰吾。"膰是古代用于祭祀的烤肉。"定膰吾"即一定会送祭灶的烤肉给他。话说得这样肯定，表明左邻右舍送吃食给他已成常事。从和陶诗中的《和拟古》（卷四一）第九首看，当地还有人送木棉布给他御寒："黎山有幽子，形槁神独完。负薪入城市，笑我儒衣冠。生不闻诗书，岂知有孔颜。悠然独往来，荣辱未易关。日暮鸟兽散，家在孤云端。问答了不通，叹息指屡弹。似言君贵人，草莽栖龙鸾。遗我古贝布，海风今岁寒。"苏轼对"生不闻诗书"，"荣辱未易关"的黎山老人充满羡慕之情，实际上也就是后悔自己误入仕途。

苏轼同海南人民的关系十分融洽，苏轼《被酒独行》（卷四二）云："投梭每困东邻女，换扇惟逢春梦婆。"宋赵德麟《侯鲭录》卷七记此诗背景云："东坡老人在昌化，尝负大瓢行歌于田间。有老妇年七十谓坡云：'内翰昔富贵，一场春梦。坡然之，里人呼此媪为春梦婆。'"小孩更爱吹着葱叶，追随苏轼："总角（儿童的束发）黎家三四童，口吹葱叶送迎翁。"（同上）一次他访黎子云兄弟归来，途中遇雨，便向农妇借一斗笠和木屐穿上，引得孩子们大笑。有人据此画了一幅《东坡笠屐图》，这幅画是苏轼在海南生活的生动写照。

宋代的海南岛还是十分荒凉的地方，丁谓贬海南，作《有感》诗云："今到崖州事可嗟，梦中常若到京华。程途何啻一万里，户口都无三百家。夜听猿啼孤树远，晓看潮上瘴烟斜。吏人不见中朝礼，麋鹿时时到县衙。"州城人口不到三百户，麋鹿甚至跑到县衙游玩，其荒凉就不难想象了。儋州的情况好不了多少，生活条件比惠州艰苦得不可比拟。其《与程秀才书》（卷五五）说："此间食无肉，病无药，居无室，出无友，冬无炭，夏无寒泉，然亦未易悉数。"

儋州的气候炎热潮湿，容易生病，年过六旬的苏轼更难适应这里的气候。他说，这里的物品到了春夏之交，没有不发霉的；而人非金石，其何以堪？这里特别缺医少药，他只好托人从内地给他寄一些药来，一则供自己治病，二则也可救济他人。他在《答程全父推官书》（卷五五）中说："彼土出药否？

有易致者，不拘名物，为寄少许。此间举无，有得者即为稀奇也。间或有粗药以授病者，入口如神，盖未尝识耳。"但内地来岛上的船只很少，不可能经常带药来。这时苏轼已经须发皆白，瘦骨嶙峋。无病时精力还好，饮食如故；一生病，加之缺药，他就受不了了。他在《与侄孙元老书》（卷六三）中说："近来多病，瘦悴不复往日……海南连岁不熟，饮食百物艰难。及泉（州）广（州）海舶绝不至，药物酱酢等皆无。厄穷至此，委命而已。老人与过子相对，如两苦行僧耳。然胸中亦超然自得，不改其度。"就物质生活讲，苏轼父子在儋州确实过着"苦行僧"的生活；但就精神生活讲，苏轼仍"超然自得，不改其度"。

组诗《谪居三适》（卷四一）集中表现了他这种"超然自得"的生活情趣。一是《旦起理发》："少年苦嗜睡，朝谒常匆匆。爬搔未云足，已困冠巾重。何异服辕马，沙尘满风鬃。珂鞍响珂月，实与柤械同。"年轻时候，睡眠很好而忙于朝谒，痒未搔足就要衣冠楚楚地朝谒上司，拜会同僚，如服辕之马，如柤械加身，很不自由。现在好了，每天可以"安眠"到"日出"，才起来梳头，清爽极了："老栉从我久，齿疏含清风。一洗耳目明，习习万窍通。"

二是《午窗坐睡》，两脚盘在蒲团上，两肘靠着竹几，沉沉入睡，重游"无何有"之乡："蒲团盘两膝，竹几阁双肘。此间道路熟，径到无何有。"

三是《夜卧濯足》："长安大雪年，束薪抱衾裯。云安市无井，斗水宽百忧。"长安柴贵，云安水贵，都不可能舒舒畅畅地濯足。儋州虽然米贵，"得米如得珠"；但柴水不缺，可任情"濯足"："瓦盎深及膝，时复冷暖投。"这里虽然缺药，但洗脚就可疗脚疾："土无重腿（脚肿）药，独以薪水瘳。谁能更包裹，冠履装沐猴！"谁还会再次把足裹起来，去做虚有仪表的猕猴呢？以上《三适》，都是在官场中享受不到，也体会不到的乐趣，所以他说："谁能书此乐，献与腰金公（腰悬金印的高官）？"

元符三年（1100），年仅二十七岁的哲宗病逝，徽宗赵佶继位，政局在短时间内发生了有利于元祐党人的变化。哲宗当政年间被贬的官吏，已死的追复原官，录用其子孙，未死的逐渐内迁，苏轼也在其中。五月苏轼也被命内迁廉州（今广西合浦），在经过海南岛北部的澄迈驿时，登上通潮阁，北望中原，仍觉渺渺茫茫。其《澄迈驿通潮阁》（卷四三）说："余生欲老海南村，帝遣巫阳招我魂。杳杳天低鹘没处，青山一发是中原。"苏轼从绍圣四年（1097）六月十一日渡海来儋州，到元符三年（1100）六月二十日渡海北还，整整三年了。他在《六月二十日夜渡海》（卷四三）一诗中写道："参横斗转欲三更，苦雨终风也解晴。云散月明谁点缀，天容海色本澄清。空余鲁叟乘桴意，粗识轩辕奏乐声。九死南荒吾不恨，兹游奇绝冠平生。"全诗充满了兴奋之情，似乎真的"参横斗转"，"云散月明"，海天清澈了。但是，苏轼高兴得太早了，徽宗是北宋最荒淫的皇帝，是直接招致北宋灭亡的亡国之君。他上台后，最初想调和新旧两党，调和未成，又再度绍述新政。"朝廷命令，莫不是元丰而非元祐"，政治空气又为之一变。苏轼连北归颍昌与苏辙团聚都不敢，而于建中靖国元年（1101）七月卒于江苏常州。

五、结语

综合上述可以看出，第一，苏轼从小"奋厉有当世志"，一心想"致君尧舜"，他不可能把三次贬谪认为是他的"平生功业"所在。第二，苏轼三次谪居之地，离京越来越远，环境一处比一处差，特别是儋州，更是无肉、无药、无室、无友、无炭、无泉的"六无"之地。第三，苏轼对逆境的心理适应能力却一处比一处强。他在贬官黄州之前，一处于顺境之中，故初贬黄州时，感到似乎一切都完了，"平时种种心，次第去莫留"；再贬惠州时，已觉得人生难免受挫（"人间何处不巉岩"），只为朝云之死颇感伤情；贬居儋州，他更坚信一切逆境终将过去。前面会有"方轨八达之路"。这就是苏轼贬官黄州、惠州、儋州的心路历程。第四，"诗穷而后工"，苏轼谪居黄州、惠州、儋州的文学成就远远超过他处境顺利时的成就。苏辙《亡兄子瞻端明墓志铭》说，苏轼贬官黄州之前，他们兄弟的文章还可相"上下"；"既而谪居于黄，杜门深居，驰骋翰墨，其文一变，如川之方至，而辙瞠然不能及也"。他在诗、词、赋、散文等方面的许多名篇都是在贬官黄州期间写成的。贬官岭南特别是海南时的诗文，苏辙《子瞻和陶渊明诗集引》（《后集》卷二一）说："东坡先生谪居儋耳……犹喜为诗，精深华妙，不见老人衰惫之气。"黄庭坚《与欧阳元老书》云："寄示东坡岭外文字，今日方暇遍读，使人耳目聪明，如清风自外来也。"陆游《跋东坡诗草》说："近世诗人老而亦严，未有如东坡者也。"刘克庄《后村诗话》说："和陶之作，如海东青，西极马，一瞬千里，了不为韵束缚。"可见前人多认为"东坡岭外文字"是他一生最高的文学成就。

（原载《乐山师范学院学报》2014 年第 1 期）

苏诗研究

《苏诗汇评》前言

苏轼在《书黄子思诗集后》中写道："苏、李之天成，曹、刘之自得，陶、谢之超然，盖亦至矣。而李太白、杜子美以英玮绝世之姿，凌跨百代，古今诗人尽废，然魏晋以来高风绝尘亦少衰矣。李、杜之后，诗人继作，虽间有远韵，而才不逮意。独韦应物、柳宗元发纤秾于简古，寄至味于澹泊，非余子所及也。唐末司空图崎岖兵乱之间，而诗文高雅，犹有承平之遗风，其论诗曰：梅止于酸，盐止于咸，饮食不可无盐梅，而其美常在咸酸之外。"这段话颇能代表苏轼的诗歌见解。诗贵韵味，要有弦外之音，言外之意。苏轼很欣赏钟繇、王羲之的书法，称其"萧散简远，妙在笔划之外"。他认为诗也应该这样，梅的味道只是酸，盐的味道只是咸，"饮食不可无盐梅，而其美常在咸酸之外"。他正是根据这一观点来衡量两汉至隋唐的诗人的。他称颂传说的李陵、苏武诗的"天成"，曹植、刘桢诗的"自得"，陶渊明、谢灵运的"超然"，韦应物、柳宗元的"简古"、"澹泊"，司空图的"高雅"。他特别推崇李白和杜甫，认为他们一出，"古今诗人尽废"。李杜二人中，他更推崇杜甫，他说："古今诗人众矣，而杜子美为首。"（《王定国诗集叙》）

苏轼的诗歌创作正是他的论诗见解的体现。苏辙《亡兄子瞻端明墓志铭》云："公诗本似李杜，晚喜渊明，追和之者几遍。"他的诗既具有杜诗的现实精神，又具有李诗豪放不羁的浪漫风格，还具有陶潜"质（质朴）而实绮（绮丽），癯（清瘦）而实腴（丰腴）"，清新淡雅，托意高远的特征。

东坡对民间疾苦十分关心，对穷奢极欲的统治者极端不满。他的《许州西湖》揭露了在"颍川七不登"即连年歉收的情况下，当地官吏竟大量动用民力，为其"春游"而开浚许州西湖："使君欲春游，浚沼役千掌。纷纭具畚锸，闹若蚁运壤。"《李氏园》揭露了官僚贵族兼并土地的罪行，他们为了建筑"美园囿"，不惜"夺民田"，"破千家"。特别是晚年远谪惠州期间写的《荔支叹》，揭露了历代官僚（包括本朝）为了赢得"宫中美人一破颜"，不惜造成"惊尘溅血流千载"的罪行，甚至对当朝皇帝哲宗也有讥刺。

他对危害人民的水、旱、蝗灾，一直十分关注："三年东方旱，逃户连欹栋"（《除日大雪，元日旱晴，遂行》）；"水旱行十年，饥疫遍九土。"（《答郡中同僚贺雨》）他很希望能消除自然灾害给人民带来的痛苦："安得云如盖，能令雨翻盆。"（《自磻溪憩翠麓亭》）他常常为不能消除天灾给人民带来的痛苦而深感内疚；"永愧此邦人，芒刺在肤肌。平生五千卷，一字不救饥。"（《和孔郎中荆林马上见寄》）

天灾常常与人祸交织在一起，那些高高在上的统治者"居高忘下"，对严重的自然灾害视若无睹："农夫辍耒女废筐，白衣仙人在高堂。"（《雨中游天竺灵感观音院》）统治者不仅对自然灾害毫不关心，而且还强迫人民在雨中服役，使他们过着猪鸭不如的生活："天雨助官政，泫然淋衣襟。人如鸭与猪，投泥相溅惊。"（《汤村开运盐河雨中督役》）徭役繁重，赋税更繁重，贪官污吏深更半夜都在催征赋税，闹得鸡犬不宁："而今风物那堪画，县吏催钱夜打门"（《陈季常所蓄朱陈村嫁娶图》）；"人间行路难，踏地出赋租"（《鱼蛮子》）；"卖牛纳税拆屋炊，虑浅不及明年饥。"（《吴中田妇叹》）残酷的剥削必然引起人民的反抗。苏轼作为封建统治阶级中的一员，必然要参与镇压反抗者和惩治触犯刑律的人。但他又明明知道，许多身系囚笼的人是无辜的，是腐败的吏治造成的，因此，他经常感到内疚和自责："平生所惭今不耻，坐对疲氓更鞭棰。"（《戏子由》）

苏轼还有些诗篇客观上反映了当时严重的阶级对立："池台信宏丽，贵与民同赏。但恐城市欢，不知田野怆"（《许州西湖》）；"市人争夸斗巧智，野人暗哑遭欺谩"（《和子由蚕市》）；"富人事华靡，彩绣光翻座。贫者愧不能，微挚出春磨"（《馈岁》）；"檐楹飞舞垣墙外，桑柘萧条斤斧余。"（《筑高丽亭馆》）在这些诗篇里，诚实的乡村农民和巧诈的城市商人的尖锐对立，宏丽豪华的池台楼阁与萧条荒凉的田野山村的鲜明对比，都表现得很突出。读到这些诗句，我们会很自然地联想到杜甫的名句"朱门酒肉臭，路有冻死骨"。

辽和西夏的骚扰，一直是北宋王朝的心腹之患。苏轼主张抗击辽和西夏的侵扰，洋溢着强烈的爱国感情。青年时代，他就表示了"与虏试周旋"（《和子由苦寒见寄》）的决心。以后，他又经常表示愿意效命疆场："圣朝若用西凉簿，白羽犹能效一挥。"（《祭常山回小猎》）他甚至在贬官黄州期间，在政治上极不得意之时，也没有忘记"臂弓腰箭何时去，直上阴山取可汗"。（《谢陈季常惠一揥巾》）

出于对抗击辽和西夏的爱国感情，苏轼对那些从征将士进行了热烈的歌颂。其中有歌颂"将官雷胜"的："胡骑入云中，急烽连夜过。短刀穿虏阵，溅血貂裘涴。"（《将官雷胜得过字，代作》）有歌颂"战西羌"的沈逵的："君随幕府战西羌，夜渡冰河斫云垒。飞尘涨天箭洒甲，归时妻孥真梦耳。"（《送沈逵赴广南》）他对"屡战有功"，后来却"贫不能归"，在嘉州监税的"河西弓箭手"郭纶，寄予了深切的同情和期望："河西猛士无人识，日暮津亭阅过船。路人但觉骢马瘦，不知铁槊大如椽。因言西方久不战，截发愿作万骑先。我当凭轼与寓目，看君飞矢集蛮毡。"（《郭纶》）"首二句写出英雄失意之慨"（纪昀评），以"阅过船"这样一个特写镜头，就烘托出了英雄放闲，百无聊赖的神情。"猛士"而"无人识"，眼前的"骢马瘦"与当年的"铁槊大如椽"，构成鲜明对比，既写出了当年的威武，又凸现出了眼下的潦倒。

苏轼时常关心着边事，因此，每当他得知边境告捷，常常表现出由衷的高兴。熙宁五年（1072）他得知洮西大捷时写道："汉家将军一尺佛，诏赐天池八尺龙。露布（紧急文书）朝驰玉关塞，捷书夜到甘泉宫。似闻指挥筑上郡，已觉谈笑无西戎。牧臣不见天颜喜，但惊草木放春容。"（《闻洮西捷报》）元丰四年（1081）种谔率兵深入敌境，破杀西夏六万余人，获马五千匹。苏轼得知这一消息，为收复失地而非常兴奋："闻说将军取乞闉，将军旗鼓捷如神。故知无定河边柳，共得中原雪絮春。"（《闻捷》）元祐二年（1087），擒获吐蕃首领鬼章，苏轼也写诗称颂道："坚垒千兵破，连航一炬烧。擒奸从窟穴，奏捷上烟霄。"但他也清醒地告诫说："羌情防报复，军胜忌矜骄。慎重关西将，奇功勿再邀。"（《获鬼章二十韵》）骄兵必败，轻敌必败，因此他很强调将帅的选择。元丰七年（1084），西夏大寇兰州，苏轼焦急地写道："西方正苦战，谁补将帅缺？"（《歧亭五首》）元祐八年（1093），苏轼知定州，他又说："收边在得士，此语要而简。"（《次韵李端叔谢送牛戬鸳鸯竹石图》）这些诗句都反映了苏轼对边防的关心。

　　钱锺书先生《宋诗选注》说：苏轼"曾经说过：'出新意于法度之中，寄妙理于豪放之外。'从分散在他著作里的诗文评看来，这两句话也许可以现成的应用在他自己身上，概括他诗歌里的理论和实践……李白以后，古代大约没有人赶得上苏轼这种'豪放'。"他的不少诗篇有着磅礴的气势，如《游径山》："众峰来自天目山，势若骏马奔平川。"又如《八月十五日看潮》："江神河伯两醯鸡，海若东来气吐霓。安得夫差水犀手，三千强弩射潮低。"苏轼有着丰富的想象力，他看见天上的明月，就觉得似乎是谁用银河之水为老天爷洗亮了眼睛："谁为天公洗眸子，应费明河千斛水"（《和子由中秋见月》）；他看见石屏上画的松树，就觉得是已死的画家毕宏、韦偃的"神机巧思"都化于石中了："我恐毕宏、韦偃死葬骓山下，骨可朽烂心难穷。神机巧思无所发，化为烟霏沉石中"（《欧阳少师令赋所蓄石屏》）；他看见金山寺下白天、黄昏、月夜和月落后的不同的瑰丽景色，觉得江神都似乎在责怪自己不归隐山林："江山如此不归山，江神见怪惊我顽。"（《游金山寺》）在苏轼的笔下，万物好像都具有人的感情和行为，如海棠会睡："东风袅袅泛崇光，香雾霏霏月转廊。只恐夜深花睡去，故烧高烛照红妆。"（《海棠》）牡丹怕羞："人老簪花不自羞，花应羞上老人头。醉归扶路花应笑，十里珠帘半上钩。"（《吉祥寺赏牡丹》）龟鱼识声："朱栏画柱照湖明，白葛乌纱曳履行。桥下龟鱼晚无数，识君拄杖过桥声。"（《湖桥》）风解人意："东风知我欲山行，吹断檐间积雨声。岭上晴云披絮帽，树头初日挂铜钲。"（《新城道中》）"子瞻作诗，长于比喻。"（宋魏庆之《诗人玉屑》卷一七）苏轼诗中大量生动贴切的比喻，也大大增强了他的诗歌的形象性。如《凤翔八观》接连以多种形象写石鼓文字的模糊，《读孟郊诗》以一连串比喻，形容"夜读孟郊诗，……佳处时一遭"，均以博喻见长。正如《说诗晬语》所指出的："天马脱羁，飞仙游戏，穷极变化，而适如意中之所欲出。"这段话道出了苏诗的豪放不羁的特点。

　　所谓苏轼"晚喜陶渊明"，主要是指苏轼晚年贬官岭南期间特别喜好陶诗。但是，苏轼喜好陶诗并非自贬官岭南开始，而是早在贬官黄州期间就开始了。当时他就把自己躬耕的东坡比作陶潜游过的斜川，并把陶潜的《归去来辞》隐括入诗词中。苏轼写作"和陶诗"也不是从贬官岭南开始的，在任扬州知州时就曾和陶潜《饮酒》诗二十首。但苏轼大量写作和陶诗是在贬官岭南期间。他在给苏辙的信中说："古之诗人有拟古之作矣，未有追和古人者也。追和古人，则始于吾。吾于诗人无所甚好，独好渊明之诗。渊明作诗不多，然其诗质而实绮，癯而实腴，自曹（植）、刘（桢）、鲍（照）、谢（灵运）诸人，皆莫及也。吾前后和其诗凡一百有九篇，至其得意，自谓不甚愧渊明。……然吾于渊明岂独好其诗也哉？如其为人实有感焉。渊明临终，疏告俨（陶俨，渊明子）等：'吾少而穷苦，每以家弊东西游走，性刚才拙，与物多忤。自量为己，必贻后患，黾勉辞世，使汝等幼而饥寒。'渊明此语，盖实录也。吾真有此病，而不早自知，半生出仕，以犯世患，此所以深愧渊明，欲以晚节师范其万一也。"（苏辙《追和陶渊明诗引》）从苏轼这段话可看出，苏轼之所以大量写作和陶诗，除了因为陶潜诗确实写得好以外，还与他在政治上的失意是分不开的。他有感于陶潜的"为人"，有感于陶潜"不肯为五斗米一束带见乡里小儿"，深悔自己不该"半生出仕，以犯世患"，所以，"欲以晚节师范其万一"。苏轼说他的和陶诗"不甚愧渊明"，这是合乎实际的。苏轼的和陶诗也同陶诗一样，具有"质而实绮"的特点，即表面质朴而实际绮丽，不用华丽的辞藻却能形象地刻画出客观事物。在《和移居》中，苏轼说，他对惠州嘉祐寺很喜欢："昔我初来时，水东有幽宅。晨与乌鹊朝，暮与牛羊夕。"从早到晚都与乌鹊牛羊共同居处，"幽宅"之幽也就可想而知了。可惜后来迁到了合江楼，即惠州东门楼："谁令迁近市，日有造请役。歌呼杂闾巷，鼓角鸣枕席。"拜往迎来，喧嚣嘈杂，厌烦之情，跃然纸上。苏轼赞王维"诗中有画"，他自己也当得起这样的评价。和陶诗中那些描写岭南风光的诗句就有如山水画一般的形象，如"飔作海浑，天水溟蒙"（《和停云》）；"环州多白水，际海皆苍山"（《和归田园居》）；"登高望云海，醉觉三山倾"（《和九日闲居》）；"稍喜海南州，自古无战场。奇峰望黎母，何异嵩与邙。飞泉泻万仞，舞鹤双低昂"（《和拟古》）；"海南无冬夏，安知岁将穷。时时小摇落，荣瘴俯仰中"(《五月旦日作和戴主簿》)等等。这些诗句都形象地描绘了海南的地理和气候特征。

苏轼的和陶诗也像陶诗一样"癯而实腴",即表面清瘦而实际丰腴,在自然平淡的话语中有着丰富的内涵。他在《归田园居》中写道:"新浴觉身轻,新沐感发稀。风乎悬瀑下,却行咏而归。仰观江摇山,俯见月在衣。步从父老语,有约吾敢违?"真是无官一身轻,摆脱官场如释重负之感,溢于字里行间,读起来确实是"极平淡而有深味"。(纪昀评《苏文忠公诗集》)他在《和贫士》之三中写道:"谁谓渊明贫?尚有一素琴。心闲手自适,寄此无穷音。佳晨爱重九,芳菊起自寻。疏巾叹虚漉,尘爵笑空斝。忽饷二万钱,颜生良足钦。思送酒家保,勿违故人心。"谁说渊明贫?他既有素琴可弹,又有芳菊可赏,而当他无米酿酒,酒杯生尘时,颜延之又送来"二万钱",作他的沽酒之资。纪昀说这首诗是在"寄友朋莫助之慨"。若不细细体味,就容易当作一般叙事放过,而看不出其中的寄慨。苏轼贬官岭南,虽有很多友朋待他很好,但也有不少势利鬼生怕连累自己,避之惟恐不及。苏轼在《和九日闲居》中就曾发出"坎坷见天意,滞留见人情"的感叹。读苏轼的和陶诗要注意透过他那平淡的语言,体会他的弦外之音,言外之意。

苏轼说:"观陶彭泽诗,初若散缓不收,反复不已,乃识其奇趣。"(《书唐氏六家书后》)苏轼和陶诗也具有这种表面散实际不散,反复咀嚼,奇趣益然的特点。《和贫士》之二写道:"夷齐耻周粟,高歌颂虞轩。产禄彼何人,能致绮与园。古来避世士,死灰或余烟。末路亦可羞,朱墨手自研。渊明初亦仕,弦歌本诚言。不乐乃径归,视世差独贤。"伯夷、叔齐宁肯饿死首阳山,也不肯食周粟,似乎够高雅了;但他们却高歌虞舜、轩辕,说明他们并没有忘怀世事。商山四皓(绮里季、东园公、夏黄公、甪里先生),因刘邦待人"侮慢",逃匿深山,"义不为汉臣";但吕产、吕禄算什么东西,却以"卑辞厚礼"把他们罗致来了。陶潜不愿为五斗米折腰,但他也曾奔走仕途,表白过"猛志逸四海,骞翮思远翥"(《杂诗》)。表面看,这里平行列举了伯夷、叔齐、商山四皓和陶渊明等高士的事迹,似乎"散缓不收"。但"古来避世士,死灰或余烟"十字,却把这几件事紧紧地绾在一起,使全诗主题很鲜明:

自古以来的高士们都未能忘怀世事，何况我苏轼呢？《和乞食》一诗也是列举许多古人乞贷的事来同自己"幸有余薪米，养此老不才"作比较，说明他已比他们幸运得多；而全诗以"呜呼天下事，死生寄一杯"把各自独立的事件联结起来，对人生的艰难发出了深沉的喟叹。和陶诗中还有不少组诗，初看也像是各自独立的，细味却往往有内在联系。如《和杂诗》十一首，前两首写自己贬官海南；中间八首是以古方今，以古人况自己；最后一首仍以收到海南作结。"题目《杂诗》，诗不杂也。十一首以我字作骨，一线穿成。"（王文诰《苏文忠公诗编注集成》）

宋人魏庆之《诗人玉屑》说："余观东坡自南迁以后诗，全类子美（杜甫）夔州以后诗，精深华妙，正所谓'老而严'者也。子由云：'东坡谪居儋耳，独善为诗，精深华妙，不见老人衰惫之气。'鲁直（黄庭坚）亦云：'东坡岭外文字，读之使人耳目聪明，如清风自外来也。'观二公之言如此，则余非过论矣。"诗穷而后工，苏轼贬官黄州特别是贬官岭南以后，他的诗确实写得更好了。

宋人严羽的《沧浪诗话》说："盛唐诗人惟在兴趣，言有尽而意无穷。近代诸公，以文为诗，以才学为诗，以议论为诗。夫岂不工，终非古人之诗也。"就苏诗而论，可说有三种情况：一是苏诗也具有"以文为诗，以才学为诗，以议论为诗"的特点，如《观鱼台》："欲将同异较锱铢，肝胆犹能楚越如。若信万殊归一体，子今知我我知鱼。"全诗都是隐括《庄子》，说理谈玄，枯燥无味，没有新的思想，没有鲜明的形象，没有诗的意境，读起来晦涩难懂。二是在以议论为主的诗篇中，也有一些虽无鲜明形象，但却耐人寻味的作品，有的甚至成了家喻户晓的名篇。在黄州，朝云生一子，他在《洗儿》诗中愤慨地写道："人皆有子望聪明，我被聪明误一生。惟愿孩儿愚且鲁，无灾无难到公卿。"骂得何等痛快！他少有壮志，才气横溢，却穷愁潦倒，坎坷不平，屡遭排斥打击，而那些酒囊饭袋，却能安于朝廷，无灾无难，青云直上。寥寥四句，充满了作者的满腔悲愤，揭露了封建官僚制度的黑暗。《宋史·苏轼传》说他的"嬉笑怒骂之词，皆可书而诵之"，这首《洗儿》诗就属这种"嬉笑怒骂"之词。《题西林壁》也不是以写景见长，而却充满了理趣：

"横看成岭侧成峰，远近高低各不同。不识庐山真面目，只缘身在此山中。"看庐山，横看和侧看，远看和近看，高处看和低处看，往往有不同景色。身在庐山，往往只见树木，不见森林，看不到庐山的全貌，或常在庐山，反而熟视无睹，感觉不到庐山之幽美，正如久居芳室而不闻其香一样。《洗儿》《题西林壁》等诗，都不是以形象取胜，而是以理趣取胜，读起来仍觉得"言有尽而意无穷"，就在于它善于从人们司空见惯的事物中，发掘出一些颇富哲理的思想。三是在东坡诗中也有不少堪与唐诗媲美的作品，苏诗有的感情奔放，气势雄浑，粗犷豪迈；有的文笔细腻，自然流丽，清新隽永，所谓"清水出芙蓉，天然去雕饰"。他作诗追求清新和自然，"诗画本一律，天工与清新"。(《书鄢陵王主簿所画折枝》)："新诗如洗出，不受外垢蒙。"(《僧惠勤初罢僧职》)。苏轼的写景咏物诗尤其写得来清新自然。如《惠崇春江晚景》："竹外桃花三两枝，春江水暖鸭先知。蒌蒿满地芦芽短，正是河豚欲上时。"桃花初放，江水渐暖，蒌蒿满地，芦芽破土，群鸭戏水，河豚（产于海）随潮水涌入春江，一派生机勃勃的景色。

苏轼是全能作家，诗、文、词的艺术成就都很高。但前人对苏诗的研究远远超过对苏词、苏文的研究。从宋代起，苏诗就既有分类注（旧题王十朋《集百家注分类东坡先生诗》，又有编年注（施元之、顾景繁《注东坡先生诗》）。清人更是评注苏诗成风，如查慎行《补注东坡先生编年诗》、翁方纲《苏诗补注》、冯应榴《苏文忠诗合注》、王文诰《苏文忠公诗编注集成》等等。各种苏诗的选注本更是多如牛毛。评论苏诗的专著也不少，如汪师韩《苏诗选评笺释》、查慎行《初白庵诗评》、赵克宜《角山楼苏诗评注汇钞》，纪昀评《苏文忠公诗集》更是几乎尽评苏诗，历代的文集、诗话、笔记评及苏诗者更多。为研究苏诗，需要全面掌握前人对苏诗的评论。本书有些资料是特别珍贵的，如一位老先生送给我的纪昀评《苏文忠公诗集》，有香岩手批，这可算是孤本；日本池泽滋子女士及其丈夫池泽一郎还送给我几种日本有关苏轼的书，其中有赖山阳《东坡诗钞》及所附《书韩苏古诗后》等，也是中国学者难以见到的。

编纂《苏诗汇评》的目的，在于为苏诗研究者和爱好者提供尽可能全面的有关苏诗的评论资料和背景资料，以省大家的翻检之劳。章学诚《文史通义》卷五《诗话》云："诗话之源，本于钟嵘《诗品》。然考之经传，如云：'为此诗者，其知道乎？'又云：'未之思也，何远之有？'此论诗而及事也。又如'吉甫作诵，穆如清风'，'其诗孔硕，其风肆好'，此论诗而及辞也。事有是非，辞有工拙，触类旁通，启发实多。""论诗而及事"偏重于背景资料；"论诗而及辞"偏重于评论资料，二者对研读苏诗都是很重要的。故此书虽名之曰《苏诗汇评》，但所收不限于评论资料，有关背景资料也一并收录。本书以纪昀评《苏文忠公诗》为底本，把上举各书有关苏诗的评论背景资料总汇于此。涉及单篇者皆录于各篇之后，谓之《苏诗篇评》。有一则资料评及数首苏诗者，短者在各首之下皆收；过长者，则涉及各篇之评语重收，所举诗则仅收该篇；不便截取者则作"又见"，而不重出。有的资料，陈陈相因，后出而全无新意者不收。因苏诗几乎篇篇有评，为使读者得一完整的纪昀评《苏文忠公诗集》，故少数无评者亦一并收录。所收苏诗原文文字，以纪昀评《苏文忠公诗集》为准（少数明显有误者径改，不出校记），卷次也不变。不涉及单篇而综论苏诗者，附于单篇作品之后，谓之《苏诗总评》，作为附录一。无论篇评或附录的资料，皆大体按朝代先后编排。为方便读者检索，书末附有《苏诗篇名索引》，作为附录二。《苏诗汇评》一书目的虽在于尽可能全地汇总有关苏诗的资料，但限于见闻，遗漏一定很多，容后续补。

（原载台湾文史哲出版社 1998 年版《苏诗汇评》卷首）

《苏诗分期评议》的评议

友人谢桃坊先生作《苏诗分期评议》，论述了苏诗分期的意义、标准、具体分期及各期特色，并对王水照先生《论苏轼创作的发展阶段》（《社会科学战线》1984 年第 1 期）一文提出了不同看法。我同桃坊常在一起研讨问题，此文亦得先睹。我对王文虽也不尽赞同，但两相比较，我更不同意谢文的看法。在桃坊先生的怂恿下，我亦略陈己见，以期引起更深入的讨论。

一、关于苏诗的分期及分期标准

据桃坊先生概括，关于苏诗分期的标准有"按自然年序分期""按生活经历分期""按风格的变化"分期三种，他力主"对作家创作的分期是应以其艺术风格为根据"的。但问题在于风格即人，离开了作家的生活经历，离开了作品的思想内容，是无法谈清作家的艺术风格的。谢文以为苏轼南行途中诗在"艺术渊源上则是以学杜为主"，凤翔诗则以"学韩为主，以李为附"，杭、密、徐则"学刘禹锡而多怨刺"，黄州以后则"开始学白居易、韦应物、柳宗元而进窥陶诗"。苏诗艺术风格的演变是否如谢所言，后面再作讨论。今以谢言为是，也还有这样一个问题：苏轼某一时期为什么要以学某为主？例如，苏轼晚年为什么要学陶？离开了他的生活遭遇，能说清这个问题吗？须知，作家对某种思想，某种艺术风格的汲取，都有深刻的社会原因，都与他自身的经历分不开。在这个意义上，我觉得桃坊先生所反对的水照先生的意见倒是正确的："苏轼的作品是他生活和思想的形象反映，他的创作道路不能不制约于生活道路的发展变化。"王文强调"按生活经历分期"，谢文强调"按风格的变化"分期，而实际上两篇文章在具体论述时都是从各个时期的政治争论到苏轼的特殊经历、思想变化，来论述其作品内容及其艺术风格的演变的，他们的实际论述比他们的理论概括要全面得多。

"文章自一家"。一个成熟的作家都有其区别于别的作家的统一的艺术风格；而在他们一生的各个阶段又有不失其本色的不同艺术风格。他们的作品不但不愿蹈袭前人，甚至也不愿与自己别的作品雷同。在这个意义上，每篇作品（特别是名篇）都有每篇作品的特殊风格。因此，苏诗的分期既可分得很细，也可分得略粗一些，这是很难强求一律的。苏辙、道潜、陈师道都以苏轼贬官黄州为界，把苏轼的作品分为前后二期。但前期的《南行集》《岐梁唱和诗集》显然与杭、密、徐、湖时期的诗不尽相同，南行与凤翔也不完全一样，杭、密与徐、湖亦有区别。苏辙《为兄轼下狱上书》云："（苏轼）顷年通判杭州及知密州日，每遇物托兴，作为诗歌，语或轻发。向者曾经臣僚缴进，陛下置而不问，轼感荷恩贷，自此深自悔咎，不敢复有所为。"证之苏诗，徐、湖之作确有所收敛，故王文诰《苏海志余》卷一云："倅杭守密，正其纵笔时也；及入徐、湖，渐改辙矣。"后期显然又可分为黄州期、元祐期、岭海期。若要细分，岭海又可分为居惠和居儋，元祐又可分为在朝和外任，黄州又可分为初到黄州、经营东坡和离黄三段。因此，苏诗究竟分为三期、五期、六期、七期、八期，皆可各从其好，无须强求一致。

如果要研究苏轼某一时期、某一地域的创作，不妨分细一点；如果研究苏轼一生的创作道路，我倒主张粗一点好，这样各阶段的区别会更明显。最粗的分期就是苏辙等人提出的以贬官黄州为界的两段说。黄州以前的苏诗政治性较强，风格以豪放为主，但也具有粗犷有余而锻炼不足的弱点。黄庭坚批评苏轼"好骂"，陈师道说苏诗"初学刘禹锡，故多怨刺"，纪昀指责苏诗"伤率、伤慢、伤放、伤露"，主要是指他的前期作品。黄州以后（包括黄州）的苏诗，政治性有所削弱，题材领域有新的开拓，艺术性大大提高，逐渐克服了前期诗的过分外露，写得来深沉、含蓄，富有韵味，逐渐达到了外枯中甘，淡而有味的艺术境界。如果嫌两期说过分粗略，那么结合时代特点和苏轼经历，全面衡量其诗歌的思想内容和艺术风格，我认为不妨分作四期：（一）南行诗和凤翔诗是苏诗豪放风格的"发轫期"，已具有笔势雄悍、挥洒自如、波澜壮阔的东坡本色，但还略含拘谨，属"少年未纵笔时"（纪昀）。

（二）杭、密、徐、湖是苏诗豪放风格的成熟期，特别是杭、密一段，嬉笑怒骂，皆成妙笔，"正其纵笔时"（纪昀）。（三）徐、湖已"渐改辙"，而黄州诗、元祐诗则是苏诗大改辙的时期，有意追求平淡的艺术风格。苏轼在元祐年间的处境虽与贬官黄州时大别，但就其诗的政治色彩减弱和艺术风格平淡而言，显然是黄州诗风的继续。（四）晚年贬官岭海，苏轼有意学陶，是其平淡风格的成熟期。这样分期，也符合苏轼对自己创作道路的总结，他在《与侄书》中说："凡文字，少小时须令气象峥嵘，彩色绚烂。渐老渐熟，乃造平淡。其实不是平淡，绚烂之极也。汝只见爷（苏辙）伯（自指）而今平淡，一向只是这样。何不取旧时应举时文字看，高下抑扬，如龙蛇捉不住，当且学此。"前两个阶段是苏轼"气象峥嵘，彩色绚烂"的时期；后两个阶段是"渐老渐熟，乃造平淡"的时期，而岭海一段则堪称表面"平淡"，实则"绚烂已极"；前后两个时期都有一个由"发轫"到"成熟"的过程。

二、南行、凤翔之别在于学杜与学韩吗?

桃坊先生认为："如果将南行诗与凤翔诗合为苏轼早期诗，是很不恰当的。……从苏诗风格的发展来看是不宜将二者合并的。王文诰将它们分为两个阶段是较为合理的。"综观谢文所说"不宜将二者合并"的理由，不外以下数端：

第一，"苏轼南行诗七十八首是他练笔的少作"，"为苏轼试笔"。说苏轼有"少作""试笔"，当然不错，但应是更早的作品。今存苏诗都是他二十四岁以后的作品，这以前的大量习作早已失传。少年苏轼曾改老师刘巨的《鹭鸶诗》，苏洵曾令十岁左右的苏轼作文，苏轼也曾不止一次地自称"念昔喜著书"（《和子由苦寒见寄》），"自昔家居断往还，著书不复窥园葵"（《送安惇秀才失解西归》），"我昔尚年幼，作赋慕相如"（《答任师中家汉公》）。当时以诗赋取士，正在为参加进士考试而苦读苦练的苏轼，很难想象仅练文而不练诗。桃坊先生还以苏轼晚年手定的《东坡集》，其子苏过所辑的《东坡后集》以及《施注苏诗》不收南行诗为据，并引纪昀之语曰："（南行诗）大抵少作，气体未能成就，疑当时删定之余稿，后人重东坡之名缀存之耳。"这完全是推测之词。《东坡集》不收南行诗，是因为《南行集》单行，有苏轼《南行前集叙》和苏辙《南行后集引》（已佚，见孙汝听《颍滨年表》）可证，《宋史·艺文志》亦著录有《南征集》，当即此书。这正如《东坡后集》不收《和陶诗》单行本一样，难道能因此说《和陶诗》"不够成熟"吗？也许有人会说，《钱塘》《超然》《黄楼》等集，当时亦曾单行，为什么《东坡集》又收呢？回答很简单，这些集子都不是苏轼"手定"，而是友人和书贾所为，错讹甚多，苏轼一向对此很不满意。《施注苏诗》既为编年诗注，理应收南行诗；若如纪昀所言，"大抵少作，气体未能成就"，故不收，则应申明；若仅据东坡前后集编年，则不应收《和陶诗》。因此，查慎行讥其"开卷便错"，不能说全无道理。

第二，与前一观点相联系，桃坊先生还认为南行诗"无论在思想和艺术方面都是不够成熟的"，而"凤翔诗已形成苏诗所特具的风格"。为了证明这一观点，谢文还说："凤翔任内正是苏轼政治思想形成之时。……与苏轼政治思想形成相应，是其诗歌的艺术风格也在凤翔期间形成了。"

其实，苏轼的政治思想并非形成于"凤翔任内"。苏轼应进士试所作的《刑赏忠厚之至论》，就是他的以儒家仁政思想为主要内容的政治观、历史观、伦理观形成的标帜，它既是苏轼早期学业的总结，又是他一生从政和为人所遵循的原则。应制科试所上的《进论》《进策》各二十五篇只不过是这一儒家仁政思想的具体化。而且这五十篇大作既不是凤翔任内之作，也不是"嘉祐六年八月"之作，而是嘉祐四年十月南行赴京以前的作品，嘉祐五年春到达京师后至多作了一些修改补充而已。这些文章不是表明"凤翔任内正是苏轼政治思想形成之时"，而是表明南行赴京以前已是其"政治思想形成之时"。

按照桃坊先生"诗歌的艺术风格""与苏轼政治思想形成相应"的观点，已可得出南行诗"已形成苏诗所特具的风格"的逻辑结论了。但是，政治思想与诗歌艺术风格并不一定时时刻刻完全"相应"，究竟南行诗是否"已形成苏诗所特具的风格"，还应考察苏轼南行诗本身。谢文在论证凤翔诗之成熟说："凤翔时期，苏诗各体皆有较高的成就，而且出现了不少传世名篇。苏轼最擅长作五古和七古……在凤翔诗中已体现出来。"苏轼在凤翔三年有余，存诗一百三十六篇；南行不足半年，存诗七十七篇，年平均作诗数超过凤翔一倍，应该说是苏轼创作的旺季。以七十七篇同一百三十六篇比诸体皆备，比擅长的五七古，本不公正；如果硬要比，我认为南行诗也具有同样特点。南行诗有五古三十二首、七古十六首、五律十一首、五排六首、七律一首、五绝一首、七绝三首，可谓诸体兼备。凤翔诗没有四言，南行诗还有四言三首，花色品种比凤翔诗还更齐全。从上面的数字还可看出，"苏轼最擅长的五古和七古"，南行途中亦作得最多。五古如《戎州》"有挥洒自如之意"（纪昀），《巫山》"波澜壮阔，繁而不沓"（纪昀）；七古如《江上值雪》"大处浩渺，细处纤微，无所不尽"（汪师韩），这难道不正是"苏诗所特具的风格"吗？说南行诗还没有凤翔诗成熟，也许还可以；但说南行诗表明"苏诗的风格并未形成"，就值得商榷了。南行诗虽还"火候未足"，但已具有"东坡面目""东坡本色"了。

第三，桃坊先生早在《论韩诗对苏诗艺术风格的影响》（《东坡诗论丛》）一文中就提出了苏轼"尊杜、祖欧、学韩、以李（白）为附"的观点，其实质就是认为"苏诗学韩为主"。在《苏诗分期评议》中又重申了上述观点，而在具体论述时则说，南行诗在"艺术渊源上则以学杜为主"，而凤翔诗则以"学韩为主，以李为附，转益多师"。我更同意对苏轼知之最深的苏辙的看法："公诗本似李、杜，晚喜渊明。"（《东坡先生墓志铭》）苏轼一生除晚年有意学陶外，都很难说他某一时期以学某为主。大家总是从多方面汲取营养，说他的某些诗酷似谁则可，说他像小学生一样先临颜字，再临柳字则不可。至于说苏轼一生虽"宗杜"，但只有南行途中的半年才在"学杜"，这就更难令人信服了。实际情况应如苏轼友人道潜所说："坡自元丰末还朝后出入李、杜，则梦得已有奔逸绝尘之叹。无己近来得渡岭越海篇章，行吟坐咏，不绝舌吻，常云此老深入少陵堂奥，他人何及。"（《曲洧旧闻》卷九）苏轼一生都在学杜，早年主要在学杜诗的现实主义精神和精审的格律，而在黄州以后进一步学到了杜诗的深沉、含蓄。在这个上意义上说他黄州以后才"出入李、杜"，岭南以后才"深入少陵堂奥"，我认为是正确的，与其晚年学陶是并行不悖的。韩诗对苏诗当然也有影响，但其重要性与刘（禹锡）、白（居易）、柳（宗元）、韦（应物）差不多，远比李、杜、陶对苏诗的影响为小，很难说得上什么"为主"。苏轼对韩愈的看法有以下特点：一是看重其文学成就而不大看得起韩愈为人，他说："退之《示儿》……所示皆利禄事也。至老杜则不然，《示宗武》……所示皆圣贤事也。"（《苕溪渔隐丛话前集》卷一六）二是对韩愈的文学成就，更看重其文："诗至于杜子美，文至于韩退之，书至于颜鲁公，画至于吴道子，而古今之变，天下之能事毕矣。"（《书吴道子画后》）三是苏轼推重韩愈主要在晚年，元祐六年所作《韩文公庙碑》就是明证；而他早年应制科试所上的《韩愈论》《扬雄论》，对韩愈都是持批判态度的。苏轼在凤翔曾次韩愈的《山石》韵，这是因为苏轼游南溪有感于韩愈当年游山之乐，故次其韵。但这很难说他就在有意学韩诗，相反，正如王文诰所说，轼诗"起句似李太白"，而并不像韩诗。汪师韩、纪昀都曾说，苏轼凤翔所作的《石鼓歌》"气魄与韩退之相埒而研炼过之"，"精悍之气殆驾昌黎之上"。这是因为韩愈也作有《石鼓歌》，自然要与之作比较。这也不能证明苏轼在有意学韩诗，相反，正如汪师韩所说，苏轼《石鼓歌》"起仿《北征》"，而通篇"澜翻无竭，笔力驰骤，而章法乃极谨严，自是少陵嗣响"。可见，与其说苏轼《石鼓歌》在学韩，还不如说在学杜。

三、关于苏轼黄州以后诗的评价问题

关于苏轼杭、密、徐、湖时期的诗，正如谢文所说，是苏轼"诗歌豪放的艺术风格最成熟的时期"。因为没有异议，就不说它了。这里要讨论的是苏轼贬官黄州以后诗的评价问题。桃坊先生正确指出苏轼黄州诗在"诗歌艺术上也开始探索着新的道路"。但他笔锋一转，却说苏轼从黄州起"诗才明显地开始衰退"，元祐诗的"思想内容和艺术水平却较差"，而岭海的"和陶和学陶诸诗，在艺术上是基本失败的"，并引苏轼黄州以后自谓"诗笔衰退"之语为证。但核对原文，所引苏轼数语，都是不可认真看待的。如苏轼《与王定国书》主要在说明自己贬官黄州不敢作诗，只好陶情于养生和书画。所谓"诗笔衰退"，不过与"近颇知养生……兼画得寒林墨竹，已入神矣，行草尤工"相比较而言的。所谓"我诗如病骥"，也是在与苏迨诗的"一喷群马倒"相比较而言，主要在赞美"有儿真骥子"，并非说自己的诗还比不上儿子。所

谓"我老诗坛仆鼓旗",也主要在映衬下句"借君（刘景文）佳句发良时"。如果这类官场中、文坛上的客套话都要信以为真，那么苏轼在杭、密时期同样说过不少类似的话，如倅杭时的"今朝枉诗句，灿如凤来仪。……怜我枯槁质，借润才华滋"（《次韵孔文仲推官见赠》）；"我诗久不作，荒涩旋锄垦（《僧清顺作垂云亭》）；知密州时的"老病自嗟诗力退，空吟《冰柱》忆刘叉"（《雪后书北堂壁》）。按桃坊先生的逻辑，岂不会得出苏轼倅杭知密，诗才已"开始衰退"的结论吗？

古典文学批评领域的某些带倾向性的问题，我觉得有必要统一认识，否则，对苏轼后期诗就很难做出公正评价。第一，就作品的内容、题材看，是否只有直接讥刺时政的政治诗才值得肯定，其他内容、题材的诗就叫作"内容贫乏""脱离现实"？三十多年来学术界一直存在这样一种倾向：对敢于批评时政的作家如杜甫、陆游比较敢于肯定，而对其他作家如王维、黄庭坚就不大敢肯定；就一个作家而言，对其政治性较强的作品敢于肯定，而对其他内容的作品就不敢肯定。例如在杜诗的研究上，对其直接反映安史之乱的诗篇敢于肯定，而对他入蜀途中及夔州的大量山水诗，表现寓居成都的闲适生活的田园诗，他晚年写的大量抒怀诗、咏史诗、忆旧诗就不敢肯定，甚至对堪称杜律绝作的《秋兴八首》也有人指斥为"唯美主义"。这种论诗倾向近几年有很大改变，桃坊先生敢于提出按苏诗艺术风格的演变分期就是明证；但还没有根本扭转，谢文对苏诗得失的评论，主要仍然是从政治上着眼的。他之所以对苏轼的前期诗，特别是杭、密诗作充分的肯定，无非是因为苏轼"用诗歌的形式对社会现实作了尖锐的批判"；他之所以那么看不起苏轼黄州以后诗，说穿了无非是他认为"乌台诗案结束了苏轼的政治诗"。

乌台诗案后苏轼的政治诗是大大减少了，但说"乌台诗案结束了苏轼的政治诗"，这就过分夸大了贬官黄州对苏轼的影响。苏轼赴黄途中作了《蔡州道上遇雪》，说"下马作雪诗，满地鞭垂痕。伫立望原野，悲歌为黎元"，这难道不是政治诗吗？诗末的"道逢射猎子，遥指狐兔奔"，暗指李定等人对他的迫害；"踪迹尚可原，窟穴何足掀"，如王文诰所说，是"感恩念咎"之语，谢神宗赦其死；"寄谢李丞相，吾将返丘园"，是以李斯"借指李定"（冯应榴）。这样直刺乌台诗案的制造者，能说不是政治诗吗？苏轼在杭州所作的《山村五绝》中曾以"无象太平还有象，孤烟起处是人家"，讥刺变法派所鼓吹的太平景象；黄州作的《五禽言》又重复了类似的讥刺（"太平无象何处寻，听取林间快活吟"），并以"水中照见催租瘢"控诉朝廷的残酷压榨，难道不是政治诗吗？特别是黄州作的《鱼蛮子》，对渔民"何异獭与狙"的非人生活，寄予了深切同情，并发出了"人间行路难，踏地出赋租"的愤怒抗议，而诗末的"蛮子叩头泣，勿语桑大夫"，显然以桑弘羊指变法派，全诗"分明指新法病民，出赋租者不如鱼蛮之乐也"（汪师韩），更是典型的政治诗。此外，苏轼在黄州还有《闻捷》《闻洮西捷报》诗，对同西夏战争的胜利表示由衷的高兴；有《谢陈季常所惠揩巾》，盼望"臂弓腰箭何时去，直上阴山取可汗"，也应算作政治诗。岭南所作《荔支叹》不仅指斥汉、唐进贡荔枝的害民，而且指名道姓地揭露本朝大臣"争新买宠"，甚至暗暗讥刺当今皇上哲宗"致养口体何陋耶"，也堪称"对社会现实作了尖锐的批判"。仅以上数例就说明，苏轼在乌台诗案后既有关心国家统一的政治诗，也有关心民间疾苦的政治诗，还有继续讥刺变法派的政治诗。

苏轼在贬官黄州以前就写了不少的抒发个人感慨的诗篇，如初入仕途时所作的《和子由渑池怀旧》。在贬官黄州以后这类诗篇大大增加，从中不难看出封建社会仕途失意的知识分子的精神苦闷和对黑暗现实的满腔悲愤，比起他的政治诗来，更能见出苏轼的真情性。如《初到黄州》的"逐客不妨员外置，诗人例作水曹郎"，"例作"二字充分揭示了封建社会正直诗人的共同命运。《洗儿》诗的聪明误一生，愚鲁至公卿，更是一幅中国封建社会的升官图。《临城道中作》的"逐客何人著眼看，太行千里送征鞍"，亦堪称封建社会世态炎凉、人情冷暖的缩影。"许国心犹在，康时术已虚。岷峨家万里，投老得归无？"（《南康望湖亭》）——报国无门，归家不得，真是走投无路！这类作品有助于我们从一个侧面认识封建社会的黑暗，是不能算作"脱离现实"的。

乌台诗案后，苏轼确实写有不少咏物诗，题材"琐屑"。但在中国诗歌史上咏物往往也是咏人，题材的琐屑并不妨碍小中见大。桃坊先生不是说苏轼在黄州，诗才明显地衰退了吗？但是苏轼"平生最得意诗"，自称"吾向造化窟中夺将来"的海棠诗就恰恰写于黄州。这首咏物诗写"幽独"的海棠处于"粗俗"的桃李之中显然就是写自己的处境，而海棠的"自然富贵出天姿，不待金盘荐华屋"也正是苏轼高风亮节的自我写照。正如纪昀所评，全诗"纯以海棠自寓，风姿高秀，兴象深微，后半尤烟波跌荡。此种真非东坡不能，东坡非一时兴到亦不能"。像这样不可多得的作品，是"诗才明显地开始衰退"的人写得出来的吗？苏轼一生写有不少咏石诗，少作《咏怪石》很可能是苏轼存世最早的诗作。而贬官黄州以后咏石之作尤多，王渔洋云："坡平生爱奇石，尝取文登弹子涡石，以诗遗垂慈堂老人；得齐安江石，作《怪石供》以遗佛印；又从德孺得仇池石，以高丽大铜盆盛之；湖口李正臣蓄异石，九峰玲珑，坡欲以百金易之，名之曰壶中九华；又有石芝、沈香石，集中别有醉道士石、怪石石斛，要皆以坡传耳。"（《秦蜀后记》）苏轼大量的咏石诗当然各篇有各篇的主旨，而奇石的"节概如我坚"，恐怕正是他喜欢咏石和画石的重要原因。

元祐年间苏轼兄弟及其门人汇聚京城，有如嘉祐年间欧阳修周围汇聚了曾巩、王安石、三苏父子一样。他们常在一起饮酒赋诗，鉴赏书画。苏轼丰富的文艺思想，不少正是通过这些鉴赏之作留下的。"与可画竹时，见竹不见人。岂独不见人，嗒然遗其身。"（《书晁补之所藏与可画竹》）——这是一种精神高度集中，身与竹化的创作境界。《书鄢陵王主簿所画折枝》云："论画以形似，见与儿童邻"——这是画贵神似的理论；"赋诗必此诗，定非知诗人"——这是诗贵题外之旨的理论；"诗画本一律，天工与清新"——这是诗画相通的理论；"谁言一点红，解寄无边春"——这是以少寓多的理论。"人言（魏）征举动疏慢"，唐太宗却说："我但见其妩媚耳。"（《新唐书·魏征传》）如果我们不仅仅从政治内容着眼，就会得出与唐太宗类似的结论：人言苏轼黄州以后诗内容贫乏，吾但见其丰富多彩！

第二，从艺术风格看，作家是否只能有一种艺术风格，苏轼的浪漫主义个性是否一定会与平淡的艺术风格发生矛盾？一个成熟的作家往往既有统一的特殊的艺术个性，一望而知其为某人诗；又有多样化的艺术风格，他们的作品往往有截然相反的两种情趣。写"采菊东篱下，悠然见南山"（《饮酒》）的是陶潜，写"雄发指危冠，猛气冲长缨"的也是陶潜；"君不见黄河之水天上来，奔流到海不复回"（《将进酒》）是李白写的，"桃花流水杳然去，别有天地非人间"（《答俗人问》）也是李白写的；杜甫既"穷年忧黎元，叹息肠内热。"（《自京赴奉先县咏怀五百字》），但有时也很悠闲："老妻画纸为棋局，稚子敲针作钓钩。"（《江村》）苏诗的风格也具有多样性，桃坊先生说得对："在整个苏诗的风格中存在着豪放与平淡两大类，其前期诗作基本上是豪放的，后期则出现了平淡的风格，而在岭海时期平淡的风格则居于主导地位。"这里概括得很好，很有分寸。说"前期诗作基本上是豪放的"，也就是还有平淡在；说晚年"平淡的风格则居于主导地位"，亦不排除时露豪放锋芒。可见这"两大类"风格都是符合苏轼的艺术个性的，都是贯穿于苏轼一生的，只在不同时期有主次之分罢了。但在另一处桃坊先生却说，苏轼的黄州诗"现实性有所减弱，前期汪洋恣肆、纵横驰骋的作风得到收敛，而俳谐怒骂的态度基本上改变了，这种变化是与苏轼积极浪漫主义的个性相矛盾的。"我觉得桃坊先生的前后两个论断倒是"相矛盾的"。难道苏轼天生只能"汪洋恣肆，纵横驰骤"，"俳谐怒骂"吗？不这样，就与他的艺术个性"相矛盾"吗？须知，即使苏轼的前期作品也并不都是"积极浪漫主义"的，也有不少清新淡远之作，风格酷似陶潜、王维。如《次韵子由岐下诗》中的《横池》写其疏懒：

明月入我池，皎皎铺纴缟。何日变成缡，《太玄》吾懒草。

《短桥》写其闲情：

谁能铺白簟，永日卧朱桥。树影栏边转，波光版底摇。

《鱼》则颇富哲理：

湖上移鱼子，初生不畏人。自从识钩饵，欲见更无因。

又如同作于凤翔的《和子由记园中草木十首》，正如纪昀所评："首首寓慨而不露怒张，句句涉理而不入迂腐，音节意境皆逼真古人，亦无刻画之迹。"所谓"逼真古人"，汪师韩点破了：此数诗格调具有"柴桑（陶潜）淡远"的特点。苏轼有意追求平淡当然是从黄州开始的，有意学习陶诗风格更在晚年，但若追本溯源，则至迟在赴杭州通判任的途中就开始了。他的《出都来陈……》其八写道：

我诗虽云拙，心平声韵和。年来烦恼尽，古井无由波。

所谓"烦恼尽"，他当时因与王安石政见不合而离京，实际是很烦恼的时候；所谓古井无波，实际是他心情很不平静的时候。但他强压怒火，这八首诗确实写得心平气和，意在言外，可以看成是他追求平淡风格的开始。其三云：

烟火动村落，晨光尚熹微。田园处处好，渊明胡不归？

这里苏轼以陶潜自况，隐括陶潜《归去来辞》（"问征夫以前路，恨晨光之熹微"）入诗，风格也酷似陶诗。正是在桃坊先生认为"纵笔快意，俳谐怒骂，艺术个性充分表现出来"的杭、密时期，苏轼曾无数次地表示过对陶潜的仰慕或以陶潜自比：

（一）"胡不归去来，滞留愧渊明。"（《汤村开运盐河雨中督役》）

（二）"陶令思归久未成，远公不出但闻名。"（《佛日山荣长老方丈》）

（三）"功名一破甑，弃置何用顾。更凭陶靖节，往问征夫路。"（《与周长官李秀才游径山……》）

（四）"不独江天解空阔，地偏心远似陶潜。"（《远楼》）

（五）"陶潜一县令，独饮仍独醒。"（《莫笑银杯小答乔太博》）

（六）"且待渊明赋归去，共将诗酒趁流年。"（《寄黎眉州》）

苏轼慕陶潜的超脱，但有时还嫌他超脱得不够：

（七）"君且归休我欲眠，人言此语出天然。醉中对客眠何害，须信陶潜未若贤。"（《李行中秀才醉眠亭》）

（八）"我笑陶渊明，种秫二顷半。妇言既不用，还有责子叹。无弦则无琴，何必劳抚玩？"（《和顿教授见寄，用除夜韵》）

我举出以上这些例子是想说明苏诗本来就存在豪放和平淡两种风格，他从黄州开始追求平淡风格，晚年有意学陶，与他的艺术个性并不矛盾，只不过是他前期慕陶渊明，追求平淡诗风的继续和发展罢了。

第三，对次韵诗能否一概否定？次韵诗在诗歌格律之外又加一重限制，不易写好，无须提倡。但艺术本来就是戴着枷锁跳舞，限制越多，表演越自如，越能赢得观众的喝彩。穿着冰鞋在咫尺见方的玻璃桌面上跳芭蕾舞，我们除了为演员的精湛技艺拍手叫好外，恐怕不会有人去指责她们所受限制太多（高、滑、窄）吧。诗人也喜欢险中作乐、咏物，要禁体物语；唱和，依韵还不够，还要步韵。除无其才而又东施效颦者外，有其才而能运用自如，我觉得是无须多加指责的。加之唐、宋以来唱和次韵之作本来就很多，苏诗中竟达三分之一，如果不正确看这一问题，就会有很大一部分诗歌得不到公正评价。苏轼不但次韵今人诗，而且次韵古人诗；不是次韵一首两首，而是尽和陶诗，当然不宜提倡和过分推崇。但他既然这样做了，就应实事求是地评价，不应一概否定。

桃坊先生指责和陶"是一种复古的倾向"，"束缚了艺术的创新"，"违背了苏轼一贯的创新精神"。苏轼的看法恰好相反，他认为这正是他的创新："古之诗人有拟古之作矣，未有追和古人者也。追和古人，则始于吾。"（见苏辙《和陶诗引》）苏轼这一"自我作古"的话是大体可信的。拟古，古已有之，江淹就以拟古乱真出名；和古人诗，正如晁说之《和陶引辨》所说，亦不自苏轼始，但不次韵；次韵诗，唐代已有，但多限于同时代人的唱和。把拟古和次韵结合起来，追和古人诗，而且几乎尽和某一古人诗，确实是苏轼的一大发明。桃坊先生所说的复古是特指复"陶渊明时代朴拙的古诗"。但在争新斗奇的北宋文坛，提倡"朴拙的古诗"也未始没有意义。

桃坊先生还指责"和陶无异于削脚适履"，"违反苏轼的艺术个性"。苏轼的高明就在于"适履"而又未自削其脚，次韵而又无妨其自抒胸臆。王文诰对苏轼和陶诗有一段极其精当的评论："公之和陶，但以陶自托耳。至于其诗，极有区别。有作意效之，与陶一色者；有本不求合，适与陶相似者；有借韵为诗，置陶不顾者（按：如《和胡西曹示顾贼曹》，陶诗是示同官，苏轼却借来悼朝云）；有毫不经意，信口改一韵者；若《饮酒》《山海经》《拟古》《杂诗》……此虽和陶，而与陶绝不相干。"苏轼和陶既不求内容与陶诗一致，又不求句句似陶，只不过求总的风貌相近而已。王文诰继续说："每观诗话及前人所论，辄以此句似陶，彼句非陶，为牢不可破之说。使陶自和其诗，亦不能逐句皆似原唱，何所见之鄙也！唐时以欧、虞、褚摹《兰亭》为佳者，正取其各有己意。如必毫厘似之，此即双钩填廓木石者皆能为之，而欧、虞、褚所不屑也。书且如此，而况诗乎！"苏轼和陶，无论内容还是语言都没有亦步亦趋地去模仿陶诗，他只不过有感于"半生出仕以犯世患，此所以深愧渊明"，故借渊明之砧自抒怀抱，自浇块垒而已。

桃坊先生还断言"苏轼和陶和学陶诸诗在艺术上是基本失败的"，"这类作品没有出现过内容丰满和艺术完美和谐的名篇，更多是板滞、木质、浅易、冗散和音节古拗的平庸之作。"这样全盘否定和陶诗就太武断了。要回答这些指责，就必须引证和陶诸作。这里无法大量征引，仅举《和陶贫士》之二来稍加品味吧：

夷齐耻周粟，高歌诵虞轩。产禄彼何人，能致绮与园。古来避世士，死灰或余烟。末路益可羞，朱墨手自研。渊明初亦仕，弦歌本诚言。不乐乃径归，视世羞独贤。

我之所以举这首，是因为粗读确有谢文所指责的各项缺点：没有大开大合之笔，够"板滞"了；没有华丽辞藻，够"木质"了；一读似乎都懂，够"浅易"了；并列几位高士，够"冗散"了。但实际上这首诗表现了苏轼很复杂的感情，很深沉的感慨。伯夷、叔齐义不食周粟，但却"高歌诵虞轩"，可见并未忘怀世情；商山四皓"义不为汉臣"，却被吕禄、吕产等庸碌之辈罗致而来；陶潜不愿为五斗米折腰，但当初也曾"聊欲弦歌，以为三径之资"（《晋书》本传）而出仕。古来的高士都未能完全忘怀世情（"死灰或余烟"），结果如四皓之辈竟落得末路可羞、朱墨自研的下场，何况我苏轼呢？这实际是在为自己"半生出仕"解嘲。

但陶渊明"不乐乃径归"，即时抽身，而自己却"出仕三十余年，为狱吏所困，终不能悛"，可见"视世羞独贤"是包括了自己的"独愧渊明"的。这又充满了后悔莫及之情。全诗正具有陶潜诗"质而实绮，癯而实腴"，"初若散缓不收，反复不已，乃识其奇趣"的特点，纪昀评论此诗说："借渊明以自托，愈说的平易，愈见身份之高。"又云："意深至而气浑成"，"置之陶集，几不可辨"。纪昀对《和陶贫士》的这些评价，并非溢美之词。苏轼说他"前后和其诗凡一百有九篇，至其得意，自谓不甚愧渊明"，也非自吹自擂之语。苏辙说："东坡先生谪居儋耳……犹喜为诗，精深华妙，不见老人衰惫之气"（《和陶诗引》）；黄庭坚说："东坡外文字，读之使人耳目聪明，如清风自外来也"（《诗人玉屑》）；刘克庄说："和陶之作，如海东青，西极马，一瞬千里，了不为韵束缚。"（《后村诗话》）陆游说："近世诗人老而亦严，未有如东坡者也，学者或以易心读之，何哉？"（《放翁题跋》）这些诗坛宿将对苏轼岭南诗特别是和陶诗的评价，难道真的都是"印象之谈"吗？

（原载 1986 年广东人民出版社《论苏轼岭南诗及其他》）

"质而实绮，癯而实腴"
——论苏轼的和陶诗

一

苏辙在《东坡先生墓志铭》中曾说："公诗本似李杜，晚喜陶渊明，追和之者几遍。"所谓苏轼"晚喜陶渊明"主要是指他晚年贬官惠州（今广东惠阳）、儋州（今海南儋县）期间特别喜好陶诗。实际上，苏轼喜好陶诗，早在贬官黄州（今湖北黄冈）期间就开始了。当时他就把自己躬耕的东坡，比为陶潜游过的斜川；把陶潜的《归去来辞》，隐括为《哨遍》。苏轼写作和陶诗，也是从元祐七年（1092）知扬州时就开始了，曾和陶潜《饮酒》诗二十首。不过，苏轼大量写作和陶诗确是在绍圣元年（1094）十月二日到达惠州以后，这同他在政治上的失意是分不开的。

苏轼认为自己同陶潜的性格和遭遇有很多相似之处：

> 吾于渊明，岂独好其诗也哉？如其为人，实有感焉。渊明临终，疏告俨（其子陶俨）等："吾少而穷苦，每以家弊，东西游走。性刚才拙，与物多忤，自量为己，必贻俗患，黾勉辞世，使汝等幼而饥寒。"渊明此语，盖实录也。吾真有此病，而不早自知。半生出仕，以犯世患，此所以深愧渊明，欲以晚节师范其万一也。（苏辙《追和陶渊明诗引》）

陶潜曾出仕，苏轼也出仕。陶潜"性刚才拙，与物多忤"，苏轼也是"用之朝廷，则逆耳之态形于言；施之郡县，则疾恶之心见于政"（《东坡集》卷二六《杭州谢放罪表》）。所不同的是，"渊明不肯为五斗米一束带见乡里小儿",坚决辞归田里;而子瞻出仕三十余年,为狱吏所折困,"终不能悛",结果是"以临大难"(《追和陶渊明诗引》)。所以苏轼有"深愧渊明"之感。这种"深愧"之感在和陶诗中随处可见,如《和饮酒》(《东坡续集》卷三。下引和陶诗同此卷):

> 我不如陶生,世事缠绵之。云何得一适,亦有如生时?

这是希望像陶潜那样摆脱"世事"的束缚。又如《怨诗楚调示庞主簿、邓治中》:

> 当欢有徐乐,在戚亦颓然。渊明得此理,安处故有年。嗟我与先生,所赋良奇偏。人间少宜适,惟有归耘田。我昔堕轩冕,毫厘真市廛。困来卧重裀,忧愧自不眠。如今破茅屋,一夕或三迁。风雨睡不知,黄叶满枕前。宁当出怨句,惨惨如孤烟。但恨不早悟,犹推渊明贤。

诗一开头就抒慨,陶潜之所以能"安处",就在于他欢乐时能够节制而不尽兴,遇有悲戚的事也能处之泰然(颓然:恭顺貌)。自己与陶潜一样,禀赋奇偏,不适于世,只宜归田,可惜却未能像陶潜那样付诸实践。"长恨此身非我有,何时忘却营营?"(《东坡乐府笺》卷二《临江仙·夜归临皋》)自己昔日为官,真像闹市上的小市民一样,整天忙忙碌碌,忧心忡忡,虽卧重裀,却夜不能寐,如今贬官海南,住在破烂的茅屋中,虽然风雨交加,落叶满枕,却睡得很安稳。既然如此,他还能有什么怨言呢?要怨也只能怨自己未能像陶潜那样"早悟"而已。"犹推渊明贤",陶潜那种高蹈远隐、急流勇退,不与统治者同流合污,也不为统治者所困辱的处世态度,是饱经忧患的苏轼所特别仰慕的。

二

诗是"情动于中而形于言"的文学形式,没有真情实感,就没有好诗。

苏轼之所以"独好渊明之诗",重要原因之一就在于陶诗感情真挚:"有时常痛饮,饥寒见真情。"(《和饮酒》)尤其是与当时偏安江左的东晋大名士们相比较,陶潜的"真情"就更加可贵。这些人也游山玩水,也饮酒赋诗,风流自赏,但他们不过是借此猎取声名而已。他们不仅失了"道",而且也失去了自己的"真情"。苏轼写道:"道丧士失己,出语辄不情,江左风流人,醉中亦求名。渊明独清真,谈笑过此生。"苏轼的和陶诗之所以可与陶诗媲美,首先也在于它情真。

苏轼虽然贬官到了县州,但当地的一些官吏,出于对这位正直多才的诗人的尊敬,待他都很好。苏轼对他们也是很感激的。《和贫士七首》中,有一首就是专吟惠州太守詹范的:

老詹亦白发,相对垂霜蓬。赋诗殊有味,涉世非所工。杖藜出山谷,状类渤海龚。半道要我饮,意与王弘同。有酒我自至,不须遣庞通。门生与儿子,杖履聊相从。

前六句写詹范白发苍苍、工于赋诗而不工于"涉世",样子真像西汉的渤海太守、著名的循吏龚遂。后六句写詹范对苏轼的友情。陶潜归隐后,江州刺史王弘曾去拜访陶潜,陶潜不见。后来王弘得知陶潜要去庐山,就派庞通带着酒食半道邀请陶潜。现在詹范出游,也半道邀请苏轼,与王弘类似。苏轼说自己比陶潜随和,有酒就会"自至",不须詹范派人邀请。直率之情,跃然纸上。

周彦质在任循州(今广东龙川)太守的两年中,对苏轼是"书问无虚日",并在经济上经常帮助苏轼,所谓"时叨送米续晨炊"(《东坡后集》卷五《答周循州》),离任时又专程到惠州看望苏轼。苏轼在《和答庞参军》中描述他们的友情说:"罗浮之趾,卜我新居,而非玄德,三顾我庐","旨酒荔蕉,绝甘分珍。虽云晚接,数面自亲";"将行复止,眷言孜孜。苟有于中,倾倒出之。"周彦质像刘玄德三顾茅庐访诸葛亮一样,到罗浮山白鹤观苏轼新居访问苏轼,并带来了珍贵的酒食,临别依依不舍,无话不说。确实是"真语入

情"，"虽陶集中未易得也。"（王文浩语。本文所引王文诰的评语，均见他的《苏文忠公诗编注集成》有关和陶诗注中）

苏轼再贬儋州（今海南儋州市），儋太守张中安排他暂时住在行衙中，并整饬官舍，为他准备更好的住房。为了给苏轼消遣，张中还经常同苏轼幼子苏过下棋，苏轼棋艺不佳，就从旁观战，过着"优哉游哉，聊复尔尔"的生活。但不久朝廷就派人把苏轼从官舍逐出，张中也因此罢官。苏轼写了三首和陶诗来送别张中，充满了对张中的感激之情。其中一首（《与殷晋安别和送昌化军使张中罢官赴阙》）写道：

> 海国此奇士，官居我东邻。卯酒无虚日，夜棋有达晨。小瓷多自酿，一瓢时见分。仍将对床梦，伴我五更春。

苏轼还为自己无力帮助张中感到自愧，感情也十分真挚："空吟清诗送，不救归装贫。"

苏轼在儋州不敢过多过问政事，他就以传播中原文化来造福海南人民。他曾访问城东的学舍："闻有古学舍，窃怀渊明欣。摄衣造两塾，窥户无一人。"看见学舍的荒凉，他很想向三国时贬官岭南并在这里兴学的虞仲翔学习："永愧虞仲翔，弦歌沧海滨。"（《和示周续祖谢》）苏轼在这里也确实培养了很多学子，如黎子云兄弟等人。他同张中曾访问黎子云家，并决定在黎家建载酒堂，作为聚会讲学之所。"借我三亩地，结茅为子邻。鴃舌倘可学，化为黎母民。"（《和癸卯岁始春怀古田舍》）苏轼表示，只要他能学会当地难懂的语言（鴃舌），他就愿作一个黎族人。

特别可贵的是，生活在一千余年前的苏轼就能克服民族偏见，表现出汉黎一家的民族平等的思想："咨尔汉黎，均是一民。"他认为，这里的落后主要是"贪夫污吏，鹰鸷狼食"造成的。他劝告当地人民要逐步改变"以贸易为业"的习俗，致力农耕，改变"不足于食"的状况："春无遗勤，秋有厚冀"；"听我若言，其福永久。"王文诰说，苏轼的《和劝农》"其命意用事，无一常语，此杰作也。当落笔时，其一片精诚皆贯注于地瘠民贫、俗薄习惰之间，特寄所以哀之劝之之意。”这首诗确实表现了苏轼对海南黎族人民的真切关心。

由于苏轼对岭南人民十分关心，岭南人民对苏轼也很爱戴。和陶诗中有不少记叙他与岭南人民交往的诗篇。惠州荔枝浦有一位八十五岁的老人，一生住在丘墟之中，从未进过城市。他热情而又直率地邀请苏轼在荔枝成熟时“携酒来游”，品尝他手种的荔枝。他对苏轼说：

手插荔枝子，台抱三百株。莫言陈家紫，甘冷恐不如。君来坐树下，饱食携其余。归舍遗儿子，怀抱不可虚。有酒持饮我，不问钱有无。

他向苏轼介绍说，他手种的荔枝连珍品陈家紫也不如它的味美，要苏轼“饱食”并给幼子苏过带一口袋回去。但老人无酒，要苏轼自携酒来。真率之情也宛然可见。澹州有一位樵夫还送过吉贝布（木棉布）给苏轼御寒。他在《和拟古》中写道：

黎山有幽子，形槁神独完。负薪入城市，笑我儒衣冠。生不闻诗书，岂知有孔颜？翛然独往来，荣辱未易关。日暮鸟兽散，家在孤云端。问答了不通，叹息指屡弹。似言“君贵人，草莽栖龙鸾”。遗我吉贝布，海风今岁寒。

这位樵夫深居高山，从未读过诗书，更不知道什么孔子、颜回；但也正因为如此，他也就与荣辱无关，不会有苏轼那种贬逐的苦恼。这是写樵夫，但苏轼的满腔感慨却溢于言外。

苏轼同岭南各阶层人士的关系表现了他对人情真，而他的一些抒怀之作，尤其表现了他的真切之情。陶潜自动弃官还家，很超然达观；苏轼贬官远谪，处境虽然远比陶潜恶劣，但他比陶潜似乎还要超脱达观一些。陶潜常常为没有酒喝发愁，可苏轼没有酒也不介意。他没有酒了，想取米酿酒，而米也没有了，加之家中又有两位客人，却自我安慰地写道：“我生有天禄，玄膺流玉泉。何事陶彭泽，乏酒每形言？……米尽初不拭，但怪饥鼠迁。二子真我客，不醉亦陶然。"（《岁暮作和张常侍》）苏轼很善于自我安慰和自我解嘲，有"玉泉"这种取之不尽，用之不竭的"天禄"就很不错了，没有酒喝不是同样可以"陶然"吗？他在《和游斜川》中还写道：

谪居淡无事，何异老且休。虽过靖节年，未失斜川游。春江渌未波，人卧船自流。我本无所适，汛讯随鸣鸥。中流遇洑回，舍舟步曾丘。有口可与饮，何必逢我俦。过子诗似翁，我唱儿辄酬。未知陶彭泽，颇有此乐不？

请看苏轼多么逍遥自在：躺在船上，任船飘荡；遇着漩涡，就舍舟登山；逢人便与饮酒，不一定要是朋俦。陶潜曾作《责子》诗，为自己"虽有五男儿，总不好纸笔"焦躁；而苏轼之子苏过却颇好读书，颇善作诗，父子出游，父唱子和，陶潜能有这样快活吗？

和陶诗的基调是随缘自适，潇洒自得，但愤懑之情也时有表露。如《和始作镇军参军经曲阿作》："穆生责醴酒，先见我不如。"这分明是在发泄对哲宗的不满。汉人穆生因楚王刘戊忘设醴酒，见微知著，很快离开了楚王。苏轼作为哲宗侍读，朝廷要员，出守定州（今河北定县），理应陛辞。哲宗却以"本任阙官"为词，拒绝苏轼上殿面辞。这暗示了哲宗对苏轼的疏远。果然，苏轼到定州不久，就被远谪岭南，所以他说自己没有穆生的"先见"。如果读读苏轼《仇池笔记》中的《论设醴》，这两句诗的含义就更清楚了。苏轼说："楚元孟为穆生设醴，王戊即位，忘设，穆生遂谢病去。申公、白公独留。戊稍淫暴，二人谏不听，赭衣杂舂于市。……穆生远引于未然之前，申公眷恋于既然之后。谓祸福皆天，不可避免者，未必然也！"祸福不是不可避免的，如果他能像穆生那样"远引于未然之前"，也许不会远谪岭南。《和咏三良》中也说："仕宦岂不荣，有时缠忧悲。所因靖节翁（即陶潜），服此黔娄（战国时隐士）衣。"这也是痛定思痛之言。他在《和庚戌岁九月中于西田获早稻》中还说："人间无正味，美好出艰难。早知农圃乐，岂有非意干？尚恨不持锄，未免骍我颜。"早知农圃之乐，何必去干求仕禄？他为自己"不持锄"，即未从事农耕而脸红。这都是他历尽沧桑饱经忧患之后的愤愤不平之语。

由于苏轼同陶潜的地位、处境和处世态度的不全相同，他们的作品就必然有差别。陶潜仅仅担任过江州祭酒、镇州参军、彭泽令等小官，而且为时很短，长期归隐田园。苏轼是"七典名郡，再入翰林，三忝侍读"（《东坡后集》卷一三《谢兼侍读表》），即使在贬官岭南期间也还"幸有余薪米，养此老不才"（《和乞食》），他们的地位是悬殊很大的。陶潜早年虽有过仕隐矛盾，但最后归田的决心很大，"吾驾不可回"（《饮酒》）；苏轼一生都处于仕隐矛盾中，即使在贬官岭南期间仍然"尘根"未断："结发事文史，俯仰六十逾。老马不耐放，长鸣思服舆。故知尘根在，未免病药俱。"（《和赠羊长史》）苏、陶地位、思想的差异，决定了他们作品内容的差异。苏轼有陶潜的超然达观、悠然自得之情，但他对农村风光、对劳动生活的热爱远没有陶潜执着。在和陶诗中，歌颂田园风光，歌颂劳动的诗篇，远较陶诗少，更没有陶诗好。

苏轼和陶诗所抒之情虽然与陶诗有所不同，但抒发的真情实感，则是相同的。我们从苏轼的和陶诗中，可以清楚地看到他的喜怒哀乐之情、超然自得之态和他的达观爽朗的性格。这也是苏轼的和陶诗为后世推重的一个重要原因。

三

苏轼说："吾于诗人，无所甚好，独好渊明之诗。渊明作诗不多，然其诗质而实绮，癯而实腴，自曹刘鲍谢李杜诗人，皆莫及也。"（《追和陶渊明诗引》）笼统讲曹植、刘桢、鲍照、谢朓、李白、杜甫都赶不上陶潜，特别是说李、杜也不及陶潜，当然不易为今人所接受。但看来苏轼主要是就陶诗"质而实绮、癯而实腴"这一艺术特色说的，特别是就陶潜超然自得、高风绝尘的品格说的。苏轼在《读黄子思诗集后》（《东坡后集》卷九）中说："苏（武）李（陵）之天成，曹（植）刘（桢）之自得，陶（潜）谢（灵运）之超然，盖亦至矣。而李太白、杜子美以英伟绝世之姿，凌跨百代，古今诗人尽废，然魏晋以来高风绝尘亦少衰矣。"这里苏轼认为李、杜缺乏魏晋诗人的高风绝尘、超然自得，但并没有否认他们后来居上，凌跨百代。苏轼在《书唐氏六家诗后》（《东坡集》卷二三）中还说："观陶彭泽诗，初若散缓不收，反复不已，乃识其奇趣。"在《和咏二疏》中又说："渊明作诗意，妙想非俗虑。"苏轼的和陶诗也具有陶诗这些艺术特点。

苏轼的和陶诗也是"质而实绮"的，即表面质朴而实际绮丽，不用华美的词藻却能形象地刻画出客观事物。在《和移居》中，苏轼说他对初到惠州所住的嘉祐寺很满意：

昔我初来时，水东有幽宅。晨与乌鹊朝，暮与牛羊夕。

从早到晚都与乌鹊牛羊朝夕共处，这就形象地突出了"幽宅"之幽。可惜后来迁到了合江楼，即惠州东门楼：

谁令迁近市，日有造请役。歌呼杂闾巷，鼓角鸣枕席。

描写城市的拜往迎来，喧闹嘈杂也很形象，并抒发了厌烦之情。为了摆脱"近市"的繁杂，他在白鹤观买地数亩，修建了"思无邪斋"：

徊潭转碕岸，我作《江郊》诗。今为一廛民，此地乃得之。葺为无邪斋，思我无所思。

所谓《江郊》诗（《东坡续集》卷五），是一首专门描写白鹤观的美丽景色和他的闲适心情的四言诗：

江郊葱茏，云水倩绚。碕岸斗入，涧潭轻转。先生悦之，布席间燕。初日下照，潜鱼俯见。意钓忘鱼，乐此竿线。优哉悠哉，玩物之变。

苏轼称颂王维"诗中有画"，他自己的诗也当得起这样的评价。并且他不是纯客观地描绘景物，而是融注了自己的喜悦之情，做到了情景交融。这里树木葱茏，云水绚丽，回旋而流（徊）的潭水绕着曲曲折折（碕）的江岸，旭日临江，潭水清澈，游鱼可数。这是一幅多么绚烂的画图！此外，苏轼的和陶诗还有不少描绘岭南风光的诗句，如"飔作海浑，天水溟蒙"（《和停云》）；"环州多白水，际海皆苍山。以彼无穷景，寓我有限年"（《和归田园居》）；"海南无东夏，安知岁将穷？时时小摇落，荣瘁俯仰中"（《五月旦日作，和戴主簿》）；"登高望云海，醉觉三山倾，（《和九日闲居》）；"稍喜海南州，自古无战场。奇峰望黎母，何异篙与邙。飞泉泻万初，舞鹤双低昂"（《和拟古》）等等。这些诗句都形象地描绘了岭南地理和气候的特征。

苏轼的和陶诗也是"癯而实腴"的，即表面清瘦而实际丰腴，在自然平淡的话语中有着丰富的内涵，耐人寻味。苏轼说："所贵于枯淡者，谓外枯而中膏，似淡而实美。渊明、子厚（柳宗元）之流是也。若中外皆枯，亦何足道哉！"（李贽《藏书》卷六七《陶潜》）苏轼的和陶诗就具有这种"外枯而中膏，似淡而实美"的特点。如《和归田园居》；

新浴觉身轻，新沐感发稀。风乎悬瀑下，却行咏而归。仰视江摇山，俯见月在衣。步从父老语，有约吾敢违？

无官一身轻，脱离官场如释重负之感，溢于字里行间，读起来确实是"极平淡而有深味。"（纪昀语。本文所引纪昀语均见纪昀评《苏文忠公诗集》）又如《和贫士》之二：

夷齐耻周粟，高歌诵虞轩。产禄彼何人，能致绮与园。古来避世士，死灰或余烟。末路亦可羞，朱墨手自研。渊明初亦仕，弦歌本诚言。不乐乃径归，视世差独贤。

这首诗表面看似乎只是平平淡淡地叙写了几位古代的高士，实际上却表现了苏轼的复杂感情，很深沉的感慨。伯夷、叔齐宁肯饿死首阳山，也不肯食周粟，似乎够高雅了；但他们却"高歌颂虞轩"，说明他们并没有忘怀世情。商山四皓（绮里季、东园公、夏黄公、甪里先生）因刘邦待人"侮慢"，逃匿深山中，"义不为汉臣"，也够高雅了；但吕产、吕禄算什么东西，却以"卑辞厚礼"把他们罗致到手了。陶潜不愿为五斗米折腰，但他"初亦仕"，当年也曾"猛志逸四海，骞翮思远翥"。（陶潜《杂诗》）苏轼晚年为"半生出仕，以犯世患"而"深愧渊明"，但他也在自我安慰，自我解嘲："古来避世士，死灰或余烟。"自古以来的高士们都不能完全忘情世事，何况我苏轼呢？全诗都在借古人自况，愈说得平淡，愈可看出他的感慨之深。再如《和贫士》之三：

谁谓渊明贫，尚有一素琴。心闲手自适，寄此无穷音。佳晨爱重九，芳菊起自寻。疏巾叹虚漉，尘爵笑空斟。忽晌二万钱，颜生良足钦。思送酒家保，勿违故人心。

谁说渊明贫？他既有素琴可弹，又有芳菊可赏，而当他的葛巾无酒可滤，酒杯生尘时，颜延之又给他送来酒钱二万。纪昀说这首诗是在"寄友朋莫助之慨"。若不细细体味，特别是若不细细咀嚼"颜生良足钦"的"钦"字，就容易当作一般叙事放过，而看不出其中的寄慨。苏轼贬官黄州和岭南期间，虽有很多友朋待他很好，但势利之人也不少，他们生怕连累自己，避之唯恐不及。苏轼是尝够了世态炎凉的滋味的。他在《和九日闲居》中发出了"坎坷识天意，淹滞见人情"的感叹。苏轼论画，强调要"萧散简远，妙在笔画之外"；论诗强调要"饮食不可无盐梅，而其美常在咸酸之外"。（《书黄子思诗集后》）读苏轼的和陶诗也要注意透过他表面平淡的语言，体会到他的弦外之音，言外之意。

苏轼的和陶诗也具有"初若散缓不收，反复不已，乃识其奇趣"，即表面散实际不散，反复咀嚼，"奇趣"盎然的特点。前引《和贫士》之二，罗列伯夷、叔齐、商山四皓和陶渊明之事，似乎"散缓不收"；但"古来避世士，死灰或余烟"十字，却把各自孤立的事紧紧地绾在一起，使全诗主题很鲜明。《和乞食》一诗也是列举庄周、鲁公、陶潜乞贷和姜诗"去舍六七里"汲水的事同自己"幸有余薪米，养此老不才。至味久不坏，可为子孙贻（留）"相比较，自己比他们毕竟要幸运得多。而全诗以"呜呼天下士，死生寄一杯"把各自独立的事件联结起来，对人生的艰难发出了深沉的感慨。苏轼的和陶诗中还有不少组诗，从两首一组到二十首一组不等，初看也似乎"散缓不收"，细吟却往往有内在联系。如《和杂诗十一首》，前两首写自己贬官岭南，中间八首都是以古概今，借古人况自己；最后一首仍以收到海南作结。王文诰说："题曰杂诗，诗不杂也。十一首以我字作骨，一线穿成。"王文诰还就整个海南诗说："澹州和陶以《拟古》之'稍喜海南州，自古无战场'二句为《海外集》纲领，其意不肯说坏海南，即《海外集》不肯流入怨望之本旨。"说苏轼"不肯流入怨望"，倒也未必，上举和陶诗已足以证明，苏轼的满腔愤慨在字里行间仍时有流露；但说苏轼热爱海南，热爱海南人民，是他的和陶诗乃至整个《海外集》的主线，倒是无可非议的。

四

苏轼喜作次韵式的和诗，因此有人很不以为然。金人王若虚的《滹南诗话》就说，苏轼"次韵者占三分之一，虽穷极技巧，倾动一时，而害于天全者多矣。使苏公而无此，其去古人何远哉！"这一"害于天全"的批评，也许对苏轼其他某些次韵诗可能适用，但对和陶诗却不能这样说。关于苏轼的和陶诗，我认为至少可以肯定三个方面：

第一，以次韵的形式和古人诗，这是苏轼的创造。正如苏轼自己所说："古之诗人，有拟古之作矣，未有追和古人者也。追和古人，则始于吾。"（《追和陶渊明诗引》）在苏轼之前，有拟古诗，南朝江淹就以拟古著名，他的《杂诗》三十首模拟自汉至南朝宋代的诗人的代表作，惟妙惟肖，几乎到了以假乱真的程度。他的《陶征君潜田居》长期混入陶集，连苏轼也未能辨出。正如晁说之《和陶引辨》所说，和古人诗不自苏轼始，但并不次韵。以次韵的方式和同时代人的诗歌，在唐代就有了，但一般限于朋友间的唱和。把拟古和次韵结合起来，追和古人之诗，而且几乎尽和某一古人之诗，这确实是苏轼的创造。依照原韵、原字和原来的顺序尽和某一古人之诗，有如戴枷跳舞，很受束缚，不易学也不必学。但苏轼有这样大的才气，戴枷仍能跳好舞，似也不必非难。

第二，苏轼的和陶诗完全可与陶诗媲美。苏轼说："吾前后和其诗凡一百有九篇，至其得意，自谓不甚愧渊明。"（《追和陶渊明诗引》）苏轼讲得很有分寸，说他和陶诗中的"得意"之作"不甚愧渊明"，加上了"得意"，"不甚"等限制。其实，不加这些限制词也是完全可以的。苏辙说："东坡先生谪居儋耳……犹喜为诗，精深华妙，不见老人衰惫之气。"（同上）黄庭坚说："东坡岭外文字，读之使人耳目聪明，如清风自外来也。"魏庆之说："东坡自南迁以后诗，全类子美（杜甫）夔州以后诗，正所谓老而严者也。"陆游也说："近世诗人老而益严，盖未有如东坡者也。"这些对"东坡岭外文字的评价，就包括了对和陶诗的评价。洪迈云："坡公天才，出语惊世，如追和陶诗，真与之齐驱也。"（均见王文诰《苏文忠公诗编注集成·杂辍》）洪迈的话是直接评论和陶诗的，与陶"齐驱"，可算是对和陶诗的定评。

苏轼的和陶诗并未"害于天全"，因为苏轼和陶不过是借陶自托，并无意于要逐字逐句逐首加以模仿。苏轼的和陶诗有的与陶诗内容近似，如《和游斜川》与陶潜的《游斜川》都是写出游的闲情逸兴；有的内容相关而主题不同，如陶潜的《乞食》主要是在对主人表示感激之情，而苏轼的《和乞食》却主要在抒发生活艰难的感慨；有的根本置陶诗内容于不顾，与陶诗内容毫不相干，只不过是借用陶诗之韵而已，如《和饮酒》《和读山海经》《和杂诗》《和拟古》中的大多数诗就是各说各的。王文诰说得对："公之和陶，但以陶自托耳。至于其诗，极有区别。""每观诗话及前人所论，辄以此句似陶，彼句非陶，为牢不讨破之说。使陶自和其诗，亦不能逐句皆似原唱，何所见之鄙也！唐时以欧、虞、褚摹《兰亭》为佳者，正取其各有己意，如必毫发似之而后为工，此即双钩填廓治木石者皆能为之，而欧、虞、褚之所不屑也。书且如此，而况诗乎？"

总之，苏轼的和陶诗不仅妙在似陶，而且妙在不尽似陶，他所要"师范"于陶潜的是陶潜的"为人"以及陶诗总的"质而实绮、癯而实腴"的艺术风格。

（原载《南充师范学院学报》1981 年第 4 期）

谈苏轼的论诗诗

以诗论诗，正式开始于杜甫的《戏为六绝句》，其后逐渐多起来。苏轼的《次韵张安道读杜诗》《夜读孟郊诗二首》《送参寥师》等，都是以诗论诗的名作。本文想以他这三篇四首论诗诗为中心，兼及其他一些论诗的诗文对其诗歌理论作一初步探讨。

一

熙宁四年（1071），苏轼出任杭州通判，途中看望了陈州（今河南淮阳）知州张方平和被张辟为陈州教授的弟弟苏辙。时张方平作有《读杜诗》，苏轼兄弟皆有诗次韵。苏轼的次韵诗可分为三部分，其第一部分写道：

> 大雅初微缺，流风困暴豪。
>
> 张为词客赋，变作楚臣骚。
>
> 展转更崩坏，纷纶阅俊髦。
>
> 地偏蓄怪产，源失乱狂涛。
>
> 粉黛迷真色，鱼虾易蓁牢。
>
> 谁知杜陵杰，名与谪仙高。
>
> 扫地收千轨，争标看两艘。

这一段真可谓苏轼一部高度概括的诗史，集中表现了他对以《诗经》（"大雅"）和李、杜为代表的中国诗歌优良传统的崇敬，以及对历史上不良诗风的不满。"展转更崩坏"六句，是针对齐、梁浮艳诗风而言，诗歌的领域越来越狭窄，产生了大量不良作品（"蓄怪产"）。《诗经》的优良传统丧失，诗界狂涛乱涌，浓施粉黛掩盖了本色美，劣等的诗作（"鱼虾"）取代了高雅的诗作（"鲸牛"）。苏轼对齐、梁诗风的批判，用语如此尖刻，显然是有感而发。宋初诗坛深受晚唐五代浮艳诗风的影响，苏轼在《金门寺……唱和四绝句，戏用其韵跋之》诗中说："五季文章堕劫灰，升平格力未全回。"在《谢欧阳内翰启》中也说："自昔五代之余，文教衰息，风俗靡靡，日以涂地。"特别是在苏轼出生前三十年，出现了以杨亿为代表统治诗坛数十年的"西崑体"。苏轼在《议学校贡举状》中，对杨亿的为人是肯定的，称他为"忠清鲠亮之士"；但对其不良文风却持批判态度，说："近世士大夫文章，华靡者莫如杨亿。"可见，苏轼对"粉黛迷真色"的齐、梁诗风的批判实际也是对宋初五代余习，特别是对西昆体的"华靡"诗风的批判。

这首诗对李白、杜甫在我国诗歌发展史上的地位作了十分公正的评价，说他们清理了整个诗坛，吸收了各种诗法，两人就像龙舟竞渡，并驾齐驱。苏轼在《书黄子思诗集后》中也说："李太白、杜子美以英玮绝世之姿凌跨百代，古今诗人尽废。"宋人多有抑李扬杜倾向，其弟苏辙就颇典型。苏辙在《记诗五事》中说："唐诗人李、杜称首，今其诗皆在，杜甫有好义之心，白所不及也。"其立论根据之一就是"永王将窃据江左，白起而从之不疑。"苏轼在《李太白碑阴记》中却为李白辩护道："太白之从永王璘，当由胁迫"，又说："士以气为主，方高力士用事，公卿大夫争事之，而太白使脱靴殿上，固已气盖天下矣。使之得志，必不肯附权幸以取容，其肯从君于昏乎？"苏轼这篇《记》作于从黄州贬所赴汝州贬所途中，"必不肯附权幸以取容"，正是他的夫子自道。他是从"气盖天下"和在诗史上的地位来肯定李白的；当言及忧国忧民时，苏轼也是更推崇杜甫的。他在《王定国诗集叙》中说："古今诗人众矣，而杜子美为首，岂非以其流落饥寒，终身不用，而一饭未尝忘君也欤！"这里就没有李、杜并提。苏辙所谓"杜甫有好义之心"，苏轼所谓杜甫"一饭未尝忘君"，都是指杜诗中深厚的忧君忧民忧国之心。平心而论，仅从这一方面看，杜诗是胜过李诗的。苏轼兄弟从小受着父亲苏洵的熏陶，认为诗文都应该"有为而作，精悍确苦，言必中当世之过。凿凿乎如五谷必可以疗饥，断断乎如药石必可以伐病"（《凫绎先生诗集叙》）。苏轼自己作诗也是"缘诗人之义,托事以讽,庶几有补于国"(《东坡先生墓志铭》)。"诗须要有为而作"(《题柳子厚诗》),这就是苏轼作诗的指导思想。正是从这一点出发,苏轼才推崇李、杜,尤其是杜甫。

在封建专制制度下,忧国忧民往往要付出很高的代价。杜甫正是如此,苏轼在《次韵张安道读杜诗》的第二部分,哀叹杜甫一生的不幸:

> 诗人例穷苦,天意遣奔逃。
>
> 尘暗人亡鹿,溟翻帝斩鳌。
>
> 艰危思李牧,述作谢王褒。
>
> 失意各千里,哀鸣闻九皋。
>
> 骑鲸遁沧海,捋虎得绨袍。
>
> 巨笔屠龙手,微官似马曹。
>
> 迂疏无事业,醉饱死游遨。

"尘暗人亡鹿",指安史之乱又开始了逐鹿中原的战争;"溟翻帝斩鳌",指肃宗最后平定了安史之乱。时局艰危,重武("思李牧")轻文("谢王褒")。作为文人的李、杜,或者流落江湖,或者逃难入蜀,靠严武等资助为生。他们都才高("巨笔屠龙手")而官卑("微官似马曹"),不得志以死。因此,苏轼发出了"诗人例穷苦"的深沉哀叹。

"诗人例穷苦",对其生活来说固然是不幸,但对其文学创作来说却是不幸之中的大幸。诗歌同任何文艺形式一样都是社会现实生活的反映,作者的实际经历对文艺创作有着重大作用。苏轼在《题陶渊明诗》中说:"陶靖节云:'平畴交远风,良苗亦怀新。'非古之耦耕者不能道此语,非余之世农亦不能识此语之妙也。"这段话充分说明了亲身经历对文艺创作和文艺欣赏的决定作用。关于"诗穷而后工"的思想,在中国可谓古已有之。司马迁在《太史公自序》中说:"屈原放逐,乃赋《离骚》。……《诗》三百篇,大抵贤圣发愤之所为作也。"韩愈在《荆潭唱和诗序》中说:"欢愉之词难工,而穷苦之言易好。"欧阳修进一步分析了"穷苦之言易好"的原因:"失志之人,苦心危虑，而极于精思，与其所感激发愤，惟无所施于世者，皆一寓于文词。故曰：穷者之言易工也。"苏轼的"诗穷而后工"的思想，直接来自欧阳修："非诗能穷人，穷者诗乃工。此语信不妄，吾闻诸醉翁。"（《僧惠勤初罢僧职》）苏轼谈及"诗穷而后工"的地方很多，"诗人例穷苦，天意遣奔逃"——这是谈的古人李、杜。"恶衣恶食诗愈好"（《次韵徐仲车》）；"秀语出寒饿，身穷诗乃亨"（《次韵仲舒雪中西湖》）；"信知诗是穷人物，近觉王郎不作诗。"（《呈定国》）——这是谈的今人徐仲车、仲舒、王定国。"诗能穷人，所从来尚矣，而于轼特甚。"——这是谈的自己。总之，苏轼认为，古往今来，于人于己都证明了"诗人例穷苦"。谈得最集中，最动感情的是他的《邵茂诚诗集叙》。在这篇《叙》中，他首先感慨人们的理想同现实往往矛盾："人之所欲，适与天相值，实难"；而文人更其如此："劳心以耗神，盛气以忤物，未老而先衰，无恶而得罪，鲜不以文者"；而邵茂诚尤其如此，他简直集中了各种不幸："原宪之贫，颜回之短命，扬雄之无子，冯衍之不遇，皇甫士安之笃疾，彼遇其一而人哀之至今。而茂诚兼之，岂非命也哉！"很明显，这虽然是在为朋友的不幸"出涕太息"，而实际上是包含着自己的辛酸的，特别是"盛气以忤物"，"无恶而得罪"等语。苏轼把这一切不幸都归之于"天""命"，这当然是唯心的；但"诗穷而后工"的观点，却深刻地道出了生活实践对文艺创作的决定性作用，没有真切的生活体验是写不出好诗的。杜甫之所以能在诗史上"名与谪仙高"，正与他的"穷苦""奔逃"生活分不开。

《次韵张安道读杜诗》的最后一部分是对张安道的称颂，却提出了诗坛的任务：

> 简牍仪刑在，儿童篆刻劳。
> 今谁主文字？公合抱旌旄。
> 开卷遥相忆，知音两不遭。
> 般斤思郢质，鲲化陋儵濠。
> 恨我无佳句，时蒙致白醪。
> 殷勤理黄菊，未遣没蓬蒿。

一二句是说李、杜的诗作是学习的典范，幼稚之辈的雕虫篆刻是徒劳无用的。韩愈的"不知群儿愚，何用故谤伤"是针对元稹的扬杜抑李而言的，如前所述，宋人所接受的更多是元稹的观点而不是韩愈的观点，包括苏轼也更看重杜甫。正因为如此，苏轼才接着提出"今谁主文字，公合抱旄旄"，认为张方平理应作诗坛旗手。"郢斤"句是用《庄子·徐无鬼》运斤成风的典故，希望诗坛能出现李、杜的对手；"鲲化"句是用《庄子·逍遥游》鲲化为鹏的典故，希望诗坛能有鲲鹏一般的"巨笔屠龙手"，以陋视濠中之硁。"陋儵濠'同"儿童篆刻劳"一样，都是针对宋初的不良诗风说的。最后四句是自谦自励之词，一面说自己"无佳句"，一面又表示要"殷勤理黄菊，未遣没蓬蒿"。总之，最后一段表示要以李、杜为"仪型"，并隐隐然以"郢质""鲲化"自任。这正是北宋诗歌革新运动所面临的任务，而苏轼的诗歌创作实践证明他是完成了这一任务的。所谓"公诗本似李、杜"（《东坡先生墓志铭》）者是也。

二

苏轼的《读孟郊诗二首》对孟郊诗作了一分为二的评价，一面批评其艰涩，一面又赞扬其情真。诗歌是社会现实生活的反映，这种反映是通过人的头脑进行的，是外界事物触动了人们的思想感情而进行的主观抒发。因此，即使以写景见长的诗作也不是纯客观地写景，而是借景抒情，寓情于景，做到情境交融。诗人笔下之景都是作者所感知的景，都打上了作者的主观烙印。《乐记》说，乐"本于心之感于物也"。钟嵘《诗品序》说："气之动物，物之感人，故摇动性情，形诸舞咏。"这些话既强调了诗歌、音乐是现实生活的反映，又表明了这种反映是通过"物之感人"进行的。苏轼在《南行前集叙》中说："山川之秀美，风俗之朴陋，贤人君子之遗迹，与凡耳目之所接者，杂然有触于中而发于咏叹。"意思是说他们父子由川赴京途中所作的诗文都是山川、风俗、遗迹等"耳目之所接"的客观事物的反映，这种反映是通过"有触于中"才"发于咏叹"的。诗歌应以情动人，离开了"有触于中"，自己都没有被客观事物所感动，是谈不上感动别人的。苏轼在《读孟郊诗二首》中写道：

> 我憎孟郊诗，复作孟郊语。
>
> 饥肠自鸣唤，空壁传饥鼠。
>
> 诗从肺腑出，出则愁肺腑。
>
> 有如黄河鱼，出膏以自煮。
>
> ……
>
> 歌君江湖曲，感我长羁旅。

　　"诗从肺腑出"两句讲得很深刻，前句是说孟郊诗情真，都是出自肺腑的；后句讲只有情真才能感人，才能引起共鸣。孟郊一生穷愁潦倒，他那些啼饥号寒之作，如"食荠肠亦苦，强歌声无欢。出门即有碍，谁谓天地宽"（《赠崔纯亮》），确实催人泪下。他多次应试不第，其《落第》诗云："弃置复弃置，情如刀剑伤"；《再下第》诗云："两度长安陌，空将泪见花"；而一旦得第，其欣喜之情，亦溢于言表："春风得意马蹄疾，一日看尽长安花。"（《登科后》）孟郊确实是一位敢哭敢笑，敢于直露真情的诗人。苏轼盛赞孟郊情真，比起苏辙一味指责孟郊啼饥号寒，并进而责怪称赞孟郊的韩愈、李翱"陋于闻道"（《诗病五事》），要公正得多。

　　苏轼在很多诗文中，都以感情是否真实作为评诗的标准。他特别推重陶潜，就因为陶诗情真："有士常痛饮，饥寒见真情"（《和陶渊明饮酒》）；"渊明独清真，谈笑过此生。"（同上）陶潜《饮酒二十首》中的第九首，写田父劝他出仕，陶潜回答说："深感父老言，禀气寡所谐。纡辔诚可学，违己讵非迷！且共欢此饮，吾驾不可回。"苏轼说："此诗叔弼（欧阳修之子）爱之，予亦爱之。予尝有云：'言发于心而冲于口，吐之则逆人，茹之则逆予。以谓宁逆人也，故卒吐之。'（见《思堂记》）与渊明诗意不谋而合。"苏轼因诗得罪，但一出狱照样高吟"而今风物那堪画，县吏催钱夜打门。"（《陈季常所蓄朱陈村嫁娶图》）这正是他言发于心，冲口而出，与其逆己，宁肯逆人的表现。苏轼对那些虚情假意的人是很不满的，他嘲笑东晋名士说："道丧士失己，出语辄不情。江左风流人，醉中亦求名。"（《和陶渊明饮酒》）他在《书李简夫诗集后》中说："孔子不取微生高，孟子不取于陵仲子，恶其不情也。陶渊明欲仕则仕，不以求仕为嫌；欲隐则隐，不以去之为高；饥则扣门而乞食，饱则鸡黍以延客，古今贤之，贵其真也。"在苏轼看来，孟郊、陶渊明都是具有"真情"的人，"江左风流人"、微生高、于陵仲子则是"不情"的人。由此可见，他对具有"真情"的人的崇敬和对于"不情"的人的鄙视。

所谓诗贵"发于心而冲于口"，主要是强调诗人的感情要真实，它与诗贵含蓄，诗贵余味并不矛盾。有人批评苏诗太露太尽，也许他的某些诗作确有这一毛病。但在理论上他仍很强调诗贵言外之意，题外之旨，弦外之音。他特别欣赏司空图《诗品》关于"梅止于酸，盐止于咸，饮不可无盐梅，而其美常在咸酸之外"（《书黄子思诗集后》）的理论。他自己也提出"赋诗必此诗，定非知诗人"（《书鄢陵王主簿所画折枝》）的深刻见解。他推崇陶渊明，除因为陶诗情真外，还因为陶诗余味无穷："质而实绮，癯而实腴"（《和陶渊明诗引》），即表面质朴而实际绮丽，表面清瘦而实际丰腴。这也就是他在《评韩柳诗》中所说的"外枯而中膏"："所贵乎枯淡者，谓其外枯而中膏，似淡而实美，渊明、子厚是也。若中边皆枯，亦何足道！"这是一种很高的艺术境界，不但能达到这种艺术境界的诗人寥寥无几，而且能欣赏这种艺术境界的读者也不多。正如苏轼所说："人食五味，知其甘苦者皆是；能分别其中边（即"外枯而中膏"）者，百无一二也。"（《评韩柳诗》）可见苏轼论诗追求淡而有味，主张给读者留下想象的余地，回味的余地。

三

苏轼对孟郊诗的批评也是很尖锐的，他写道：

> 夜读孟郊诗，细字如牛毛。
> 寒灯照昏花，佳处时一遭。
> 孤芳擢荒秽，苦语余诗骚。
> 水清石凿凿，湍激不受篙。

初如食小鱼，所得不偿劳。

又似煮蟛蜞，竟日嚼空螯。

要当斗僧清，未足当韩豪。

人生如朝露，日夜火消膏。

何苦将两耳，听此寒虫号。

不如且置之，饮我玉色醪。

　　苏轼论诗论文，都一贯主张平易流畅，反对艰涩险怪。早在应进士时，他就指责"求深者或至于迂，务奇者险怪而不可读"（《谢欧阳内翰启》）的不良文风。晚年所作的《答谢民师书》又指责"扬雄好为艰深之词，以文浅易之说"。这些虽是对文而言，但于诗同样适用。他在《题柳子厚诗》中说："好新务奇，乃诗之病。"在《与鲁直书》中，他针对"晁（补之）文奇怪"说："凡文字，当务使平和，至足之余，溢为奇怪，盖出于不得已耳。"正因为苏轼一贯主张诗文要平易晓畅，因此，他才对孟郊的奇险苦涩诗风批评得如此激烈。

　　对于苏轼这一批评，他的门人葛立方就有意见。葛说："李翱评其（孟郊）诗云：'高处在古无上，平处下观二谢。'许之亦太甚矣。东坡谓'初如食小鱼，所得不偿劳。又似煮蟛蜞，竟日嚼穷螯。'贬之亦太甚矣。"（《韵语阳秋》卷一）苏轼对孟郊诗苦涩难读的批评，确实是尖锐的，其中"何苦将两耳，听此寒虫号"两句，甚至有些尖刻。但是，细绎全诗，苏轼对孟诗语言的批评也是一分为二的，人们往往因为苏轼用语的尖锐而忽略了他在批评中亦有肯定。仔细分析苏轼对孟诗语言的批评以及批评中之肯定，对了解苏轼对诗歌语言的要求，是颇有帮助的。所谓"孤芳擢荒秽"，是形容读孟郊诗有如从荒秽中摘取孤芳一样艰难，这里仍承认它是"芳"。所谓"苦语余诗骚"，是说他诗语言苦涩，却有《诗经》《楚词》的余风，这是很高的评价。所谓"水清石凿凿"，所谓"要当斗僧清，未足当韩豪"，虽然批评孟郊诗不能与韩愈诗的想象丰富、气势雄伟、豪健媲美，但却可与诗僧贾岛的苦僻清奇比高下。苏轼曾用"郊寒岛瘦"概括孟郊、贾岛的诗歌特征，这里又用一个"清"字概括他们二人诗歌的共同特征。而苏轼对诗歌的清绝风格是很欣赏的，他曾以此赞人，如：

知我久慵倦，起我以清新。(《答李邦直》)

壁间余清诗，字势颇拔俗。(《书麿公诗后》)

归来诗思转清激，万丈空潭数魴鲤。(《次韵王定国南迁回见寄》)

小孙又过我，欢若平生亲。清诗五百言，句句皆绝伦。(《和犹子迟赠孙志举》)

清绝闻诗语，疏通岂法流。(《用前韵再和许朝奉》)

也常常以此自赞，如：

嗟我昏顽晚闻道，与世龃龉空多学。灵水洗除眼界花，清诗为洗心源浊。(《再游径山》)

破屋常持伞，无薪欲爨琴。清诗似庭燎，虽美未忘箴。(《次韵朱光庭喜雨》)

时时一篇出，扰扰四座砭。清诗得可惊，信美词多夸。(《次韵致政张朝奉仍招晚饮》)

由此可见，苏轼以"水清石凿凿"，"要当鲑僧清"评价孟郊诗，是含有赞美肯定之意的。即使被葛立方认作"贬之亦太甚"的"初如食小鱼"四句，也是贬中有褒的。"小鱼""蝤蛑"（小蟹），虽然食之乏肉，但也是弃之可惜的，因为肉虽不多，味道却不错。何况苏轼还用一"初"字限制，可见并非始终如此，初虽难于索解，但慢慢咀嚼，往往越嚼越有味。李商隐有的诗，也是以难解著名的，但谁能否定它是好诗呢？苏轼在《书黄子思诗集后》中说："闽人黄子思，庆历、皇祐间号能文者。予尝闻前辈诵其诗，每得佳句妙语，反复数四，乃识其所谓。信乎表圣之言，美在咸酸之外，可以一唱而三叹者也。"由于苏轼性格直率爽朗，他对那些需要"反复数四，乃识其所谓"

的诗篇，有时表现得很不耐烦；但他并没有完全否定这种诗风，相反，倒认为它符合司空图的"美在咸酸之外"的诗论。

苏轼在《读孟郊诗》中还直接称赞孟郊诗语言说："我爱铜斗歌，鄙俚颇近古。"所谓"铜斗歌"是指孟郊《送淡公》十二首中的第三首：

> 铜斗饮江酒，手拍铜斗歌。
>
> 侬是拍浪儿，饮则拜浪婆。
>
> 足踏小船头，独速舞短蓑。
>
> 笑伊渔阳操，空恃文章多。
>
> 闲倚青竹竿，白日奈我何！

这首诗确实"鄙俚颇近古"，语言古朴，颇富民歌风味。可见孟郊诗的语言除苦涩、清激外，还有古朴的一面。苏轼论诗提倡自然，反对过分雕琢，反对堆砌辞藻，反对"游谈以为高，枝词以为观美"。苏洵提出了风水相遭，自然成文，乃"天下之至文"的观点。他说："玉非不温然美矣，而不得以为文；刻镂组绣，非不文矣，而不可与论乎自然。故天下之无营而文生者，惟水与风而已。"（《仲兄字文甫说》）苏轼在《南行前集叙》中发挥了苏洵的观点，他说："山川之有云，草木之有华实，充满勃郁而见于外。夫虽欲无有，其可得乎？"风水相遭而成的波纹，山川的云彩，草木的花果，都是"无营"之文，没有经过"刻镂组绣"，他们认为这才堪称"天下之至文"。苏轼评诗僧辩才的诗说："辩才诗，如风吹水，自成文理；吾辈与参寥（另一诗僧），如巧妇织锦耳。"（《苕溪诗话》卷五）"巧妇织锦"，再巧都有织绣痕迹，没有"如风吹水，自成文理"那么自然。苏轼称赞孟郊诗的"鄙俚颇近古"，与他提倡自然，反对过分雕琢是分不开的。

提倡古朴自然，绝不意味着粗制滥造，无须文字加工。苏轼在《书子由〈超然台赋〉后》中说："子由之文，词理精确有不及吾；而体气高妙，吾所不及。虽各欲以此自勉，而天资所短，终莫能脱。至于此文，则精确、高妙，殆两得之，尤为可贵也。"可见苏轼对"词理精确"之重视。据《唐子西文录》载，苏轼作《病鹤》诗，有"三尺长胫□瘦躯"之句，缺其一字，请人试下。凡下数字，皆不如意，苏轼徐出其稿，乃"阁"字。唐庚赞叹道："此字一出，俨然如见病鹤矣。"这一趣闻表明，苏轼对炼字之重视，他强调要选用最恰当最准确的词语来表达事物的特征。苏轼曾向幼子苏过讲"写物之功"（《付过》），他说，《诗经》写桑树有"桑之未落，其叶沃若"之句，认为"他木不可当此"，因为"沃若"二字，写出了桑叶繁茂润泽之状，颇能传桑叶之神；林逋吟梅花，有"疏影横斜水清浅，暗香浮动月黄昏"之句，认为"决非桃李诗也"，因为"疏影""暗香"颇能传梅之神，桃李不可能具有这一特征。可见，"写物之功"就在善于选词炼句，准确表达客观事物的特征。陶潜《饮酒》诗有"采菊东篱下，悠然见南山"之句，苏轼对"见"字颇为欣赏，他说："因采菊而见山，境与意会，此句最有妙处。近岁俗本皆作'望'字，则此一篇神气索然矣。"一字之差，而且是近义词，或则"最有妙处"，或则"神气索然"，可见选词之重要。"见"字"最有妙处"，妙就妙在"境与意会"，不期然而然；"望"则有意，失去了陶潜悠然自得的"神气"。

四

参寥子是北宋著名诗僧，苏轼好友，著有《参寥子诗集》。苏轼《送参寥师》一开头就提出了参寥子作为僧人和作为诗人的矛盾问题：

> 上人学苦空，百念已灰冷。
> 剑头一惟映，焦谷无新颖。
> 胡为逐吾辈，文字争蔚炳。
> 新诗如玉屑，出语便清警。

"剑头一映"，语出《庄子·则阳》："夫吹管也，犹有嗃（管声）也；吹剑首者，映而已矣。"剑首，此指剑头小孔；映，象声词，指吹剑头小孔发出的微弱声音。焦谷，语出《维摩经》："如焦谷芽，如石女儿。"焦谷不能出芽，石女无生育能力。剑头惟映，焦谷无颖，都是进一步形容僧人的"苦空"

"灰冷"。前四句是说，参寥作为僧人，追求苦行空寂，对世事早已心灰意冷；继四句是说，作为诗人，他却像我辈一样在追逐文字之工，不断写出有如玉屑的清警诗篇。苏轼在《参寥上人初得智果院》诗中也说："涨水返旧壑，飞云思故岑。念君忘家客，亦有怀归心。"这也是讲参寥作为僧人和诗人的矛盾。

接着苏轼以韩愈在《送高闲上人序》中提出的问题来加深自己所提出的问题：

> 退之论草书，万事未尝屏。
>
> 忧愁不平气，一寓笔所骋。
>
> 颇怪浮屠人，视身如邱井。
>
> 颓然寄淡泊，谁与发豪猛。

韩愈说，张旭专治草书，不治他技，"喜怒、穷窘、忧悲、愉怿、思慕、酣醉、无聊、不平，有动于心，必于草书发之"。而高闲上人作为"浮屠人"，已身如枯井，心如死灰，亦善草书，难道也"有旭之心哉？"

苏轼《送参寥师》的最后一部分，回答了上面提出的问题：

> 细思乃不然，真巧非幻影。
>
> 欲令诗语妙，无厌空且静。
>
> 静故了君动，空故纳万境。
>
> 阅世走人间，观身卧云岭。
>
> 咸酸杂众好，中有至味永。
>
> 诗法不相妨，此语当更请。

在苏轼看来，僧人和诗人并非像上面所说的那么矛盾，那么不相容。僧人所追求的并非虚假的幻影，他和诗人所追求的仍有共同之处。不过这二者并非不能得到某种意义的统一。苏轼在这里提出了一个重要的诗歌理论问题。

僧人固然需要"空且静"，诗人同样需要"空且静"。因为只有静而不为动所扰，只有空而不为成见所蔽，才能洞察万物的纷纭变化，纳万境于一心。苏轼另外两首写给参寥子的诗也是同一意思："道人胸中水镜清，万象起灭无逃形。独依古寺种黄菊，要伴幽人餐落英。"（《次韵僧潜见赠》）"吴山道人心似水，眼净尘空无可扫。故将妙语寄多情，横机欲试东坡老。"（《再和潜师》）所谓"胸中水镜清""心似水""眼净尘空"，就是《送参寥师》所说的"空且静"；只有保持"空且静"，才能做到"万象起灭无逃形"。透过这些佛理玄机，实际就是讲的如何认识世界的问题。苏轼曾说："求物之妙，如系风捕影，能使是物了然于心者，盖千万人而不一遇也。"（《答谢民师书》）这充分说明了认识客观世界的困难。因此，在认识客观世界时，特别需要"空且静"，排除一切杂念和外物的干扰。"岂独不见人，嗒然遗其身。其身与竹化，无穷出清新。"（《书晁补之所藏与可画竹》）这种忘人忘己，身与竹化的境界，正是"空且静"的境界。只有排除一切杂念的干扰，才能穷尽竹的千姿百态，千变万化，画出清新的竹子，写出清新的诗篇。但是认识世界也不是仅仅靠静观默思所能济事，更重要的还要有阅历，要亲身实践。而僧人的"阅世走人间，观身卧云岭"，使他们获得了丰富的阅历，这也正是诗人所需要的。苏轼《书子美云安县诗》云："'两边山木合，终日子规啼'。此老杜云安县诗也。非亲到其处，不知此诗之工。"《自记吴兴诗》云："仆为吴兴，有《游飞英寺诗》云：'微雨止还作，小窗幽更妍。盆山不见日，草木自苍然。'然非至吴越，不见此景也。"前条讲他人，后条讲自己，都充分说明了"阅世走人间"对于诗人的重要性。一方面，"走人间"获取丰富的阅历，另一方面"卧云岭"保持空静虚一，做到"了群动""纳万境"，这就能获得无限的诗情："咸酸杂众好，中有至味永。"因此，苏轼的结论是"诗法（法指佛法）不相妨"。这实际是宋代以禅说诗的滥觞，影响很大。

（原载《社会科学研究》1985 年第 3 期）

读王文诰《苏诗总案》札记

清人王文诰的《苏文忠公诗编注集成总案》四十五卷，实际上是一部详尽的苏轼年谱。在众多的苏轼年谱中，《苏诗总案》向以资料翔实、考核精密著称。但智者千虑，难免一失，其中也有一些没有完全解决，或解决得不甚妥当的问题。兹就这些问题略陈浅见，以就教于方家。

一、苏洵与史经臣史沆交游的时间

康定元年庚辰条云："宫师（苏洵）学成，与史经臣及其弟（史）沆为友。"下举苏洵《祭史彦辅文》"念初结交，康定宝元"为证。按：苏洵《祭史彦辅文》为韵文，"康定宝元"乃宝元（1038—1040）康定（1040—1041）之倒文，以便押韵。因此，苏洵与史经臣的交游当改为宝元康定年间。

二、苏洵与张俞游居青城山白云溪的时间

康定元年庚辰条云："张俞闻宫师贤，亦订交焉。中都公（苏洵之兄苏涣）移判阆州，宫傅（苏洵之父苏序）往见之，留数月归。"王文诰很谨慎，又说："张俞及中都公二条，皆此数年中事也。"按：苏洵与张俞游居青城山白云溪，确实不在康定元年（1040），而是在庆历四年（1044）以后。王文诰引了苏轼《张白云诗跋》和王偁《东都事略·张俞传》为证，未引《宋史·张俞传》。而后者却提供了苏洵、张俞游居青城山白云溪的时间线索。苏轼《张白云诗跋》云："张俞（字）少愚，西蜀隐君子也，与予先君游居岷山下，自号白云居士。"《宋史·张俞传》云："文彦博治蜀，为置青城山白云溪杜光庭故居以处之。"可见，苏洵、张俞游居青城山白云溪当在"文彦博治蜀"期间或其后。"文彦博治蜀"在何时？宋人家诚之《石室先生（文与可）年谱》

庆历四年条云："是岁按《实录》文潞公除枢密直学士，知益州。七年擢谏议大夫，入政府。"这就表明，"文彦博治蜀"在庆历四年（1044）至庆历七年（1047）期间。《宋史·文彦博传》云："迁天章阁待制、都转运使，连进龙图阁、枢密直学士，知秦州，改益州。……召拜枢密副使、参知政事。"《宋史·宰辅表》庆历七年栏云："文彦博自枢密直学士、户部郎中、知益州改右谏议大夫，除枢密副使。丁酉除参知政事。"宋代的地方官三年一任，文彦博既然于庆历七年由知益州还朝，那么，《石室先生年谱》所说文于庆历四年至七年知益州显然是可信的。因此，苏洵、张俞游居青城山白云溪当在庆历四年至七年期间或其后。而苏洵于庆历五年出川赴京应制科试，庆历七年返川服父丧。因此，苏洵、张俞游居青城山白云溪很可能在皇祐元年（1049）服除之后，即比王文诰推测的时间要晚十年左右。

三、《忆山送人》所记苏洵荆渚之游当在景祐四年

苏洵的长诗《忆山送人》，对了解苏洵生平事迹极其重要。但《苏诗总案》对诗中有关事件的系年几乎全搞错了。庆历五年乙酉条云："宫师宦于四方，自夔巫下荆渚，将游京师。"下引苏洵《忆山送人》所记岷峨之游及荆渚之游部分为证。按：庆历五年（1045），苏洵已三十六岁，而青城山（岷，指属岷山山系的青城山，诗末有"岷山青城县"句可证）、峨眉山，离其家眉山很近，"少年喜奇迹，落拓鞍马间"的苏洵绝不会这时才游岷峨。岷峨之游当是"少年"时事，且不止一次，坐实庆历五年，似不妥。诗中所记荆渚之游更不在庆历五年（1045）入京应制科试时，而是在景祐四年（1037 年，时苏洵二十九岁）入京应进士试时。因为：

第一，诗中所记"游荆渚"，"逢汉水"，"入京师"，"识嵩洛"，"至华下"，"见终南"，"上剑阁"，"下鹿头坂（在四川德阳）"，"归来"，是一次东出三峡入京，西越秦岭返川的完整游历。而庆历五年入京应制科试，落第之后并未越秦岭返川，而是如王文诰《苏诗总案》庆历七年丁亥条所正确指出的，是"自嵩洛之庐山，游东西二林（寺）"。可见所走路线不合。以西越秦岭返川的诗句来证明"自嵩洛之庐山"，显属自相矛盾。

第二，诗中记述西越秦岭返川后说："归来顾妻子，壮抱难留连。遂使十余载，此路常周旋。"而庆历七年"自嵩洛之庐山"，南游虔州（今江西赣州），因父丧返川后却说："到家不再出，一顿俄十年。"如果把这两次游历混为一谈，从庆历五年至庆历七年，何来"遂使十余载，此路常周旋"？既是"十余载"，"常周旋"，又怎么能说"不再出"，"俄十年"呢？可见时间也不合。

第三，苏洵《荆门惠泉》诗（通行本《嘉祐集》失载，见宋残本《类编增广老苏先生大全集》）曾提及这次荆渚之游，其中有云：

> 当年我少年，系马弄潺溪。
>
> 爱此泉旁鹭，高姿不可攀。
>
> 今逾二十载，我老泉依旧。
>
> 临流照衰颜，始觉老且瘦。

此诗作于嘉祐五年（1060）正月三苏父子南行入京逗留江陵时，时苏洵已五十二岁。从景祐四年二十九岁应进士试从这里经过这到这时已二十三年，确实已"逾二十载"。若指庆历五年三十六岁的苏洵应制科试经此，到这时仅十六年，不得云"逾二十载"。苏洵《荆门惠泉》诗是《忆山送人》诗所记荆渚之游当在景祐四年的确证。

四、苏洵与雷简夫不是庆历七年在江西九江而是至和二年在四川雅安订交

庆历七年丁亥条云："（苏洵）与雷简夫订交九江。"至和二年条又云："庆历丁亥宫师游庐山，谒简夫。越九年，重见雅州（今四川雅安）。"并引苏洵《忆山送人》"昨闻庐山郡，太守雷君贤。往求与识面，复见山郁盘"为证。按：（一）考《东都事略》和《宋史》的《雷简夫传》，雷根本就没有做过九江太守。《宋史·雷简夫传》云："简夫字太简，隐居不仕。康定中，枢密使杜衍荐之。召见，以秘书省校书郎签书秦州观察判官。……三白渠久废，京兆府雷简夫治渠事。……知坊州，徙阆州，用张方平荐，知雅州。"这就是

雷简夫知雅州以前的全部任职情况。《东都事略·雷简夫传》所载同，并云："简夫在雅州，眉山苏洵往见之，延誉如不及。"（二）雷简夫知雅州时向张方平、欧阳修、韩琦推荐苏洵的三封信皆存（见邵博《闻见后录》卷一五），从中也完全看不出他们曾于九年前订交九江的影子。相反，《上韩忠献书》云："不意得郡荒陋，极在西南，而东距眉山尚数百里，一日眉人苏洵携文数篇不远相访。""一日"二字表明，这是初见，根本不是什么"越九年重见雅州"。（三）苏洵《忆山送人》诗全按时间先后顺序记游，写庆历七年江西庐山之游时，无只字提及谒雷简夫事：

> 又闻吴越中，山明水澄鲜。
>
> 百金买骏马，往意不自存。
>
> 投身入庐岳，首挹瀑布源。
>
> 飞下二千丈，强烈不可干。
>
> 余润散为雨，遍作山中寒。
>
> 次入二林寺，遂获高僧言。
>
> 问以绝胜境，导我同跻攀。
>
> 逾月不倦厌，岩谷行欲殚。
>
> 下山复南迈，不知已南虔。
>
> 五岭望可见，欲往若不难。
>
> 便拟去登玩，因得窥群蛮。

而是在庆历七年因父亲去世，未能南游五岭，仓卒返川，并十年未再出之后才提到谒雷简夫事。诗紧接着说：

> 此意竟不偿，归抱愁煎煎。
>
> 到家不再出，一顿俄十年。
>
> 昨闻庐山郡，太守雷君贤。
>
> 往求与识面，复见山岳盘。

这就无可辩驳地证明，谒雷简夫并非在庆历七年，而是在庆历七年以后十年。

（四）"昨闻庐山郡"的庐山郡，也不是江西庐山或九江，九江在宋代叫江州，属浔阳郡，见《宋史·地理志四》。而《宋史·地理志五》云："雅州，上，卢山郡。……县五：严道、卢山、名山、荥经、百丈。"显然，"昨闻庐山郡"乃"昨闻卢山郡"传刻之误，而卢山郡即雅州。王文诰未细审《忆山送人》行文，不知庐山郡乃卢山郡之误，而卢山郡即雅州，遂误庐山郡为江西九江，把苏洵访雷简夫于卢山郡同访雷于雅州分为二事（实为一事），结果把苏、雷初订交误断在江西九江，时间提前了十年。

五、《忆山送人》所送"吴君"乃吴照邻而非吴中复

皇祐三年辛卯条云："宫师访吴中复于犍为。"下引苏洵《忆山送人》和《送吴待制中复知潭州》为证。按：两诗系年皆误，且《忆山送人》所送"吴君"根本不是吴中复，而是吴照邻。《忆山送人》结尾部分云：

> 吴君颍川秀，六载为蜀官。
> 簿书苦为累，天鹤囚笼樊。
> 岷山青城县，峨眉亦南犍。
> 黎雅又可到，不见宜悒然。
> 有如烹脂牛，过眼不得飧。
> 始谓泛峡去，此约今又愆。
> 只有东北山，依然送归轩。
> 他山已不见，此可着意看。

"吴君颍川秀"句表明《忆山送人》所送的"吴君"是颍州人，即今河南许昌人；而吴中复是兴国军人，即今湖北阳新人（见《东都事略·吴中复传》），可见籍贯不合。其次，《忆山送人》写访"吴君"是在至和二年（1055）访雷简夫之后，而吴中复于皇祐三年（1051）就已由犍为令改潭州

（今湖南长沙）通判了，皇祐五年（1053）就入朝任监察御史里行（详见下节），至和二年吴中复不在四川。可见时间也不合。再次，苏洵《送吴职方赴阙引》云："吴侯有名于世三十年，而犹于此为小官。今其东归，其不碌碌为此官也哉！"苏轼《跋先君送吴职方引》云："先伯父（苏涣）及第吴公榜中。"这里所说的吴职方就是吴照邻，他与苏涣同科及第于天圣二年（1024），到至和二年（1055）苏洵送吴照邻赴阙为三十一年，《引》言"吴侯有名于世三十年"乃言其整数。可见《忆山送人》所送"吴君"与《送吴职方赴阙引》所送吴职方皆指吴照邻，诗和《引》亦作于同年即至和二年。此外，嘉祐二年（1057）苏洵还有《与吴殿院书》，也是写给吴照邻的，其中云："曩者议及故友史沆骨肉流落荆楚间，慨然太息有收恤之心。"《忆山送人》云："始谓泛峡去，此约今又愆。"可见至和二年苏、吴曾相约同行，出峡赴京，途经荆楚时收恤史沆遗孤。但后来苏洵未能同行，吴照邻单独赴京，并携苏洵文致欧阳修。

六、苏洵《送吴待制中复知潭州》不是作于皇祐三年，而是作于嘉祐六年

据《东都事略》和《宋史》的《吴中复传》载，吴中复字仲庶，兴国军（治所在今湖北阳新）人。举进士，知犍为县，通判潭州。因孙抃荐，入朝任监察御史里行，迁殿中侍御史，改右司谏，同知谏院，迁御史知杂事，户部副使，擢天章阁待制，知潭州（《宋史·吴中复传》作"知泽州"，因字形相近而误）。由此可见，吴中复既曾通判潭州，又曾知潭州。据《续资治通砲》卷五四载，吴中复因御史中丞孙抃荐由潭州通判入朝任监察御史里行是在皇祐五年十二月。因此，说皇祐三年吴中复由犍为令改潭州通判是大体可信的。但苏洵的诗题明明是《送吴待制中复知潭州》，而不是送犍为令吴中复通判潭州，诗中也只是说及吴曾为犍为令，而未说及自己曾去犍为送吴通判潭州；苏洵皇祐三年是否曾去犍为送吴，我们不得而知，但至少这两首诗与此无关。因此，把这两首诗系于皇祐三年显然不妥。吴中复知潭州在何时？《续资治通鉴》嘉祐五年七月壬子条有"命翰林学士吴奎、户部副使吴中复、度支判官王安石、右正言王陶相度牧马利害以闻"的记载。这证明嘉祐五年七月吴中复还在担任户部副使。而擢天章阁待制，知潭州还在这以后，时苏洵亦在京师。由此可见，苏洵《送吴待制（即指天章阁待制）中复知潭州》当作于嘉祐五年七月以后。弄清了这首诗的写作时间，诗的内容就好理解了。其一云：

> 十年曾作犍为令，四脉尝为愍俗诗。
> 共叹才高堪御史，果能忠谏致戎麾。
> 会稽特欲荣公子，冯翊犹将试望之。
> 船系河堤无几日，南公应已怪来迟。

其二云：

> 台省留身凡几岁，江湖得郡喜今春。
> 卧听晓鼓朝眠稳，行入淮流乡味生。
> 细雨满村莼菜长，高风吹旆彩船狞。
> 到家应有壶觞劳，倚赖比邻不畏卿。

所谓"十年曾作犍为令"，绝不像某些人所解释的"为犍为令"，"在任十年"。因为宋代官吏调动频仍，很难让吴在犍为连任四任。而是说吴十年前曾作犍为令，从皇祐三年（1051）至嘉祐六年（1061）恰为十年。"江湖得郡喜今春"（此据宋残本《类编增广老苏先生大全集》，通行本《嘉祐集》作"喜令行"），正说明此诗作于嘉祐六年春，而不是嘉祐五年秋冬。这就进一步确定了这首诗的写作时间。"共叹才高堪御史"，指孙抃于皇祐五年十二月荐吴为监察御史里行；"果能忠谏致戎麾"，指吴中复在朝曾先后弹劾宰相梁适、刘沆，未辜负孙抃的推荐。若此诗作于皇祐三年，苏洵怎能预知两年后发生的事呢？诗中还有"行入淮流乡味生"句，系想象吴赴任途中境况。也只有从京城赴潭州任才会经过"淮流"，经过家乡。若从四川犍为送吴通判潭州，怎么会途经"淮流"和他的家乡阳新呢？把此诗编在皇祐三年，从诗题到内容都无法解释。

七、苏洵幼女之死及《自尤》诗的写作时间

皇祐五年癸巳条云:"宫师与其婿程之才绝,成国(苏轼之母成国夫人程氏)之侄也,作《族谱亭记》及《自尤》诗。"按:"王文诰因为没有见到苏洵的《自尤》诗(宋残本《类编增广老苏先生大全集》),因此,关于苏洵幼女之死的时间和《自尤》诗的写作时间都搞错了。《自尤》诗叙云:

予生而与物无害。幼居乡闾,长适四方,万里所至,与其君子而远其不义。是以年五十有一,而未始有尤于人,而人亦无以我尤者。盖壬辰之岁而丧幼女,始将以尤其夫家,而尤以自尤也。女幼而好学,慷慨有过人之节,为文亦往往有可喜。既适其母之兄程?之子之才,年十八而死。……其后八年,而余乃作《自尤》之诗。

诗过长,兹不录。从诗和叙可知,苏洵幼女十六岁同表兄程之才结婚("生年十六亦已嫁"),十七岁生一子("明年会汝初生孙"),十八岁因在程家受虐待而死。时为"壬辰之岁"即皇祐四年(1052),而非王文诰所说的"皇祐五年癸巳"。《自尤》诗更非作于皇祐五年,而是作于幼女死后八年即嘉祐四年(1059)。幼女死时苏洵四十四岁,作《自尤》诗时已"年五十有一"。

八、苏洵《九日和魏公》诗非作于嘉祐元年而作于治平二年

嘉祐元年丙申九月条云:"韩琦与宰执集私第,宫师以布衣预会,赋诗。"下引叶梦得《避暑录话》为证:"苏明允既为欧阳文忠公所知,其名翕然。韩忠献诸公皆待以上客。尝遇忠献置酒私第,惟文忠与一二执政。而明允以布衣参其间,都人以为异礼。席间赋诗,明允有'佳节屡从愁里过,壮心时傍醉中来'句,其意气尤不少衰。"按:苏洵参加韩琦家宴或不止一次,"以布衣参其间"可能在嘉祐元年九月至嘉祐二年四月,或嘉祐五年二月至七月;嘉祐五年七月以后,苏洵已在朝廷做官,不再是布衣了。叶梦得所引诗题作

《九日和魏公》，全诗如下：

> 晚岁登门最不才，萧萧华发映金罍。
> 不堪丞相延东阁，闲伴诸儒老曲台。
> 佳节屡从愁里过，壮心时傍醉中来。
> 暮归冲雨寒无睡，自把新诗百遍开。

从诗题到内容均证明这首诗绝非作于嘉祐元年。（一）"不堪丞相延东阁"，丞相指韩琦。嘉祐元年，韩琦为枢密使，时苏洵上韩琦书叫《上韩枢密书》，第二年春苏辙上韩琦书也叫《上枢密韩太尉书》。韩琦作丞相在嘉祐三年（1058）至治平四年（1067）间。《宋史·宰辅表》嘉祐三年栏云："韩琦自枢密使、工部尚书依前官加同平章事。"这就是说，"丞相"句表明，此诗只能作于嘉祐三年以后。（二）"闲伴诸儒老曲台"，何谓曲台？唐人王彦威为太常，著《曲台杂记》三十卷，故称太常寺为曲台。苏洵参与太常寺修纂礼书在嘉祐六年七月。故此句表明，此诗只能作于嘉祐六年或其后。（三）苏洵诗题作《九日和魏公》，韩琦封魏国公在英宗治平元年。《宋史·韩琦传》云："太后还政，拜琦右仆射，封魏国公。"《宋史·宰辅表》治平元年栏云："闰五月戊辰，韩琦自门下侍郎兼兵部尚书同平章事、昭文馆大学士、监修国史、魏国公加尚书右仆射。"据此，诗题表明此诗只能作于治平元年以后。（四）苏洵的诗是和韩琦的，韩琦的原唱为《乙巳重阳》：

> 苦厌繁机少适怀，欣逢重九启宾罍。
> 招贤敢并翘材馆，乐事难追戏马台。
> 藓布乱钱乘雨出，雁排新阵拂云来。
> 何时得遇樽前菊，此日花随月令开。

从诗题、用韵和两诗都提及下雨事，可以肯定苏洵的《九日和魏公》就是和这首《乙巳重阳》。而乙巳即英宗治平二年（1065）。可见，苏洵此诗并非作于嘉祐元年（1056）的重阳节，而是作于将近十年以后的治平二年的重阳节。"暮归冲雨寒无睡"还表明，苏洵的诗不是什么"席间赋"的，而是赴宴归来赋的。苏洵卒于治平三年四月，即写这首诗后半年多一点就去世了。就现在所能准确系年的作品看，这首诗似乎就是他的绝笔，也可以说是对他一生郁郁不得志的总结，在苏洵诗中应算上乘之作。

九、苏轼和蔡襄论书的时间

嘉祐二年丁酉条云："时蔡襄以善书名天下，亦引公（苏轼）为重。"下引苏轼《与蔡君谟论书》为证："往年余尝戏谓君谟，学书如沂急流，用尽气力，不离旧处。君谟颇诺，以为能近取譬。今思此语，已四十余年，竟如何哉！"王文诰云："此《记》作于岭外，而与君谟遇于都门当在此时。"按：《续资治通鉴》卷五五至和二年（1055）三月癸未条载："以权知开封府蔡襄为枢密直学士，知泉州，以母老自请也。"嘉祐元年、二年三苏父子在京期间，蔡襄并不在京，有苏洵"余公（靖）、蔡公远者又在万里外"的话可证（见《上欧阳内翰第一书》）。后余靖"来朝"，苏洵有《上余青州书》。而蔡襄当时没有来朝，故苏洵也没有上蔡襄书。苏轼《与蔡君谟论书》可能作于去世前不久（1101），则苏轼嘉祐五年（1060）服母丧期满返京后与蔡襄论书也可称"四十余年"。

十、苏轼《江上值雪效欧阳体》作于出峡之后

嘉祐四年己亥条云："十月，公还朝，与子由侍宫师行。"沿途有诗，其中云："作《仙都山》诗，《江上值雪效欧阳修禁体和子由韵》。过忠州，作《屈原庙赋》。"按：仙都山在丰都县。显然，王文诰认为苏轼的《江上值雪效欧阳修体限不以盐玉鹤鹭、絮蝶飞舞之类为比，仍不使皓白洁素等字，次子由韵》诗作于丰都和忠州之间。苏辙原韵已佚，但其《次韵子瞻病中大雪》诗曾忆及此事："空记乘峡船，行意被摧剋。溟濛霭洲渚，泠洌光翻座。我唱君实酬，驰骋不惶卧。……诗词禁推类，令肃安敢破？"——"我唱君实酬"，即苏辙原唱，苏轼次韵；"诗词禁推类"，即题中所支禁以咏雪常用字入诗；

"空记乘峡船"，说明这次唱和在入峡以后，而丰都、忠州尚未入峡；"行意被摧剉"，说明行程为风雪所阻。而三苏父子行程为风雪所阻却在归州（今湖北秭归）以下四十里的新滩，有苏轼《新滩阻风》诗为证："北风吹寒江，来自两山口。初闻似摇扇，渐觉平沙走。飞云满碕谷，舞雪穿窗牖。滩下三日留，识尽滩前叟。"《出峡》诗亦云："新滩阻风雪。"三苏过夷陵（今湖北宜昌市东南），苏轼还有《夷陵县欧阳永叔至喜堂》诗，因此，《江上值雪效欧阳体》诗当作于自新滩至夷陵（相距很近）一段，甚至可能与《夷陵县欧阳永叔至喜堂》诗作于同时。因为诗中有"江空野阔落不见，入户但觉轻丝丝"句，"江空野阔"已是出峡以后夷陵一带的景象。

十一、苏轼《屈原庙赋》作于秭归而非忠州

同条云："过忠州，作《屈原庙赋》，并作《屈原塔》《严颜庙》《望夫台》《竹枝歌》诸诗。"按：（一）苏轼《屈原塔》诗自注云："在忠州，原不当有碑塔于此。意者后人追思，故为作之。"诗中亦云："南宾旧属楚，山上有遗塔。应是奉佛人，恐子就沦灭。此事虽无凭，此意固已切。"《屈原塔》诗确实作于忠州，因为忠州有屈原塔；但苏轼明明知道忠州与屈原无关，怎么会在这里作《屈原庙赋》呢？（二）苏轼《屈原庙赋》云："浮扁舟以适楚兮，过屈原之遗宫。览江上之重山兮，曰惟子之故乡。……峡山高兮崔嵬，故居废兮行人哀。子孙散兮安在，况复见兮高台？"《赋》本身就表明它作于途经屈原"故乡"时，不知王文诰何以会扯到忠州去，真是令人费解。宋人郎晔《经进东坡文集事略·屈原庙赋》注云："公之初仕京师，遭父丧而浮江归蜀也，过楚屈原之祠，为赋以吊。"作赋的地点说对了，作《赋》的时间却说错了。赋中明明说"浮扁舟以适楚兮"，哪里是"浮江归蜀"呢？（三）苏辙这次也作有《屈原庙赋》："凄凉兮秭归，寂寞兮屈氏。"这也说明《屈原庙赋》作于秭归，绝非作于忠州。

十二、苏辙《巫山庙》诗非《南行集》中诗

嘉祐四年己亥十二月条云："《南行集》无传本，公诸诗散见于王注、七

集各本，而查注据外集从邵本续补遗采补卷一者，自《郭纶》起至咏《至喜堂》止凡四十二诗；《栾城集》自《郭纶》起至《寄题清远寺》止凡二十三诗；又从王注内采附宫师与子由《游三游洞》二诗；又本集《滟滪堆赋》、《屈原庙赋》二篇，《栾城集》《巫山庙赋》、《屈原庙赋》二篇；以上共七十一篇，则《叙》（指苏轼《南行前集叙》）所云"凡一百篇而截止于十二月八日以前作者已佚去二十九篇矣。"按：《栾城集》自《郭纶》起至《寄题清远寺》凡二十三篇中，有一篇《巫山庙》诗，显然不是《南行集》中诗。诗中有云："乘船入楚溯巴蜀，溃旋深恶秋水高。归来无恙无以报，山上麦熟可作醪。"这次是沿岷江、长江而下，东出三峡，不得云"入楚溯巴蜀"；这次南行是冬天（十至十二月），不得云"秋水高"；这次是出川，不得云"归来"。苏辙这首《巫山庙》诗当是英宗治平三年苏轼兄弟扶父丧返川，自汴入淮，溯江而上，途经巫山时作。

十三、苏轼《朱亥墓》诗的写作时间

嘉祐五年庚子二月条云："过尉氏，登阮籍啸台。大雪，独留尉氏。至封邱，寻朱亥墓，并有诗。十五日抵京师。"按：封邱在开封东北，三苏父子赴京，从尉氏县到开封，不当经过封邱。朱亥墓所在有两说，一说在封邱，见《太平寰宇记》；一说在开封西南的朱仙镇，见《汴京遗迹志》。若是赴京途中访朱亥墓，则当从朱仙镇朱亥墓说；若从封邱朱亥墓说，则苏轼访朱亥墓就不当在赴京途中，而当在入京之后。王文诰既编于赴京途中，又说是封邱朱亥墓，显然有矛盾。

十四、三苏曾居杞县

嘉祐五年庚子二月条云："十五日抵京师，寓于（京城）西冈。"嘉祐六年辛丑闰八月条云："公于（京师）宜秋门内得南园，奉宫师徙居其中。"按：嘉祐六年八月前后，三苏父子并未住在京师，而是住在杞县。根据如下：（一）嘉祐五年八月苏洵被任命为秘书省试校书郎，他在《谢赵司谏启》中说："寓居雍邱，无故不至京师。"雍邱即杞县，可见二月到达京师后暂寓京

师西冈，至迟八月已移居杞县了。（二）同年十一月欧阳修任枢密副使，苏洵在《贺欧阳枢密启》中说："阻以在外，缺于至门。"所谓"阻以在外"，也指寓居杞县，不在京师。（三）苏辙《伯父墓表》云："辙生九年始识公（苏涣）于乡，其后见公于杞。"前句指庆历七年苏辙祖父苏序死，苏涣还家居丧，苏辙始见伯父；后句即指嘉祐五六年间三苏父子居杞县期间再见伯父。（四）苏辙《辛丑除日寄子瞻》云：

> 新春始涉五，田冻未生麦。
>
> 相携历唐许，花柳渐芽折。
>
> 居梁不耐贫，投杞避糠籺。
>
> 城南庠斋静，终岁守坟籍。

所引前四句指嘉祐五年正月五日三苏父子离江陵，经唐州、许州赴京；后四句表明他们入京不久，即因为"不耐贫"，为了"避糠籺"而由梁（开封）投杞了。须知，这次三苏父子是阖户入京，初入京三父子皆无俸禄，嘉祐五年八月苏洵任试校书郎后俸禄亦薄，"家贫无资，得六七千钱，诚不足以赡养"（苏洵《上韩丞相书》）。因此，苏辙说"居梁不耐贫，投杞避糠籺"，完全是实情。诗题叫《辛丑除日寄子瞻》，时苏轼已到凤翔任签判。辛丑为嘉祐六年，这说明是年年终苏洵一家仍居杞县，王文诰说嘉祐六年八月已移居京师南园是没有根据的。

十五、梅尧臣《老翁泉》诗当作于三苏父子返京前

嘉祐五年庚子二月条云："梅尧臣为作《老翁泉》诗。"下引苏轼《书梅圣俞诗》为证，并云："梅圣俞尚有《木山三峰》诗……二诗皆是时作，盖是年四月，圣俞即下世矣。"按：梅尧臣的《老人泉寄苏明允》和《苏明允木山》诗，均非作于"是时"即嘉祐五年二月三苏父子到达京师以后。后一首作于嘉祐三年，详后。这里先说《老人泉寄苏明允》，诗云：

泉上有老人，隐现不可常。

苏子居其间，饮水乐未央。

泉中若有鱼，与子同徜徉。

泉中苟无鱼，子特玩沧浪。

岁月不知老，家有雏凤凰。

百鸟戢羽翼，不敢呈文章。

去为仲尼叹，出为盛时祥。

方今天子盛，无滞彼泉旁。

梅圣俞诗的主旨在劝苏洵入京，意谓老人泉无鱼可钓，家中二雏（指苏轼兄弟）压过百鸟，是"去为仲尼叹，出为盛时祥"的凤凰，更不应让其老于泉旁。嘉祐三年十一月一日，苏洵上书仁宗以疾辞召试；又致书梅圣俞，进一步申述他拒不赴召的理由："圣俞自思，仆岂欲试者？惟其平生不能区区附合有司之尺度，是以至此穷困。今乃以五十衰病之身，奔走万里以就试，不亦为山林之士所轻笑哉！"嘉祐四年六月，朝廷召命再下；十月，三苏父子离家赴京。梅圣俞的诗当作于他收到苏洵拒绝召试的书信后，三苏父子离家赴京前。如果作于嘉祐五年二月三苏父子到达京师后，那么，"方今天子盛，无滞彼泉旁"等劝其入京的话，不成了无的放矢吗？

十六、《辨奸论》当作于嘉祐八年而非嘉祐五年

嘉祐五年八月条云："时王安石名始盛，欧阳修劝宫师与之游。宫师曰：'是不近人情者，鲜不为天下患。'作《辨奸论》。"下引《东都事略·苏洵传》为证："修既上其书，得召试，而洵不就。除试校书郎。是时王安石名始盛，欧阳修劝洵与之游，而安石亦愿交于洵。洵曰：'吾知其人矣，是不近人情者，鲜不为天下患。'乃作《辨奸论》一篇。"按：《东都事略》为南宋王偁所著，从行文看，此传系根据张方平《文安先生墓表》改写。但这一改写却造成了王文诰误以为《辨奸论》作于嘉祐五年八月苏洵作校书郎时。《墓表》原文是：

嘉祐初，王安石名始盛，党友倾一时。……欧阳修亦善之，劝先生与之游，而安石亦愿交于先生。先生曰："吾知其人矣，是不近人情者，鲜不为天下患。"王安石母死，士大夫皆吊之，先生独不往，作《辨奸论》一篇。

这里有两个时间限制词。一是"嘉祐初"，此指嘉祐元年、二年。时王安石在京任群牧判官，苏洵经张方平推荐成了欧阳修的座上客。当时苏洵就向欧阳修谈了他后来在《辨奸论》中对王安石的相同看法，但还没有写《辨奸论》。二是"王安石之母死"，王安石之母死于嘉祐八年，这时苏洵才作《辨奸论》。张方平是苏洵同时代人，他首先推荐苏洵，其后与苏家关系一直很好，他的记载当是可信的。如果回顾一下苏洵、王安石之间矛盾的由来和发展，就更会觉得张方平的记载合情合理。在嘉祐元年以前，苏洵、王安石的同期著作已表明他们的政治主张有严重分歧；嘉祐元年苏、王初见面，不仅苏洵攻击王安石将为"天下患"，王安石对苏洵那些名动京师的文章亦"独不嘉之"，并"屡诋于众"（叶梦得《避暑录话》）；嘉祐三年，苏、王都曾上书仁宗，苏洵大谈吏治改革，王安石大谈变法，进一步暴露了他们间的分歧；嘉祐六年，苏轼兄弟应制科试，苏轼在《进策》中针锋相对地反驳了王安石"患在不知法度"的观点。仁宗读了苏轼兄弟的《进策》，认为为子孙得了两宰相，王安石却说苏轼的《进策》"全类战国文章，若安石为考官，必黜之"（邵博《闻见后录》）。苏辙除商州军事推官，王安石任知制诰，认为苏辙"专攻人主"，"不肯撰词"（苏辙《颍滨遗老传》）。这样，苏、王间已经很尖锐的矛盾就更加白热化了。一年多以后，王安石之母死，士大夫皆吊，苏洵独不往，作《辨奸论》以刺世人不能"辨奸"，就很自然了。

十七、赵司谏即赵抃

嘉祐六年辛丑七月条云："宫师谢赵司谏书。"并说："据此书则荐宫师者不止欧阳修也。其赵司谏、窦太守皆不详何人。盖欧阳奏上其文之后，必经两制议覆，赵或与其事，故又荐之也。"按：赵司谏即大名鼎鼎的赵抃。苏轼《赵清献公神道碑》云："公讳抃，字阅道……移充梓州路转运使，未几移益。……以右司谏召。”《续资治通鉴》卷五九嘉祐五年八月条云：“以眉州进士苏洵为试校书郎。……翰林学士欧阳修上其所著《权书》《衡论》《策》二十二篇，修又言洵既不肯试，乞除一官，故有是命。”此系赵司谏即赵抃之确证。王文诰由于偶然失检，不知赵司谏即赵抃，因此对苏洵《谢赵司谏启》的系年及赵司谏推荐苏洵的背景都推测错了。上引材料证明：（一）苏洵谢启不是作于嘉祐六年七月，而是作于嘉祐五年八月后不久。（二）赵司谏推荐苏洵不是因为“经两制议覆，赵或与其事，故又荐之”，而是以益州路转运使身份推荐本路人才。赵抃任益州转运使时，正是苏轼兄弟居母丧期间，时苏洵亦在老家眉山，故启中云：“向家居眉阳，不能走二百里一至于门。”苏洵当时因拒绝召试舍人院，未去成都访赵抃，但苏轼兄弟，至少苏辙是曾去成都拜见过赵抃的。苏辙曾说：“辙昔少年，始见公于成都，中见公于京师。”（《太子少保赵公诗石记》）前者即指居母丧期间；后者即指嘉祐五年返京之后，时赵抃亦以右司谏召回朝廷，故称赵司谏。

十八、苏洵《答二任》《木假山记》作于嘉祐二年

嘉祐六年八月条还说：“宫师以木山三峰置庭前，凿池引水，约任孜与其弟伋来同游饮。”下引苏洵《答二任》诗为证。卷五英宗治平元年十二月条又云：“（苏轼）和子由木山引水。”下引苏洵《木假山记》为证。按：王文诰显然认为《答二任》《木假山记》均作于入京以后，并认为京城所蓄木山就是《木假山记》所说的《木山三峰》。这全搞错了。苏洵《答二任》诗当作于嘉祐二年因其妻程氏去世，仓卒返川后不久。诗云：“昨者入京洛，文章被人夸。”——此指苏洵于嘉祐元年以文章名动京师。“贫穷已衰老，短发垂鬖鬖。重禄无意取，思治中山畬。”——这正反映了苏洵名震京师却未求得一官半职的抑郁心情，“重禄无意取”实际上是未取得重禄的自我安慰的话。“往岁苦栽竹，细密如蒹葭”——如果此诗于嘉祐六年作于京师，他们当时到京才一年多，不当有此二句，而且有如前述，他们当时也没有住在京城。“庭前三小山，本为山中楂。当前凿方池，寒泉照谽谺。”这“三小山”即《木假山记》中所说的“木山三峰”，乃眉山老家所蓄木山，非京城所蓄木山，说详下条。

"玩此可竟日，胡为踏朝衙?"——这也表现了入京求官未遂的抑郁心情。"何当子来会，酒食相邀遮。……闲居各无事，数来饮流霞。"如果此诗作于嘉祐六年八月以后，苏洵已先后任试校书郎、礼院编修，正为修礼书忙得不亦乐乎，不得云"闲居各无事"。从全诗基调看，此诗当作于嘉祐二三年间苏洵求官未遂，妻死返川，闲居眉山期间。苏洵《木假山记》以树木的不幸遭遇自况，同样表现了嘉祐二年返川后的郁郁不得志之情，与《答二任》诗当作于大体同时。梅圣俞的《苏明允木山》诗，苏轼在《木山并叙》中说："吾先君子尝蓄木山三峰，且为之记（指《木假山记》）与诗（已佚）。诗人梅二丈圣俞见而赋之，今三十年矣。"苏轼《木山并叙》作于元祐三年（1088），逆数三十年则为嘉祐三年（1058）。这就无可辩驳地证明梅圣俞《苏明允木山》作于嘉祐三年，而不是王文诰所说的作于嘉祐五年二月；而苏洵的《木假山记》也只能作于嘉祐三年或嘉祐二年。

十九、京师所蓄木山与眉山老家所蓄木山非同一木山

至于嘉祐五年以后苏洵在京师所蓄的木山，根本就不是《答二任》《木假山记》中所说的木山。理由如下：第一，眉山老家的木山并未带入京师。苏洵嘉祐四年南行途中所作的《寄杨纬》诗云："家居对山木，谓是无言伴。去乡不能致，回顾颇自短。"第二，带入京师的木山是杨纬在峡中送给苏洵的，《寄杨纬》云："谁知有杨子，磊落收百段。拣赠最奇峰，慰我苦长叹。"而眉山老家的木山，则是苏洵从溪叟处买来的，梅圣俞《苏明允木山》云："苏夫子见之惊且喜，买于溪叟凭貂裘。"

以上是我读王文诰《苏诗总案》一、二卷时发现的一些问题。他卷也有不少问题，等以后再作整理。我的看法未必正确，不敢称纠谬，故曰《札记》。

（原载《中华文史论丛》1983 年第 3 期）

汪师韩的《苏诗选评笺释》

清代是中国文化的回光返照，几乎在各个领域都取得了集大成的成就，对苏轼的研究也不例外。研究苏轼生平，出现了王文诰的《苏文忠公诗编注集成总案》，这实际上是一部极其详尽的苏轼年谱。清人注释苏诗成风，有查慎行《补注东坡先生编年诗》、沈钦韩《苏诗查注补正》、翁方纲《苏诗补注》、冯应榴《苏文忠公诗合注》、王文诰《苏文忠公诗编注集成》等。清代的文集、诗话、笔记，评及苏轼作品者也很多，还出现了一些集中评论苏诗的专著，如查慎行的《初白庵诗评》、汪师韩的《苏诗选评笺释》、乾隆《御选唐宋诗醇》、纪昀《评苏文忠公诗集》（几乎尽评苏诗）、赵克宜的《角山楼苏诗评注汇钞》等等。这里先论述汪师韩的《苏诗选评笺释》（因下引此书甚多，一律简称汪评）。

汪师韩字韩门，钱塘（今浙江杭州）人。雍正十一年进士，改翰林院庶吉士，散馆编修官。乾隆元年直起居注，校勘经史。八年，充湖南学政，大学士傅恒荐入上书房，复授编修，任馆职。未几，落职游畿辅，直隶总督方观承延请他主持莲花池书院，观承入奏提及汪，乾隆以"好学问"称之。事见《清史列传》卷七一、《碑传集补》卷八。

师韩少以诗文名四方，中年以后一意研究经书，尤深于《易》。著述甚富，有《上湖纪岁诗编》《上湖纪岁诗续编》《上湖分类文编》《上湖文编补钞》《观象居易传钞》《孝经约义》《春秋三传注解》《金丝录》《叶戏源记》《韩门缀学》《韩门缀学续编》《孙文志疑》《文选理学权舆》《诗学纂闻》，还辑有《春星堂诗集》。《苏诗选评笺释》只是他大量著作中的一种，有清光绪十二年长沙刻丛睦汪氏遗书本。

一、从《御选唐宋诗醇》说起

《苏诗选评笺释》在大量评论苏诗的著作中具有较为重要的地位，这从乾隆《御选唐宋诗醇》几乎尽采其评即可看出。十七年前我参与编纂《苏轼研究资料汇编》，辑录《御选唐宋诗醇》中的资料，觉得评语相当精彩。但越录越觉得似曾相识，后经核对，才知道是汪师韩《苏诗选评笺释》中的评语。

《御选唐宋诗醇》四十七卷为乾隆十五年御定，选唐李白、杜甫、白居易、韩愈，宋苏轼、陆游六家诗。其中卷三二至卷四一为苏诗。各家前有总评，各篇后有篇评。这是一部重要的影响较大的唐、宋诗选评本，近年还在重印。乾隆二十五年江苏巡抚陈弘谋《奏请恭刊〈御选唐宋诗醇〉表》云："《御选唐宋诗醇》萃两代之精华，合诸家之美善，虽品格之各异，皆诗学之正宗，一经圣主品题，永为千秋定论。"读此表，仿佛其中"品题"皆"圣主"所为。但这是颂圣之语，不可信。原书《凡例》云："李、杜名盛而传久，是以评赏家特多，……晚出者评语更寥寥矣。多者择而取之，少者不容傅会，折衷一定，声价自齐，燕瘦环肥，初不以饰之浓淡为妍媸也。"可见书中评语为辑评。乾隆"御笔"序亦云："《诗醇》之选则以二代风华，此六家为最，时于几暇，偶一涉猎，而去取品评，皆出于梁诗正等数儒臣之手。"可见乾隆对六家诗只是"偶一涉猎"，"去取品评"者并非"圣主"，而是"皆出于梁诗正等数儒臣之手"，乾隆并未把他人的劳动据为己有，而汪师韩也许正是"梁诗正等数儒臣"之一（或许汪评早已完成，仅辑入此书而已。但汪评皆顶格，而辑录前人之评皆低一格，可见这一可能性较小）。可惜各家顶格的评语并未注明评者，而苏诗评语几乎全部录自汪师韩的《苏诗选评笺释》。之所以加上"几乎"二字，因为发现两书选诗数量虽差不多，均只有五百多篇，而《御选唐宋诗醇》略多一些，选目和编序也略有调整，并有少数评语为《苏诗选评笺释》中所没有，如《仆曩于长安陈汉卿家见吴道子画佛……》的"写吴生神授处，洞入玄微"；《泛舟城南，会者五人，分韵赋诗，得人皆苦炎字四首》的"境本平近，赋出闲情。四诗思如涌泉，趣昭而理举"；《残腊独出二首》的"通首酷写静境，结云"松风独不静"，此是反托之法，玄微窅奥，妙处可寻"；《白鹤山新居凿井四十尺，遇盘石，石尽乃得泉》的"'艰难'二字为通首点睛处，借题抒写，奥美难穷"。《子由生日》的"语语朴挚，祝颂乃弟之体，故当如是"；《贫家净扫地》的"起一语瞥空而入，是诗家兴体"；《郁孤台》的"深稳之至，弥出清新"等，这些评语可能是乾隆或其他儒臣所加。

二、《苏诗选评笺释叙》

《御选唐宋诗醇》卷三二开头的苏轼总评就是汪师韩《苏诗选评笺释叙》，只删去了"钱塘汪师韩叙"的署名及末段（"若其集中诗有用葱为薤"以后数行）。

《苏诗选评笺释叙》是汪师韩一篇重要的诗论，首先他从唐、宋诗的演变，肯定了苏轼在诗歌史上的地位：

诗自杜、韩以后，唐季五代纤佻薄弱，日即沦胥。宋初杨亿、刘筠、钱惟演之徒崇尚崑体，只是温、李后尘。嗣是苏舜钦以豪放自异，梅尧臣以高澹为宗。虽志于古矣，而神明变化之功，未有能骖驾杜、韩而雄视百代者。必也，其苏轼乎。

接着他具体评论苏诗说：

轼之器识学问见于政事，发于文章，史称言足以达其有猷，行足以遂其有为，节义足以固其有守，皆志与气为之也。惟诗亦然，其诗地负海涵，不名一体，而核其旨要之所在，如云"我诗虽云拙，心平声韵和"，此轼自评其诗者也。"作诗熟读《毛诗》《国风》《雅》《骚》，曲折尽在是"，此轼自以其所得教人者也。且夫"精深华妙"，则苏辙称之矣。"公如大国楚，吞五湖三江"，黄庭坚称之矣。"天才横放，宜与日月争光"，则蔡絛称之矣。"屈注天潢，倒连沧海，变眩百怪，终归浑雅"，则敖陶孙称之矣。前之曹、刘、陶、谢，后之李、杜、韩、白，无所不学，亦无所不工，同时欧阳、王、黄，犹俱逊谢焉。洵乎独立千古，非一代一人之诗也。而陈师道顾谓其"初学刘禹锡，晚学李太白"，乃一知半解欤！但其诗气豪体大，有非后学所易学步者。是以元好问论诗有云："只知诗到苏、黄尽，沧海横流却是谁？"又云："苏门果有忠臣在，肯放坡诗百态新？"盖非用此为讥议，乃正可以见其不可模拟耳。其与轼并世之人漫为评论者，如张舜民有"仔细检点，不无利钝"之言，而杨时至谓其"不知风雅之意"，后来严羽更以其自出己意，为诗之大厄，创大言以欺世，夫岂可为笃论哉！

这里他历引苏轼自己及苏辙、黄庭坚、蔡絛、敖陶孙之语，充分肯定了苏诗的成就；并反驳了张舜民、杨时、严羽对苏诗的批评，特别值得注意的是他认为元好问《论诗三十绝句》对苏诗并无"讥议"，只是论其"不可模拟"。他在评《秦少游梦发殡……》诗中也说："说得通透，使人心融神释。凡经史传记百家之言，信手拈来，无不贯穿协合。前古诗人未尝有此，此所谓'诗到苏、黄尽'也。"这就是他对元好问语的理解。

叙文末段是他自己对《苏诗选评笺释》的评价和交代：

是编所录，抉菁拔萃，审择再三，殆无遗憾。其生平丰功亮节，与夫兄弟朋友过从雅合之迹，及一时新法之废兴，时事之迁变，靡不因之以见。诗凡五百余首，古体则五言稍多于七言，近体则七言数倍于五言，要归本于六义之旨，亦非有成见也。若其集中诗有用葱为薤，用校尉为中郎，用扁鹊为仓公，用郑余庆为卢怀慎之类，均为严有翼所指摘。以轼读书万卷，集所援用常有不审所出者，安见其非别有根据？且即有笔误，亦似李、杜集中"黄庭换白鹅"，"垂杨生左肘"等句，虽疵颣，不失为名章也。句字之有讹，曾何遽为轼诗病也哉！此数诗亦不尽入选，特因论定之次，附及之。钱塘汪师韩叙。

可见他对此书是相当自负的，已到了"殆无遗憾"的程度。从《御选唐宋诗醇》几乎尽录其评可看出，这并非自吹自擂之辞。选诗标准则为"六义之旨"，所选五百余首，五古多于七古，七律多于五律，因为苏轼虽"无所不工"，但以五古、七律见长，并非胸有"成见"。最后他甚至对前人指责苏诗用典用事之误也作了辩解，可见他对苏诗的偏爱。

三、"旨要之所在"

苏轼论文强调以立意为主，他曾给葛延之讲作文之法说，商店里各种商品无所不有，只有一样东西可以换取，这就是钱。文章中的词藻，就是商店中五花八门的商品，文章的立意（即今天所说的主题）就是钱。"为文若能立意，则古今所有，翕然并起，皆赴吾目。"（《梁溪漫志》卷四）汪评很重视苏诗的立意，揭示其诗的主旨，如苏轼《守岁》诗有"坐久灯烬落，起看北斗斜。明年岂无年，心事恐蹉跎。努力尽今夕，少年犹可夸"语，汪评云："结句'犹可夸'者非幸词，正以见去日之苦多，而盛年之不再也。此与《别岁》一首，佳处不减魏武《短歌》。"苏轼《种松得徕字》，首以榆之易茂反衬青松之难栽："春风吹榆林，乱荚飞作堆。荒园一雨过，戢戢千万栽。青松种不生，百株望一枚。一枚已有余，气压千亩槐。"鲁人却拿它来"易斗粟"，作柴烧（"万灶飞青煤"）。山僧却爱松如子，对之细心调护："泫然解其缚，清泉洗浮埃。枝伤叶尚困，生意未肯回。山僧老无子，养护如婴孩。坐待走龙蛇，清阴满南台。孤根裂山石，直干排风雷。"最后作者感慨道："我今百日客，养此千岁材。茯苓无消息，双鬓日夜摧。古今一俯仰，作诗寄余哀。"汪评此诗说："始如婴孩之养，终成千岁之材，隐然储才爱才，一段真挚，其所寓意者微矣。"苏轼《与正辅游香积寺》写松脂岁久化为琥珀，但"真赝苦难识。灵苗与毒草，疑似在毫发。把玩竟不食，弃置长太息"。汪评此诗说："真赝疑似之难辨，偶借采药以发长叹，其感人者微矣。"这都是汪评重视苏诗立意的表现。

苏轼是一位以儒家仁政思想为主而又受佛、老思想影响颇深的人。忠君是儒家提倡的核心思想，神宗就曾称赞"苏轼终是爱君"。苏轼《郊祀庆成诗》有云："可颂非天德，因箴亦下情。民言知有酌，帝谓本无声。富国由崇俭，祈年在好生。无心斯格物，克己自销兵。化国安新政，孤臣返旧耕。还将清庙什，留与野人赓。"汪评此诗云："诗共十四韵，而自'可颂非天德'以下俱作箴规之语，此所谓因事纳规，不藉扬厉铺张以矜其华藻。"评《赠写御容妙善师》云："诗虽为妙善而作，而意则眷恋先皇，无句不是惓惓忠爱之诚。此即轼所谓'发乎情止乎忠孝'，而不仅'止乎礼义'者也。"苏轼一生深深卷入了当时的政治斗争，他有不少诗篇为刺新法扰民而作，汪评往往指出了这一主旨。如评《汤村开运盐河雨中督役》云："职役之劳与夫妨农病民之实，历历如绘。所以指陈得失，有《国风》《小雅》之遗。"评《画鱼歌》云："时新法盛行，故即'短钩画水'以为喻。所言'此意岂复遗鳅鲵'与'一鱼中刃百鱼惊'者，似皆指新法之病民，王、吕辈坏法乱制，岂异拔渚蒲而乱藻荇哉！其《请罢条例司疏》有云：'造端宏大，民实惊疑，创法新奇，吏皆惶恐'，正与诗意相同。而其绘事如画，笔端有神，虽寥峭短章，读其词如有千百言在腕下。"《鱼蛮子》是一首揭露"人间行路难，踏地出赋租"的名篇，汪评此诗云："分明指新法病民，出赋租者不如鱼蛮之乐也。忽又念及算舟车者，笔下风生凛凛。……此诗结云'蛮子叩头泣，勿语桑大夫'，亦不待明言其所以然，可称诗史。"汪评因过分强调苏轼的儒家思想，有时也未免牵强附会。如评《与子由同游寒溪西山》云："轼以诗狱谪黄州，辙亦谪筠州监盐酒税，相见宜不胜感怆者。而诗'吾侪流落岂天意，自坐迂阔非人挤'，诗人忠厚之言。"正言若反，所谓"非人挤"，实指"人挤"，与其说是忠厚之言，毋宁说是愤世之语。

苏轼一生为宦四十年，有一半的时间是在贬所度过的。"心似已灰之木，身如不系之舟。问汝平生功业，黄州、惠州、儋州。"（《自题金山画像》）他一生深受佛、老思想影响，特别是在贬谪期间。但早在青年时代，他就对入仕、出仕深感矛盾，南行途中所作的《夜泊牛口》，看到百姓过着贫困生活仍自得其乐（"煮蔬为夜餐，安识肉与酒？朔风吹茅屋，破壁见星斗。儿女自咿嘎，亦足乐且久"），不禁嘲笑自己何苦奔走仕途："人生本无事，苦为世味诱。富贵耀吾前，贫贱独难守。谁知深山子，甘与麋鹿友。置身落蛮荒，生意不自陋。今予独何者，汲汲强奔走？"汪评云："不见可欲，使心不乱，于此悟出艰难中骨力。孰谓陋室荒村不可以学道？"《夜行观星》有"天人不相干，嗟彼本何事。世俗强指摘，一一立名字。南箕与北斗，乃是家人器。天亦岂有之，无乃遂自谓"语，汪评云："搔首问天，乃以元解，是即道不可名，强名曰道之旨也。"评《张寺丞益斋》云："如记如铭，核其大旨，只是《老子》'为学日益，为道日损'二句而已。"均指出了苏轼受老、庄思想影响。《韩子华石淙庄》诗是称颂韩绛能急流勇退的诗，汪评此诗说："此盖嫉世之贪位固禄者。轼通《道藏》，又尝撰《广成子解》，故有取乎老、庄知足不辱之旨，非为韩绛有手疏之词，遂顺其意而称道之也。"

　　苏轼因精通佛学，往往以禅说诗，这集中表现在《送参寥师》诗中。参寥子作为僧人，追求苦行空寂，对世事早已心灰意冷，"视身如丘井"，"颓然寄淡泊"；作为诗人，却在追逐文字之工，"忧愁不平气，一寓笔所骋"。这不有点矛盾吗？苏轼认为并不矛盾，诗人只有像僧人那样的"空且静"，才能洞察万物；而僧人的"阅世走人间，观身卧云岭"，正可获得"咸酸杂众好，中有至味永"的诗情。因此，苏轼的结论是"诗法（法指佛法）不相妨"。这实际上是宋代以禅说诗的滥觞，影响很大。汪评认为苏轼是"取韩愈论高闲上人草书之旨，而反其意以论诗，然正得诗法三昧者。其后严羽遂专以禅喻诗，至为分别宗乘，此篇早已为之点出光明。王士祯尝谓李、杜如来禅，苏、黄祖师禅，不妄也。"又如《秀州僧本莹静照堂》有："鸟囚不忘飞，马系常念驰。静中不自胜，不若听所之。君看厌事人，无事乃更悲。"汪评此诗云："厌事人无事更悲，说来绝倒。即就起动相以证真谛之寂然，何必坐断千崖，乃得慧眼无见。"《闻辩才法师复归上天竺以诗戏问》云："寄声问道人，借禅以为诙。何所闻而去，何所见而回。道人笑不答，此意安在哉。昔年本不住，今者亦无来。"汪评此诗云："'昔本不住'，'今亦无来'，说来真是无缚无脱。较'闻所闻而来，见所见而去'，更上一层矣。"

　　四、谨于布置，"下笔郑重"

　　段落分而诗义明，汪评很注重苏诗的章法结构，特别是对长诗。如分析《入峡》云："首二句，虚笼以作起局；'长江'六句，又作总挈；其'入峡'十二句，峡中之景物也；'绝涧'十二句，峡中之人事也；'气候'八句，则言人居峡之陋；'叹息'八句，则言入峡之劳。至'独爱孤盢鹘'以下十二句，前六句就孤鹘写其高超自得之乐，后六句以我之局促与鸟之飞刽两相对照，作开合之势，知高超之乐，则知高遁之甘矣。章法明姬，如观远岫，列秀青青。"评《辛丑十一月十九日既与子由别于郑州西门之外马上赋诗一篇寄之》云："起句突兀有意味。前叙既别之深情，后忆昔年之旧约。'亦知人生要有别'，转进一层，曲折遒宕。轼是年甫二十六，而诗格老成如是。"评《朱寿昌郎中少不知母所在……》说："前十二句称述本事，于离合情状曲折无不尽矣。然读之但觉情余于词者，以有'嗟君''怜君''羡君''爱君'等字为之点睛，则俱是作诗之旨，固与传记体裁迥别也。'感君离合'二句，忽念及今无古有，作一转轴，以下遂历陈古事，既不拘于时代，亦不复再加论断。悉数既终，文亦截然而止，此格尤为创格，然正是汉魏人遗意，低手不能为，亦不敢为也。"类似评论，在汪评中比比皆是，举不胜举。

苏轼《王维吴道子画》是提倡文人画的名篇，全诗主旨是论王维画远过吴道子画，汪评对其巧妙安排作了非常精辟的论述。将欲抑之，先必张之："道子下笔如神，篇中摹写亦不遗余力。将言吴不如王，乃先于道子极意形容，正是尊题法也。"而对其极力推崇的王维画却着笔甚淡："后称王维只云画如其诗（"今观此壁画，亦若其诗清且敦"），而所以誉其画笔者甚淡。顾其妙在笔墨之外者，自能使人于言下领悟，更不必如《画断》凿凿指为神品妙品矣。"最后又评苏诗末段将王、吴画作比较云："若将'吴生虽妙绝，犹以画工论'二句，置之于'道子实雄放'之前，则语无分寸，并后幅之精采亦不复有。诗惟下笔郑重，乃有此变化跌宕。至末始以数语划明等次，虽意言已尽，而流韵正复无穷。"评《次韵张安道读杜诗》，亦赞其"矜慎之至"："初读之但觉铺叙排比，词气不减少陵耳。详味其词，乃见下笔矜慎之至。盖题是次张安道韵，则是先有张诗在意中，非泛然为少陵作赞颂也。'地偏'四句，但将从来诗道之敝，广譬曲喻。转入杜陵，只用'杰'字一言之褒，而其起衰式靡，立极千古者已意无不尽。此下（指"名与谪仙高"以下）只是慨其遭际，更不论诗。即轼平日所云'发于情止于忠孝'者亦不一及。又俱借谪仙为陪，以与下'开卷''知音'一联（"开卷遥相忆，知音两不遭"）情事相映合。结乃用比喻以应前文（指以"简牍仪型在，儿童篆刻劳"应开头的"大雅初微缺，流风困暴豪"），大含元气，细入无间。其一一次韵天然，又不过汗漫之余技矣。"他人论苏诗，多强调其下笔直抒胸臆，不暇检点，汪评却指出其"下笔郑重"，"矜慎之至"，确有独到之见。

苏轼有不少组诗，汪评对其组诗各章的结构也多有中肯的分析。如论《中秋月三首》云："首作虽以郊寒自况，啸歌徘回，其风流则颉颃乎太白矣。次篇专为怀辙而作，直述往事，凄其动色。三作杂述所思，不避纷沓，翻成错落。"评《宋复古画潇湘晚景图三首》云："首篇言画之梗概，终篇言画之曲折，中篇乃以前四句承上，后四句起下，结构森严。"苏轼有些组诗实一气贯下，可作一首读，如评《夜泛西湖五绝》云："五绝蝉联而下，体制从《三百篇》出，清苍突兀。三四两作写景之妙，尤为脱尽恒蹊。昔陈思《赠白马王彪》诗，《艺苑卮言》谓其体全仿《大雅·文王》之什。至谢康乐《登临海峤》四章，《文选》直合为一首，注亦更不分其一其二。若此诗亦必作一首读，乃见其妙耳。"

汪评有时还论及各篇之间的角度，如比较《金山寺》与《自金山放船至焦山》云："《金山》作已极登高望远之胜，故焦山只写山中之景。彼以雄放称奇，此以闲寂入妙。钟鼓修竹，未到之见闻也；风流歌啸，将到之情事也。至于老僧迎客，一时絮谈，详叙曲尽。结出'无田不退宁非贪'，则又为前篇'有田不归如江水'之句进一解矣。"

汪评除论及各篇内部结构、组诗各章结构、各篇之间的结构外，还论及切题、起、结等问题。《登州海市》按理应写海市才叫切题，但却只用"重楼翠阜"一句带过："海市只是'重楼翠阜'，此固不尽形容，亦正不能形容也。从未见之前，既见之后与岁晚得见之异结撰至思，炜炜精光，欲夺人目。是乃能使元气剖判，成乎笔端。"苏诗工于发端，往往开头数语即能点明主旨。评《与顿起孙勉泛舟探砑得未字》云："潦倒多才，起四语（"窗前堆梧桐，床下鸣络纬。佳人尺书到，客子中夜喟"）尤清辉相映。轼工于发端，每以偶语标其峻整。"苏诗也有以结句点明主旨的，如《鹤叹》。此诗实取意于贾谊的《鹏鸟赋》："园中有鹤驯可呼，我欲呼之立坐隅。鹤有难色侧睨予，岂欲臆对如鹏乎。我生如寄良畸孤，三尺长胫阁瘦驱。俛啄少许便有余，何至以身为子娱。驱之上堂立斯须，投以饼饵视若无。戛然长鸣乃下趋，难进易退我不如。"汪评此诗云："'难进易退我不如'，此《鹤叹》所以作也，却只于结处一句收住。中云'岂欲臆对如鹏乎'，乃疑而问鹤之词，而'我生如寄'四句便直代鹤作臆对语。章法奇绝，是方为善学贾赋者。"汪评论苏诗章法，还指出其善于穿插，避免平直。如论《张寺丞益斋》就"益"发议，讲应为学日益，为道日损，"却先以远游譬之，又以学医譬之，此文章离合变化之法"。《次韵子由论书》前后皆论书法，中间却以学射比喻，以避免平直："忽插入'学射'一段，轩然波起，凌厉无前。"

五、"无所不学，亦无所不工"

苏辙《亡兄子瞻端明墓志铭》："公诗本似李、杜，晚喜陶渊明。"苏诗确实具有李白豪迈不羁、杜甫雄深雅健、陶潜"质而实绮，癯而实腴"的多种风格。苏轼实际上不止学李、杜、陶，而是无所不学，如汪评之《叙》所说："前之曹、刘、陶、谢，后之李、杜、韩、白，无所不学，亦无所不工。"

杜诗最突出的特点是对世上疮痍、民间疾苦十分关心，所谓"一饭未尝忘君"，前引汪评已指出苏诗具有同一特点，此不赘述。而杜甫沉郁顿挫、雄深雅健的诗风，汪评认为苏诗时亦有之。如称《荆州十首》"俯仰陈迹，怀古者所同。悲壮慷慨，则唐贤得意笔也"；称《石头城》"深沉雄健"；称《次韵和王巩六首》中的"少年带刀剑"一首"俯视一切，交集百端，起二句非由作意所能得。"称《五月二十日往岐亭郡人潘古郭三人送余于女王城东禅庄院》"含蕴无穷，仿佛少陵《东阁观梅》之作。"特别是晚年远谪惠州期间写的《荔枝叹》，是讽刺各级官僚"争新买宠各出意"而贡荔枝、茶叶、牡丹的名篇，揭露了历代官僚（包括本朝）为了赢得"宫中美人一破颜"，不惜造成"惊尘溅血流千载"的丑态和罪行，甚至对当权的哲宗也有讥刺。汪评此诗说："'君不见'一段，百端交集，一篇之奇横在此。诗本为荔枝发叹，忽说到茶，又说到牡丹，其胸中郁勃，有不可以已而言，斯至言至文也。百端交集、胸中郁勃、不可以已，这也正是杜诗的特点。

苏轼无论为人、才气和诗风确实都"颇似李白"。汪评《书丹元子所示李太白真》云:"笔歌墨舞,实有手弄白日、顶摩青穹之气概,足为白写照矣。赵葵《行营杂录》云,神宗一日与近臣论人才,因曰:'轼方古人孰比?'近臣曰:'颇似李白。'上曰:'不然。白有轼之才,无轼之学。'神宗之知轼者深,虽李定等百方媒孽,而终得保全也。"汪评《行琼儋间……》云:"行荒远僻陋之地,作骑龙弄凤之思。一气浩歌而出,天风浪浪,海山苍苍,足当司空图'豪放'二字";称《豆粥》"波腾雷动,起伏开阖,气伟采奇,青莲无以过";谓《赠岭上老人》"高朗得青莲之一体"。李白诗常给人以飘飘欲仙之感,汪评认为苏诗也具有这一特点,如评《芙蓉城》诗云:"有文有情,仙踪缥缈,梦景迷离。'入不言兮出不辞,乘回风兮载云旗',未足喻其超诣。"评苏轼《六月二十日夜渡海》云:"高阔空明,非实身有仙骨,莫能有其只字。"

苏轼一生都喜爱陶潜,青年时代的部分诗作就具有陶诗的雅淡风格。贬官黄州期间他就把自己躬耕的东坡比作陶潜游过的斜川,并把陶潜的《归去来辞》隐括入诗词中。在知扬州时就曾和陶潜《饮酒》诗二十首,但苏轼大量写作和陶诗是在贬官岭南期间。《雨中过舒教授》末二句为"自非陶靖节,谁识此间趣",显然是以陶潜自居,汪评此诗云:"一种闲情逸趣,锻炼出以雅淡,任拈一语,无不静气迎人。"评《雨后行菜圃》云:"质而实绮,癯而实腴,得陶公田园诸诗之神髓。"评《安州老人食蜜歌》云:"游戏三昧,掣电机锋,合之以成绝世奇作。昔轼尝引佛言'譬如食蜜,中边皆甜'之语,以论陶、柳诗,谓人食五味,知其甘苦皆是,能分别其'中边'者,百无一二也。如此篇,其亦诗之'中边皆甜'者乎!"类似评论很多。

汪评所说的苏诗"无所不学,亦无所不工",当然不仅指李、杜、陶三家,而是几乎包括了从先秦一直到宋代的所有大家名家。如"态浓意远,余味曲包,故得骚经之流韵"(《题杨次公春兰》评),"离却白水,别作虚空缥缈之想。层峦叠波,兴会淋漓,逸思奔发,屈子《远游》之遗"(《次韵正辅同游白水山》评),这是指学屈原;"固是源泉喷涌,然无字不经称量而出。柏梁体诗,最难如此精浑"(《次韵答刘泾》评),"后首本是直抒胸臆,读之乃觉中心菀结之至者，此汉、魏人绝调也"（《颍州初别子由二首》），这是指学汉、魏；"写步至之景，琢句具六朝人风骨。后幅即事寄慨，正以不横使议论为古"（《自净土步至功臣寺》评），这是指学六朝；"峭蒨高洁，韦、柳遗音（《梵天寺见僧守诠小诗清婉可爱次韵》评），"点染处极其古秀，揭朗标华，较香山连珠体诗更进一格"（《天竺寺》），这是指学韦应物、柳宗元、白居易；至于论其类韩愈处那就更多，如"盘空硬语，具体昌黎"（《次韵王定国南迁回见寄》）；"选词琢句，多出昌黎，激宕豪奇，得骨得髓，不可皮相，亦无以目论。"（《送李公恕赴阙》）苏轼《木山》叙云："吾先君子尝蓄木山三峰，且为之记与诗。诗人梅二丈圣俞见而赋之，今三十年矣。而犹子千乘又得五峰，益奇，因次圣俞韵，使并刻之其侧。"汪评此诗云："次梅诗韵，即效其体格，炯炯清立。"可见他也模仿过梅圣俞的诗。

汪评苏诗一书不仅论述了苏轼在诗歌史上的地位，阐明其诗的主旨、章法、诗风，而且还从多种角度对苏诗作了充分肯定。如称其情真，《答吕梁仲屯田》是一篇写徐州防洪的诗篇，其中有"旋呼歌舞杂诙笑，不惜饮醵空缾盆"句，有人"谓不于此时殷忧恻怛而以行乐为言，似为失体"。汪评反驳道："然此语乃在河复之后，幸得免为鱼鼋，因而饮醵，固是人情所有。正见其率真不作妄语，岂比后之矫情自饰者，对人作悽怆之词，而实于民事漠不加意者耶？"称其长于描摹，如评《李氏园》云："叙园中景物，委折详尽，自西而南而东而北，一一点睛，有刻鹄而无冗散，宛如柳州小记"；称其诗兼众体，评《送穆越州》云："意象阔远，词调铿锵，七律正宗，足以上追王、杜。"《试院煎茶》是一首七古，《汲江煎茶》是一首七律，汪评认为这两首都堪称绝唱："独写煎茶妙处，于集中诸咏茶诗别出一奇。语不必深而精采自露。此与《汲江》一篇，在古近体中各推绝唱。"称其长于对偶，评《小饮西湖怀欧阳叔弼兄弟赠赵景贶陈履常》云："写景以骈语入情，刘勰所谓'俪采百字之偶'者可移以评此。"称其善用比喻："用譬喻为文，是轼所长。此篇摹写急浪轻舟，奇势迭出，笔力破余地，亦真是险中得乐也"；"叠韵愈出愈奇，百炼钢化为绕指柔，古今无敌手。此篇与前篇合看，益见其才大而奇。"（《百步洪二首》评）

总之，汪评苏诗在清评苏诗中是颇富特色的，查评苏诗数量较少，纪昀却几乎尽评苏诗，汪评五百多首，约占苏诗五分之一，较为适中；正因为纪昀几乎尽评苏诗，而大家也有败笔，因此对苏诗的批评也较多，汪师韩是"挹菁拔萃，审择再三，殆无遗憾"，所选确实堪称菁萃，故少有批评之语而多称美之词。

（原载《文学遗产》2000 年第 3 期）

论李香岩手批纪评苏诗

李香岩手批纪昀评《苏文忠公诗集》，是鲍正鹄老先生送给我的。鲍老是一位十分豪放的老人，二十多年前在复旦大学就餐，席间只有一瓶酒，只有年近古稀的鲍老、年近五旬的我与复旦章培恒先生的高足谈培芳（那天章先生不在）女士三人能喝酒。鲍老说，只有我们三人喝酒，就三一三一，分了吧。他于是把一瓶酒平分在三个啤酒杯内。我和鲍老一口一口地喝，谈女士却端起酒杯一饮而尽。她的喝法吓了我一大跳，我问她能喝多少酒，她的回答更惊人："不知道，因为我从来未喝醉过。"喝酒的这老、中、青三个人都很豪爽，我与鲍老谈得尤为投机。因此，此后我到北京就常去鲍老家坐坐。一次他把李香岩手批纪昀评《苏文忠公诗集》送给我，并说："你是研究苏轼的，又是四川人，物归原主，这部书就送你吧！"鲍老已过世多年，而他的音容笑貌，至今仍历历在目。

纪昀评《苏文忠公诗集》是批在查慎行《补注东坡先生编年诗》上的，李香岩的评语是批在纪昀评《苏文忠公诗集》上的，故下面依次谈谈查注、纪评和李批。

一

苏轼是中国文学史上的奇才，是历代研究得最多的文学家。历史上研究评论苏轼最多的，一是南宋，二是清代，三是当今。苏轼是全能作家，诗、词、文俱佳。今人研究评论最多的是苏词，近数十年来的苏词全注本就有龙榆生的《东坡乐府笺》、郑向恒《东坡乐府校订笺注》、唐玲玲《东坡乐府编年笺注》、薛瑞生《东坡词编年笺证》、邹同庆、王宗堂《苏轼词编年校注》等，此外还有数不清的苏词选注本。但从历史上看，历代学者对苏诗的兴趣远远超过苏词、苏文。长期以来，苏词注本就只有以抄本流传的宋人傅幹的《注坡词》，苏文注本也只有宋人郎晔的《经进东坡文集事略》。而从宋代起，苏诗就有分类注（王十朋《集百家注分类东坡先生诗》），又有编年注（施元之、顾景繁《注东坡先生诗》）。清人更是评注苏诗成风，有查慎行《补注东坡先生编年诗》、《初白庵诗评·东坡诗评》、纪昀评《苏文忠公诗集》、沈钦韩《苏诗查注补正》、翁方纲《苏诗补注》、冯应榴《苏文忠诗合注》、王文诰《苏文忠公诗编注集成》、赵克宜《角山楼苏诗评注汇钞》等。

查慎行（1650—1727）字悔余，号初白，原名嗣琏，字夏重，海宁（今属浙江）人。少受学黄宗羲，深通《易》学。尤长于诗，亦能词。康熙时举人，特赐进士，官编修。后告老家居，弟嗣庭狱起，尽室赴诏狱，清世宗知其端谨，特放归。著有《周易玩辞集解》《经史正伪》《敬业堂诗集》《补注东坡编年诗》等。

查慎行注东坡诗，历时三十年，艰苦备尝，其《略例》云："补注之役，权舆于癸丑（康熙十二年），迨己未、庚申（康熙十八、十九年）后，往还黔、楚，每以一编自随。己卯（康熙三十八年）冬，渡淮北上，水触舟裂，从泥沙中检得残本，淹浥破烂，重加缀葺。辛巳（康熙四十年）夏，自都南还，夜泊吴门遇盗，探囊胠箧之余，此书独无恙也。自念头童齿豁，半生著述，不登作者之堂，庶几托公诗以传后，因闭门戢影，毕力于斯，追维始事，迄今盖三十年矣。虽蠡测管窥，何足仰佐万一，顾视世之开局于五月，蒇事于腊月，半年勒限，草促成书，浅深得失，必有能辨之者。"

他在《补注东坡先生编年诗例略》中谈到他补注苏诗的原因时说："余于苏诗，性有笃好，向不满于王氏注，为之驳正瑕疵，零丁件系，收弄箧中，积久渐成卷帙。后读《渭南集》，乃知有《施注苏诗》。旧本苦不易购，庚辰春与商丘宋山言并客辇下，忽出新刻本见贻。检阅终卷，于鄙怀颇有未惬者，因复补辑旧闻，自忘芜陋，将出以问世。"又云："施氏本又多残脱，近从吴中借钞一本，每首视新刻或多一二行，乃知新刻复经增删，大都掇拾王氏旧说，失施氏面目矣。今于《施注》原本所有而新刻所删者，辄补录以存其旧，漫不可辨者则缺之。"① 可见他注苏诗是因为不满王十朋注的"瑕璺"、施宿注的"残脱",尤其是不满宋荦、邵长蘅等补的《施注苏诗》而作。《四库全书》卷一五四此书提要亦云:"慎行是编,凡长蘅等所窜乱者,并勘验原书,一一厘正,又于《施注》所未及者,悉采诸书以补之。其间编年错乱及以他诗溷入者,悉考订重编。……考核地理,订正年月,引据时事,原原本本,无不具有条理,非惟邵注新本所不及,即《施注》原本亦出其下,自有苏诗以来,注家以此本居最。"查注确实是当时最好的苏诗注本,这大概就是纪昀五阅查注苏诗的原因吧。

二

纪昀(1724—1805)字晓岚,又字春帆,谥"文达",直隶献县(今属河北)人。乾隆进士,官至礼部尚书、协办大学士,曾任四库全书馆总纂官,纂定《四库全书总目提要》。他是清代的大学者和著名的文学家、评点家,一生著述甚富。《评苏文忠公诗》是纪昀一部评论苏诗的专著,是批在查慎行的《初白庵苏诗补注》上的,故其编次"悉依其旧"。他评苏诗十分认真,其《题记》② 云:"予点论是集,始于丙戌之五月。初以墨笔,再阅改用朱笔,三阅又改用紫笔。交互纵横,递相涂乙,殆模糊不可辨识。友朋传录,各以意去取之。续于门人葛编修正华处,得初白先生手批本,又补写于罅隙之中,益轇轕难别。今岁六月自乌鲁木齐归,长昼多暇,因缮此净本,以便省览。盖至是凡五阅矣。"他花了整整五年多时间,"凡五阅"才完成了此书。卢坤《纪评苏诗序》云:"河间纪文达公于书无所不读,浏览所及,丹黄并下,如汉廷老吏,剖断精核,而适得事理之平。至于苏诗,五阅本而后定,盖尤审也。……昔公尝谓生平之学尽于《四库提要》一书,余集可废,则公不以是集重;读是集者,不能不以公重也。苏诗旧有查初白评本,此则较严,凡涉禅语及风议太峭处,咸乙之。盖子瞻才大,可以无所不有,公为后学,正其圭臬,固其宜也。"这里概括了《纪评苏诗》的特点,一是如老吏断案,精核

---

① 《苏诗补注》卷首,四库全书本。
② 纪昀评《苏文忠公诗集》,道光十四年版。

而又平允；二是以传统儒家文艺观评苏诗，不取其以禅入诗和锋芒太露者。

纪昀对苏诗演变过程作了全面研究，如卷二尾批云："以上二卷、太抵少作，气体未能成就。疑当日删定之余稿，后人重东坡名，拾缀存之耳。"卷八尾批其通判杭州时诗云："以东坡管领湖山，宜有高唱，而此卷警策之作却不甚多，岂吏事萦心之故耶？"卷一一尾批云："才出杭州，诗便深警。非胸中清思半耗于簿书，半耗于游宴耶？信乎诗非静力不工。虽东坡天才，亦不能于胶胶扰扰时，挥洒自如也。"卷二九尾批其元祐年间为京官时之诗云："此卷多冗杂潦倒之作，始知木天玉署之中，征逐交游，扰人清思不少。虽以东坡之才，亦不能于酒食场中，吐烟雾语也。"卷四五尾批其去世前诗云："此一卷皆冗漫浅易之作，盖至是而菁华竭矣！"通过这些纪评，我们可以清楚看出纪昀对苏诗的总体看法及对苏诗演变过程的看法。

苏辙谓苏诗本似李杜，晚喜渊明，纪昀也认为部分苏诗是学杜的，如评《荆州十首》云："此东坡摹杜之作，纯是《秦州杂诗》。"评《中隐堂诗》云："亦是摹杜《何氏山林》诸作，句句谨严，不失风格。"评《荔支叹》云："貌不袭杜，而神似之。出没开合，纯乎杜法。"

苏轼的才气风格更接近李白，纪昀评《行琼儋间，肩舆坐，睡梦中得句云"千山动鳞甲，万谷酣笙钟"，觉而遇清风急雨，戏作此数句》云："以杳冥诡异之词，抒雄阔奇伟之气，而不露圭角，不使粗豪，故为上乘。源出太白，而运以己法，不袭其貌，故能各有千古。"苏轼有《和李太白》诗，纪评云："非东坡不敢和太白，妙于各出手眼，绝不规摹。"

苏轼晚年学陶，这是人人皆知的事，但事实上他早年就开始学陶了。作于凤翔的《和子由记园中草木十首》，正如纪昀所评："首首寓慨而不露怒张，句句涉理而不入迂腐，音节意境皆逼真古人，亦无刻画之迹。"所谓"逼真古人"，汪师韩点破了，具有"柴桑（陶潜）淡远"的特点。纪评《和子由闻子瞻将如终南太平宫溪堂读书》，更直接指出其诗"纯是陶诗气派，但面目不同耳。世人学陶，乃专以面目求之，所谓形骸之外，去之愈远。"其后苏轼曾无数次地表示过对陶潜的仰慕或以陶潜自况，如《汤村开运盐河雨中督役》（卷八）① 的"胡不归去来，滞留愧渊明"；《佛日山荣长老方丈》（卷一〇）的"陶令思归久未成，远公不出但闻名"之类。苏轼慕陶潜的超脱，但有时还嫌他超脱得不够，其《李行中秀才醉眠亭》（卷一二）云："君且归休我欲眠，人言此语出天然。醉中对客眠何害，须信陶潜未若贤"；《和顿教授见寄，用除夜韵》》（卷一三）"我笑陶渊明，种秫二顷半。妇言既不用，还有责子叹。无弦则无琴，何必劳抚玩？"苏轼晚年有意学陶，只不过是他前期仰慕陶潜，追求陶潜平淡诗风的继续和发展。其《和陶贫士》（卷三九）之二云："夷齐耻周粟，高歌诵虞轩。产禄彼何人，能致绮与园。古来避世士，死灰或余烟。末路益可羞，朱墨手自研。渊明初亦仕，弦歌本诚言。不乐乃径归，视世羞独贤。"这首诗表现了苏轼很复杂的感情，很深沉的感慨。伯夷、叔齐义不食周粟，但却"高歌诵虞轩"，可见并未忘怀世情；商山四皓"义不为汉臣"，却被吕禄、吕产等庸碌之辈罗致而来；陶潜不愿为五斗米折腰，但当初也曾"聊欲弦歌，以为三径之资"② 而出仕。古来的高士都未能完全忘怀世情（"死灰或余烟"），结果如四皓之辈竟落得末路可羞、朱墨自研的下场，何况我苏轼呢？这实际是在为自己"半生出仕"解嘲。但陶渊明"不乐乃径归"，即时抽身，而自己却"出仕三十余年，为狱吏所困，终不能悛"③，可见"视世羞独贤"是包括了他自己的"独愧渊明"，充满了后悔莫及之情。纪评论此诗说："借渊明以自托，愈说的平易，愈见身份之高。"又云："意深至而气浑成"，"置之陶集，几不可辨。"

纪昀全面研究了苏诗各体。自《诗经》以后，只有曹操、陶潜写过一些好的四言诗，纪昀评虽然认为"四言诗可以不作"（《息壤诗》），但仍以"语自脱洒"评《颜乐亭诗》。苏轼晚年几乎尽和陶诗，因此作了不少四言诗，纪昀称其"居然是陶，猝不易别"（《和陶时运》）；"颇有陶意"（《和陶停云》）。其评《和陶答庞参军六首》云："六章虽作四言，而皆有古意，不同他四言之

---

① 以下卷数均指《苏轼诗集》。
② 《晋书》卷九四《陶潜传》。
③ 苏辙《子瞻和陶渊明诗集引》（卷二一）。

不今不古，当由蓝本在前之故。"樊潜庵云："四言尤难，以《三百五篇》在前故也。观公四诗（《和陶时运》），冲淡隽蕴，大有风人遗意。"

苏轼六言诗甚少，纪昀似乎也认为不必作，他评《和何长官六言次韵五首》云："六言最难工，即工，亦非正体。"但却称苏轼的《西太一见王荆公旧诗偶次其韵》云："六言难得如此流利。"

纪昀对苏轼七古不甚满意，认为"东坡与此种不甚宜，以其主于宛转流利，不便驰骤故也"（《次韵秦观秀才见赠，秦与孙莘老、李公择甚熟，将入京应举》）。批评《于潜令刁同年野翁亭》"野气太重，似晚唐人七古下调"。

他评东坡七律云："东坡七律，往往一笔写出，不甚绳削。其高处在气机生动，才力富健。其不及古人者，在少熔炼之工与浑厚之致"（《正月二十日往岐亭，郡人潘、古、郭三人送余于女王城东禅庄院》）；"坡公七律，往往失之太快、太豪，此诗故亦不免此病。"（《赠虔州术士谢晋臣》）

东坡五律，他最欣赏《宋复古画潇湘晚景图三首》："题画作五律，已难措手；叠至三首，更难措手矣。"

东坡七绝，他最欣赏《惠崇春江晚景二首》："此为名篇，兴象实为深妙！"

东坡五绝，他最欣赏《次韵子由岐下诗》："五绝分章，模山范水，如画家之有尺幅小景，其格倡自辋川（王维）。尔后辗转相摹，渐成窠臼，流连光景，作似尽不尽之词，似解不解之语，千人可共一诗，一诗可题千处。桃花作饭，转归尘劫，此非创始者之过，而依草附木者过也。东坡此廿一首，虽非佳作，要是我用我法。固知豪杰之士，必不依托门户以炫俗也。"

纪昀是以传统儒家文论评苏诗，在内容上主张情真，反对以议论入诗、以禅偈章咒入诗。他常常称美苏诗"情文相生"、"含情不尽"、"语语真至"、"情思深婉"、"真至之言，自然浑厚"。称《予以事系御史台狱》"是处青山可埋骨，他年夜雨独伤神"二句为"情至语，不以工拙论也"；称《东府雨中别子由》云："愈琐屑，愈真至，愈曲折，愈爽朗，此为兴到之作，清空如话，情味无穷。"

纪昀并不反对诗中说理，但反对以理语入诗。他称美《和子由园中草木》

"种柏待其成"一首云："纯乎正面说理，而不入肤廓，以仍是诗人意境，非道学意境也。夫理，喻之米，诗则酿之而为酒，道学之文则炊之而为饭。"批评《次韵答荆门张都官维见和惠泉诗》"太涉理路，遂入论宗，由其明而未融，故未能纵横无碍"，又批评《刘壮舆长官是是堂》"太涉理路"。

他反对以禅偈章咒入诗，纪评苏诗充满了如下批评："直是禅偈""直是偈咒""太偈颂气""太章咒气"。因为在他看来，"太似偈颂，便无复诗意"（评《纪梦》）。对《题西林壁》（横看成岭侧成峰）这样脍炙人口的诗篇，他也不以为然："亦是禅偈，而不甚露禅偈气，尚不取厌。以为高唱则未然。"评《赠月长老》云："（起处）纯作禅语，却无偈颂之气。"评苏轼晚年所作《南华寺》云："（起处）触境寄慨，不同泛作禅语。此方是东坡游南华寺诗，不可移掇他人；是此时东坡游南华寺诗，不可移掇他时。此为诗中有人。"可见纪昀也不是完全反对以禅入诗，主要应看是否"触境寄慨""挥洒自如"，是否"诗中有人"。

纪昀称苏诗多波澜起伏，奇气纵横，评《石鼓歌》云："精悍之气，殆驾昌黎而上之。摹写入微。……（'自从周衰更七国'以下数句）看似顺次写下，却是随手生出波澜，展开境界，文情如风水之相遭。（'登山刻石颂功烈'以下数句）妙以刻石与石鼓相关照，不是强生事端，泛作感慨。陡合捷便。'传闻'（'传闻九鼎沦泗上'）数语又起一波，更为满足深厚。前路犀利之极，真有千尺建瓴之势。非如此层层起伏潆洄，则收束不住矣。"评《王维吴道子画》云："（起处）奇气纵横，而句句浑成深稳。……寓整齐于变化之中。"评《李氏园》云："（'朝游北城东'十句）竟以记序体行之，朴老无敌，而波澜又极壮阔，不是印板文字。……（'我时来周览'四句）倒点李氏，运笔奇变。一篇累赘文字，忽然结归虚空，真为超妙之笔。"

纪昀常以"清"字评苏诗，评《石鼻城》"北客初来试新险，蜀人从此送残山"云："天然清切"；评《送陈睦知潭州》云："章法清老"；评《藤州江上夜起对月赠邵道士》云："清光朗澈，无复笔墨之痕，此为神来之候。"

他称苏诗长于比喻，评《游径山》云："入手便以喻起，耳目一新，东坡惯用此法。"评《和钱安道寄惠建茶》云："（'汲黯少戆宽饶猛'二句）将人比物，脱尽用事之痕，开后人多少法门。其源出于蔚宗《和香方》。但彼是以物比人，此翻转用之耳。然语虽翻转，而意则犹是比人也。"评《僧惠勤初罢僧职》云："取喻精警，语亦高浑。"

纪昀认为苏轼长于用韵，评《渼陂鱼》云："窄韵巧押，神锋骏利，东坡本色"；评《与顿起、孙勉泛舟探韵得未字》云："窄韵巧押，东坡长技。昌黎亦能押窄韵，而自然则逊矣"；评《送陈睦知潭州》云："窄韵巧押，绰有余力。"并称其用韵富于变化。评《腊日游孤山访惠勤惠思二僧》云："忽叠韵，忽隔句韵，音节之妙，动合天然，不容凑泊。其源出于古乐府。"

纪评苏诗多着眼于艺术风格，称苏诗"波峭多姿"，"曲折深至"，"波澜闲逸"，"灵空超妙"，"一气浑成"，"语语紧健"，"谨严有法"，"墨气淋漓，一往酣畅"，"自在流行，曲折无不如意""情文相生，兴会飙举""奇气坌涌，无一语不谨拔"之类。在风格上，纪昀强调诗贵含蓄，贵意在言外。称《馈岁》诗"归思在言外"，称《和子由园中草木》"自我来关辅"一首云："此首索性一字不着题，而意中句外，却隐然是园中草木。运意至此，真有神无迹也。"他常批评部分苏诗锋芒太露，讽刺太尖刻。如批评讽刺董卓的《郿坞》"毕竟英雄谁得似，脐脂自照不须灯"云："太涉轻薄，便入晚唐五代恶趣中。"评《诅楚文》云："秦之无道，何须谩骂。"评《送曾子固倅越得燕字》云："愤激太甚，宜其招尤。即以诗品论，亦殊乖温厚之旨。"评《次韵子由初到陈州二首》"著语太露，东坡时有此病。"评《送刘攽倅海陵》云："语少含蓄，便觉浅直。"评《送刘道原归觐南康》云："风力自健，波澜亦阔。惟激讦处太多，非诗品耳。"评《初到杭州寄子由二绝》云："两诗并太露，太尽。"评《和刘道原寄张师民》云："此直叫嚣詈骂，不止怨以怒矣。"评《孔长源挽词二首》云："太激便伤雅。"

名家诗并非都是名作，任何名家的全集都有败笔，即使诗圣如杜甫也有"去年渝州杀刺使，今年开州杀刺使"（《三绝句》）之类的作品。纪昀因为几乎是尽评苏诗，因此他对苏诗的批评也特别多，他常常批评苏诗"凑""牵凑""凑泊""钝拙""拙滞""太拙""浅直""太平直""率易""粗豪"用字"未稳"用"字悬脚""未雅""太露""太尽""太俚""腐气""卑俗""滑调"

"伧气""句太晦""押字不妥""强押不妥""趁韵""有嵌押之痕""疏于律"。对苏轼青年时代的诗作尤多这类批评，如评《夜泊牛口》"'喜且售'三字（"见客喜且售"）凑。'安识'句（"安识肉与酒"）率。'乐且久'（"亦足乐且久"）三字趁韵。此处（"甘与麋鹿友"）可住。后半全是俗径。凡游眺山水之诗，此意摇笔便来，切宜避之。"评《初发嘉州》："此少年未纵笔时"；评《犍为王氏书楼》："亦颇浅弱，此时气格尚未成就也"；评《过宜宾见夷牢乱山》："清而未厚，峭而未坚。火候未足时，虽东坡天才，不能强造也。"评《渚宫》云："乏深湛之思，亦乏老健之气。盖七言本难于五言，故此时尚风骨未成。"这可说是纪昀对苏轼早期诗的总的看法。此后各卷批评其凡近草率处也很多，评《授经台》云："前二句太吃力，后二句又太率易"；评《至济南，李公择以诗相迎，次其韵》："五句太率易，结亦轻薄"；评《与梁先舒焕泛舟得临酿字二首》之二云："出手太快，结二句尤率。"苏轼是才子，"出手太快"，可能是招致以上批评的重要原因。

他对苏轼大量次韵之作也不满，评《次韵和子由闻予善射》《次韵和子由欲得骊山澄泥砚》云："二诗皆不免提襟见肘之态，故作诗和韵最害事。"次韵、和韵多为应酬之作，他认为不应选入诗集："既涉世故，那能不作应酬诗。但存之集中，则转为盛名之累。此非作诗者之过，而编诗者之过也。"评《次韵钱穆父》云："以下数首，皆词馆应酬之作，毫无佳兴。"纪昀也并非完全反对和韵，他对苏轼好的次韵诗照样称美，如评《次韵张安道读杜诗》云："字字深稳，句句飞动。如此作和韵诗，固不嫌于和韵。句句似杜。难韵巧押，腾挪处全在用比。结意蕴藉，此为诗人之笔。"评《次韵刘京兆石林亭之作》云："意境开拓，而理趣亦极融彻。"评《次韵孔毅父久旱已而甚雨三首》云："三首皆排宕兀傲，奇气纵横。妙俱从自己现境生情，不作应酬泛语。凡和诗，最忌作应酬，人与己两无涉。"评《次韵子由书李伯时所藏韩干马》云："运意运笔，俱极奇变。"

就具体作品而言，不以纪评为然者亦大有人在。纪昀对《舟中听大人弹琴》深表不满："通篇不脱旧人习径，句法亦多浅弱。渔洋《古诗选》取之，是所未喻。'独激昂'三字（"敛衽窃听独激昂"）不似听琴，且与下文不贯。

《文王操》（"夜阑更请弹《文王》"）无所取义，即是趁韵。"王文诰《苏文忠公诗编注集成》卷一却反驳道："纪晓岚谓'独激昂'三字不似听琴，此不懂琴者之言也。晓岚又谓此三字与下文不贯，彼何由知《风松》《玉佩》诸曲必非激昂者乎？所论皆谬。"纪昀评《送表忠观钱道士归杭》："如此大题，何诗语凡近乃尔？岂美尽于碑，此不妨草草耶？"储欣的看法却相反，以为意深词高，其《东坡先生全集录》卷一："刻画'表忠'二字，用意深者，其词必高，固当求之扶风以上。"

三

李鸿裔（1831—1885），字眉生，号香岩，晚年又号苏邻。四川中江杰兴人。是晚清名士，善书工诗。曾入曾国藩幕府。晚年辞官移居苏州罔师园，其手批纪昀评《苏文忠公诗》第三册封面题记云："同治纪元壬戌之秋，潮阳丁雨生（日昌）明府自岭南邮寄见贻。时水陆两军在大江南北，连获捷间，克复东西梁山、金柱关、巢县、含山县、和州、芜湖县、太平府、沅甫。方伯（指曾国荃）统领所部'吉'字诸营，衔枚疾驰，直抵雨花台下，瞰石头城如在釜底。杨厚庵（岳斌）、彭雪琴（玉麟）督所部外江内湖师船，连樯而下，猛攻九洑洲，有风利不得泊之势。少荃新募之淮军，乘轮船而至上海者，迭报虹桥、三江口、四江口之捷。朝廷授苏抚，平吴羽翼已成矣。幕府飞书之暇，浮白快读，吐气如虹，如赋《从军乐》也。香岩记。"可见李香岩批纪评苏诗是在曾国藩兄弟处任幕职时。

李批赞同纪评者很多，纪昀评《戎州》云："顺笔写出，有挥洒自如之意，对獠人之狞陋言之，故曰'玉颜'（"吾民尽玉颜"）。然二字究是强押。"香岩批云："微嫌直泻，凡是为此等运气之诗，须有顿挫乃佳。"李批的"微嫌直泻"与纪评的"顺笔写出"，意思相近。纪评《玉女洞》云："'石泉'（"石泉为晓镜，山月当帘钩。"）二句俗格，所宜悬之戒律者。"香岩同意纪昀对此二句的批评："知'石泉'二句之为俗格，方可与言正始之音。"《次韵子由初到陈州二首》云："道丧虽云久，吾犹及老成。如今各衰晚，那更治刑名。懒惰便樗散，疏狂托圣明。阿奴须碌碌，门户要全生。"末二句见《晋书》卷九六《周凯母李氏传》，晋人李络秀有三子：周凯、周嵩、周谟（即阿奴）。她对他们说："尔等富贵，并列目前，吾复何忧？"周嵩回答道："恐不如尊旨。伯仁（周凯）好乘人之弊，非自全之道；嵩性抗直，亦不容于世；阿奴碌碌，当在阿母目下耳。"纪昀评"阿奴须碌碌"二句云："不失古格，亦不脱古格。末二句用事甚切，而着语太露，东坡时有此病。"香岩同意纪昀对此的批评："蜀人皆病浅露，自坡公已然。"《梵天寺见僧守诠小诗清婉可爱，次韵》："但闻烟外钟，不见烟中寺。幽人行未已，草露湿芒屦。惟应山头月，夜夜照来去。"纪昀评云："庄老告退，山水方滋，晋宋以还，清音遂畅。揆以风雅之本旨，正如六经而外，别出玄谈，亦自一种不可磨灭文字。后人转相神圣，遂欲截断众流，专标此种为正法眼藏。然则《三百》以下，汉魏以前，作者岂尽俗格哉？东坡之喜此诗，盖亦'偶思螺蛤'之意，谈彼法者，勿以借口。"香岩认为："（纪昀）此论极有关系，今之效王、孟者，宜各书一通于座右，以作针砭。"纪昀评《东阳水乐亭》云："（起处）看似纵横有气，实则凑泊而成，非真正神力。结亦太露。"香岩称美纪评"此为具眼"。

纪评与李批注意点不尽相同，有各说各话者。纪昀评《记所见开元寺吴道子画佛灭度以答子由》，不满其题："题不了了。当云：'子由以画文殊普贤诗见寄，因记所见开元寺吴道子画佛灭度答之。'不然，末二句（"来诗所夸孰与此，安得携挂其旁观"）不知为何语。"但对全诗仍颇称美："笔笔圆劲，大抵东坡诗，自是气格方成就。"香岩注意点却不是气格，而是苏轼已深入佛海，认为"隐如寒月堕清昼，空有孤光留故躔"二句表明"东坡此时已深入佛海，所谓去则实不去也"。

有些苏诗纪昀无评而香岩有评，如《望夫台》云："山头孤石远亭亭，江转船回石似屏。可怜千古长如昨，船去船来自不停。浩浩长江赴沧海，纷纷过客似浮萍。谁能坐待山月出，照见寒影高伶俜。"纪昀无评，诸家似乎也无评，香岩独有评："不刻划望夫，只用落句烘染便了，此为有识度。"全诗未写望夫，而"千古长如昨"，"寒影高伶俜"，却寄托了无限情思。《将军树》："阿坚泽畔菰蒲节，玄德墙头羽葆桑。不会世间闲草木，与人何事管兴亡。"纪昀无评，香岩批云："（"阿坚泽畔菰蒲节"）添入'菰'字，节外生枝，改作'菖蒲节'较稳。"《大雪青州道上有怀东武园亭寄交代孔周翰》，纪昀无评，香岩批云："'君不是'以下皆公自谓也。隔四句押一韵，自是创格。"《二月二十六日雨中熟睡，至晚强起出门，还作此诗，意思殊昏昏也》，纪昀无评，香岩却极其推崇："极写谪居之无聊，不涉怨怒，斯为诗人之诗。"

最值得注意的是李批对纪评有不少反驳。纪昀评《牛口见月》（卷一）"起八句极佳，下殊乏镕炼。'霁'字（"京邑大雨霁"）悬脚。"香岩认为"'霁'韵句法从《春秋》得来，语有经典，不得目为悬脚。"纪昀认为《犍为王氏书楼》"亦颇浅弱。此时气格尚未成就也。"香岩称其"纯用唐法"，似乎也不以纪评为然。《江上看山》云："船上看山如走马，倏忽过去数百群。前山槎牙忽变态，后岭杂沓如惊奔。仰看微径斜缭绕，上有行人高缥缈。舟中举手欲与言，孤帆南去如飞鸟。"纪昀称其"起势雄悍。后四句撑挂不起。"香岩对后四句也很欣赏："五、六接落全力，七、八跌宕自喜。"对《屈原塔》，纪昀几乎都是批评："（"投饭救饥渴"）'渴'字添出，趁韵。（"遗风成竞渡"二句）'遗风'二句亦不自然。结四句（"名声实无穷，富贵亦暂热。大夫知此理，所以持死节。"）将屈原说作好名，语病不小。若节去'至今'四句（指"至今沧江上，投饭救饥渴。遗风成竞渡，哀叫楚山裂"）及此四句（即"名声实无穷"四句），转觉完美。"全诗二十四句，纪昀就主张删去八句，那还是苏诗吗？香岩认为只消改两字即可："但易去'名声'两字（易成哪两字，他也未说），便是好诗，节去却不成章法。'至今'四句，亦不可节也。"

纪评《石鼓歌》"'歌鸿雁'（"忆昔周宣歌鸿雁，当时籀史变蝌蚪"）与石鼓无涉，只徒与蝌蚪作对句耳，未免凑泊。"香岩认为纪昀此评"太苛，吾不谓然"。

《二十七日自阳平至斜谷宿于南山中蟠龙寺》，纪昀评云："'门前'二句（"门前商贾负椒荈，山后咫尺连巴蜀"）萦拂有情，过接无迹。故结（"何时归耕江上田，一夜心逐南飞鹄"）虽有习径，而不见其套。"香岩反驳说："褒谷、斜谷毗连蜀境，蜀人到此思乡，情所必至，不得以寻常习径目之。"

《授经台》："剑舞有神通草圣，海山无事化琴工。此台一览秦川小，不待传经意已空。"纪昀认为"前二句太吃力，后二句又太率易"。香岩却指责"晓岚不学道，乌能解此?"香岩批《陪欧阳公燕西湖》也批评"晓岚不阅道，故不解此诗之妙"。

《甘露寺》有"渭城辞汉盘"句，纪昀认为"是'汉盘辞渭城'，贪用昌谷语，倒转遂成语病。"香岩认为纪昀"此论太苛，唐人倒装句如此类者甚多"。

《读孟郊诗二首》，纪昀评云："二首即作东野体，如昌黎、樊宗师诸例。意谓东野体我固能为之，但不为耳。然东坡以雄视百代之才，而往往伤率、伤慢、伤放、伤露者，正坐不肯为郊、岛一番苦吟工夫耳。读者不可不知。"香岩看法刚相反："东坡何尝不苦吟。"

《李思训画长江绝岛图》，纪昀评云："绰有兴致。惟末二句（"舟中贾客莫漫狂，小姑前年嫁彭郎"）佻而无味，遂似市井恶少语，殊非文雅所宜。"香岩却推崇结二句："音节体格均近古乐府，一结含蓄，尤妙，使读者自得之也。"

《送参寥师》，纪昀批驳查评云："查云：'公与潜（即参寥）以诗友善，誉潜以诗。潜止一诗僧耳。寻出"空""静"二字（"欲令诗语妙，无厌空且静"）便有主脑，便是结穴处。'余谓潜本僧，而公之诗友。若专言诗，则不见僧；专言禅，则不见诗。故禅与诗并而为一，演成妙谛。结处'诗法不相妨'五字，乃一篇之主宰，非专拈'空'、'静'也。（起处）直涉理路，而有挥洒自如之妙，遂不以理路病之。言各有当，勿以王、孟一派概尽天下古今之诗。"香岩认为纪昀"此评未得诗之要领。'退之'以下八句（"退之论草书，万事未尝屏。忧愁不平气，一寓笔所骋。颇怪浮屠人，视身如邱井。颓然寄淡泊，谁与发豪猛"）发难，'细思'六句（"细思乃不然，真巧非幻影。欲令诗语妙，无厌空且静。静故了群动，空故纳万境。"）是解，言禅不妨诗。'阅世'四句（"阅世走人间，观身卧云岭。咸酸杂众好，中有至味永"），言混俗和光，与众同好，不但不妨诗，且不妨禅，请其更进一境。参寥喜骂世忤物，坡公恐其贾祸，故规之耳"。对查、纪、李三人之评，正可抱"言各有当"，勿以一言概之的态度。

纪昀评《二月二十八日蒙恩责授检校水部员外郎、黄州团练副使，复用前韵二首》诗云："少自省之意，晦翁（朱熹）讥之是。"香岩反驳道："观《子由自南都来陈三日而别》一首，自省至矣。此时方出狱，有更生之乐，未遑及他也。"

李批对纪评的反驳未必皆是。《石鼻城》云："平时战国今无在，陌上征夫自不闲。北客初来试新险，蜀人从此送残山。独穿暗月朦胧里，愁渡奔河苍茫间。渐入西南风景变，道傍修竹水潺潺。"石鼻城是入蜀的必经之地，北客入蜀从这里开始进入险山，蜀人出川到这里也险山将尽，故纪昀称其"三四，天然清切"。香岩却批评此诗"结笔直而寡味"。其实任何经过秦岭的人都有"渐入西南风景变"的共同感受，以写景结（"道傍修竹水潺潺"）未见得就"直而寡味"，似乎同样"天然清切"。但即使如此，李批也为我们赏读苏诗提供了另一种思路，故详列之。

（原载《中国典籍与文化》2008 年第 1 期）

评日本赖山阳《东坡诗钞》

古代的日本深受中国文化的影响，我是知道的。但我没有料到，南宋兴起的评点派（北宋有苏洵的《苏批孟子》，不可信），明清时颇为盛行，也传到了日本，赖山阳的《韩苏诗钞》就是明证。此书是日本池泽滋子女士与其丈夫池泽一郎送给我的几种日本有关苏轼的书籍中的一种，日本嘉永八年（清咸丰三年，即 1854 年）江户须愿屋兵卫刊行。当时我正在修订十年前已完稿的《苏轼诗词文汇评》（1998 年 5 月台湾文史哲出版社已出版，共六册），得之如获至宝，因赖氏对苏诗的评论颇为精彩，于是把它全部补入《苏诗汇评》中。读其书，想知其人，故又托他们寄赖氏的传记资料给我。他们为我寄来了《赖山阳先生行状》，读完《行状》，使我不仅重其书，更敬其人。故我认为有必要向中国的苏诗爱好者介绍赖氏其人及其《东坡诗钞》，并向池泽夫妇表示感谢。

优游京华，诗酒自适

赖氏生活的年代相当于中国乾隆、嘉庆、道光三朝，正是中国乾嘉考据学派盛行的时候，也是中国评点苏诗成风的时候，先后出现了汪师韩的《苏诗选评笺释》、查慎行的《初白庵诗评》、乾隆的《御选唐宋诗醇》，特别是纪昀评《苏文忠公诗集》，几乎尽评苏诗。东瀛赖氏在此后不久也加入了评苏行列，似乎并非偶然，显然受了中国学术思潮的影响。

赖山阳姓赖讳里，字子成，通称久太郎，号山阳外史。原籍艺川竹原（今日本应岛县），安永九年（1780）出生于江户港（今东京）。其父讳惟完，字千秋，号春水，先后在大阪、广岛等地授徒。山阳才识天授，而又励精不倦。六岁即问母"天何如物"。既受句读，昼夜不懈。八九岁时读《古今军记》，至忘寝食。年十三，父祗役江户，山阳作诗以寄，柴野博士见之，大加叹赏。年十四五，《近思录》皆已诵习。一日因曝书，见东坡《史论》，叹曰："天地间有如此可喜之文乎！"遂肆力于文章。弱冠后，拟苏轼策论，作《新策》十余篇，晚年删润为《通议》。他精于史学，古今史籍、制度、兵法及家谱、野乘，无不涉猎。经说主洛闽之学，而不甚墨守，以通古圣贤立言大义为务。其议论以适用为主，诗务叙实，不事虚设，长于歌行，喜咏史而不喜咏物，认为史书中有无数好题目。年三十二游京师，遂居于京。终生不仕，诸藩多荐之，皆固辞不应，以授徒、著述为业。治家俭素，不妄费一钱。庭中杂植梅花竹树，扶疏为荫，置一草堂，临水面山，春花秋叶，皆可坐知。喜出游，名胜古迹，游屐殆遍。天保三年（1832），以积劳成疾而卒，年五十三。

赖氏一生著述甚富，著有《日本外史》二十卷、《日本政记》二十卷、《通识》二卷、《春秋讲义》若干卷、《先友录》一卷、《文集》十卷、书后题跋四卷、《日本乐府诗》一卷、《诗钞》八卷、《同遗稿》八卷。此外还有《唐绝句选》二卷、《谢诗拾遗》七卷、《宋诗钞》八卷、《杜诗评钞》四卷、《彭泽诗钞》一卷、《韩昌黎诗钞》四卷、《东坡诗钞》三卷、《锦绣段选》一卷、《浙西六家诗钞》六卷、《增评八家文读本》十六卷、《评本文章轨范》七卷等等。其中最重要的当为《日本外史》，写作历二十年，既成，秘于家，白河少将乐翁闻，卑礼厚币以求之，自是遂行于世。《政记》是其晚年之作，多成于病中，临终仍未脱稿。仅从这一著述目录，就不难看出他著述之勤。常曰："谓我才子，未悉我者也；谓我能刻苦者，真知我矣。"

他一生好古书画，颇善鉴赏，醉后时戏为画。书名亦噪，四方争索，绢素满室。然书画皆其绪余，常用心者为经济之学。

赖氏体瘦、颧高、眉蹙，目光炯炯，望之有威。性峻峭，常慨昇平日久，士气不振，故以气节自恃，未曾屈己随人，浮沉求容。因其名重一时，游京师者多来求见，常被谢绝。京师大公有好文辞者，时招都下诸儒为文字饮，闻其名请之，不往。一大藩侯喜其画，寄朝鲜布二幅请他作画，赖氏怒曰："比我为画师乎？"乃作二绝句大书其布以返之，中有"曾谢横经弄翰儒，宁能余技备观娱"之句。一门人求其所作《外史》，已应允，后知其欲用来献一权贵，乃正色曰："我史非权门纳媚之具。"竟不与。好饮酒，尝谓鱼非琶湖之鱼不吃，酒非伊丹（今兵库县）之酿不饮，尤爱剑菱（酒名）酒。日夕置酒草堂，必呼门生对饮，酒间多论文以为乐。待人无城府，直吐肝膈。人苟违其意，当面指责，不少假借；改则止，未尝介意。教门生甚用心，必摘发蕴奥，剖析妙旨，使人了然而后止。门生诗文有稍可观者，嗟称不已；虽甚拙之文，亦删改数四，如其意乃止。

赖氏去世前，门人义亮为之写真，赖氏自题云："身偃仰一室而心关百世之失得，不恤己□□而忧人家国，嗟是何迂拙男儿耶？虽然，焉知无念此迂拙者之时乎？"又曰："此膝不屈于诸侯，聊答故君之德；此眼竭之于群籍，不虚先人之嘱；此脚侍母舆二跰芳山，三踔太湖，四上下漠湾，而未尝踵朱、顿之门；此口不餂残杯冷炙，而此手欲援黔黎之寒饿也。"这些话颇能概括其一生节概。

骨力似昌黎，才识似东坡

《韩苏诗钞》只不过是赖氏大量著述中之一种。为什么赖氏要选评韩、苏诗呢？他在《书韩苏古诗后》中说："读杜诗必合读韩、苏诗，犹读《孟》可解《论语》也。又读香山、山谷及明李空同，犹读《法言》、《中说》，见其模拟不到处也。《石藤杖》学《藤竹杖》，《汴泗交流》学《冬狩》，《石鼓》自《八分歌》来，其变化迳蹊可窥伺矣。"这里说得很清楚，"读杜诗必合读韩、苏诗"，是为了"窥伺"其"变化径蹊"。藤谦《韩苏诗钞序》云："余尝与山阳翁交熟，知其为人，骨力似昌黎，才识似东坡。故平生尤心醉于二公。其于诗词亦然，乃取其诗手钞之，备加评语，置乎筐中，时出讽诵之。是以其所作之诗，亦克肖焉。然翁眼孔颇大，所慕于二公岂徒诗词哉？假使翁出于元和之时，淮西之役必有所计画矣；假使翁出于熙宁、元丰之间，浙灯之费、新法之害，必有所论驳矣。今不然，时属太平，不得为行军司马；身在草莽，不得预莲烛之宠。衣褐怀宝，以终其世，不甚惜乎！然身优游于京华最胜之地，诗酒自适，时著书以论述古今，以谂后世，身已没而名益扬，亦非其幸耶!"可见赖氏之所以选评《韩苏诗钞》，是因为他"骨力似昌黎，才识似东坡"，特别仰慕韩、苏为人。

《韩苏诗钞》含《韩昌黎诗钞》四卷，卷一收五古十六篇，二十一首；卷二收七古二十篇，二十一首；卷三收七律四篇；卷四收五绝两篇，七绝二十篇、二十二首，总计六十三篇，七十首。《东坡诗钞》三卷，卷数虽较《韩昌黎诗钞》少，但收诗数量还略多一些。共收五古二十三篇，七古四十三篇，其中《岁暮寄子由三首》《东坡八首》《和子由记园中草木十一首》《四时词》四首，总计六十六篇、八十八首。

《韩昌黎诗钞》五古、七古、七律、五绝、七绝均选，而《东坡诗钞》仅选五古和七古，近体诗一首未选。为什么赖氏选韩诗，几乎各体皆选，而选苏诗却只选古体呢？因为苏诗虽各体皆工，但毕竟以古体见长。王士祯《然镫记闻》语云："七律宜读王右丞、李东川，尤宜熟玩刘文房诸作。宋人则陆务观。若欧、苏、黄三大家，只当读其古诗、歌行、绝句，至于七律必不学。"翁方纲《石洲诗话》卷三："太白仙才，独缺七律，得东坡为补作之，然已隔一尘矣。"又云："东坡能行气不能炼句，故七律每走而不守。"方东树《昭昧詹言》卷一一："诗莫难于七古。七古以才气为主，纵横变化，雄奇浑颢，亦由天授，不可强能。"而苏轼正是以才气而名闻古今的，这大概就是赖氏不选苏轼近体诗的原因吧。

相反，东坡古体一直更受后人称美，陈衍《宋十五家诗选·东坡诗选》云："东坡五七古才大思精，沉郁顿挫，昌黎而后一人而已"；李兆洛《养一斋诗话》卷三云："初学（诗）由七古入，七古由苏、韩入，发轫之地，取其充畅阔远，不局才气"；李重华《贞一斋诗说》："七古自晋世乐府以后，成于鲍参军，盛于李、杜，畅于韩、苏，凡此俱属正锋。"又云："赵宋诗家，欧、梅始变西崑旧习，然亦未诣其盛。至坡公始以其才涵盖今古，观其命意，殆欲兼擅李、杜、韩、白之长。各体中七古尤阔视横行，雄迈无敌，此亦不可时代限者"；施补华《岘佣说诗》云："东坡五古，有精神饱满，才气坌涌，甚不可及者"，如"千山动鳞甲"，"何人守蓬莱"诸篇；又云："东坡最长于七古，沈雄不如杜，而奔放过之；秀逸不如李，而超旷似之。又有文学以济其才，有宋三百年无敌手也。"这大概就是赖氏专选苏轼古体，尤其是多选苏轼七古的原因吧。

就赖氏评语看，《韩昌黎诗钞》仅卷二所收七古二十首有评，卷一、卷三、卷四无一评语，有评者不足所选诗的三分之一。《东坡诗钞》却卷卷有评（下简称赖评），八十八首中，六十六首有评，占所选诗的四分之三。

有意与韩斗

从赖氏《东坡诗钞》的评语看，日本学者的文学批评也深受中国评点派的影响，不少观点与中国学者可谓有异曲同工之妙。下面我们就来具体看看赖氏对苏诗的评论吧。

我国也有不少学者曾指出苏轼学韩，如汪师韩的《苏诗选评笺释》评《次韵王定国南迁回见寄》"盘空硬语，具体昌黎"；评《送李公恕赴阙》"选词琢句，多出昌黎，激宕豪奇，得骨得髓，不可皮相，亦无以目论"；评《送参寥师》"取韩愈论高闲上人草书之旨，而反其意以论诗，然正得诗法三昧者。"苏轼对古人虽无所不学，也无所不工，但赖氏认为苏轼更有意学韩，有意要超过韩。其《书韩苏古诗后》云："苏古诗，有意与韩斗，不特《石鼓》《听琴》也。《海市》斗于《南岳庙》，《赠鼍》斗于《谢琴》。以余观之，《石鼓》交绥，其余皆似输一筹。且"汴州乱，雉带箭"、"东方半明"等，苏集无此健调。然至《馈岁》《守岁》《泛颖》《眼医》等，韩集亦无此妙语也。韩诗《南山》和《月蚀》等，与东坡诸次韵，并硬语排戛，特示腹笥腕力，一览索然。后人学韩、苏者，专慕此等，遗山、牧斋、竹垞及乾隆三家类皆是，可谓不知取也。"赖氏认为，苏与韩"斗"的结果，不少输韩一筹，但也有不少是韩集所无的"妙语"。

这里我们先来看看赖氏认为苏不如韩的几首古诗吧。

韩、苏均作有《石鼓歌》，历来对韩、苏此诗评论纷纭，有认为苏不减韩者，如袁宏道评阅谭元春选《东坡诗选》卷一袁宏道评："道古不减昌黎"；王士禛《带经堂诗话》卷二云："子瞻作《凤翔八观诗》，中《石鼓》一篇别自出奇，乃是韩公劲敌"；有认为苏实胜韩者，如汪师韩《苏诗选评笺释》卷一云："雄文健笔，句奇语重，气魄与韩退之作相埒而研炼过之"；纪昀评《苏文忠公诗集》卷四云："精悍之气，殆驾昌黎而上之"；郭麐《灵芬馆诗话》卷二云："姬传先生言：文章之事，后出者胜，如东坡《石鼓歌》实过昌黎。盖同此一诗，同此一体，自度力不能敌，断不复出此，所谓于艰难中特出奇丽也"；刘大櫆也有同一意思的话："东坡《石鼓诗》如不能胜韩，必不作"（姚范《援鹑堂笔记》卷四〇引）；王文诰《苏海识余》卷一："到凤翔首作《石鼓歌》，已出昌黎之上，不可压也。"也有认为苏不及韩者，如方东树《昭昧詹言》卷一："海峰（即刘大櫆）谓苏胜韩，非笃论也。以余较之，坡《石鼓》不如韩，韩《石鼓》又不如杜《李潮八分小篆歌》文法纵横，高古奇妙。"赖氏的看法大体与方氏相似，赖评韩《石鼓歌》云："少陵《李潮八分歌》，公每慕之。及作此篇，公乃效之，起手似学其结尾，是有昔人已言之者得之。"这是说，韩愈《石鼓歌》是效杜甫《李潮八分小篆歌》而作。韩诗咏"六经中无载石鼓事者"云："陋儒编诗不收入，二《雅》褊迫无委蛇。孔子西游不到秦，掎摭星宿遗羲娥。嗟余好古苦生晚，对此涕泪空滂沱。"赖评云："满腹感慨为之而作，则此篇不属徒作。"韩诗结尾感慨不仅古人不知石鼓事，今人也不重视："继周八代争战罢，无人收拾埋则那。方今太平无一事，柄任儒术崇邱、轲。安能以此上论列，愿借口辩如悬河。《石鼓之歌》止于此，呜呼吾意其蹉跎。"苏轼同题诗结尾云："六经既已委灰尘，此鼓亦当遭击捂。传闻九鼎沦泗上，欲使万夫沉水取。暴君纵欲穷人力，神物义不污秦垢。是时石鼓何处避，无乃天工令鬼守。兴亡百变物自闲，富贵一朝名不朽。细思物理坐叹息，人生安得如汝寿。"赖评云："或云东坡《石鼓歌》结尾似胜之（韩），然其俯仰感慨之意，是坡欲言而遭公先写耳。"其实苏诗结尾亦颇有感，只是所感不同罢了。施补华《岘佣说诗》云："《石鼓歌》，退之一副笔墨，东坡一副笔墨，古之名大家必自具面目如此。"赵克宜《角山楼苏诗评注汇钞》卷二云："通篇无一笔与昌黎相犯，凡题有古人传作在前，必须别寻出路。"这些评论是比较公允的。苏轼这篇七古多用对偶律句，赖氏也不以为然："东坡续歌多用骈语，笔力似（较韩）退三舍。"但也有人认为七古不妨用律句，如梁章钜《退庵随笔》云："七古有仄韵到底者，则不妨以律句参错其间，以用仄韵，已别于近体，故间用律句，不至落调。……东坡《石鼓歌》，凡三十韵，而律句十五见。"甚至有人非常欣赏苏轼善用骈语入七古，如高步瀛《唐宋诗举要》卷三引吴汝纶评："此苏诗之极整炼者，句句排偶，而俊逸之气自不可掩，所以为难。"

赖氏所说的《听琴》，是指韩愈《听颖师弹琴》和苏轼《听贤师琴》。赖评虽认为苏诗的"归家且觅千斛水"句，"非东坡不能言"，但认为"净洗从前筝笛耳"的"结法输《颖师琴》诗"，甚至总体上也认为苏诗不如韩诗："欧公问东坡：'琴诗何者为佳？'东坡举退之颖师琴诗答之，公云是琵琶诗。义海闻之曰：'公不精琴，故云尔耳。'如东坡此诗，反不如退之之切，所以不可不输也。"苏轼推崇韩诗，欧阳修不满韩诗，认为韩所描写非听琴而是听琵琶；义海由此认定苏轼不精琴。其实三苏父子皆精于琴，正如孙绪《无用闲谈》所云："昌黎《听琴诗》高视百世，无庸论矣。东坡亦尝作《听琴诗》，欲以拟之。其诗曰：'大弦春温和且平，小弦廉折亮以清。平生未识宫与角，但闻牛鸣盎中雉登木。'此等句皆琴中深趣，不工于琴、不善于诗者不知也。"《御选唐宋诗醇》卷三四云："《听颖师琴》诗，曲中疾徐之节；《听贤师琴》诗，别传离合之神。两诗足以并峙。义海俗工，誉韩毁苏，《复斋漫录》直以不学斥之，最堪砭愚击蒙。"可见二诗只是所咏角度不同，苏诗也未必"输"于韩。

赖氏认为苏轼的《海市》（全题为《登州海市》）也比韩愈的《南岳庙》（《谒岳衡庙，遂宿岳寺，题门楼》）"输一筹"。赖比较韩、苏诗云："此诗与昌黎谒衡岳庙诗，欲相敌，故句亦与彼同。然彼极庄重，而此极流洒，带嘲笑之气。并皆其本领而已，然毕竟不如昌黎之庄重，为得古诗之体也。"这是讲二人诗风不同，而韩诗更符合古诗之体。又云："《（唐宋）诗醇》曰：'海市只是重楼翠阜，此固不尽形容，亦正不能形容也。从未见之前，既见之后与岁晚得见之？结撰至思，炜炜精光，欲夺人目。'然此不窥破坡翁者，若极形容，便与《衡岳庙》诗合掌，反此东坡苦心处。"《唐宋诗醇》实钞自汪师韩《苏诗选评笺释》，赖氏可能未见过汪师韩《苏诗选评笺释》，却见过《唐宋诗醇》。赖评认为韩诗已极形容，若苏诗也"极形容"，反与韩诗无区别，不知东坡用心之苦。这一品评是颇有见地的，与查慎行《初白庵诗评》卷中的评论相似："起便超脱，以下迎刃矣。只'重楼翠阜出霜晓'一句着题，此外全用议论，亦避实击虚法也。若将幻影写作真境，纵摹拟尽情，终属拙手。"

"《赠簟》斗于《谢簟》"，前者指苏轼的《寄蕲簟与蒲传正》，后者指韩愈的《郑群赠簟》（赖氏注："郑群上宜有谢字"）。苏诗，赖氏未选，而对韩诗却评价甚高："此诗丰约合度，暗记此诗，作七古，思过半。"又云："此诗至无瑕疵，专云簟之美。"苏诗作于自黄州贬所移知汝州时，有"东坡病叟长羁旅，冻卧饥吟似饥鼠。倚赖春风洗破衾，一夜雪寒披故絮。火冷灯青谁复知，孤舟儿女自咿咿。皇天何时反炎燠，傀此八尺黄琉璃"句。曾国藩《曾文公全集·读书录》卷九《东坡文集》评苏轼此诗云："翻从寒冷时倒映出炎热，得簟之妙，亦自昌黎'却愿天日长炎曦'句脱胎。"这大概就是赖评"《赠簟》斗于《谢簟》"的依据吧。

以上是赖评认为苏诗不如韩诗处，而认为苏轼"妙语"胜韩的，是指"《馈岁》《守岁》《泛颖》《眼医》"等篇。《馈岁》《守岁》是苏轼《岁暮寄子由三首》中的两首，其自序云："岁晚相与馈问为馈岁，酒食相邀呼为别岁，至除夜达旦不眠为守岁，蜀之风俗如是。余官于岐下，岁暮思归而不可得，故为此三诗。"三诗赖评均选了，并都有评，评《馈岁》"蜫盘巨鱼横，发笼双兔卧"云："一篇采色在此二句"；评"亦欲举乡风，独唱无人和"云："非坡公不能言"；评《别岁》"故人适千里，临别尚迟迟"云："其所言者陈腐，而自故人下笔却为奇"评结句"还君老与衰"云："用诙戏笔"；评《守岁》起句"欲知垂尽岁，有似赴壑蛇"云："譬喻出意表而切。"纪昀评《苏文忠公诗集》卷三云此"三首俱谨严有格"，可见赖氏称此三诗是颇有眼光的。

《泛颖》也是苏诗名篇，特别是其中的"散为百东坡，顷刻复在兹"句，尤为后人所称道，认为语出《传灯录》良价禅师偈。汪师韩《苏诗选评笺释》卷五云："《传灯录》良价禅师《过水观影偈》曰：'我今独自往，处处得逢渠。渠今正是我，我今不是渠。'以释此诗"散为百东坡，顷刻复在兹'二语，最为得之。"查慎行《初白庵诗评》卷中云："游戏成篇，理趣具足，深于禅理，手敏心灵。"

《眼医》指苏轼《赠眼医王彦若》，王当时就敢做白内障手术，轼称其医技之高云："琉璃贮沉瀣，轻脆不任触。而子于其间，来往施锋镞。笑谈纷自若，观者颈为缩。运铖如运斤，去翳如拆屋。"曾季貍《艇斋诗话》云："东莱喜东坡《赠眼医王彦若》诗，王履道亦言东坡自负此诗，多自书与人。予读其诗，如佛经中偈赞，真奇作也"；袁宏道评阅谭元春选《东坡诗选》卷五谭元春评云："胸中透邃，手底奇快，果然无一字不妙"；查慎行《初白庵诗评》卷中云："不谓有韵之文，亦能驰骋至此"；汪师韩《苏诗选评笺释》卷四云："一意翻腾，发难送解，险语奇词，络绎奔会，令人可怖可喜，忘其为有韵之文。李之仪所谓'极天地之变化'者，此种是也。"以上二诗，赖评均选了，虽未进一步置评，但《书韩苏古诗后》把它列为"韩集亦无此妙语"，已足证明其鉴赏力。

赖评认为《寒食雨二首》中的第二首，"韩亦输苏几筹"。此诗前六句极写寒食的荒凉，结尾四句抒发感慨，极为沉痛："君门深九重，坟墓在万里。也拟哭途穷，死灰吹不起。"黄庭坚《跋东坡书寒食诗》（《山谷全书·别集》卷七）云："东坡此诗似李太白，犹恐太白有未到处。"赖氏对此诗极为推崇："如此章实是完然杰作也。韩、苏二公之诗？皆骨力过人，而其风韵之妙，韩亦输苏几筹。如此篇雅健俊绝，自是这老独擅处，非韩非杜，王、孟以下，宋之诸作家，梦想所不及。然近人选公诗，多收难题叠韵。难题叠韵，毕竟是公诗之病，而隽绝风韵以不用意得之尔，是最在人品上，所不可及也。"

"东坡本色"

赖评苏诗用得最多的词汇，恐怕应算"东坡本色""自是坡翁语"等字。所谓本色指苏诗固有的特色。苏轼之为苏轼，就在于他胸怀坦荡，其诗多直抒胸臆，毫不虚情假饰。《腊日游孤山访惠勤惠思二僧》有"腊日不归对妻孥，名寻道人实自娱"句，赖评云："自是坡翁语。"评《金山寺》云："此公不用意而成者，然诸作家无及此者。"其《宿临安净土寺》，表面看完全是平铺直叙，从"鸡鸣发余杭"写到中午到净土寺，未暇参禅，先饱食足睡。睡醒后起来烹茶沐浴，然后"浩歌出门去"，但已暮色降临，微月初升，与故人"相携石桥上"，直至第二天才入山房，看见石镜"昔照熊虎姿，今为猿鸟顾"，发出了"废兴何足吊，万古一仰俯"的慨叹。读其诗可以想象其人，赖评其"平生睡不足"云："坡翁惯家语。"汪评此诗说："无心刻琢，自造元微。"都是指其直抒真情。

苏诗虽以直抒胸臆为特色，但也有以含蓄不露见长者。赖氏《书韩苏古诗后》云："世服苏之广长舌，不知其收舌不尽展者更好。《试院煎茶》《食荔枝》《林逋诗后》《考牧图》《韩干牧马》《赠写真何充》《秧马》《砚屏》《墨妙亭》《藏墨》《画竹》《谢铜剑》《横翠阁》《烟江叠嶂》，皆丰约合度，姿态可观。《谢迈英赐御书》《赠写御容》者，最庄雅精炼。《别子由》诸作，皆真动人。要看谑浪笑傲其貌，铁石心肠其神也。"这里一连举了苏轼十七首诗，我们不可能也没有必要逐首分析，略看数首就可以了。

赖谓《试院煎茶》"收舌不尽展"，有翁方纲《石洲诗话》卷三之评可为注脚："东坡《试院煎茶》诗，作于熙宁壬子八月，时先生在钱塘试院，其曰'未识古人煎水意'，又曰'且学公家作茗饮'，盖皆有为而发。又有《呈诸试官》之作，末云'聊欲废书眠，秋涛春午枕'，与此诗末二句正相同。但此篇化用卢仝诗句，乃更为精切耳。"原来此诗是为讥王安石废除古代取士之法而作，但未直说，故更有味。

赖氏以苏轼《书韩干牧马图》为"收舌不尽展"，则有苏轼自供可证。朋九万《乌台诗案·与王诜往来诗赋》载苏轼供词云："次日，王诜送韩干画马十二匹，共六轴，求轼跋尾。不合作诗云：'王良挟矢飞上天，何必俯首求短辕？'意以骐骥自比，讥讽执政大臣无能尽我之才，如王良之能驭者，何必折节干求进用也。"赖氏对此二句也特别欣赏："结得此二句，全篇飞动，非此，何足为东坡。二句出题外，奇拔。"

《四月十一日初食荔枝》，前人多称其"形容譬况之妙"，赖氏却赏其"收舌不尽展"，特别是末四句："我生涉世本为口，一官久矣轻莼鲈。人间何者非梦幻，南来万里真良图。"赖评云："承上'先生'（"先生洗盏酌桂醑"）句神理来，不然突出。四句出意外，骂尽世人，无此句（'一官久矣轻莼鲈'）

何足为东坡。"纪昀评《苏文忠公诗集》卷三九云："结乃无聊中自慰之语。宋人诗话以失之太豪少之，所谓'以词害意'。食荔枝何由搀入省愆悔过语耶？"这里确实不是什么"省愆悔过语"，而是"自慰"，甚至是"骂尽世人"，意谓我做官就是为了糊口，因此不能像张翰那样弃官归乡；也正因为做官而被远谪岭南，但归隐、做官、远谪，都是梦幻，远谪岭南有荔枝可食，也未必不是好主意。正言若反，这里的感慨是很深的。方东树《昭昧詹言》卷一二评此诗云："凡写、议、托寄、叙四者，各有神妙韵语。""托寄"二字尤为有见。

苏轼特别敬仰林逋，是因为"林处士诗，清气照人，其端劲有骨，亦似斯人涉世也"（张道《苏亭诗话》卷五引《皇宋书录》所载山谷语）。赖评苏轼《书林逋诗后》云："此诗用笔如题跋，又可当一篇后序。……（"我不识君曾梦见，瞳子了然光可烛"）二句化凡为奇，非东坡不能言。（"自言不作封禅书"）东坡之取林逋，不为其爱梅，确特有此事耳，是不可不出者。""不作封禅书"，正是林"端劲有骨"的表现，也可说是苏轼的夫子自道。

苏轼"收舌不尽展"诗篇，除了《书后》所举十七篇外，以下诗篇也以含蓄不露见长。《御史台榆槐竹柏四首》，赖评只选了《竹》："今日南风来，吹乱庭前竹。低昂中音会，甲刃纷相触。萧然风雪意，可折不可辱。风霁竹已回，猗猗散青玉。故山今何有，秋雨荒篱菊。此君知健否，归扫南轩绿。"赖评云："此诗，东坡本色，其清泠简逸如渊明，其精悍如昌黎，其用笔周至如放翁，而翁无此气格高绝处。"赖评尤喜"萧然风雪意，可折不可辱"二句，认为"百忙中插议论，敏妙。许大议论，说自己身上，而不见其痕迹，妙。"这显然是一首借竹自喻的诗篇，赖评认为"吹乱庭前竹"的"乱"字，是全诗"诗眼"，因为它象征了当时的形势；"可折不可辱"正是其明志之词，但却如陶诗一样含蓄不露；"飘风不终朝，骤雨不终日"，"风霁竹已回，猗猗散青玉"二句正是此意。

《寓居定惠院之东，杂花满山，有海棠一株，土人不知贵也》是苏贬官黄州期间的名篇，黄庭坚称为"古今绝唱"（《山谷年谱》卷二五《跋所书苏轼海棠诗》）。赖评认为题中的"不知贵"，"此三字，此诗之所以作。当时满朝公卿，犹杂花满山。偶有海棠一株，空使在山谷间，是此诗之寓意，而读者在以意迎之耳。"苏轼对此诗也十分得意，朱弁《风月堂诗话》卷下："客言东坡尝自咏《海棠》诗，至'雨中有泪亦悽怆，月下无人更清淑'之句，谓人曰：'此两句，乃吾向造化窟中夺将来也。'"纪昀评《苏文忠公诗集》卷二○云："纯以海棠自寓，风姿高秀，兴象深微。后半尤烟波跌宕。此种真非东坡不能，东坡非一时兴到亦不能。"

苏轼在青年时代所作的《南行前集序》中说："夫昔之为文者，非能为之为工，乃不能不为之为工也。……故轼与弟辙为文至多，而未尝有作文之意。"这是他文贵自然的思想，不求工而自工，可说是他一生遵守的原则。

《腊日游孤山访惠勤惠思二僧》云："天欲雪，云满湖，楼台明灭山有无。水清石出鱼可数，林深无人鸟相呼。"赖评云："此等天然七言，读者须要看他下句，无一字可摇动处。"

《游金山寺》是他的名篇，赖评云："此公不用意而成者，然诸作家无及此者。"这与许多中国学者对此诗的评论如出一辙，汪师韩《苏诗选评笺释》卷一评此诗云："一往作缥缈之音，觉自来赋金山者极意著题，正无从得此远韵。起二句（"我家江水初发源，宦游直送江入海"）将万里程，半生事一笔道尽，恰好由岷山导江至此处海门归宿，为入题之语。"纪昀评《苏文忠公诗集》卷七赖评云："音节之妙，动合天然，不容凑泊。"

《雨后行菜圃》是喜雨后蔬菜苗壮生长而作，赖评云："此诗自公之别调，受渊明之神理，而构之以宋诗者。"中有"未任筐莒载，已作杯盘想。艰难生理窄，一味敢专飨。小摘饭山僧，清安寄真赏。芥蓝如菌蕈，脆美牙颊响。白菘类羔豚，冒土出蹯掌。谁能视火候，小灶当自养"句，赖评云："（已作杯盘想）东坡本色。（"芥蓝如菌蕈"）以下极细腻。（"芥蓝如菌蕈"）余音。一结出意表，自东坡本色，而意归到小摘山僧句（"小摘饭山僧"），短篇宜有此转环处。"这里两次提到"东坡本色"以及纪昀评《苏文忠公诗集》卷三九亦指出其"淳古中自作本色"，都是指其"质而实绮，癯而实腴，得陶公田园诸诗之神髓"（汪师韩《苏诗选评笺释》卷六）。

苏轼善戏谑，爱开玩笑。娄坚《草书东坡五七言各一首因题其后》云：

"苏长公发妙趣于横逸谲浪，盖不拘拘为汉、魏、晋、唐，而卒与之合，乃曰此真宋诗耳。"方东树《昭昧詹言》卷一一云："杂以嘲戏，讽谏谐谑，庄语悟语，随兴生感，随事而发，此东坡之独有千古也。"赖评是把握住了苏诗这一特点的。他评《辛丑十一月十九日，既与子由别于郑州西门之外，马上赋诗一篇寄之》云："要看谲浪笑傲其貌，铁石心肠其神也。后人舍刘，袭其貌，非好学者。苏诗虽戏，犹士大夫之善谲也。"《别岁》云："且为一日欢，慰此穷年悲。勿嗟旧岁别，行与新岁辞。去去忽回顾，还君老与衰。"赖评云："用恢戏笔。"评《韩幹马十四匹》云："此诗诙谐，不如前诗（《书韩幹牧马图》）之严正可法，而今选之者，徒取其本色耳。此诗无一句渊源古人之作者，是东坡自我作古之意。……（'微流赴吻若有声'）东坡本色，是画。（'后者欲涉鹤俛啄'）新奇。"评《大风留金山两日》"却笑蛟龙为谁怒"句云："嘲笑语调，古来今，东坡一人耳。"

苏轼豪放，其诗自有一种雄杰雅健之气。方东树《昭昧詹言》卷一二评《书韩干牧马图》云："起跳跃而出，如生龙活虎。……笔力奇横，浑雄遒切……浑雄遒妙，大约坡胜太白。"赖评亦云："起手（'南山之下，汧渭之间，想见开元天宝年'）平直正大，自是大局面手法。'汧渭'下加'之'字，句便雄杰，是亦大局面手法。"

赖评《郭祥正家醉画竹石壁上，郭作诗为谢，且遗二古铜剑》云："此等诗，所谓寸铁杀人者，短古绝调。书题简洁，此等尤可法者。（"空肠得酒芒角出"二句）起得奇绝。得'芒角槎牙'等字，而诗剑如始相与者。……言剑只是一句（"一双铜剑秋水光"），是蜻蜓点水法。（"剑在床头诗在手，不知谁作蛟龙吼"）何等结法。"这与周必大的看法是完全一致的："苏文忠公诗云：'空肠得酒芒角出，肝肺槎枒生竹石。森然欲作不可留，写向君家雪色壁。'英气自然，乃可贵重。五日一石，岂知此耶?"（《庐陵周益国文忠公集·平园续稿》卷七《题张志宁所藏东坡画》）汪师韩《苏诗选评笺释》卷三亦云："画从醉出，诗特为醉笔洗剔精神，读起四句森然动魄也。句句巉绝，在集中另辟一格。"纪昀评《苏文忠公诗集》卷二三："奇气纵横，不可控制。"

《百步洪二首》，据其自序，前一首赋参寥放舟，后一首追怀王定国等的昔游。前人多赏此诗"形容水流迅急，连用七喻，实古所未有"。赖氏却特别欣赏第一首的"雄跃奋速"："此诗是东坡本色。诗本二首，其和韵之诗，虽世人所喜，毕竟不如此诗之妙，故特选之。（"有如兔走鹰隼落"四句）下笔雄跃奋速，四句宜作一句读之。"

《大风留金山两日》云："塔上一铃独自语，明日颠风当断渡。朝来白浪打苍崖，倒射轩窗作飞雨。龙骧万斛不敢过，渔舟一叶从掀舞。"赖评云："六句中，叙大风之景，开合抑扬，波澜顿挫尽具此，以有'塔上'句耳。（"塔上一铃独自语"二句）自大风将来着笔，极妙。"纪昀评《苏文忠公诗集》卷一八亦称其"笔力横恣"，方东树《昭昧詹言》卷一二称其"遒妙"，赵克宜《角山楼苏诗评注汇钞》卷九称其"发端斗峭"，陈衍《宋诗精华录》卷二称其"一起突兀"，都与赖氏所见略同。

赖评言及东坡"本色"者还多，如评《东坡八首》中的"荒田虽浪莽"一首："奇绝佳绝，此坡公本色"；评"自昔有微泉"一首中的"泫然寻故渎，知我理荒荟"云："此公本色，非公不能言者"；评《初秋寄子由》的起四句"百川日夜逝，物我相随去。惟有宿昔心，依然守故处"云："何等起手，四句真是这老本色。"可见赖评苏诗对"东坡本色"确实十分重视。

赖评还论及苏诗的结构，如"自情事起笔，全篇唯是言宿昔之事，而其言即时之景，止结末二语，是此诗之妙，后觉所可法。全诗四句一解，六解六韵，亦是五古变体"（《初秋寄子由》）；"看此诗，要看其首尾相贯，神气流通，常山蛇势处。"（《送运判朱朝奉入蜀》）论及苏诗的起结，如"收结起意，妙句"（《东坡八首》第二首）；"公诗起处每佳，以景起，以景结"。（《秋怀二首》）又多论苏诗的用韵，如"五古每四句换韵，其法自六朝来"（《送运判朱朝奉入蜀》）；"押韵之切如此者，皆见其诗之妙"（《再过泗上二首》）；"一韵到底，无一字强押，是作者极力者"（《定惠院海棠》）；"一韵到底，每章似换韵，是此诗之妙处。"（《书王定国所藏眹江砅嶂图》）限于篇幅，就不一一论述了。

（原载《四川大学学报》1999 年第 1 期）

苏词研究

《苏词汇评》前言

　　以东坡词为代表的豪放词，在北宋中叶的形成不是偶然的。它是当时国内阶级矛盾和民族矛盾尖锐化的产物，是苏轼少年得志，坎坷一生的产物，也是词自中唐产生以来长期发展的产物。北宋中叶内外矛盾的激化，已不允许"奋厉有当世志"的苏轼，像宋初太平宰相晏殊那样雍容典雅，"一曲新词酒一杯"了；也不可能再像潦倒放荡的柳永那样"偎红倚翠""浅斟低唱"了。而苏轼一生坎坷不平的复杂经历，也为他创作豪放词提供了广阔的生活基础。但是，如果没有词自中唐以来的长期发展，苏轼要创立豪放词也是不可能的。

　　清人刘熙载说："太白《忆秦娥》，声情悲壮；晚唐五代，惟趋婉丽；至东坡始能复古。后世论词者或转以东坡为变调，不知晚唐五代乃变调也。"（《艺概·词曲概》）这话是颇有道理的。词的发展经历了三个阶段，走了一个"之"字路，来了一个否定之否定。

　　词在中唐初兴的时候，因为来自民间，虽然形式短小，还不成熟，但内容还比较广泛，格调也较清新。其中有声情悲壮的"伤别"，如传说李白所作的《忆秦娥》；有轻松愉快的渔歌，如张志和的《渔歌子》；有雄浑旷远的边塞风光，如韦应物的《调笑令》；有情景交融的江南风光，如白居易的《忆江南》。这时的词并非专写儿女情长。

　　词言情，词为艳科，是在晚唐，特别是五代，经过封建文人的所谓"提高"之后。这时，词的内容越来越狭窄，几乎到了专写女人风姿的地步；格调越来越低下，充满了寄情声色的脂粉气；语言越来越华艳，剪翠裁红，铺金缀玉，着重雕饰。晚唐的温庭筠，五代的"花间词"，就是这种词风的代表，被称为婉约词。一时间，它似乎成了词的正宗。

宋初的词基本上承袭了晚唐五代"绮丽香泽""绸缪婉转"的风气，直至苏轼以前没有根本转变。但苏轼以前的词人也为苏轼创立豪放词创造了条件。一是经过他们的努力，使词这种形式日趋成熟，他们陆续创造了很多成功的词调，使苏轼能够运用自如。二是他们中的一些人，对词的题材、内容也作了一些开拓工作，如李煜以词抒写亡国的悲痛，范仲淹以词抒写苍凉悲壮的边塞生活。特别是柳永以词抒写个人的怀才不遇如《鹤冲天》、羁旅离情如《雨霖铃》和城市繁华如《望海潮》，无论在内容上和形式上，都好像把婉约词发展到了登峰造极的地步。

物极必反，苏轼在前人成就的基础上另辟蹊径，创立了词风迥然不同的豪放词，把似乎"不可复加"的以柳永为代表的婉约词远远地抛到了后面。正如胡寅所说：柳永"掩众制而尽其妙，好之者以为不可复加；及眉山苏轼，一洗香罗绮泽之态，摆脱绸缪婉转之度，使人登高望远，举首高歌，而逸怀浩气，超然乎尘垢之外。于是《花间》为皂隶奴仆，而柳氏为舆台奴隶矣。"（《酒边集后序》）

苏轼是自觉地要在柳词之外别树一帜。苏门四学士之一的秦观作《满庭芳》词，其中有"销魂，当此际，香囊暗解，罗带轻分。漫赢得青楼，薄幸名存"语。秦观自会稽入京见苏轼，苏轼对秦观表示不满说："不意别后，公却学柳七作词！"秦观回答道："某虽不学，亦不如是。"苏轼反问道："'销魂，当此际'，非柳七语乎？"（《高斋诗话》）由此可见，苏轼不愿其门人写柳永式的艳词。

他在《与鲜于子骏书》中说："近却颇作小词，虽无柳七郎风味，亦自是一家。呵呵，数日前，猎于郊外，所获颇多。作得一阕，令东州壮士抵掌顿足而歌之，吹笛击鼓以为节，颇壮观也。"这封信写于熙宁八年密州任上，信中所说"作得一阕"即指著名的《江城子·密州出猎》，这是一首典型的豪放词，是苏轼本人豪放词风形成的重要标志。李清照的《词论》，强调词"别是一家"，词要写得来与诗不同；苏轼强调他的词"自是一家"，写得来与北宋前期把婉约词发展到登峰造极的柳永不同。这"自是一家"显然就是他在《答陈季常书》中所说的豪放一家。柳七郎的词是写给酒筵上的歌女唱的，苏轼的词却是供"东州壮士抵掌顿足而歌之，吹笛击鼓以为节"。苏轼在黄州作《哨遍》，"使家僮歌之，时相从于东坡，释耒而和之，扣牛角而为之节"，并感到"不亦乐乎"。这就难怪幕士说他的词"须关西大汉"演唱，人以为讥，他却"为之绝倒"。过去的词多以婉丽为美，他却以自己的词"颇壮观"自豪。这封信无可置疑地证明苏轼创作豪放词并非偶尔心血来潮，而是相当自觉的；苏、秦论词的故事，即使是后人杜撰，但其观点至少与这封并非杜撰的书信是一致的。

豪放词与婉约词有什么不同？苏轼有一趣事颇能说明这个问题。苏轼曾问一位善歌的幕士："我词何如柳七柳永？"幕士回答说："柳郎中词，只合十七八女郎，执红牙板，歌'杨柳岸，晓风残月'；学士词，须关西大汉，铜琵琶，铁绰板，唱'大江东去'。"（俞文豹《吹剑录》）苏轼听后，笑得前翻后仰。这位"善歌"的幕士，用非常形象的语言，道出了以柳永为代表的婉约词和以苏轼为代表的豪放词的不同的特点，婉约词香而软，豪放词粗而豪。

在苏轼看来，词就是"古人长短句诗"。见苏轼《与蔡景繁书》。其《答陈季常书》亦云："又惠新词，句句警拔，诗人之雄，非小词也。"无论赞颂或讥刺苏词的人都说苏轼"以诗为词"："退之以文为诗，子瞻以诗为词"（陈师道《后山诗话》）；"少游秦观诗似小词，先生苏轼小词似诗"（胡仔《苕溪渔隐丛话》前集卷四二引《王直方诗话》）；东坡词"皆句读不葺之诗耳"（李清照《词论》）。所谓苏轼"以诗为词"究竟是什么意思呢？从内容方面看，主要是指苏轼大大扩大了词的题材。诗的内容几乎是无所不包的，东坡词的内容也几乎是无所不包的。他以词的形式记游咏物，怀古伤今，歌颂祖国的山川景物，描绘朴实的农村风光，抒发个人的豪情与苦闷，刻画各阶层的人物。在他的笔下，有"雄姿英发，羽扇纶巾"的豪杰（《念奴娇·赤壁怀古》）；有"帕首腰刀"的"投笔将军"（《南乡子》）"旌旆满江湖"；有"垂白杖藜抬醉眼"的老叟，也有"旋抹红妆看使君，三三五五棘篱门，相排踏破倩罗裙"的农村少女群像（《浣溪沙·徐门石潭谢雨》）。苏轼的词确实做到了"无事不可入，无意不可言"（刘熙载《艺概·词曲概》）。

历代文人往往只以诗的形式来抒写自己的理想、怀抱、志趣，而词似乎是不能登这大雅之堂的。但苏轼打破了"诗言志，词言情"的传统藩篱，到了他的手里，词也可以言志了。他经常用词抒写他那激昂排宕、不可一世的气概和壮志难酬、仕途多艰的烦恼，充满了理想同现实的矛盾。苏轼的《江城子·密州出猎》抒发了渴望驰骋疆场，为国立功的豪情；《水调歌头·丙辰中秋》抒发了"我欲乘风归去，又恐琼楼玉宇，高处不胜寒"，既希望回到朝廷，又怕朝廷难处的矛盾心情；《念奴娇·赤壁怀古》更充满了美好的理想同可悲的现实的矛盾。他希望像"千古风流人物"，三国时的"多少豪杰"，特别是像"公瑾当年"那样，建立功名；但是，可悲的现实却是"早生华发"，一事无成，反被贬官黄州。全词无论是状景写人，还是怀古伤今，都写得来苍凉悲壮，慷慨激昂，是豪放词的代表作。

苏轼在词的发展史上的主要贡献是创立了豪放词，但他并不排斥婉约词，在现存三百五十余首东坡词中，真正堪称豪放词的并不多，东坡词的绝大多数仍属婉约词。他在《答陈季常书》中说："豪放太过，恐造物者不容人如此快活。"

苏轼对柳永词风是不满的，决心另辟蹊径。但苏轼不满柳词，并非不满婉约词，而是不满柳词中的淫词艳语。柳永也有一些格调较高的作品，苏轼十分推崇。柳永的《八声甘州》无疑是婉约词的代表作，苏轼认为其中的"渐霜风凄紧，关河冷落，残照当楼"等语，"不减唐人高处"。

苏轼也不要求自己的门人走自己的路，苏门四学士之一的秦观，词风就与苏轼迥然不同，显然是婉约词的名家。秦观的"多少蓬莱旧事，空回首、烟霭纷纷"就为东坡所极赏，取其首句，称秦观为"山抹微云君"。秦观去世时，苏轼感慨道："少游已矣，虽万人何赎。"（《魏庆之词话·秦少游》）由此可见，苏轼并不因为自己另创豪放词，就贬低婉约词。

相反，就艺术水平看，苏轼不仅豪放词写得好，他的婉约词也不亚于任何婉约词人。王士祯评苏轼《蝶恋花》（花褪残红青杏小）说："恐柳屯田缘情绮靡未必能过。孰谓彼但解'大江东去'耶？"（《花草蒙拾》）张炎认为苏轼《水龙吟》"似花还似非花"等词，"周邦彦秦观诸人所不能到"。（张炎《词源》）陈廷焯也说："东坡词寓意高远，运笔空灵，措语忠厚，其独到处，美成周邦彦、白石姜夔亦不能到。"(《白雨斋词话》)柳永、秦观、周邦彦、姜夔均是南北宋婉约词的名家，苏轼某些以婉约见长的词，不但不逊于他们，而且时有过之。

有些论者往往只看到苏轼对豪放词形成的巨大作用，而忽视了他对婉约词发展的影响。其实，不仅辛弃疾等豪放派词人深受苏轼的影响，姜夔等婉约派词人也深受苏轼影响。在苏轼以前咏物词不多；苏轼成功地创作了一些咏物词，其后姜夔等人大量创作咏物词，这与苏轼的影响，显然是分不开的。因此，无论就苏轼婉约词的数量、质量还是就它对后世的影响看，苏轼对婉约词的发展都不容忽视。

苏轼对词的革新除创立了豪放词，发展了婉约词以外，还在于他使词摆脱了附属于音乐的地位，使词发展成为独立的抒情诗。

刘熙载的《艺概·词曲概》指出："乐歌，古以诗，近代以词。如《关雎》《鹿鸣》，皆声出于言也，词则言出于声矣。故词，声学也。"这段话阐明了诗、词与音乐的关系：古代以诗为乐歌，唐宋则以词为乐歌；古代的乐歌是"声出于言"，即按词谱曲；唐宋的乐歌是"言出于声"，即按谱填词；"故词，声学也"，词是附属于音乐的。

苏轼作词虽然也遵守词律，但他又敢于不受词律束缚。贬抑苏词的人常说它"不入腔""不协律"，是"句读不葺之诗"。苏轼自己也说："平生不善唱曲，故间有不入腔处。"(胡仔《苕溪渔隐丛话》后集卷二六)所谓"不善唱曲"，并非不能唱曲。据晁以道说，哲宗绍圣初"与东坡别于汴上，东坡酒酣，自歌《阳关曲》"(《历代诗余》卷一一五)。这是讲的"自歌"。苏轼贬黄州期间，作《临江仙·夜归临皋》，"与客大歌数过而散"(《叶梦得《避暑录话》)。显然，苏轼是参与了"大歌"的。

所谓"间有不入腔处"，说明他的词一般还是入腔的，只是偶尔不入腔。偶尔不入腔，并非因为不懂音律所造成。相反，许多材料证明苏轼是精通音律的。例如，太常博士沈遵作《醉翁操》，节奏疏宕，音指华畅，知琴者以为绝伦；但有其声而无其词。欧阳修曾为之作词，可惜"与琴声不合"。后来苏轼为《醉翁操》重新填词，音韵谐婉。郑文焯说："读此词，髯苏之深于律可知。"（《东坡乐府笺》卷二）再如，苏轼知定州，宴席间有人唱《戚氏》，"调美而词不典"。苏轼为之重新填词，"使歌妓再歌之，随其声填写，歌竟篇就，才点定五六字而已"（吴曾《能改斋漫录》）。这不仅说明苏轼文思敏捷，而且也说明他精通音律。以上两例都是倚声填词。

此外，苏轼还常常改词以就律。他在《哨遍》中说，陶渊明赋《归去来辞》，"有其词而无其声"，他就把陶词"稍加隐括改写，使就声律"。苏轼还曾"取退之诗指韩愈的《听颖师弹琴》稍加檃括，以就声律。"（《东坡乐府笺》卷二《水调歌头（昵昵儿女语）》）若不懂音律，就不可能改词以就律。

苏轼既通音律，为什么他的词又"间有不入腔处"呢？这是因为苏轼历来主张文贵自然，不愿以声律害意。正如陆游所说："公非不能歌，但豪放，不喜剪裁以就声律耳。"（《历代诗余》卷一一五）或如晁补之所说："居士词横放杰出，自是曲中缚不住者。"（《苕溪渔隐丛话》后集卷三三）苏轼的"不喜剪裁以就声律"，在当时虽然遭到很多非议，连苏门六君子之一的陈师道都说："子瞻以诗为词，如教坊雷大使之舞，虽极天下之工，要非本色。"（《后山诗话》）但是，从词的发展史看，却使词逐渐发展成为一种独立的新的抒情诗体。特别是在词谱失传之后，更只能走苏轼之路，一直到现在仍为词家所采用。

正因为苏词颇富创新，故为历代文学爱好者所喜爱。但从研究角度看，前人对苏词的研究远远落后于对苏诗的研究。从宋代起，苏诗就既有分类注旧题王十朋《集百家注分类东坡先生诗》，又有编年注施元之、顾景繁《注东坡先生诗》。清人更是评注苏诗成风，如查慎行《补注东坡先生编年诗》、纪昀评《苏文忠公诗集》、翁方纲《苏诗补注》、冯应榴《苏文忠公诗合注》、王文诰《苏文忠公诗编注集成》等等。而苏词注本，长期以来就只有傅幹《注坡词》的钞本传世，而且钞本也甚少，直至1993年巴蜀书社出版了刘尚荣整理的《傅幹注坡词》，此书才易见。此外虽有南宋顾景繁的《补注东坡长短句》（见陈鹄《耆旧续闻》卷二）、元人孙镇的《东坡乐府注》（见《元遗山文集》卷三六）《东坡乐府集选》引、黄虞稷《千顷堂书目》卷三二），但均早已失传。但近数十年来，对苏词的整理研究取得较多的成果，有龙榆生的

《东坡乐府笺》、郑向恒《东坡乐府校订笺注》、唐玲玲《东坡乐府编年笺注》、薛瑞生《东坡词编年笺证》。这些书的功夫是在为苏词编年、笺注，重点不在收集苏词资料。而为研究苏词，确实需要全面掌握前人对苏词的评论。

编纂本书目的，在于为苏词研究者和苏词爱好者提供尽可能全的有关苏词的资料，以省大家的翻检之劳。章学诚《文史通义》卷五《诗话》云："诗话之源，本于钟嵘《诗品》。然考之经传，如云：'为此诗者，其知道乎？'又云：'未之思也，何远之有？'此论诗而及事也。又如'吉甫作诵，穆如清风'，'其诗孔硕，其风肆好'，此论诗而及辞也。事有是非，辞有工拙，触类旁通，启发实多。""论诗而及事"偏重于背景资料；"论诗而及辞"偏重于评论资料。二者对研读诗、词、文都是很重要的。故此书虽名之曰《苏词汇评》，但所收不限于评论资料，有关背景资料也一并收录。有一则资料评及数首苏词者，短者在各首之下皆收。过长者，则涉及各篇之评语重收，所举词则仅收该篇。不作参见，以免读者前后翻检。有的资料，陈陈相因，后出而全无新意者不收。因苏词字数不多，故即使没有资料的原作也一并收录，以使读者看到一部完整的苏词。所收苏词原文文字，以《全宋词》中的《苏轼词》为准（不再注出处），编排则按词牌略作调整。不涉及单篇而泛论苏词者，皆附于单篇作品之后，作为附录一，谓之《苏词总评》。苏轼对词的看法，想必对理解苏词亦很有用。故把苏轼论词的诗文及诗话、笔记中苏轼论及他人词的记载也予以收录，作为附录二，谓之《东坡论词》。因词多数无题，词序有的又颇长，词牌又多重复，为便检索，故书末附《苏词首句索引》，作为附录三。《苏词汇评》目的虽在于尽可能全地汇总有关苏词的资料，但限于见闻，遗漏一定很多，容后续补。

（原载台湾文史哲出版社 1998 年版《苏词汇评》卷首）

苏词研究史述略

　　苏轼（1036—1101），字子瞻，号东坡，四川眉山人。北宋著名文学家，豪放词派的创立者，存词数为北宋第一，约三百五十余首。

　　宋初词基本上承袭了晚唐五代"绮丽香泽""绸缪婉转"的风气，直至苏轼以前没有根本转变。苏轼在前人成就的基础上另辟蹊径，创立了词风迥然不同的豪放词，把似乎"不可复加"的以柳永为代表的婉约词远远地抛到了后面。正如胡寅《酒边集后序》所说，柳永"掩众制而尽其妙，好之者以为不可复加；及眉山苏轼，一洗香罗绮泽之态，摆脱绸缪婉转之度，使人登高望远，举首高歌，而逸怀浩气，超然乎尘垢之外。于是《花间》为皂隶（奴仆），而柳氏为舆台（奴隶）矣"。①

　　历代文学爱好者皆喜爱苏词，但从研究角度看，前人对苏词的研究远远落后于对苏诗的研究。从宋代起，苏诗就既有分类注（旧题王十朋《集百家注分类东坡先生诗》），又有编年注（施元之、顾景繁《注东坡先生诗》）。清人更是评注苏诗成风，如查慎行《补注东坡先生编年诗》《初白庵诗评·东坡诗评》、纪昀《评苏文忠公诗集》、翁方纲《苏诗补注》、冯应榴《苏文忠诗合注》、王文诰《苏文忠公诗编注集成》等等。而苏词注本，长期以来就只有宋人傅幹的《注坡词》一种，而且只有不绝如缕的钞本传世，直至1993年巴蜀书社出版了刘尚荣整理的《傅幹注坡词》，此书才易见。此外，虽有南宋顾景繁的《补注东坡长短句》②、金人孙镇的《东坡乐府注》③，但均早已失传。近数十年来，学界对苏词的整理研究才取得较多的成果，有龙榆生《东坡乐府

---

① 《斐然集》卷一九《酒边集后序》，四库全书本。
② 陈鹄《耆旧续闻》卷二，四库全书本。
③ 《元好问全集》卷三六《东坡乐府集选引》，山西人民出版社1988年版。

笺》、郑向恒《东坡乐府校订笺注》、唐玲玲《东坡乐府编年笺注》、薛瑞生《东坡词编年笺证》、邹同庆、王宗堂《苏轼词编年校注》等，还有不少苏词的选注本。

历代对苏词的研究大约有四个层面，一是收集、整理、刊刻白文本，二是注释，三是编年或编年注，四是诗文集、诗话、词话对苏词的评论。限于篇幅，本文不拟分类论述，而是按时代先后，有则论，无则缺，这样脉络更清楚，更可显现历代研究苏词的成果。

一

无论赞颂或讥刺苏词的人都说苏轼"以诗为词"："退之以文为诗，子瞻以诗为词"①；"少游（秦观）诗似小词，先生（苏轼）小词似诗"②；李清照的《词论》，更认为东坡词不是词，而是"句读不葺之诗"③。在苏轼同时及其以后相当长一段时间，也没有多少人步苏轼豪放词的后尘，包括他的门人在内。黄庭坚有少数词模仿苏词的清旷风格，黄庭坚云："八月十七日与诸生步自永安城，入张宽夫园待月，以金荷叶酌客，客有孙叔敏善长笛，连作数曲。诸生曰：'今日之会乐矣，不可以无述。'因作此曲记之，文不加点，或以为可继东坡赤壁之歌。云：'断虹霁雨……'"④ 黄对苏词评价也较高。认为苏轼《卜算子》（缺月挂疏桐）"语意高妙，似非吃烟火食人语。非胸中有万卷书，笔下无一点尘俗气，孰能至此！"⑤；又评其《醉翁操》："彼其老于文章，故落笔皆超逸绝尘耳。"⑥ 晁补之亦学苏词，王灼云："东坡先生以文章余事作诗，溢而作词。……晁无咎、黄鲁直皆学东坡韵制，得七八。"⑦ 永瑢等亦云："补之为苏门四学士之一，集中如《洞仙歌》第二首填卢仝诗之类，未免效轼隐括《归去来词》之鞶。然其词神姿高秀，与轼实可肩随。陈振孙于《淮海词》

① 陈师道《后山诗话》，历代诗话本。
② 胡仔《苕溪渔隐丛话》前集卷四二引《王直方诗话》，人民文学出版社1981年版。
③ 李清照《词论》，《李清照集校注》卷三，人民文学出版社1979年版。
④ 胡仔《苕溪渔隐丛话》后集卷三一。
⑤ 《山谷全书》正集卷二五《跋东坡乐府》。
⑥ 《山谷题跋》卷二，津逮秘书本。
⑦ 《碧鸡漫志》卷二，知不足斋丛书本。

下记补之之言曰：'少游词如"斜阳外，寒鸦数点，流水绕孤村"，虽不识字人，亦知是天生好言语。'观所品题，知补之于此事特深，不但诗文之擅长矣。"① 冯煦云："晁无咎为苏门四士之一，所为诗余，无子瞻之高华，而沉咽则过之。"② 正因为晁词学苏词，因此他为苏词辩护说："居士词横放杰出，自是曲中缚不住者。"③ 秦观词风却与苏轼完全不同，走的仍是婉约词的道路；陈师道甚至公开批评"子瞻以诗为词，如教坊雷大使之舞，虽极天下之工，要非本色"④。特别值得一提的是，苏轼另一门人李之仪在一篇堪称北宋词史的《跋吴思道小词》⑤，历评北宋词人，竟无只字论及他最崇拜的苏轼。对苏诗，他是"千首高咏赓欲遍"⑥；对苏文，在时禁方严时，他声称"未可以轻议"；而对苏词，不仅在这篇跋语中，就是在其他文章中也未予置评。之仪论词，推崇《花间》，强调词格，认为长短句"自有一种风格"，看来他对苏轼以诗为词也是不以为然的。他当然不可能像李清照那样指责苏词"皆句读不葺之诗"，于是只好以不表态为表态了。

直至南北宋之际，特别是南宋中叶，丢掉了半壁河山，一些爱国词人如陆游、辛弃疾、刘克庄，才开始以词言志抒愤，对苏词的评价也比北宋高得多。王灼驳苏轼以诗为词云："东坡先生以文章余事作诗，溢而作词曲，高处出神入天，平处尚临镜笑春，不顾侪辈。或曰：'长短句中诗也。'为此论者，乃是遭柳永野狐涎之毒。诗与乐府同出，岂当分异？"并云："东坡先生非心醉于音律者，偶尔作歌，指出向上一路，新天下耳目，弄笔者始知自振。今少年妄谓东坡移诗律作长短句，十有八九，不学柳耆卿，则学曹元宠。虽可笑，亦勿用笑也。"⑦ 陆游谓苏轼"非不能歌，但豪放不喜裁剪以就声律耳"⑧。刘辰翁《辛稼轩词序》云："词至东坡，倾荡磊落，如诗如文，如天地

---

① 《四库全书总目》卷一九八，中华书局1965年版。
② 冯煦《蒿庵论词》校点本，人民文学出版社1984年版。
③ 胡仔《苕溪渔隐丛话》后集卷三三。
④ 陈师道《后山诗话》。
⑤ 李之仪《姑溪居士文集》卷四十，粤雅堂丛书本。
⑥ 《姑溪居士文集》卷五《观东坡集》。
⑦ 《碧鸡漫志》卷二。
⑧ 李之仪《姑溪居士文集》卷四十。

奇观，岂与群儿雌声学语较工拙？"① 曾丰《知稼翁词集序》云："本朝太平二百年，乐章名家纷如也。文忠苏公文章妙天下，长短句特绪余耳，犹有与道德合者。"② 汤衡《张紫微雅词序》云："元祐诸公，嬉弄乐府，寓以诗人句法，无一毫浮靡之气，实自东坡发之也。"③ 傅共《注坡词序》称其"寄意幽渺，指事深远，片词只字，皆有根柢。是以世之玩者，未易识其佳处。譬犹瑰奇珍怪之宝，来于异域，光彩照耀，人人骇瞩，而能辨质其名物者盖寡矣。"④ 即使婉约派词人对苏词的评价也与北宋婉约派词人大异，如张炎云："东坡词如《水龙吟》咏杨花、咏闻笛，又如《过秦楼》《洞仙歌》《卜算子》等作，皆清丽舒徐，高出人表。《哨遍》一曲，隐括《归去来辞》，更是精妙，周、秦诸人所不能到。"⑤

二

北宋词一般多集外单行，黄庭坚有《跋东坡乐府》《跋东坡词》，所跋为苏轼单篇词作，是否为东坡词集还不敢肯定。但曾慥《东坡词拾遗跋》，所跋则肯定为东坡单行词集。张宾老名康国（1056—1109），扬州人，第进士。宋徽宗知其能词章，迁翰林学士。累官知枢密院事。《宋史》卷三五一有传。其所编《东坡词》显然是在北宋末编的。

南宋苏词的单刻本和注本都很多，就现在所知，至少有一卷本《苏轼词》、二卷本《东坡词》、曾慥辑的《东坡先生长短句》二卷、《拾遗》一卷、傅幹《注坡词》十二卷、顾禧《补注东坡长短句》等。

陈振孙《直斋书录解题》、马端麟《文献通考·经籍考》均著录《东坡词》二卷；《宋史·艺文志》著录《苏轼词》一卷，均属集外单行，因原书失传，不知其内容和体例。现能略知其情况的只有曾慥辑的《东坡先生长短句》。曾慥（？—1155），字端伯，号至游子、至游居士，晋江（今属福建）

① 《须溪集》卷三，四库全书本。
② 《莆阳知稼翁文集》，宋人集乙编本。
③ 张孝祥《于湖居士文集》，上海古籍出版社1980年版。
④ 《傅幹注坡词》卷首，巴蜀书社1993年版。
⑤ 《词源·杂论》，人民文学出版社校点本，1981年版。

人。初为尚书郎，历秘阁修撰，知处州、荆南、庐州，绍兴二十五年卒。著述甚富，有《类说》《高斋漫录》《道枢》《集仙传》《至游子》《宋百家诗》《乐府雅词》等。曾慥辑《东坡先生长短句》二卷、《拾遗》一卷，刊于绍兴二十一年（1151），是今存苏词"最早"的版本。黄丕烈士礼居旧藏毛晋汲古阁影宋钞本《东坡拾遗词》，后录有曾慥跋语："《东坡先生长短句》既镂版，复得张宾老所编并载于蜀本者悉收之。江山丽秀之句，樽俎戏剧之词，搜罗几尽矣。传之无穷，想象豪放风流之不可及也。绍兴辛未孟冬至游居士曾慥题。"此书按调编纂，不分类。

早在南宋初年，就开始陆续出现不少苏词注本，但多已失传。现存最早的苏词注本为傅幹《注坡词》十二卷，收苏词凡六十七调、二百七十二首，其体例是按调名编次，同调者汇编在一起。傅幹，字子立，仙溪（今福建仙游）人，博览强记，有前辈风流，为傅共族子。共为作《注坡词序》，对其《注坡词》称颂毕至，谓此书对苏词"削其附会者数十（首）"，"益之以遗轶者百余首，凡十有二卷。敷陈演析，指摘源流，开卷烂然，众美在目。予曰：兹一奇也，不可不传之好事者。……自兹以往，别屋闲居，交口教授，吾知秦、柳、晁、贺之伦，束于高阁矣。"

洪迈云："绍兴初，又有傅洪（共之误）秀才《注坡词》，镂版钱塘。"显然，洪迈误序作者为笺注者。但这一记载很重要，说明《注坡词》在"绍兴初"已"镂版钱塘"。与傅共对《注坡词》的评价相反，洪迈《容斋续笔》"注书难"条，曾指出傅注之失："'不知天上宫阙，今夕是何年'，不能引'共道人间惆怅事，不知今夕是何年'；'笑怕蔷薇藻'，'学画鸦黄未就'，不能引《南部烟花录》，如此甚多。"此书《直斋书录解题》卷二一已予著录："《注坡词》二卷，仙溪傅幹撰。""二卷"当为十二卷之误。《文献通考》卷二四六沿袭《直斋书录解题》之误，亦谓"《注坡词》二卷"。

南宋还有一种顾禧的苏词注本，亦已失传。陈鹄云："赵右史家有顾禧景蕃《补注东坡长短句》真迹。"顾禧曾与施元之共著《注东坡先诗》，为南宋前期人，他的《补注东坡长短句》，"补"谁之注？是否为补傅幹《注坡词》而作？已不可知。

三

金人元好问对苏词评价甚高，编有《东坡乐府选集》。其《新轩乐府序》云：

唐歌词多宫体，又皆极力为之。自东坡一出，情性之外不知有文字，真有一洗万古凡马空气象。虽时作宫体，亦岂可以宫体概之？人有言，乐府本不难作，从东坡放笔后便难作。此殆以工拙论，非知东坡者。……由今观之，东坡圣处，非有意于文字之为工，不得不然之为工也。坡以来，山谷、晁无咎、陈去非、辛幼安诸公，俱以歌词取称，吟咏性情，留连光景，清壮顿挫，能起人妙思。亦有语意拙直，不自缘饰，因病成妍者，皆自坡发之。

王若虚《滹南诗话》卷二对苏词评价也很高，他反晁补之云：

晁无咎云："眉山公之词短于情，盖不更此境耳。"是直以公为不及于情也。呜呼，风韵如东坡，而谓不及于情，可乎？彼高人逸士，正当如是。其溢为小词，而间及于脂粉之间，所谓"滑稽玩戏，聊复尔尔"者也。若乃纤艳淫媟，入人骨髓，如田中行、柳耆卿辈，岂公之雅趣也哉？公雄文大手，乐府乃其游戏，顾岂与流俗争胜哉？盖其天资不凡，辞气迈往，故落笔皆绝尘耳。

金人孙镇有《东坡乐府注》，惜早已失传。孙镇字安常，金章宗承安二年（1197）赐第，官陕令。元好问《东坡乐府选集引》云：

绛人孙安常注坡词，参以汝南文伯起《小雪堂诗话》，删去他人所作《无愁可解》之类五十六首，其所是正亦无虑数十百处，坡词遂为完本，不可谓无功。然尚有可论者，如"古岸开青葑"《南柯子》，以末后二句倒入前篇，此等犹为未尽。然特其小者耳。就中"野店鸡号"一篇，极害义理，不知谁所作，世人误为东坡，而小说家又以神宗之言实之云："神宗闻此词，不能平，乃贬坡黄州。且言：'教苏某闲处袖手看朕与王安石治天下。'"安常不能辨，复收之集中，如"当时共客长安，似二陆初来俱少年。有胸中万卷，笔头千字，致君尧舜，此事何难。用舍由时，行藏在我，袖手何妨闲处看"之句，其鄙俚浅近，叫呼衒鬻，殆市驵之雄，醉饱而后发之。虽鲁直家婢仆且羞道，而谓东坡作者，误矣。又前人诗文有一二字异同者，盖传写之久，不无讹谬。或是落笔之后，随有改定。而安常一切以别本为是，是亦好奇尚异之蔽也。就孙集录取七十五首，遇语句两出者，择而从之。自余"玉龟山"一篇，予谓非东坡不能作，孙以为古词删去之，当自别有所据，姑存卷末，以俟更考。丙申九月朔书于阳平寓居之东斋，元某引。

元好问"就孙集录取七十五首"，即他选的《东坡乐府选集》，丙申即金章宗天兴五年（1236）。孙镇《东坡乐府注》除"删去他人所作"外，似收了全部苏词，这是傅幹《注坡词》之后的另一重要苏词注本（"坡词遂为完本"）；著名文学家元好问《东坡乐府选集》，更以精选为特征，可惜二书俱以失传。

元延祐七年庚申（1320）叶曾云间南阜草堂刊刻《东坡乐府》二卷，是今存东坡词集的最早刻本，世称元延祐本或云间本。这是元人对苏词的最大贡献。卷首有叶曾序，序称东坡词"乐而不淫，哀而不伤，真得六义之体"；指责"好事者或为之注释，中有穿凿甚多，为识者所诮"；自称"用家藏善本，再三校正一新，刻梓以永流布"。全书按词调编次，同调汇刻。上卷凡四十一调，收词一百一十五首；下卷共二十七调，收词一百一十六首，总共六十八调，收词二百八十一首。叶曾用作"校正"的"家藏善本"，可能包括了傅幹的《注坡词》及曾慥所辑《东坡长短句》，故能兼傅本、曾本之长，而又有所增订。它比傅幹《注坡词》多九首，比曾慥辑本《东坡长短句》多十首。原本辗转流传，钱曾《读书敏求记》曾予著录，先后为顾广圻思适斋、黄丕烈士礼居、汪士钟艺芸精舍、杨绍和海源阁、天津周叔弢等收藏，现存北京图书馆。

四

宋、元本苏词，在明代流传不广，但仍多数存世。傅幹撰《注坡词》十二卷，元、明两代诸家书目不见著录，亦未翻刻，只有钞本流传。钞本源出明人范钦的"天一阁"，直至清初，此书仍存于"天一阁"。

宋曾慥的《东坡长短句》为明人吴讷忠实钞存于他所编《唐宋名贤百家词》中，紫芝漫钞本《宋元名家词》、《千顷堂书目》作《四朝名贤词》，《中国丛书综录》作《百家词》，实为同书异名，今人所说曾慥《东坡长短句》，实指吴讷本。吴讷本亦收《东坡词》二卷，拾遗一卷，仅有钞本传世。明红格钞本，存天津图书馆；紫芝漫钞本，存北京图书馆。

明钞本《东坡乐府》二卷，有些书目著录为"影宋钞本"，实非影宋本，而是影钞元延祐刊本《东坡乐府》，其内容、编次、行款、版式、误字、缺字，一如元刊。此书上卷已佚，仅存下卷，现藏台湾"中央"图书馆。

明人所刻苏词，多附于苏集或其他总集、丛书中。明万历年间，茅维编《苏文忠公全集》，收文不收诗，因茅维曾改编刊行王十朋纂集的《东坡先生诗集注》，故此书不再收诗。但却收词（卷七四、卷七五），系改编曾慥辑本而成。共七十三调，三百一十六首。明万历三十四年（1606）的原刊本附有曾慥辑本的跋语，明末陈仁锡阅的文盛堂翻刻本，内容与茅维万历原刊本相同，但删去了曾慥的跋语。此本较通行，是明代收集苏文、苏词最全的本子。

焦竑编《苏长公二妙集》二十二卷，所谓"二妙"指东坡尺牍与诗余，收《东坡先生尺牍》二十卷，《东坡先生诗余》二卷。焦竑自序云："余得秘阁藏本，独缀书、词二种，揭其妙处，以示同志，见坡公之妙，不尽于论、策、序、记。"此书间有评语，但评语浅陋，有人怀疑未必为焦竑所为。因焦竑（1540—1620）为当时著名学者，博极群书，自经史至稗官、杂说，无不淹贯，其评应不只如此水平。此书刊于明天启元年（1621）徐氏曼山馆，北京图书馆、台湾"中央"图书馆皆有原刊本。

明末毛晋编东坡词所依据的"金陵本子"即指此本。修订本《全宋词》在1964年的《订实附记》中说："本书所引汲古阁本《东坡词》，实出自《苏长公二妙集》中之《东坡先生诗余》，仅毛晋误补之数首除外"。这里讲清了焦本与毛本的源流关系，但未涉及焦本系增补茅本而成这个事实。其实茅本和焦本都来源于曾本。但据赵万里考订，焦竑似未见元延祐刊本（此本中有八首词，焦本未收），又其增补者疑有赝品。不管怎样，焦本（又称《二妙集》本）在东坡词版本发展史上具有承前启后的作用。

明毛晋编《宋六十名家词》，收《东坡词》一卷，按词调编排，字数少的词调编前，字数多的词调在后，体例较严密，编排较合理，并曾用多种本子参互校正。凡七十二调，三百二十八首词，其自跋云："东坡诗文不啻千亿刻，独长短句罕见。近有金陵本子（指焦竑《二妙集》本），人争喜其详备，多混入欧、黄、秦、柳作，今悉删去。至其词品之工拙，则鲁直、文潜、端叔辈自有定评。"这是清初以来流传最广、影响颇大的本子。

《东坡小词》二卷，明海阳黄嘉惠校刊本，与山谷词合刊，题《苏黄小品》，书前有陈继儒序。上卷五十三首，下卷亦五十三首，共收词一百〇六首。各首词有黄氏评语，词题多数同毛本，正文出自茅维《苏东坡全集》本，按调编次，可能刊行于崇祯三年毛本之后不久。存中国台湾"中央"图书馆。

五

在清代，傅幹《注坡词》仍只有钞本流传，有幸见到此书者也未引起应有重视，甚至多有指责，他们更看重元延祐刊本《东坡乐府》。

钱曾云："旧藏注释宋本（即指傅幹《注坡词》）穿凿芜陋，殊不足观，弃彼留此（指元延祐刊本《东坡乐府》）可也。"[①] 黄丕烈《延祐本东坡乐府跋》亦云："近年无力购书，遇宋元刻又不忍释手，必典质借贷而购之，未免室人交遍谪我矣。故以卖书为买书，取其可割爱者去之，如钞本词，屡欲去而为买宋刻《太平御览》计是已。今秋，顾千里自黎川归，余访之城南思适斋。千里曰：'闻子欲卖词，余反，有一词欲子买之。'余曰：'此必宋刻矣。'千里曰：'非宋刻，却胜于宋刻。昔钱遵王已云宋本殊不足观，则元本信亦可

---

① 《钱遵王读书敏求记》卷四，中华书局影印清人书目题跋丛刊本。

宝。'请观之，则延祐庚申刻《东坡乐府》也。其时需值三十金，余以囊涩未及购取。后思余欲去词，辛词本欲留存，且苏、辛本为并称，合之实为双璧，因检书一二种售诸友人，得银廿两。千里意尤不足，余力实无余，复益以日本刻《简斋集》，如前需数而交易始成，始遂得以书归。取毛钞《东坡词》勘之，非一本。二卷虽同，其序次前后歧异，当两存之。钞本附《东坡词拾遗》一卷，有绍兴辛未孟冬至游居士曾慥跋，谓'东坡先生长短句既镂板，复得张宾老所编，并载于蜀本者，悉收之。'似前二卷亦系曾刊，而《直斋解题》但云《东坡词》二卷，不云有《拾遗》，似非此本。然直斋云：'集中《戚氏》叙穆天子、西王母事。'今毛钞本亦有此语，似宋刻，即毛钞所自出。而此刻《戚氏》下无此注释，大概钱所云'穿凿附会'者也。且毛钞遇注释处，往往云：'公旧注'云云，俱与此刻合，而余多不同。或彼有此无，或彼无此有。余以毛钞注释多标明公旧注，则此刻之注释乃其旧文。遵王欲弃宋留元，未始无意。此书未必述古旧藏，前明迭经文、王两家收藏，本朝又为健庵、沧苇鉴赏，宜此书之益增声价矣。癸亥季冬六日，荛翁黄丕烈识。"从顾千里的"非宋刻，却胜于宋刻"，黄丕烈的"遵王欲弃宋留元，未始无意"，都可看出他们与钱曾一样，重元延祐本，而轻视傅幹注本。

《四库全书》所收亦为沿于元延祐本的明毛晋刻本。纪昀纂定的《四库全书总目提要》评《东坡词》云："词自晚唐、五代以来，以清切婉丽为宗，至柳永而一变，如诗家之有白居易；至轼而又一变，如诗家之有韩愈，遂开南宋辛弃疾一派。寻源溯流，不能不谓之别格。然谓之不工则不可，故至今日，尚与《花间》一派并行而不能偏废。"充分肯定了苏轼在词史上的地位。"

王鹏运辑四印斋所刻本，《东坡乐府》亦为元延祐刻本《东坡乐府》。其《东坡乐府跋》云："右延祐云间本《东坡乐府》二卷。……光绪戊子春，凤阿同年闻余有缩刻稼轩长短句之役，复出此册假我，遂借钞合刻。中间字句，间有讹夺，与缺笔敬避，用不合六书字体者，悉仍其旧，略存影写之意。文忠诗文，传刻极夥，倚声一集，独少别本单行。且苏、辛本属并称，而二书踪迹，始并见于季沧苇《延令书目》中，继复同归黄氏士礼居，汪氏艺芸书舍。余复从杨氏海源阁假刻以行，三百年来，合并如故，洵乎艺林佳话，而凤阿善与人同之量，亦良足多矣。越月刊成，志其缘起如此。临桂王鹏运半塘识。"清光绪戊子即光绪十四年（1888），临桂王鹏运从杨绍和之孙凤阿处借得元延祐刊本《东坡乐府》二卷（此即黄丕烈旧藏本），遂编入《四印斋所刻词》，并经江宁端木採（子畴）复校后加以翻刻。卷首除叶曾原序及黄丕烈题识外，增刻许玉瑑序及王鹏运跋语。许玉瑑《苏、辛词合刻叙》云："吾乡藏书之富，自毛氏父子、绛云、传是、遵王、延令而后，实数黄氏士礼居。皕宋一廛，千元十架，被之歌咏，海内称盛。道光之季，聊城杨端勤公建节河上，博搜坟典，于是良贾居奇，不胫而走，孔堂汲郡，欲从末由。自来都下，获交于公之子勰卿学士，尝出视《楹书隅录》，属为之序。日月易迈，山河邈然。比者，勰卿令嗣凤阿侍读，同官日下。高密礼堂之遗，崇贤书簏之秘，世守弗失，清菜载扬。暇日公宴，幼霞同年讨论群籍，偶及倚声。因出元延祐《东坡乐府》及大德信州本《稼轩长短句》二种，盖即士礼居所弄者。予尝为幼霞序《双白词》，遂怂恿借钞合刻，以广其传。镂板既成，及命为序。"此书后为朱祖谋用作苏词编年之底本。

六

宋元明清出版的东坡词都未编年，直至清朝灭亡前一年，即宣统二年（1910），始有朱祖谋的编年本《东坡乐府》，此为苏词编年之始。朱祖谋（1857—1931）字藿生，一字古微或古薇，号沤尹，又号彊村。浙江归安（今吴兴）人。光绪年进士。历官编修、侍讲学士、内阁学士、礼部侍郎、广东学政。辛亥革命后隐居上海。初以诗名，后专攻词，著有《彊村遗书》。致力于词集辑校，编有著名的《彊村丛书》。

朱氏所编《东坡乐府》三卷的最早版本为清宣统二年（1910）的石印本，以后《彊村丛书》本中的《东坡乐府》删去了误收的朱敦儒《西江月》（日日深杯酒满）。此书以四印斋复刻的元延祐本为底本，用毛氏汲古本参互校正，异文著于词后。卷一、卷二为编年词，根据苏词题序、《东坡集》、南宋傅藻《东坡纪年录》、王宗稷《东坡年谱》、清王文诰《苏诗编注集成总案》，并参考《咸淳临安志》《西湖志》《颍滨遗老传》《能改斋漫录》《苕溪渔隐丛话》

《挥麈后录》等书进行编年，共二〇四首；卷三不编年，按调编次，一百三十七首；三卷共收词三百四十一首。朱氏《凡例》云："合此三家（傅藻、王宗稷、王文诰），证以题注，参酌审定，大凡可考者十之六七。"冯煦《东坡乐府序》云："古微前辈，词家之南董也，酷嗜坡词，乃取世所传毛（晋）、王（鹏运）二刻订讹补阙，以年为经，而纬以词。既定本，属煦一言简端。……若夫校订之审，笺注之精，则前辈发其凡矣，此不具书。时宣统二年庚戌夏五月，金坛冯煦。"此书重在编年，笺注甚略，只在各编年词用双行小字注明该首词的编年依据，因此所谓"朱注"亦为编年而作。

为什么历代包括清代注苏词者特少？冯煦《东坡乐府序》讲了四条原因（"综其旨要，厥难有四"）：一是苏轼词旨要眇，如列子御风，姑射饮露，很难把握："词尚要眇，不贵质实，显者约之使隐，直者揉之使曲，一或不善，钩辀格磔，比于禽言；扑朔迷离，或侪兔迹。而东坡独往独来，一空羁靮。如列子御风以游无穷，如藐姑射神人，吸风饮露，而超乎六合之表，其难一也。"二是苏词刚柔兼备，动荡空灵："词有二派，曰刚曰柔，毗刚者斥温厚为妖冶，毗柔者目纵佚为粗犷。而东坡刚亦不吐，柔亦不茹，缠绵芳悱，树秦、柳之前旃；空灵动荡，导姜、张之大辂。唯其所之，皆为绝诣，其难二也。"三是苏轼词外有事，隐忧难测："文不苟作，寄托寓焉，所谓文外有事在也，于词亦然。世非怀、襄，而效灵均《九歌》之奏；时非天宝，而拟杜陵《八哀》之篇。无病而呻，识者异惜之。而东坡夙负时望，横遭谗口，连蹇廿年，飘萧万里，酒边花下，其忠爱之诚，幽忧之隐，磅礴郁积于方寸间者，时一流露。若有意，若无意，若可知，若不可知。后之读者，莫不罩然思，迥然会，而其不得已之故，非无病而呻者比，其难三也。"四是苏词感情真实，怀古咏物，皆寓其哀乐："夫恻艳之作，止以导淫，悠缪之辞，或将损性，拘墟小儒，悬为徽缠，而东坡涉乐必笑，言哀已叹。暗香水殿，时轸旧国之思；缺月疏桐，空吊幽人之影。皆属寓言，无惭大雅，其难四也。"陆游不肯注苏诗，谓苏诗"意深语缓，尤未易窥测"，苏词尤其如此，这大概就是不少清人遍注苏诗，而苏词却无人问津的原因吧。

朱氏的主要功绩是为苏词编年，正如曹树铭《苏东坡词·东坡词籍著录》

所说：

单就东坡词而言，朱氏编年费煞苦心。……出于朱氏自我斟酌者，要为类编。兹就本人体验所得，朱氏类编之原则，大致如下：一、因两首地名有连带关系者并列之，如《行香子》"一叶舟轻"与《祝英台近》"挂轻帆"；二、因地名与东坡行迹有密切关系，从而考定其年者，如《木兰花令》"梧桐叶上三更雨"；三、因两首调题皆同而并列者，如《南乡子》"凉簟碧纱厨"与同调"寒雀满疏篱"；四、因两首事同而并列者，如《减字木兰花》"郑庄好客"与《南歌子》"欲执河梁手"，如《江城子》"天涯流落思无穷"与《减字木兰花》"玉觞无味"；五、因两首题同一人而可以考其为同时者则并列之，如《木兰花》"知君仙骨无寒暑"与《虞美人》"归心正似三春草"；六、因两首或三首调韵皆同而并列者，如《南歌子》"山与歌眉敛"与同调"古岸开青葑"，如《南乡子》"绣鞅玉镮游"与同调"未倦长卿游"，如《点绛唇》"不用悲秋"与同调"莫唱阳关"，又如《南歌子》"日出西山雨"，同调"雨暗初疑夜"与同调"带酒冲山雨"；七、因词题概举年数，溯而上之，遂确定其编年者，如《洞仙歌》"冰肌玉骨"；八、因与同时人所作词调韵皆同而推定其编年者，如《定风波》"今古风流阮步兵"与张先词同调"浴殿词臣亦让兵"。此外即为疑编，如《醉落魄》"苍颜华发"，如《减字木兰花》"空床响琢"，如《渔家傲》"皎皎牵牛河汉女"。以上所述，不独阐示朱氏编年之苦心，亦所以示学者以规范，触类旁通，则编年之技巧过半矣。

民国以来出了一些苏词白文本或校点本，较早的为林大椿校订的《百家词》本。此书是林大椿据吴讷编《唐宋名贤百家词》校订排印，东坡词在第二册。有民国十五年（1926）中华书局排印本，又有香港商务印书馆民国二十九年（1940）本。其书序例谓《百家词》乃"明吴讷编于正统间，在毛刻前二十年。其中如曾慥辑之东坡词并拾遗及范开辑之稼轩甲乙丙丁四集，均为今代稀见之品。"该书所收东坡词的内容、编次与曾慥本《东坡长短句》基本相同，只是拾遗卷中林大椿删去了重收的《醉桃源》等七首，大体保存了南宋曾慥辑本的原貌。此书印数不多，今北京师范大学图书馆、华东师范大学图书馆、上海师范学院图书馆、福建师范学院图书馆、吉林大学图书馆及上海古籍出版社的图书馆有收藏。

属明毛晋编《宋六十名家词》系统的，有民国年间上海博古斋据毛晋汲古阁原刊本《宋六十名家词》石印出版，收有《东坡词》一卷；民国年间上海商务印书馆《国学基本丛书简编》，缩印钱塘江氏重刊本《宋六十名家词》，中有《东坡词》一卷；民国二十五年（1936）上海国学研究社再版毛晋所编《宋六十名家词》，但校订不严，上海中华书局出版的朱居易校辑《毛刻宋六十家词勘误》一书，用毛校本，影宋本及其他精刊精钞本来校勘此本之误；民国二十五年（1936年）上海杂志公司据毛晋汲古阁原刊本排印《宋六十名家词》，收入《中国文学珍本丛书》第一辑，施蛰存校点，中有《东坡词》一卷；中华书局《四部备要》集部总集所收《宋六十名家词》中，也收有《东坡词》一卷。该书有排印及缩印两种。

属元延祐《东坡乐府》系统的，有民国年间中国书店据清光绪中王鹏运家塾刊本影印《四印斋所刻词·东坡乐府》，印数不多，流传不广。1957年上海古典文学出版社据北京图书馆所藏元延祐刊本《东坡乐府》二卷缩印出版，并与元大德刊本《稼轩长短句》缩印本合装为五册一函，其第一册即《东坡乐府》（此缩印本《东坡乐府》亦有单行本同时传世）。各大图书馆均有收藏。1959年中华书局上海编辑所据北京图书馆所藏元延祐《东坡乐府》二卷原样影印出版，保留了元刻本风貌，书中叶曾序、黄丕烈题识及诸家藏书印章悉照原样。书后排印了赵万里1957年所写的跋，对元延祐刊本与其他东坡词刊本的相互关系作了考订。各大图书馆多有收藏。台湾世界书局曾据中华书局影印的元延祐刊本《东坡乐府》二卷，照相制牌影印，收入《中国词学丛书》中。1979年上海古籍出版社用上海古典文学出版社影印本《东坡乐府》做底本，又用《宋六十名家词》《四印斋所刻词》《彊村丛书》等书所收东坡词汇校，出版了校点本。校正了元延祐原刊本的某些脱误，此书流传颇广。

朱祖谋所编《东坡乐府》三卷的石印本，出于清王朝灭亡前一年，印数甚少，流传不广。但此书后来收入《彊村丛书》三卷本，却广为流传，有民国十一年（1922）本，除载宣统二年冯煦序外，还载有民国五年（1916）沈曾植序、民国六年（1917）曹元忠序，另有沈修序，无写作时间。吴虞校录的《蜀十五家词》，此书所收《东坡乐府》三卷，系据朱氏《彊村丛书》本重刊，序跋、凡例、内容、编次，甚至行款均同朱本。三为1960年台湾广文书局影印朱祖谋《彊村丛书》本《东坡乐府》三卷。

以上所举有不少属于总集、丛书所收的东坡词，这类书中影响最大的还应算唐圭璋《全宋词》所收的《苏轼词》。唐先生于1931年开始编纂《全宋词》，1937年完成初稿，1940年由商务印书馆出版。1957年中华书局约请编者进行改编增补，1959年完成。中华书局根据唐先生的建议，指定王仲闻先生对全书进行增订复核，补充了唐先生未见到的不少材料，修订了原稿中若干考据结论，全书体例、所用版本都有较大改进。1964年唐先生与中华书局签订出版合同时，唐先生在"唐圭璋编"后，亲自加上"王仲闻订补"五字。但由于众所周知的历史原因，长期埋没了王先生修订《全宋词》的功劳。直至1991年1月中华书局出版简体横排增补本《全宋词》，改署"唐圭璋编，王仲闻参订，孔繁礼补辑"。《全宋词》第一册收《苏轼词》三百六十余首。在按调名编次的各种东坡词中，此本收苏词最多，是目前校订认真，并注明出处的苏词刊本，互见与可疑作品加案说明，还附录有存目词，亦注明出处，对苏词的去伪存真、拾遗补阙极有用。

七

苏词注本除傅幹《注坡词》以钞本形式流传，不绝如缕，见者甚少外，直至1936年商务印书馆出版龙榆生《东坡乐府笺》，才有了广为流传的苏词注本。商务印书馆1958年重印本较为通行。重刊本首列夏敬观等所作序，次为龙氏1957年所作《序论》，次为苏辙所撰《东坡先生墓志铭》，次为龙氏所辑宋以来诸家对东坡词的部分总评。各词之后，首列校记，校记后为笺注，部分笺注后列有评、本事附考或附录，分别收录诸家有关东坡该词本事的记载或考证、评论资料，虽收罗不全，但亦极有参考价值，可与龙笺互为补充。其《东坡乐府笺后记》云："曩从上虞罗子经先生，假得南陵徐氏旧藏旧钞傅幹《注坡词》残本，取校毛氏汲古阁本、王氏四印斋景元延祐本、朱氏《彊村丛书》编年本，时有胜义，而所注典实，多不标出原书。因为稽考群籍，更依朱氏编年，作为此笺，以便读者。其原注可用者仍之，并于每阕之下，别标傅本卷目，以存其旧。……又从徐积余先生，假得郑叔问手评《东坡乐府》，于本笺不少补助，特并附著于此。"夏敬观序云："其（苏轼）词别本单行，未有从事编注者。归安朱沤尹侍郎，始为之校订编年，刊之《彊村丛书》中。吾友龙君榆生，好学深思，以能诗词，先后教授于厦门、上海诸大学，暇日复取沤尹所编本，考证笺注，精核详博，靡溢靡遗。"叶恭绰序云："东坡词夙少完本，兹龙君萸生，萃各本互勘，写定为《东坡乐府笺》三卷，体例详赡，搜采广博，于词之独到处，尤多发微。……至编校之精核，有目共赏，固无事赘言也。"夏承焘序云："榆生此笺，繁征博稽，十倍旧编，东坡功臣，无俟乎扬赞。"三序皆多称美之词。但此书虽是最早的东坡词编年笺注本，编年所据为朱祖谋《东坡乐府》三卷，仅比朱本增补了四首词：《瑶池燕》（飞花成阵），《点绛唇》（醉漾轻舟），又（月转乌啼），《浣溪沙》（风压轻信帖水飞）；编年只做了个别调整：《菩萨蛮》（娟娟缺月西南落），朱本编元丰二年，龙本改编元丰六年；《西江月》（点点楼头细雨），朱本不编年，龙本编入元丰六年，此外全同朱本。笺注则主要采自宋人傅幹《注坡词》并采录了朱本的校注，郑叔问手评《东坡乐府》，也有龙氏自注，但不多。龙氏既采傅注，又未全采傅注，遗漏了傅注的一些很有参考价值的注文；所采傅注，有的标明所自，但也有不少实际采自傅注，却未标明。傅注所引前人诗文，有的今已失传，不标明傅注，就不知其所自。可见其笺注编校亦未必"精核"。但在1936年以来的数十年，别无新的苏词注本，傅幹《注坡词》多数人无缘得见，故此书得以广泛流传，对广大苏词爱好者与研究者必备之书。

在龙榆生《东坡乐府笺》后，仍后继乏人，直至1968年香港万有图书公司又才出版了曹树铭先生校注的《苏东坡词》，1980年曹氏又对全书做了修订，1983年、1996年台湾商务印书馆曾两次印行，大陆流传亦较广。全书首列宋李公麟所绘东坡像及清王文诰旧藏东坡像（见《苏文忠公诗编注集成》）。次为苏轼墨迹，含小楷、大楷、行书、草书。次为苏轼绘画，并附有文同、苏过等人画。次为曹氏所撰《苏轼小传》《东坡前后反对变法之实录节要》。

次为《新增校说明》《校编说明》，论述了编纂此书的动机：一是"为谋东坡词之增补及其编年更符合实际，并尽可能摘出误入之作；二是"为谋使龙本与《全宋词》本直接沟通，或使此两本有关之各本间接合流，而为治东坡词者另辟一比较广阔之园地"。编校此书的指导思想："宁严毋滥，对于《全宋词》本所广泛吸收者，在取舍之间，尤不可忽。……凡在意境方面与东坡之为人及东坡词不类者，尤其现已阑入之伪作，必须竭忠尽智，予以揭发。""宁严毋滥"的原则本来无可非议，但曹先生在具体执行时多以风格不类否定一些词为苏轼词，就觉得缺乏说服力。曹氏在论述"编年之参考"时，除东坡诗集或文集、地理位置、东坡行踪易于定案外，还有"本词之情感""本词文字意境""本词题内文法之启示"等，都较活，难于定案。《校编说明》还介绍了校编的轮廓：增补十五首，改编龙本编年者七首，龙本原不编年移为编年者五十一首，改列龙本卷三不编年词四十首入附录，含互见词四首、误入词二十九首、可疑词七首。曹氏归纳道："本书除四十首为不删削之删削外，实收词三百一十九首，包括增补十五首在内；本书编年词较龙本多六十四首；本书不编年词，较龙本少八十九首。"次为《苏东坡词序论》，分三章，详尽介绍东坡词之特征、风格与写作艺术。次为龙榆生辑的《东坡词评》及曹氏辑的编（附有曹氏自己的论述），收历代对苏词的总评。正文东坡词分编三卷：卷一编年词一百一十六首；卷二编年词一百二十三首；卷三未编年词六十首。附录互见词、误入词、可疑词。全书以龙榆生的笺注本为底本，用《全宋词》本《苏轼词》为主要校本，复核了影印元延祐本、毛本、朱本等。每首词正文后，首列"朱注"（全录龙本内之朱注），次列"原校"（全录龙本之校文，不称龙校而称原校，因除有关傅幹本之校文出自龙氏外，几乎全从朱本转录），最后列"曹校注"，是编者自己的校语。1968年本，龙本原有的笺注等，皆弃而不取；1981年本则收录龙本所有的傅注及诗集的施注、查注等。《笺注》之误者概予删去，并加以说明；失注者为之补注。曹氏增补各词，亦补加笺注。正文后有附录四篇，一为日本小川环树的《苏东坡诗词用韵考节要》，二为《词苑丛谈》中关于词韵、词调及词作之资料，三为傅东华原著，曹氏节录并评的《关于李清照批评北宋词人》，四为曹氏的《苏东坡之书画》。附录后为曹氏的《东坡词藉著录》《东坡年表》《苏氏谱系》《东坡行迹简图》（据日本近藤乐男所制图译绘），以及分调编号索引。最末为曹氏《后记》两篇。从以上简介不难看出，全书资料翔实，编次也较合理，对苏词的校订、补辑、编年等方面用力颇多，把互见、误入、可疑词单编为附录，体例也较严密，既保存了长期传为苏词的作品，又提醒民众对这些词不可轻信，尚需进一步考订，是一部较有参考价值《东坡词》注本。

1977 年台湾学艺出版社出版了郑向恒的《东坡乐府校订笺证》。每首词都有校字、订律、笺释诸项。校字，以朱彊村的《东坡乐府》为底本，参以毛氏汲古阁、《宋六十家词》本之《东坡词》、王氏四印斋景印元延祐本之《东坡乐府》，间采残钞本宋傅幹《注坡词》，以及诸家词律、词谱、选本中的东坡词，互为比勘，校其异同。订律指校订苏词词律。词律之义有二，一为音律，二为格律。人多病苏词不合律，向恒女士乃以词谱及宋各家词律为据，撰为订律。笺释之义亦有二，或诠释大义，发明幽旨；或广求众说，旁求考证。此书兼取二义，广辑名家诗注、词注，凡能发明词旨者，皆为阑入，并标明出处。编排方式，为便于订律，乃把同调并列一起，各调之先后顺序，则以朱彊村本各调之先后为序。苏词与杜诗一样，当以编年为宜，在出现朱本编年之后，又回到按调编排，实为不足。苏词历代评论甚多，此书辑录为词评；有关本事，则列为附录，均附于各首之后。全书之后附有参考书目和索引。此书主要在台湾地区发行。

1990 年华东师范大学出版社出版了石声淮、唐玲玲《东坡乐府编年笺注》，后曾在中国台湾重印。此书是在朱祖谋《东坡乐府》、龙榆生《东坡乐府笺》编年、注释、校、附录基础上编写的，朱、龙二氏未编年苏词，有三十五首本书进行了编年；认为朱、龙编年不当而进行了调整的有十余首。本书的笺注是以龙本为根据的，但有所补充，对龙本误注亦间有更正；注文更加通俗详尽，更适合普通读者；龙本引书不标篇名、卷数，此书加上篇名、卷数，以便读者复核。书后有附录四种，一为各本题跋，二为历代对东坡词的评论，三为苏辙的《东坡先生墓志铭》，四为东坡词版本简介。在龙《笺》

之后数十年，曹树铭先生校注的《苏东坡词》，郑向恒出版了《东坡乐府校订笺证》，内地则出版了石声淮、唐玲玲的《东坡乐府编年笺注》，并对龙《笺》都有多少不等的改进。

1993 年巴蜀书社出版了刘尚荣的《傅幹注坡词》。此书除南宋绍兴初曾"镂版钱塘"外，元、明、清三代，诸家书目不见著录，亦未翻刻，只有钞本流传，皆源出明天一阁旧藏。清末社会动乱，天一阁藏书散佚，《注坡词》钞本亦在其中。幸赖沈德寿再次传钞，后归南陵徐氏积余斋。《增订四库简明目录标注》邵章续录"傅幹《注坡词》十二卷，徐积余传钞天一阁明钞本"，即指此书。民国以来，朱祖谋、罗子经、龙榆生、赵万里等人曾见过这部徐积余传钞本《注坡词》，龙榆生还利用此书作《东坡乐府笺》。现存《注坡词》钞本，大都是据徐积余传钞本移录的。北京图书馆藏清钞本一部，书末有钞者落款"从南陵徐氏藏沈德寿家钞本传录"。中华书局藏民国年间武进赵尊岳珍重阁手写本一部，书前有赵氏题记："此集但有传钞，绝少著录。慈溪沈德寿经楼旧钞本既归南陵徐氏积余斋，岁在中元庚午，获读一过，因手缮之，冀有以广其传也。积余世丈并为考订，因附志岁月于此。武进赵尊岳识于珍重阁。"北京大学图书馆藏晒蓝本一部，观其行款，似据清钞本晒印。陕西师范大学黄永年藏徐氏旧藏本。前三本目录俱全，按目索词，可知其缺：卷三佚《戚氏》上首；卷六佚《江城子》其五至防凡四首，又佚《无愁可解》一首，《蝶恋花》八首；卷一一佚《浣溪沙》其二至九，凡八首，又佚《沁园春》半首（存"有笔头千字"以下部分）、《雨中花》一首（存调名及词题）；卷一二佚《皂罗特髻》半首（下片）、《调笑令》一首、《双荷叶》一首、《荷花媚》一首。

清人对此书并不重视，钱曾《读书敏求记》卷四甚至指责此书"穿凿芜陋，殊不足观"。近人赵万里亦指责其"注释浅陋"。直至今人刘尚荣先生对此书才颇重视。他于 1981 年作《注坡词考辨》，中有《"纰谬"说辨析》一节，专门批驳历代对此书的不公正指责；又有《傅本价值论》一节，正面阐述他对此书的评价："《注坡词》问世至今八百余年，其间真正研究并全面利用过此书的，似乎只有龙榆生一人。可能是由于对傅本认识不足，评价不高，致使傅本在笺注、校订、编年等方面所提供的丰富资料，龙氏并未充分利用，或是被有意无意地忽略了，因而留下了某些令人遗憾的、亟须补正的疏漏。"然后从笺注、题序、编年、辨伪辑佚四个方面具体阐述了傅注的价值。关于笺注，刘氏云："傅注在辑校注典上仍有可发掘的珍贵资料，龙本直接或间接采录傅注就足以说明傅注不容忽视的资料价值；龙本漏收的傅注更有待重新采撷。……全面加以利用。"关于题序，刘氏认为傅注本有利于证明"今本苏词的某些题序并不是苏轼所作"，而是苏词编者加的题注、题解，并举了大量例证。如《江江红》（忧喜相寻）傅本题注引"杨元素《本事曲集》"，"元本删去'杨元素本事曲集'七字，又于'曰'前添'余问之'三字，砍去'东坡嗟叹'句中的'东坡'二字，遂变第三人称为第一人称，将题解改为词序"。傅注还有助于苏词编年，例如《南歌子》（海上乘槎侣），傅本有词题："八月十八日观潮，和苏伯固二首（另一篇首句为"莼莼中秋过"）。"元本和其他各本均无"和苏伯固二首"六字，而这六字恰恰是为这两首词编年的关键，它既说明两首词作于同时，又提供了编年的线索。朱祖谋据王文诰《苏诗总案》将这两首词分别编入熙宁五年壬子和熙宁七年甲寅。刘氏注意到了两词作于同时，主张应"均编入壬子"，但却忽略苏轼同苏伯固的交往时间。薛瑞生的《东坡词编年笺证》却注意到了："公倅杭时尚未与苏伯固相识，二人相往来为东坡守杭时事。"可见这两首词根本不是作于熙宁年间倅杭时，而是作于元祐五年或六年守杭时。刘氏还认为傅注有利于苏词的辨伪与辑佚，而且还可辑他书之佚，如杨元素《本事曲集》："单从辑校考订古籍的意义着眼，傅注即有不容忽视的资料价值。"

　　刘尚荣先生从1982年起开始整理校点此书，以北京图书馆藏清钞本为底本，以北京大学、中华书局所藏傅注钞本及有代表性的六种苏词其他版本为校本，凡重要异文皆出校记。刘氏《校点凡例》云："校勘原则是：凡傅本正文、题叙及东坡自注的脱讹衍倒，均据主要校本补改删乙。傅本不误而校本义胜，或主要校本之异文有重要参考价值者，不改傅本正文，但出异文校记。傅本存目阙词者，今据元本补足正文和题叙，并据他本稍加校订。凡傅本明显无疑的误钞（例如'巳'误作'已'之类）以及俗体字、避讳字、常见异体字等，均径改原文，不再出校。"

关于傅幹注文的整理，刘氏作了以下工作。一是区别苏轼自撰的词题、词引和傅幹补添的题解、校注。前者置于调名次行，上空四格，用五号字；后者一律移到正文后，用作第一条傅注；如果题、注界限不明，难以区别者，暂按注文对待，移编编词末，酌加按语说明。二是移编句解，傅注原系双行小字，句中夹注，刘氏一律依次移于词后，并加注码。三是校订文句，傅注所引当时的经史子集，一般未著明版本。刘氏用通行本校其异同，择要出校记；傅注所引当时的笔记诗话、小说传奇，因具校勘辑佚价值，基本上照录傅注；但傅注确有脱讹衍倒，则酌加校改，并出校记。四是补标出处，傅注引文有时漏标作者名、书名、篇名，或有张冠李戴之误，刘氏均以"刘按"补上典故出处，标明诗文题目。

傅注原书为十二卷，校点本仍之。书后有附录三种，一是《注坡词补佚》，收《注坡词》未收的苏词（其中一些真伪待考）；二是《历代题跋选录》；三是《苏词版本综述》。

傅幹《注坡词》是今存最早的苏词版本，更是今存最早的苏词注本。巴蜀书社 1993 年出版的刘尚荣的《傅幹注坡词》，是八百多年来第一次得以整理出版，使这一只有少数学者见过的《注坡词》得以广泛流传。由于刘氏治学严谨，此书得以大体恢复了原貌。

1998 年 9 月三秦出版社出版了西北大学薛瑞生的《东坡词编年笺注》。全书收东坡词三百六十二首，残句十二则，是目前收东坡词最多者。此书以明紫芝漫钞《宋元名家词》为底本，以宋傅幹《注坡词》、元叶曾《东坡乐府》、明吴讷《唐宋名贤百家词》、毛晋《宋六十名家词》为校本，并参校了明焦竑《苏长公二妙集》、朱祖谋《彊村丛书》、唐圭璋《全宋词》，对所收词作了详尽的校勘。

此书在编年上下了较大功夫，订证前人编年之误者十首，原不编年今予以编年者一百零三首，对所收三百六十二首苏词，编年者共三百一十七首，几占苏词十分之九。"用力最勤，费时最多，广搜博稽，务求合榫，力避穿凿，对三家（傅幹、朱祖谋、龙榆生）不弃不泥，正之者从之，误之者正之，不能证之以正误者暂依之以待更考。对朱、龙原本未编年之词，则如厘丝治狱，寻端绎绪，或征之以赠主行实，或征之以东坡踪迹，或征之以地理景观、节令时序，或征之以诗文事实、词旨意蕴，综合考察，求其凿枘无间而后已。"（《凡例》）

此书虽要求自己"力避穿凿"，但为了证明"东坡词与苏轼诗文同步说"，似乎仍偶有"穿凿"之嫌。如薛氏《笺注》的开卷之作为《浣溪沙》（山色横侵蘸晕霞），认为作于仁宗嘉祐五年（1060）正月，仅晚于编年诗三个月。这类编年也许是将来引起争论最多的部分，即以此词为例，词有"湘川风静叶寒花"句，薛氏注意到苏轼平生从未涉足湘水，亦未曾在湘水地域即今湖南为宦。但却认为"湘川乃泛指古荆州地域即今湖南、湖北乃至四川东部一带"。词中还有"梦到故园多少路，酒醒南望隔天涯"句，薛氏本此认定此词作于嘉祐五年"庚子正月发荆州出陆北行时"。从上下文看，这里的"故园"即指"湘川"，苏轼的故乡在川西的眉州，而眉州无论如何是不能包括在"湘川"内的，无论怎样"泛指"，也很难归入"四川东部一带"。而且"公既北行"，"梦到故园"应西望，而不应"南望"，因此很难肯定《浣溪沙》（山色横侵蘸晕霞）作于嘉祐五年正月，更难作为"东坡词与苏轼诗文同步说"的铁证。在我看来，此词是否为苏轼所作都大可怀疑，既然苏轼"故园"与"湘川"无涉，苏轼一生也"从未涉足湘水"，今存最早的苏词版本傅幹《注坡词》、元延祐本《东坡乐府》都未收此词，今存宋人所作的多种苏轼年谱（何抡、施宿、王宗稷、傅藻）也未提及此词，对苏轼此词的可靠性更应持谨慎态度，更不可轻易以此证明"东坡词与苏轼诗文同步说"。苏轼声名太大，从苏轼在世时托名苏轼之作就很多，南宋尤甚，在苏轼诗文词中，苏词尤甚。因此，我觉得曹树铭"宁严毋滥"的意见是对的，只为二百七十首苏词编了年，加上未编年词也只有三百一十九首，其他四十首都收入互见词、可疑词，既保留了各种版本所收的苏词，又提醒读者其中一些苏词未必可靠，尚需研究，不可轻信。薛注编年可酌者还有，我初读此书时，对他认为三首《南歌子》（雨暗初疑夜）、（日出西山雨）、（带酒冲山雨）乃嘉祐八年作，也不大相信，在书上打了个大问号，批了一句"当作于黄州"。

我认为对苏词旧注的整理应以刘尚荣《傅幹注坡词》成就最高，而最近几十年的苏词新注本，则应以中华书局出版的邹同庆、王宗堂合注的《苏轼词编年校注》成就为最高。邹、王《校注》之所以比薛氏《笺注》更令人满意，我认为主要在去伪存真上。宋元版本的苏词一般只有二百六七十首，即使曾慥本加上拾遗也不过三百一十七首，而明清各本逐渐增多，到唐圭璋先生辑《全宋词》时，东坡词已多达三百六十首。对明清新冒出来的"苏词"，不敢说都是伪托之作，但至少不可轻信。邹、王《校注》之可贵就在于把五十三首"苏词"和九则残句列入了误入词，而且都提出了比较可信的根据。如《江城子》（南来飞燕北归鸿），首先从苏词版本断为误收："此词见吴本、明刊全集、二妙集。傅本、元本、毛本、朱本、龙本、曹本皆不载。"毛本还讲了不收的理由："秦淮海词，删。"接着列举十多种秦词版本证明确属秦词，并加以断语："吴讷《东坡词拾遗》作苏词，盖误收也。明刊全集、二妙集均承吴本之误。"对《虞美人》（落花已作风前舞，第933页）的考证也是比较可信的："此词系叶梦得作。今传诸本《石林词》均收，毛本《石林词》系据宋本勘刻，较为可信。且宋人曾慥、黄昇词选亦作叶词。曾慥《乐府雅词》成书于绍兴丙寅（1146）年间，时叶梦得尚未过世，其作叶词，当不谬。而《东坡词》宋元诸本均未收，自明万历茅维刻《东坡全集》时始补入。茅刻《全集》，世人有'窜乱者甚多'之评，殆不可信。"

邹、王《校注》不仅多从版本下手确定苏词的真伪，而且也很重视同时代人的记载。如虽然傅本、元本、吴本均收了《鹧鸪天》（"西塞山边白鹭飞"），但根据曾慥《乐府雅词》卷中所载徐师川跋语，断为黄庭坚词。邹、王《校注》在引徐跋后说："为补足元真子《渔父词》，坡、谷各作《浣溪沙》一首，而山谷晚年悔前作（指黄庭坚《浣溪沙》"新妇矶边眉黛愁"词）之未工，因另制此首《鹧鸪天》。徐师川乃山谷外甥，所言较为可信"。

邹、王《校注》对苏词真伪的处理还是比较谨慎的，凡是把握不大的，就入互见词或存疑词。如《菩萨蛮》（娟娟侵鬓妆痕浅），有作苏词者，如宋曾慥《东坡词拾遗》，此书"系据张宾老所编本并载于蜀本者收录，张编本成书于大观三年（1109）以前。故知此词于北宋后期已传为苏轼作"。有作谢绛者："始于黄昇《唐宋诸贤绝妙词选》，该书始刻于南宋淳祐九年（1249），较曾慥本《东坡词拾遗》晚出近百年，其可靠性当不及曾慥《拾遗》。"但作者并未完全按成书时间就断为苏词，因为他们还考虑了曹树铭的意见："曹本注谓'谢绛词无非侧艳之作，此词意境，与谢词相合，故断定非东坡词。今移列误入词。'"他们对曹的意见并不同意："仅以意境定是非，显证不足，难以置信。"最后采纳了《全宋词》的谨慎处理方法："《全宋词》作互见词收录，实为审慎。属苏属谢，尚待详考。"又如《虞美人》（冰肌自是生来瘦），曹本校注云："按此词系女流口吻，意境与东坡词不类，断非东坡所作。今移列误入词。"邹、王《校注》云："此词宋元诸本东坡词未收，始见于明刊全集，未详所本。曹本以意境不类东坡词而断为伪作，缺乏显证，尚待详考。今列存疑词类。"古代以"女流口吻"作诗词者很多，以此断定非苏轼作，确属"缺乏显证"，很难令人信服。编年词、未编年词都是明确肯定其为苏词，误入词则是明确肯定其为非苏词，都宜慎重，凡无显证者暂入存疑词，不失为比较谨慎的做法。

近数十年除苏词全集注外，还出版有不少苏词选注或虽非专选苏词，但含有苏词的选注本。

如陈迩冬《苏轼词选》，1959 年人民文学出版社版；陈迩冬《苏东坡诗词选》，其词均采自其《苏轼词选》，但题解和注释作了一些补充，人民文学出版社 1960 年出版；刘乃昌《苏轼选集》，1980 年齐鲁书社出版；王水照《苏轼选集》，收苏词五十多首，附有"评笺"，是选本中富有学术价值的一种，1984 年上海古籍出版社出版；于培杰、孙言诚《苏东坡词选》，1984 年花山文艺出版社出版；徐永年、曹慕樊《东坡选集》，1987 年四川人民出版社出版；曾枣庄《三苏选集》，1993 年黑龙江人民出版社出版。至于选有苏词的词选、宋词选更多，此不一一列举。

（原载上海人民出版社 2006 年版《宋代文学与宋代文化》）

宋朝的婉约词与豪放词

词又称曲子、曲子词、长短句、诗余，它是隋唐时期音乐革新的产物，晚唐、五代开始流行，宋朝尤为繁荣，宋词最能代表宋代文学，有所谓唐诗、宋词之称。如果说欧阳修完成了宋文革新，苏轼、黄庭坚完成了宋诗革新，那么，完成宋词革新的也是苏轼。

一、北宋前期词以婉约为主

词可归纳为不同的艺术风格、艺术流派，但从根本上讲仍不外豪放、婉约两种类型。苏轼以前都是以婉约词占优势，北宋前期的词人柳永、晏殊、张先、欧阳修、晏几道都承袭南唐冯延巳词、西蜀《花间》词的婉约风格。

柳永一生仕途潦倒，宋人笔记中记载柳永尝赋《鹤冲天》词，有"忍把浮名，换了浅斟低唱"句，宋仁宗临试黜之，云："且去浅斟低唱，何要浮名。"于是柳永就自称"奉圣旨填词"，日与人醉饮于酒楼之中（《苕溪渔隐丛话》后集卷三九引《艺苑雌黄》）。柳永一生专意于词的创作，成就显著，其词无论是在形式还是内容上都有较大的创新。他首变五代、宋初词多以小令为主的模式，专意创作长调，其词集除有少数当时流行的小令以外，几乎全是长调，有的甚至是他自创的新调，故李清照称他"变旧声作新声"（李清照《词论》）。柳词的内容较之前人也有所拓展，羁旅行役、歌舞宴饮、赠妓送别，都无不涉及。他生活在宋仁宗时相对繁荣稳定的社会环境，享受着都市安闲的生活，用词反映当时的社会生活成为其词的内容之一。黄裳谓柳词"喜其能道嘉祐中太平景象，如观杜甫诗，典雅文华，无所不有"（黄裳《书乐章集后》）。陈振孙亦称他把"承平气象，形容曲尽"（陈振孙《直斋书录解题》卷二一《乐章集》）。柳永词作佳篇很多，《满江红》（暮雨初收）、《望远行》（长空降瑞）、《倾杯乐》（木落霜洲）、《玉蝴蝶》（望处雨收云断），均为脍炙人口之作。《望海潮》一词描绘西湖的旖旎风光、钱塘都市的繁华景象，以至于后来的笔记附会金主完颜亮读了这首词，因为羡慕江南"桂子""荷花"，于是兴南侵之师（罗大经《鹤林玉露》丙编卷一）。描写羁旅行役也是柳词的重要内容。《雨霖铃》（寒蝉凄切）一词，其中"今宵酒醒何处，杨柳岸，晓风残月"，被誉为古今俊句，为时人所称道，"客情之凄其，风景之清幽，怀人之绵邈"，尽在其中（俞陛云《唐五代两宋词选释》）。柳永词在艺术上独具特色，他善于以前人佳作入词，《八声甘州》（对萧萧暮雨洒江天）一词，上片末尾"唯有长江水，无语东流"，即化用南唐李后主"问君能有几多愁，恰似一江春水向东流"词意；下片"误几回天际识归舟"，又用温庭筠词"过尽千帆皆不是"句意，将闺中女子对情人的思念之情刻画得淋漓尽致。苏轼虽然不满意柳永的词作，对这首词却赞不绝口，以为"'霜风凄紧，关河冷落，残照当楼'，此语于诗句不减唐人"（赵令畤《侯鲭录》）。柳永的创新还在于运用俚俗词语入词。《后山诗话》谓其"骫骳从俗，天下咏之"，王灼亦云"序事闲暇，有首有尾，亦间出佳语，又能择声律谐美者用之，惟是浅近卑俗，自成一体，不知书者尤好之"（王灼《碧鸡漫志》卷二）。正因为柳永擅长使用平民百姓日常用语入词，故柳词得以广为流传，"凡有井水饮处，即能歌柳词"。其《忆帝京词》之"系我一生心，负你千行泪"，《定风波》词之"镇相随，莫抛躲，针线闲拈伴伊坐"，将男女相思怨嗔描绘得生动贴切，活灵活现，然而却以其"俚俗浮艳"，而遭到晏殊的指斥（张舜民《画墁录》）。

张先也一生致力于词的创作，晁补之评其词云："张子野与耆卿齐名，而时以子野不及耆卿。然子野韵高，是耆卿所乏处。"（能改斋漫录》卷十六引）张先词的内容多描写男女之情，尽管其中不少酒席赠妓之作，但也有大量感情真挚、表现手法细腻新颖之作。《一丛花令》词写闺阁女子的哀怨，"沉恨细思，不如桃杏，犹解嫁春风"，清贺裳以为"无理而妙"（《皱水轩词筌》），以至于在当时就有"桃杏嫁东风郎中"之誉（范公偁《过庭录》）。《碧牡丹》追忆相识的歌姬，有"望极蓝桥，但暮云千里，几重山，几重水"之句，深情绵邈，有情不能自禁处（《词则》、俞陛云《唐五代两宋词选释》）。其余如

《归朝欢》(声转辘轳闻露井)、《浣溪沙》(锦帐重重卷暮霞)、《浣溪沙》(楼倚春江百尺高),均为此类佳作。张先的词还涉及宋代社会生活的诸多方面。《宴春台慢》(丽日千门)展现宋时汴京的繁盛,都人游兴之酣畅。《木兰花》词"龙头舴艋吴儿竞,笋柱秋千游女并,芳洲拾翠忘归,秀野踏青一不定",描写江南水乡寒食佳节美景,句句景中有人,富于春天的蓬勃生机。他的词在艺术上的一个重要特征是善于用工巧之笔表现朦胧之美,擅长在词句中嵌入"影"字,用以刻画那些隐现飘忽的客观事物,创造出一种清峭幽冷而又精妙无比的意境。《后山诗话》记载他有"云破月来花弄影"(《天仙子》),"帘幕卷花影"(《归朝欢》),"堕轻絮无影"(《剪牡丹》),时人称诵,号为"张三影"。除此而外,他还有很多描写"影"的名句,如"中庭月色正清明,无数杨花过无影"(《木兰花》),"那堪更被明月,隔墙送过秋千影"(《青门引》),都是脍炙人口的佳句。但是他的词缺少铺叙的才能与组织结构的功夫,多用小令的作法写长调(夏敬观手批《子野词》),不能塑造出前后浑然一体的意境,故李清照批评他"虽时时有妙语,而破碎何足名家"(《苕溪渔隐丛话》后集卷三三引)

晏殊七岁善属文,以神童荐于朝,官至同中书门下平章事。他的文学成就以词最为突出,其词继承了花间词派温庭筠、韦庄的风格,又深受南唐冯延巳的影响,所作不减冯延巳。在形式上,晏殊词全为小令。他的词作名句"无可奈何花落去,似曾相识燕归来"(《浣溪沙》),从渲染落花无情、归燕有意的伤春之感,申发出对人生不再的"无可奈何"的惆怅之情。词所表达的无可名状的哀怨之情足以使读者倾倒,历代的词评家都赞不绝口,称为"神合","舍此亦别无可着语"(施润章《蠖斋诗话》)。其余词作,如《木兰花》(池塘水绿风微暖)、《浣溪沙》(一向年光有限身)、《踏莎行》(小径红稀),也往往抒发"往事关心,人生如梦"的情感,唤起人们对现实生活的无限珍惜,故能引起读者的共鸣。在艺术手法上,晏殊善于用白描手法描绘人物,其《破阵子》词"疑怪昨宵春梦好,元是今朝斗草赢,笑从双脸生"句,将乡村少女天真烂漫、无忧无虑的神态刻画得入木三分,清许昂霄谓"如闻香口,如见冶容"(许昂霄《词综偶评》)。晏殊一生富贵,地位显要,因此在他的词中没有像柳永那样的吟咏羁旅穷愁的作品，也很少歌宴唱和应酬之作，即使是描写儿女之情的作品，也显得隐约含蓄，不像柳永、张先那样直露。如《玉楼春》词描写离人的思恋之情，"天涯地角有穷时，只有相思无尽处"，也只有淡淡的哀怨。其子晏几道称"先公为词，未尝作妇人语"（《直斋书录解题》卷二十地引），尽管有所回护，但也不无道理。

欧阳修（1007—1072），字永叔，号醉翁，晚年又自号六一居士，吉州永丰（今属江西）人。官至礼部侍郎兼翰林侍读学士，为枢密副使，擢参知政事。谥"文忠"。欧阳修是北宋诗文革新运动的领袖，诗、词、文俱佳。其词基本上沿袭《花间集》的风格。他有一部分艳情词，描写恋情相思，写得回肠荡气，缠绵悱恻，如《蝶恋花》（庭院深深深几许）、《诉衷情》（清晨帘幕卷轻霜）、《玉楼春》（樽前拟把归期说）诸词。这类作品中也不排除有一些庸俗之作，如《望江南》（江南柳），以致被人附会为写其与外甥女的暧昧关系。另有一部分词描写自然风光和乡村景物，如咏十二月景物的《渔家傲》词十二首、咏颍州西湖景物的《采桑子》十首，深受民歌影响，语言清新恬静，极富情韵，已与《花间集》的浓艳词风迥异。《踏莎行》中"离愁渐远渐无穷，迢迢不断如春水"，"平芜尽处是春山，行人更在春山外"等句，着力渲染春光的旖旎，抒写别情的深挚，历来为人们所称颂。

晏几道，晏殊幼子，虽为贵介公子，但仕途不畅，只担任过小官。他是一位极具个性的词人，黄庭坚称其性格孤傲痴绝，"磊隗权奇，疏于顾忌，文章翰墨，自立规摹，常欲轩轾人，而不受世之轻重"；富于才学而不炫耀于世，"平生潜心六艺，玩思百家，持论甚高，未尝以沽世"；一生专意于词的创作，"乃独嬉弄于乐府之余，而寓以诗人句法，清壮顿挫，能动摇人心"（《小山集序》）。晏几道词原名《乐府补亡》，据其自序云，乃"病世之歌词不足以析酲解愠"，遂"试续南部诸贤余绪，作五七字语，期以自娱，不独叙其所怀，兼写一时杯间闻见及同游者意中事"（晏几道《小山词自序》）。其词内容不广，以表现女性生活为主，"莲、鸿、苹、云"为几道友人家四名歌姬，这些歌女的名字在其词中频频出现，像《临江仙》（梦后楼台高锁）、《鹧鸪天》（守得莲开结伴游）、《蝶恋花》（笑艳秋莲生绿浦）等词，都是专为她们所作，词中既有爱恋，又有尊重，情感真挚，寓兴寄托，使他成为花间词派作家之后又一位以女性为题材的词人。其次，他的词还大量描写青年男女别离相思的惆怅与痛苦之情（也是从女性的角度出发）。像"多应不信人肠断，几夜夜定谁共暖，欲将恩爱结来生，只恐来生缘又短"（《玉楼春》），"衣上酒痕诗里字，点点行行，总是凄凉意"（《蝶恋花》），"年年衣袖年年泪，总为今朝意"（《少年游》），都以重笔浓墨记叙相思之苦。在艺术风格上，晏几道词既有其父晏殊的清丽，又得花间派词人真传。宋代论词者对晏词无不交口称赞，王灼云"叔原于悲欢合离，写众作之所不能，而嫌于夸"，称赞其词"如金陵王谢子弟，秀气胜韵，得之天然，殆不可学"（《碧鸡漫志》卷二）。陈振孙《直斋书录解题》卷二一亦云"其词在诸名胜中，独可追《花间》，高处或过之。其为人虽纵弛不羁，而不求苟进，尚气磊落，未可贬也"。明代词选家毛晋也认为"诸名胜词集删选相半，独《小山集》直逼《花间》，字字娉娉嫋嫋，如揽嫱、施之袂"，又谓"晏氏父子，具足追配李氏父子（李景、李煜）"（毛晋《小山词跋》）。几道词工于言情，清辞丽句，曲折深婉，冠绝一时，像"舞低杨柳楼心月，歌尽桃花扇底风"，"今宵剩把银缸照，犹恐相逢是梦中"（《鹧鸪天》），均为后人极力推崇的名句，明杨慎称其"工而艳，不让六朝"（杨慎评点《草堂诗余》卷二引）。他还善于融铸前人诗句入词，创造出一种比原诗更为精妙的意境。"落花人独立，微雨燕双飞"（《临江仙》），是借用五代诗人翁宏《闺怨》诗句，用于词中表现词人的寂寞，后世词人谓其"名句千古，不能有二"（谭献《复堂词话》）。"凭君问取归云信，今在巫山第几峰"，也出于唐人《巫山》诗（阮阅《诗话总龟》前集卷促膝长谈引《王直方诗话》），经其化用，大有出兰之妙。

二、苏轼一洗香罗绮泽之态

北宋中叶以东坡词为代表的豪放词的形成，是当时国内阶级矛盾和民族矛盾尖锐化的产物，是苏轼少年得志，一生坎坷的产物，也是词自中唐产生以来长期发展的产物。北宋中叶内外矛盾的激化，已不允许奋厉有当世志的苏轼，像宋初太平宰相晏殊那样雍容典雅，"一曲新词酒一杯"了；也不可能再像潦倒放荡的柳永那样"偎红倚翠","浅斟低唱"了。而苏轼一生坎坷不平的复杂经历，也为他创作豪放词提供了广阔的生活基础。但是，如果没有词自中唐以来的长期发展，苏轼要创立豪放词也是不可能的。清人刘熙载《艺概》卷四《词曲概》说："太白《忆秦娥》，声情悲壮；晚唐五代，惟趋婉丽；至东坡始能复古。后世论词者或转以东坡为变调，不知晚唐五代乃变调也。"苏轼在前人成就的基础上另辟蹊径，创立了词风迥然不同的豪放词，把似乎"不可复加"的以柳永为代表的婉约词远远地抛到了后面。正如胡寅所说：柳永"掩众制而尽其妙，好之者以为不可复加；及眉山苏轼，一洗香罗绮泽之态，摆脱绸缪婉转之度，使人登高望远，举首高歌，而逸怀浩气，超然乎尘垢之外。于是花间为皂隶（奴仆），而柳氏为舆台（奴隶）矣。"（胡寅《题酒边词》）

苏轼是自觉地要在柳词之外别树一帜，他在《与鲜于子骏书》中说："近却颇作小词，虽无柳七郎（柳永）风味，亦自是一家。呵呵，数日前，猎于郊外，所获颇多。作得一阕，令东州壮士抵掌顿足而歌之，吹笛击鼓以为节，颇壮观也。"信中所说"作得一阕"指熙宁八年知密州时写的《江城子·密州出猎》："老夫聊发少年狂，左牵黄，右擎苍。锦帽貂裘，千骑卷平冈。为报倾城随太守，亲射虎，看孙郎。酒酣胸胆尚开张，鬓微霜，又何妨。持节云中，何日遣冯唐。会挽雕弓如满月，西北望，射天狼。"这是一首典型的豪放词，是苏轼本人豪放词风形成的重要标志。李清照的《词论》，强调词"别是一家"，词要写得来与诗不同；苏轼强调他的词"自是一家"，写得来与北宋前期把婉约词发展到登峰造极的柳永不同。柳七郎的词是写给酒筵上的歌女唱的，苏轼的词却是供"东州壮士抵掌顿足而歌之，吹笛击鼓以为节"。苏轼在黄州作《哨遍》，也"使家僮歌之，时相从于东坡，释耒而和之，扣牛角而为之节"，并感到"不亦乐乎"。过去的词多以婉丽为美，他却以自己的词"颇壮观"自豪。苏轼曾问一位善歌的幕士："我词何如柳七?"幕士回答说："柳郎中词，只合十七八女郎，执红牙板，歌'杨柳岸，晓风残月'；学士词，须关西大汉，铜琵琶，铁绰板，唱'大江东去'。"（俞文豹《吹剑录》）苏轼听后，笑得前翻后仰。这位"善歌"的幕士，用非常形象的语言，道出了以柳永为代表的婉约词和以苏轼为代表的豪放词的不同的特点，婉约词香而软，豪放词粗而豪。

无论赞颂或讥刺苏词的人都说苏轼"以诗为词"：陈师道《后山诗话》谓"退之以文为诗，子瞻以诗为词"；《王直方诗话》谓"少游（秦观）诗似小词，先生（苏轼）小词似诗"（胡仔《苕溪渔隐丛话》前集卷四二引）；李清照《词论》谓东坡词"皆句读不葺之诗耳"。所谓苏轼"以诗为词"究竟是什么意思呢？从内容方面看，主要是指苏轼大大扩大了词的题材。诗的内容几乎是无所不包的，东坡词的内容也几乎是无所不包的。他以词的形式记游吟物，怀古伤今，歌颂祖国的山川景物，描绘朴实的农村风光，抒发个人的豪情和苦闷，刻画各阶层的人物。在他的词里，有"雄姿英发，羽扇纶巾"的豪杰（《念奴娇·赤壁怀古》）；有"帕首腰刀"的"投笔将军"（《南乡子》"旌旆满江湖"）；有"垂白杖藜抬醉眼"的老叟，也有"旋抹红妆看使君，三三五五棘篱门，相排踏破倩罗裙"的农村少女群象（《浣溪沙·徐门石潭谢雨》）。苏轼的词确实做到了"无事不可入，无意不可言"（《艺概》卷四《词曲概》）。

苏轼在词史上的主要贡献在于创立了豪放词，但他对婉约词的发展也不容忽视。苏轼对柳永词风是不满的，决心另辟蹊径。但苏轼不满柳词，并非不满婉约词，而是不满柳词中的淫词艳语。苏门四学士之一的秦观作《满庭芳》词，中有"销魂，当此际，香囊暗解，罗带轻分。漫赢得青楼，薄幸名存"等语。秦观自会稽入京见苏轼，苏轼对秦观表示不满说："不意别后，公却学柳七作词！"秦观回答道："某虽不学，亦不如是。"苏轼反问道："'销魂，当此际'，非柳七语乎？"（《高斋诗话》）由此可见，苏轼不愿其门人写柳永式的艳词。柳永也有一些格调较高的作品，苏轼却十分推崇。柳永的《八声甘州》无疑是婉约词的代表作，苏轼认为其中的"渐霜风凄紧，关河冷落，残照当楼"等语，"不减唐人高处"。由此可见，苏轼并不因为自己另创豪放词，就贬低婉约词。相反，在现存三百余首东坡词中，真正堪称豪放词的并不多，东坡词的绝大多数仍属婉约词。就艺术水平看，苏轼不仅豪放词写得好，他的婉约词也不亚于任何婉约词人。王士禛《花草蒙拾》评苏轼《蝶恋

花》（花褪残红青杏小）说："恐柳屯田缘情绮靡未必能过。孰谓彼但解'大
江东去'耶?"张炎《词源》认为苏轼《水龙吟》（似花还似非花）等词，"周
（邦彦）秦（观）诸人所不能到。"陈廷焯《白雨斋词话》也说："东坡词寓意
高远，运笔空灵，措语忠厚，其独到处，美成（周邦彦）、白石（姜夔）亦不
能到。"柳永、秦观、周邦彦、姜夔均是南北宋婉约词的名家，苏轼某些以婉
约见长的词，不但不逊于他们，而且时有过之。有些论者往往只看到苏轼对
豪放词形成的巨大作用，而忽视了他对婉约词发展的影响。其实，不仅辛弃
疾等豪放词人深受苏轼的影响，姜夔等婉约词人也受了苏轼影响。在苏轼以
前咏物词不多；苏轼成功地创作了一些咏物词，其后姜夔等人大量创作咏物
词，这与苏轼的影响，显然是分不开的。因此，无论就苏轼婉约词的数量、
质量还是就它对后世的影响看，都应引起我们的重视。

苏轼对词的革新除创立了豪放词，发展了婉约词以外，还在于他使词摆
脱了附属于音乐的地位，使词发展成为独立的抒情诗。刘熙载的《艺概·词
曲概》指出："乐歌，古以诗，近代以词。如《关雎》《鹿鸣》，皆声出于言
也，词则言出于声矣。故词，声学也。"这段话阐明了诗、词与音乐的关系：
古代以诗为乐歌，唐宋则以词为乐歌；古代的乐歌是"声出于言"，即按词谱
曲；唐宋的乐歌是"言出于声"，即按谱填词；"故词，声学也"，词是附属于
音乐的。苏轼作词虽然也遵守词律，但他又敢于不受词律束缚。贬抑苏词的
人常说它"不入腔"，"不协律"，是"句读不葺之诗"。苏轼自己也说："平生
不善唱曲，故间有不入腔处。"（胡仔《苕溪渔隐丛话》后集卷二六）所谓
"不善唱曲"，并非不能唱曲。据晁以道说，哲宗绍圣初"与东坡别于汴上，
东坡酒酣，自歌《阳关曲》。"（《历代诗余》卷一一五）这是讲的"自歌"。苏
轼贬黄州期间，作《临江仙·夜归临皋》，"与客大歌数过而散"（叶梦得《避
暑录话》卷上）。这是与人合歌。所谓"间有不入腔处"，说明他的词一般还
是入腔的，只是偶尔不入腔。偶尔不入腔，并非因为不懂音律，相反，许多
材料证明苏轼是精通音律的。例如，太常博士沈遵作《醉翁操》，节奏疏宕，
音指华畅，知琴者以为绝伦；但有其声而无其词。欧阳修曾为之作词，可惜
"与琴声不合"。后来苏轼为《醉翁操》重新填词，音韵谐婉。郑文焯说："读

此词，髯苏之深于律可知。"（《东坡乐府笺》卷二）再如，苏轼知定州，宴席间有人唱《戚氏》，"调美而词不典"。苏轼为之重新填词，"使歌妓再歌之，随其声填写，歌竟篇就，才点定五六字而已"。（吴曾《能改斋漫录》）这不仅说明苏轼文思敏捷，而且也说明他精通音律。以上两例都是倚声填词。此外，苏轼还常常改词以就律。他在《哨遍》中说，陶渊明赋《归去来辞》，"有其词而无其声"，他就把陶词"稍加隐括（改写），使就声律"。苏轼还曾"取退之诗（指韩愈的《听颖师弹琴》）稍加隐括，以就声律"（《东坡乐府笺》卷二《水调歌头》"昵昵儿女语"）。若不懂音律，就不可能改词以就律。苏轼既通音律，为什么他的词又"间有不入腔处"呢？这是因为苏轼历来主张文贵自然，不愿以声律害意。正如晁补之所说："居士词横放杰出，自是曲中缚不住者。"（苕溪渔隐丛话）后集卷三三）陆游亦说："公非不能歌，但豪放，不喜剪裁以就声律耳。"（御选历代诗余》卷一一五）

　　苏轼之后，步豪放词后尘者甚少，包括他的门人；而他的"不喜剪裁以就声律"，更遭到很多非议，李清照批评它是"皆句读不葺之诗"，连苏门六君子之一的陈师道的《后山诗话》也说："子瞻以诗为词，如教坊雷大使之舞，虽极天下之工，要非本色。"秦观是苏轼门人中的著名词人，被陈师道誉为"当代词手"，他仍以婉约词为宗，被后世视为正宗婉约词派的第一流词人。南宋张炎称："秦少游词体制淡雅，气骨不衰，清丽中不断意脉，咀嚼无滓，久而知味"（张炎《词源》卷下）。他善于把男女恋情和同自己的不幸遭遇融合起来，借助幽冷的意境，以含蓄的手法抒发感伤的情绪，像《满庭芳》（山抹微云）以清冷的环境映衬自己的离愁别恨，晁补之云："近世以来作者，皆不及秦少游。如'斜阳外，寒鸦数点，流水绕孤村，虽不识字，亦知是天生好言语。"（魏庆之《诗人玉屑》卷二一引）《水龙吟》（小楼连苑横空）词有"天还知道，和天也瘦"句，也写得凄婉动人，明杨慎谓"情极之语，纤软特甚"（同上）。《鹊桥仙》（纤云弄巧）描写七夕牛郎织女相会之夜，突破传统题材而独出匠心，道出了"两情若是久长时，又岂在朝朝暮暮"的爱情绝唱，被后代词人誉为具有"化臭腐为神奇"的魅力（草堂诗余》正集卷二沈际飞评）。其余如《千秋岁》（水边沙外）、《踏莎行》（雾失楼台）、《望海潮》（梅英疏淡）、《江城子》（西城杨柳弄春柔）等词，均为脍炙人口的婉约词名作。苏轼的另一门人李之仪亦擅长作词，《四库全书总目》卷一五五谓"其词亦工，小令尤清婉峭倩，殆不减秦观"。冯煦亦谓"其长调近柳（永），短调近秦（观），而均有未至"（同上）。其现存词长调甚少，绝大部分为中调、小令，像"我住长江头，君住长江尾。日日思君不见君，共饮长江水"（《卜算子》），情深意切，风格婉丽。特别值得注意的是他的《跋吴思道小词》，历评北宋词人，竟无只字论及他最崇拜的苏轼。之仪论词，推崇《花间》，强调词格，认为长短句"自有一种风格"，看来他对苏轼以诗为词也是不以为然的。

三、周邦彦及北宋后期词人

北宋后期影响较大的词人是周邦彦与贺铸。周邦彦词，题材内容较为狭窄，所赋大多为恋情，有表达对所爱女子思恋之情的词，如《风流子》（新绿小池塘），被清人况周颐誉为"至真之情，由性灵肺腑中流出"（况周颐《蕙风词话》卷二）；有在酒筵席上的赠妓之作，如《少年游》（并刀如水）；有描写与所欢女子离别相思之作，如《兰陵王》（柳阴直）、《浪淘沙慢》（昼阴重）等；还有描述羁旅行役、身世之感的作品，如《满庭芳·夏日溧水无想山作》《六丑·蔷薇谢后作》等。其词情境浑融、气格浑厚，运用典故成语浑化无迹。陈振孙《直斋书录解题》卷二一称其词"多以唐人诗语隐括入律，浑然天成"，张炎《词源》卷下亦谓"美成词只当看他浑成处，于软媚中有气魄。采唐诗融化如自己者，乃其所长"。如《西河·金陵怀古》以唐刘禹锡两首咏金陵的诗句入词，极具神韵，以致清人陈廷焯推崇为"金陵怀古词，古今不可胜数，要当以美成此词为绝唱"（《云韶集·周词评》）。善于铺叙勾勒，陈振孙《直斋书录解题》卷二一称其"长调尤善铺叙，富艳精工"，清人周济《介存斋论词杂著》亦云："勾勒之妙，无如清真，他人一勾勒便薄，清真愈勾勒愈厚"。其长调慢词如《满庭芳》（风老莺雏）、《六丑》（正单衣试酒）、《兰陵王》（柳阴直）、《瑞龙吟》（章台路），曲折回环，开阖动荡，篇幅虽长而不失照应，均为其词佳作。摹写物态，曲尽其妙。清王国维《人间词话》

曰："美成深远之致，不及欧、秦，唯言情体物，穷极工巧。"如《青玉案》描绘雨后荷花的神韵："叶上初阳干宿雨，水面清圆，一一风荷举。"其余《蓦山溪》（湖平春水）、《一寸金》（州夹苍崖），都可称为"切情附物，风力奇高"之作（郑文焯《清真词校后录要》）。周邦彦精通音乐，能自度曲，谱乐府长短句，声调谐和，上口悦耳，显现出词的韵律美。周邦彦对后代的词创作产生了极其巨大的影响，尤其是清代的词评家更是对其推崇备至，陈廷焯《白雨斋词话》谓其"前收苏（轼）、秦（观）之径，后开姜（夔）、史（达祖）之始，自有词人以来，不得不推为巨擘"；王国维《人间词话》也称许他为"词中老杜，非先生不可"；其不足之处是"恨创调之才多，创意之才少耳"。

贺铸词风格多样，刚柔相济，张耒《贺方回乐府序》称他"盛丽如游金、张之堂，而妖冶如揽嫱、施之祛，幽洁如屈、宋，悲壮如苏、李"。他有许多描写恋情别思的词，继承唐五代李商隐、温庭筠的婉约风格。《青玉案》词描写离愁别恨，以"试问闲愁都几许，一川烟草，满城飞絮，梅子黄时雨"作结，连用三个比喻，形象新颖生动，"兴中有比，意味更长"（《鹤林玉露》乙编卷一）。他也由此被人称为"贺梅子"。《半死桐》（重过阊门万事非）倾诉对亡妻的思恋，情意真挚，悲切哀恸，洋溢着深深的儿女柔情。《捣练子》组词五首，描写妇女对出征在外的丈夫的思念之情，别具一格，长久的抑郁无法排遣，于是只好借捣衣来消磨漫漫长夜，用细腻的笔触表现了两地相思的哀痛。贺铸也有词一些抒写自己的身世经历与表现自己对社会现实的感受，词风也较豪放刚劲，慷慨激越。《六州歌头》词以"不请长缨，系取天娇种，剑吼西风。恨登山临水，手寄七弦桐，目送归鸿"，抒发自己有心报国而无路请缨的感慨。《小梅花》词以"不知我辈，可是蓬蒿人。衰兰送客咸阳道，天若有情天亦老"的句子，畅述自己空有旷世之才而无处施展的苦闷。俞陛云《唐五代两宋词选释》称其"节短而韵长，调高而音凄，其雄恢才笔，可与放翁、稼轩争驱夺槊矣"。贺铸善于融炼前人诗词名句入词，他说："吾笔端驱使李商隐、温庭筠，常奔命不暇"（同上），其融裁名句的技巧使他的词增色不少，像前引《青玉案》（凌波不过横塘路）的结句就是化用宋初寇准诗"杜鹃啼处血成花，梅子黄时雨如雾”而成。其余如《晚云高》（秋尽江南叶未凋）、《卷春空》（墙上夭桃）、《将进酒》（城下路凄风露）都是借用唐诗名句入词，但又语意联属，天衣无缝。贺铸的词还擅长写景咏物，如“楼角初销一缕霞，淡黄杨柳带栖鸦”（《减字浣溪沙》），“远山隐隐隔平林，几家村落几声砧”（《减字浣溪沙》），“半黄梅子，向晚一帘疏雨，断魂分付与，春将去”（《感皇恩》），都绮丽清新，脍炙人口。

李清照、向子谌是南北宋之际的重要词人。《萍洲可谈》卷中云：“本朝妇女之有文者，李易安为首称。……诗之典赡，无愧于古之作者。词尤婉丽，往往出人意表，近未见其比。”她所作的《词论》，历评北宋词人，多中肯綮，力主词“别是一家”，要求词须保持其音乐特性，表达了她对词创作的真知灼见，在词学批评史上颇具影响。南渡以前所作词，多写自然风光和离愁别恨，真实地反映了她少女时代的生活与思想情感。《如梦令》（昨夜雨疏风骤）表达青年女子的思春之情，以“绿肥红瘦”这样艳丽的词句描绘春日的繁花茂叶，烘托自己的淡淡哀思，委曲精工，意蕴无穷。《凤凰台上忆吹箫》词以“新来瘦，非关病酒，不是悲秋”三句，淋漓尽致地抒发闺中女子的离别心情，陈廷焯极称“此种笔墨，不减耆卿、叔原，而清俊疏朗过之”，“婉转曲折，煞是妙绝，笔致绝佳，余韵尤胜”（《云韶集》卷十）。其余如“此情无计可消除，方下眉头，又上心头”（《一剪梅》），“莫道不销魂，帘卷西风，人比黄花瘦”（《醉花阴》），都以青年女性独具的敏感与细腻，表达了作家的情趣，格外真切动人，成为千载传诵的佳作。北宋灭亡后，她身经家国破亡之痛，词的内容和风格发生了很大变化，内容主要抒发伤时怀旧悼亡之情，风格变得低沉凄凉。像《永遇乐》中的“如今憔悴，风鬟霜鬓，怕见夜间出去”，《武陵春》中的“物是人非事事休，欲语泪先流”，“只恐双溪蚱蜢舟，载不动许多愁”，以一种看似平淡的话语表达了她遭遇巨大变故之后的悲痛伤感之情，张端义《贵耳集》卷上云“以寻常语度入音律，炼句精巧则易，平淡入调者难”。《声声慢》词（寻寻觅觅）创造性地连用十四个叠字，淋漓尽致地表达了自己的孤独与悲哀，历来为人所爱赏，罗大经《鹤林玉露》乙编卷六称‘以一妇人，乃能创意出奇如此’，清万树《词律》卷一〇则称‘此遒逸之气，如生龙活虎，非描塑可拟。其用字奇横而不妨音律，故卓绝千古'"。从总体上看，李清照词擅长从日常起居活动中提炼生活细节来表现符合其独特身份的心态情感，也长于描绘心理活动的曲折变化，感情细腻而又真实。她是抒情能手，往往通过三言两语，通过细节描写表达出复杂微妙。语言清新平易而内蕴丰富，具有极高的艺术价值，形成了独特的"易安体"，在词史上别树一帜，对后世产生了巨大影响。

向子諲词，南渡前以写男女恋情、离别思绪、友人赠酬为主，词风清丽柔婉，有五代花间之风。《生查子》写春日怀人，以"春心如杜鹃，日夜思归切，啼尽一川花，愁落千山月"，表达了日夜思归的急迫之情。《鹧鸪天》以"霞衣轻举疑奔月，宝髻倾欹若坠楼"，描绘女子游荡秋千的神态，清贺裳称"追琢工致，绝似杨、刘诗体"（《皱水轩词筌》）。南渡后，其词转学苏轼，大凡故国之痛、离乱之思，一寓于词，词风深沉。《阮郎归》（江南江北雪漫漫）为绍兴五年鄱阳道中所作，词中怀念北去的徽、钦二宗，对朝廷"频闻遣使问平安"的求和举措不满，表达"消除此恨难"的愤懑之情。其余如《鹧鸪天》"而今白发三千丈，愁对寒灯数点红"，《水龙吟》"到而今江上，愁山万叠，鬓丝千缕"，无不流露出对和议误国而自己无力回天的忧虑。也有一些词表现其隐逸之乐与忘怀物我的自得之趣，风格清旷，逸怀浩气，近于苏轼，故胡寅《题酒边词》称其"步趋苏堂而哜其胾"，如《西江月》（五柳坊中烟绿）、《蓦山溪》（挂冠神武）、《满庭芳》（月窟蟠根）等篇咏物抒情，都表达了出超旷的情趣。

四、辛弃疾及南宋豪放派词

南宋词也主要分为两种风格，属于豪放派风格的有陈与义、陈亮、陆游、辛弃疾、陈亮、刘过、刘克庄、刘辰翁等，属于婉约的格律派词人有姜夔、史达祖、吴文英、张炎等。

北宋末期步苏词后尘者较少，"靖康之难"激起了南宋文人的爱国主义精神，词风亦为之一变，苏轼豪放词风渐盛。陈与义"词虽不多，语意超绝，识者谓其可摩坡仙之垒"（黄升《中兴以来绝妙词选》卷一）。《四库全书总目》卷一九八《无住词》提要亦称他"吐言天拔，不作柳弹莺娇之态，亦无疏笋之气"。其词多作于南渡之后，与这一时期的诗相似，往往寄寓家国兴亡、身世飘零之感。如《临江仙》词追忆昔年洛中畅饮之事，"忆昔午桥桥上饮，坐中多是豪英。长沟流月去无声。杏花疏影里，吹笛至天明"，抚今追昔，寄寓无限苍凉凄切之感。胡仔《苕溪渔隐丛话》后集卷三四以为清婉奇丽，为陈词中最优之作；陈廷焯亦谓其感情"自然流出，若不关人力者，笔意逼近大苏"（陈廷焯《词则·大雅集》卷二）。《虞美人》词之"吟诗日日待春风，及至桃花开后，却匆匆"，刘熙载《艺概》卷四称为句中之好句。其余如《临江仙》（高咏楚词酬午日）、《点绛唇》（寒食今年）、《渔家傲》（今日山头云欲举）等篇，也都笔意超迈，清新隽逸，与苏轼抒怀言志之词风格相近。

陈亮存诗不多，其成就最大的是词，其《与郑景元提干》自称作词"本之以方言俚语，杂之以街谭巷歌，抟搦义理，劫剥经传，而卒归之曲子之律"。叶适《书龙川集后》称其词多写"平生经济之怀"，充满忧国愤世之情。词风颇似辛弃疾，刘熙载《艺概》卷四称其与辛弃疾为友，"人才相若，词亦相似"。如《水调歌头·送章德茂大卿使虏》"尧之都，舜之壤，禹之封，于中应有，一个半个耻臣戎"，陈廷焯《白雨斋词话》卷一谓"精警奇肆，几于握拳透爪，可作中兴露布读"。而《贺新郎》次韵辛弃疾诸阕，大气磅礴，将平生抱负与壮志难酬的郁闷一泻无遗，不作妖媚语。其余如《水龙吟·春恨》《虞美人·春愁》《一丛花·溪堂玩月作》等，风格亦疏宕有致。

陆游以诗著称，但也擅长词，刘克庄《后村诗话》续集卷四称其词有多样化的风格："激昂感慨者，稼轩不能过；飘逸高妙者，与陈简斋、朱希真相颉颃；流丽绵密者，欲出晏叔原、贺方回之上。"如《诉衷情》："当年万里觅封侯，疋马戍梁州。关河梦断何处，尘暗旧貂裘。胡未灭，鬓先秋，泪空流。此生谁料，心在天山，身老沧洲。"上阕回忆当年从军的往事，下阕叹息年已老而功业未就，抒发满腔悲愤，风格苍凉而又豪放。其余如《水调歌头·多景楼》的"不见襄阳登览，磨灭游人无数，遗恨黯难收"，《沁园春·三荣横溪阁小宴》的"许国虽坚，朝天无路，万里凄凉谁寄音"，《夜游宫·记梦寄师伯浑》的"自许封侯在万里，有谁知，鬓虽残，心未死"，无不寄托着词人报国无门的愤懑之情，词风近似苏轼的清旷超迈、辛弃疾的沉郁苍凉。他也有一些词纤丽似秦观，《钗头风》（红酥手黄藤酒）为怀念故妻之作，情意哀怨惆怅，尤其是词末的三叠字"错错错""莫莫莫"，更为后世词评家所称赏。他还有一些寓意高远的作品，如著名的《卜算子·咏梅》，以梅花的孤高自洁，譬喻自己不慕荣利与至死不渝的情操。但是陆游的词显然不能与其诗相提并论，《四库全书总目》卷一九八称"平心而论，游之本意，盖欲驿骑于二家（指苏轼、秦观）之间，故奄有其胜，而皆不能造其极"。

辛弃疾是步苏轼豪放词后尘的著名代表，形成苏辛词派。前人多用苏轼以诗为词，辛弃疾以文为词来括概苏、辛词的特征，宋人陈模《怀古录》卷中引潘牥云："东坡〔为〕词诗，稼轩〔为〕词论。"所谓以诗以文为词，从语言上讲，是指词的诗化、散文化；从内容上看，就是指打破了"诗言志，词言情"的传统藩篱，大大扩展了词的题材，做到了"无事不可入，无意不可言"（《艺概》卷四）。诗的内容几乎是无所不包的，苏、辛词的内容也几乎是无所不包的。辛弃疾是一位以统一天下为己任的人物，是一位"以气节自负，以功业自许"（范开《稼轩词序》）的人物。陆游《送辛稼轩殿撰造朝》把他比为管仲、萧何，刘宰《贺辛待制启》把他比作张良，姜夔《永遇乐·次稼轩北固楼词韵》把他比作诸葛亮。他所面临的矛盾主要是民族矛盾，他的词充满了家国之忧，半壁河山沦陷之恨："西北望长安，可怜无数山。"（《菩萨蛮》）他恨大臣以清谈误国，朝廷没有可以倚重之人："渡江天马南来，几人真是经纶手？长安父老，新亭风景，可怜依旧。夷甫（晋王衍）诸人，神州沉陆，几曾回首？"（《水龙吟》）他恨主和派压抑抗敌志士，使他们不能发挥作用，自己也只能以平戎策换种树书："不念英雄江左老，用之可以尊中国……且置请缨封万户，竟须卖剑买黄犊"（《满江红》）；"汗血盐车无人顾，千里空收骏骨。正目断、关河路绝"（《贺新郎》）；"追往事，谈今吾，春风不染白髭须。却将万字平戎策，换取东家种树书"（《鹧鸪天》）。他常以收复失地，统一祖国来勉励自己："男儿到死心如铁，看试手，补天裂。"（《贺新郎》）常以收复失地勉励友人："汉水东流，都洗尽，髭胡膏血。人尽说，君家飞将，旧时英烈。破敌金城雷贯耳，谈兵玉帐冰生颊"（《满江红》）。辛弃疾的记游词也不少，用他的健笔歌颂了祖国的大好河山，或写杭州飞来峰冷泉亭（《满江红·题冷泉亭》），或写钱塘江潮（《摸鱼儿·观潮上叶丞相》）；或写上饶南崖（《满江红·游南崖，和范廓之》）；或写江西博山雨岩（《水龙吟·题雨岩》《生查子·独游雨岩》）。辛弃疾继苏轼后尘，常以词描绘朴实的农村风光，有春日的柔桑、幼蚕、鸣犊、寒鸦（《鹧鸪天·代人作》），有夏夜的稻香、鸣蝉、蛙声（《西江月·夜行黄沙道中》），有争言丰收、热情好客的农村父老（《满江红·山居即事》），有翁媪的软语吴音："茅檐低小，溪上青青草。醉里吴音相媚好，白发谁家翁媪"（《清平乐·村居》）；有农村婆妇嫁女的热闹场面："东家娶妇，西家归女，灯火门前笑语"（《鹊桥仙·山行书所见》）；有听到稚子啼哭，就不顾行人爱慕目光而匆匆归去的浣纱少妇："一川明月疏星，浣纱人影娉婷。笑背行人归去，门前稚子哭声"（《清平乐·博山道中即事》）；有调皮可爱的儿童："大儿锄豆溪东，中儿正织鸡笼。最喜小儿无赖，溪头卧剥莲蓬。"（《清平乐·村居》）辛弃疾的咏物词也很多。牡丹（《杏花天·嘲牡丹》）、仙花（《贺新郎·赋水仙》）、木犀（《踏莎行·赋木犀》）、茉莉花（《小重山·茉莉》）、杜鹃花（《定风波·赋杜鹃花》）、梅花（《瑞鹤仙·赋梅》）、棠《贺新郎·赋海棠》，所咏之物比苏轼还多。辛词中也有一些言情词、歌伎词，数量不多，质量却很高，明人沈谦《填词杂说》云："稼轩词以激扬奋厉为工，至'宝钗分，桃叶渡'一曲，昵狎温柔，魂销意尽，才人伎俩，真不可测。"

王国维《人间词话》云："东坡之词旷，稼轩之词豪。"豪放二字既可形容苏、辛之同，同属豪放派；也可形容苏、辛词风之异，苏放辛豪。苏轼豪放词不多，且间不如腔（不当行），他天分高，"每事俱不十分用力，……词亦尔"（周济《介存斋论词杂著》）。辛弃疾豪放词特别多，而且当行。"苏之自在处，辛偶能到；辛之当行处，苏必不能到。二公之词，不可同日语也。"（同上）谭献《复堂词话》认为："东坡是衣冠伟人，稼轩则弓刀游侠。"陈廷焯《白雨斋词话》卷六云："东坡心地光明磊落，忠爱根于性生，故词极超旷，而意极和平。稼轩有吞吐八荒之概，而机会不来，正则可以为郭、李，为岳、韩，变则即桓温之流亚。故词极豪雄，而意极悲郁。苏、辛两家，各自不同。后人无东坡胸襟，又无稼轩气概，漫为规模，适形粗鄙耳。"如果以李、杜比苏、辛，则苏似李白，辛似杜甫。如果以仙人比苏、辛，则苏似仙境，辛属人境。苏轼常被前人喻为仙，赵执信作有《坡仙词》诗，楼敬思认为"东坡老人，故自灵气仙才，所作小词冲口而出，无穷清新"（《词林纪事》卷五引）；王鹏运《半塘老人遗稿》认为"苏文忠公之清雄复乎轶尘绝迹，令人无从步趋。盖霄壤相悬，宁止才华而已？其性情，其学问，其襟抱，举非恒流所能梦见。词家苏、辛并称，其实辛犹人境也，苏其殆仙乎"；叶恭绰《东坡乐府笺序》认为："东坡之词，纯表其胸襟见识，情感兴趣者也。规矩准绳，乃其余事。故论者至以为本色而不能以学，所谓天仙化人，殆亦此意。"苏词飘逸、旷达、超脱、清新、雄放，辛词则沉郁、苍凉、悲壮、豪放。同为怀古词，苏轼的《念奴娇·赤壁怀古》主要是仰慕周瑜，感慨自己事业无成，于雄放处见旷达："大江东去，浪淘尽、千古风流人物"，"故国神游，多情应笑我，早生华发"，"人生如梦，一樽还酹江月"；辛弃疾的《永遇乐·京口北固亭怀古》，则用典很多，思想很矛盾，他渴望有孙权、刘裕那样的"风流"人物北伐中原，又担心当权者轻举妄动，落得像刘义隆那种"仓皇北顾"的结局，引来强过"佛狸"的金人饮马长江；更感慨自己像廉颇一样被人谗毁，弃置不用。全词将历史典故、国家前途、个人命运融为一体，"慷慨壮怀，如闻其声"（《词洁辑评》卷五）；"拉杂使事，而以浩气行之。有如五都市中，百宝杂陈；又如淮阴将兵，多多益善。风雨纷飞，直能百变，天地奇观也"（《词则·放歌集》卷一）。同为中秋词，苏轼的《水调歌头·丙辰中秋》，上阕写把酒问月，幻想乘风进入月宫而又怕月宫寒寂，下阕写倚枕望月，抒发兄弟离合之情。全词清旷超逸，飘飘欲仙。辛弃疾的《满江红·中秋寄远》还直接用了苏轼《水调歌头·丙辰中秋》"人有悲欢离合，月有阴晴圆缺"之意（"但愿长圆如此夜，人情未必看承别"），但"问嫦娥、孤冷有愁无，应华发"，"把从前、离恨总成欢，归时说"等语，却比苏词悲凉得多。特别是他的《木兰花慢·中秋饮酒将旦，客谓前人诗词有赋待月、无送月者，因用〈天问〉体赋》，更是一篇奇作，连用典故，连发九问，构思新颖，幽默风趣，表现出词人丰富的想象力，是苏轼咏月词中所没有的。同为记游词，苏轼的《西江月》（照野弥弥浅浪）从夜行蕲水，醉卧溪桥，写到清晨醒来，词中之景确实"疑非尘世"之景，词中之人更非尘世之人，给人以飘飘欲仙之感。辛弃疾《水龙吟·登建康赏心亭》，却是一篇沉郁悲凉的记游词，开头四句写登临所见，山水好像都在"献愁供恨"；下阕写自己怀才不遇、虚度光阴，结拍则直接写自己的伤心："倩何人、唤取红巾翠袖，揾英雄泪。"这样沉痛的记游词在苏词中是没有的。同为咏物词，苏轼咏孤鸿的《卜算子》，黄庭坚谓"语意高妙，似非吃烟火食人语，非胸中有数万卷书，笔下无一点尘俗气，孰能至此？"（黄庭坚《跋东坡乐府》）辛弃疾咏鸥鸟的《水调歌头·盟鸥》写鸥鸟的"破青萍，排翠藻，立苍苔"，颇形象，但却发出了"废沼荒丘畴昔，明月清风此夜，人世几欢哀"的沉痛之语。《贺新郎·赋琵琶》全词几乎都是有关琵琶的典故组成，但用得圆转流丽，不为事所使，上阕结拍为"弦解语，恨难说"，下阕结拍为"弹到此，为呜咽"，确实是心中有泪，故字字"呜咽"。总之，苏词清新飘逸，超脱旷达，与其性格、学养有很大关系，他常以佛、老思想自遣其烦恼。辛词沉郁顿挫，慷慨悲凉，既是其时代的反映，也是其自身经历的反映。他本属英雄豪杰，而无法展其雄才，只好"敛雄心，抗高调，变温柔，为悲凉"（周济《宋四家词选序》）。辛词在当时影响甚大，形成了以刘过、刘克庄、刘辰翁等为代表的豪放词派。直至清代的陈其年、郑燮、蒋士铨、况周颐等人，都深受其影响。

刘过词纵情抒写"平生豪气"，多慷慨激昂，或感怆时事而言词激切，或为收复中原而大声疾呼，如《沁园春·御阅还上郭殿帅》："威撼边城，气吞胡虏，惨淡尘沙飞北风。"《沁园春·张路分秋阅》："便尘沙出塞，封侯万里""拂拭腰间，吹毛剑在，不斩楼兰心不平。"《八声甘州·送湖北招抚吴猎》："望中原驰驱去也，拥十州牙纛正翩翩。"以及《念奴娇·留别辛稼轩》、《六州歌头·题岳鄂王庙》《贺新郎·游西湖》等，气势豪壮，跌宕淋漓。其长调大抵以辛弃疾为法，与刘克庄同称为继辛而起的豪放派作家，虽偶有粗率之笔，然雄健可喜，不乏感人的爱国篇章。刘熙载《艺概》卷四称其"狂逸之中，自饶俊致，虽沉着不及稼轩，足以自成一家"。而《沁园春·寄辛承旨》《西江月》（堂上谋臣尊俎）《贺新郎·赠邻人朱唐卿》等刻意学辛，逸气纵横，可谓逼真，然也有"学稼轩而粗"之评（李调元《雨村词话》卷三）。其小令则多俊逸纤秀，宛转含蓄，如《糖多令》（芦满汀洲）、《贺新郎》（老去相如倦）、《醉太平》（情高意真）等，堪称名作，"是其当行本色"（《蕙风词话》卷二）。至如咏物词《沁园春·美人指甲》《美人足》二篇，虽工丽纤巧，但刻画猥亵，为世所讥。

刘克庄词以忧国伤时、愤世嫉俗之作最为突出。如《贺新郎·九日》《六州歌头·客赠牡丹》《玉楼春·戏林推》《沁园春·答九华叶贤良》《沁园春·梦孚若》《贺新郎·送陈真州子华》等，往往意气风发，"庄语亦可起懦"（杨慎《词品》卷五）。《清平乐》（宫腰束素）、《忆秦娥·暮春》之类，则为清切婉丽之作。其词刻意学辛弃疾，喜用事典，带有散文化、议论化倾向，其缺点与诗略同，有"直致近俗，效稼轩而不及"之讥（《古今词话·词评》上卷引张炎语）。《四库全书总目》也认为："纵横排宕，亦颇自豪，然于此事究非当家。"

刘辰翁词也多涉时事，寄托遥深，为辛弃疾一派之后继者，成就较高，如《六州歌头》（闻鲁港兵败）、《兰陵王·丙子送春》《宝鼎现》（红妆春骑）、《永遇乐》（和李易安）、《柳梢青·春感》等作，"忠爱之忱，往往形诸笔墨，其志亦多有可取者"（《四库全书总目》卷一六五）。况周颐《蕙风词话》卷二谓："须溪词风格遒上似稼轩，情辞跌宕似遗山。有时意笔俱化，纯任天倪，意态略似坡公。往往独到之处，能以中锋达意，以中声赴节。"又谓："须溪词中，间有轻灵婉丽之作，似乎元、明已后词派，导源乎此。"

五、姜夔及南宋格律派词人

南宋中后期词是格律派的天下，影响大过豪放词，其中以姜夔为最有名。姜夔词多写羁旅之愁、身世之感与惜别相思之情，如《一萼红》（古城阴）、《惜春慢》（衰草愁烟）、《八归·湘中送胡德华》《玲珑四犯·越中岁暮，闻箫鼓感怀》等，或抒发"南去此来何事，荡湘云楚水"的悲哀，或"长恨相逢未颖，而今可事，又对西风离别"，或叹息"文章信美知和，漫赢得天涯羁旅"，皆能融情于景，情景交至。其怀念合肥旧欢之作如《踏莎行》（燕燕轻盈)、《长亭怨慢》(渐吹尽枝头香絮)、《鹧鸪天》(肥水东流无尽期)等,尤觉情真意切,尽出胸臆。姜夔工于咏物,其《齐天乐》之咏蟋蟀,《暗香》《疏影》之咏梅,均为后世所传诵。咏叹时事之作较少,但《扬州慢》写金兵南侵后扬州的荒凉,《永遇乐》(云隔迷楼)写澄清中原的理想,皆甚可观。他如怀古之作《点绛唇》(雁燕无心),写景之作《念奴娇》(闹红一舸)等,至今亦俱脍炙人口。词风清劲骚雅,气格超妙,"如野云孤飞,去留无迹"(张炎《词源》)。遣辞造语,谋篇布局,无不精深华妙,曲折顿宕,具有自家特色。姜夔精通乐律,集中多有自制之曲,其中十七首自注工尺旁谱,是研究宋代词乐的珍贵材料。姜夔在当时即盛负词名,黄昇《花庵词选》以为"不减清真,其高处有美成所不能及"。主张词要清空的张炎对他更是赞不绝口。其词对后世影响甚大,"宗之者张辑、卢祖皋、史达祖、吴文英、蒋捷、王沂孙、张炎、周密、陈允平、张翥、杨基,皆具夔之一体"(朱彝尊《词综序》)。清代浙西派领袖朱彝尊、厉鹗等人对他尤为推崇,以至在很长一段时期内,"言长短句者,家白石而户玉田"(张文虎《舒艺室杂著·索笑词序》)。

张炎乃世家公子,"仰扳姜尧章、史邦卿、卢蒲江、吴梦窗诸名胜,互相鼓吹春声于繁华世界,飘飘征情,节节弄拍,嘲明月以谴乐,卖落花而陪笑"(郑思肖《玉田词题辞》),故前期所作多雅词,名篇如《南浦·春水》,雅丽深婉,时有"张春水"之称。德祐二年,元兵攻陷临安,张濡被杀,家被抄没,张炎浪迹江湖,这一时期的代表作有《解连环·咏孤雁》,情转凄清,多身世之感,又有"张孤雁"之称。元至元二十七年,召赴大都缮写金字藏经。次年春南归,漫游江浙各地,卖卜为生,与王沂孙、周密、郑思肖、邓牧等遗民交游唱酬,代表词作有《甘州》(记玉关踏雪事清游)、《高阳台·西湖春感》《清平乐》(采芳人杳),情致衰飒,多故国之思。延祐二年后,终老于杭州。张炎词以写景咏物见长,除上举《春水》《孤雁》之外,如《满庭芳·小春》《水龙吟·白莲》《疏影·梅影》《湘月》(行行且止)等,堪称名篇。其词师法周邦彦、姜夔,转益多师,风格多样,仇远称"意度超玄,律吕协洽","当与白石老仙相鼓吹"(《玉田词题辞》),楼敬思云"章法、句法俱超,清虚骚雅,可谓脱尽蹊径,自成一家"(《词林纪事》卷一六引)。《四库全书总目》卷一九九亦谓"所作往往苍凉激楚，即景抒情，备写其身世盛衰之感，非徒以剪红刻翠为工。至其研究声律，尤得神解，以之接武姜夔，居然后劲"。

清代浙派词人以姜、张并称，甚至"人人以姜、张自命"（江藩《词源跋》）。晚年所著《词源》二卷，为重要的词论专著，上卷论音律，下卷论创作，标榜清空骚雅，是其创作理论与实践的总结，但所论偏重于艺术形式。

史达祖以词名世，有《梅溪词》一卷。咏物词尤工，其《绮罗香》之咏春雨，《双双燕》之咏燕，皆能使"所咏了然在目，且不留滞于物"（张炎《词源》），亦即"不写形而写神，不取事而取意"（卓人月《词统》），每为后人激赏。其感怀身世之作如《满江红·书怀》、《秋霁》（江水苍苍）、《湘江静》（暮草堆青云漫浦）之类，或嗟老叹贫，或暗伤漂泊，颇能写出封建时代贫困知识分子的典型情绪。他如《寿楼春·寻春服感念》《夜行船·正月十八日闻卖杏花有感》《忆瑶姬·骑省之悼也》等词之悼念亡妻，《三姝媚》（烟光摇缥瓦）、《喜迁莺》（月波疑滴）、《玉蝴蝶》（晚雨未摧宫树）等词之追怀旧欢，所写皆一往情深，真切动人。史达祖使金前后，曾写有《龙吟曲·陪节欲行，留别社友》《满江红·九月二十一日出京怀古》《齐天乐·中秋宿真定驿》等词章，故国之思、家国之恨与复国之志尽入笔端，是《梅溪词》中的重要篇什，前人以其受宠于韩侂胄而置不论列，未为公允。其词风格以瑰奇清秀为主，遣辞造句，俊语联翩，谋篇构思，又往往出人意表。姜夔"称其词奇秀清逸，有李长吉之韵，盖能融情景于一家，会句意于两得"（《中兴以来绝妙词选》卷七引），张镃亦以为"有瑰奇警迈，清新闲婉之长"，语皆中肯。其词祖述周邦彦，亦有风神接近姜夔者，故前人或谓其词可以"分镳清真，平睨方回"（张镃《梅溪词序》），或谓其词可与姜夔并称。从宋末主要师承清真、白石、梦窗的词人周密、王沂孙、张炎诸家之词作中，可以窥见受史词影响的痕迹。清代浙西派词人对史词也甚为推崇，朱彝尊至有最爱姜、史之语。

吴文英以词著名，知音律，能自度曲。他论词以周邦彦为宗，尝与沈义父讲论"作词四标准"，谓"音律欲其协，不协则成长短之诗；下字欲其雅，不雅则近乎缠令之体；用字不可太露，露则直突而无深长之味；发意不可太高，高则狂怪而失柔婉之意"。（《乐府指迷》）其词师承周邦彦，又受姜夔影响，多用周、姜自度曲，也能自创新调。现存三百四十一首词，除部分应酬之作外，多感旧怀人之作，如《渡江云·西湖清明》《夜合花·自鹤江入京泊葑门有感》《莺啼序·春晚感怀》《绛都春·燕亡久矣京口适见似人怅怨有感》《风入松》（听风听雨过清明）、《点绛唇》（时霎清明）、《齐天乐》（烟波桃叶西陵路）等，均莺啼燕啭、缠绵悱恻。咏物之作也不少，如《过秦楼·芙蓉》《高阳台·落梅》等，以语言秾丽、富于雕饰见称。偶尔也有感怀时事之作，如《八声甘州·陪庾幕诸公游灵岩》《三姝媚·过都城旧居有感》《齐天乐·与冯深居登禹陵》等，"用意深远，运笔幽邃"（《词林纪事》引许昂霄语）。总体而言，吴文英词生活面虽不广阔，但艺术造诣极高，讲究句律和修辞，结构上打破时空界限，"上承周、姜，但勇于独创，不守成法；摆脱传统，别开生面"（戈载《宋七家词选》）。吴文英的词在艺术手法上独创一格的同时，也容易造成堆砌辞藻、晦涩难读的弊病，因此对其词历来评价不一，褒之者以为"立意高，取径远"，"其虚实并到之作，虽清真不过也"（周济《宋四家词选·序论》），批评者者则以为"如七宝楼台，眩人眼目，碎拆下来，不成片段"（张炎《词源》卷下）。

综上所述，可以看出，就宋词两种风格言，无论婉约词还是豪放词都经历了渐趋成熟的发展过程，都在朝着雅化、文人化的方向发展，但谁也不能取代谁。就南北宋言，南宋词的成就高于北宋，南宋诗文都逊于前，而南宋末之词却独盛于前。正如朱彝尊《词综发凡》所说："世人言词，必称北宋。然词至南宋，始极其工，至宋季而始极其变。姜尧章氏最为杰出。"茅元仪《词洁发凡》云："词源于五代，体备于宋人，极盛于宋之末。"杜诏《曹刻山中白云词序》亦云："词盛于北宋，至南宋乃极其工。姜夔尧章最为猛出，宗之者史达祖、高观国、卢祖皋、吴文英、蒋捷、周密、陈允平诸名家，皆具夔之一体，而张炎叔夏庶几全体具矣。"

（此文与吴洪泽合著，原载人民出版社 2011 年版《辽宋西夏金代通史·四》，有所修改）

苏轼的婉约词

一

苏轼在词的发展史上的贡献，主要在于他创立了豪放词派。马克思主义认为，判断一个人的功绩，应"根据他们比他们的前辈提供了新的东西"（列宁《评经济浪漫主义》）。苏轼在词史上提供的"新的东西"，就在于当柳永"掩众制而尽其妙"，把婉约词发展到似乎登峰造极、"不可复加"时，创作了豪放词，形成了以他为代表的豪放词派。宋人胡寅说："眉山苏氏，一洗绮罗香泽之态，摆脱绸缪婉转之度，使人登高望远，举首高歌，而逸怀浩气，超然乎尘垢之外。于是《花间》为皂隶，柳氏为舆台矣。"（《题酒边词》）王灼也认为，东坡词"指出向上一路，新天下耳目，弄笔者始知自振"（《碧鸡漫志》）。

但是，苏轼对婉约词的发展也不容忽视。苏轼对柳永词是不满的，他不屑作柳词，决心另辟蹊径。他在《与鲜于子骏书》（《东坡续集》卷五）中说："近却颇作小词，虽无柳七郎风味，亦自是一家。"不过，苏轼不满柳词，主要是不满柳词中的淫词艳语，并非不满婉约词。苏门四学士之一的秦观作有《满庭芳》词，其中有"销魂，当此际，香囊暗解，罗带轻分。漫赢得青楼，薄幸名存"等语。秦观自会稽入京见苏轼，苏轼对他表示不满说："不意别后，公却学柳七作词！"秦观回答说"某虽不学，亦不如是"。苏轼反问道："'销魂，当此际，'非柳七语乎？"（《历代诗话》卷一一五引《高斋诗话》）由此可见，苏轼不愿其门人写柳永式的艳词。柳永也有一些格调较高的作品，苏轼却十分推崇。柳永的《八声甘州》无疑是婉约词的代表作，苏轼认为其中的"渐霜风凄紧，关河冷落，残照当楼"等语，"不减唐人高处"（赵令畤

《侯鲭录》卷七）。由此可见，苏轼并不因为自己另辟豪放词，就贬低婉约词。

相反，在现存三百四十余首东坡词中，真正堪称豪放词的，恐怕不到十分之一吧。现存东坡词的绝大多数，仍属婉约词，就艺术水平看，苏轼不仅豪放词写得好，而且他的婉约词也不亚于任何婉约派名家。王士禛评苏轼《蝶恋花》（花褪残红青杏小）说："恐柳屯田缘情绮靡，未必能过。孰谓彼但解'大江东去'耶?"（《花草蒙拾》）张炎认为苏轼的《水龙吟》（似花还似非花）等词，"周（邦彦）秦（观）诸人所不能到"（《词源》卷下《杂论》）。陈廷焯也说："东坡词寓意高远，运笔空灵，措语忠厚，其独至处，美成（周邦彦）、白石（姜夔）亦不能到。"（《白雨斋词话》卷一）柳永、周邦彦、姜夔均是南北宋婉约词派的名家，苏轼某些以婉约见长的词，不但可与他们媲美，而且时有过之。

有些论者往往只看到苏轼对豪放词派形成的巨大作用，而忽视他对婉约词发展的巨大影响。其实，不仅辛弃疾等豪放派词人深受苏轼影响，而且姜夔等婉约派词人也受了苏轼的影响。在苏轼以前，言情词的格调较低，有不少寄情声色的作品；苏轼的言情词情真意远，格调较高，也很少有淫词艳语。在苏轼以前，咏物词不多，苏轼成功地创作了一些咏物词，其后姜夔等人就大量创作咏物词。在提高婉约词的格调和扩大婉约词的题材等方面，苏轼对后来的婉约词都有明显的影响。

总之，无论就苏轼婉约词的数量、质量，还是就它对后世的影响来看，我们都应加强对苏轼婉约词的研究。

二

词为艳科，言情是婉约派词人的传统题材。作为封建文人，苏轼的言情词也有一些无聊之作，他的《减字木兰花·赠徐君猷三侍人》就属这类作品。其中赠胜之的一首写道：

双鬟绿坠，娇眼横波眉黛翠。妙舞蹁跹，掌上身轻意态妍。　　曲穷力困，笑倚人旁香喘喷。老大逢欢，昏眼犹能仔细看。

这类描写女人风姿的作品，很难说它同其他婉约词有多大区别。但是，苏轼的多数言情词往往不用某些婉约派词人爱用的香艳词句，而用白描手法抒写出真挚、热烈、纯洁的爱情。如《少年游·润州作，代人寄远》：

> 去年相送，余杭门外，飞雪似杨花。今年春尽，杨花似雪，犹不见还家。　对酒卷帘邀明月，风露透窗纱。恰似垣娥怜双燕，分明照，画梁斜。

这是一首写思妇怀念远人的词。这样的题材可说是被前人写滥了的，但苏轼这首词读起来仍觉新鲜有味，这与它特殊的艺术风格是分不开的。词的上阕巧妙地用"雪似杨花""杨花似雪"这种回环往复的比拟手法来描写久别，写得来令人回肠荡气，情意深长。特别是"犹不见还家"的"犹"字，更突出了那种盼君归来的急切心情。下阕通过写景进一步烘托思妇的清冷孤寂："对酒"是为了解愁；"卷帘邀明月"，表明无人伴饮；"风露透窗纱"，更给人以凄冷的感觉。最后以月中孤寂的嫦娥好像也怜慕双栖的燕子，用它明媚的光辉护照着梁上幸福的"双燕"，来比喻自己对"双燕"的怜慕，进一步抒发她那形单影只的苦闷。这首词的题目说是"代人寄远"，但王文浩《苏诗总案》说："甲寅（1074）四月，有感雪中行役作。公以去年十一月发临平，及是春尽，犹行役未归，故托为此词。"由此可见，所谓"代人寄远"只不过是自己怀念远人的托词。苏轼当时任杭州通判，一○七三年十一月离杭州赴润州赈灾，长时间行役在外，故以"余杭"思妇思念行人来表达自己对"余杭"思妇的深情。

苏轼不仅以这种手法写"生离"，他还用这种手法写"死别"。他在《江城子·乙卯正月二十日夜记梦》中写道：

> 十年生死两茫茫，不思量，自难忘。千里孤坟，无处话凄凉。纵使相逢应不识，尘满面，鬓如霜。　夜来幽梦忽还乡，小轩窗，正梳妆。相顾无言，惟有泪千行。料得年年肠断处，明月夜，短松冈。

这首词作于乙卯即一○七五年，是为悼念前妻王弗而作的。王弗是四川青神进士王方之女，十六岁同苏轼结婚，二十七岁卒于京师。苏轼有《亡妻王氏墓志铭》（《东坡集》卷三九），说她"敏而静"：

从轼官于凤翔，轼有所为于外，君未尝不问知其详，曰："子去亲远，不可以不慎。"曰以先君之所戒轼者相语也。轼与客言于外，君立屏间听之，退必反复其言曰："某人也，言辄持两端，惟子之意所向，子何用与是人言？"有来求与轼亲厚甚者，君曰："恐不能久，其与人锐，其去人必速！"已而果然。将死之岁，其言多可听，类有识者。"

这样一位好内助，难怪在整整死了十年之后，苏轼对她还是那么一往情深，"不思量，自难忘"。亡妻孤坟远在千里故乡，自己虽满怀"凄凉"，却无处可说；但是，即使相逢，恐怕亡妻也不认识自己了，因为这十年来自己南北奔波，憔悴苍老得多了（"尘满面，鬓如霜"）。下阕写自己幽梦还乡，当年妻子的形象又再现眼前："小轩窗，正梳妆"。最后通过亡妻因思念自己而"肠断"，来抒发自己对亡妻的深切怀念，更表现出自己对亡妻的爱情的真挚和深厚。这首词从思念亡妻夜不能寐，写到梦中相见，醒后凄凉，确实写得来缠绵悱恻，凄婉动人。

苏轼言情词的名作，还有一首《蝶恋花》：

花褪残红青杏小，燕子飞时，绿水人家绕。枝上柳绵吹又少，天涯何处无芳草。　墙里秋千墙外道，墙外行人，墙里佳人笑。笑渐不闻声渐悄，多情却被无情恼。

这首词上阕写伤春，作者很善于把握春末夏初的特征：红花凋谢，青杏尚小，紫燕轻飞，溪水深绿，柳絮将尽，芳草无边。特别是"枝上柳绵吹又少，天涯何处无芳草"两句，充分抒发了惜春、伤春之情。这首词写于何时已不可详考，只知道苏轼晚年谪居惠州期间，常叫唯一随行的侍妾朝云唱这首词。而她每唱到这两句时，总是"歌喉将啭，泪满衣襟"（《林下词谈》），直至她病危，"犹不释口"（《冷斋夜话》）。由此可见，这两句感人之深。下阕写残春时节"墙外行人"的单相思。他眼见墙里秋千高荡，耳听佳人笑声悦耳，不由得心旷神怡，产生了爱慕之情；可惜墙里佳人并不知道墙外还有一位"多情"的行人，翩然离去，结果是"笑渐不闻声渐悄，多情却被无情恼"。这里的恋情是健康的，纯洁的，充满了青春活力，没有晚唐五代类似作品的色情味道。

三

苏轼的咏物词，如咏杨花的《水龙吟》、咏石榴的《贺新郎》、咏孤鸿的《卜算子》、咏梅的《西江月》等，也以婉约见长。这类词的共同特点是"似花还似非花"，好像是咏物，但又不全是在咏物，而是托物拟人，把人与物写得来若即若离，含蓄蕴藉，意在言外。

《卜算子·黄州定惠院寓居作》是苏轼贬官黄州期间写的。这时他刚以作诗讽刺新政获罪，在黄州过着孤独寂寞的生活，众人有些回避他，他也有些回避众人，整天闭门谢客，饮酒浇愁。但他仍决心我行我素，决不与世俗同流："清诗独咏还自和，白酒已尽谁能借？……饮中真味老更浓，醉里狂言醒可怕。但当谢客对妻子，倒冠落佩从嘲笑。"（《定惠院寓居，月夜偶出》）正是基于这样的处境和心情，苏轼写下了著名的咏孤鸿的《卜算子》：

缺月挂疏桐，漏断人初静。谁见幽人独往来，缥缈孤鸿影。　　惊起却回头，有恨无人省。拣尽寒枝不肯栖，寂寞沙洲冷。

缺月、疏桐、漏断、人静、缥缈的孤鸿独往独来，词一开头就烘托出清凄、寂寞、孤独、高洁的气氛。下阕集中描写孤鸿形象：因惊起飞而又频频回顾，满含幽恨而无人理解，寒枝拣尽而不屑栖身，倍觉寂寞，倍感凄冷。爱好寻求寄托而流于穿凿附会的常州词派代表人物张惠言解释这首词说：

缺月，刺明微也；漏断，暗时也；幽人，不得志也；独往来，无助也；惊鸿，贤人不安也；回头，爱君不忘也；无人省，君不察也；拣尽寒枝不肯栖，不偷安于高位也；寂寞沙洲冷，非所安也。"（转引自《东坡乐府笺》卷二）

我们今天大可不必像张惠言那样去寻求字字句句的寄托，但总观全词，这首词无疑是有寄托的。那"惊起却回头，有恨无人省。拣尽寒枝不肯栖，寂寞沙洲冷"的"缥缈孤鸿"，不正是虽贬官黄州，无人理解自己，但仍孤高自赏，坚持不与世俗同流的苏轼的自我写照吗？黄庭坚对这首词极其赞赏，他说："语意高妙，似非吃烟火食人语。非胸中有万卷书，笔下无一点尘俗气，孰能至此！"（同上）

《水龙吟·次韵章质夫杨花词》也是苏轼咏物词的名作。章质夫，福建浦城人，曾与苏轼同官京师。他的原词"命意用事，清丽可喜"，如写柳絮欲坠不坠之态说："傍珠帘散漫，垂垂欲下，依前被，风扶起。"但章质夫原词总觉有"织绣工夫"，而苏轼和词"如毛嫱、西施，净洗却面，与天下妇人斗好"（朱弁《曲洧旧闻》）。也就是说，苏轼和词以本色美见长：

似花还似非花，也无人惜从教坠。抛家傍路，思量却是，无情有思。萦损柔肠，困酣娇眼，欲开还闭。梦随风万里，寻郎去处，又还被莺呼起。

不恨此花飞尽，恨西园，落红难缀。晓来雨过，遗踪何在？一池萍碎。春色三分，二分尘土，一分流水。细看来，不是杨花，点点是离人泪。

落花是有人同情的，而柳絮似花而又非花，所以无人怜惜，任它飘来坠去。韩愈说杨花是没有"才思"的："杨花榆荚无才思，惟解漫天作雪飞。"（《晚春》）苏轼却反用其意，说杨花离开枝头（"抛家"）、流落路旁（"傍路"）看似"无情"，却有情意（"有思"）。为什么说它有情意呢？你看那柔软的柳枝，正像那被愁思萦绕坏了的柔肠；那嫩绿的柳叶，正像那美人困极时欲开还闭的娇眼；那随风飘荡的柳絮，正像那梦中万里寻夫，突然被黄莺啼声惊醒的思妇。令人生恨的不仅是柳花飞尽，而且是万花纷谢，片片落花难以收拾，到处是残春景象。加之一夜风雨，早晨寻找杨花遗踪，似乎变成了一池破碎的浮萍，多数已委身尘土，少数身随流水。这哪里是什么杨花，斑斑点点，简直是离人的泪痕啊！全词构思巧妙，一气呵成；以人拟物，刻画细腻；语言清丽舒徐，情调幽怨缠绵；以"似花还似非花"开头，起笔突兀；以"点点是离人泪"结尾，更是画龙点睛。张炎《词源》说："东坡次章质夫杨花《水龙吟》韵，机锋相摩，起句便合让东坡出一头地；后片愈出愈奇，真是压倒古今！"王国维也说："咏物之词，自以东坡《水龙吟》最工。"

如果说咏孤鸿的《卜算子》通篇是借物拟人，咏杨花的《水龙吟》通篇是以人拟物，那么《贺新郎》的特点就是先分写人和物，再合写其共同处境。《贺新郎》的上阕写一位高风绝尘而又孤独寂寞的美人：

> 乳燕飞华屋，悄无人，桐阴转午，晚凉新浴。手弄生绡白团扇，扇手一时似玉。渐困倚，孤眠清热。帘外谁来推绣户，枉教人梦断瑶台曲。又却是，风敲竹。

在盛夏（"乳燕飞华屋"）午后（"桐阴转午"），寂悄无人，只有一位"新浴"美人，摇着扇手似玉以白色生丝制成的团扇，渐感困倦，倚枕侧卧，独自很香甜地睡着了。突然间不知谁来敲门，打断了她仙游的美梦（"梦断瑶台曲"）。醒来一看，什么人也没有，原来是"风敲竹"的声音。这是一幅动态（"新浴""孤眠""梦断"）的美人图。下阕前半是石榴独芳图：

> 石榴半吐红巾蹙，待浮花浪蕊都尽，伴君幽独。秾艳一枝细看取，芳心千重似束。

石榴花真多情，她在"浮花浪蕊都尽"即万花均谢的时节，以她状如折皱红巾似的花朵和千重芳心来"伴君幽独"。"半吐红巾蹙""秾艳一枝""芳心千重"，十三个字就绘出了红艳的石榴。最后是一幅美人、石榴同病相怜的合图：

又恐被，西风惊绿。若待得君来向此，花前对酒不忍触。共粉泪，两
簌簌。

石榴怕西风起，榴花凋谢而只剩绿叶；美人也怕年华易逝而容颜渐老。
美人来到花前饮酒，但又无心饮酒，只有美人的盈盈粉泪和石榴的瓣瓣落花
一起簌簌落地而已。胡仔《苕溪渔隐丛话》认为："东坡此词，冠绝古今，托
意高远。"说这首词"冠绝古今"，或许有些过誉；但说它"托意高远"，却是
事实。这首词写于何时，难以确定。《宋六十名家词》说是作于苏轼"倅杭
日"，倅为副职，那就是作于熙宁年间任杭州通判时。《古今词话》说是作于
"苏子瞻守钱塘"时，那就是写于元祐年间任杭州知州时。前一次是因为受王
安石党徒的排挤而出任杭州通判的，后一次是因受司马光、程颐党徒的排挤
而出守杭州的。而无论哪一次，苏轼的处境可说都与美人、石榴的处境相似。
他是在借物抒愤，抒发他那因受西风摧残而怀才不遇的苦闷。借物拟人是苏
轼咏物词的共同特点，这首词也不例外。旧说此词是写"官妓秀兰"之事。
其实，即使实有其事，全词那种幽怨抑郁的气氛也同样表达了苏轼不得志的
心情。

四

言情词和咏物词是苏轼婉约词的主要内容，但不限于这些内容。他的许
多怀古词、赠人词、写景词、纪行词也属婉约词。

苏轼在徐州曾作《永遇乐·彭城夜宿燕子楼，梦盼盼》。相传盼盼是唐代
尚书张建封的爱妾，"善歌舞，雅多风态"。张建封纳盼盼于燕子楼，三日乐
不息；后又另筑新燕子楼，专供盼盼居住。张建封死后，"盼盼念旧爱而不
嫁，居是楼十余年"（白居易《燕子楼诗序》）。苏轼知徐州，遇特大洪水。他
组织徐州人民抢险救灾，调集役夫增筑徐州城堤。功成，在徐州东门上修建
黄楼，作为与宾客宴游之地。《永遇乐》就是有感于张建封建燕子楼和自己建

黄楼而作的：

　　明月如霜，好风如水，清景无限。曲港跳鱼，圆荷泻露，寂寞无人见。
紞如三鼓，铿然一叶，暗暗梦云惊断。夜茫茫，重寻无处，觉来小园行遍。

　　天涯倦客，山中归路，望断故园心眼。燕子楼空，佳人何在？空锁楼中
燕。古今如梦，何曾梦觉，但有旧欢新怨。异时对，黄楼夜景，为余浩叹！

　　这首怀古词的特点在于并没有花多少笔墨来写古，而是偏重于写景抒慨，
但却充满了怀古伤今的感情。上阕紧紧扣住题目，写"夜宿燕子楼，梦盼
盼"。"明月如霜，好风如水，清景无限"，词一开头就烘托出清凉寂静、朦胧
迷离的残秋月夜景色。三更鼓响后，寂静得一片落叶坠地也能听见其"铿然"
之声，以致把作者从夜梦盼盼中惊醒。作者醒来，行遍小园，寻找梦中的盼
盼；但只见夜气茫茫，再也找不到盼盼的影子了，不觉黯然心伤。为什么会
黯然心伤呢？下阕进一步作了回答。因为他已倦于宦游天涯，很想回到山中
去过田园生活。但故乡渺渺，枉自望眼欲穿。眼前的燕子楼空空如也，当年
的美人在哪里呢？早已物是人非了。古往今来俱如此，人们总是梦不醒，只
为后人留下一些旧欢新怨的遗迹罢了。当年张建封在这里筑燕子楼，今天自
己在这里筑黄楼，此时自己为"燕子楼空"而感叹，异时谁又对着黄楼夜景，
为我长叹呢？全词直接写张建封的事仅"燕子楼空，佳人何在？空锁楼中燕"
三句，具有高度的概括性。晁补之对此极为叹赏，认为"只三句便说尽张建
封事"（《历代诗余》引《高斋诗话》）。苏轼对自己这三句也很得意，据说他
曾"以'燕子楼空'三句语秦淮海（即秦观），殆以示咏古之超宕，贵神情，
不贵迹象也"（郑文焯《手批东坡乐府》）。贵超宕，不要太胶著；贵神情，不
贵迹象，这是苏轼重要的美学思想，是他对诗词书画的一贯要求。他曾说：
"论画以形似，见与儿童邻。赋诗必此诗，定知非诗人。"（《书鄢陵王主簿所
画折枝》）苏轼强调韵味，强调要有弦外之音，言外之意，这首《永遇乐》就
从创作实践上为我们提供了范例。
　　苏轼的《洞仙歌》也是一首怀古词，是咏后蜀主孟昶和花蕊夫人"夜纳

凉摩诃池上"的：

> 冰肌玉骨，自清凉无汗。水殿风来暗香满，绣帘开，一点明月窥人，人未寝，欹枕钗横鬓乱。　　起来携素手，庭户无声，时见疏星渡河汉。试问夜如何，夜已三更，金波淡，玉绳低转。但屈指西风几时来，又不道流年暗中偷换。

上阕写花蕊夫人，寥寥数语就刻画出这位贵妇人的形象；冰肌玉骨，清凉无汗，水殿风来，暗香扑鼻，绣帘开处，明月入窗，只见她斜倚绣枕，钗横鬓乱。下阕写她和孟昶在摩诃池纳凉，她们手携手地漫步在静悄悄的庭户中，只见疏星闪烁，银河低垂，月色淡明，玉绳（星名）低转，表明"流年暗中偷换"，产生了一种时光易逝的淡淡哀愁。一九五八年成都会议期间，毛泽东圈阅"唐宋人写的有关四川的诗和词"，曾圈了这首《洞仙歌》，而且在苏轼大量有关四川的诗词中也只圈了这首。从思想内容看，这不过是一首拟宫词，并没有多少可取之处。毛泽东圈阅它，看来主要是从艺术特色着眼的。全词描写花蕊夫人形象和摩诃池夜景，均历历如画，使人如临其景，如见其人。

苏轼在贬官黄州期间，曾夜行蕲水，在一酒家饮酒。酒醉，乘月至一溪桥上，解下马鞍，弯着胳膊作枕，躺在草地上稍事休息，不觉沉沉入睡。及至醒来，天已大亮，只见"乱山攒拥，流水铿然，疑非人世"。于是在桥柱上题了一首《西江月》：

> 照野弥弥浅浪，横空隐隐层霄。障泥未解玉骢骄，我欲醉眠芳草。可惜一溪风月，莫教踏碎琼瑶。解鞍欹枕绿杨桥，杜宇一声春晓。

明月照耀着旷野里水波荡漾的小溪，空中隐隐约约横亘着层层云气，开头两句活现了当时月白风清，夜色朦胧的景色。三、四句以玉骢（马）的毫无倦意反衬"我欲醉眠芳草"。五、六句抒发他对"一溪风月"的热爱，生怕马入水中"踏碎"了水中月影("琼瑶")。最后两句即写他"醉眠芳草","及觉已晓"。全词所写之景,是"疑非人世"之景;所抒之情,是飘飘欲仙之情。苏轼类似的词还很多,如:"小舟横截春江,卧看翠壁红楼起。云间笑语,使君高会,佳人半醉。危柱哀弦,艳歌余响,绕云萦水。"(《水龙吟》)"凭高眺远,见长空万里,云无留迹。桂魄飞来光射处,冷浸一天秋碧。玉宇琼楼,乘鸾来去,人在清凉国。江山如画,望中烟树历历。"(《念奴娇·中秋》)前人说东坡词"空灵蕴藉","轶尘绝迹","具神仙出世之姿","有伯夷、柳下惠之风",就是指的这类词。

五

从上述不难看出,所谓东坡词"指出向上一路,新天下耳目",不仅是指他的豪放词,他的婉约词也同样一新天下耳目。苏轼在词史上的功绩不仅在于创立了豪放词,还在于发展了婉约词。概括起来,苏轼对婉约词发展的贡献主要在于以下方面:

第一,扩大了婉约词的内容、题材。婉约词与豪放词的区别主要是就词的风格说。词的风格当然要涉及词的内容、题材。苏轼对词的内容、题材的扩大,首先反映在他的豪放词里。但是,他的以婉约见长的词也同样扩大了词的内容、题材。所谓"词言情",是就婉约词的主流说的。即使苏轼以前的婉约词也不是专言情的。这里且不说柳永已经以词描写城市繁华(如《望海潮》:"东南形胜,江吴都会,钱塘自古繁华"),抒发羁旅离愁(如《雨霖铃》:"寒蝉凄切,对长亭晚,骤雨初歇");即使在《花间词》里,也有鹿虔扆的《临江仙》("金锁重门荒苑静")、欧阳炯的《江城子》("昨日金陵岸草平")、《巫山一段云》("古庙倚青嶂")等或怀古,或抒亡国之痛的婉约词。但总的说来,在苏轼以前婉约派词人的路子确实是比较狭窄的,"昵昵儿女语"是婉约词的主要内容。刘熙载曾指出,东坡词的特点是"无意不可入,无事不可言"(《艺概》卷四《词曲概》)。这一评价不仅适用于苏轼的豪放词,而且也适用于他的婉约词,前面所举的苏轼词已足以证明这点。

第二,提高了婉约词的格调。苏轼以前的婉约词不仅内容狭窄,而且格调低下。语言华艳，剪翠裁红，铺金缀玉，充满了寄情声色的脂香粉气。苏轼的婉约词，不仅以咏物、怀古为内容的词格调较高；就是他的多数言情词，也感情真挚、高洁。苏门六君子之一的晁补之说："眉山公之词短于情。"苏门六君子中的另一人陈师道反驳说："风韵如东坡，而谓不及于情，可乎？……若乃纤艳淫媒（义同亵），入人骨髓，如田中行、柳耆卿辈，岂公之雅趣也哉！"（王若虚《滹南遗老集》卷三九《诗话》）驳得好！东坡词不是"短于情"，而是深于情；如果硬要说他"短于情"，那也仅仅是短于"纤艳淫媒"之情，而这正是他的婉约词高于其他婉约词的地方。

第三，遵守词律而不为词律所束缚。讥刺苏词的人常说他的词"多不谐音律"。苏轼自己也说："平生不善唱曲，故间有不入腔处。"（胡仔《苕溪渔隐丛话》后集卷二六）所谓"不善唱曲"，并非不能唱曲。据晁以道说：哲宗绍圣初，他"与东坡别于卞上，东坡酒酣，自歌阳关曲"（《历代诗余》卷一一五引陆游语）。可见苏轼并非不能唱曲。所谓"间有不入腔处"，也不是因为他不懂音律所造成的。相反，苏轼的《醉翁操》表明，他是精通音律的。欧阳修贬官滁州时，因爱滁州"山川奇丽，泉鸣空涧"，建醉翁亭，并作《醉翁亭记》。后十余年，太常博士陈遵闻而往游，"以琴写其声，曰醉翁操。节奏疏宕，而音指华畅，知琴者以为绝伦。然有其声而无其辞"。欧阳修曾为之作词，"而与琴声不合"。欧阳修、陈遵去世后，苏轼应"特妙于琴"的庐山道人崔闲之请，为《醉翁操》补词如下：

　　琅然，清圆，谁弹？响空山，无言。惟翁醉中知其天。月明风露娟娟。人未眠，荷蕢过山前，曰有心也哉此贤。　　醉翁啸吟，声和流泉；醉翁去后，空有朝吟夜怨。山有时而童颠，水有时而回川。思翁无岁年。翁今为飞仙，此意在人间，试听徵外三两弦。

郑文悼说："读此词，髯苏之深于律可知。"（《东坡乐府笺》卷二）由此可以看出，苏轼是精通音律的。那么为什么东坡词又"间有不入腔处"呢？这是因为苏轼历来主张文贵自然，不愿以声律害意。正如陆游所说："公非不能歌，但豪放，不喜剪裁以就声律耳。"（《历代诗余》卷一一五引）或如晁补之所说："居士词横放杰出，自是曲中缚不住者。"（《苕溪渔隐丛话》后集卷三三）这里既指出了东坡词间不入腔的原因，又说明苏轼间不入腔的词主要是指某些豪放词。他的婉约词一般是音韵和谐的。《曲洧旧闻》说，苏轼的《水龙吟·次韵章质夫杨花词》初读"若豪放不入律吕，徐而视之，声韵谐婉"。

清人周济说："人赏东坡粗豪，吾赏东坡韶秀。韶秀是东坡佳处，粗豪则病也。"（《介存斋论词杂著》）近人夏敬观也说："东坡词如春花散空，不著迹象，使柳枝歌之，正如天风海涛之曲，中多幽咽怨断之音，此其上乘也。若夫激昂排宕，不可一世之概……虽极天下之工，要非本色，乃其第二乘也。后之学苏者，惟知第二乘，未有能达上乘者，即稼轩亦然。"（《手批东坡词》）像这样通过贬低苏轼的豪放词来推崇他的婉约词，当然是我们所不能接受的。苏轼在词史上的新贡献，主要在于他创立了豪放词派。但周济、夏敬观的观点至少表明，苏轼的婉约词拥有不少酷好者，它在词史上有不可忽视的地位。

（原载《文学评论》1981 年第 5 期）

苏轼与北宋豪放词派地位辨

——与吴世昌先生商榷

一

吴世昌先生《有关苏词的若干问题》一文（《文学遗产》1983年2期），批评我国长时期以来词史研究领域狭窄，"有些选家，有些文学史的编写者，选来选去，评来评去，总不外'明月几时有''大江东去'这几首"；反对"以偏概全"，强调"核对事实"，"考虑逻辑"，弄清"历史的真象"，做出"公正评价"。这些意见都很好。比如要正确评价苏词，就必须对词的发展史，特别是对北宋词风演变的历史作研究，看看苏轼在词史上是否提供了新东西，他与同时代的词人有什么异同，他对后世是否产生过重大影响。不把苏轼摆在词的发展史上来衡量，我认为是很难对苏词做出"公正评价"的。吴先生的文章有专门一节叫"关于苏东坡词的评价"，但在这一节里，除了解释一首苏词，否定一首苏词外，对苏词在词史上的地位却未置一词。倒是在第一节里，吴先生表述了他对苏词的看法，这就是否定苏轼是豪放词的创立者："按之实际，所谓北宋'豪放'派，根本从不存在。苏东坡这个'主将'，也有将而无兵"，否定苏轼婉约词同其他婉约词有区别："其余的三百三十多首中，也和当时别的文人的词作差不多，无非是登山临水、吟风弄月、羁旅苦闷、相思愁恨以及赞美歌女舞伎、应酬朋友官吏之作"；如果要说苏词有什为特点，那就是"苏轼的集子中比别人更多的是赠送友人的姬妾之词"。吴先生说他"丝毫没有贬低苏词之意"。但这样评价苏词，很难说不是"贬低"，很难说就是"公正评价"。

二

吴先生文章的第一节的第一句话是："近来有些词论家把宋词分为婉约与豪放两派，而以苏轼为后者的领袖。"可能吴先生也觉得这句话并不符合"历史实情"，所以接着又说："这是在解放以前即有人谈起，而解放以后越谈越起劲，越谈越肯定的问题。""解放以前"，前到什么时候呢？吴先生没有说。据我所知，第一个明确以豪放和婉约并列来评词的是明人张綖，他说："少游多婉约，子瞻多豪放，当以婉约为主。"（见张刻《淮海集》）如果不是论概念，而是论实质，那么与苏轼论词的那位"善歌"的幕士，已经用非常形象的语言道出了以苏轼为代表的豪放词和以柳永为代表的婉约词的不同特点（见俞文豹《吹剑录》）。第一个以豪放评词的就是苏轼，他在《答陈季常书》中说："又惠新词，句句警拔，诗人之雄，非小词也。但豪放太过，恐造物者不容人如此快活。"第一个指出苏词的豪放特征的，就是苏轼的门人晁无咎："居士词，人谓多不谐音律，然横放杰出，自是曲子中缚不住者。"（《复斋漫录》引）

问题的症结还不在于"把宋词分为婉约与豪放两派"是否自"近来"开始，而在于这种分法是否符合"历史实际"。如果不符合实际，再早也是错误的，如果符合实际，即使是自"近来"开始，也是无可非议的。把宋词分为婉约与豪放两派，是嫌有些笼统。正因为如此，才出现了顾仲清的三格说、周济的四家说、戈载的七家说、陈廷焯的十四体说以及今人的六体说、八派说等等。但这众多的说法至今还没有一种能取代"把宋词分为婉约与豪放两派"而获得公认，就在于这一对概念具有高度的概括力，粗线条地表述了词史上实际存在的两种不同风格。以婉约、豪放评词不过是以中国古已有之的阳刚、阴柔，以美学上的刚美、柔美来划分词的两种不同风格。从这个意义上说，不仅北宋词有婉约、豪放之分，甚至从词产生时起就有婉约、豪放两种不同风格，只是在苏轼以前这种不同词风还表现得不太鲜明而已。刘熙载的《艺概·词曲概》说："太白《忆秦娥》，声情悲壮，晚唐五代惟趋婉丽，至东坡始能复古。后世论词者，或转以东坡为变调，不知晚唐五代乃变调也。"我们今天没有必要跟着刘熙载为苏词争正统地位，但他说从词产生时起就存在"声情悲壮"一格却是符合历史实际的，特别是在当时的民间词里。由于"有些选家，有些文学史的编写者"已经选得很多，讲得很多，这里无须举例。这里要说明的是，即使在"惟趋婉丽"的"晚唐五代"，"声情悲壮"之词也没有断种。历来以柔靡见称的《花间集》也不是清一色的婉约，其中不就有欧阳炯感叹六朝繁华易逝的《江城子》、孙光宪嘲笑隋炀帝荒淫亡国的《河传》、鹿虔扆倾诉亡国之痛的《临江仙》吗？如果不因人废文，那么唐昭宗的《菩萨蛮》也是堪称"声情悲壮"的："登楼遥望秦宫殿，茫茫只见双飞燕。渭水一条流，千山与万丘。远烟笼碧树，陌上行人去。安得有英雄，迎归大内中？"总不能说唐昭宗这首《菩萨蛮》与温庭筠的《菩萨蛮》（小山重叠金明灭）毫无区别吧？

吴先生说："我们至多也只能说，北宋有几首豪放词（重点号原有），怎么能说有一个'豪放派'？如果真有这一派，试问有多少人组成？以谁为派主？写出了多少'豪放'词？收印在什么集子里？"又说："至于所谓'豪放词'，举来举去，也只是苏轼的那几首。即使再加上宋初范仲淹的《渔家傲》，甚至再加上苏轼的政敌王安石《桂枝香》，一共也数不到十首。"说北宋的豪放词不多，这是事实。但北宋不仅豪放词少，而且婉约词也不多。唐圭璋先生编的《全宋词》五大册，仅有一册多一点为北宋词，其他三册多都是南宋词。今存北宋词仅占全部宋词的四分之一多一点，宋词的真正鼎盛阶段是在南宋。继"晚唐五代惟趋婉丽"之后，要重新确立豪放词的地位，最初和者寥寥，也是不足为怪的。但吴先生说北宋豪放词"一共也数不到十首"，而其中有"六七首"是苏轼的，也就是说，在苏词之外至多只有三四首豪放词，这恐怕也不符合"历史实际"吧。在我看来，王禹偁的《点绛唇》（雨恨云愁，江南依旧称佳丽……平生事，此时凝睇，谁会凭栏意？）、滕宗谅的《临江仙》（湖水连天天连水，秋来分外澄清。君山自是小蓬瀛。气蒸云梦泽，波撼岳阳城。……）、张升的《满江红》（无利无名，无荣无辱，无烦无恼。……）、刘潜的《六州歌头》（秦亡草昧，刘项起吞并。驱龙虎，鞭寰宇，斩长鲸。……）、李冠的《六州歌头》（凄凉绣岭，宫殿倚山阿。……）、沈唐的《望海潮》（山光凝翠，川容如画，名都自古并州。箫鼓沸天，弓刀似水，连营十万貔貅。……）、蔡挺的《喜迁莺》（霜天清晓，望紫塞古垒，寒云衰草。……）、曾布的《水调歌头》（魏豪有冯燕，年少客幽并。击球斗鸡为戏，游侠久知名。……），以及苏舜钦的《水调歌头·沧浪亭》、尹洙的《水调歌头·和苏子美》都应属于豪放词。吴先生说，包括苏轼在内，北宋的豪放词一共"数不到十首"，我却在吴先生所说的"不到十首"之外，一口气又数了"十首"，而且才数到苏轼以前，苏轼以后的北宋豪放词，留到后文再数。这说明北宋中叶豪放词的产生绝不是偶然的。在苏轼以前已有不少人在探索词的新路。人们不把以上这些人作为豪放词的领袖，而要"奉苏轼为教主"，仅仅是因为他创作的豪放词更多、更好、更典型，对后世影响更大。吴先生可能会说，这些都算不上典型的豪放词。但任何事物的发生发展都有一个由不完善到逐步完善的过程，怎么能要求豪放词的形成阶段，都能像"大江东去"那么典型呢？像"大江东去"这样慷慨激昂，苍凉悲壮，雄视千古的词，即使在苏词中也很难再举出第二首，怎么能要求每首豪放词都像"大江东去"呢？无论吴先生的标准有多严，总不能把以上所举的十首词都说成是婉约词吧！

三

吴先生否定苏轼为豪放词的"领袖""教主"和"主将"的根据，概括起来不外三条。一是不自觉，认为苏轼的豪放词"在他的全部著作中是极少数的偶尔即兴之作"；二是数量少，"至多只有六七首"；三是没有产生什么影响，至少在北宋是如此："苏东坡这个'主将'，也有将而无兵。"现在就来逐一讨论这些问题。

吴先生为了否定苏轼创作豪放词的自觉性，必然要否定东坡和少游论词的那一段话的真实性，因为这段话表明苏轼不仅自己不愿"学柳七作词"，而且也不愿他的门人秦观"学柳七作词"。吴先生否定这一记载的真实性的唯一根据就是："《满庭芳》词调，下片首二字是一句一韵。所以'销魂当此际'这五个字并不是一句，根本不该一起读。……苏东坡何至于把秦少游的《满庭芳》下片读成破句,然后又嘲笑他笔调像柳七?"其实,古人引文不引全屡见不鲜,引"销魂。当此际"五字已足够表明是指秦现的《满庭芳》词,没有必要引到"销魂。当此际,香囊暗解,罗带轻分"为止,特别是在对话中。而且苏轼说"销魂。当此际"为"柳七语",是指整篇《满庭芳》,特别是它的下片似"柳七语",而决不仅仅指"消魂。当此际"五字"近乎柳永的口气"。至于把"销魂。当此际"读成"销魂当此际",那更不是苏轼"读成破句",而是吴先生为了自圆其说,故意"读成破句"的。退一步说,即使这则故事如吴先生所说是后人"编造"的,"虚妄"的,但还有更直接、更重要的材料证明苏轼确实是自觉地要在柳词之外别树一帜,这就是他的《与鲜于子骏书》。他在这封信中说:"近却颇乍小词,虽无柳七郎风味,亦自是一家。呵呵,数日前,猎于郊外,所获颇多。作得一阕,令东州壮士抵掌顿足而歌之,吹笛击鼓以为节,颇壮观也。"这封信写于熙宁八年密州任上,信中所说"作得一阕"即指著名的《江城子·密州出猎》,这是一首典型的豪放词,是苏轼本人豪放词风形成的重要标志。李清照的《词论》,强调词"别是一家",词要写得来与诗不同;苏轼强调他的词"自是一家",写得来与北宋前期把婉约词发展到登峰造极的柳永不同。这"自是一家"显然就是他在《答陈季常书》中所说的豪放一家。柳七郎的词是写给酒筵上的歌女唱的,苏轼的词却是供"东州壮士抵掌顿足而歌之,吹笛击鼓以为节"。苏轼在黄州作《哨遍》,也"使家僮歌之,时相从于东坡,释耒而和之,扣牛角而为之节",并感到"不亦乐乎"。这就难怪幕士说他的词"须关西大汉"演唱,人以为讥,他却"为之绝倒"。过去的词多以婉丽为美,他却以自己的词"颇壮观"自豪。这封信无可置疑地证明苏轼创作豪放词并非偶尔心血来潮,而是相当自觉的。苏、秦论词的故事,即使是后人杜撰,但其观点至少与这封并非杜撰的书信是一致的。

苏轼虽然自觉创作豪放词,但豪放词在他的整个词作中确实只占"极少数"。这是不足为奇的。这既有时代的原因,也有个人的原因。苏轼处于词风初变的时期,他本人也有一个由婉约向豪放转变的过程,而且即使在开始创作豪放词以后,也还在继续大量写作婉约词。苏轼生活的时代,阶级矛盾和民族矛盾也没有南宋尖锐，他一生虽然屡遭贬谪，但所受时代的冲击毕竟没有南宋词人那么大。这就是苏轼的豪放词远比辛弃疾少的主要原因。但苏轼的豪放词是否"至多只有六七首"呢？这恐怕也是吴先生的标准太严了吧。不过我不准备同吴先生争论苏轼的豪放词究竟有多少首，因为决定问题性质的不完全在于数量，而主要在于质量。莫说"六七首"，像苏轼《念奴娇·赤壁怀古》那样对后世产生了巨大影响、引起人们竞相模仿的词，仅此一首也足以使他成为豪放词派的"领袖"和"教主"了。这里想要讨论的是吴先生的如下一段话："词中小令，如《浣溪沙》《菩萨蛮》《蝶恋花》《南歌子》《减字木兰花》《采桑子》等调是不适宜塞入'豪放'气概进去的。而在苏词全部作品中，这些适宜于描写浅斟低唱、绮罗香泽的调子却占了很大的比重。"其实，苏轼之为苏轼，就在于他不顾这些禁令，不仅长调，连小令他也"塞入'豪放'气概"。《西江月》是小令，苏轼却塞进了"世事一场大梦，人生几度新凉。夜来风叶已鸣廊，看取眉头鬓上。酒贱常愁客少，月明多被云妨。中秋谁与共孤光？把盏凄然北望"。《点绛唇》是小令，他却塞进了"闲倚胡床，庾公楼外峰千朵。与谁同坐？明月、清风、我"。吴先生点名"不适宜于塞入'豪放'气概"的《浣溪沙》，他塞有"谁道人生无再少，门前流水尚能西。休将白发唱黄鸡"；《菩萨蛮》，如前所述唐昭宗已塞入了"安得有英雄，迎归大内中"，苏轼也塞有"风回仙驭云开扇，更阑月堕星河转"；《蝶恋花》塞有"火冷灯稀霜露下，昏昏雪意云垂野"；《南歌子》塞有"海上乘槎侣，仙人萼绿华"；《减字木兰花》塞有"海南奇宝，铸出团团如栲佬。曾到昆仑，乞得山头玉女盆。绛州王老，百岁痴顽推不倒。海口如门，一派黄流已电奔"。最有趣的是同为中调的《江城子》，在《记梦》里，他怀念亡妻，是那样缠绵悱恻，无疑是婉约词的代表作；而在《密州出猎》里，却写得来豪情满怀，不可一世，成了豪放词的名篇。这就充分说明，尽管不同的词调，按传统确有分工，适合于表现不同的情调，但这又不是绝对的。在苏轼手里，同一词调，他可用来表现截然相反的情怀。这就是苏轼之为苏轼，这就是他比同时代的词人高出一头，而能开创一代词风的缘由。

苏轼同时和略后的北宋词坛，写作豪放词的人也不多，苏门四学士之一的秦观就没有走他的路子。另一门人陈师道还说："子瞻以诗为词，如教坊雷大使之舞，虽极天下之工，要非本色。"（《后山诗话》）但也不像吴先生所说的那样完全"无兵"，苏轼之后的北宋词坛连一首豪放词都找不出来。苏门四学士之一的黄庭坚就是一个"兵"，他的某些词是酷似苏轼的，如《水调歌头》：

　　落日塞坦路，风劲夏貂裘。翩翩数骑闻猎，深入黑山头。极目平沙千里，惟见雕弓白羽，铁面骇骅骝。隐隐望青冢，特地起闲愁。　　汉天子，方鼎盛，四百州。玉颜浩齿，深锁三十六宫秋。堂有经纶贤相，边有纵横谋将，不作翠峨羞。戎虏和乐也，圣主永无忧。

　　黄庭坚另外还有一首《水调歌头》（瑶草一何碧），显然是模仿苏轼《水调歌头》（明月几时有）的，结构相似，风格也相似。他还写有一首《念奴娇》（断虹雾雨），并自称"可继东坡赤壁之歌"（《苕溪渔隐丛话》后集卷一一）。晁补之说："黄鲁直间作小词，固高妙，然不是当家语，自是著腔子唱好诗。"（《复斋漫录》）这与陈师道对苏词的评价如出一辙。这说明苏、黄的诗风虽不同，但词风却比较接近。我要举的第二个"兵"就是晁补之，他也是苏门四学士之一。刘熙载的《艺概·词曲概》说："东坡词在当时鲜与同调，不独秦七、黄九别成两派也。晁无咎坦易之怀，磊落之气，差堪骖靳。"这段话讲了三层意思：苏词"鲜与同调"，秦、黄分属两派，黄、晁属苏轼一派。这是符合当时的实际的。《四库提要》评晁无咎词也说："其词神姿高秀，与轼实可肩随。"冯煦还具体比较了苏、晁词风："晁无咎为苏门四士之一，所为诗余，无子瞻之高华，而沈咽则过之。"这就是说，晁无咎的词风更接近南宋豪放词的集大成者辛弃疾，这只要读读他的《摸鱼儿·东皋寓居》，特别是它的下阕，就会看出其词"沉咽"：

　　青绫被，莫忆金闺故步。儒冠曾把身误。弓刀千骑成何事，荒了邵平瓜圃。君试觑，满青镜，星星鬓影今如许！功名浪语。便似得班超，封侯万里，归计恐迟暮。

他这首词写得来沉郁苍凉，如怨如诉，确实酷似辛词，更准确地说，辛词正是这种词风的发展。刘熙载《词曲概》就指出了这点："无咎词堂庑颇大。人知辛稼轩《摸鱼儿》'更能消几番风雨'一阕，为后来名家所竞效。其实，辛词所本，即无咎《摸鱼儿》'买陂塘旋栽杨柳'之波澜也。"此外，如黄裳的《桂枝香·延平阁闲望》（"腰间剑去人安在，记千年，寸阴何速！山趋三岸，潭吞二水，岁丰人足"）、晁端礼的《满庭芳》（"雪满貂裘，风摇金辔，笑着锦带吴钩"）、米芾的《水调歌头·中秋》（"可爱一天风物，遍倚阑干十二，宇宙若萍游"）、贺铸的《六州歌头》（"少年侠气，交结五州雄。肝胆洞，毛发耸，立谈中，死生同，一诺千金重"）和《小梅花》（"缚虎手，悬河口，车如鸡栖马如狗。白纶巾，扑黄尘，不知我辈可是蓬蒿人"），均应属于豪放词。这些词即使不如"大江东去"那么典型，但无论从题材和风格看，都是传统的婉约词所不能囊括的。王晦叔说得好："晁无咎、黄鲁直、叶少蕴、蒲大受，皆学东坡。晁、黄韵制得七八，叶、蒲得其六七。苏在廷、石耆翁入东坡之门矣，短气踘步，不能进也。惟赵德麟、李方叔皆东坡客，而气味殊不近。则苏公在北宋之末隐然为此事宗主矣。"（刘永济《词论》卷上引）根据以上所举北宋后期的豪放词，我觉得王晦叔这一论断，比吴先生所说的"苏东坡这个'主将'，也有将而无兵"的论断，更接近历史实际。

四

苏轼在词史上的贡献，不仅在于创立了豪放词，而且还在于他革新了婉约词。他扩大了婉约词的题材，不止以词言情，而且以词咏物、纪行、怀古。刘熙载的《词曲概》称赞"东坡词颇似老杜诗，以其无意不可入，无事不可言也"。这不仅对苏轼的豪放词适用，对苏轼大量的婉约词也是适用的。苏轼还提高了婉约词格调。苏轼以前的婉约词，特别是《花间集》和柳永的某些词，格调较低，有不少充满了脂粉气的作品。李清照批评柳永"词语尘下"，并没有完全冤枉他。苏轼的言情词，也不能说没有类似的糟粕，他也写过

《菩萨蛮·咏脚》之类的无聊作品。但他的多数婉约词情真意远，风流蕴藉，格调较高。以苏轼为界，苏轼以后的婉约派词人，如秦观、周邦彦、李清照、姜夔，几乎都不再写"针线闲拈伴伊坐"式的柳词，这不能不说是受了苏轼的影响。苏轼不仅创立了豪放词，而且也改变了婉约词的淫艳之风。但吴先生却完全否定苏轼在婉约词上的创新，断言苏轼的婉约词，"也和当时别的文人的词作差不多"，"前人所谓东坡'一洗绮罗香泽之态'，全非事实"。这未免说得太偏颇了吧。

这里不准备全面讨论苏轼的婉约词，只着重讨论一下苏轼"赠给歌女舞伎和朋友家中的姬妾的词"。说苏轼这类词写得多是事实，据统计，在苏轼的三百四十余首词中，直接、间接涉及歌伎姬妾的约一百八十来首，占全部苏词的一半有余。这是因为在中国的封建社会里，官僚贵族本来就广蓄歌伎舞女，特别是在宋代，开国皇帝赵匡胤为了换取兵权，就公开提倡享受，他对为他打天下的石守信等说："卿等何不释去兵权，出守大藩，择便好田宅市之，为子孙立永远不可动之业，多置歌儿舞女，日夕饮酒相欢，以终天年?"在最高统治省的倡导下，不仅私家蓄伎，官府也蓄伎。《西湖游览志余》载："唐宋间，郡守新到，营妓皆出境而迎。"我们从苏轼《菩萨蛮·杭伎往苏，迓新守杨元素，寄苏守王规甫》《菩萨蛮·西湖席上代诸妓送陈述古》等词，就可见当时的社会风气。就苏轼本人说，他也不是什么道学先生，他吃得苦，但也会享受，用他自己的话来说，就是"自古相从休务日，何妨低唱微吟"（《临江仙·送李公恕》）。加之他为人正直，才气横溢，放达善谑，深得歌伎们的爱戴，她们常向他索词。这就是苏轼赠歌伎的词较多的原因。苏词格调的高低不在于是否写了歌伎词以及写作的多少，而在于他写的歌伎词的内容，以及他对歌伎的态度。柳永恋恋于歌伎的是："洞房饮散帘帏静，拥香衾，欢心称。……"这就叫"词语尘下"。而苏轼所欣赏的，除了她们的美妙歌喉和优美舞姿外，更是这些地位卑贱的人的崇高品质。苏轼贬官黄州，他的朋友王定国坐贬岭南，王有一歌女叫宇文柔奴，随之南迁。后来，王定国北归，苏轼关切地问柔奴："广南风土，应是不好?"柔奴却说："此心安处，便是吾乡。"苏轼深受感动，赞美这位心地高尚的柔奴道："万里归来年愈少，微笑，笑时犹带岭梅香。试问岭南应不好，却道：此心安处是吾乡。"苏轼也有这样一位"柔奴"，这就是朝云。朝云原来也是歌伎，后来作了他的侍妾。苏轼贬官黄州，她跟到黄州；贬官岭南，她跟到岭南。苏轼担心她不能适应岭南风土，劝她离去。但"好义"的朝云不但没有离去，而且还生气了："颓然疑薄怒，沃盥未可挥。"（《和胡西曹示顾贼曹》）苏轼专门写了一首《朝云诗》来称美她："不似杨枝（即樊素）别乐天，恰如通德伴伶元。"后来朝云果然死于惠州，他又作了一首《西江月》来纪念她："玉骨那愁瘴雾，冰肌自有仙风。"

苏轼除欣赏她们的好义之外，还欣赏她们的情真。他有一有《阮郎归》，上阕写歌伎对他的依依惜别之情："一年三度过苏台，清樽长是开。佳人相问苦相猜：这回来不来？"下阕是苏轼的答词："情未尽，老先催，人生真可咍。他年桃李阿谁栽。刘郎双鬓衰。""佳人"情真，因苏轼离去，"其色凄然"，问语虽质朴，感清却很真挚；苏轼也情真，他没有正面回答来不来的问题，却感叹人生短促，而担心后会无期的感情已溢于言外。当苏轼把她们的真情厚意与官场中的人情冷暖、世态炎凉作对比时，尤其感到她们的友情可贵。他在《醉落魄·苏州间门留别》中写道："苍颜华发，故山归计何时决？旧交新贵音书绝，惟有佳人，犹作殷勤别。离亭欲去歌声咽，萧萧细雨凉吹颊。泪珠不用罗巾裹，弹在罗衫，图得见时说。"上片一二句写他厌倦官场，盼归故山，次三句即把"旧交新贵"的薄情同"佳人"的"殷勤"作对比。下片前二句进一步补写"佳人""殷勤"的形象，最后三句是作者对"佳人"的安慰，留下泪痕以便将来重话旧情，寄予对方以还重见的希望。苏轼对"歌声咽"的"佳人'，是多么体贴。

苏轼还对歌伎的不幸遭遇，特别是对那些小小年纪就遭蹂躏的歌伎寄予了深切同情，这集中表现在《减字木兰花·赠小鬟琵琶》一词里："琵琶绝艺，年纪都来十一二。拨弄么弦，未解将心指下传。主人慎小，欲向春风先醉倒。'已属君家，且更从容等待他'。"一二句写小鬟年小艺高；三四句写她正因为年龄太小，故不懂得指下传情；下片前二句写主人因此而嗔怒，对这样一位幼女也想糟蹋；最后两句是苏轼对主人的劝告，不，简直是抗议。如果对不幸的小鬟没有深厚的同情心，是写不出这样的词章的。至于苏轼以词帮助歌伎"郑容落籍，高莹从良"的佳话（《减字木兰花·赠润州守许仲涂》）因人人熟知，这里就不细说了。苏轼这些歌妓词，怎么能说与柳永的"锦帐里，低语偏浓；银灯下，细看俱好"（《两同心》嫩脸修娥），是"差不多"的呢？

以诗咏物，古已有之。而以词咏物，在苏轼以前并不多见，从苏轼起才成功地创作了一些咏物词，并对后世产生了深远的影响，南宋婉约派词人开始大量写作咏物词。苏轼以词咏物，是苏轼对婉约词题材的重要开拓之一，其功不可没。但吴先生却把苏轼的咏物词，特别是杨花词说得一钱不值，什么"其为无聊，又甚于谀墓、祝寿、颂圣、应制之作"，什么"不过是声东击西的文字游戏或廋词迷语而已"，什么"实在不高明"，"更没意思"等等。各人有各人的好恶，吴先生不喜欢咏物词，特别是不喜欢苏轼的《水龙吟·和章质夫咏杨花》，本来不足深辩。但吴先生却把古往今来一切称赞苏轼杨花词的人一概骂倒，说他们"吹嘘得令人作呕"，"一味瞎吹乱捧，实在令人皱眉"；还说选家"没有耐心从全部作品中挑选一个作家的情品"，"只愿从别人的选本中翻来覆去地讨生活"，仿佛只有吴先生才读完了苏轼的三百多首词。这样"厚诬古人"和今人，这就不得不辩了。吴先生具体批评苏轼的杨花词说："杨花并不是花，比其他花卉，已不足贵。杨花即使是花，又何至有'柔肠'，有'娇眼'，有'梦'，有'思'，还有个'郎'让柳絮去'寻'，试问杨花之'郎'为谁？最后又自己否定了上文说，'细看来不是杨花，点点是离人泪。'更没意思。杨花在空中飞扬与泪点毫不相像，如何可比？"这样论词，真使人无言可对。任何比喻和拟人化手法，如果不从作者所比、所拟的一点看，而从另一个角度推敲，都可说是不通的。苏轼以杨花比泪，固然不像；但除了以泪说泪之外，吴先生能举出什么东西来把泪水比喻得完全"相像"呢？因为世间就没两件绝对"相像"的东西。而且比拟之妙，就恰恰在于似与不似之间："冰物固不可不似，尤忌刻意太似。取形不如取神，用事不若用意。"（徐九《词苑丛谈》卷一）苏轼的杨花词有没有"意思"，主要不决定于他把杨花写得"像"与"不像"，而决定于他是否借杨花抒发了自己的真情实感。这就需要弄清这首词的写作背景和主旨。如果吴先生批评历来的词论家都没有弄清这首词的写作背景，因而对这首词的主旨也把握得不够具体和准确，这是正确的。但看来吴先生也"没有耐心"作这些考证，因此只在像与不像上大做文章。邱俊鹏同志的《苏轼（水龙吟·次韵章质夫杨花词）琐谈》（《东坡词论丛》），已用确凿的证据揭示了这首词的写作背景和主旨。此词不仅嗟叹章质夫别妻离子的思念之情，也发抒了自己宦海浮沉的感慨。我认为邱文的解释，是符合实际的；而吴先生说此词是"文字游戏过了火的产物"，是未必符合吴先生所强调的"实际"的。

　　吴先生说："研究者如果要剔去积锈，而看看古器物的本来面目，可能会有人反对。因为他们已经习惯于旧有的传统，即使是错误的，在形成传统的过程中也已积非成是。"这无异于说，谁要"反对"吴先生对苏词的评价，那就是"习惯于旧有的传统"，习惯于"积非成是"。我认为"旧有的传统"未必皆"非"，新观点也未必皆"是"。因此，即使有"习于旧有的传统"之嫌，我仍提出了上述"反对"意见，以就教于吴先生和其他同志。

（原载《四川大学学报》1985 年第 1 期）

苏、辛词异同论

　　苏轼（1036—1101）字子瞻，号东坡，四川眉山人。辛弃疾（1140—1207）字坦夫，后改字幼安，号稼轩，山东济南人。两人都是宋词大家，苏轼存词约三百五十余首，为北宋第一；辛弃疾存词约六百二十余首，为南宋第一。加之他们词风相近，以豪放为特色，在词史上并称苏、辛。

　　宋王朝自始至终面临三大矛盾：一是民族矛盾，北宋主要是同辽和西夏的民族矛盾，南宋主要是同金、蒙的矛盾；二是阶级矛盾，在整个宋代，小股兵民之乱可说此起彼伏；三是统治阶级内部的矛盾，整个宋代党争不断，北宋主要是变法派与反变法派间的党争，南宋主要是主战派与主和派之间的党争。北宋中叶的苏轼和南宋中叶的辛弃疾，都卷进了这三种矛盾的漩涡中，但苏轼面临的主要是以王安石和司马光分别为代表的新旧党争，而辛弃疾面临的则主要是民族矛盾，以及由民族矛盾派生的统治阶级内部主战、主和两派的党争。把握这一大的时代背景，对了解苏、辛的人生经历、词作思想、词作风格的异同大有益处。

一、苏、辛宦海浮沉酷似

　　苏、辛二人的经历固然有很多不同，但令我们吃惊的是有不少酷似之处：他们从小都受着良好的家庭教育，并在二十余岁时都一举成名；从成名到四十多岁，他们都分别卷入了当时的政治斗争，而他们的政治主张都与当政者不合，故其理想均无法实现；从四十余岁到去世，他们都长期遭到政敌迫害，其间二人虽都曾被起用，但多数时间，苏轼是两度贬谪，辛弃疾是两度赋闲，政治上均未能充分发挥应有的作用，而文学上却都取得了光辉的成就。

　　苏、辛的出身并不完全相同，苏轼出生在一个"三世皆不显""世为农家"的家庭，从伯父苏涣进士及第，外出做官，苏家才开始显赫起来。辛弃疾出身于一个世代为宦的家庭，高祖辛师古为儒林郎，曾祖辛寂为宾州司户参军，官不算大；而祖父辛赞知开封府，官就不算小了。他在《进美芹十论札子》中说："臣之家世，受廛（居住，廛，房地）济南，代膺阃寄（世代蒙受军职），荷国厚恩。"（邓广铭《辛稼轩诗文钞存》，中华书局 1976 年版。下引辛稼轩诗文，皆见此）

他们二人从小都受着良好的家庭教育。苏轼的父亲苏洵鉴于自己少不喜学、老大无成的教训，对其二子进行了精心的教育，他对苏轼兄弟说："士生于世，治气养心，无恶于身。惟是以施之人，不为苟生；不幸不用，犹当以其所知，著之翰墨，使人有闻焉。"（苏辙《历代论》，《栾城后集》卷七，上海古籍出版社校点本 1987 年版。下引苏辙诗文只括注卷次，引自《栾城后集》、《栾城第三集》者，加注《后集》、《三集》）苏轼的母亲程氏有文化，在苏洵游学四方时，她就成了苏轼兄弟的家庭教师，对他们亲授以书。一天，议及《后汉书·范滂传》，她说："汝果能死直道，吾无戚焉！"（司马光《传家集》卷七六《程夫人墓志铭》，四库全书本）苏轼兄弟后来立朝以刚直闻，与他们从小所受的家庭教育是分不开的。

辛弃疾的少年时代是在沦陷区度过的，他的祖父辛赞、岳父范邦彦虽被迫在金朝做官，但时存归正之志。范邦彦考虑到只有在金任职，才能行其志，因此他参加了进士考试，求为蔡州新息令，后来果然"开蔡城以迎王师，因尽室而南"（刘宰《漫塘集》卷三四《故公安范大夫及夫人张氏行述》，嘉业堂丛书本）。辛赞也是身在曹营心在汉，他经常带着辛弃疾"登高望远，指画山河，思投衅（找机会）而起，以纾君父不共戴天之愤"（《进美芹十论札子》）。可惜他在辛弃疾二十岁前后就去世了，未能如愿。

说来也有趣，苏、辛二人小时候的老师都姓刘。苏轼的乡学老师是刘钜，曾作《鹭鸶诗》，其中有"渔人忽惊起，雪片逐风斜"之句，很得意。苏轼却认为"逐风斜"没有写出鹭鸶归宿，不如"雪片落蒹葭"好。刘钜认为苏轼改得好，赞叹道："吾，非若师也！"（叶真《爱日斋丛钞》卷四，四库全书本）刘钜去世时，范镇的悼亡诗有"案头曾立两贤良"之句，"两贤良"即指苏轼兄弟。辛弃疾小时候的老师是有名得多的田园诗人刘瞻，他也培养了两位名人，所谓"辛、党"，即抗金的著名词人辛弃疾、仕金的翰林学士党怀英，他们在政治上虽南辕北辙，但都是南北文坛的名人。

苏、辛又一酷似之处，就是二十三岁时，二人都名动朝野，但苏轼是以文动朝野，辛弃疾则以武动朝野。苏轼二十二岁应试，考官欧阳修对苏轼所作的应试文章和谢书非常欣赏，说："读轼书，不觉汗出，快哉快哉！老夫当避路，放他出一头地也！"（《欧阳文忠公集》卷一四九《与梅圣俞书》，四部丛刊初编本）又说："三十年后，世上人更不道著我也！"（朱弁《曲洧旧闻》卷八，知不足斋丛书本）欧阳修是当时的文坛泰斗，由于他对三苏父子的称许、推崇，苏氏文章很快在京城乃至在全国流传开来，产生了巨大影响。曾巩说："欧阳公修为翰林学士，得其文而异之，以献于上。既而欧阳公为礼部，又得其二子之文，擢之高等。于是三人之文章盛传于世，得而读之者皆为之惊，或叹不可及，或慕而效之，自京师至于海隅障徼，学士大夫莫不人知其名，家有其书。"（《曾巩集》卷四一《苏明允哀辞》，中华书局 1984 年版）这是苏轼青年时代以文动朝野的情况。

据邓广铭《辛稼轩年谱》考证，辛弃疾曾领乡荐，于十四岁和十八岁"两次随计吏（掌计簿即户口、赋税的官吏）抵燕山"，但其目的主要是为了"谛观形势"，为聚兵起事作准备。绍兴三十一年，金兵大举南犯，二十二岁的辛弃疾聚众二千，隶属拥兵二十五万农民义军领袖耿京，共图恢复中原大计。作为一位仕宦之家的子弟，不但聚兵起事，而且心甘情愿地隶属农民义军，这在当时是需要勇气和远见的。正如他在《美芹十论·详战》中所说："东北之俗尚气而耻下人，当是时，耿京、王友直辈奋臂陇亩，已先之而起，彼（指其他义军）不肯俯首听命以为农夫下，故宁婴城而守，以须王师而自为功也。"辛弃疾不仅自己投靠耿京，而且还劝拥众数千的僧人义端投靠耿京，但义端不久却窃耿京之印投奔金帅。辛弃疾追上义端并斩其首归报耿京，耿京于是更加看重辛弃疾。为了抗金，辛弃疾还力劝耿京"决策南向"，主动与南宋王朝联系。耿京接受了他的建议，并派他率人前往建康。辛弃疾受到宋高宗的接见，耿京被任命为天平军节度使，以辛弃疾为承务郎、天平节度掌书记。但就在这时，义军内部的叛徒张安国杀了耿京，投靠金人。辛弃疾在返回途中，得知这一消息，当即决定直趋金营，张安国与金将正在酣饮，即于众中以迅雷不及掩耳之势活捉了张安国，连夜送往建康由宋王朝治罪。洪迈称美辛弃疾说："赤手领五十骑，缚取于五万众中……壮声英概，懦士为之兴起，圣天子一见三叹息。"（《稼轩记》，《辛稼轩诗文钞存》附录）可见辛弃疾这一壮举在当时朝廷上下引起了很大震动。辛弃疾后来也经常回忆起自己这一壮举，其《鹧鸪天·有客慨然叹功名，因追念少年时事，戏作》写道："壮岁旌旗拥万夫，锦襜突骑（锦衣骑兵）渡江初。燕兵夜娖银胡觮（镀银箭袋），汉箭朝飞金仆姑（箭名）。"（邓广铭《稼轩词编年笺注》，上海古籍出版社 1978 版。下引此书只括注词牌）前二句回忆自己聚兵抗金，奉表入宋；后二句回忆缚叛徒南归时与金军战斗的情况。其《水调歌头·舟次扬州，和杨济翁、周显先韵》（卷一）也说："落日塞尘起，胡骑猎清秋。汉家组练十万，列舰耸层楼。谁道投鞭飞渡，忆昔鸣镝血污，风雨佛狸愁。季子正年少，匹马黑貂裘。""落日"二句指他二十二岁时，金主完颜亮大举南侵，"汉家"二句指南宋虞允文督舟师败金兵于采石矶。"投鞭"句以前秦苻坚南犯东晋，口出狂言（"以吾之众，投鞭于江，足断其流"），喻完颜亮之狂妄。"鸣镝"即响箭；佛狸是北魏拓跋焘的小字，喻指完颜亮。这三句写完颜亮兵败采石矶，为部将乱箭射死。季子，指战国时的苏季子，即苏秦，李兑曾以黑貂裘送苏秦入秦，借以比自己当年为耿京奉表入宋。这是辛弃疾青年时代以武动朝野的情况。

苏轼在应制科试所上的二十五篇制策和《御试制科策》中系统提出了他的政治主张。他认为当时的形势是"有治平之名而无治平之实"，在表面承平的背后，隐藏着深刻的社会危机。因此力主要"涤荡振刷"，"卓然有所立"（《苏轼文集》卷九，中华书局 1986 年版。下引苏轼文，只括注卷次），进行变革。但变革与变法是两个既有联系又有区别的概念，苏辙说："公（苏轼）与介甫（王安石）议论素异。"苏轼主张变革，而王安石主张变法。王安石主张以征诛为变法开路，苏轼却反对下猛药，主张渐进。王安石认为当时形势危急的原因是"患在不知法度"，主张要"变革天下之弊法"。苏轼却说"天下之所以不大治者，失在于任人而非法制之罪也"。

正因为苏轼反对王安石的变法主张，因此在神宗朝当王安石把他的变法主张付诸实践时，他很快就与王安石处于对立地位。苏轼的《上神宗皇帝书》、《再上皇帝书》和《拟进士对御试策》对新法作了全面批评。因与王安石政见不合，他只好请求外任，三十六岁时被命通判杭州，四十岁知密州，四十二岁知徐州，四十四岁改知湖州。仅就仕途升迁而言，不可谓不顺利。但就其"致君尧舜"的政治抱负而言，却根本无法实现，极不如意。

辛弃疾自二十四岁献俘归朝后，被任为江阴签判。其后曾漫游吴楚，历任建康府通判、司农寺主簿，三十三岁知滁州（比苏轼初任知州还小六岁），以后历任江西提点刑狱、知江陵府兼湖北安抚使、知隆兴府兼江西安抚使、湖北转运副使、知潭州兼湖南安抚使、复知隆兴府兼江西安抚使、两浙西路提点刑狱等地方要职，其官运之亨通超过了苏轼。但就其理想之无法实现，抱负之不得施展而言，却与苏轼毫无二致。

苏、辛不仅前半生有很多相似之处，而且他们的后半生也颇酷似。苏轼自元丰二年（1079）四十四岁乌台诗案起，除元祐年间（五十一岁至五十八岁）曾被重新起用外，基本上是在贬所（黄州、惠州、儋州）度过的，他的文学成就也以贬官期间为最高。辛弃疾自淳熙八年（1181）四十二岁罢两浙路提点刑狱起，除五十二岁至五十五岁、六十四岁至六十六岁曾两度起用外（加起来只有六七年），基本上是在上饶、铅山闲居。但辛弃疾后半生的生活远没有苏轼艰难，更没有经历过远谪荒岛之苦，他有带湖、瓢泉的园林可居，常同友人饮酒论文。但就屡为政敌迫害、政治抱负不能实现而言，两人的处境仍非常相似。"诗人例穷苦"，越不得志，其文学成就往往愈高。辛弃疾的前期作品仅占一生词作的九分之一多一点，前期所作加上两次起用时所作不到一百二十首，而有五百首左右都作于闲居时期。他的一些名作如《水龙吟》（渡江天马南来）、《八声甘州》（汉将军饮罢宴归来）、《沁园春》（叠嶂西驰）、《贺新郎》（甚矣吾衰矣）、《贺新郎》（绿树听鹈鴂）、《满江红》（倦客新丰）、《木兰花慢》（可怜今昔月），几乎都作于赋闲时。国家不幸诗人幸，苏轼的谪居黄州、惠州、儋州，辛弃疾的闲居带湖、瓢泉，是宋王朝的不幸，却是宋代文学的大幸。

二、"无事不可入，无意不可言"

前人多用苏轼以诗为词，辛弃疾以文为词来括概苏、辛词的特征："东坡〔为〕词诗，稼轩〔为〕词论。"（陈模《怀古录》卷中，中华书局1993年版）所谓以诗以文为词，从语言上讲，是指词的诗化、散文化；从内容上看，就是指打破了"诗言志，词言情"的传统藩篱，大大扩展了词的题材，做到了"无事不可入，无意不可言"（刘熙载《艺概》卷四，上海古籍出版社1978版）。诗的内容几乎是无所不包的，苏、辛词的内容也几乎是无所不包的。

诗言志，词言情，历代文人往往只以诗的形式来抒写自己的理想、怀抱、志向，而词似乎是不能登这大雅之堂的。但到了苏、辛手里，词也可以言志了，他们经常用词抒写他们那激昂排宕、不可一世的气概和壮志难酬、仕途多艰的烦恼，充满了理想同现实的矛盾。只是因为时代不同，他们所面临的矛盾不同，故所言之志，所抒之怀的具体内容各有不同罢了。苏轼面临的是变法派与反变法派的斗争，是这场斗争的失败者，他经常为自己的政治理想不能实现而苦恼。他的《水调歌头·丙辰中秋》抒发了"我欲乘风归去，又恐琼楼玉宇，高处不胜寒"（邹同庆等《苏轼词编年笺注》，中华书局2002年版。下引此书只括注词牌），既希望回到朝廷，又怕朝廷难处的矛盾心情；《念奴娇·赤壁怀古》更充满了美好的理想同可悲的现实的矛盾。他希望像"千古风流人物"，三国时的"多少豪杰"，特别是像"公瑾当年"那样，建立功名；但是，可悲的现实却是"早生华发"，一事无成，反被贬官黄州。全词写得来苍凉悲壮，慷慨激昂，是苏轼豪放词的代表作。他所处的时代也面临着同辽和西夏的矛盾，他的《江城子·密州出猎》抒发了渴望驰骋疆场，为国立功的豪情。但这类词在苏词中的比例并不大，而辛弃疾的言志词却很多，他是一位以统一天下为己任的人物，是一位"以气节自负，以功业自许"（范开《稼轩词序》，邓广铭《稼轩词编年笺注》附录）的人物，陆游把他比为管仲、萧何（《剑南诗稿》卷五七《送辛稼轩殿撰造朝》），刘宰把他比作张良（《漫塘集》卷一五《贺辛待制启》），姜夔把他比作诸葛亮（《永遇乐·次稼轩北固楼词韵》(《全宋词》第三册第2187页，中华书局1965年版)。他所面临的矛盾主要是民族矛盾，他的词充满了家国之忧，半壁河山沦陷之恨："西北望长安，可怜无数山"(《菩萨蛮》)；"夜半狂歌悲风起，听铮铮、阵马檐间铁。南共北，正分裂"(《贺新郎》)；"布被秋宵梦觉，眼前万里江山"(《清平乐》)。他恨大臣以清谈误国，朝廷没有可以倚重之人："长剑倚天谁问，夷甫诸人堪笑，西北有神州"(《水调歌头》)；"渡江天马南来，几人真是经纶手？长安父老，新亭风景，可怜依旧。夷甫（晋王衍）诸人，神州沉陆，几曾回首？"(《水龙吟》)；"起望衣冠神州路，白日销残战骨。叹夷甫、诸人清绝"(《贺新郎》)。他恨主和派压抑抗敌志士，使他们不能发挥作用："不念英雄江左老，用之可以尊中国。……且置请缨封万户，竟须卖剑买黄犊"(《满江红》)；"汗血盐车无人顾，千里空收骏骨。正目断、关河路绝"(《贺新郎》)。自己也只能以平戎策换种树书："追往事，谈今吾，春风不染白髭须。却将万字平戎策，换取东家种树书"(《鹧鸪天》)。他常以收复失地，统一祖国来勉励自己："醉里挑灯看剑，梦回吹角连营。八百里分麾下炙，五十弦翻塞外声。沙场秋点兵"(《破阵子》)；"举头西北浮云，倚天万里须长剑"(《水龙吟》)；"男儿到死心如铁，看试手，补天裂"(《贺新郎》)。即使当权者把他长期放闲，他仍期望能让他为国效劳："江南游子，把吴钩看了，无人会，登临意"(《水龙吟》)；"凭谁问，廉颇老矣，尚能饭否"(《永遇乐》)。他还常以收复失地勉励友人。苏词中有不少歌伎词，辛词中有不少祝寿、送别、唱和词，虽也有应酬之作，但多数是希望对方能为国立功："千古风流正在此，万里功名莫放休，君王三百州"(《破阵子·为范南伯寿》)；"闻道清都帝所，要挽银河仙浪，西北洗胡沙。回首日边去，云里认飞车"(《水调歌头·寿赵漕介奄》)；"袖里珍奇光五色，他年要补天西北。且归来，谈笑护长江，波澄碧"(《满江红·建康史帅致道席上赋》)；"此老自当兵十万，长安正在天西北"(《满江红·送信守郑舜举被召》)；"东北看惊诸葛《表》，西南更草相如《檄》。把功名、收拾付君侯，如椽笔"(《满江红·送李正之提刑入蜀》)；"汉水东流，都洗尽，髭胡膏血。人尽说，君家飞将，旧时英烈。破敌金城雷贯耳，谈兵玉帐冰生颊"(《满江红》)。

苏轼是"身行万里半天下"（《龟山》），辛弃疾是"一生不负溪山债"（《鹧鸪天》），"万壑千岩归健笔"（《念奴娇》），因此他们写下了不少记游词，歌颂祖国的大好河山。苏轼题泗州淮山楼云："城上层楼叠巘，城下清河古汴"（《如梦令》）；桐庐七里滩："水天清，影湛波平。鱼翻藻鉴，鹭点烟汀。过沙溪急，霜溪冷，月溪明"（《行香子·过七里滩》）；京口北固山："北固山前三面水，碧琼梳拥青螺髻"（《蝶恋花·京口得家书》），都颇能把握各地特色。他对比杭州繁华和密州清寂也十分形象："灯火钱塘三五夜，明月如霜，照见人如画。帐底吹笙香吐麝，更无一点尘随马。寂莫山城人老也，击鼓吹箫，却入农桑社。火冷灯稀霜露下，昏昏雪意云垂野。"（《蝶恋花·密州上元》）密州也不止"昏昏雪意云垂野"，也有它美丽的一面，他描写超然台云："春未老，风细柳斜斜。试上超然台上看，半城春水一城花，烟雨暗千家。"（《望江南》）贬官黄州期间，有《水调歌头·快哉亭作》："一千顷，都镜净，倒碧峰。忽然浪起，掀舞一叶白头翁。"快哉亭在长江边上，故说江水连空，风平浪静时，有如明镜，碧峰倒影，清晰可见；而风起浪涌时，船头渔翁好像在随浪起舞，这也写出了快哉亭特有的景象。辛弃疾的记游词也不少，写杭州飞来峰冷泉亭云："渐翠谷、群仙东下，佩环声急。谁信天峰飞堕地，傍湖千丈开青壁。是当年，玉斧削方壶，无人识"（《满江红·题冷泉亭》）；写钱塘江潮云："望飞来半空鸥鹭，须臾动地鼙鼓。截江组练驱山去，鏖战未收貔虎"（《摸鱼儿·观潮上叶丞相》）；写上饶南崖云："笑拍洪崖，问千丈翠岩谁削"（《满江红·游南崖，和范廓之》）。江西博山雨岩，有泉自岩中飞出，如风雨声，他有好几首词咏雨岩："石髓千年，已垂未落，嶙峋冰柱。有怒涛声远，落花香在，人疑是、桃源路"；他还以洞庭张乐、湘灵鼓瑟形容雨岩声响："又说春雷鼻息，是卧龙、弯环如许。不然应是，洞庭张乐、湘灵来去"（《水龙吟·题雨岩》）；"溪边照影行，天在清溪底。天上有行云，人在行云里。"（《生查子·独游雨岩》）总之，苏、辛都用他们的健笔歌颂了祖国的大好河山。

描绘朴实的农村风光是苏、辛词的另一内容，也是以前的词比较少有的题材。苏轼的《浣溪沙·徐门石潭谢雨道上作五首》首开其风，这里有黄童、白叟、采桑姑："照日深红暖见鱼，连溪绿暗晚藏乌。黄童白叟聚睢盱。麋鹿逢人虽未惯，猿猱闻鼓不须呼。归家说与采桑姑"；也有"旋抹红妆看使君，三三五五棘篱门，相排踏破倩罗裙"的农村少女群像；有社日的醉叟："老幼扶携收麦社，乌鸢翔舞赛神村。道逢醉叟卧黄昏"；有煮茧的姑娘："麻叶层层苘叶光，谁家煮茧一村香。隔篱娇语络丝娘"；有小商小贩："簌簌衣巾落枣花，村南村北响缲车。牛衣古柳卖黄瓜"；也有访问农村的太守（苏轼自己）："酒困路长惟欲睡，日高人渴漫思茶。敲门试问野人家"；看到农村如此朴实可爱的景象，以至他自己也想作"此中人"了："日暖桑麻光似泼，风来蒿艾气如薰。使君元是此中人。"辛弃疾继苏轼后尘，对农村的描写更广泛更可爱，有春日的柔桑、幼蚕、鸣犊、寒鸦："陌上柔桑破嫩芽，东邻蚕种已生些。平冈细草鸣黄犊，斜日寒林点暮鸦"（《鹧鸪天·代人作》）；有夏夜的稻香、鸣蝉、蛙声："明月别枝惊鹊，清风半夜鸣蝉。稻花香里说丰年，听取蛙声一片"（《西江月·夜行黄沙道中》）；有争言丰收的农村父老："父老争言雨水匀，眉头不似去年颦，殷勤谢却甑中尘"（《浣溪沙》）；有热情好客的野老："呼玉友，荐溪毛，殷勤野老苦相邀"（《鹧鸪天》）；"被野老、相扶入东园，枇杷熟"（《满江红·山居即事》）有翁媪的软语吴音："茅檐低小，溪上青青草。醉里吴音相媚好，白发谁家翁媪"（《清平乐·村居》）；有农村娶妇嫁女的热闹场面："东家娶妇，西家归女，灯火门前笑语。酿成千顷稻花香，夜夜费、一天风露"（《鹊桥仙·山行书所见》）；有听到稚子啼哭，就不顾行人爱慕目光而匆匆归去的浣纱少妇："一川明月疏星，浣纱人影婷婷。笑背行人归去，门前稚子哭声"（《清平乐·博山道中即事》）；有调皮可爱的儿童："大儿锄豆溪东，中儿正织鸡笼。最喜小儿无赖，溪头卧剥莲蓬"（《清平乐·村居》）；"西风梨枣山园，儿童偷把长竿。莫遣旁人惊去，老夫静处闲看"（《鹧鸪天》）。苏轼贬官的惠州、儋州，当时十分落后，可与唱酬的词客很少；辛弃疾长期罢官闲居，处境比苏轼好得多，常"置酒召客"，座中"诗翁酒客"不少，故有更多的闲情逸兴欣赏描摹农村风光。

苏轼以前，写作咏物词者较少，而苏、辛作了不少咏物词。苏轼咏物词的共同特点是"似花还似非花"，好像是在咏物，又不全是在咏物，而是托物拟人，把人与物写得来若即若离，含蓄蕴藉，意在言外。咏孤鸿的《卜算子·黄州定惠院寓居作》是苏轼贬官黄州期间写的，缺月、疏桐、漏断、人静、缥缈的孤鸿独往独来，词一开头就为我们烘托出清凄、寂寞、孤独、高洁的气氛："缺月挂疏桐，漏断人初静。谁见幽人独往来，缥渺孤鸿影。"下阕集中描写孤鸿形象，因惊起飞而又频频回顾，满含幽恨而又无人理解，寒枝拣尽而不屑栖身，更使人倍觉寂寞、凄冷。我们今天大可不必像那些爱讲寄托而流于穿凿附会的词论家那样，字字句句去寻求这首词的寄托，但总观全词无疑是有寄托的。那"惊起却回头，有恨无人省。拣尽寒枝不肯栖，寂寞沙洲冷"的孤鸿，正是贬官黄州，无人理解自己，但仍孤高自赏，坚持不与世俗同流的苏轼的自我写照。《水龙吟·次韵章质夫杨花词》也是苏轼咏物词的代表作，全词借杨花的"萦损柔肠"写章质夫的离别之意；并借杨花的"也无人惜从教坠"，抒发自己贬谪黄州的漂泊之感。章的原词"命意用事，清新可喜"，如写柳絮欲坠不坠之态说："傍珠帘散漫，垂垂欲下，依前被，风扶起。"而苏轼和词更以本色美见长，"如毛嫱、西施，净洗却面，与天下妇人斗好"（朱弁《曲洧旧闻》卷五，知不足斋丛书本）。如果说咏孤鸿的《卜算子》通篇是借物拟人，咏杨花的《水龙吟》通篇是以人拟物，那么《贺新郎》的特点则是先分写人和物，上阕先为我们塑造了一位高风绝尘而又孤独寂寞的美女形象，下阕先写石榴，"石榴半吐红巾蹙"，"秾艳一枝细看取，芳心千重似束"，都颇能为石榴传神。最后合写美人、石榴的共同处境："若待得君来向此，花前对酒不忍触。共粉泪，两簌簌。"美人来到石榴花前饮酒却无心饮酒，只有美人的盈盈粉泪和石榴的片片落花一起簌簌坠地而已。

在苏轼开始以词咏物后，南宋咏物词很多，不仅婉约派词人如姜夔写了很多著名的咏物词，豪放派词人辛弃疾也喜欢创作咏物词。或咏牡丹的富贵："牡丹比得谁颜色，似宫中，太真第一"（《杏花天·嘲牡丹》）；或咏水仙花的不离水："云卧衣裳冷。看萧然、风前月下，水边幽影。罗袜生尘凌波去，汤沐烟波万顷"（《贺新郎·赋水仙》）；或咏木犀之香："弄影阑干，吹香岩谷，枝枝点点香金粟"（《踏莎行·赋木犀》）；"十里芬芳，一枝金粟玲珑。……只为天姿冷澹，被西风酝酿，彻骨香浓"（《声声慢·嘲红木犀》）；"金粟如来出世，蕊宫仙子乘风。清风一袖意无穷"（《西江月·木犀》）；茉莉花亦以香为特征："略开些个未多时，窗儿外，却早被人知"（《小重山·茉莉》）；或咏杜鹃花之红："恰似蜀宫当日女，无数，猩猩血染赭罗巾"（《定风波·赋杜鹃花》）；或咏梅的冷艳："玉肌瘦弱，更重重龙绡衬着"（《瑞鹤仙·赋梅》）；"雪里温柔，水边明秀，不借春工力。骨清香嫩，迥然天与奇绝"（《念奴娇·题梅》）；"瘦棱棱地天然白，冷清清地许多香"（《最高楼·客有败棋者，代赋梅》）；或以缟带、银杯、玉龙、琼阙状雪之白："缟带银杯江上路，惟有南枝香别。万事新奇，青山一夜，对我头先白。倚岩千树，玉龙飞上琼阙"（《念奴娇·和韩南涧载酒见过雪楼观雪》；或咏蛙、蝉之喧闹："一枕惊回，水底沸鸣蛙……斜日绿阴枝上噪，还又问、是蝉么"（《江神子·闻蝉蛙戏作》）。此外还有《贺新郎·赋海棠》《鹊桥仙·赠鹭鸶》《卜算子·为人赋荷花》《添字浣溪沙·与客赏山茶》《虞美人·赋茶蘼》《浪淘沙·赋虞美人草》《如梦令·赋梁燕》等。可见辛弃疾所咏之物比苏轼还多。

三、"东坡之词旷，稼轩之词豪"

以苏、辛为代表的豪放词，在北宋中叶的形成，在南宋中叶达到登峰造极绝不是偶然的。它是当时国内阶级矛盾和民族矛盾尖锐化的产物，是苏、辛皆少年得志，一生坎坷的产物，也是词自中唐产生以来长期发展的产物。北宋中叶和南宋前期内外矛盾的激化，已不允许志在匡国的人，像宋初太平宰相晏殊那样雍容典雅，"一曲新词酒一杯"了；也不可能再像潦倒放荡的柳永那样"偎红倚翠""浅斟低唱"了。而苏、辛一生坎坷不平的复杂经历，也为他们创作豪放词提供了广阔的生活基础。但是，如果没有词自中唐以来的长期发展，苏轼要创立豪放词也是不可能的。

清人刘熙载说："太白《忆秦娥》，声情悲壮；晚唐五代，惟趋婉丽；至东坡始能复古。后世论词者或转以东坡为变调，不知晚唐五代乃变调也。"（刘熙载《艺概》卷四）这话是颇有道理的。词的发展经历了三个阶段，走了一个"之"字路，来了一个否定之否定。

词在中唐初兴的时候，因为来自民间，虽然形式短小，还不成熟，但内容还比较广泛，格调也较清新。其中有声情悲壮的"伤别"，如传说李白所作的《忆秦娥》；有雄浑旷远的边塞风光，如韦应物的《调笑令》；有情景交融的江南景色，如白居易的《忆江南》；有轻松愉快的渔歌，如张志和的《渔歌子》。这时的词并非专写儿女情长。

词言情，词为艳科，是在晚唐，特别是五代，经过文人的所谓"提高"之后。这时，词的内容越来越狭窄，几乎到了专写女人风姿的地步；格调越来越低下，充满了寄情声色的脂粉气；语言越来越华艳，剪翠裁红，铺金缀玉，着重雕饰。晚唐的温庭筠，五代的"花间词"，就是这种词风的代表，被称为婉约词。一时间，它似乎倒成了词的正宗。宋初的词基本上承袭了晚唐五代"绮丽香泽""绸缪婉转"的风气，直至苏轼以前没有根本转变。

但苏轼以前的词人也为苏轼创立豪放词创造了条件：一是经过他们的努力，使词这种形式日趋成熟，他们陆续创作了很多成功的词调，使苏轼能够运用自如；二是他们中的一些人，对词的题材、内容也作了一些开拓工作，如李煜以词抒写亡国的悲痛，范仲淹以词抒写苍凉悲壮的边塞生活。特别是柳永以词抒写个人的怀才不遇（如《鹤冲天》）、羁旅离情（如《雨霖铃》）和城市繁华（如《望海潮》），无论在内容上和形式上，都好像把婉约词发展到了登峰造极的地步。

物极必反，苏轼在前人成就的基础上另辟蹊径，创立了词风迥然不同的豪放词，把似乎"不可复加"的以柳永为代表的婉约词远远地抛到了后面。正如胡寅《酒边集后序》所说：柳永"掩众制而尽其妙，好之者以为不可复加；及眉山苏轼，一洗绮罗香泽之态，摆脱绸缪宛转之度，使人登高望远，举首高歌，而逸怀浩气，超然乎尘垢之外。于是《花间》为皂隶（奴仆），而柳氏为舆台（奴隶）矣。"（《斐然集》卷一九《酒边集后序》，四库全书本）

苏轼是自觉地要在柳词之外别树一帜。苏门四学士之一的秦观作《满庭芳》词，中有"销魂，当此际，香囊暗解，罗带轻分。漫赢得青楼，薄幸名存"等语。秦观自会稽入京见苏轼，苏轼对秦观表示不满说："不意别后，公却学柳七作词！"秦观回答道："某虽不学，亦不如是。"苏轼反问道："'销魂，当此际'，非柳七语乎？"（曾慥《高斋诗话》，宋诗话辑佚本）由此可见，苏轼不愿其门人写柳永式的艳词。

苏轼在《与鲜于子骏书》中说："近却颇作小词，虽无柳七郎（永）风味，亦自是一家。呵呵！数日前猎于郊外，所获颇多。作得一阕，令东州壮士抵掌顿足而歌之，吹笛击鼓以为节，颇壮观也。"（卷五三）过去的词多以婉丽为美，他却以自己的词"颇壮观"自豪。这封信无可置疑地证明苏轼创作豪放词并非偶尔心血来潮，而是相当自觉的。李清照的《词论》，强调词"别是一家"，词要写得来与诗不同；苏轼强调他的词"自是一家"，写得来与北宋前期把婉约词发展到顶点的柳永不同。这"自是一家"显然就是他在《与陈季常书》（卷五三）中所说的豪放一家。

俞文豹《吹剑续录》载："东坡在玉堂，有幕士善讴，因问'我词比柳词何如'，对曰：'柳郎中词只好十七八女孩儿，执红牙拍板唱"杨柳岸，晓风残月"。学士词须关西大汉，执铁板唱"大江东去"。'公为之绝倒。"这位"善歌"的幕士，用非常形象的语言，道出了以柳永为代表的婉约词和以苏轼为代表的豪放词的不同特点，婉约词香而软，豪放词粗而豪。

但在苏轼同时及其以后相当长一段时间，并没有多少人步苏轼豪放词的后尘，包括他的门人在内。黄庭坚有少数词模仿苏词的清旷风格；秦观词风却与苏轼完全不同，走的仍是婉约词的道路；陈师道甚至公开批评"子瞻以诗为词，如教坊雷大使之舞，虽极天下之工，要非本色"（《后山诗话》，历代诗话本）；李之仪词也以婉约为特征，他在《跋吴思道小词》中历评各个词人，却只字不提苏轼；李清照的《词论》认为东坡词不是词，"皆句读不葺之诗"。直至南北宋之际，特别是南宋中叶，丢掉了半壁河山，一些爱国词人如陆游、辛弃疾、刘克庄，又开始以词言志抒愤，尤其是辛弃疾更把豪放词发展到登峰造极的地步。王士祯《倚声集序》云："诗余者，古诗之苗裔也。语其正则南唐二主为之祖，至漱玉、淮海而极盛，高、史其嗣响也；语其变则眉山导其源，至稼轩、放翁而尽变，陈、刘其余波也。有诗人之词，唐、蜀、五代诸人是也；有文人之词，晏、欧、秦、李诸君子是也；有词人之词，柳永、周美成、康与之属是也；有英雄之词，苏、陆、辛、刘是也。至是声音之道乃臻极致，而诗之为功，虽百变而不穷。"

苏、辛词风之异同，前人论述颇多，争论也颇多，这里无法展开论述。但总的说来，苏轼豪放词不多，且间不如腔（不当行），他天分高，"每事俱不十分用力……词亦尔。"辛弃疾豪放词特多，而且当行。"苏之自在处，辛偶能到；辛之当行处，苏必不能到。二公之词，不可同日语也。"（周济《介存斋论词杂著》，人民文学出版社 1984 年版）

豪放二字既可形容苏、辛词风之同，同属豪放词派；也可形容苏、辛词风之异，苏放辛豪："东坡之词旷，稼轩之词豪"（王国维《人间词话》，人民文学出版社 1982 年版）。谭献认为："东坡是衣冠伟人，稼轩则弓刀游侠。"（《复堂词话》，人民文学出版社 1984 年版）陈廷焯云："东坡心地光明磊落，忠爱根于性生，故词极超旷，而意极和平。稼轩有吞吐八荒之概，而机会不来，正则可以为郭、李，为岳、韩，变则即桓温之流亚。故词极豪雄，而意极悲郁。苏、辛两家，各自不同。后人无东坡胸襟，又无稼轩气概，漫为规模，适形粗鄙耳。"（《白雨斋词话》卷六，人民文学出版社 1983 年版）如果以李、杜比苏、辛，则苏似李白，辛似杜甫。如果以仙人比苏、辛，则苏似仙境，辛属人境。苏轼常被前人喻为仙，赵执信作有《坡仙词》诗；楼敬思认为"东坡老人，故自灵气仙才，所作小词冲口而出，无穷清新"（《词林纪事》卷五引，成都古籍书店复印本）；王鹏运《半塘老人遗稿》认为"苏文忠公之清雄复乎轶尘绝迹，令人无从步趋。盖霄壤相悬，宁止才华而已？其性情，其学问，其襟抱，举非恒流所能梦见。词家苏、辛并称，其实辛犹人境也，苏其殆仙乎"；叶恭绰《东坡乐府笺序》认为："东坡之词，纯表其胸襟见识、情感兴趣者也。规矩准绳，乃其余事。故论者至以为本色而不能以学，所谓天仙化人，殆亦此意。"苏词飘逸、旷达、超脱、清新、雄放，辛词则沉郁、苍凉、悲壮、豪放。

同为怀古词，苏轼的《永遇乐·彭城夜宿燕子楼，梦盼盼，因作此词》，只用了"燕子楼空，佳人何在？空锁楼中燕"写盼盼，咏古超宕，贵神情，不贵迹象；而起处的"明月如霜，好风如水，清景无限"，一派清凉寂静，朦胧迷离的月夜景色；结处的"古今如梦，何曾梦觉，但有旧欢新怨。异时对、黄楼夜景，为余浩叹"，更意余于词，给人以想象余地。苏轼的《念奴娇·赤

壁怀古》与辛弃疾的《永遇乐·京口北固亭怀古》，都是仰慕英雄事业的怀古
词，更便于比较两家词风的不同。苏词主要是仰慕周瑜，感慨自己事业无成，
于雄放处见旷达："大江东去，浪淘尽、千古风流人物"，"故国神游，多情应
笑我，早生华发"，"人生如梦，一樽还酹江月"；辛词作于开禧北伐前夕，用
典很多，思想很矛盾，他渴望有孙权、刘裕那样的"风流"人物北伐中原，
又担心当权者轻举妄动，落得像刘义隆那种"仓皇北顾"的结局，引来强过
"佛狸"的金人饮马长江；更感慨自己像廉颇一样被人谗毁，弃置不用。全词
将历史典故、国家前途、个人命运融为一体，"慷慨壮怀，如闻其声"（《词
洁》卷五，词话丛编本）；"拉杂使事，而以浩气行之。有如五都市中，百宝
杂陈；又如淮阴将兵，多多益善。风雨纷飞，直能百变，天地奇观也"（《白
雨斋词话》卷六）《永遇乐》的特点是"拉杂使事"，《八声甘州·夜读李广
传》则单用李广事，"落魄封侯事，岁晚田园"，"看风流慷慨，谈笑过残年。
汉开边、功名万里，甚当时健者也曾闲"，都是借李广以抒己慨，充满抑郁忧
愤。这两首辛弃疾的怀古词颇能说明苏、辛词风之不同。

　　同为中秋词，苏轼的《水调歌头·丙辰中秋，欢饮达旦，大醉，作此篇，
兼怀子由》，上阕写把酒问月，幻想乘风进入月宫而又怕月宫寒寂，下阕写倚
枕望月，抒发兄弟离合之情。全词清旷超逸，飘飘欲仙。据《铁围山丛谈》
卷三载：坡公昔与客游金山，适中秋夕，命歌者袁绹歌其《水调歌头》"明月
几时有"，歌罢，坡为起舞，并谓"此便是神仙矣"。张炎评此词云："清空中
有意趣，无笔力者未易到。"（《词源》卷下）第二年苏辙送苏轼赴徐州任，过
中秋而去，和此词以别，有"今夜清尊对客，明夜孤帆水驿，依旧照离忧"
语，苏轼以其语过悲，为和辙词，"其意以不早退为戒，以退而相从之乐为
慰"，尤为超脱旷达："故乡归去千里，佳处辄迟留。我醉歌时君和，醉倒须
君扶我，惟酒可忘忧。一任刘玄德，相对卧高楼。"又《念奴娇·中秋》云：
"凭高眺远，见长空万里，云无留迹。桂魄飞来光射处，冷浸一天秋碧。玉宇
琼楼，乘鸾来去，人在清凉国。江山如画，望中烟树历历。"读之，真使人
"便欲乘风"，飞进月宫去。辛弃疾咏中秋的词也不少，《满江红·中秋寄远》
还直接用了苏轼《水调歌头·丙辰中秋》"人有悲欢离合，月有阴晴圆缺"之意

("但愿长圆如此夜，人情未必看承别")，但"问嫦娥、孤冷有愁无，应华发"，"把从前、离恨总成欢，归时说"等语，却比苏词悲凉得多。《太常引·建康中秋夜为吕叔潜赋》的"把酒问姮娥，被白发、欺人奈何"，也充满光阴易逝，事业无成的哀叹。《踏莎行·庚戌中秋后二夕，带湖篆冈小酌》，全词围绕宋玉悲秋生议，上阕谓"夜月楼台，秋香院宇，笑吟吟地人来去"，有何可悲？下阕谓只要随遇而安，即使是一般的杯盘、歌舞，也没有什么可悲处。实际是胸中积压了很多"凄凉""堪悲"之事，却强作欢笑（真是苦笑），出之以轻松之笔，读之更觉悲凉。《木兰花慢·中秋饮酒将旦，客谓前人诗词有赋待月、无送月者，因用〈天问〉体赋》，更是一篇奇作，连用典故，连发九问，构思新颖，幽默风趣，表现出词人丰富的想象力，这也是苏轼咏月词中所没有的。

苏辙《武昌九曲亭记》（卷二四）曾说，苏轼"逍遥泉石之上，撷林卉，拾涧实，酌水而饮之，见者以为仙也"。苏轼的很多记游词也给人以飘飘欲仙之感，如记春夜行蕲水的《西江月》："照野弥弥浅浪，横空隐隐层霄。障泥未解玉骢骄，我欲醉眠芳草。可惜一溪风月，莫教踏碎琼瑶。解鞍倚枕绿杨桥，杜宇一声春晓。"从夜行蕲水，醉卧溪桥，写到清晨醒来，词中之景确实"疑非尘世"之景，词中之人更非尘世之人。辛弃疾却是尘世中人，其记游词，也同他的其他词一样，充满了对不能收复失地的愤懑。其《声声慢·滁州旅次登奠枕楼作，和李清宇韵》，上阕对停止向金作战深表不满说："今年太平万里，罢长淮、千骑临秋。凭栏望，有东南佳气，西北神州。"下阕"笑"自己只能在后方过着"酒令诗筹"的生活："千古怀嵩人去，还笑我、身在楚尾吴头。看取弓刀陌上，车马如流。从今赏心乐事，剩安排、酒令诗筹。"表面看似乎很轻松，实际上这里不只是苦笑，而且是噙着眼泪的笑。他的《水龙吟·登建康赏心亭》，更是一篇沉郁悲凉的记游词，开头四句写登临所见，山水好像都在"献愁供恨"："楚天千里清秋，水随天去秋无际。遥岑远目，献愁供恨，玉簪螺髻。"下阕写自己怀才不遇、虚度光阴，结拍更直接写自己之泪："倩何人、唤取红巾翠袖，揾英雄泪。"《菩萨蛮·书江西造口壁》也写到泪："郁孤台下清江水，中间多少行人泪。"这是时代使然，这样沉痛的记游词在苏词中是没有的。

以上纯为举例性质，诸词都题材相同，主旨相近，而风格差异颇大。苏词清新飘逸，超脱旷达，与其性格、学养有很大关系，他常以佛、老思想自遣其烦恼。辛词沉郁顿挫，慷慨悲凉，既是其时代的反映，也是其自身经历的反映。他本属英雄豪杰，而无法展其雄才，只好"敛雄心，抗高调，变温柔，为悲凉"（周济《宋四家词选·序》，同治潘氏滂喜斋刊本）。

四、苏、辛对婉约词发展的贡献

苏、辛在词史上的主要贡献，自然在于他们创立发展了豪放词。同时，苏、辛对婉约词的发展也不容忽视。就艺术水平看，苏、辛不仅豪放词写得好，他们的婉约词也不亚于任何婉约词人。苏、辛婉约词的题材也很多，限于篇幅，这里仅举婉约词的传统题材言情词来看看他们的婉约词的特色。

传统的言情词题材多无聊之作，苏轼的言情词，多数格调较高，他往往用白描手法，而不用某些婉约词人爱用的香词艳语，来抒写真挚、浓烈、淳朴的爱情。如《蝶恋花》写墙外行人对墙里佳人的单相思，《少年游·润州代人作》借佳人对行客的怀念来抒写自己对佳人的怀念，《江城子·记梦》写自己对亡妻的深切怀念，等等。在苏轼的三百五十余首词中，直接、间接涉及歌伎姬妾的约一百八十来首，占全部苏词的一半有余。苏词格调的高低不在于是否写了歌伎以及写作的多少，而在于他的歌伎词的内容，以及他对歌伎的态度。柳永恋于歌伎的是："洞房饮散帘帏静，拥香衾，欢心称。"这就叫"词语尘下"。而苏轼所欣赏的，除了她们的美妙歌喉和优美舞姿外，更是这些地位卑下的人的崇高品质。苏轼贬官黄州，他的朋友王定国坐贬岭南，王有一歌女叫宇文柔奴，随之南迁。后来，王定国北归，苏轼关切地问柔奴："广南风土，应是不好？"柔奴却说："此心安处，便是吾乡。"苏轼深受感动，赞美这位心地高尚的柔奴道："万里归来年愈少，微笑，笑时犹带岭梅香。试问岭南应不好，却道：此心安处是吾乡。"苏轼除欣赏她们的好义之外，还欣赏她们情真。他有一首《阮郎归》，上阕写歌伎对他的依依惜别之情："一年三度过苏台，清樽长是开。佳人相问苦相猜：这回来不来？"下阕是苏轼的答词："情未尽，老先催，人生真可咍。他年桃李阿谁栽，刘郎双鬓衰。""佳人"情真，因苏轼离去，"其色凄然"，问语虽质朴，感情却很真挚；苏轼也情真，他没有正面回答"来不来"的问题，却感叹人生短促，而担心后会无期的感慨已溢于言外。当苏轼把她们的真情厚意与官场中的人情冷暖、世态炎凉作对比时，尤其感到她们的友情可贵："旧交新贵音书绝，惟有佳人，犹作殷勤别。"（《醉落魄·苏州阊门留别》）

辛集中也有一些言情词、歌伎词，但数量不多，质量却很高，明人沈谦云："稼轩词以激扬奋厉为工，至'宝钗分，桃叶渡'一曲，昵狎温柔，魂销意尽，才人伎俩，真不可测。"（《填词杂说》，词话丛编本）所谓"宝钗分"一曲，是指他的《祝英台近·晚春》："宝钗分，桃叶渡，烟柳暗南浦。怕上层楼，十日九风雨。断肠片片飞红，都无人管，更谁劝、流莺声住。鬓边觑，试把花卜归期，才簪又重数。罗帐灯昏，哽咽梦中语：是他春带愁来，春归何处，却不解、带将愁去。"这是一首闺怨词，上阕伤别，借暮春景象写闺中思妇的落寞心态，凄迷哀婉。下阕盼归，借助"花卜归期"、"梦中语"两个细节描写，将思妇的痴迷与无奈表现得淋漓尽致。他还有一首《念奴娇·书东流村壁》，写三年前在此地结识一位女子，此番重访，已人去楼空："楼空人去，旧游飞燕能说。"下阕写失恋之苦，比喻迭出："旧恨（前次的轻别）春江流不尽，新恨（此次的未见）云山千叠。"末以即使重见旧欢，也是"镜里花难折"，何况自己已满头"华发"，颇为悲凉，确实是"脍口之极"的"纤丽语"（《草堂诗余》卷四杨慎评）。《青玉案·元夕》也可看作言情词，上阕极写元宵灯节的热闹场面，下阕先写丽妆女郎笑语盈盈地离去，然后笔锋陡转，写寻觅了一夜的"那人"，却在"灯火阑珊处"。这几乎是青年情侣都有过的共同感情经历。辛弃疾还有一些以通俗见长的言情词，如《南歌子》上阕叙事，怨山和桥遮得"望伊难"："万万千千恨，前前后后山。傍人道我轿儿宽，不道被他遮得，望伊难。"下阕为心理描写："今夜江头雨，船儿系那边。知他热后甚时眠，万万不成眠后，有谁扇。"上下阕都痴情可掬。

（原载上海人民出版社 2006 年版《宋代文学与宋代》）

334

评"东坡词与苏轼诗文同步说"

——薛瑞生《东坡词编年笺注》商榷

1998年9月三秦出版社出版了西北大学薛瑞生先生的《东坡词编年笺注》。如果说对苏词旧注的整理以刘尚荣《傅幹注坡词》成就最高，那么在若干苏词新注本中，则以薛先生《东坡词编年笺注》所取得的成就为最高。全书收东坡词360首，残句12则，是目前收东坡词最多者。此书以明紫芝漫钞《宋元名家词》为底本，以宋傅幹《注坡词》、元叶曾《东坡乐府》、吴讷《唐宋名贤百家词》、毛晋《宋六十名家词》为校本，并参校了明焦竑《苏长公二妙集》、朱祖谋《彊村丛书》、唐圭璋《全宋词》，对所收词作了详尽的校勘。

此书在编年上下了较大功夫，订证前人编年之误者10首，原不编年今予以编年者103首，对所收360首苏词，编年者共317首，几占苏词十分之九。其《凡例》谓："用力最勤，费时最多，广搜博稽，务求合榫，力避穿凿，对三家（傅幹、朱祖谋、龙榆生）不拘不泥，正之者从之，误之者正之，不能证之以正误者暂依之以待更考。对朱、龙原本未编年之词，则如厘丝治狱，寻端绎绪，或征之以赠主行实，或征之以东坡踪迹，或征之以地理景观、节令时序，或征之以诗文事实、词旨意念，综合考察，求其凿枘无间而后已。"所悬标准甚高。读完全书，应该承认是大体做到了的。例如关于苏词编年，《南歌子》（海上乘槎侣），傅幹注本有词题："八月十八日观潮，和苏伯固二首（另一首句为"苒苒中秋过"）。"元本和其他各本均无"和苏伯固二首"六字，而这六字恰恰是为这两首词编年的关键，它既说明两首词作于同时，又题供了编年的线索。朱祖谋据王文诰《苏诗总案》将这两首词分别编入熙宁五年壬子和熙宁七年甲寅。刘尚荣先生注意到了这两首词应作于同时，主张应"均编入壬子"，但却忽略苏轼同苏伯固的交往时间。薛瑞生的《东坡词编年笺证》却注意到了："公倅杭时尚未与苏伯固相识，二人相往来为东坡守杭时事。"可见这两首词根本不是作于熙宁年间倅杭时，而是作于元祐五年或六年守杭时，颇具说服力。

但此书可议之处似也不少，特别是薛先生提出的"东坡词与苏轼诗文同步说"，其前言《论苏东坡及其词》的第四节即以此为标题，并云："清人王文诰撰《苏文忠公诗编注集成总案》……卷七谓'熙宁五年壬子（1072），正月城外探春作《浪淘沙》词（昨日出东城）'，却又加案语云：'此倅杭作而年无所考，今首载于此。'后朱祖谋《彊村丛书·东坡乐府》首为东坡编年，即据王案自壬子始。龙榆生撰《东坡乐府笺》，亦因朱编而未察。此后海内外学者皆宗之，虽也曾开展过讨论，却难脱朱编龙笺之樊篱，思考的是壬子前何以无词，壬子后何以有词，却不曾思考壬子前是否有词，东坡为词是否从壬子始。"其实薛先生以前已有人"思考壬子前是否有词"，早于薛注八年出版的石声淮、唐玲玲《东坡乐府编笺注》就在《浪淘沙》（昨日出东城）前首列《华清引》（平时十月幸莲汤）一首，只是斩获没有薛注之多（十三首）罢了。薛先生经过"爬罗愈广，剔抉愈细，发明愈多，所见愈明"之后，"始突破壬子前无词（石、唐前已突破）之樊篱"。本文不拟全部考察《浪淘沙》（昨日出东城）前的这全部十三首词，而只考察薛先生认为嘉祐年间作的前四首词，即《浣溪沙》（山色横侵蘸晕霞）、《南歌子》三首（雨暗初疑夜、日出西山雨、带酒冲山雨），因为这四首词才是他的"东坡词与苏轼诗文同步说"的最重要的根据。

薛先生在前言中还举《浣溪沙》（山色横侵蘸晕霞，湘川风静吐寒花。远林屋散尚啼鸦。梦到故园多少路，酒醒南望隔天涯。月明千里照平沙）（此篇也是薛先生《笺注》的开卷之作）说："词云：'湘川风静吐寒花'，则必写于经湘川或在湘川地域为官时。然有学人以为'湘川'即'湘水'，而坡翁生平从未涉足湘水，故疑此为误入词。岂知'湘川'并非湘水。……乃泛指古荆州地域。'（注文说得更具体："湘川乃泛指古荆州地域即今湖南、湖北，乃至四川东部一带。"）这已经够勉强了，因为苏轼的故乡在川西的眉州，而眉州无论如何是不能包括在"泛指"的"古荆州地域"，含在"四川东部一带"

中的。

词中还有更麻烦的"梦到故园多少路，酒醒南望隔天涯"句，薛先生解释说："公既自荆州北行，则正谓'望断（与前后作"梦到"不一）故园多少路，酒醒南望隔天涯'者。故知此词写于嘉祐五年庚子（1060）正月发荆州北行时，东坡时二十五岁。……壬子前无词之说岂不谬乎？"这"故知"的结论是怎样推论出来的？从上下文看，这里的"故园"即指"湘川"，而且"公既自荆州北行"，"梦到故园"应西望，而不应"南望"。"南望故园"的此词作者只能是"湘水""湘川"，"古荆州地域即今湖南、湖北，乃至四川东部一带"以北的，而不可能是西川眉州苏轼。故薛先生之说未必能解"疑此为误入词"的"学人"之疑。在我看来，此词是否为苏轼所作仍大可怀疑。既然苏轼"故园"与"湘川"无涉；苏轼一生也"从未涉足湘水"；今存最早的苏词版本傅幹《注坡词》、元延祐本《东坡乐府》都未收此词；今存宋人所作的多种苏轼年谱（何抡、施宿、王宗稷、傅藻）也未提及此词，对苏轼此词的可靠性更应持谨慎态度。苏轼声名太大，从苏轼在世时托名苏轼之作就很多，（苏轼《答刘沔都曹书》云："世之蓄轼诗文者多矣，率真伪相半，又多为俗子所改窜，读之使人不平。然亦不足怪，识真者少，盖从古所病。……今足下所示二十卷，无一篇为伪者，又少谬误。"又《与陈传道书》云："某方病市人逐利，好刊某拙文，欲毁其板，矧欲更令人刊耶？当俟稍暇，尽取旧诗文存其不甚恶者为一集。"南宋尤甚，在苏轼诗文词中，苏词尤甚。因此，我觉得曹树铭"宁严毋滥"的意见是对的（曹树铭《苏东坡词》，台湾商务印书馆1996年版），他只为270首苏词编了年，加上未编年词也只有319首，其他40首都收入互见词、可疑词。既然很难肯定此词为苏词，当然更难肯定此词作于嘉祐五年正月，更难以此作为"东坡词与苏轼诗文同步说"的铁证。

我们再来看看薛先生认为"嘉祐八年癸卯（1063）二月底至三月初写成于凤翔签判任之《南歌子》三首"吧。其原文如下：

日出西山雨，无晴又有晴。乱山深处过清明。不见采绳花板，细腰轻。尽日行桑野，无人与目成。且将新句琢琼英。我是世间闲客，此闲行。

带酒冲山雨，和衣睡晚晴。不知钟鼓报天明。梦里栩然蝴蝶，一身轻。老去才都尽，归来计未成。求田问舍笑豪英。自爱湖边沙路，免泥行。

雨暗初疑夜，风回忽报晴。淡云斜照着山明。细草软沙溪路，马蹄轻。卯酒醒还困，仙村梦不成。蓝桥何处觅云英。只有多情流水，伴人行。

《南歌子》其一的词题，傅注本作"送刘行甫赴余杭"，元延祐本作"送行甫赴余姚"。这首词之前，还有一首《南歌子》（山雨潇潇过），那首词题为"湖州作"。但是以"送行甫赴余姚"为词题的三首《南歌子》，很难认为是送别之词，前一首"山雨潇潇过"的《南歌子》却明显是送别的作品。

《总案》卷一八云："（元丰二年五月）十三日钱氏园送刘谊赴余姚并作《南歌子》词。本集湖州调寄《南歌子》词云，'山雨潇潇过……'。《南歌子》词，集中作《南歌子》。《施注》以墨迹刻石，定此为送刘谊词。后题元丰二年五月十三日吴兴钱氏园作。"《送刘谊寺丞赴余姚》（《诗集》卷十八）诗的《施注》云："刘寺丞，名谊，字行甫，长兴人。……后年，公守湖州，行甫自长兴道郡城，甫余姚，公既赋此诗，又即席作《南歌子词》为饯，首句云'山雨潇潇过'者是也。后题元丰二年五月十三日吴兴钱氏园作。今集中，乃指他词为送行甫，而此词第云湖州作，误也。真迹，宿皆刻石余姚县治。"《彊村丛书》本朱注云："谊字行甫，湖州人。集中《送刘谊寺丞赴余姚》，即《施注》所谓'他词'者。疑与是题互误，今编于次以待考。"

元丰二年（1079）五月十三日，苏轼在湖州的钱氏园送别刘谊。刘谊当时离开湖州去杭州。苏轼给他作了一首诗《送刘谊寺丞赴余姚》。《南歌子》（山雨潇潇过）则有"小园幽榭枕苹汀""苕岸霜花尽""两山遥指海门青"等句子。这些句子，与"苏轼在湖州的钱氏园送别刘谊。刘谊当时离开湖州去杭州任官"的情况相符合。所以《南歌子》（山雨潇潇过）肯定是送刘谊的词。

从来只注意到《南歌子》（山雨潇潇过），这三首《南歌子》的编年（三首用韵都一样，一定是连作的作品）则几乎都随着《朱注》的"疑与是词题互误"而认为是"湖州作"。曹树铭《苏东坡词》，石声淮、唐玲玲《东坡乐府编年笺注》、孔凡礼《苏轼年谱》也认为是元丰二年在湖州作。但是薛瑞生老师指出了重要的问题。苏轼在《湖州谢上表》里云："臣轼言，蒙恩就移前件差遣，已于今月（四月）二十日到任讫者。"（《苏轼文集》卷二三）他"过清明"之时不在湖州。所以这三首《南歌子》不是在湖州作的。

薛先生认为，这三首词是车马客在行役中的作品，写作时间是"过清明"，地方是"乱山深处""湖边"。然后根据这些条件来找这首词的写作时期，认为"作于癸卯（嘉祐八年）二月下旬至三月上旬送赵荐归蜀入终南山中复回凤翔府时也。"

但是嘉祐八年（1063），苏轼二十八岁，是他初仕的时期，还不老。这三首《南歌子》所咏的意境，与苏轼初仕时之心情、处境不合。例如，"老去才都尽"意味着他已年老、已经江郎才尽了。"才都尽"这三字，一定是历经艰难之后的语言。"我是世间闲客，此闲行"，表示苏轼当时已经没有出仕的热情，同时表示他处于跟政界无关的境地，没有官吏的职责。并且，"闲客"这个语词是到贬谪黄州后才经常看到的。"仙村梦不成"暗示他那时虽想归隐却不能实现。"仙村"是与俗世远离的地方，是指隐居之地。可见，苏轼当时在找隐居之地而未成。还有，"求田问舍笑豪英。自爱湖边沙路，免泥行"，可见苏轼当时想"求田田舍"于"湖边沙路"，盼望隐居。"泥"一定是指"党争"说的，"自爱湖边沙路，免泥行"意味着"我不愿意再被卷入'党争'的旋涡之中"，以免被污泥沾染。这些事情，与嘉祐八年二十八岁的苏轼并不相适，而是贬官黄州以后的心情与实况。元丰五年三月苏轼在黄州曾求田问舍于"沙湖"附近而未能实现。其《金谷说》（《文集》卷七三）云："吾尝求蕲水田在山谷间者，投种一斗，得稻十斛。问其故，云：'连山皆野草散木，不生五谷，地气不耗，故发如此。'"他在《书清泉寺词》中说："黄州东南三十里，为沙湖，亦曰螺师店。余将买田其间，因往相田。"（卷六八）他又曾打算在黄州对岸的武昌西山买田，《赠别王文甫》云："仆以元丰三年二月一日至黄州，时家在南都，独与儿子迈来郡中，无一人旧识者。……及今四周岁，（与王）相过殆百数，遂欲买田而老焉，然竟不遂。"（卷七一）可见"求田问舍"，"归来计未成"，都是他在黄州的实况。《南歌子》所咏的内容，与元丰五年三月"沙湖"附近求田之事完全一致。在路上，他作了三首词。在蕲水清水寺的兰溪所作的《浣溪沙》词云："山下兰芽短浸溪，松间沙路净无泥。"这相当于《南歌子》的"沙溪路"和"湖边沙路"。这三首《南歌子》是清明之后不久写的，我认为也作于元丰五年（1082）三月沙湖道中。附带说，其一可能是向沙湖走之时，其二是在沙湖、蕲水之时，其三是从沙湖回去之时。《南歌子》第三首后阕的"卯酒醒还困，仙村梦不成。蓝桥何处觅云英。只有多情流水，伴人行"，表现了苏轼求田未成，未能得到隐居之地的沮丧的心情。

这三首《南歌子》不仅背景与黄州求田一致，而且词里所表现的意境，与黄州期间所写的词也相合，特别是，与元丰五年（1082）三月在黄州求田于沙湖路上所作的词，有许多显著类似之处。如"乱山深处"与下引这次沙湖之行所作的《西江月》序中的"乱山葱茏"一致；"带酒冲山雨，和衣睡晚晴。不知钟鼓报天明。梦里栩然蝴蝶，一身轻"与《西江月》词序"春夜行蕲水中过酒家饮，酒醉，乘月至一溪桥上，解鞍曲肱少休。及觉已晓，乱山葱茏，不谓尘世也"；与词的正文"照野弥弥浅浪，横空暧暧微霄。障泥未解玉骢骄，我欲醉眠芳草。可惜一溪明月，莫教踏破琼瑶。解鞍欹枕绿杨桥，杜宇一声春晓"，都十分相似。"自爱湖边沙路，免泥行"；"细草软沙溪路，马蹄轻"与《浣溪沙》（游蕲水清泉寺，寺临兰溪，溪水西流）："山下兰芽短浸溪，松间沙路净无泥"，亦为同一意境。

元丰五年三月五日，苏轼在黄州过了第三次清明。知黄州徐君猷为他分新火。《徐使君分新火》诗云："从来破釜跃江鱼，只有清诗嘲饭颗。起携蜡炬绕空室，欲事烹煎无一可。"苏轼过了很萧索的清明。然后他去沙湖相田。苏轼在沙湖的路上作了《定风波》。那首词的《傅注》引《公旧序》云："三月七日，沙湖道中遇雨，雨具先去。同行皆狼狈，余独不觉。已乃遂晴，故作此词。"元丰五年的清明是三月五日。苏轼七日在沙湖的路上。七日是过了清明以后不久的日子。这组《南歌子》的第一首也云"过清明"。关于"乱山深处过清明。不见彩绳花板，细腰轻"三句，薛先生认为："乱山深处"也是在旅途中的一个景色，苏轼在旅途过的清明。但是这首词没写"乱山深处"，而写了"尽日行桑野",其后还有"无人与目成,且将新句琢琼英"两句。从这里也可看出苏轼走在"桑野"上的样子。因此,"过清明"的"乱山深处"不一定是旅途走过的地方。我们可以认为他在"乱山深处""过"了"清明",然后出去:"尽日行桑野"。并且"乱山深处",也不一定是深山幽谷。不用说,那里非有山不可,但有时候,与"山城"一样,意味着有"乱山"那样的偏僻的地方。苏轼元丰六年(1083)在黄州所作的《六年正月二十日,复出东门,仍用前韵》诗(《诗集》卷二二)也云:"乱山环合水侵门,身在淮南尽处村。""乱山深处"和"乱山环合水侵门,身在淮南尽处村",虽然不完全一致,但是在含义上很相似。"乱山深处"可以认为是指"黄州"及其附近说的。苏轼在"乱山深处""过"了"清明"。那时"不见采绳花板,细腰轻"。这个"乱山深处"的"清明",与《徐使君分新火》诗所写的很萧索的清明相合。还有,从"我是世间闲客,此闲行",也可见《南歌子》是在黄州所作的。这两句是根据杜牧的《八月十二日得替后移居溪馆因题长句四韵》的最后两句"景物登临闲始见,愿为闲客此闲行"。杜牧那时,如诗题所说,湖州的任期已经届满,他已经没有官府职责,在迁居的"雪溪馆"上眺望快要离开的湖州之景,重新认识湖州的美丽。"愿为闲客此闲行"的意思是愿意不以当地的地方官吏的身份来任意享受湖州的美景。杜牧的"闲"是对"湖州"没有职责。苏词的"闲"则是对"世间"没有职责、责任。"闲"常常表示职务不太重要、没有特别的职责。苏轼在诗词也有"闲官""官闲""闲处""身闲""闲居"等语词。但是"世间闲客"这个语词,含义很重。因为"世间闲客"意味着"世间"的所有事都与苏轼无关,他只是个过"世间"的闲人而已。这个语词正表现了谪于黄州的苏轼处境。苏轼元丰八年九月所作的《徐大正闲轩》诗(《诗集》卷二四)有"人言我闲客,置此闲处所"语,又说"五年黄州城,不踏黄州鼓",这里的"闲客",正指苏轼贬谪黄州。他借人家的口,把在黄州贬谪之时的自己叫为"闲客"。这首诗,开头四句说"冰蚕不知寒,火鼠不知暑。知闲见闲地,已觉非闲侣",然后写了他的懒惰的样子。他在那里想要说的可能是我没"问闲作何味,如眼不自睹"两句。就他说来,"别人的'闲'我看得清楚,但是自己的'闲'我不明白。"

　　这首诗是对"徐大正"的"闲轩"的寄题诗，所以诗中多用"闲轩"的"闲"字。徐大正是徐君猷的弟弟。所以这首诗也自然地言及黄州的日子。但是"闲"这个字能表达在黄州的自己，才在《徐大正闲轩》诗里自称为"闲客"。在黄州的苏轼，经过"乌台之狱"，身处贬谪之地，当然不能参与政治。同时，从黄州的民众来看，也只是一个"客"而已。

　　最后附带说说，《南歌子》第一首和《定风波》，在表现上也有类似之点。《南歌子》云："日出西山雨，无晴又有晴"；《定风波》中也写到由晴到雨："莫听穿林打叶声，何妨吟啸且徐行。竹杖芒鞋轻胜马，谁怕，一蓑烟雨任平生。料峭春风吹酒醒，微冷，山头斜照（欲）却相迎。回首向来潇瑟处，归去，也无风雨也无晴。"《南歌子》第一首是早上的景色，《定风波》则是傍晚的风景。虽然不可说这两首词是同日的作品，但很可能是同时的作品。

　　以上我们考察了薛先先生《笺注》中编年最早的四首词，似乎没有一首能完全令我们信服。编于"英宗治平元年甲辰（1064）罢凤翔任还朝十二月写于经骊山之《华清引》（小莲初上琵琶弦）"，如前所述，石淮声、唐玲玲的《东坡乐府编年笺注》早已提出此说。其余九首编于熙宁年间倅杭前的九首词，至少有三首，薛先生自己也不太肯定，考《一斛珠》云："暂编熙宁三年庚戌"；考《诉衷情》云："暂编于此，以俟再考"；考《临江仙》："似作于扬州钱公辅席上，因附编"，这里姑且不论。所剩六首，限于篇幅，这里无法一一论列，但至少未必都能成立。如《临江仙》（樽酒何人怀李白），词题为"夜到扬州席上作"，所以一定是苏轼在扬州所作。薛先生认为是熙宁四年（1071）作，但我们认为，孔凡礼《苏轼年谱》系于元祐六年（1091）四月更符合实际。薛先生认为后阕第三句"语音犹自带吴侬"表示当时的知扬州是吴人，苏轼是四川人，不会"语音犹自带吴侬"。薛先生的这一着眼点是正确的。但"熙宁四年十一月"的编年，仍有问题。熙宁四年七月，苏轼离开开封到杭州去上任，旅程是南下，途经扬州时，不用"渡（长）江"，开封和扬州都在长江以北。但这首词的后阕第一句云："轻舸渡江连夜到。"从"渡江"二字可看出，苏轼这次过扬州的旅程不是南下，而是"渡江"北上。苏轼"渡江"北上，"语音犹自带吴侬"的知扬州只有王存（1023—1101）。他是润州丹阳人，丹阳是"吴"地。并且，王存是苏轼的故人，他们从元祐元年到三年都在开封担任要职，苏轼起草有多篇关于王存的制诏。王存于元祐三年出京，以端明殿学士知蔡州，元祐五年年底迁知扬州。这正与词中的"一时惊笑衰容"和"夜阑对酒，依旧梦魂中"相合。故这首《临江仙》词应是元祐六年（1091）四月苏轼从知杭州调回到开封，北上途中经扬州，在王存的席上所作。可见剩下的六首词，至少这首也不能证明薛先生的"东坡词与苏轼诗文同步说"。

（本文为与（日）保刈佳昭合著，原载《书品》2000 年第 5 期）

评《新近发现东坡词考辨补证》

《乐山师范学院学报》2005 年第 6 期发表了饶晓明先生的《新近发现东坡词考辨补证》（下简称饶文）。饶文云："近日笔者重读东坡词，惊奇地发现一个长期被人们忽略了的事实：'苏东坡究竟创作了多少首词？有哪一个专家学者，哪一部研究专著，说清楚了？……通过精细的考察，准确的辨析，笔者认定《竹枝歌》《襄阳古乐府》《黄泥坂词》等四十首被打入另册的东坡词大都为长短句，属'自度曲'，是东坡'为歌而作'、体现东坡个性的词。"我也十分"惊奇"，苏词在宋代的各种版本不过二百七十二首（傅幹《注坡词》）或三百一十六首（曾慥辑本），经过明、清及当代学者数百年的反复辑佚，也不过三百六十余首（《全宋词》、薛瑞生《东坡词编年笺注》），而饶文一下子就新发现了四十首，不得不令人"惊奇"。但读完全文，却深感失望，原来作者"新近"并未"发现"一首"东坡词"，只不过是把东坡的"长短句"诗说成是"东坡词"而已。全文既不"精细"，更谈不上"准确"，我却"惊奇地发现"饶文连中国文体学的基本常识也不具备，特提出来进一步向作者请教。

一、词是"长短句"，但长短句诗都是词吗？

饶文云："词，古代乐府诗体的一种。初名曲子、曲子词，又名乐府、近体乐府、乐章、诗余、长短句等，简称'词'。"饶文引了苏轼《江城子》（梦中了了醉中醒）的序："陶渊明以正月五日游斜川，临流班坐，顾瞻南阜，爱曾城之独秀，乃作斜川诗，至今使人想见其处。元丰壬戌之春，余躬耕于东坡，筑雪堂居之。南挹四望亭之后丘，西控北山之微泉，慨然而叹，此亦斜川之游也。乃作长短句，以《江城子》歌之。"然后断言："这话表明，长短句配上曲调就可以歌唱了。东坡强调长短句是词的最基本的标志。被打入另册的四十首东坡词绝大部分属于这种长短句。"饶文最重视"长短句是词的最基本的特征","为长短句,属自度曲,应入词集。若定词牌,可定为《……》,词题可定为《……》",饶文用了数十次,几乎成了他"新近发现东坡词"的唯一标准。

是的,"长短句是词的最基本的标志",多数词都是"长短句",但长短句诗并非都是词,逆定理不一定都能成立,因此这证明不了"被打入另册的四十首……长短句"都是东坡词。是否是词不能仅用"长短句"来证明,因为词是隋、唐时代的产物,兴盛于宋,但中国诗歌从产生之日起,就有长短句诗,即所谓的杂言诗。不仅《诗经》有杂言,古歌谣、楚辞、乐府、歌行也有杂言,而且更多。徐师曾云:"古今诗自四、五、六、七杂言之外,复有五、七言相间者,有三、五、七言各两句者,有一、三、五、七、九言各两句者,有一字至七字、九字、十字者。"(《文体明辨·杂言诗》,人民文出版社 1982 版)朱彝尊云:"自有诗而长短句寓焉,《南风》之操、《五子之歌》是已。周之《颂》三十一篇,长短句居十八;汉《郊祀歌》十九篇,长短句居其五;至《短箫铙歌》十八篇,篇皆长短句,谓非词之源乎?"(《词综序》)朱彝尊仅讲长短句诗是"词之源",而不是诗体之一的词,不是"唐诗宋词"的词。否则,朱彝尊这里所举的《南风操》《五子之歌》《周颂》的多数、汉《郊祀歌》的一半、全部《短箫铙歌》就都成了词了。但即使如此,也引起了文体学家褚斌杰先生的非议:"这种意见,把长短句式看成是词的唯一特点,不顾词的时代条件和其他特点,把词的来源一直远溯到上古,显然是不符合事实、不正确的。"(《中国古代文体概论》第 249 页,北京大学出版社 1984 版)我觉得移褚斌杰对朱序的意见来评论饶文,也许更为恰当。

饶文云:"《于潜僧绿筠轩》(可使食无肉)……体味其词,并不是诗,而是东坡描写生活情趣的绕口令的长短句,属自度曲。……据此,它应入词集。若定词牌,可定为《居竹》,词题可为《于潜僧绿筠轩》。"饶先生"体味"出它不是诗,这与古人"体味"出的结论大不相同。纪昀评此诗云:"与《月兔茶》诗相埒。"(《评苏文忠公诗集》卷九,清道光十四年两广节署刻朱墨套印本)《月兔茶》是苏轼一首杂言诗:"环非环,玦非玦,中有迷离玉兔儿,一似佳人裙上月。月圆还缺缺还圆，此月一缺圆何年。君不见斗茶公子不忍斗小团，上有双衔绶带双飞鸾。"纪昀以《月兔茶》为诗，"与《月兔茶》诗相埒"的《于潜僧绿筠轩》当然也是诗。不知何以饶文既认为《于潜僧绿筠轩》"应入词集"，为什么不把《月兔茶》也算作词，或算作"东坡存疑词"呢？赵克宜评云："此不成诗，而流传众人之口，须知其以语句浅俗、便于援引而传，非以诗之工而传也。"（《角山楼苏诗评注汇钞·附录》卷中，咸丰壬子刻本）"此不成诗"，因为它"语句浅俗"；"非以诗之工而传也"，说明赵并未把它看作词，而仍把它看作诗，只是不工而已。

关于《五禽言五首》，饶文云："细考东坡'叙'言，可知《五禽言》并非诗作。'叙'云：'梅圣俞尝作《四禽言》，余谪黄州，寓居定惠院，绕舍皆茂林修竹，荒池蒲苇，春夏之交，鸣鸟百族，土人多以其声之似者名之。遂用圣俞体作《五禽言》。'一看句式，纯属小令，是……长短句，属自度曲，应入词集。若定词牌，可定为《五禽言》，所谓的原诗引可作为词的引言。""细考"以上'叙'言，怎么就知道"《五禽言》并非诗作"呢？"一看句式，纯属小令"，我们来看看第一首吧："使君向蕲州，更唱蕲州鬼。我不识使君，宁知使君死。人生作鬼会不免，使君已老知何晚。"其他各首的句式大体相似，仅各句字数略有不同。这分明是乐府杂言诗，纪昀评《苏文忠公诗集》卷二〇云："犹是乐府变体，歌谣遗意"；赵克宜《角山楼苏诗评注汇钞·附录》卷下云："诗有工拙，不以乐府、歌谣之体陈陈相因而可废也。"这类"乐府、歌谣"怎么在饶文里都成了词中小令呢？《全宋词》仅存梅尧臣词二首，是否被苏所仿的梅的《四禽言》也是词中小令，应从梅的诗集删除，移入《全宋词》梅词中呢？

饶文云："《猪肉颂》（净洗锅）一首……吟咏其词，非文非诗，是描写生活情趣的顺口溜式的小令，分上下两阕……为长短句，属自度曲，应入词集。若定词牌，可定为《肉羹颂》，词题可为《黄州肉》。""非文"是实，何以见得"非诗"呢？这是一首一气贯注的杂言诗，看不出是"分上下两阕"的词中小令，风格也不是词的风格。

饶文把苏诗注本说成是"东坡词注本"，因七集本载续集歌辞卷，又把诗中歌辞一体等同于词，断言"为长短句，属自度曲，应入词集"者还有《二虫》（君不见水马儿）、《老人行》（有一老翁老无齿）、《白鹤吟留钟山觉海》（白鹤声可怜），逻辑、行文均与以上各首相同，似不值得一一辨驳了。

二、辞赋之辞是词体之词吗？

辞赋之辞即楚辞，又叫骚体辞，它是战国时楚国出现的一种新兴文体，故称楚辞；又因以屈原《离骚》为代表，故又称骚体辞。刘勰云："自《风》《雅》寝声，莫或抽绪，奇文郁起，其《离骚》哉！固已轩翥（高飞）诗人之后，奋飞辞家之前，岂去圣之未远，而楚人之多才乎！"（周振甫《文心雕龙今译》第三《宗经》，中华书局 1986 年版）胡应麟云："骚与赋，句语无甚相远，体裁则大不同。骚复杂无伤，赋整蔚有序；骚以含蓄深婉为当，赋以夸张宏富为工。"（《诗薮》卷一，上海古籍出版社 1979 年版）吴纳云："风雅既亡，乃有楚狂《凤兮》、孺子《沧浪》之歌，发乎情，止乎礼义，与诗人六义不甚相远。但其辞稍变诗之本体，而以兮字为读，则夫楚声固已萌蘖于此矣。屈平后出，本诗义以为骚，盖兼六义而赋之义居多。厥后宋玉继作，并号楚辞。"（《文章辨体序说》，人民文学出版社 1982 年版）元人祝尧的《古赋辨体》，除卷一、卷二以"时代之高下"首列"楚辞体"外，又在卷九、卷十《外录》列后骚、辞、文（指《北山移文》之类）、操、歌，这些不同称谓都属楚辞体或叫骚体。宋代以辞名篇的骚体辞很多，最早的应算朱昂的《隋河辞》："尝作《隋河辞》，谓濬决之病民，游观之伤财，乃天意之所以亡隋也。使隋不兴役费财，以害其民，则安得有今日之利哉！"（《宋史·朱昂传》，中华书局 1977 年版）可惜《宋史》本传只录了他的《广闲情赋》，而此文已失传。欧阳修撰有《啄木辞》，寓意较深，主旨是借物喻政，称赞古皇怜民爱物，感叹后世帝王大兴土木，为了一人之庇而不惜"一林夷族"（《欧阳文忠公集》卷五八，四部丛刊本）。

苏轼《和陶归去来兮辞》的辞就是辞赋之辞，饶文感到奇怪："《和陶归去来兮辞》……词见《苏轼诗集》卷四七。历代东坡集注本连诗集类都未收入。细察词题，显然属依陶渊明的《归去来兮辞》曲填词。……《和陶归去来兮辞》分成上下两阕，依曲填词，为长短句，应入词集。若定词牌，可定为《和陶词》，所谓原诗引言可作为词的引言。""历代东坡集注本连诗集都未收入"，以王文诰《苏诗编注集成》为底本的《苏轼诗集》不就收了吗？《苏轼诗集》校记云："合注此辞，王本载和陶卷末。施氏原本载和陶卷末《桃花源》之前。补施注本独删云，故查氏载之。"这里提到的《合注》、王本、施注、七集本、难道不是东坡集或东坡诗注本吗？而且东坡诗注、东坡词注即使不收也没有错，"补施注本独删"也没有错，因为这是辞赋之辞，不是诗，更不是词。袁行霈的《陶渊明集笺注》就把陶渊明的《归去来兮辞》与他的《感士不遇赋》《闲情赋》一起收入卷五的《辞赋三首》内。王本、施本把它载入"和陶卷末"也是对的，因为它是苏轼的和陶之作。至于饶文说"《和陶归去来兮辞》分成上下两阕"，也不知他有什么根据，因为它是辞赋之辞，因此无论陶集还是苏集，似乎都没有人把它"分成上下两阕"。这类辞有收入文集的，也有收入诗集的，但没有人像饶文那样断言"应入词集"的。

辞与词通，楚辞亦称楚词。苏轼以词名篇的作品较多，如《太白词五首》《清溪词》《上清词》《黄泥坂词》《伤春词》等等，可称之为楚词体，也可称之为乐府体，但决不能因为它"以词命题"，就断言它是唐诗宋词的词。关于苏轼的《太白词五首》，饶文云："纵观其题和句式，纯属词作：东坡也以词命题。其叙曰：'岐下频年大旱，祷于太白山辄应，故作迎送神辞一篇五章。'据此，可视东坡《太白词》为自度曲。王文诰《苏诗编注集成总案》云：'晓岚谓仿汉《郊祀》诸歌之作。'据此，可视《太白词》为东坡依曲填词。或为自度曲，或为依曲填词，《太白词》应入词集。若定词牌，可定为《太白词》，所谓的原诗引可作为词的引言。"纪昀评《苏文忠公诗集》卷四云："欲仿汉《郊祀》诸歌，殊无佳处。"《太白词五首》确实是仿汉乐府歌词中的郊祀或郊庙歌辞而作。难道汉乐府歌词已是唐诗宋词的词吗？王文诰《苏文忠公诗编注集成》卷四："此五章从《有駜》化出。"《有駜》为《诗经·鲁颂》篇名，《有駜》云："振振鹭，鹭在下。鼓咽咽，醉言舞。子胥乐兮。"《太白词》的句式确实与《有駜》相似："旌旗翻，疑有无。日惨变，神在途。飞赤篆，诉阊阖。走阴符，行羽檄，万灵集兮。"如果《太白词五首》"应如词集"，那么被仿的《诗经·有駜》"也是词吗？词早在先秦就出现了吗？

《黄泥坂词》也以词名篇，故饶文云："《黄泥坂词》（出临皋而东骛兮）一首……东坡以'词'命题，可见非诗，历代东坡词注本早已归入'乐府'词类。冯应榴《苏文忠诗合注》云：'王本在乐府类，非不收也，七集本载前集词赋卷中。'《黄泥坂词》为长短句，属自度曲，且是典型的楚词体中调，应入词集。若定词牌，可定为《楚词》，词题可定为《黄泥坂词》。"《黄泥坂词》是苏轼谪居黄州时所作，分三层，首写途经黄泥坂所见之景："出临皋而东骛兮，并丛词而北转。走雪堂之坡陀兮，历黄泥之长坂。大江汹以左缭兮，渺云涛之舒卷。草木层累而右附兮，蔚柯丘之葱蒨。余旦往而夕还兮，步徙倚而盘桓。虽信美而不可居兮，苟娱余于一盼。"次写自己谪居东坡的原因及处境："余幼好此奇服兮，袭前人之诡幻。老更变而自哂兮，悟惊俗之来患。释宝璐而被缯絮兮，杂市人而无辨。路悠悠其莫往来兮，守一席而穷年。时游步而远览兮，路穷尽而旋反。朝嬉黄泥之白云兮，暮宿雪堂之青烟。喜鱼鸟之莫余惊兮，幸樵苏之我嫚。"最后写自己的大醉："初被酒以行歌兮，忽放杖而醉偃。草为茵而块为枕兮，穆华堂之清宴。纷坠露之湿衣兮，升素月之团团。感父老之呼觉兮，恐牛羊之予践。于是蹶然而起，起而歌曰：月明兮星稀，迎余往兮饯余归。岁既宴兮草木腓，归来归来兮，黄泥不可以久嬉。"全词极写自己无所事事的谪居生活，朝嬉黄泥之白云，暮宿雪堂之青烟，以草为茵，以块为枕，坠露湿衣，而酣卧不醒，确实是"典型的楚词体中调"，前人或入乐府类，或入词赋卷都是对的。但"典型的楚词体中调"就"应入词集"，恐怕就有待商榷了。最"典型的楚词体"，莫如《楚辞》本身，是否西汉刘向所编的《楚辞》，也"应入词集"呢？晁补之的《续楚语》《变离骚》已失传，但朱熹的《楚辞后语》六卷是根据晁补之《续楚辞》《变离骚》二书增删而成，是否也"应入词集"呢？

关于《清溪词》（大江南兮九华西）、《上清词》（南山之幽），饶文都说了类似的话，只是把《黄泥坂词》分别改为《清溪词》《上清词》而已，似乎没有必要逐条引出。古往今来，恐怕找不到名为《楚词》的词牌，作者似乎完全不了解词与楚词的区别。苏轼还有一篇《伤春词》："佳人与岁皆逝兮，岁既复而不返。付新春于居者兮，独安适而愈远。昼昏昏其如醉兮，夜耿耿而不眠。"（《苏轼文集》卷六三，中华书局 1986 年版）虽是代吕文甫丧妻安氏而作，但其感人程度似乎可与欧阳修的《哭女师辞》媲美，而饶文却完全未提及，是否也"应入词集"呢？

三、词又称乐府，但乐府都是词吗？

饶文云："《襄阳古乐府三首》……从东坡书古乐府的题目和历代研究者的'注释'看，就知道它们属于'乐语'。……《襄阳古乐府》为长短句，属依调填词，应入词集。若定词牌，可定为《襄阳乐》，词题可分别定为'野鹰来''台上有客'，'使君未来'。"作者的错误有二，一是把乐府与"乐语"混同。"乐语"与乐府或古乐府是不同的文体，徐师曾《文体明辨·乐语》云："乐语者，优伶献伎之词，亦名致语。"《襄阳古乐府三首》显然不是"优伶献伎之词"，当然也就不"属于'乐语'"。二是"从东坡书古乐府的题目"就断言它是词。乐府或古乐府本来就多长短句，徐师曾《文体明辨·乐府》云："《咸池》以降，代有作者。"词因为是诗之裔，又与乐府一样能歌，故词亦被称为乐府。但不能反过来把乐府都称作词，不能把词等同于乐府，否则，郭茂倩的《乐府诗集》就应改名为《乐府词集》了。苏辙也有《襄阳古乐府二首》（野鹰来，襄阳乐），如果因为"《襄阳古乐府》为长短句"，就断言它是词，那么苏辙现存词就不应是四首，而是六首了。

饶文云："《山坡陀行》（山坡陀兮下属江）一首……历代学者早已视为'乐府'。……《山坡陀行》为长短句，属自度曲，且是典型的楚词体中调，应入词集。若定词牌，可定为《楚辞》，词题可为《山坡陀行》。"行是乐府或古诗的一种体裁，在古代以"行"名篇的乐府或歌行多如牛毛，如《长歌行》《短歌行》《燕歌行》《从军行》，如果《山坡陀行》"应如词集"，那么历代以"行"名篇的乐府或歌行是否也应入词集？饶文已分别把《黄泥坂词》《山坡陀行》的词牌叫《楚辞》，我们知道同一辞牌的词，分阕、句式、字数都一样，《黄泥坂词》三百余字，《山坡陀行》四百余字，请问这两篇能分阕，有大体相同的句式与字数吗？

《履霜操》为苏轼《游桓山记》中所录词："桓山之上，维石嵯峨兮。司马之恶，与石不磨兮。桓山之下，维水弥弥兮。司马之藏，与水皆逝兮。"饶文谓曹树铭"将《履霜操》收入《东坡词》"，邹同庆"等将它列为误入苏集词"，自己"为了慎重起见，暂定为东坡存疑词"。但又说："它为长短句，依曲填词，属自度曲，纯属楚词风味的小令，应入词集。"可见作者实际上无"疑"，断言它"应入词集"了。根据元人祝尧的《古赋辨体》，操为骚体辞的一种。操本琴曲名，《后汉书》卷三五《曹褒传》有"歌诗曲操"语，故邹同庆等不收此词是对的。欧阳修的《醉翁操》前半写鸟兽前后对他的态度变化，后半感慨自己不能不离去，抒发对滁州的眷恋之情。苏轼也有《醉翁操》，均为骚体辞。

关于《虚飘飘》（虚飘飘，画檐蛛结网），饶文云："其词纯属小令。……历代学者倾向为'乐府'。"下举查注为证："元祐间山谷作《虚飘飘》，盖乐府之余，当时诸公皆有和篇。"饶文根据词又叫乐府，反过来认为乐府就是词，认为"《虚飘飘》为长短句，属自度曲，应入词集。若定词牌，可定为《虚飘飘》，词题可为《比浮名利》"。但词不能等同于乐府，乐府汉代就产生了，前已论述，此不重复。

饶文论苏轼《归来引》（送王子立归筠州）云："一看其题，就知是词，东坡已将词牌写为《归来引》。"这里所说的"题"是指"送王子立归筠州"呢，还是指《归来引》呢？按饶文的用法，似应指"送王子立归筠州"，因为《归来引》饶文已指定为词牌。但"送王子立归筠州"，怎么能"一看……就知是词"呢？我反复看也看不出它是词。是指《归来引》吗？引也是乐府之一体，饶文根据词又名乐府，故乐府就是词的逻辑，故断言"一看其题，就知是词"。

饶文又说："世传东坡《哨遍》即此《归去来引》也。"苏轼《哨遍》有两首，一为"取《归去来》词，稍加隐括，使就声律"；一是"春词"，写"正溶溶养花天气。一霎暖风回芳草，荣光浮动，掩皱银塘水"，与《归去来兮辞》无关。饶所说当指前首《哨遍》，但说"世传东坡《哨遍》即此《归去来引》也"却不符合事实，《哨遍》是《哨遍》，《归来引》是《归来引》，而非

《哨遍》即此《归来引》。为说明问题，今将《归来引》与《哨遍》并列如下：

哨　遍

公旧序云：陶渊明赋《归去来》，有其词而无其声。余治东坡，筑雪堂于上，人俱笑其陋。独鄱阳董毅夫过而悦之，有卜邻之意。乃取《归去来》词，稍加隐括，使就声律，以遗毅夫。使家僮歌之，时相从于东坡，释耒而和之，扣牛角而为之节，不亦乐乎。

为米折腰，因酒弃家，口体交相累。归去来，谁不遣君归，觉从前皆非今是。露未晞，征夫指予归路，门前笑语喧童稚。嗟旧菊都荒，新松暗老，吾年今已如此。但小窗容膝闭柴扉，策杖看孤云暮鸿飞。云出无心，鸟倦知还，本非有意。噫，归去来兮，我今忘我兼忘世。亲戚无浪语，琴书中有真味。步翠麓崎岖，泛溪窈窕，涓涓暗谷流春水。观草木欣荣，幽人自感，吾生行且休矣。念寓形宇内复几时，不自觉皇皇欲何之。委吾心，去留谁计。神仙知在何处，富贵非吾志。但知临水登山啸咏，自引壶觞自醉。此生天命更何疑，且乘流，遇坎还止。

归来引送王子立归筠州

归去来兮，世不汝求胡不归。汹北望之横流兮，渺西顾之尘霏。纷野马之决骤兮，幸余首之未靰。出彭城而南骛兮，眷丘陇而增欷。乱清淮而俯鉴兮，惊昔容之是非。念东坡之遗老兮，轻千里而款余扉。共雪堂之清夜兮，揽明月之余辉。曾鸡黍之未熟兮，叹空室之伊威。我挽袖而莫留兮，仆夫在门歌《式微》。归去来兮，路渺渺其何极。将税驾于何许兮，北江之南，南江之北。于此有人兮，俨峨峨其丰硕。孰居约而尔肥兮，非糠核其何食。久抱一而不试兮，愈温温而自克。吾居世之荒浪兮，视昏昏而听默默。非之子莫振吾过兮，久不见恐自贼。吾欲往而道无由兮，子何畏而不即。将以彼为玉人兮，以子为之璞也。

这是两篇完全不同的文字，前篇是"隐括"陶潜的《归去来兮辞》，后篇只是仿陶渊明《归去来兮辞》，题目、立意、内容、形式皆仿陶作。多七字句，间以杂言，两句一韵，单句以"兮"字结，句式整齐而又灵活，与《离骚》形式接近。王子立名适（1055—1089），赵郡临城（今属河北）人。苏轼知徐州，子立为州学生，贤而有文，喜怒不见，得丧若一，故以苏辙女妻之。轼得罪于湖州，亲戚故人皆惊散，独王适及其弟工適不去，送轼于南郊，并送其家属到南都苏辙处安置。后应试不利，曾赴黄州探望苏轼，继返筠州苏辙贬谪处，从辙居贬所筠州、绩溪，同其有无，赋诗弦歌、讲道著书于席门茅屋之下凡五年，未尝有愠色。其《引》云："归去来兮，世不汝求胡不归。""世不汝求"即指其落第。全篇既是对王适的安慰，也是苏轼借以自况。"念东坡之遗老兮，轻千里而款余扉。共雪堂之清夜兮，揽明月之余辉。曾鸡黍之未熟兮，叹空室之伊威。我挽袖而莫留兮，仆夫在门歌《式微》。"此指黄州探望苏轼。最后以惜别之情作结："吾居世之荒浪兮，视昏昏而听默默。非之子莫振吾过兮，久不见恐自贼。吾欲往而道无由兮，子何畏而不即。"《哨遍》是词，《归来引》是引，引是汉乐府体，蔡邕《琴操》就有《烈女引》等九引。如果"一看"见"引"，"就知是词"，那么蔡邕《烈女引》是不是词呢？词是否产生于汉代呢？郭茂倩《乐府诗集》收有《霹雳引》《思归引》《箜篌引》等等，是否也"应入词集"呢？

四、词是歌词，但歌词都是词吗？

饶文云："细考历代各说，都以为《竹枝歌》是词非诗，为乐府、七言歌词、儿歌俚语。东坡《竹枝歌引》云：'《竹枝歌》本楚声。'刘禹锡《竹枝词九首》序云：'里中儿联歌竹枝，吹曲笛，击鼓以赴节。'冯应榴《苏文忠歌诗合注》云：'《唐书·刘禹锡传》云："（刘）为州司马，诸夷风俗喜巫鬼，每祠，歌《竹枝》。"'朱靖华《苏轼新评》认为《竹枝歌》是东坡倚声填词的习作。或为调近绝句，借其声律以歌之。或为'依曲填词'，《竹枝歌》应入正集——《东坡乐府》词集。若定词牌，可定为《竹枝词》，所谓原诗引言可作为词的引言。"讲《竹枝歌》"为乐府、七言歌词、儿歌俚语"都是对的，但饶文的结论"是词非诗"就不对了，因为"乐府、七言歌词、儿歌俚语"正是诗而不是词。苏轼《竹枝歌》引讲得很清楚，"《竹枝歌》本楚声"，楚声即楚辞，是为"伤二妃而哀屈原，思怀王而怜项羽"而作，这些人都是楚人："幽怨恻怛，若有所深悲者，岂亦往者之所见有足怨者与？夫伤二妃而哀屈原，思怀王而怜项羽，此亦楚人之意相传而然者。且其山川风俗鄙野勤苦之态，固已见于前人之作与今子由之诗，故特缘楚人畴昔之意，为一篇九章，以补其所未道者。"苏辙也有同题诗，如果这"是词非诗"，那么《全宋词》所收的苏辙词就不仅四首，而应为七首（加《襄阳古乐府》二首）了。历代以《竹枝歌》或《竹枝词》名篇者多如牛毛，略查一下《四库全书》，都数以百计，难道它们都是词吗？

《美哉一首送韦城主簿欧阳君》（美哉水，洋洋乎），饶文云："历代东坡词注本，视为歌词，冯应榴《苏文忠诗合注》云：'王本载送别类，七集本（明成化《东坡七集》本）载续集歌辞卷内。分成上下两阕，为长短句，属自度曲，应入词集。若定词牌，可定为《美哉水》，词题可为《送韦城主簿欧阳君》。"饶谓"历代东坡词注本，视为歌词"，但所举都是苏诗版本，没有一种是"东坡词注本"，相反，"历代东坡词注本"都未收过此诗；"分成上下两阕"，更是信口雌黄，词的上下两阕，结构大体相似，请饶先生试分，恐怕也很难下笔；至于"续集歌词"的"歌词"与词体之词不能等同，已如前述，不再重复。如果凡歌辞都是词，石崇《思归引序》云："寻览《乐篇》，有《思归引》，有弦无歌，今为作歌辞，以述予怀。"难道晋代就有词了吗？古代用歌词（或作辞）的地方很多，如《新唐书·礼乐志》"太子右庶子李百药更制歌辞"，也是指歌曲中的文辞，而非指唐诗宋词之词，无须一一列举。

《鸣泉思》也是一篇杂言诗，饶文根据他的长短句就是词的"理论"，自然也认为是词："《鸣泉思》为长短句，属自度曲，应入词集。若定词牌，可定为《鸣泉思》，所谓原诗引言可作为词的引言。"还说："它本是词，早被历代学者注意。"根据行文逻辑，他本应举历代学者都"注意"到它是词，但他所举的例子只不过是"历代学者"记述它的收录情况，而无只言片语讲它是词："冯应榴《苏文忠诗合注》云：'王本'载第六卷中，'七集本'载续集歌词卷中。"《东坡续集》把它载入歌词卷是对的,因为歌词也是诗之一体,词是歌词,但不是所有歌词都是唐诗宋词之词。宋词一般是集外单行,《东坡续集》并未收词,《续集》中的歌词就是歌曲中的文辞,并非指唐诗宋词的词。

饶文云:"《辘轳歌》(新系青丝百尺绳)……历代东坡词注本,视为'歌词'"。所举同样是苏诗注本,而无一种"东坡词注本"。又说:"《辘轳歌》为长短句,又属集句词,应入词集。若定词牌,可定为《集句词》,词题可为《辘轳歌》。"古代诗集中以歌名篇的不可胜纪,就是指歌行体,《辘轳歌》也是七言歌行,七言歌行往往夹有杂言,为什么《辘轳歌》夹有杂言(临春风,听春鸟,别时多,见时少),就断言它"应入词集"呢?饶文把苏诗注本说成是"东坡词注本",因七集本载续集歌辞卷,又把诗中歌辞一体等同于唐诗宋词之词,断言"为长短句,属自度曲,应入词集"者还有《老人行》(有一老翁老无齿)一首、《白鹤吟留钟山觉海》(白鹤声可怜),逻辑、行文均与以上所举同,此不一一辨驳了。

五、乐语是独立的文体,而不是词

饶文本来说得对:"《六言乐语》(桃园未必无杏)一首,乐工赞词。"这与徐师曾《文体明辨·乐语》所论同(详第三条)。接着他又说:"历代东坡词注本早已列为'乐语'。"但其所举也不是"历代东坡词注本",而是查注、冯注。查慎行《补注东坡先生编年诗》载:"慎案,《春渚纪闻》云:于扬州,得先生手画古乐工,复作乐语'桃园无必无杏'云云。据此可视《六言乐语》为东坡自度曲。"最初我还以为"从东坡书古乐府的题目(指《襄阳古乐府三首》)","就知道它们属于'乐语'"只是笔误,读了《六言乐语》一段,才确信他把乐语等同于乐府,又把乐府等同于词。而乐语实为独立文体,既不是乐府,更不是词。这又证明作者并不知徐师曾《文体明辨·乐语》关于乐语的定义,不知乐语为何物。饶文又说:"冯应榴《苏文忠诗合注》载:'此仿《子夜歌》意。'据此,可视《六言乐语》为东坡依曲填词。或为自度曲,或为依曲填词,《六言乐语》应入词集,若定词牌,可定为《六言乐语》,词题可定为《桃园》。""仿《子夜歌》意"就"应入词集",可知作者也不知道

《子夜歌》为何物。据郭茂倩《乐府诗集》，《子夜歌》是乐府《清商曲·吴声歌曲》，"仿《子夜歌》"应为乐府诗，而不是词。

六、需"提倡一些文体分类学"

饶文斩获颇丰，不仅新发现了四十首苏词，而且还发明了数十种的"词牌"，如《竹枝词》《襄阳乐》《太白词》《美哉水》《和陶词》《鸣泉思》《集句词》《六言乐语》《居竹》《王禽言》《猪肉颂》《君不见》《虚飘飘》《归来引》《楚词》《山坡行》等等，还没有算他"为慎重起见……暂定为存疑词"的部分。所可惜者，历代词谱数以十计，特别是清人万树的《词律》、长达四十卷的《钦定词谱》，收了各种各样的词牌，包括自度曲的词牌，唯独没有收过以上这些词牌。这也不奇怪，饶文所举多为杂言诗、骚体辞、乐府诗、七言歌行、乐语，它们根本不是唐诗宋词的词，连词都算不上，当然更不会有人为它们定词牌，收入《词谱》。

1981 年郭绍虞先生就写了一篇《提倡一些文体分类学》的文章，此文全面论述了"中国文体分类的特殊性""共同性""多样性"，论述了"文体分类论与总集""文体分类与目录学""文体分类学与文学批评""文体分类学与修辞学""文体分类法与文学界说的关系"。1984 年褚斌杰先生又出版了《中国古代文体概论》的专著。中国的文体分类，早在先秦的一些著述中就已出现了，以后历代都有文体分类的专论或专著，《文选》分为三十九体，《文心雕龙》五十篇，有二十篇在分论各种文体，其中不少篇是论述两种相近的文体，如《颂赞》《祝盟》《铭箴》《诔碑》等。徐师曾《文体明辨》所列文体多达一百二十七种，还没有把中国古代文体包括完。没有时间读历代的文体分类的专论或专著，只要读读郭文、褚著，也就不会把杂言诗、骚体辞、乐府诗、歌词、乐语等长短句诗都说成是词了。

（原载《乐山师范学院学报》2006 年第 1 期）

茶赋茶文研究

《苏文汇评》前言

三苏父子的文风并不相同：明允之文雄，子瞻之文奇，子由之文稳。曾巩在《苏明允哀词》中称美苏洵说："少或百字，多或千言，其指事析理，引物托喻，侈能尽之约，远能见之近，大能使之微，小能使之着，烦能不乱，肆能不流。其雄壮俊伟，若决江河而下也；其辉光明白，若引星辰而上也。"这可说是对苏洵文的定评。苏辙散文以冲雅淡泊，质朴自然为主要特征，秦观《答傅彬老简》中，比较了苏轼兄弟的不同文风："阁下又谓三苏之中，所愿学者登州（苏轼）为最优，于此犹非也。老苏先生，吾不及识其人；今中书（苏轼）、补阙（苏辙）二公，则仆尝亲侍之矣。中书之道如日月星辰，经纬天地，有生之类，皆知仰其高明；补阙则不然，其道如元气，行于混沦之中，万物由之而不自知之。故中书尝自谓'吾不及子由'，仆窃以为知言。"轼文如日月，一望可知；辙文如元气，深不可测。苏轼说："子由之文，词理精确，有不及吾；而体气高妙，吾所不及。"（《书子由〈超然台赋〉后》）词理精确可知，体气高妙难言，意思与秦观的话相近。

前人论及苏轼文风特点的地方很多，但都没有比他自己在《自评文》中归纳得更准确的了。他说："吾文如万斛泉源，不择地而出。在平地滔滔汩汩，虽一日千里无难。及其与山石曲折，随物赋形，而不可知也。所可知者，常行于所当行，常止于所不可不止，如是而已。其他，虽吾亦不能知也。"所谓"如万斛泉源"，是说他的文章都是在"不能不为"的时候写的，心中有很多话不吐不快，所以一下笔就文如泉涌；所谓"不择地而出"，是说他的文章都是"信笔抒意"，千变万化，姿态横生，没有固定格式；所谓"在平地滔滔汩汩，虽一日千里无难"，是说他有些文章气势磅礴，思路开阔，纵横恣肆，大有一泻千里之势；所谓"与山石曲折，随物赋形"，是说他的另一些文章观察缜密，文笔细腻，状景摩物，无不皆肖；所谓"常行于所当行，常止于所不可不止"，是说他的文章自然流畅，有意而言，意尽言止，毫无斧凿痕迹。无论苏轼的政论、史论、杂说，还是游记、碑传、书信、随笔，都写得来确如"行云流水"，平易自然，明晰轻快，挥洒自如。

苏轼一生作赋较多，现存有二十多篇。赋是一种兼有韵文、骈文特点的文体，经先秦的骚体赋，两汉的辞赋，六朝的骈赋，限制越来越严，内容越来越贫乏。特别是唐宋用以取士的试体赋（又叫律赋），不但讲骈偶，还要讲平仄，限押韵，限字数，束缚很紧，把赋推进了死胡同。晚唐杜牧的《阿房宫赋》，开始冲破了这种牢笼，苏轼更不受这种限制，形成了一种以散代骈，句式参差，用典较少，押韵不严的文赋。他的名作前后《赤壁赋》，就是这种文赋的代表作。

苏轼一生写了很多政论和奏议，其中以二十五篇《进策》《思治论》《上神宗皇帝书》等最有名。他的这类文章确实"有孟轲之风"，说理透辟，气势雄浑，洋洋洒洒，滔滔不绝，纵横恣肆，雄辩服人。宋仁宗嘉祐八年（1063）苏轼所作的《思治论》，劈头就提出"方今天下何病哉"这一尖锐的问题，认为当时的"病"就在于"其始不立，其卒不成，惟其不成，是以厌之，而愈不立"，也就是开始没有一定的奋斗目标，最后自然不可能取得成功，正因为不成功，就更不敢提出宏伟目标，所以就事事因循苟且。他指出人们修房子都要有一定的计划，而治理国家却没有计划，各自为政，自行其是（"人各有心，好大者欲王，好权者欲霸，而偷者欲休息。文吏之所至则治刑狱，而聚敛之臣则以货财为急"）；前政未废，新政复发，胸无成竹，屡试屡变，虎头蛇尾，有始无终。通篇或分析形势，或征引史实，或做比喻，淋漓尽致地揭露了当时朝政的混乱状态，从多方面阐述了治理国家要"先定其规模（计划）而后从事"的主张。全文既平易流畅，又气势磅礴，颇能代表苏轼政论文的风格。

他一生还写了大量史论，其中以应制科试所作的二十五篇《进论》和以后写的《志林》中的史论部分为最有名。苏轼善于读书得间，从浩如烟海的史书中，发掘出一些他人不易发现的新颖见解。人们读司马迁《史记·留侯世家》，往往觉得圯上老人授书张良一段，"其事甚怪"，甚至"以为鬼物"。而苏轼却从中看出是秦世的"隐君子"，见张良"以盖世之才，不为伊尹、太公之谋，而特出于荆轲、聂政之计"，"故深折其少年刚锐之气，使之忍小忿而就大谋"（《留侯论》）。这样，苏轼就把人们"以为鬼物"的事，解释得合情合理，全文紧扣一个"忍"字，征引史实若即若离，忽放忽收，舒卷自如，议论风生，确实是一篇雄辩有力的文章。

苏轼善于用一些浅显、生动、贴切的比喻，阐明一些深刻的道理。他的《日喻》《稼说》等杂论，就属这类文章。他在《日喻》中说，有一个生下来就失明的人（"眇者"），有人告诉他"日之状如铜盘"，铜盘有声，以后他听见钟声就误认为是日；又有人告诉他"日之光如烛"，烛形如笛，后来他就把笛误认为是日。认识来自实践。"眇者"之所以闹笑话，就在于他"未尝见而求之人"。文中还作了另一个比喻，南方人"日与水居"，故"七岁而能涉（徒步渡水），十岁而能浮，十五而能没（潜水）"；"北方之勇者"，"生不识水，则虽壮，见舟而畏之"，即使有人告诉他应该如何游泳，但他们"以其言试之河，未有不溺者"。苏轼通过一反一正的比喻，说明了"道可致而不可求"，真理只可能在实际接触事物的过程中逐步获得，而不可能通过"达者告知"而求得。他说："即其所见而名之，或莫之见而意之，皆求道之过也。"所谓"即其所见而名之"，意思是仅仅根据自己的一得之见来解释事物；所谓"莫之见而意之"，是说根本没有耳闻目见而对事物进行主观臆测；苏轼认为这两种情况"皆求道之过也"，对寻求真理来说都是错误的。这种以浅近的比喻来说明深刻的哲理的方法，是很值得借鉴的。

苏轼说他"平生不为行状碑传"（《陈公弼传》），比起韩愈来，他确实很少作墓志碑传等应酬文字。但就在他的寥寥数篇碑传中，也有一些脍炙人口的篇章。在他贬官黄州时写的《方山子传》，开头概述了方山子（陈季常）少、壮、晚时的为人：少慕豪侠，壮欲"驰骋当世"，晚乃隐居歧亭，点出了谓之方山子的原因。接着写他们在歧亭的相遇。陈季常得知苏轼贬官黄州"之故"，先是"俯而不答"，继是"仰而笑"，生动形象地刻画了这位"隐人"蔑视宦海浮沉的神情。陈季常之家"环堵萧然"，而全家却有"自得之意"，表现了"隐人"安于淡泊生活的精神。然后文章转入对陈的回忆。陈季常少时,"使酒好剑,用财如粪土";西山游猎,他"怒马独出","马上论用兵及古今成败";今虽隐居穷乡僻壤,但"精悍之色,犹见于眉间"。寥寥数语就为我们烘托出这位"一世豪士"的形象。他虽"世有勋阀,当得官";有"壮丽与公侯等"的园宅,有"岁得帛千匹"的良田;但"皆弃不取,独来穷山中"。这就进一步刻画了这位"隐人"视富贵如浮云的精神境界。这篇传记才四百来字,并没有详细记叙陈季常的生平事迹,仅仅散记了他早年游侠生活和晚年隐居生活中的二三事,这个"异人"的形象已跃然纸上。

元祐年间,苏轼应潮州知州王涤之请,作了一篇《韩文公庙碑》,对韩愈推崇备至。他说:"公之精诚能开衡山之云,而不能回宪宗之惑;能驯鳄鱼之暴,而不能弭皇甫镈、李逢吉之谤;能信于南海之民,庙食百世,而不能使其身一日安于朝廷之上。"很明显,这里既是在赞韩愈,也是在借韩愈以寄慨,因为他自己也"不能使其身一日安之于朝廷之上"。他还称颂韩愈"匹夫而为百世师,一言而为天下法","文起八代之衰,而道济天下之溺"。文章虽有褒扬过分之嫌,但写得来气势磅礴,风格雄浑,在所有称颂韩愈的文章中,确实堪称压卷之作。正如洪迈所说:"刘梦得、李习之、皇甫持正、李汉,皆称颂韩公之文,各极其势……及东坡之碑一出,而后众说尽废。"(《容斋随笔》卷九)

苏轼一生,南北东西,走遍了大半个中国,"身行万里半天下"(《龟山》),"人间绝胜略已遍,匡庐南岭并西湖"(《赠昙秀》),因此写下了大量游记。前人的游记大都以景物描写为主,寄情于景,借景抒情,以情景交融的传统手法,来表达思想感情。苏轼好议论,他的游记往往以描写、记叙、议论、抒情的错综并用为特点。有先议论而后进入记叙的,如《超然台记》;有先记叙而后议论的,如《凌虚台记》;有记叙在中间,前后为议论的,如《石钟山记》;有议论在中间,前后为记叙的,如《放鹤亭记》;甚至有除用寥寥数语交代本事外,几乎通篇都是议论的,如《清风阁记》《思堂记》。《石钟山记》是一篇带有考辨性质的游记,是一篇具有某些论说文(特别是驳论文)特点的游记。通篇围绕着石钟山山名的由来,先写郦道元和李渤对山名由来的看法，摆出要证明的观点和要反驳的靶子；接着用亲访石钟山的所见所闻，证实并补充了郦道元的观点，推翻了李渤的观点，使形象的景物描写为证明和反驳服务。最后，在此基础上得出了"事不目见耳闻而臆断其有无"是不行的这一中心论点，交代了写作意图。全文思路清晰，结构严谨，说理透辟，文笔流畅。其中夜游石钟山一段，写得尤为生动形象。《石钟山记》确如后人所评，是"坡公第一首记文"，是"子瞻诸记中特出者"。

《东坡集》中还有大量书信，其中也不乏佳作，他的《答李端叔书》写得来非常曲折动人。信末说："此书虽非文，然信笔书意，不觉累幅。""信笔书意"四字可说是这封信最突出的特点。首先，通篇"信笔"抒发了一种自怨自艾、后悔莫及的感情。他怨自己"贪得不已"，得陇望蜀，中了进士，又举制科；又怨自己缺乏"自知"之明（"人苦不自知"），因为自己考取的是直言极谏科，于是就"诵说古今，考论是非"，"妄论利害，搀说得失"，"谈谈至今，坐此得罪"。作者笑自己具有制科人好发议论的习气，有如"候虫时鸟，自鸣自已"；笑秦观、黄庭坚对自己"独喜见誉，如人嗜昌歜（菖蒲，楚文王所嗜）羊枣（曾晳所嗜），未易诘其所以"；又笑李端叔称说自己的都是自己过去的毛病，如"木有瘿（赘瘤）、石有晕（色彩模糊的部分），犀有通（犀角有纹），以取妍于人，皆物之病也"。这三个诙谐幽默的比喻，充满了自怨自艾的感情。苏轼还"信笔"抒发了对人情冷暖、世态炎凉的感慨。有的人对他落井下石，乘机"推骂"；有的生怕牵连自己，避之唯恐不及："平生亲友，无一字见及；有书与之，亦不答。"就在这样冷酷的社会里，李端叔却一再致书苏轼，"称说"和"推与"苏轼，苏轼的感激之情是可想而知的。苏轼说，李端叔对他的"称说"是"闻其声不考其情，取其华而遗其实"，所"称说"的"皆故我，非今我"，但这都不过是含蓄的牢骚而已。苏轼在信中还"信笔"抒发了忧谗畏讥，借酒浇愁的感情。他说他"得罪以来，深自闭塞"，为什么要"深自闭塞"？又说此信"不须示人，必喻此意"。为什么"必喻"不以示人之意？无非是害怕大祸再次临头，害怕那些"好事君子"抓住信中的片言只语，捕风捉影，栽赃陷害。苏轼说他经常"偏舟草履，放浪山水间，与渔樵杂处，往往为醉"。表面看笔调轻松，实际上包含着难言的辛酸，特别是像他这样一位"奋励有当世志"的人,"放浪山水"完全是不得已的。

明人袁宏道说:"坡公之可爱者,多其小文小说。使尽去之,而独存高文大册,岂复有坡公哉?"(《苏长公合作引》)的确如此,苏轼在散文方面的成就,不仅在于高文大册,还在于"小文小说"。苏轼《志林》和《仇池笔记》中的许多随笔,就是这种"小文小说"的代表作。如《记承天夜游》:"元丰六年十月十二日夜,解衣欲睡。月色入户,欣然起行,念无与为乐者。遂至承天寺,寻张怀民。怀民亦未寝,相与步于中庭。庭下如积水空明,水中藻荇交横,盖竹柏影也。何夜无月,何处无竹柏,但少闲人如吾两人耳。"短短八十余字,先写两人夜不能寐,相与步于中庭;次写庭中月光如水,竹影纵横,给人以清凉孤寂的感觉;最后发出明月竹柏处处有,但少闲人欣赏的感慨。寥寥数语,不仅再现了深秋月夜的景色,而且寄慨万端,表现了他贬官黄州时那种强作轻松愉快的苦闷心境。

正因为苏轼的各体散文、骈文都取得了很高的艺术成就,因此为历代文学爱好者所喜好,历代专选苏文的选本就很多,较著名者如南宋朗晔的《经进东坡文集事略》、明代茅坤的《苏文忠公文钞》、清代储欣的《东坡先生全集录》之类。兼选苏文的选本更是多如牛毛,不胜枚举。这些选本往往附有该文的评论、背景资料,历代文集、诗话、文话、赋话、四六话以及各种笔记中也有不少苏文的评论、背景资料,这些资料对研究、欣赏苏文十分有用。编纂本书的目的,就在于为苏文研究者和苏文爱好者提供尽可能全的有关苏文的资料,以省大家的翻检之劳。

章学诚《文史通义》卷五《诗话》云:"诗话之源,本于钟荣《诗品》。然考之经传,如云:'为此诗者,其知道乎?'又云:'未之思也,何远之有?'此论诗而及事也。又如'吉甫作诵,穆如清风','其诗孔硕,其风肆好',此论诗而及辞也。事有是非,辞有工拙,触类旁通,启发实多。""论诗而及事"偏于背景资料;"论诗而及辞"偏重于评论资料。二者对研读诗、词、文都是很重要的。故本书虽名之曰《苏文汇评》,但所收不限于评论资料,有关背景资料也一并收录。涉及单篇者皆录于各篇之后,谓之《苏文篇评》。有一则资料评及数篇苏文者,短者在各篇之下皆收。过长者,则涉及各篇之评语重收，所举文则仅限于该篇。不作参见，以免读者前后翻检。有的资料，陈陈相因，后出而全无新意者不收。诗、词字数不多，苏诗又几乎篇篇有评（纪昀），故全部收了原诗、原词。文章一般较长，故只是读者面大而资料又较多的少数名篇收原文，作为卷上；多数文章则只在篇名下附资料，而不收原文，作为卷下。如果动逾万字而又只有一两条评论资料的长篇大论，也收原文，只会徒增篇幅。读者需要翻检原文，不难根据篇名及中华书局出版的《苏轼文集》所附篇名索引找到原文。长文只收有一篇，即《上神宗皇帝书》，因为它最足以代表苏轼一生的政治主张。所收苏文原文文字，基本上以《全宋文》中的《苏轼文》为准，编排顺序也大体按《全宋文》分类编排（不再详注卷次）。不涉及单篇而综论苏文者，附于单篇作品之后，谓之《苏文总评》，作为附录一。无论篇评或总评的资料，皆大体按朝代先后编排。所录数据，皆详注出处，有些序跋从篇题即可知其出自原书卷首或书末所附者，则只注作者和篇题。附录二为《引用书目索引》，录所引资料的作者、书名、版本。最后是本书有评论数据的苏文的《篇名索引》，以便读者查阅所需之篇的数据，作为附录三。此书目的虽在于尽可能全地汇总有关苏文的资料，但限于见闻，遗漏一定很多，容后续补。

（原载台湾文史哲出版社 1998 年版《苏文汇评》卷首）

苏赋十题

一、苏过"有《飓风赋》《思子台赋》行于世"

苏轼赋以中华书局出版的《苏轼文集》卷一收集最全，共二十七篇：《滟滪堆赋》《屈原庙赋》《昆阳城赋》《后杞菊赋》《服胡麻赋》《赤壁赋》《后赤壁赋》《黠鼠赋》《秋阳赋》《洞庭春色赋》《中山松醪赋》《沉香山子赋》《酒子赋》《天庆观乳泉赋》《老饕赋》《菜羹赋》《飓风赋》《酒隐赋》《浊醪有妙理赋》《延和殿奏新乐赋》《明君可与为忠言赋》《通其变使民不倦赋》《三法求民情赋》《六事廉为本赋》《复改科赋》《快哉此风风》《思子台赋》（《苏轼文集》卷一，中华书局1986年版。下引苏文只括注卷次）。其中的《飓风赋》《思子台赋》实为苏过所作，苏轼赋只有二十五篇。

《飓风赋》，《苏轼文集》校记云："《文鉴》卷十收此文，谓为苏过作。明焦竑《刻长公文集序》亦谓为苏过作。"可见编者知道此赋不是苏轼所作。《文鉴》指南宋初吕祖谦所编《皇朝文鉴》，其所收自然比明人编的苏轼集可信。晁说之亦云："其《思子台赋》《飓风赋》则早行于世。"（《永乐大典》卷2401）金人王若虚云："苏叔党《飓风赋》云'此飓之渐也'，少个'风'字。"（《文辨》）可见《飓风赋》确为苏过所作。

《思子台赋并引》，只有前面的引为苏轼所作，赋为苏过作。其引云："予先君宫师（指苏洵）之友史君，讳经臣，字彦辅，眉山人。与其弟沇子凝皆奇士，博学能文，慕李文饶之为人，而举其议论。彦辅举贤良，不中第。子凝以进士得官，止著作佐郎。皆早死，且无子。有文数百篇，皆亡之。予少时尝见彦辅所作《思子台赋》，上援秦皇，下逮晋惠，反复哀切，有补于世。盖记其意而亡其辞，乃命过作补亡之篇，庶几后之君子，犹得见斯人胸怀之仿佛也。"苏轼《史经臣兄弟》所记略同（《苏轼文集》卷七二）。苏轼《思子台赋引》谓"乃命过作补亡之篇"，这是《思子台赋》为苏过所作的铁证。中华书局《苏轼文集》此赋校记云："《外集》卷二十九有此文之引'予先君'云云，无赋。《文鉴》卷十收此文，谓为苏过作。今附存于此。"《文鉴》作苏过作品收是对的，明人所编的《苏轼外集》只收引而不收赋，也是对的，因为只有引是苏轼所作，赋乃"命过作"。由于《思子台赋引》有"乃命过作补亡之篇"语，因此前人很少把此赋误为苏轼作。王偁云："（苏）过终于通判定州，有《飓风赋》《思子台赋》行于世。"（《东都事略》卷九三《苏轼列传》，台湾文海出版社宋史资料萃编本）周密云："小坡《思子台赋》云：'彼杨公之爱修兮，岂减吾之苍舒。'皆深中人情。"（《浩然斋雅谈》卷上，四库全书本）"小坡"即指苏过。浦铣云："苏叔党《思子台赋》盖坡翁命补亡史君彦辅篇也。正使坡翁自作，未必能过。观其上援秦皇，下逮晋惠，又及夷灭张汤、主父偃之流，孟德、杨公之事，波澜愈阔，然去题稍辽矣。即结之曰'吾将以嗜杀为戒也'，故于末而并书，不独宾主分明，抑亦法律精细。"（《复小斋赋话》卷下，檇李遗书本）

二、"遭父丧而浮江归蜀也，过楚屈原之祠，为赋以吊"

苏赋的写作时间有三种情况：一是可确切编年者；二是目前还难于系年者，如《明君可与为忠言赋》《通其变使民不倦赋》《三法求民情赋》《六事廉为本赋》。四篇皆为律赋，可能是他应进士试和制科试前的习作，因为宋代进士考试要试律赋，而且与他应试时的观点颇为一致；三是前人有系年，但似可商榷者。这里我们先讨论可商榷者，再简述前两种情况。

王文诰《苏诗总案》卷一、吴雪涛《苏文系年》、孔凡礼《苏轼年谱》卷三，皆系《屈原庙赋》于嘉祐四年（1059），这就有待斟酌。宋人朗晔云："晁无咎云：'《屈原庙赋》者，公之所作也。公之初仕京师，遭父丧而浮江归蜀也，过楚屈原之祠，为赋以吊'"（《经进东坡文集事略》卷一《屈原庙赋》题下注，文学古籍刊行社 1957 版）朗晔为宋人，晁无咎即晁补之，是苏轼门人，苏门四学士之一，其言当可信。苏轼"遭父丧"是在治平三年（1066）

四月二十五日（《欧阳文忠公集》卷三四《苏君墓志铭》，四部丛刊初编本。
下引欧阳修诗文，只括注卷次）。六月九日诏赐苏洵光禄寺丞，并敕有司具舟
载丧归蜀。苏轼兄弟护丧归蜀，十二月入峡（宋孙汝听《苏颍滨年表》，上海
古籍出版社校点本《栾城集》附，1987 年版），故此赋当作于治平三年
（1066）十二月溯峡"归蜀"时。孔凡礼《苏轼年谱》卷三云："《经进东坡文
集事略》卷一《屈原庙赋》朗晔注引晁补之语，谓为护父丧归蜀过屈原祠所
作，今不从。"（《苏轼年谱》卷首，中华书局 1998 年版）惜孔先生未讲"不
从"的理由。前人有苏轼兄弟居丧期间不为诗文的说法，但这种说法是靠不
住的。晁补之明言苏轼"遭父丧而浮江归蜀也，过楚屈原之祠，为赋以吊"，
难道晁补之还不知宋人的守丧礼制吗？苏轼在《书子由绝胜亭诗》中说：
"'夜郎秋涨水连空，上有虚亭缥缈中。山满长天宜落日，江吹旷野作秋风。
爨烟惨淡浮前浦，渔艇纵横作钓筒。未省岳阳何所似，应须仔细问南公。'蜀
州新建绝胜亭，舍弟十九岁作。"（《苏轼文集》卷六）蜀州即今四川崇庆，苏
辙十九岁时为嘉祐二年（1060），正是苏辙居母丧期间。难道苏轼、苏辙会不
遵守宋人的守丧礼制吗？苏辙《巫山庙》诗（《栾城集》卷一，上海古籍出版
社 1987 年校点本。下引苏辙诗文只括注卷次，引自《栾城后集》《栾城第三
集》者，加注《后集》《三集》），亦作于这次"护父丧归蜀"时，有诗中的
"乘船入楚溯巴蜀"可证。溯，逆流而上。前人多把此诗作为嘉祐四年《南行
集》中诗，那就应为"乘船入楚出巴蜀"，这一"溯"字无可辩驳地证明苏辙
《巫山庙》诗作于"遭父丧而浮江归蜀"时。苏轼的《屈原庙赋》当作于
同时。

三、"子由赋茯苓以示余，乃作《服胡麻赋》以答之"

《服胡麻赋》，吴雪涛《苏文系年考略》第 156 页云："王文诰《苏诗总
案》卷二十一编此赋于元丰五年之下，而卷末又云是元丰四五年中事，遂编
此卷之末。可见《总案》编年亦无确据。今则更无可考，姑从其说。"（吴雪
涛《苏文系年考略》，内蒙古教育出版社出版 1990 年版）王文诰《苏诗总案》
卷四二又谓此赋作于苏轼兄弟贬官黄州、筠州时："《胡麻》乃答子由《伏苓》

者，复取《栾城集·茯苓赋》考之，两赋两叙皆不及作赋之地，而子由使辽已有《茯苓赋》，故《茯苓赋》载在前集，本集《胡麻赋》列《赤壁》两赋前，始知子由作于筠州监酒时，而公答之齐安者，了无疑义。"（王文诰《苏文忠公诗编注集成总案》，巴蜀书社 1986 年版）王文诰称此赋作于苏轼兄弟贬官黄州、筠州"了无疑义"，其实疑义颇多；吴雪涛认为"今则更无可考"，其实，此赋作年是"可考"的。苏轼《服胡麻赋并叙》云："始余尝服茯苓，久之良有益也。梦道士谓余：'茯苓燥，当杂胡麻食之。'梦中问道士：'何者为胡麻？'道士言：'脂麻是也。'既而读《本草》云：'胡麻，一名狗虱，一名方茎，黑者为巨胜。其油正可作食。'则胡麻之为脂麻，信矣。又云：'性与茯苓相宜。'于是始异斯梦，方将以其说食之，而子由赋伏苓以示余。乃作《服胡麻赋》以答之。"苏辙《服茯苓赋》叙云："余少而多病，夏则脾不胜食，秋则肺不胜寒。治肺则病脾，治脾则病肺。平居服药，殆不复能愈。年三十有二，官于宛丘，或怜而受之以道士服气法。行之期年，二疾良愈。盖自是始有意养生之说。晚读抱扑子书，言服气与草木之药，皆不能致长生。古神仙真人皆服金丹，以为草木之性，埋之则腐，煮之则烂，烧之则焦，不能自生，而况能生人乎？余既汩没世俗，意金丹不可得也。则试求之草木之类，寒暑不能移，岁月不能败者，惟松柏为然。古书言松脂流入地下为茯苓，茯苓又千岁则为琥珀，虽非金石，而其能自完也亦久矣。于是求之名山，屑而瀹之，去其脉络，而取其精华，庶几可以固形养气，延年而却老者。因为之赋以道之。"（《栾城集》卷一七）苏辙"年三十有二"为熙宁三年（1070），"官于宛丘"指此年正月张方平出知陈州，奏辟苏辙为陈州教授，辙有《初到陈州》诗。"行之期年，二疾良愈"，则当为熙宁五年苏辙三十四岁时。"子由赋伏苓以示余，乃作《服胡麻赋》以答之"，则苏轼的《服胡麻赋》当作于同年，即熙宁五年（1072），时苏辙为陈州教授，苏轼为杭州通判。

四、"苏子瞻扬州题诗之谤，作《黠鼠赋》"

《黠鼠赋》，有人说是苏轼少年时所作。吴雪涛《苏文系年》列于"未编年篇目"。其实此赋是可以系年的。1985 年人民文学出版社出版的《艺文志》

第三辑上，我发表有一篇《苏轼〈黠鼠赋〉作年辨证》，其文云："作于苏轼五十六岁时，即元祐六年（1091）。叶梦得说：'苏子瞻扬州题诗之谤，作《黠鼠赋》。'叶梦得（1077—1148）与苏轼同时而略晚，他与苏轼诸子皆有来往，他的记载当是可信的。所谓'扬州题诗之谤'，是指元丰八年（1085）五月苏轼在扬州写了三首《归宜兴，留题竹西寺》（《苏轼诗集》卷二五，中华书局1982年版）。其中第三首写道：'此生已觉都无事，今岁仍逢大有年。山寺归来闻好语，野花啼鸟亦欣然。'这年三月神宗去世，元祐六年苏轼的政敌赵君锡、贾易攻击苏轼这首诗'有欣幸先帝（神宗）上仙之意'。苏轼在《辩题诗札子》中说（《苏轼文集》卷九）：'臣若稍有不善之意，岂敢复书壁上以示人乎？又其时先帝上仙已及两月，非'山寺归来'始闻之语。事理明白，无人不知，而赵君锡辄敢挟词公然诬罔。'这就是苏轼作《黠鼠赋》的背景。苏轼在赋中一面以黠鼠比喻政敌，一面以少年时代所作的《夏侯太初论》中的警句'人能碎千金之璧，不能无失声于破釜；能搏猛虎，不能无变色于蜂虿'告诫自己，要无所畏惧，不为'一鼠之啮而为之变'，即不要为少数政敌的恶意'诬罔'而分散自己的注意力。"孔凡礼《苏轼年谱》卷三十系此赋于元祐六年（1091）八月，所引证据也是叶梦得《避暑录话》卷下之语，我认是为可信的。

五、其他苏赋系年

《滟滪堆赋》（1059年冬） 苏轼途经滟滪堆有两次。一为嘉祐四年（1059）十月三苏父子沿江而下，南行赴京；二为治平三年（1066）四月苏洵去世于京，苏轼兄弟于六月扶丧返蜀，沿江而上。《滟滪堆赋》云："余泊舟乎瞿塘之口，而观乎滟滪之崔嵬，然后知其所以开峡而不去者，固有以也。蜀江远来兮，浩漫漫之平沙。"从语气看，显然是出峡，当作于嘉祐四年南行赴京途经滟滪堆时。王文诰《苏诗总案》、吴雪涛《苏文系年》、孔凡礼《苏轼年谱》均谓此赋于嘉祐四年南行途中作，是可信的。

《昆阳城赋》（1060年初春） 昆阳在今河南叶县，赋写汉光武帝破王莽兵于昆阳，即历史上有名的"昆阳之战"。赋有"过故城而一吊，增志士之永慨"语，可知作于苏轼途经昆阳时。苏轼于嘉祐五年（1060）正月初五自江陵北上赴京，途经昆阳，于二月十五到京。苏轼一生只有这一次途经昆阳，故此赋必作于嘉祐五年春。

《后杞菊赋》（1076 年） 苏轼《后杞菊赋序》云："天随生（唐陆龟蒙）自言常食杞菊。及夏五月，枝叶老硬，气味苦涩，犹食不已，因作赋以自广。始余尝疑之，以为士不遇，穷约可也，至于饥饿嚼啮草木，则过矣。"关于写作时间，序云："余仕宦十有九年，家日益贫，衣食之奉，殆不如昔者。及移守胶西，意且一饱，而斋厨索然，不堪其忧。日与通守刘君廷式，循古城废圃，求杞菊食之，扪腹而笑。然后知天随生之言，可信不谬。作《后杞菊赋》以自嘲且解之云。"苏轼于嘉祐二年（1057）进士及第，下推十九年为熙宁八年（1075）。胶西即密州（今山东诸城），苏轼"移守胶西"在熙宁七年（1074）九月，实际到任已在十二月三日，次年即作《后杞菊赋》。朋万九载苏轼供词云："当年（指熙宁八年）并熙宁九年内作《薄薄酒》，又《水调歌头》一首，复有《杞菊赋》一首并引。不合云：'及移守胶西，意其一饱。而始至之日，斋馆索然，不堪其忧。'以非讽朝廷新法，减削公使钱太甚，斋酝厨簿事皆索然无备也。"（《乌台诗案·与王诜往来诗赋》，丛书集成初编本）孔凡礼《苏轼年谱》系于熙宁八年（1075）秋，赋云："吾方以杞为粮，以菊为糇。春食苗，夏食叶，秋食花实而冬食根。"可见杞菊四时皆可食，具体作于何月，很难断定。

《赤壁赋》（1082 年） 赋叙有明确记载："壬戌之秋，七月既望，苏子与客泛舟游于赤壁之下。"壬戌即元丰五年（1082），"七月既望"即七月十六日。

《后赤壁赋》（1082 年） 赋叙亦有明确记载："是岁十月之望，步自雪堂，将归于临皋。二客从予，过黄泥之坂。霜露既降，木叶尽脱。人影在地，仰见明月。顾而乐之，行歌相答。""是岁十月之望"即元丰五年（1082）十月十五日。

《秋阳赋》（1092 年） 赋云："越王之孙，有贤公子，宅于不土之里，而咏无言之诗。阮阅云："德麟名令畤。东坡作《秋阳赋》云：'宅于不土之里，而咏无言之诗。'盖'眰'字也。坡云：'教人别处使不得。'以告东坡居士曰：'吾心皎然，如秋阳之明；吾气肃然，如秋阳之清。吾好善而欲成之，如秋阳之坚百谷；吾恶恶而欲刑之，如秋阳之陨群木。夫是以乐而赋之，子以为何如？'居士笑曰：'公子何自知秋阳哉？生于华屋之下，而长游于朝廷之上，出拥大盖，入侍帏幄，暑至于温，寒至于凉而已矣，何自知秋阳哉？……'"（阮阅《诗话总龟》后集卷四八，人民文学出版社 1987 年版）朗晔《经进东坡文集事略》卷二题下注云："晁补之云：'《秋阳赋》，苏公之所作也。或曰：'越王孙者，盖赵令畤学于公，恭俭如寒士，有文，义慷慨，而公犹曰：'公子何自知秋阳。'如吕后谓朱虚侯不知田耳。而公自谓少贫贱暴露，乃知秋阳，以讽公子学问，知世艰难之义也。"赵令畤（1061—1134），初字景贶，苏轼为改字德麟，宋宗室燕懿王玄孙。元祐六年，签书颍州节度判官公事。时苏轼知颍州，爱其才，与之游。苏轼被窜斥，赵令畤亦入元祐党籍。绍兴初，官至右朝请大夫，袭封安定郡王。四年卒。令畤好学有文采，苏轼尝举荐于朝，称其"博学经史，手不释卷，吏事通敏，文采俊丽"，"笔力雅健，博贯子史"（《苏轼文集》卷三四《荐宗室令畤状》）。擅长诗词，周紫芝评其词"妙丽清壮，无一字不可人意"，为"乐府中绝唱"（《太仓稊米集》卷六六《书安定郡王长短句后》，四库全书本）。著有《侯鲭录》，采录宋人故实、诗话，记述颇为精赡。苏轼于元祐六年（1091）八月因两次遭到洛党攻击，出知颍州，次年（1092）二月苏轼自颍州改知扬州。赋有"暑不言病，以无忘秋阳之德"语，当作于元祐六年（1091）八月到颍州任不久时。

《洞庭春色赋》（1092 年）　　赋前小引云："安定郡王以黄柑酿酒，名之曰'洞庭春色'。其犹子德麟得之以饷予，戏作赋。"苏轼《与赵德麟（简）》（卷五二）云："纷纷尚未暇往见，思企之极。阴寒，起居佳胜否？甘酿佳贶，辄践前言，作赋，可转呈安定否？"此简在"以下俱扬州还朝"简内，苏轼自知扬州以兵部尚书召还在元祐七年（1092）八月，次年九月出知定州，自此再未还朝。简中的"甘酿佳贶"即赋叙所说的"黄柑酿酒"；简中的"安定"即赋叙的"安定郡王"；简中所说的"辄践前言作赋"即指《洞庭春色赋》。简中有"阴寒"语，可知此赋必作于元祐七年（1092）冬。

《中山松醪赋》（1094 年）　　苏轼《书松醪赋后》（卷六六）云："予在资善堂，与吴传正为世外之游。及将赴中山，传正赠予张遇易水供堂墨一丸而别。绍圣元年闰四月十五日，予赴英州，过韦城，而传正之甥欧阳思仲在焉。相与谈传正高风，叹息久之。始予尝作《洞庭春色赋》，传正独爱重之，求予亲书其本。又近作《中山松醪赋》，不减前作。独恨传正未见，乃取李氏澄心堂纸、杭州程奕鼠须笔，传正所赠易水供堂墨，录本以授思仲，使面授传正，且祝深藏之。传正平生学道，既有得矣，予亦窃闻其一二。今将适岭表，恨不及一别，故以此赋为赠而致思于卒章，可以超然相望而常相从也。"苏轼于绍圣元年（1094）四月以讥斥先朝的罪名贬知英州，未至贬所，再贬惠州。这里讲得很清楚，此赋作于绍圣元年（1094）闰四月十五日，赴英州贬所，途经韦城前不久（"近"），即绍圣元年春。《经进东坡文集事略》卷二引晁补之云："《松醪赋》者，苏公之所作也。公帅定武，饬厨传，断松节以酿酒，云：'饮之愈风扶衰。'松，大厦材也。摧而为薪，则与蓬蒿何异。今虽残，犹可收功于药饵。则世之用材者，虽斫而小之，为可惜矣。傥因其能，转败而为功，犹无不可也。"可知此赋作于知定州时。胡仔云："东坡在定武，作《松醪赋》，有云：'遂从此而入海，渺翻天之云涛。'盖自定再谪惠州，自惠而迁昌化，人以为语谶。"（《苕溪渔隐丛话前集》卷四〇引《王直方诗话》，人民文学出版社 1962 年版）张邦基云："东坡知徐州，作黄楼，未几，黄州安置。为定帅，作《松醪赋》有云：'遂从此而入海，渺翻天之云涛。'俄贬惠州，移儋耳，竟入海矣。"（《墨庄漫录》卷四，稗海本）

《沉香山子赋》（1098 年）　　题下自注说："子由生日作。"苏辙生于宝元二年（1039）二月二十日，宋孙汝听《苏颍滨年表》："仁宗宝元二年己卯二月丁亥苏辙生。"又云："元符年戊寅二月，轼以辙生日，有《沉香山子赋》赠辙，辙和以答之。"苏辙《和子瞻沉香山子赋》引云："仲春中休，子由于是始生。东坡老人居于海南，以沉水香山遗之，示之以赋，曰：'以为子寿。'乃和而复之。其词曰：'我生斯晨，阅岁六十。'"（《后集》卷五）可知此赋作于元符元年（1098）二月苏辙六十岁时。

《酒子赋》（1098 年）　　引云："南方酿酒，未大熟，取其膏液，谓之酒子，率得十一。既熟，则反之醅中。而潮人王介石，泉人许珏，乃以是饷予。宁其醅之漓，以蕲予一醉。此意岂可忘哉！乃为赋之。"苏轼在海南《与郑靖老（简）》（卷五六）云："初赁官屋数间居之，既不可住，又不欲与官员相交涉。近买地起屋五间，一龟头在南污池之侧，茂木之下，亦萧然可以杜门面壁少休也。……小客王介石者，有士君子之趣。起屋一行，介石躬其劳辱，甚于家隶，然无丝发之求也。"苏轼在海南被逐出官屋，只好在城南买地筑屋，是在元符元年戊寅（1098）。又据苏轼《书城北放鱼》（卷七一）载，参与这次放鱼的有六人，其一为王介石："会者六人：吴氏之老刘某，南海符某，儋耳何旻，潮阳王介石，温陵王懿、许琦。异者二人：吉童、奴九。元符二年三月丙寅书。"本此，此赋当作于元符元年（1098）末或元符二年（1099）春。王文诰《苏诗总案》卷四二系此赋于元符元年十二月，大体可信。

《天庆观乳泉赋》（1098 年）　　明宋濂跋云："苏长公以绍圣四年丁丑二月，谪授琼州别驾，安置儋州。六月渡海，七月十三日至儋，侨寄城南，邻于天庆观。观有乳泉，故公为援笔赋此。"（《石渠宝笈》卷一三《宋苏轼书天庆观乳泉赋》，四库全书本）宋王亚夫题诗云："苏公蚤闻道，文章乃其戏。乳泉出重海，作赋聊纪异。玉池咽中夜，挈瓶非小智。气者水之生，此语可深味。"（李日华《六研斋二笔》卷二引，四库全书本）苏轼在海南曾多次提及天庆观和《乳泉赋》，如《与姜唐佐秀才》云（卷五七）："食已，当取天庆观乳泉泼建茶之精者，念非君莫与共之。"《书北极灵签》云（卷七一）："东坡居士迁于海南，忧患不已。戊寅九月晦，游天庆观，谒北极真圣，探灵签，以决余生之祸福吉凶。"元符三年（1100）正月哲宗去世，徽宗继位，大赦天下。五月，苏轼量移廉州。六月渡海，七月至廉州贬所。七月十三日《与欧阳晦夫（简）》云："《乳泉赋》切勿示人，切恳切恳！"（吴升《大观录》卷五，民国铅印本）可知此赋必作于贬官海南时。王文诰《苏诗总案》卷四二元符元年（1098）六月云："居邻天庆观，城南百井皆废，作《天庆观乳泉赋》。"大体可信。

《老饕赋》（1099 年）　　王文诰《苏诗总案》卷四二云："（苏轼）海外所

作赋，确然可见者《沉香山子》《天庆观服泉》《酒子》三篇也。及阅何薳（《春渚纪闻》）所记，始知海外五赋（指《沉香山子》《天庆观乳泉》《酒子》《菜羹》《老饕》），而薳则亲见家藏手迹，其言可信。因悉取本集诸赋考之，检出《胡麻》《菜羹》《老饕》三赋，皆似海外作。而此赋（《老饕赋》）有'琼艘'句为证。复又检出余二赋，以《菜羹》为尤近。……又本集目录，《老饕赋》与四赋类载一处，亦海外五赋之一证也。"王文诰系此赋于元符二年（1099）九月，似可从。

《菜羹赋》（1098 年）　王文诰《苏诗总案》卷四二系此赋于元符元年（1098）十月，又元符二年九月条又作为海外五赋之一。赋有"先生心平而气和，故虽老而体胖。计余食之几何，固无患于长贫。忘口腹之为累，以不杀而成仁。窃比予于谁欤，葛天氏之遗民"之语，确系贬官海南时语气，故从之。

《酒隐赋》（1084 年）　苏轼贬官黄州末期《与陈季常（简）》（卷五三）云："叠辱手示，并惠果羞，感愧增剧。《酒隐堂诗》，当途中抒思，不敢草草作。公是大檀越，岂容复换牌也？一笑。"今《苏轼诗集》中没有《酒隐堂诗》，只有这篇《酒隐赋》。我曾疑酒隐君即陈慥季常，但赋叙谓酒隐君曾"官于合肥郡之舒城"，与陈季常的事迹不合。但从苏轼《与陈季常（简）》大体可以肯定此赋作于元丰七年（1084）四月苏轼自黄州贬所量移汝州时。

《浊醪有妙理赋》（1099 年）　吴雪涛《苏文系年》此赋未编年。释惠洪云："其海上作《浊醪有妙理赋》曰：'尝因既醉之适，方识人心之正。'然此老言人心之正，如孟子言性善，何以异哉！"可见亦作于贬官海南时，今姑系于元符二年（1099）。

《延和殿奏新乐赋》（1088 年）　据苏轼《范景仁墓志铭》（卷一四）："提举崇福宫，欲造乐献之，自以为嫌，乃先请致仕。既得谢，请太府铜为之，逾年乃成。比李照乐下一律有奇。二圣御延和殿，召执政同观，赐诏嘉奖，以乐下太常，诏三省、侍从、台阁之臣皆往观焉。时公已属疾，乐奏三日而薨。实元祐三年闰十二月癸卯朔，享年八十一。"赋有"皇帝践祚之三载也，治道旁达，王功告成。御延和之高拱，奏元祐之新声"语，与墓志所载合，此赋当作于元祐三年（1088）十二月范镇去世前三日。

《复改科赋》（1086 年） 赋云："新天子兮，继体承乾。老相国兮，更张孰先？悯科场之积弊，复诗赋以求贤。……噫，昔元丰之《新经》未颁，临川之《字说》不作。止戈为武兮，曾试于京国；通天为王兮，必舒于禁闱。"这里的"新天子"指刚继位的宋哲宗；"老相国"指司马光。元祐元年（1086）闰二月待御史刘挚言："国朝以来，取士设科循用唐制，进士所试诗赋论策，行之百余岁，号为得人。熙宁初，神宗皇帝崇尚儒术，训发义理，以新人才，谓章句破碎大道，乃罢诗赋，试以经义，士儒一变，皆至于道。……今之治经，以应科举，则与古异矣。以阴阳性命为之说，以泛滥荒诞为之辞，专诵熙宁所颁《新经》《字说》，而佐以庄、列、佛氏之书不可诘之论，争相夸高。场屋之间，虽群辈百千，而混用一律，主司临之，珉玉朱紫，困于眩惑。其中虽有真知圣人本指，该通先儒旧说，苟不合于所谓《新经》《字说》之学者，一切皆在所弃之列而已。至于蹈袭他人，剽窃旧作，主司猝然亦莫可辨。盖其无所统纪，无所隐括，非若诗赋之有声律法度，其是非工拙，一披卷而尽得之也。诗赋命题，杂出于六经、诸子、历代史记，故重复者寡。经义之题，出于所治一经，一经之中，可为题者，举子皆能类集，裒括其类，豫为义说，左右逢之。才十余年，数榜之间，所在命题，往往相犯。然则文章之题、贡举之法于此，其敝极矣。……臣愚欲乞试复诗赋，与经义兼用之。进士第一场试经义，第二场试诗赋，第三场试论，第四场试策。经义以观其学，诗赋以观其文，论以观其识，策以观其材。"（续资治通鉴长编》卷三六〇，中华书局 1979 年版）诏集议闻奏。苏轼《复改科赋》当作于是时（1086）。

《快哉此风赋》（1078 年） 引云："时与吴彦律、舒尧文、郑彦能各赋两韵，子瞻作第一、第五韵。占风字为韵，余皆不录。"吴彦律名琯，苏轼知徐州时，琯为监酒。苏轼有《日喻》一篇送其求举于礼部。《东坡乌台诗案》载苏轼供词云："元丰元年，轼知徐州，十月十三日在本州监酒、正字吴琯锁厅得解，赴省试。轼作文一篇名为《日喻》。"舒尧文名焕，轼知徐州时，焕为州学教授。郑彦能名仅，徐州人，后中进士，调北京司户参军，苏轼有《送郑户曹》诗。苏轼《中秋月寄子由三首》(《苏轼诗集》卷十七)云:"舒子在汶上,闭门相对清。郑子向河溯,孤舟连夜行。"说明四人同在徐州,当在元丰元年中秋前,而且只有这一次机会,故《快哉此风赋》当作于是时(1078)。

以上是根据《苏轼文集》的顺序,逐篇考证了苏赋的写作时间。现以时间先后为序,把苏赋重新排序如下:《滟滪堆赋》(1059 年)、《昆阳城赋》(1060 年)、《屈原庙赋》(1066 年)、《服胡麻赋》(1072)、《后杞菊赋》(1075)、《快哉此风赋》(1078)、《赤壁赋》(1082)、《后赤壁赋》(1082)、《酒隐赋》(1084 夏)、《复改科赋》(1086)、《延和殿奏新乐赋》(1088)、《黠鼠赋》(1091)、《秋阳赋》(1092)、《洞庭春色赋》(1092)、《中山松醪赋》(1094)、《沉香山子赋》(1098)、《酒子赋》(1098)、《天庆观乳泉赋》(1098)、《菜羹赋》(1098)、《老饕赋》(1099)、《浊醪有妙理赋》(1099)。暂未系年的还有《明君可与为忠言赋》《通其变使民不倦赋》《三法求民情赋》《六事廉为本赋》,前已言及,这四篇均为律赋,可能是他应进士试和制科试前的习作。

六、苏轼的骚体赋

赋经先秦的骚体赋、汉代的大赋、六朝的骈赋、唐宋用以取士的律赋,晚唐、宋代又形成一新式文赋。除汉式大赋外,现存苏赋可谓诸体皆备。

骚体赋的特点是多用"兮"字,苏轼的《滟滪堆赋》《屈原庙赋》《服胡麻赋》《酒子赋》四篇属骚体赋。

《滟滪堆赋》叙云:"世以瞿塘峡口滟滪堆为天下之至险,凡覆舟者,皆归咎于此石。以余观之,盖有功于斯人者。夫蜀江会百水而至于夔,弥漫浩汗,横放于大野,而峡之大小,曾不及其十一。苟先无以龃龉于其间,则江之远来,奔腾迅快,尽锐于瞿塘之口,则其险悍可畏,当不啻于今耳。因为之赋,以待好事者试观而思之。"滟滪堆的功罪,就是此赋主旨,这正是苏洵《忆山送人》诗的观点:"长江浑浑流,触啮不可拦。苟非峡山壮,浩浩无隅边。恐是造物意,特使险且坚。江山两相值,后世无水患。"(《嘉祐集笺注》

卷一六，上海古籍出版社 1993 年版）此赋是骚、散并用的骚体赋，散句多用于叙事，骚体句多用于描写："掀腾勃怒，万夫不敢前兮；宛然听命，惟圣人之所使。……蜀江远来兮，浩漫漫之平沙。行千里而未尝龃龉兮，其意骄逸而不可摧。忽峡口之逼窄兮，纳万顷于一杯。……忽孤城之当道，钩援临冲，毕于其下兮，城坚而不可取。矢尽剑折兮，迤逦循城而东去。"或用于抒发感慨："嗟夫，物固有以安而生变兮，亦有以用危而求安。得吾说而推之兮，亦足以知物理之固然。"

《屈原庙赋》首写过屈原故乡："浮扁舟以适楚兮，过屈原之遗宫。览江上之重山兮，曰惟子之故乡。"次写屈原之死："伊昔放逐兮，渡江涛而南迁。去家千里兮，生无所归而死无以为坟。悲夫，人固有一死兮，处死之为难。徘徊江上欲去而未决兮，俯千仞之惊湍。赋《怀沙》以自伤兮，嗟子独何以为心。忽终章之惨烈兮，逝将去此而沉吟。吾岂不能高举而远游兮，又岂不能退默而深居？独嗷嗷其怨慕兮，恐君臣之愈疏。生既不能力争而强谏兮，死犹冀其感发而改行。苟宗国之颠覆兮，吾亦独何爱于久生。托江神以告冤兮，冯夷教之以上诉。历九关而见帝兮，帝亦悲伤而不能救。怀瑾佩兰而无所归兮，独茕茕乎中浦。"后又回写现今屈原故里的荒凉："峡山高兮崔嵬，故居废兮行人哀。子孙散兮安在，况复见兮高台。"末以感慨千百年来无人理解屈原为结："自子之逝今千载兮，世愈狭而难存。贤者畏讥而改度兮，随俗变化斫方以为圆。龟勉于乱世而不能去兮，又或为之臣佐。变丹青于玉莹兮，彼乃谓子为非智。惟高节之不可以企及兮，宜夫人之不吾与。违国去俗死而不顾兮，岂不足以免于后世。呜呼，君子之道，岂必全兮。全身远害，亦或然兮。嗟子区区，独为其难兮。虽不适中，要以为贤兮。夫我何悲，子所安兮。"苏辙也有《屈原庙赋》："两苏皆有《屈原庙赋》，宋祝尧夫谓大苏赋如危峰特立，有崭然之势；小苏赋如深溟不测，有渊然之光。"（李调元《赋话》卷一○，丛书集成初编本）

《服胡麻赋》为四字句，末句加一"兮"字，首写胡麻可以养生："乔松千尺，老不僵兮。流膏入土，龟蛇藏兮。得而食之，寿莫量兮。"次写苏辙以伏苓养生："茯苓为君，此其相兮。我兴发书，若合符兮。"批评"世人不信，空自劬兮"。全赋仅结处句式略有变化:"嗟此区区,何与于其间兮。譬之膏油,火之所传而已耶?"罗大经云:"文公(朱熹)每与其徒言苏氏之学,坏人心术,学校尤宜禁绝。编《楚辞后语》,坡公诸赋皆不取,惟收《胡麻赋》,以其文类《橘颂》。"(《鹤林玉露》甲编卷二,中华书局唐宋史料笔记丛刊本)可见此赋与屈原《橘颂》一样属骚体。

《酒子赋》前半为三言:"米为母,曲其父。烝羔豚,出髓乳。怜二子(指潮人王介石,泉人许珏),自节口。饷滑甘,辅衰朽。先生醉,二子舞。归瀹其糟饮其友。"继以散句过度:"先生既醉而醒,醒而歌之曰";后半为骚句:"吾观醇酒之初泫兮,若婴儿之未孩。及其溢流而走空兮,又若时女之方笄……"从总体看,这也是一篇骚体赋。

七、苏赋的律赋

唐、宋科举,考试律赋。律赋就是骈赋,只是限制更严,不仅限骈偶,而且限韵数,故历来为文学史家所不取,认为没有什么文学价值。其实对律赋不可一概否定。王安石因不满"圣世选才终用赋"(《临川先生文集》卷三〇《试院中》,四部丛刊初编本),废除诗赋考试。但宋代除熙宁、元丰、绍圣年间外,都以诗赋取士,至少兼试诗赋。诗与赋相较,宋人更看重赋。欧阳修云:"自科场用赋取人,进士不复留意于诗,故绝无可称者。"(《六一诗话》,人民文学出版社1983年版)宋初孙何《论诗赋取士》云:"诗赋之制,非学优才高不能当也。破巨题期于百中,压强韵示有余地。驱驾典故,混然无迹;引用经籍,若己有之。咏轻近之物,则托兴雅重,命词峻振;述朴素之学,则立言遒丽,析理明白。其或气韵飞动,而语无孟浪;藻绘交错,而体不卑弱。颂国政则金石之奏间发,歌物瑞则云日之华相照。观其命句,可以见学植之深浅;即其构思,可以觇器业之大小。穷体物之妙,极缘情之旨,识《春秋》之富赡,洞诗人之丽则,能从事于斯者,始可言赋家者流。"(《寓简》卷五引,丛书集成初编本)范仲淹《赋林衡鉴序》云:"律体之兴,盛于唐室。贻于代者,雅有存焉。可歌可谣,以条以贯。或祖述王道,或褒赞国风,或研究物情,或规戒人事,焕然可警,锵乎在闻。"(《范文正公别集》卷四，宣统二年重雕康熙岁寒堂本）刘敞《杂律赋自序》云："当世贵进士，而进士尚词赋，不为词赋，是不为进士也；不为进士，是不合当世也。"（《公是集》卷首，四库全书本）苏轼反对王安石废除诗赋考试，他在《议学校贡举状》（卷二五）中说："自唐至今，以诗赋为名臣者，不可胜数，何负于天下，而必欲废之！"刘克庄《李耘子诗卷》云："唐世以赋诗设科，然去取予夺一决于诗，故唐人诗工而赋拙。……本朝亦以诗赋设科，然去取予夺一决于赋，故本朝赋工而诗拙。今之律赋，往往造微入神，温飞卿、李义山之徒未必能仿佛也。"（《后村先生大全集》卷九八，四部丛刊初编本）因此，宋代不仅律赋多，而且质量高。

苏轼现存律赋六篇（《浊醪有妙理赋》《延和殿奏新乐赋》《明君可与为忠言赋》《通其变使民不倦赋》《三法求民情赋》《六事廉为本赋》），均以议论胜。以"神圣功用，无捷于酒"为韵的《浊醪有妙理赋》，赋题为杜甫《晦日寻崔戢、李封》诗成句："浊醪有妙理，庶用慰沉浮。"这正是此赋主旨，赋一开头即予点明："酒勿嫌浊，人当取醇。失忧心于卧梦，信妙理之疑神。浑盎盎以无声，始从味入；杳冥冥其似道，径得天真。伊人之生，以酒为命。常因既醉之适，方识此心之正。"全赋围绕这一主旨，驱使与酒有关的典故："得时行道，我则师齐相之饮醇；远害全身，我则学徐公之中圣"；"酷爱孟生，知其中之有趣；犹嫌白老，不颂德而言功"；"又何必一石亦醉，罔间州间；五斗解醒，不问妻妾。结袜廷中，观廷尉之度量；脱靴殿上，夸谪仙之敏捷。阳醉边地，常陋王式之褊；乌歌仰天，每讥杨恽之狭。我欲眠而君且去，有客何嫌；人皆劝而我不闻，其谁敢接"；"独醒者，汨罗之道也；屡舞者，高阳之徒欤？恶蒋济而射木人，又何狷浅；杀王敦而取金印，亦自狂疏"。以上几乎句句用典，而所有典故都在借"外寓于酒"以说明"内全其天"，以抒发他贬官海南时的心境。李调元《赋话》卷三《新话》三云："宋苏轼《浊醪有妙理赋》云：'得时行道，我则师齐相之饮醇；远害全身，我则学徐公之中圣。'穷通皆宜，才是妙理。通篇豪爽，而有隽致，真率而能细入，前无古人，后无来者。"

以"明则知远，能受忠告"为韵的《明君可与为忠言赋》，从君、臣两个角度，论臣进谏与君纳谏的关系。赋一开头就点明了全赋主旨："臣不难谏，君先自明。智既审乎情伪，言可竭其忠诚。虚己以求，览群心于止水；昌言而告，恃至信于平衡。"这就是说，臣之谏是以君之明为前提的，臣之"昌言而告"是以君之"虚己以求"为基础的。全赋就围绕这一论点展开，人君不能从善若转丸，言臣则有莫测之患："言之虽易，听之实难；论者虽切，闻者多惑。苟非开怀用善，若转丸之易从，则投人以言，有按剑之莫测。"只有"上之人闻危言而不忌，下之士推赤心而无损。……苟其聪明蔽于嗜好，智虑溺于爱憎，因其所喜而为善，虽有愿忠而孰能？……目有眯则视白为黑，心有蔽则以薄为厚。遂使谀臣乘隙以汇进，智士知微而出走。"李调元《赋话》卷五评此赋云："横说竖说，透快绝伦，作一篇史论读，所谓偶语而有单行之势者，律赋之创调也。"

以"通物之变，民用无倦"为韵的《通其变使民不倦赋》，表现了他一贯的变革主张："物不可久，势将自穷。欲民生而无倦，在世变以能通。器当极弊之时，因而改作；众得日新之用，乐以移风。"然后他历举各种变革，表现出他特有的雄辩之风："下迄尧舜，上从轩羲。作网罟以绝禽兽之害，服牛马以纾手足之疲。田焉而尽百谷之利，市焉而交四方之宜。神农既没，而舟楫以济也；后圣有作，而弧矢以威之。至贵也，而衣裳之有法；至贱也，而臼杵之不遗。居穴告劳，易以屋庐之美；结绳既厌，改从书契之为。……以瓦屋则无茅茨之敝漏，以骑战则无车徒之错综。更皮弁以圜法，周世所宜；易古篆以隶书，秦民咸共。"他反对王安石的骤变，主张渐变，在此赋中也有反映："如地也，草木之有盛衰；如天也，日星之有晦见。皆利也，孰识其所以为利；皆变也，孰诘其所以制变？五材天生而并用，或革或因；百姓日用而不知，以歌以抃。岂不以俗狃其事，化难以神。疾从古之多弊，俾由吾而一新。观《易》之卦，则圣人之时可以见；观卦之象，则君子之动可以循。"李调元《赋话》卷五评此赋云："宋苏轼《通其变使民不倦赋》云：'制器者皆出于先圣，泥古者盖生于俗儒。昔之然今或以否，昔之有今或以无。将何以鼓舞民志，周流化区？王莽之复井田，世滋以惑；房琯之用车战，众病其拘。'以策论手段施之帖括，纵横排奡，仍以议论胜人，然才气豪上，而率易处亦多，鲜有通篇完善者。""寓议论于排偶之中"，"偶语而有单行之势"，这是苏轼律赋的特点，他比欧阳修更加才气纵横，更加不为律赋之律所拘，纵横排奡，随心所欲，句式尤为灵活多变，大量使用之乎者也之类的虚词，有些律句几与散文无别。

以"成德之老，来奏新乐"为韵的《延和殿奏新乐赋》，是为歌颂范镇奏新乐而作："道欲详解，事资学博。傥非夔、旷之徒，孰能正一代之乐？"以"王用三法，断民得中"为韵的《三法求民情赋》，主旨与其《刑赏忠厚之至论》相近："民之枉直难其辩，王有刑罚从其公"；"三宽然后制邦辟，三舍然后施刑章。盖念罚一非辜，则民情郁而多怨；法一滥举，则治道汩而不纲"；"刑德济而阴阳合，生杀当而天地参。后世不此务，百姓无以堪。"以"先圣之贵廉也如此"为韵的《六事廉为本赋》的主旨是"贵廉"："功废于贪，行成于廉"；"绩效皆烦，清名至美。故先责其立操，然后褒其善理。是以古者之治，必简而明，其术由此。"以上诸赋也被李调元《赋话》卷五称为"纵横排奡，仍以议论胜人"。

八、苏赋的文赋

文赋是兴起于唐，而成熟于宋的新兴赋体，它是对骈赋、律赋的反动，是对秦汉古赋的复归，但又不同于秦汉古赋。文赋既为赋，它就具有赋的共同特点，多用对话的形式结构全篇，虽押韵不严而一般仍押韵。既称文赋，它又具有不同于其他赋体的特点，这就是尚于理而略于辞，骚、骈、散句式并用，多单行散句，句式参差，具有散文之风。本此以衡量文赋，这种赋体并未成为宋代及宋以后赋的主体。宋代现存辞赋约一千四百余篇，堪称文赋者不足百篇。就宋代文学的发展过程看，北宋初年很少有人作文赋，文赋的出现主要是在北宋古文运动兴起以后，但存世文赋也远较其他赋体为少。苏轼现存赋二十五篇，文赋只有前、后《赤壁赋》《黠鼠赋》《天庆观乳泉赋》四篇。

苏轼贬官黄州，政治处境极为不利，心情非常苦闷。他力图用老庄的听任自然、随缘自适、超然达观的处世哲学来解脱自己的痛苦。《赤壁赋》的开头描写了月夜泛舟大江的美好景色和饮酒赋诗的舒畅心情："清风徐来，水波不兴"；"月出于东山之上，徘徊于斗牛之间。白露横江，水光接天。"——短短几句，作者就为我们烘托出一幅月白风清，天水相连的秋夜景色。"纵一苇之所如（人），凌万顷之茫然。浩浩乎，如冯（凭）虚御风，而不知其所往；飘飘乎，如遗世独立，羽化而登仙。"——这里写的是泛舟，听任苇叶似的小舟掠过茫茫无际的江面，浩浩荡荡，好像驾着风凌空飞去；飘飘然，好像脱离人世，成为仙人而飞升仙境。这里，既抒发了月夜泛舟的舒畅心情，又给人以渺渺茫茫的虚幻感觉，为后面的议论做好了铺垫。接着，作者通过客人"如怨如慕""如泣如诉"的洞箫声，很自然地引出主客间关于人生意义的一场辩论。主客的对话，实际上都是作者的独白，是他陷于深沉苦闷而又力求摆脱的矛盾心情的表露。作者通过客人之口说，当年的曹操"破荆州，下江陵，顺流而东也，舳舻千里，旌旗蔽空，酾酒临江，横槊赋诗，固一世之雄也，而今安在哉！"浪淘尽千古风流人物，像这样不可一世的曹操，都被时间的流水洗尽了旧迹，何况自己已经"渔樵于江渚之上，侣鱼虾而友麋鹿"，还能在历史上留下什么陈迹呢？"寄蜉蝣于天地，渺沧海之一粟。哀吾生之须臾，羡长江之无穷。"——人生太渺小了，太短促了！这是"奋厉有当世志"的苏轼，在贬官黄州时深感壮志难酬而发出的沉痛哀叹。但是，作者不愿沉浸在这悲观颓丧的思想中，而又找不到出路，于是只好搬出老庄的处世哲学来自我安慰说：

客亦知乎水与月乎？逝者如斯（指水）而未尝往也；盈虚者如彼（指月）而卒莫消长也。盖将自其变者而观之，则天地曾不能以一瞬；自其不变者而观之，则物与我皆无尽也，而又何羡乎？且夫天地之间，物各有主，苟非吾之所有，虽一毫而莫取。惟江上之清风，与山间之明月，耳得之而为声，目遇之而成色，取之无禁，用之不竭。是造物者之无尽藏也，而吾与子之所共适。

这段主客对话，我们都可以从《庄子》中找到它的原版。要会想：从变的一面看，人生固然短促、渺小；但从不变的一面看，"则物与我皆无尽也"。高官厚禄既"非吾之所有"，就只好"莫取"了；但"江上之清风，与山间之明月"是"取之无禁，用之不竭"的，可以尽情享受而又与世无争。这是一种无可奈何的自我安慰。但苏轼在极端失意时能处以达观，能看到人生"无尽"的一面，仍有其积极意义。文章从泛舟大江有羽化登仙之乐，转入"侣鱼虾而友麋鹿"的现实苦闷，最后又以"清风""明月"之乐作自我安慰，写得来波澜起伏，曲折多姿。对江上秋夜美景，小舟自由荡漾和箫声如泣如诉的描写，形象生动，文笔精炼。主客对话，说理谈玄，议论风生。最后以主客狂饮，酣睡达旦作结，戛然而止，余味无穷。"以杯浇愁愁更愁"，结尾处的"喜而笑"，实际上掩藏着难以排遣的苦闷。

苏轼的《后赤壁赋》记叙了同年十月十五日夜游赤壁的经过。初冬的赤壁比起三个月前的赤壁来，又是一番景色，已由雄壮的"乱石崩云，惊涛裂岸，卷起千堆雪"，变成了清丽的"江流有声，断岸千尺，山高月小，水落石出"。苏轼不禁感慨道："曾日月之几何，而江山不可复识矣！"苏轼同客人撩起衣服爬山，登上险峻的山岩，分开丛生的野草，蹲在状如虎豹的大石上，站在盘曲如虬龙的古木之巅，攀登鹘鸟巢居的岩洞，俯视水神河伯的幽宫。突然听见一声长啸，"草木震动，山鸣谷应，风起水涌"。苏轼"悄然而悲，肃然而恐"，不敢久留，下得山来，登上小舟，任小舟在江中自由飘荡。突然有一只翅如车轮，羽毛雪白，尾巴漆黑的鹤，横江飞来，掠过小舟，长鸣一声，向西飞去。全赋给人一种清冷的感觉，表现了作者贬官黄州期间孤寂悲凉的心情。

苏轼的前、后《赤壁赋》虽为文赋，但也有不少骈句。如前赋的"白露横江，水光接天。纵一苇之所如，凌万顷之茫然。浩浩乎如凭虚御风，而不知其所止；飘飘乎如遗世独立，羽化而登仙"；"舞幽壑之潜蛟，泣孤舟之嫠妇"；"寄蜉蝣于天地，渺沧海之一粟。哀吾生之须臾，羡长江之无穷。挟飞仙以遨游，抱明月而长终"；"惟江上之清风，与山间之明月，耳得之而为声，目遇之而成色，取之无禁，用之不竭"。后赋的"山高月小，水落石出'；"履巉岩，披蒙茸。踞虎豹，登虬龙。攀栖鹘之危巢，俯冯夷之幽宫"；"山鸣谷

384

应，风起水涌"，都是典型的骈句。

《赤壁》二赋确实堪称"文章绝唱"（《鹤林玉露》甲编卷六），正如唐庚所说："东坡《赤壁》二赋，一洗万古，欲仿佛其一语，毕世不可得也。"（《唐子西文录》，历代诗话本）二赋相较，有人更喜欢后赋。袁宏道评云："《前赤壁赋》为禅法道理所障，如老学究着深衣，遍体是板；后赋平叙中有无限光景，至末一段，即子瞻亦不知其所以妙。"李贽评云："前赋说道理，时有头巾气。此则空灵奇幻，笔笔欲仙。"（《苏长公合作》卷一引）苏轼赤壁之游对后世产生了深远的影响，不仅模仿之作、赞美之词不胜枚举，而且中、日、韩的文人往往还在苏轼赤壁游的日子举行赤壁会，留下了大量的纪念诗文。

《黠鼠赋》前半写黠鼠之黠："苏子夜坐，有鼠方啮。拊床而止之，既止复作。使童子烛之，有橐中空。嘐嘐聱聱，声在橐中。曰：'嘻，此鼠之见闭而不得去者也。'发而视之，寂无所有。举烛而索，中有死鼠。童子惊曰：'是方啮也，而遽死耶？向为何声，岂其鬼耶？'覆而出之，堕地乃走。虽有敏者，莫措其手。"后半是作者的感叹，先叹鼠之黠足以骗人："苏子叹曰：'异哉，是鼠之黠也。闭于橐中，橐坚而不可穴也，故不啮而啮，以声致人；不死而死，以形求脱也。吾闻有生，莫智于人，扰龙伐蛟，登龟狩麟。役万物而君之，卒见使于一鼠，堕此虫之计中，惊脱兔于处女。乌在其为智也？'"然后进一步感叹此乃"不一之患"所造成："坐而假寐，私念其故。若有告余者曰：'汝惟多学而识之，望道而未见也。不一于汝，而二于物，故一鼠之啮而为之变也。人能碎千金之璧，不能无失声于破釜；能搏猛虎，不能无变色于蜂虿。此不一之患也。言出于汝，而忘之耶？'余俛而笑，仰而觉。使童子执笔，记余之作。"这是一篇典型的文赋，全文多为四言句，但也有散句和骈句，如"此鼠之见闭而不得去者也""橐坚而不可穴也""故一鼠之啮而为之变也"，末引自己少年时代所写的著名骈句"人能碎千金之璧，不能无失声于破釜；能搏猛虎，不能无变色于蜂虿"作结。

《天庆观乳泉赋》，前半皆论"天一为水"："水之在人寰也，如山川之蓄云，草木之含滋，漠然无形而为往来之气也。为气者水之生，而有形者其死也。死者咸而生者甘。甘者能往能来，而咸者一出而不复返，此阴阳之理也。”后半才讲儋耳天庆观之乳泉：“吾谪居儋耳，卜筑城南，邻于司命之宫。百井皆咸，而醪醴湩乳，独发于宫中，给吾饮食酒茗之用，盖沛然而无穷。吾尝中夜而起，挈瓶而东。有落月之相随，无一人而我同。汲者未动，夜气方归。锵琼佩之落谷，滟玉池之生肥。吾三咽而遄返，惧守神之诃讥。却五味以谢六尘，悟一真而失百非。信飞仙之有药，中无主而何依。渺松乔之安在，犹想象于庶几。”文赋往往含有骈句，欧阳修的《秋声赋》、苏轼的前后《赤壁赋》都有较多骈句，此赋也一样，如“山川之蓄云，草木之含滋”；“为气者水之生，而有形者其死也”；“下涌于舌底，而上流于牙颊，甘而不坏，白而不浊”；“下则为江湖井泉，上则为雨露霜雪”；“泾渭之不相乱，河济之不相涉也”；“有落月之相随，无一人而我同”；而结尾处则尽为骈句（自“锵琼佩之落谷”至“犹想象于庶几”）。文赋一般也押韵，此赋的开头一段（自“阴阳之相化”至“此阴阳之理也”，初读似与无韵的散文无异，实为押韵之文，以徲、始、气、死、理为韵，或四句一押韵，或两句一押韵，韵足都在末句的虚词前，看似颇为自由，故能给人以未用韵的感觉。前人对此赋评价甚高，葛立方称此赋“析理入微，则知东坡于养生之道深矣”（《韵语阳秋》卷一二，上海古籍出版社影印宋刻本 1984 年版）；费衮称“《天庆乳泉赋》词意高妙，当在第一”（《梁溪漫志》卷四，上海古籍出版社 1985 年版）；苏轼北移廉州时曾书此赋，李心传称其“笔老墨秀，挟海上风涛之气，以平生所见论之，当为海内苏书第一”。（《石渠宝笈》卷一三《宋苏轼书天庆观乳泉赋》）方苞认为：“所见无绝殊者，而文境邈不可攀。良由身闲地旷，胸无杂物，触处流露，斟酌饱满，不知其所以然而然。岂惟他人不能模仿，即使子瞻更为之，亦不能如此调适而畅遂也。”（《古文辞类纂》卷七一，四部备要本）

苏轼赋除四篇骚体赋、四篇文赋、六篇律赋外，其余都是骈赋，将在下面论述苏赋题材时论及。

九、苏赋的题材、内容和主旨

苏轼题材十分丰富，或议政，如六篇律赋及《复改科赋》；或纪游，如

《滟滪堆赋》《后赤壁赋》；或吊古，如《昆阳城赋》《屈原庙赋》《赤壁赋》；或咏物，如《后杞菊赋》《服胡麻赋》《黠鼠赋》《秋阳赋》《天庆观乳泉赋》《快哉此风赋》《沉香山子赋》；或咏酒，如《洞庭春色赋》《中山松醪赋》《酒子赋》《酒隐赋》《浊醪有妙理赋》；或咏食，如《老饕赋》《菜羹赋》。前已论及其内容者，此不重复，这里只分类作补充论述。

"赋者古人规谏之文"（《欧阳文忠公集》卷七四《进拟御试应天以实不以文赋》）。苏轼律赋皆为"规谏"之作，另有一篇《复改科赋》，也是直接议政的。苏轼在熙宁初是以反对王安石对科举的改革开始反对王安石变法的。元祐初，司马光废除了王安石专以经义论策取士的制度，恢复了诗赋明经各科。苏轼专门写了《复改科赋》，批评经义取士，歌颂诗赋取士："探经义之渊源，是非纷若；考辞章之声律，去取昭然。原夫诗之作也，始于虞舜之朝；赋之兴也，本自两京之世。迤逦陈、齐之代，绵邈隋、唐之裔。故遒人徇路为察治之本，历代用之为取士之制。追古不易，高风未替。祖宗百年而用此，号曰得人；朝廷一旦而革之，不胜其弊。谓专门足以造圣域，谓变古足以为大儒。事吟哦者为童子，为雕篆者非壮夫。殊不知采摭英华也，簇之如锦绣；较量轻重也，等之如锱铢。"这是一篇十分工整的骈赋。

《昆阳城赋》是苏轼南行赴京途中所作的吊古赋。此赋首写古战场之荒凉，感叹今人已不知此地为古战场："淡平野之蔼蔼，忽孤城之如块。风吹沙以苍莽，怅楼橹之安在？黄门豁以四达，故道宛其未改。彼野人之何知，方伛偻而畦菜。"次写当年的战争的残酷："嗟夫，昆阳之战，屠百万于斯须，旷千古而一快。想寻、邑之来陈，兀若驱云而拥海。猛士扶轮以蒙茸，虎豹杂沓而横溃。罄天下于一战，谓此举之不再。方其乞降而未获，固已变色而惊悔。忽千骑之独出，犯初锋于未艾。始凭轼而大笑，旋弃鼓而投械。纷纷籍籍死于沟壑者，不知其何人，或金章而玉佩。"末发出感叹，死者多数为"市井之无赖"，不足惜，唯严尤亦追随王莽为不可理解："彼狂童之僭窃，盖已旋踵而将败。岂豪杰之能得，尽市井之无赖。贡符献瑞一朝而成群兮，纷就死之何怪。独悲伤于严生，怀长才而自浼。岂不知其必丧，独徘徊其安待。过故城而一吊，增志士之永慨。""严生"指严尤，为王莽谋主，最晓兵法，昆阳之败，乘轻骑，践死人而逃。吴子良云："词人即事睹景，怀古思旧，感慨悲吟，情不能已。今举其最工者，如……东坡《昆阳城赋》：'横门豁以四达，故道宛其未改。彼野人之何知，方伛偻而畦菜。'……盖人已逝而迹犹存，迹虽存而景随变。"（《荆溪林下偶谈》卷三，宝颜堂秘笈本）

苏轼的咏物赋较多，《后杞菊赋》是一篇四言句较多的骈赋，全赋设为主客对话："'吁嗟先生，谁使汝坐堂上称太守？前宾客之造请，后掾属之趋走。朝衙达午，夕坐过西。曾杯酒之不设，揽草木以诳口。对案颦蹙，举箸噎呕。昔阴将军设麦饭与葱叶，井丹推去而不嗅。怪先生之眷眷，岂故山之无有？'先生听然而笑曰：'人生一世，如屈伸肘。何者为贫，何者为富？何者为美，何者为陋？或糠核而瓠肥，或粱肉而墨瘦。何侯方丈，庾郎三九。较丰约于梦寐，卒同归于一朽。吾方以杞为粮，以菊为糗。春食苗，夏食叶，秋食花实而冬食根，庶几乎西河、南阳之寿。'"洪迈云："自屈原词赋假为渔父、日者问答之后，后人作者悉相规仿。……若东坡公作《后杞菊赋》，破题直云：'吁嗟先生，谁使汝坐堂上称太守？'殆如飞龙搏鹏，骞翔扶摇于烟霄九万里之外，不可搏诘，岂区区巢林随羽者所能窥探其涯缦哉？"（《容斋五笔》卷七，上海古籍出版社1978年版）

《秋阳赋》是散文化倾向较浓的骈赋。叙事、过渡句多用散语，对话多用骈句。全赋主旨是通过主客对话，极言"秋阳之德"。但正如李耆卿《文章精义》所说："文字有反类尊题者，子瞻《秋阳赋》，先说夏潦之可忧，却说秋旸之可喜，绝妙。若出《文选》诸人手，则通篇说秋旸，斩无余味矣。""先说夏潦之可忧"是指苏轼答话中的如下一段："方夏潦之淫也，云烝雨泄，雷电发越，江湖为一，后土冒没，舟行城郭，鱼龙入室。菌衣生于用器，蛙蚓行于几席。夜违湿而五迁，昼燎衣而三易。是犹未足病也，耕于三吴，有田一廛。禾已实而生耳，稻方秀而泥蟠。沟塍交通，墙壁颓穿。面垢落堁之涂，目泣湿薪之烟。釜甑其空，四邻悄然。鹳鹤鸣于户庭，妇宵兴而永叹。计有食其几何，矧有衣于穷年。""却说秋旸之可喜"指苏轼继续说："忽釜星之杂出，又灯花之双悬。清风西来，喜钟其铿。奴婢喜而告余，此雨止之祥也。蚤作而占之，则长庚澹澹其不芒矣。浴于旸谷，升于扶桑。曾未转盼，而倒景飞于屋梁矣。方是时也，如醉而醒，如喑而鸣。如痿而起行，如还故乡初见父兄。公子亦有此乐乎？"为什么"绝妙"呢？妙就妙在"夏潦之可忧"进一步反衬出"秋旸之可喜"，否则，"通篇说秋旸"，行文板滞，"斩无余味矣"。

《沉香山子赋》是一篇咏香的骈赋："独沉水为近正，可以配簪而并云。矧儋、崖之异产，实超然而不群。既金坚而玉润，亦鹤骨而龙筋。惟膏液之内足，故把握而兼斤。"沉香山子是一种"宛彼小山"的沉香："顾占城之枯朽，宜爨釜而燎蚊。宛彼小山，巉然可欣。如太华之倚天，像小孤之插云。"故苏轼寄此为苏辙祝寿："往寿子之生朝，以写我之老懃。"海南岛（儋、崖）以产沉香闻名，仁宗初年丁谓远谪海南，撰《天香传》，即为宣扬海南沉香而作，涉及香的历史、种类、采摘情况等，内容相当丰富，是宋代关于"香"的较早较有代表性的文章。丁谓把海南香分为四类十二状，最难得的是沉香："或有附于枯榦，隐于曲枝，蛰藏深根，或抱贞木本，或挺然结实，混然成形。嵌若岩石，屹若归云；如矫首龙，如峨冠凤；如麟植趾，如鸿锻翮；如曲肱，如骈指。但文理密致，光彩明莹，斤斧之迹，一无所及。置器以验，如石投水：此香宝也，千百一而已矣。夫如是，自非一气粹和之凝结，百神祥异之含育，则何以群木之中，独禀灵气，首出庶物，得奉高天也？"这段文字十分形象生动，他以'若''如'领起，一连用了八个比喻来形容沉香。丁谓还把海南所产的香与他处所产的香作了比较，分析了海南香远胜他处香的原因，一是因为"所禀不同"，即地质有别；但更重要的原因是"自然成香"，"非时不妄剪伐"。

苏轼是一位美食家，他的诗、词、文、赋都有不少咏食的。胡仔云："东坡于饮食，作诗赋以写之，往往皆臻其妙。如《老饕赋》《豆粥》诗是也。"（《苕溪渔隐丛话前集》后集卷二八）他的《老饕赋》《菜羹赋》皆咏食，皆作于海南。《老饕赋》咏老而贪食，《菜羹赋》咏海南无可食。李冶云："东坡有《老饕赋》，前后皆说食。"（《敬斋古今黈》卷八，四库全书本）前写美食，咏及烹调对水火的要求："水欲新而釜欲洁，火恶陈而薪恶劳。"对部位的选择："尝项上之一脔，嚼霜前之两螯。"对生熟的掌握："蛤半熟而含酒，蟹微生而带糟。"中写要以歌舞美酒伴食："婉彼姬姜，颜如李桃。弹湘妃之玉瑟，鼓帝子之云王璈。命仙人之萼绿华，舞古曲之郁轮袍。引南海之玻璃，酌凉州之蒲萄。"末以美人告去，先生逃禅作结："美人告去，已而云散，先生方兀然而禅逃。响松风于蟹眼，浮雪花于兔毫。先生一笑而起，渺海阔而天高。"全赋没有什么深意，确为游戏之笔，谢枋得《碧湖杂记》云："东坡《老饕赋》，盖文章之游戏耳。"但却写得来"流丽清旷，如春帆映日，浮于云渚。"（《古今小品》卷一）

《菜羹赋》与《后杞菊赋》的内容相近，《后杞菊赋》咏知密州时的贫困生活，只好"揽草木以诳口"；《菜羹赋》写贬官海南时的贫困生活："嗟余生之褊迫，如脱兔其何因。殷诗肠之转雷，聊御饿而食陈。无刍豢以适口，荷邻蔬之见分。汲幽泉以揉濯，持露叶与琼根。"但在苏轼看来，邻蔬的露叶、琼根比醯酱、椒桂之味更美，以致他"屏醯酱之厚味，却椒桂之芳辛。……先生心平而气和，故虽老而体胖。计余食之几何，固无患于长贫。忘口腹之为累，以不杀而成仁。窃比予于谁欤，葛天氏之遗民"。

苏轼不能饮酒，所谓把盏即醉，却喜咏酒，不但诗、词中常咏酒，而且咏酒的赋也特别多。《酒隐赋》以感慨起，引出"期隐身于一醉"的酒隐君："世事悠悠，浮云聚沤。昔日浚壑，今为崇丘。眇万事于一瞬，孰能兼忘而独游？爰有达人，泛观天地。不择山林，而能避世。引壶觞以自娱，期隐身于一醉。"次写封侯、循名皆不足贵："且曰封侯万里，赐璧一双。从使秦帝，横令楚王。飞鸟已尽，弯弓不藏，至于血刃膏鼎，家夷族亡。与夫洗耳颍尾，食薇首阳。抱信秋溺，徇名立僵。臧谷之异，尚同归于亡羊。"末谓只有隐于酒"足以名世而称贤"："于是笑蹴糟丘，揖精立粕。醞羲皇之真味，反太初之至乐。烹混沌以调羹，竭沧溟而反爵。邀同归而无徒，每踌躇而自酌。若乃池边倒载，瓮下高眠。背后持锸，杖头挂钱。遇故人而腐胁，逢麹车而流涎。暂托以排意，岂胸中而洞然。使其推虚破梦，则扰扰万绪起矣，乌足以名世而称贤者耶？"

苏轼知颍州，安定郡王以黄柑酿酒，曰"洞庭春色"，苏轼为赵德麟作《洞庭春色赋》。这是一篇咏酒的骈赋，全赋除以散句起（"吾闻橘中之乐，不减商山。岂霜余之不食，而四老人者游戏于其间?"），以散句结（"觉而赋之，以授公子曰："呜呼噫嘻，吾言夸矣，公子其为我删之"）以外，中间的主体部分都是骈句，并"皆用橘事"（《邵氏闻见后录》卷一九）。

后苏轼知定州，以松节酿酒，并作《中山松醪赋》，通篇皆为骈句。苏轼《自跋洞庭春色赋中山松醪赋》："始，安定郡王以黄柑酿酒，名之曰'洞庭春色'。其犹子德麟，得之以饷余，戏为作赋。后余为中山守，以松节酿酒，复为赋之。以其事同而文类，故录为一卷。绍圣元年闰四月廿一日，将适岭表，遇大雨，留襄邑，书此。"（郑虎臣《吴都文粹》卷六，四库全书本）这就是这两篇咏酒赋写作的背景。刘壎云："东坡赋《山中松醪》，有曰：'遂从此而入海，眇翻天之云涛。'句语奇健，可以见其胸次轩豁、笔端浩渺也。"（《隐居通议》卷四，丛书集成初编本）王世贞《跋坡老洞庭春色中山松醪二赋》云："《洞庭春色》《山中松醪》二赋，实此公《酒经》之羽翼，成而绝爱之，往往为客书，所谓'人间合有数十本'者。……赋语流丽伉浪，亦自可见。"娄坚云："东坡诸赋，世人知有前、后《赤壁》，皮相者犹或訾之。能言《秋阳》者有几，矧于《松醪》耶?"（《学古绪言》卷二三，嘉定四先生集本）叶寘谓苏轼"顾谓叔党（苏过）曰：'吾甚喜《松醪赋》，盍秉烛，吾为汝书此，倘一字误，吾将死海上；不然，吾必生还。'叔党苦谏，恐偏傍点画偶有差讹，或兆忧耳。坡不听，径伸纸落笔，终篇无秋毫脱谬。父子相与粲然。《松醪赋》之谶渡海，人知之，而未知其以验生还也。"（《爱日斋丛钞》卷二，四库全书本）

十、二苏赋之比较

苏洵无赋存世，苏辙现存赋九篇，只有苏轼赋的三分之一强。苏轼以文赋知名于赋史，但他的前后《赤壁赋》作于元丰五年（1082），苏轼已四十七岁。苏辙的《缸砚赋》也是一篇文赋，作于至和二年（1055），年仅十七岁，比《赤壁赋》的写作时间早二十五年。

苏辙赋虽远较苏轼为少，但名篇也不少。他的《服茯苓赋》在当时就流传很广，元祐中苏辙出使契丹，契丹臣僚对他说："闻常服茯苓，欲乞其方。"

（《栾城集》卷四一《北使还论北边事札子》）可见此赋当时已传到契丹。

苏轼知徐州，黄河泛滥，为纪念徐州防洪胜利，苏轼在徐州东门建黄楼，苏辙为作《黄楼赋》（卷一七）。苏辙说："余《黄楼赋》，学《两都》也，晚年来不作此工夫之文。"（苏籀《栾城遗言》）《黄楼赋》首段把徐州防洪与汉代河决瓠子相比较，表现了防洪成功的喜悦之情；次段写登楼四顾，集中描写徐州东南西北的形胜，慨叹徐州古代的英雄早已化为空虚，像这样东西南北的铺陈描写，确实是"学《两都》"，是典型的汉式大赋写法。末以颓然就醉作结，给人留有回味余地。此赋前人评价很高，苏轼《答张文潜书》（卷四九）云："子由之文实胜仆，而世俗不知，乃以为不如。其为人深不愿人知之，其文如其为人，故汪洋澹泊，有一唱三叹之声。而其秀杰之气，终不可没。作《黄楼赋》乃稍自振厉，若欲以警发愦愦者，而或者便谓仆代作，此尤可笑。"杨万里则把《黄楼赋》与前后《赤壁赋》相提并论，《和王才臣再病二首》云："《赤壁》还坡老，《黄楼》只子由。二苏三赋在，一览病应休。"苏轼本来想作《黄楼记》，得到这篇赋后亦为之搁笔，并亲自书写，刻之于石。苏辙之文，东坡之书，堪称二绝。崇宁年间禁毁苏文，徐州太守不愿毁此刻石，只是把它投于城濠中。宣和末年禁令稍弛，权贵之家以蓄东坡手迹为荣，售价昂贵。当时的徐州守苗仲先取出刻石，日夜摩印，得数千本。然后借口"苏氏之学，法禁尚在"，毁掉石刻。人闻石毁，墨本之价激增，苗仲先因此大发横财（徐度《却扫编》，榕园丛书本）。这既反映了北宋末年一些官吏之贪婪，也反映了人们对苏氏文墨的热爱。

（原载上海人民出版社 2006 年版《宋代文学与宋代文化》）

苏轼《黠鼠赋》作年辩证

四月十四日《光明日报》的"读者、作者、编者"栏里，就臧克家同志《苏轼少作〈黠鼠赋〉》一文，发了两封读者来信和四川眉山三苏祠文管所转述的刘少泉同志的答复。刘启林、子冉同志正确指出了《黠鼠赋》并非苏轼"少作"，可惜未明确此赋究竟作于何时，而刘少泉同志的答复中却出现了一些新的错误。

刘少泉同志说："确定这篇文章为苏东坡少年之作是有根据的。"根据何在呢？一是《王直方诗话》"东坡十岁时，老苏令作《夏侯太初论》，其间有'人能碎千金之璧，不能无失声于破釜；能搏猛虎，不能无变色于蜂虿'之语。老苏爱之，以少时所作，故不传。然东坡作《颜乐亭诗》和《黠鼠赋》，凡两次用之。"刘少泉同志显然误解了这段话。王直方讲得很清楚，东坡十岁所作的是《夏侯太初论》，其中两个分句在《颜乐亭诗》和《黠鼠赋》中引用过，并非后两篇文章也作于"少年"时。若引了"少作"中语即为"少作"，那么《颜乐亭诗》也就变成"少作"了。但我们知道，颜乐亭在山东。《颜乐亭诗》是熙宁末年苏轼在密州（今山东诸城）任上所作，苏轼少年时代未到过山东，当然也不可能作《颜乐亭诗》。

刘少泉同志的"根据"之二是苏籀的《栾城遗言》。这一部分答复的错误就更多了：（一）刘说："苏东坡之孙苏籀。"苏籀并非"苏东坡之孙"，而是苏辙之孙。但过去多误为苏辙长子苏迟之子，实际是苏辙次子苏适（仲南）之子。1972年出土的《苏仲南墓志铭》载，苏适有子四人，长"曰籀"。（二）刘说："东坡《却鼠刀铭》的基本内容与《黠鼠赋》中的内容，大部分相同。"《却鼠刀铭》见《东坡集》卷二〇。其实，《铭》与《赋》除都说到"鼠"外，无论谋篇立意，语言风格都很不相同。《赋》着重写鼠之狡黠，《铭》着重写

"刀"有"却鼠"的功能。两篇主旨迥然有别,断言《铭》《赋》作于同时是没有根据的。(三)刘说,苏籀的"曾祖是东坡和子由的祖父苏序",这也不对。曾祖者,祖父之父是也。苏籀的父亲是苏适,祖父是苏辙,曾祖即苏洵,苏序对苏籀来说已是高祖,而非曾祖。苏籀所谓"曾祖称之",即指苏洵称赞苏轼兄弟。(四)既然把苏籀的曾祖误认为是苏序,因此,根据"苏序是在东坡十二岁时的庆历七年去世的",来断定《却鼠刀铭》作于十二岁时也就必然不妥。苏辙的《缸砚赋》作于苏辙十七岁、东坡二十岁时,见王文浩《苏诗总案》卷一。苏籀既然并提"坡幼年作《却鼠刀铭》,公(苏辙)作《缸砚赋》,曾祖(苏洵)称之,命佳纸修写(刘文引用时多"入"字),装饰订于所居壁上",那么,苏轼的《却鼠刀铭》也应大体作于同时,即苏轼十八九岁或二十岁时。(五)断言《却鼠刀铭》作于苏轼十一二岁已无根据,断言《却鼠刀铭》与《黠鼠赋》"基本内容""大部分相同"也无根据,由此推论出的《黠鼠赋》作于苏序"去世之前","为东被十一岁时的作品",当然也站不住脚了。

那么《黠鼠赋》究竟作于何时呢?作于苏轼五十六岁时,即元祐六年(1091)。叶梦得《避暑录话》卷下说:"苏子瞻扬州题诗之谤,《黠鼠赋》。"叶梦得(1077—1148)与苏轼(1036—1101)同时而略晚,他与苏轼诸子皆有往来,他的记载当是可信的。所谓"扬州题诗之谤",是指元丰八年(1085)五月苏轼在扬州写了三首《归宜兴,留题竹西寺》(《东坡集》卷一五)。其中第三首写道,"此生已觉都无事,今岁仍逢大有年。山寺归来闻好语,野花啼鸟亦欣然。"这年三月神宗去世,元祐六年(1091)苏轼的政敌赵君锡、贾易攻击苏轼这首诗"有欣幸先帝(神宗)上仙(去世)之意。"苏轼在《辩题诗札子》(《东披奏议集》卷九)中说:"臣若稍有不善之意,岂敢复书壁上以示人乎?又其时先帝上仙已及两月,决非'山寺归来'始闻之语。事理明白无人不知,而(赵)君锡辄敢挟词公然诬罔。"这就是苏轼作《黠鼠赋》的背景。苏轼在《赋》中一面以黠鼠比喻政敌之狡黠,一面以少年时代所作的《夏侯太初论》中的警句"人能掷千金之璧……"告诫自己,要无所畏惧,不要为"一鼠之啮而为之变",即不要为少数几个政敌的恶意"诬罔"

而分散自己的注意力。这样的主旨与《却鼠刀铭》歌颂刀能"却鼠"有什么"相同"之处呢?

刘少泉同志还说:《黠鼠赋》的写作时间"在东坡原作中无法找到",其实,《黠鼠赋》"原作"虽找不出具体的写作年月,但至少可找出并非"少作"的根据。除刘启林同志举出的"古人为文,非有相当资历及年纪者,不得称自己为子"外,还可举出以下一些:(一)"使童子烛之","童子惊曰","使童子执笔,记余之言"。这哪里像一个十一二岁的孩子说的话呢?苏轼出生在一个"三世皆不仕""余之世农""少而躬耕"的家庭,哪有这么阔气呢?文中自称"苏子"使唤"童子",与欧阳修的《秋声赋》颇相似,都是做官以后的语气。(二)文中有"汝(苏轼指自己)惟多学而识之乎?"无论苏轼是什么"奇才异人","精微早熟的天才",在十一二岁时恐怕也不会自称(尽管是借梦中人自称)多学多识吧!(三)文中又有"言(指《夏侯太初论》中的警句)出于汝,而忘之耶?""忘"字也表明,《黠鼠赋》与《夏侯太初论》并非作于同时。

(原载 1985 年人民文学出版社《艺文志》第 3 辑)

龚克昌《评苏轼赋》商榷

2008 年第 2 期《文史哲》发表的龚克昌先生的《评苏轼赋》，对苏赋作了全面深入的评价。但其中数篇似有商榷余地。现以龚文为序，提出我的看法，供龚先生参考，并望关心这些问题的学者不吝指教。

一

龚文云："《秋阳赋》《飓风赋》等在艺术上也多有特色。"其实，《飓风赋》（卷一）乃苏轼幼子苏过所作，并非苏轼作品。《苏轼文集》校记云："《文鉴》卷十收此文，谓为苏过作。明焦竑《刻长公文集序》亦谓为苏过作。"可见《苏轼文集》校者知道此赋不是苏轼所作。吕祖谦（1137—1181）是北南宋之际人，在理学上，他与朱熹、张栻齐名，时称东南三贤。在文学上，他力求融合道学与辞章之学。《文鉴》指他奉命编纂的《皇朝文鉴》，其所收作品自然比明人编的苏轼集可信，亦作苏过作品。金人王若虚《文辨》（卷三六）也把《飓风赋》作为苏过作品："苏叔党《飓风赋》云：'此飓之渐也。'少个'风'字。又云：'此飓之先驱尔。'却多'飓'字，但云'此其先驱'足矣。"可见《飓风赋》当为苏过所作。

晁说之《苏叔党（过）墓志铭》亦云："其《思子台赋》《飓风赋》则早行于世。"（《永乐大典》卷二四一）晁说之（1059—1129）比吕祖谦还早，晁补之从弟，实为苏轼门人之一，与苏过关系甚密，其说当更可信。

二

龚文云："首先值得赞赏的是苏轼二十四五岁赴京（开封）时，旅途中所作的三赋，即《滟滪堆赋》《屈原庙赋》和《昆阳城赋》。"

苏轼二十四岁为嘉祐四年（1059），二十五岁为嘉祐五年（1060），时三苏父子沿岷江、长江而下，途经三峡时作《滟滪堆赋》；十二月抵江陵度岁，新年后陆行北上，途经昆阳时作《昆阳城赋》。但《屈原庙赋》是否作于南行途中？

龚文与王文诰《苏诗总案》卷一、吴雪涛《苏文系年》、孔凡礼《苏轼年谱》卷三，皆系《屈原庙赋》于嘉祐四年（1059），我对此说是有怀疑的。宋人朗晔引晁补之云："《屈原庙赋》者，苏公之所作也。公之初仕京师，遭父丧而浮江归蜀也，过楚屈原之祠，为赋以吊。"（《经进东坡文集事略》卷一《屈原庙赋》题下注，文学古籍刊行社1957年版）朗晔为南宋初人，离苏轼病逝不远；晁补之更是苏轼门人，为苏门四学士之一，其言当可信。欧阳修《苏君墓志铭》（卷三四），苏轼"遭父丧"是在治平三年（1066）四月二十五日，六月九日诏赐苏洵光禄寺丞，并敕有司具舟载丧归蜀。苏轼兄弟护丧归蜀，十二月入峡，故此赋当作于治平三年（1066）十二月溯峡"归蜀"时。时苏轼已不是"二十四五岁"，而是三十一岁。

前人有苏轼兄弟居丧期间不为诗文的说法，但这种说法是靠不住的。晁补之明言苏轼"遭父丧而浮江归蜀也，过楚屈原之祠，为赋以吊"，难道晁补之还不知道宋人的守丧礼制吗？苏轼在《书子由绝胜亭诗》（卷六八）中说："'夜郎秋涨水连空，上有虚亭缥缈中。山满长天宜落日，江吹旷野作秋风。爨烟惨淡浮前浦，渔艇纵横作钓筒。未省岳阳何所似，应须仔细问南公。'蜀州新建绝胜亭，舍弟十九岁作。"蜀州即今四川崇庆，苏辙十九岁时为嘉祐二年（1057），正是苏辙居母丧期间。难道苏轼、苏辙会不遵守宋人的守丧礼制吗？

苏辙《巫山庙》诗（卷一）亦作于这次"护父丧归蜀"时，有诗中的"乘船入楚溯巴蜀"可证。溯，逆流而上。前人多把此诗作为嘉祐四年《南行集》中诗，那就应为"乘船入楚出巴蜀"，这一"溯"字无可辩驳地证明苏辙《巫山庙》诗作于"遭父丧而浮江归蜀"时。苏轼的《屈原庙赋》当作于同时。

三

《服胡麻赋》，吴雪涛《苏文系年考略》云："王文诰《苏诗总案》卷二十一编此赋于元丰五年之下，而卷末又云是元丰四、五年中事，遂编此卷之末。可见《总案》编年亦无确据。今则更无可考，姑从其说。"王文诰又谓此赋作于苏轼兄弟贬官黄州、筠州时："《胡麻》乃答子由《伏苓》者，复取《栾城集·伏苓赋》考之，两赋两叙皆不及作赋之地，而子由使辽已有《伏苓赋》，故《伏苓赋》载在前集，本集《胡麻赋》列《赤壁》两赋前，始知子由作于筠州监酒时，而公答之齐安者，了无疑义。"（王文诰《苏文忠公诗编注集成总案》卷四二，巴蜀书社 1986 年版）王文诰称此赋作于苏轼兄弟贬官黄州、筠州"了无疑义"，其实疑义颇多；吴雪涛认为"今则更无可考"，其实，此赋作年是"可考"的。

龚文云："此赋作于熙宁四年（1071）赴杭州任上途经陈州（今河南淮南）与其弟苏辙会见时，其序云：'始余尝服茯苓，久之良有益也。梦道士谓余："茯苓燥，当杂胡麻食之。"梦中问道士："何者为胡麻？"道士言："脂麻（芝麻）是也。"……于是始异斯梦，方将以其说食之，而子由（苏辙字）赋伏苓以示余。乃作《服胡麻赋》以答之。'"（第 131 页）龚先生的这一论述比王文诰、吴雪涛精确得多。

可惜龚文未引苏辙的《服茯苓赋并叙》（卷一七），而辙《叙》更有说服力，故补引如下。苏辙《服茯苓赋》叙云："余少而多病，夏则脾不胜食，秋则肺不胜寒。治肺则病脾，治脾则病肺。平居服药，殆不复能愈。年三十有二，官于宛丘，或怜而受之以道士服气法。行之期年，二疾良愈。盖自是始有意养生之说。晚读抱扑子书，言服气与草木之药，皆不能致长生。古神仙真人皆服金丹，以为草木之性，埋之则腐，煮之则烂，烧之则焦，不能自生，而况能生人乎？余既汩没世俗，意金丹不可得也。则试求之草木之类，寒暑不能移，岁月不能败者，惟松柏为然。古书言松脂流入地下为茯苓，茯苓又千岁则为琥珀，虽非金石，而其能自完也亦久矣。于是求之名山，屑而瀹之，去其脉络，而取其精华，庶几可以固形养气，延年而却老者。因为之赋以道之。"苏辙"年三十有二"为熙宁三年（1070），"官于宛丘"指此年正月张方平出知陈州，奏辟苏辙为陈州教授，辙有《初到陈州》诗。"行之期年（一整年），二疾良愈"，则当为熙宁四年苏辙三十三岁时。"子由赋伏苓以示余，乃作《服胡麻赋》以答之"，则苏轼的《服胡麻赋》当作于同年，即熙宁四年，时苏辙为陈州教授，因此，龚文关于苏轼此赋作于"熙宁四年（1071）赴杭州任上途经陈州（今河南淮南）与其弟苏辙会见时"是可信的。

四

《黠鼠赋》，龚文云："关于此赋的写作时间，古今学者多以为系东坡十一岁时所作。宋人王直方（见《王直方诗话》）、东坡小孙苏籀（见《栾城遗言》）都持这种观点。今人也多从此说。我不相信十一岁的童子有此写作能力，且赋开头所说的'苏子夜坐……使童子烛之'，结尾所说的'余俯而笑，仰而觉，使童子持笔，记余作'，等等，似非十一岁童子的口气。……我以为此赋当作于中年之后。"（第 135 页）

龚文很有见地，但与吴雪涛《苏文系年》一样，仍"未编年"。其实此赋是可以系年的。1985 年人民文学出版社出版的《艺文志》第三辑上，我发表有一篇《苏轼〈黠鼠赋〉作年辨证》，其文云："作于苏轼五十六岁时，即元祐六年（1091）。叶梦得说：'苏子瞻扬州题诗之谤，作《黠鼠赋》。'叶梦得（1077—1148）与苏轼同时而略晚，他与苏轼诸子皆有来往，他的记载当是可信的。所谓'扬州题诗之谤'，是指元丰八年（1085）五月苏轼在扬州写了三首《归宜兴，留题竹西寺》（卷二五）。其中第三首写道：'此生已觉都无事，今岁仍逢大有年。山寺归来闻好语，野花啼鸟亦欣然。'这年三月神宗去世，元祐六年苏轼的政敌赵君锡、贾易攻击苏轼这首诗'有欣幸先帝（神宗）上仙之意'。苏轼在《辩题诗札子》（卷九）中说：'臣若稍有不善之意，岂敢复书壁上以示人乎？又其时先帝上仙已及两月，非"山寺归来"始闻之语。事理明白，无人不知，而（赵）君锡辄敢挟词公然诬罔。'这就是苏轼作《黠鼠赋》的背景。苏轼在赋中一面以黠鼠比喻政敌，一面重用少年时代所作的《夏侯太初论》中的警句'人能碎千金之璧，不能无失声于破釜；能搏猛虎，不能无变色于蜂虿'告诫自己，要无所畏惧，不为'一鼠之啮而为之变'，即不要为少数政敌的恶意'诬罔'而分散自己的注意力。"孔凡礼《苏轼年谱》卷三十系此赋于元祐六年（1091）八月，所引证据也是叶梦得《避暑录话》卷下之语，我认是为可信的。

（原载 2011 年上海人民出版社《文化、文学与文体》）

苏轼《与滕达道书》是"忏悔书"吗？

近年来一些批判"四人帮"全盘否定苏轼的文章，几乎都说苏轼在司马光当政时改变了反对王安石变法的态度。重要根据之一就是苏轼《与滕达道书》。朱靖华先生说："当'元祐更化'司马光欲尽变新法之时，他便挺身而出，力争不休。关于对新法的态度，苏轼曾在与滕达道的信中表示忏悔。……这封忏悔书说明了苏轼对改革时弊并无成见，他把'报国''便民'的原则置于派争之上，肯于作自我批判。"（《历史研究》1978年第8期《论苏轼政治思想的发展》）王水照先生说："元祐元年（1086）他给朋友滕元发（即滕达道）的信……认识了自己过去反对新法的'差谬'，承认神宗朝推行新法在造成一定流弊的同时，也获得了一定的成效，所谓'圣德日新，众化大成'。"（《文学评论》1978年第3期《评苏轼的政治立场和政治诗》）刘乃昌先生说："神宗病死，其母高太后临朝，任司马光为相，变法局势逆转，但苏轼在给友人的信中坦然承认……当年自己反对新法是拘于'偏见'，'所言差谬'，这是好的。这表明他比较正视事实，并不固执错误。"（《开封师院学报》1979年第2期《试谈有关评价苏轼的几个问题》）

看来，弄清这封信的写作时间及基本精神，对确定苏轼是否改变了反对新法的态度，他的政治主张是前后矛盾的还是基本一致的，具有重要意义。

关于这封信的写作时间历来就有分歧。王文诰《苏文忠公诗编注集成》（卷一八）认为这封信写于元丰二年（1079）正月徐州任上，即写于乌台诗案，贬官黄州之前。蔡上翔《王荆公年谱考略》（卷二四）认为写于元祐元年（1086）司马光当政，王安石去世之时，即死于贬官黄州以后，苏轼还朝之时。蔡说："公（指王安石）薨（王死于元祐元年四月），而子瞻与滕达道书，且谓向时论新法者'多差'，'若谈谈不已，则忧患愈深'。"近两年来的文章基本上是持后一种观点的。

我对上述两种说法都是怀疑的，这里有两个问题需要讨论：（一）苏轼《与滕达道书》究竟写于何时？（二）这是否是一封"忏悔书"？为了准确理解这封信的内容，弄清这封信的写作时间是非常必要的。

苏轼《与滕达道书》载《东坡续集》卷四，在东坡七集中。《东坡续集》系后人所编，编得杂乱无章，颠倒重复之处甚多，与按文体、按时间顺序编排的其他六集迥然不同。《东坡续集》卷四所收集的二十四封《与滕达道书》，既非写于同时，也不是按时间先后顺序编排的。例如，第一封说"某到此时，见荆公（王安石）甚喜，时诵诗说佛也"，显然写于元丰七年（1084），从黄州赴汝州途经金陵（南京）拜访王安石之时。第二封说"别后遽闻国故，哀号追慕，迨今未已"，显然写于元丰八年（1085）三月神宗去世之后。第十三封说到"过歧亭（今湖北麻城市西南）"，第十五封说到"某罪废"，第十六封说到"黄（州）当江路"，这三封显然写于贬官黄州期间（1080—1084）。第二十封说"近在扬州入一文字，乞常州住"，可见作于元丰七年（1084）冬，神宗去世之前。以上所举数例，足以说明二十四封信并非写于一时，也不是按时间先后顺序排列的。现在要讨论的这封信是第十九封。要判断这封信的写作时间，就只能根据这封信的内容，而不能根据其前（第十八封）其后（第二十封）的信的写作时间。这封信不长，为便于探讨，特录于下：

某欲见面一言者，盖为吾侪新法之初，辄守偏见，至有异同之论。虽此心耿耿，归于忧国，而所言差谬，少有中理者。今圣德日新，众化大成，回视向之所执，益觉疏矣。若变志易守，以求进取，固所不敢；若谠谠不已，则忧患愈深。

公此行，尚深示知，非静退意。但以老病衰晚，旧臣之心，欲一望清光而已。如此，恐必获一对。公之至意，无乃出于此乎？

辄恃深眷，信笔直突，千万恕之，死罪。

安道公（张方平）殆是一代伟人，示谕，极慰喜慰喜。

细审这封信的内容，我认为它既非写于"元丰二年"，也非写于"元祐元年"，而应写于贬官黄州期间。理由如下：

（一）这封信的内容与"元祐元年"司马光为相时的整个政治情势不合。

信中说："若变志易守，以求进取，固所不敢；若谠谠不已，则忧患愈深。"所谓"变志易守"，是指变反对新法为拥护新法，放弃自己素来的政治主张。"元祐元年"司马光为相时，苏轼怎么会说不敢"变志易守，以求进取"的话呢？司马光为相时，变反对新法为拥护新法，怎么能达到"进取"的目的呢？苏轼不是仅仅因为反对司马光废除免役法，司马光就"有逐公（苏轼）意"（苏辙《东坡先生墓志铭》）吗？由此可见，这句话不可能是元祐元年说的。

所谓"谠谠不已"是指继续批评新法。元祐元年司马光为相时，"谠谠不已"地继续批评新法，怎么会"忧患愈深"呢？当时的形势是："台谏所击，不过先朝（神宗朝）之人；所非，不过先朝之法。"（《东坡奏议集》卷三《辩试馆职策问诸子》）在这种形势下，"谠谠不已"地批评新法正是取得高官厚禄的捷径。因此，"台谏诸人，皆希合光意，以求进用"（同上，卷五《乞郡诸子》）。由此可见，这句话也不可能是元祐元年说的。

（二）这封信的内容与苏轼在元祐元年及其前后的整个政治观点不合。

苏轼在信的开头承认自己过去反对新法是"偏见"，"所言差谬，少有中理者"。请看看苏轼在神宗去世前后对过去自己反对新法的看法吧：

> 臣受性刚褊，赋命穷奇，既获罪于天，又无助于下。怨仇交积，罪恶横生。群言或起于爱憎，孤忠遂隐于疑似。中虽无愧，不敢自明。（《东坡集》卷二五《乞常州居住表》）

这就是说，他被贬官黄州并不是因为"所言差谬"，而是因为自己性格"刚褊"，"怨仇"对他横加罪名；而他是一片"孤忠"，"无愧"于心的。同时所作的《如梦令》词（《东坡乐府笺》卷二）还说：

水垢何曾相受，细看两俱无有。寄语揩背人，尽日劳君挥手。轻手，轻手，居士本来无垢。

苏轼在黄州洗涤"杂污"，洗了五年，最后得出的结论却是自己"本来无垢"。把苏轼以上这些话同承认自己"所言差谬"的话放在一起，显然是不协调的。

信中说："今圣德日新，众化大成"，这与苏轼元祐元年的观点也是不合的。苏轼在"元祐元年八月"所上的《乞不给散青苗钱斛状》（《东坡奏议集》卷三）中说：

熙宁以来，行青苗免役二法，至今二十余年。法日益敝，民日益贫，刑日益烦，"盗"日益炽，田日益贱，谷帛日益轻。细数其害，有不可胜言者。……二十年间，因欠青苗，至卖田宅，雇妻女，投水自缢者，不可胜数。

请问，这算什么"圣德日新，众化大成"呢？

诚然，苏轼在元祐初年曾反对司马光为首的旧党"尽废熙（宁）（元）丰之法"，主张"参用所长"。但不可过分夸大了这点。苏轼曾对司马光明确表示："公所欲行者，皆上顺天心，下合人望，无可疑者。惟免役一事，未可轻议。"由此可见，苏轼除反对司马光废除免役法外，对司马光的其他所作所为还是赞成的。而且苏轼所维护的免役法已不是王安石原来的免役法，而是经过他"去其弊"，也就是修改过了的免役法。

苏轼在熙宁初年是以反对王安石变科举开始反对王安石变法实践的；元祐元年他仍然反对王安石对科举的改革。他在《答张文潜书》（《东坡集》卷三〇）中说：

文字之衰未有如今日者也，其源实出于王氏。王氏之文未必不善也，而患在好使人同己。自孔子不能使人同，颜渊之仁，子路之勇，不能以相移；而王氏欲以其文同天下。地之美者同于生物而不同于所生；惟荒脊斥卤之地，弥望皆黄茅白苇，此则王氏之同也。……议者欲稍复诗赋，立春秋夏官，甚美。

不久，司马光果然废除了专以经义论策取士的制度，恢复了诗赋明经各科。苏轼专门写了《复改科赋》（《东坡续集》卷三）歌颂道："新天子（指哲宗）兮继体承乾，老相国（指司马光）兮更张孰先？悯科场之积弊，复诗赋以求贤。"

苏轼在元祐初对其他新法也是反对的。他为哲宗草拟的贬斥吕惠卿的敕令中，指责吕惠卿说：

首建青苗，次行助役；均输之政，目同商贾；手实之祸，下及鸡豚。苟可蠹国以害民，率皆攘臂而称首。（《东坡外制集》卷上《吕惠卿责授节度副使敕》）

这些新法，除手实法是在王安石第一次罢相期间推行的以外，其他如青苗法、助役法、均输法等，都是在王安石执政期间推行的。对吕惠卿的这一指责，实际也是对王安石的指责。

苏轼在元祐初年对王安石处理同少数民族关系的措施也是不满的。他说：

熙宁以来，王安石用事，始求边功，构隙四夷。王韶以熙河进，章惇以五溪用，熊本以泸夷奋，沈起、刘彝闻而效之，结怨交蛮，兵连祸结，死者数十万人。（《东坡奏议集》卷三《缴进词头状·沈起》）

从上述材料不难看出，苏轼在元祐初年对王安石变法期间的各项措施仍然是持反对态度的。正因为如此，所以在王安石去世后，他为哲宗草拟的《王安石赠太傅敕》中，对王安石的道德文章称颂备至，而对王安石一生的主要事业变法，却寥寥数语，一笔带过。王安石在神宗朝曾两度为相，神宗的所作所为几乎都与王安石分不开。但在"议配享功臣"时，苏轼却主张以富弼"配享神宗皇帝庙庭"。后来，郓州州学教授周種上疏主张"以故相王安石配享神宗皇帝"，苏轼坚决反对，并对王安石执政期间的内外措施进行了严厉的指责。把苏轼在元祐初年大量的指责新法的言论同《与滕达道书》放在一起，确实是很不协调的。

（三）苏轼《与滕达道书》提供的滕的行踪，与"元丰二年"或"元祐元年"滕的行踪不合。因为信中明明提到滕进京一事，而这两年滕未曾进京。

滕达道又叫滕元发。据《宋史》卷三三二《滕元发传》记载，滕在进士及第后，先后任大理评事、湖州通判、集贤校理、开封府推官、盐铁户部判官、同修起居注等职。神宗继位后，进知制诰、知谏院。后"因事，以翰林侍读学士出知郓州，徙定州"，"历青州、应天府、齐、邓二州。会妇党李逢为逆，或因以挤之，黜为池州，未行，改安州。流落且十岁，犹以前过，贬居筠州。"滕"上章自讼"，"神宗览之恻然，即以为湖州。哲宗登位，徙苏、扬二州"。

据王文诰《苏文忠公诗编注集成》载，滕达道由池州（今安徽贵池）改安州（今湖北安陆）是在元丰四年正月；元丰六年十一月滕达道罢安州任，赴阙，与苏轼相约会于歧亭（今湖北麻城西南），苏轼迎滕于黄陂（今属湖北），滕出信阳（今属河南），途中错过。这说明滕达道黜居安州正是苏轼贬官黄州期间。苏轼在黄州还曾派人"持书往安州干（求取）滕元发大字"作碑（《东坡续集》卷五《答宝月禅师》）。

又据《经进东坡文集事略》卷四十《代滕甫（即滕达道）辨谤乞郡书》注，滕"安州既罢，入朝未对，左右中以飞语，上（神宗）出手诏付中书曰：'甫与李逢近亲，不宜令处京师，可与东南一小郡。'复贬筠州"。

根据《宋史》本传和上引二注可看出：（一）"一自离去左右，十有二年"（《代滕甫辨谤乞郡书》）。滕达道自熙宁四年（1071）离京以来，十二年不曾进京。因此，说这封明明提到入京一事的信写于元丰二年（1079），失之过早。（二）滕罢安州任时曾"入朝"，但未获神宗接见，接着又"贬筠州"。（三）神宗去世前，滕达道在湖州；哲宗继位后"徙苏、扬二州"，这说明"元祐元年"（1086），滕也未曾进京。苏轼在神宗去世前后给滕的大量信件也表明滕未进京。

在二十四封《与滕达道书》中，有三封提到滕进京之事。其中一封就是我们所要讨论的第十九封（见前引第二段）。其二是第十三封："公解印入觐，当过歧亭故县，预以书见约，轻骑走见极不难，慎勿枉道（绕道）见过，想深识此意。"其三是第二十一封："久不朝觐，缘此得望见清光，想足慰公至意，其他无足云者。"这三封语气一致，有的甚至用语都相同（如"清光"，"至意"等语），应写于同时；"此行"，"朝觐"，"公解印入觐"都应指滕达道"安州既罢，入朝"一事；"过歧亭"，"慎勿枉道见过（切不要绕道黄州相见）"，说明写于黄州。这三封信的内容是相通的，讲了以下几层意思：（一）"公此行，尚深示知，非静退意。"神宗这次让你进京，是表示对你很了解，没有冷落你的意思。因此，恐怕一定会得到皇上接见（"恐必获一对"）。（二）你作为"老病衰晚"的"旧臣"，进京无非是想"一望清光"，见到皇上；"其他无足云者"，至于进退升黜，不足挂齿。可见苏轼对自己所说的"尚深示知，非静退意"，主要是一种希望，并没有多大把握，故以"无足云"相宽慰。（三）老友多年不见，故"欲面见一言"。"言"什么？——"入觐"时不要再对新法"谠谠不已"，否则，"忧患越深"。据《宋史》本传载，滕也是反对新法的，他过去曾上疏要求"熙宁三年以来所行（新法）有不便者，悉罢之"；"元发在神宗前论事，如家人父子，言无文饰，洞见肝鬲。"苏轼针对老友的观点、性格及当前处境（因"妇党李逢为逆"案受牵连），要他以言为戒，在神宗面前不要再批评新法。

如果我的上述判断不错，那么这封《与滕达道书》的内容就不难理解了，因为苏轼从被捕入狱到贬官黄州这段时间说过不少与这封信的内容大体相同的话。《狱中寄子由》（《东坡续集》卷二）说："圣主如天万物春，小臣愚暗自亡身。"所谓"今圣德日新，众化大成"，不正是"圣主如天万物春"吗？所谓"辄守偏见"，"所言差谬，少有中理者"，不正是"小臣愚暗"吗？这两句诗几乎可作这封信的注脚。

苏轼在贬官黄州期间还说过大量类似的话，例如：

臣用意过当，日趋于迷。……叛违义理，辜负恩私。……深悟积年之非，永为多士之戒。（《东坡集》卷二五《到黄州谢表》）

谪居无事，默然观省，回视三十年以来所为，多其病者。（同上，卷二九《答李端叔书》）

仆既以任意直前，不用长者之言，以触罪罟。（同上，卷三〇《答毕仲举书》）

某所以得罪，其过恶未易以一二数也。平时惟子厚（章惇）与子由（苏辙）极口见戒，反复甚苦；而其强狠自用，不以为然。及在图圄，追悔无路。……某昔年亦稍受知于圣主，使少循理安分，岂有今日？追思所犯，真无义理，与病狂之人蹈河入海者无异，方其病作，不自觉知，亦穷命所迫，似有物使；及至狂定之日，但有惭耳。（《东坡续集》卷一一《与章子厚书》）

反观从来举意动作，皆不中道，非独今之所以得罪者也。欲新其一，恐失其二，触类而求之，有不可胜悔者。（《东坡集》卷三三《黄州安国寺记》）

这就是苏轼《与滕达道书》中所说的"回视向之所执，益觉疏矣"的具体内容。这些话充满了自怨自艾，后悔莫及的感情。与其说这些话是对反对新法表示忏悔，还不如说是对自己"任意直前"，"强狠自用"，结果触于"网罟"，身陷"图圄"，贬官黄州表示"追悔"。

苏轼是否因为"追悔莫及"就改变了对新法的态度呢？有改变的一面。为了不至"忧患愈深"，他决定一是不再"谠谠不已"了，这就是"得罪以来，不复作文字"（《东坡集》卷三〇《与秦太虚书》）；二是尽量不与人往来，"黄（州）当江路，过往不绝，语言之间，人情难测，不若称病不见为良者"。但也有未改的一面，从根本上说，他并未放弃自己的政治见解。请看他在《定风波·沙湖道中遇雨》（《东坡乐府笺》卷二）一词中所表示的态度吧：

莫听穿林打叶声，何妨吟啸且徐行。竹杖芒鞋轻胜马，谁怕？一蓑烟雨任平生。　料峭春风吹酒醒，微冷，山头斜照却相迎。回首向来萧瑟处，归去，也无风雨也无晴。

面对"穿林打叶"的"风雨",苏轼一面"吟啸",一面"徐行",从容不迫,无所畏惧。"飘风不终朝,骤雨不终日。"在苏轼看来,"风雨"终将过去,"斜照"必然"相迎"。他在《与李公择书》(《东坡续集》卷五)中还说:

吾侪虽老且穷,而道理贯心肝,忠义填骨髓,直须谈笑生死之际。……虽怀坎壈于时,遇事有可尊主泽民者便忘躯为之。祸福得丧,付与造物。

这就是他《与滕达道书》中所说的"若变志易守,固所不敢"的具体内容。

苏轼是这样说的,也是这样做的。苏轼被捕入狱,贬官黄州的重要罪名之一就是写诗反映民间疾苦,李定等人弹劾他有"水旱之灾,盗贼之变,辄归咎新法,喜动于色,惟恐不甚"(《乌台诗案》)。但是,他在赴贬所途中和在黄州期间仍敢写诗反映民间疾苦:

下马作雪诗,满地鞭箠痕。
伫立望原野,悲歌为黎元。(《东坡集》卷一一《蔡州道上作》)
我是朱陈旧使君,劝农曾入杏花村。
而今风物那堪画,县吏催钱夜打门。(同上《陈季常所蓄朱陈村嫁娶图》)
不辞脱袴溪水寒,水中照见催租瘢。(同上,卷一二《五禽言》)
人间行路难,踏地出赋租。(同上,卷一三《鱼蛮子》)

根据以上分析,我认为苏轼《与滕达道书》(第十九封)既非写于元丰二年(1079),也非写于元祐元年(1086),而应写于贬官黄州期间。当时,他和滕达道在政治上的处境都很困难,因此,他针对老友进京可能出现的问题说:我们错了("吾侪新法之初,辄守偏见"),他们对了("今圣德日新,众化大成"),不要再"诜诜不已"了,否则"忧患愈深"。这与其说是在对过去反对新法表示忏悔,还不如说是在劝老友以言为戒。戒则戒矣,但并没有因此放弃自己的政治主张("变志易守,以求进取,固所不敢")。这就是这封信的基本精神。

　　长期以来我国学术界一直存在着以对待王安石变法的态度评判神宗朝历史人物功过的倾向。"文化大革命"前就有人说苏轼保守；"四人帮"横行时，更给他扣上了顽固派、典型投机派的大帽子；近年一些为苏轼翻案鸣不平的文章仍然说他守旧。研其根源，无非是苏轼反对了王安石变法。有的先生为了肯定苏轼，就来竭力缩短他反对新法的时间。结果从褒苏的目的出发，却得出了一个贬苏的结论：苏轼是动摇的中间派。我认为，我们应当如实承认苏轼一生都反对王安石变法（他临死前一年，在离开海南岛前不久，还在借"唐村老人"之口说："宰相何苦以青苗钱困我。"见《东坡志林》卷二），但他一生也都坚持自己的"丰财""强兵""择吏"的革新主张。他的立场是相当坚定的，他的政治主张是前后一贯的。关于这个问题，我在《论苏轼政治主张的一致性》（《文学评论丛刊》1979 年第 3 辑）中已作论述，不再重复。

（原载《文学评论》1980 年第 4 期）

再论苏轼《与滕达道书》

我在《苏轼〈与滕达道书〉是忏悔书吗?》(《文学评论》1980 年第 4 期)一文中,对这封信的写作时间和基本精神提了一些不同看法。王水照先生在一篇答复我的文章(《关于苏轼〈与滕达道书〉的系年和主旨问题》,《文学评论》1981 年第 1 期)中说:"苏轼《与滕达道书》是表现他政治态度的重要书简","弄清这封信的写作时间有助于了解它的中心思想",而弄清它的中心思想又关系着"评价苏轼在哲宗朝的政治态度"问题。朱靖华先生的看法却相反,认为研究这些问题没有意义。他说:

> 为了强调苏轼"一生都反对王安石变法,竟至不厌其烦地论证苏轼《与滕达道书》中对新法忏悔之情的真伪问题。从上述情况看,苏轼在这封信中所说的"吾侪新法之初……"等自责的话,是十分自然和诚挚真实的,也是可以理解的。但某些先生硬说这些话不是忏悔自责之词,反而是一种"劝老友以言为戒"的诡词。……这种不顾历史、思想实际的主观臆断,不仅否定了苏轼与王安石新法的内在联系,否定了苏轼对新法"较量利害,参用所长"的积极作用,还把苏轼的政治思想看成是静止不动的凝固事物(《苏轼与王安石、司马光的异同——兼论当前评价的几个问题》,《青海社会科学》1981 年第 2 期)。

恕我直言,现在"竟至"还有人这样不愿意"不厌其烦"地研究点具体问题,而仅仅以"不厌其烦"地指责别人"硬说""不顾历史、思想实际"、"主观臆断"为满足,是令我吃惊的。我倒愿意像王水照先生那样"不厌其烦"地研究问题,心平气和地讨论问题,只是朱先生会感到更"烦"吧!

一

关于这封信的系年，到目前为止，至少已有四种说法：（一）王文诰的元丰二年（1079）说；（二）蔡上翔的元祐元年（1086）说；（三）章培恒先生系于滕达道"罢知安州或筠州上书后（见《复旦大学学报》增刊《古典文学论丛·〈辨奸论〉非邵伯温作》），我系于元丰六年滕"安州既罢，入朝"之时，二说相近，可算一种；（四）王水照先生"原来採用蔡上翔元祐元年之说"，现在认为"缺乏根据"，改系"元丰八年夏"。我推敲了王文改系"元丰八年夏"的理由，感到还有商榷的余地。

我在《苏轼〈与滕达道书〉是忏悔书吗?》一文中从政治情势，苏轼的政治观点，滕达道的行踪三个方面论证了这封信不应作于元祐元年司马光当政之时，而应作于元丰六年苏轼贬官黄州期间。前两个方面比较活，容易从不同角度作不同解释，很难作为这封信应系于何年的确证。例如，王文改系为"双方力量暂时均衡"的"元丰八年夏"以后，这时的政治情势就与"若谗说不已，则忧患愈深"的内容比较协调，不甚矛盾了。但是，滕达道的行踪却比较死，很难作不同理解。鉴于这封信明确提到滕达道进京一事，因此，无论把这封信系于何年，均须证明该年滕达道确实进过京。王水照先生也是这样做的，但他证明滕达道"元丰八年夏"曾"入觐"的现有证据，似乎还不足以完全证明这点。《与滕达道书》谈及滕"入朝"时，用的是"公此行"三字，说明他正要入京，这已是确定不移的事实；而王文证明滕于"元丰八年夏"曾进京的证据，几乎都是或然之词。

王文的第一条证据是苏轼《滕公墓志铭》中的"方且复用，而帝（神宗）升遐"，认为这"表明神宗去世前夕已有滕进京任职的消息"。即使王文对这句话的解释是确当的，但也只是有这样的"消息"而已，并未成为事实。王文不同意我所说的"在神宗去世前后……滕未进京"的观点。但"方且复用，而帝升遐"八个字，至少已经证明了我的观点的一半：神宗去世前夕滕未进京。

王文的第二条证据是苏轼所说"当先起老镐（"苏轼对滕达道的戏称"），

仆或得连茹"（《东坡续集》本第四封）。"当"，应该如此；但是否如此，仍待证明。

王文的第三条证据是苏轼所说"士论望公入觐，久未闻，何也？想亦不远。"（纷欣阁本第二十六封）"望"者，希望之词；"想"者，揣测之词。"望公入觐"，实现没有？"想亦不远"，证实没有？同样仍待证明。

这封信写于何时呢？这封信的开头说："某已被命（知登州），实奖借之素。已奏候远接人，计不过七月中下旬行。"从"七月中下旬行"语，估计这封信应写于七月上旬或六月下旬。这就是说，王文所定的"入觐"时间——"元丰八年夏"已经过去（七月上旬）或即将过去（六月下旬）时，滕仍未"入觐"。因此，王文的第二、三条证据只能证明与王文相反的观点，只能证明我的观点的另一半：神宗去世后（这里只说到元丰八年三至六月）滕也未进京。

王文的第四条论据是把纷欣阁本第十四封与我们所讨论的第十九封信作了比较，认为两封信"都以同一的追悔口吻，回顾自己的政治道路"，从而认为"把第十九封信看作此信的续篇，似是合理的"。王水照先生写道：

"某受命已一月，甚欲速去，而远接人未至，船亦未足，督之矣。向虽有十日之约，势不可往，愧负无限。区区之学，顷亦试之矣，竟无丝毫之补，复此强颜，归于无成，徒为纷纷，益可愧也。心之伊郁，非面莫能道，想识此意，唯万万为人自重"（纷欣阁本第十四封）。这封信和第十九封信都以同一的追悔口吻，回顾自己的政治道路，所谓"徒为纷纷"，跟第十九封中说的"吾侪新法之初，辄守偏见，至有异同之论"语意甚为相类，而第十九封中的"所言差谬，少有中理者"，"益觉疏矣"等语，正是此信"竟无丝毫之补"，"归于无成"的具体说明。把第十九封信看作是此信中所说的"非面莫能道"的"意"的阐发和补充，把第十九封信看作此信的续篇，似是合理的。

首先应该指出，纷欣阁本第十四封信根本未提滕达道入京的事，连"当先起老镐""望公入觐"，"想亦不远"之类的话也没有。把明确提到滕入京事的《续集》本第十九封说成是根本未提到入京事的纷欣阁本第十四封的"续篇",唯一的根据就是这两封信"都以同一的追悔口吻,回顾自己的政治道路"。

说这两封信都"回顾"了"自己的政治道路",这是事实;但"口吻"却并不"同一"。因为纷欣阁本第十四封是从"受命"即恢复知州职务讲起的,因此,"区区之学,顷亦试之矣"的代词"之"字,是代过去的任知州,而主要不是代过去的反新法。续集本第十九封主要是在"回顾"自己过去反新法是"辄守偏见","所言差谬"。而纷欣阁本第十四封则主要是苏轼针对自己恢复知州职务("受命已一月"),说自己以前任知州"竟无丝毫之补",这句是在"回顾"过去;说现在再任知州,"复此强颜",最终可能也是"归于无成,徒为纷纷,益可愧也"。这几句是在预测未来。王文把预测未来任知州的"徒为纷纷",与回顾过去的"吾侪新法之初,辄守偏见,至有异同之论",说成"吾意甚为相类";把回顾过去作知州"竟无丝毫之补"与预测未来作知州可能仍将"归于无成"的话混起来,说成是对回顾过去反新法"所言差谬,少有中理者","益觉疏矣"的具体说明,我总觉得有些勉强。

王文还说:"苏轼在元丰六年和八年滕达道'入觐'之际(前者确系事实,后者尚待证明),都想'面见一言',一次是想谈养生,一次是想谈政治。"王文认为,八年是想谈政治,而六年是想谈养生。两位都很关心国事,都被贬黜在外的朝廷大臣,其中一位即将进京,而见面只想谈养生,这恐怕不大可能吧!根据呢?根据之一是纷欣阁本第十八封:"然所言者岂有他哉?……欲劝公屏黜浮幻,厚自辅养而已,想必深照此诚。"这封写于元丰六年的信,难道仅仅在谈养生?这种含含糊糊,吞吞吐吐,欲言又忍的话,与第十九封劝诫老友休谈时事,要以言为戒,不要再"谍谍不已"的话,精神是完全一致的。把劝滕不要再"谍谍不已"的信看成是劝滕"屏黜浮幻"的信的续篇,也许更合理一些。根据之二是《续集》本第十七封"想要共同'参扣'养生术"的信,但这封信的末尾也在"参扣"政治,"参扣"处世术:"愿公以食不食为旦暮,以仕不仕为寒暑。""食不食"或"仕不仕"都应该顺应自然,像寒来暑往,旦来暮往一样。前句讲的是养生术,后句讲的是处世术。苏轼很多论养生术的文章、书信，都与他的治国术、处世术是相通的。如《问养生》中的"余问养生于吴子，得二言焉，曰和曰安。"这"和""安"二字，既是他的养生术，又是他的处世术，也是他的治国术。《盖公堂记》前半篇讲养生，后半篇讲治国，中间以"昔之治国者亦然"把前后二者联系起来，讲养生更是为了讲治国。王水照先生说苏、滕二人元丰六年想谈养生，元丰八年才想谈政治，这样截然分开，似乎也不太合理。

二

王水照先生关于"元丰八年夏"滕曾入觐的观点是否仅仅定得早了一点，在元丰八年的秋冬两季滕达道曾否入觐呢？就我现在所接触到的材料而言，答案也应该是否定的。

王文说："苏辙罢绩溪令进京，从桐庐、杭州、京口等地北上，有机会与任湖州或苏州知州的滕达道会面。"当时，滕达道应为苏州知州。苏辙《滕达道龙图挽词》（《栾城后集》卷一）有云"北归留我阊闾城"，即指苏辙由绩溪北归时与滕会面，他由知绩溪县除校书郎是在元丰八年八月，可见他北归会滕达道于苏州，当在元丰八年八月以后。苏辙《寄龙井辩才法师三绝叙》（《栾城集》卷一四）云："辙自绩溪蒙恩召还，将自宣城沿大江以归。家兄子瞻以书告曰：'不如道歙溪，过钱塘，一观老兄遗迹。'辙用其言。既至吴中，迫于水涸，不能久留。十月八日游上天竺。……"从绩溪、钱塘、苏州的地理位置看，苏辙当先到钱塘，再北上途经苏州。既然"十月八日"苏辙还在钱塘游上天竺，因此，可进一步推断，苏辙北归会滕达道于苏州在元丰八年十月八日之后。苏辙《颍滨遗老传上》（《栾城后集》卷一二）云："移知歙绩溪，始至，奉神宗遗制。居半年，除秘书省校书郎。明年至京师。"由此可见，苏辙实际到达京城，已在元祐元年了，他会见滕达道于苏州，应在元丰八年冬。

这时，滕达道也才从湖州移知苏州，苏辙还为他写了两封《代滕达道苏州谢上表》（《栾城集》卷四七），一封上哲宗，一封上高太后。这两封《谢上表》足以说明滕达道在元丰八年秋冬未曾进京。两封谢表，内容大体相同，今录一首如下：

臣某言：近从邻郡，移领乡邦。舟楫之劳曾无几日，里闬之旧足慰平生。臣某诚惶诚恐，顿首顿首。

伏念臣家世寒微，学术疏浅，介特无援。历事三朝，缱绻愚忠，粗守一节。方先帝（神宗）临御之始，实群臣综核之秋。拙直之心，偶蒙委照；几微之议，每辄与闻。知无不言，徒自竭于忠孝；直故多怨，遂寖结于憎嫌。恩遇一移，流落十载。虽欲自安于散地，然犹横被以恶名。投畀遐方，要令没齿。窃意罗网之莫脱，岂知天日之自明。吴兴（湖州）之除，圣（神宗）意可见。

幸疑谤之已释，虽老死其何求！敢冀私恩，复迁善地（指苏州）！此盖伏遇皇帝陛下孝以天至，圣德日跻。怜孤迹之多艰，伤旧物之久弃。特推鸿造，存养余龄。臣老病相仍，羁危多感。勤恤民物，敢忘委寄之深；迎劳往还，已觉筋骸之惫。葵藿之心徒切，桑榆之报何时！臣无任瞻天望圣激切屏营之至，谨奉表称谢以闻。

我之所以全文抄录这封谢表，是因为如果滕达道在罢湖州，移苏州之间曾经入京朝见"二圣"，这封谢表理应提到，并应有感谢之词。但是，我们从谢表全文中能找到一点滕达道"入觐"的影子吗？相反，两封谢表的结尾均说"臣无任瞻天望圣"，这就进一步说明了直至元丰八年秋冬滕达道仍未进京。

三

不仅滕达道在元丰八年整个一年中没有进京，而且从神宗去世直至元祐五年滕达道去世，似乎也一直未进京。

在现存有关滕达道的传记材料中，以苏轼的《故龙图阁学士滕公墓志铭》（《东坡后集》卷一八）为最早，最详尽，最可靠。从《滕公墓志铭》看，滕达道自熙宁初任地方官以来，只进过两次京，而且都在神宗朝。第一次是在

熙宁三年:

移定州,许入觐。力言新法之害曰:"臣始以意度其不可耳,今为郡守,亲见其害民者。"具道所以然之状。

《续资治通鉴长编》熙宁三年九月甲辰条载:"知郓州滕甫知定州。"由此可见,滕达道"移定州,许入觐",必在熙宁三年九月或其后不久。这次见到了神宗,并向神宗"力言新法之害"。第二次即元丰六年:

公之妻党有犯法至大不道者,小人因是出力挤公,必欲杀之。帝知其无罪,落职知池州。徙蔡,未行,改安州。既罢,入朝未对,而左右不悦者又中以飞语,复贬筠州。……乃上书自明,帝览之释然,即以为湖州。方且复用,而帝升遐。

苏辙《滕达道龙图挽词》中还有一句:"南宾逢公弄水亭(苏辙自注:公时守池)。"乌台诗案的结案时间是元丰二年(1079)十二月二十九日,苏辙因乌台诗案牵连贬官筠州(今江西高安),在赴贬所途中与"落职知池州(今安徽贵池)"的滕达道会面,应在元丰三年(1080)春。滕达道被"诏知安州(今湖北安陆)",《续资通鉴长编》系于元丰三年六月癸卯;王文诰《苏文忠公诗编注集成》系于元丰四年正月,后者可能是指到任时间。《长编》元丰七年正月乙巳条载:"正议大夫滕甫知筠州。甫罢安州,入朝,手语'谋逆人李逢乃甫之妻党近亲,不宜令处京师,可与东南一小郡'故也。甫上书自辩,寻改知湖州。"滕达道知筠州既在元丰七年正月,可见王文诰把滕达道罢安州任系于元丰六年十一月,大体是可靠的。从《滕公墓志铭》看,这是滕达道最后一次入朝,这次未见到神宗。关于滕达道在哲宗朝的行踪,《墓志铭》说:

今上即位,徙公为苏、扬二州。除龙图阁学士,复以为郓州。徙真定、河东，治边凛然，威行西北，号称名将。而宦官为走马者，诬公病不任职，诏徙许州。御史论公守边奇伟之状，且言其不病，诏复留河东。而公已老，盖年七十有一矣，即力求淮南。上不得已，乃以龙图阁学士知扬州。未至而薨，盖元祐五年十月二十四日也。

　　宋代知州由一地改知另一地，皆由原任所直接赴新任所，非经许可，不得入京。苏轼由通判杭州到知密州、徐州、湖州，都是直接赴任所的；苏轼密州卸任，先移知河中府，已经到了京郊，告下，改知徐州，不得入国门，苏轼只好寓居郊外范镇东园。滕达道熙宁三年的入京，明确记载是"许入觐"；元丰六年的"入朝"，显然也是事先得到同意的，后来的"未对"，是"左右不悦者"又"中以飞语"造成的；《墓志铭》记载滕达道在哲宗朝的行踪很清楚，由湖州而苏州、扬州、郓州（今山东东平）、真定（今河北正定）、河东（即"徙知太原府"），完全没有谈到入觐或入京供职的事。

　　王水照先生说得对，把《续集》本所收的二十五封信，纷欣阁本所收的四十七封信和弓翊清所刊三苏全集本所收的六十八封信，"去其重复"，"进行排比、爬梳"，对考订第十九封信的写作时间是有用的。三苏全集本中两封与此有关的信，也证明滕达道在哲宗朝未入京。

　　一是第六十五封："某忝冒过分，非提奖有素，何以至此！明公旧德伟望，尚在外服，舆论未允。"所谓"某忝过分"，是指苏轼知登州才到官五日就被召还朝任礼部郎中；还朝半月，升起居舍人；三个月后任中书舍人；不久又升任翰林学士，知制诰。信中还提到"履兹酷暑"，因此这封信可能写于元祐元年夏或元祐二年夏。直至这时，尽管"舆论未允"，但滕达道仍然"尚在外服"。

　　其二是第五十三封："明公声望隐然，虽未柄用，坐镇一方，犹足以携持人心。今兹退归，有识所共叹，而孤拙无状，尤为失巨庇也。唯冀节哀自重，少慰区区。"信末的"节哀自重"以及这封信开头所说的"自承哀疚"，"追慕摧切，触物增恸"，指滕达道死了亲人，这为我们考察这封信的写作时间提供了线索。第六十二、六十三、六十四封均讲此事，第六十四封说："某经馆伴北使半月，比出，方闻公有闺中之戚。……惟千万节哀，以慰亲意也。"据王宗稷《苏文忠公年谱》，苏轼"馆伴北使"在元祐三年，这时滕达道仍在"坐镇一方"，而"未柄用"。这两封信所反映的情况与《墓志铭》所述的滕的行踪是完全一致的。

哲宗初年，因反对新法而被贬黜的人均纷纷起用回朝，而滕达道一直在地方上任职，因为他的被贬黜，除反对新法外，还与妻党李逢案有关，神宗所谓"逆人李逢乃甫之妻族近亲，不宜令处京师"，显然仍在起作用。苏轼在《滕达道挽词》（《东坡后集》卷二）中说："材大虽难用，时来亦少伸。""时来"，即指哲宗初年；"少（稍）伸"，正说明未得重用。苏轼《滕公墓志铭》也说："伟哉滕公，廊庙之具。帝欲用公，将起辄仆。赖帝之明，虽仆复兴。"但仅仅是"小试于边"，未得大用。苏辙《滕达道龙图挽词》说：

> 才适邦难用，学非章句儒。
>
> 遭逢初莫测，流落一长吁！
>
> 大节轻多难，深言究远图。
>
> 收功太原守，谈笑视羌胡。

这里同样在感叹他的流落难用，晚年仅仅是"收功太原守"而已。张方平《祭滕龙图文》（《乐全集》卷三五）也说："一麾出守，于蕃于宣。悠悠江湖，凛凛塞垣。"他的晚年仍然是在"江湖""塞垣"度过的。

四

王水照先生还从政治情势、苏轼政治主张的变化，《东坡续集》的编排顺序等方面论证了第十九封应作于元丰八年。我在前一篇文章中已申述了对其中一些问题的看法，本文不再重复。这里仅就王文新提出的一些问题，谈点不同看法。

王文说："第十九封信的内容与元丰六年的情势是不合的"，而"与元丰八年夏的政治情势是一致的"。认为"从熙宁九年（1076）王安石第二次罢相以后，变法派和反变法派的两次斗争高潮已经过去……在新法问题上的争吵已趋平静，苏轼没有必要叮嘱滕达道缄言。"这只有一面的道理。两派争斗高潮已经过去，争吵已趋平静，这是事实；但因"两次斗争高潮"种下的仇怨而打击、迫害反变法派却更趋严重了，这也是事实。著名的乌台诗案就发生在王安石罢相三年之后的元丰二年，苏轼就因"谤讪新政"的罪名坐了一百天牢，并差点被杀头，苏轼和同他有关的数十员内外大臣都受到了不同形式的处分。滕达道的"落职"也发生在这期间，妻党李逢大逆案只不过是导火线，实际还是同他反对新法分不开。苏轼于元丰七年过金陵，曾问王安石："东南数起大狱，公独无一言救之乎？"王安石回答说："皆吕惠卿启之，安石在外安敢言？"（《邵氏闻见录》）可见"数起大狱"主要发生在王安石罢相以后的元丰年间。苏轼和滕达道都是这些大狱的直接受害者。为什么只有滕达道嘱咐苏轼"益务闭藏"才可信，而苏轼叮嘱滕达道不要再"诐诐不已"，就"与元丰六年的情势不合"呢？王文从斗争高潮已过，争吵已趋平静出发，一面断言"苏轼没有必要叮嘱滕达道缄言"，一面又承认"滕达道常写信嘱咐苏轼益务闭藏"，这不是有点自相矛盾吗？

王水照先生说："对照苏轼在熙宁时对新法的激烈反对态度，说他（在元祐年间）的态度有所改变而不是完全改变，说他维护某些新法而不是维护一切新法，应能成立。"我完全同意这一观点，我在《论苏轼政治主张的一致性》（《文学评论丛刊》第三辑）一文中曾说："王水照先生说，哲宗朝苏轼的基本政治倾向是维护某些新法。我觉得'某些'二字的限制非常确切，非常必要。"分歧仅仅在于"对这'有所改变'的估计"上。王文的"估计"是："'维护'是其主要的一面，反对是属于第二位的。"就当时的主要矛盾而言，就"差役免役之争正是当时政治斗争的焦点"而言，这样说也可以。但就苏轼的整个思想体系而言，元祐年间他所"维护"的新法却是局部的，而他继续反对新法才是主要的。元祐年间，苏轼对王安石推行的青苗法、均输法、市易法、科举改革以及处理同少数民族关系的措施，哪一项他没有继续持反对态度呢？王水照先生说，苏轼"在对神宗的赞美中，也包含对新法有所肯定，承认新法对'驭吏''理财''备边'有所裨益"。这证明不了苏轼在元祐年间改变了对新法的基本态度，因为苏轼即便在熙宁初《上神宗皇帝书》中也只是对新法持基本反对态度，而不是全盘否定态度。王水照先生还说，《吕惠卿责授节度副使敕》"是代皇帝、朝廷立言，在多大程度上代表苏轼自己的观点是要打折扣的"。那么，苏轼的《论周穜擅议配享自劾札子》，一不是"代皇帝、朝廷立言"，二没有人非要他写不可，总可"代表苏轼自己的观点"吧？而这封劄子对王安石的指责远甚于谪吕惠卿的敕令。请看看"苏轼当时（哲宗朝）对新法的真实思想"吧：

> 窃以安石平生所为，是非邪正，中外俱知，难逃圣鉴。先帝（神宗）盖亦知之，故置之闲散，终不复用。
>
> 或首开边隙，使兵连祸结；或渔利榷财，为国敛怨；或倡起大狱，以倾陷良善；其为奸恶，未易悉数，而王安石实为之首。
>
> 王安石在仁宗、英宗朝，矫诈百端，妄窃大名，或以为可用。惟韩琦独识其奸，终不肯进。使琦不去位，安石何由得志？

这封札子充分说明，他同司马光在免役法上的激烈争吵，并不妨碍他对王安石变法继续持激烈反对态度。苏轼在政治上本来就是左右开弓的，既反对顽固派的因循守旧，又反对王安石的变法主张，而有他自己一整套的革新主张。正因为如此，他才遭到新旧两党的迫害打击。苏轼在元祐年间总是不安于朝，不断要求出任地方官，不仅因为遭到司马光、程颐等旧党的攻击，还因为遭到已经换势，但力量仍不小的新党的攻击。他说他"任中书舍人时，行吕惠卿等告词，极数其凶慝；……近日复因臣言郓州教授周穜，以小臣而为大奸，故党人共出死力，构造言语，无所不至"（《东坡奏议集》卷五《乞将台谏官章疏降付有司根治劄子》）。如果苏轼真的改变了对新法的态度，新党恐怕就不会这样"共出死力"来中伤他了；以后绍圣年间，新党重新得势，也就不会把苏轼远谪海南了。

王文把《续集》本二十四封《与滕达道书》分为两组，认为"前十一封是一个本子，后十三封是另一个本子"。这个意见很新颖，对我很有启发。但王文说，"这两种本子基本上是编年的"，"杂而不乱"，第十八封，第二十至第二十三封都作于元丰七八年，"由此推论第十九封作于同时"。对此，我就不敢苟同了。十二卷《东坡续集》虽然"经过一番编排"，虽然"版本价值较高"，但这改变不了它的杂乱性质。第一，整个《续集》"颠倒重复之处甚多"，这是事实，这只要翻翻《续集》的目录就不难发现。第二，即使"这二十四封信原是两种本子的合刻"，但合刻时没有打散来按时间顺序编排，而简单地把"两种本子"的书信堆在一起，这正说明它的编排功夫下得不够，使人读后有杂乱之感。第三，王文把这二十四封信分作两组后，也改变不了这两组内部的杂乱性质。例如，王文认为第十九封写于神宗去世后，而第二十封却明明写于神宗去世前，因为信中提到"乞常州住"一事；第二十一封，王文又同意我的看法，写于元丰六年贬官黄州期间；仅这三封信的顺序已可看出它的杂乱。如果这两组信果真"杂而不乱"，"是编年的"，那么第十九封就应写于"乞常州住"之前，即神宗去世之前，而不应像王文现在所说的那样写于神宗去世之后。第四，前人早已提出，《续集》本所收的不少书信，常常把两封信混成了一封信，如第十八封的"某感时气，卧疾逾月"以下为另一封信；第十九封"安道公殆是一代异人"以下为另一封；第二十封"所有二赋，稍晴，写得寄上"为另一封。细审这些信的内容，说它把两封信混成了一封，也不是完全没有理由的。这就进一步说明了它的杂乱。第五，不论这二十四封信编排顺序是否杂乱，我强调"只能根据这封信的内容"，特别是要根据这封信谈及的滕达道入京事，来判断这封信的写作时间，这一意见我觉得是能够成立的。

王文还说："第十九封信的'今圣德日新，众化大成'一句，应该指高后、哲宗。这类称颂性的话头当然也可以称颂神宗，但此时却成了苏轼用以称颂'二圣'的套话。"王文在举了一些例子后还说："这也可以作为第十九封信作于哲宗时期的旁证。"苏轼在神宗朝所作的表、状、奏、疏远比哲宗朝少得多，《东坡奏议集》十五卷，就有十二卷半作于哲宗元祐年间。因此，苏轼在神宗朝所说的"圣德日新"之类的"套话"，自然也不会有哲宗朝多。但也不是完全没有，如《谢量移汝州表》无疑是写给神宗的，其中就有"汤德日新"的话。苏轼量移汝州是在元丰七年四月。元丰七年四月可以称颂神宗"汤德日新",为什么半年以前的元丰六年十一月就不可以称颂神宗"圣德日新"呢?因此,我觉得还是王文"但"字前面的话是对的:"也可以称颂神宗。"

滕达道除熙宁三年和元丰六年入京外,是否还曾入京,而《滕公墓志铭》失载呢?不能完全排除这种情况,但需要有确凿的材料加以证明。就王文现在所提供的证据而言,我觉得"元丰八年"说还不能成立;就我现在所接触到的材料而言,我仍然认为元丰六年说可信一些。当然,今后如果发现了新的材料证明"元丰八年夏"或别的什么时间滕达道还进过京,我是随时准备修正自己的看法的。

(原载《苏轼评传》第二版附录)

"强附贤达"的伪托之作

——苏轼《叶氏宗谱序》真伪辨

《文学遗产》1997 年第 3 期发表的叶瑞汶先生《对苏轼佚文〈叶氏宗谱序〉的考证》说："1992 年春，我在浙江义乌看到《义乌南阳叶氏宗谱》中有'唐宋八大家'苏轼撰写的'谱序'和苏洵撰写的'像赞'。"断言"《叶氏宗谱序》为苏轼撰写，是可信的"，"苏轼父亲苏洵为叶道卿的遗像所写'像赞'，也是可信的。"全文重点是在论证轼文的"真实""可信"，洵文只是附带一笔。我对两文的"真实""可信"，均颇怀疑，故特撰此文，以就教于叶先生。

苏洵《叶道卿先生遗像赞》之可疑

苏洵有集传世，叶清臣也有诗文存世（见《全宋文》卷五七七、《全宋诗》卷二二六），他们现存的诗文，完全没有他们曾有往来的痕迹。叶清臣字道卿，生于咸平三年（1000），卒于皇祐元年（1049）。苏洵字明允，生于大中祥符二年（1009），卒于治平三年（1066）。在 1049 年叶清臣去世后，苏洵固然不可能同叶有交往。叶清臣进士及第于天圣二年（1024），从 1024 年（时苏洵才十六岁）至 1049 年，在这二十五年中苏洵也很难有与叶清臣交往的可能性。苏洵二十七岁（1035）始发奋读书，二十九岁（1037）举进士再不中，三十八岁（1046）举茂材异等亦不中，其后十年，苏洵是闭门不出（苏洵《忆山送人》："到家不再出，一顿俄十年"），故从 1046—1049 年叶清臣去世，苏洵更不可能与叶有往来。直至嘉祐元年（1056）苏洵送苏轼兄弟入京应试，才与朝廷大臣欧阳修等有往来，而这时叶已去世八年。叶为朝廷名臣，苏、叶虽无往来，也不排除曾为叶作《像赞》的可能性。但仅据所谓

《义乌南阳叶氏宗谱》），别无旁证，故也很难说就一定"真实""可信"。方志、族谱多"强附贤达"以自炫，一般学者用其资料均十分谨慎，特别是在别无旁证之时。

苏轼《叶氏宗谱序》纯为伪托

《叶氏宗谱序》云："强附贤达，妄也。"所谓苏轼撰写的《叶氏宗谱序》，正可用此语为评，可断言纯为"强附贤达"的伪托之作。《叶氏宗谱序》的内容很难证明"非苏轼莫属"，倒可证明绝非苏轼所作。因为序文内容多与史实不合，序文作者甚至连中国文史的普通常识都不具备，文豪苏轼之文不可能如此拙劣，绝不可能出自苏轼之手。兹举数例，以证其伪：

一、"轼系本出眉州，因登第后不附新法而请出外。"——苏轼进士及第于嘉祐二年（1057），王安石推行新法从熙宁元年（1068）始，其间相距十二年，怎能说"因登第后不附新法而请出外州"呢？如叶瑞汶所说，苏轼因"不附新法而请出外州"是在熙宁四年（1071），距其登第已十四年。其间他经历了服母丧（1057）、应制科试而入高等（1061）、出任凤翔府签判（同年底），回京判登闻鼓院、直史馆（1064）、妻死父亡而返乡服父丧（1068）、返京为殿中丞、直史馆、兼官告院、摄开封府推官（1069），直至1071年才以直史馆通判杭州。苏轼在《叶氏宗谱序》中当然无须详述这些履历，但至少不会说"登第后不附新法而请出外"，因为他登第后的十二年，新法根本就不存在。

二、"自直史馆至开封府推官，政绩家乘可考也。"——苏轼自1061年初仕，任凤翔府签判至为"开封府推官"，均为小官，虽有政绩，但还不可能入《家乘》，苏轼更不可能轻薄到说他的政绩有《家乘》可考。

三、"今兹山川风物依然无恙，而吾遥遥桑梓寥寂无闻，亦以宗法不明之咎乎？……且将访吾桑梓之在眉州者，而告之以是言，庶亦不失吾立谱序之遗意尔。"叶先生怕读者不懂"遗意"二字含义，还特别解释说："'撰者'（苏轼）'遗意'是想修自己姓氏宗谱。"——既说自己的政绩有《家乘》可考，又说其家"宗法不明"，"想修自己姓氏宗谱"，岂不自相矛盾，前言不对后语？文豪苏轼会这样语无伦次？其实苏家确有《家乘》，而且"宗法"甚明。因为欧阳修、苏洵都是当时提倡撰写族谱的名家，苏洵《嘉祐集》中就有《苏氏族谱》《族谱后录上篇》《族谱后录下篇》《大宗谱法》《苏氏族谱亭记》等文，详列苏氏世系，只是还没有也不可能把苏轼"自直史馆至开封府推官"的"政绩"入其"家乘"而已。《叶氏宗谱序》的所谓撰者"苏轼"，竟无知到如此程度，连其父亲所作的《苏氏族谱》等文都不知道吗？叶先生对"'撰者''遗意'"的解释表明，叶先生可能也不知道苏家当时早有自己的"姓氏宗谱"。

四、"吾闻叶氏之谱自汉董仲舒考订修辑成帙，文（？）中大夫叶世贤讳望者续修，而请蔡伯阶（？）为叙。……迨及唐学士虞世南、唐相张九龄之赋叙，世系粎（？）然明白。……丐张文定校正成帙，而属范希文序焉。"但遍查《全上古三国魏晋南北朝文》《全唐文》《全宋文》及董仲舒、蔡邕、虞世南、张九龄、张方平、范仲淹诸人传记，都找不到他们为叶氏修谱、作赋、为叙的痕迹。是巧得来全已失传，还是拉虎皮以作大旗？恐怕也是"强附贤达"以自炫吧！苏轼会写这样的文章吗？

五、"至我朝仁宗天圣初，讳清臣者魁天下，与张文定再入翰官（？）。"——也与史实不合，《宋史·叶清臣传》云："天圣二年举进士，知举刘筠奇所对策，擢第二。"天圣二年"魁天下"的不是叶清臣，而是宋庠。《宋史·宋庠传》云："庠，天圣初，举进士，开封、试礼部皆第一。"又《宋祁传》云："祁字子京，与兄庠同时举进士，礼部奏祁第一，庠第三。章献太后不欲以弟先兄，乃擢庠第一，而置祁第十。"《宋历科状元录》卷三亦云："天圣二年甲子，状元宋庠。"据叶瑞汶说，《叶氏宗谱序》作于"熙宁四年的十一月或十二月"，熙宁四年（1071）上距天圣二年（1024）不足半个世纪，以苏轼之博学，决不至于连天圣二年的状元是宋庠而非叶清臣都不知道，何况宋庠位至宰相，是宋朝赫赫有名的人物。

六、"诰敕修国史之暇，即修订先世图系"——说叶清臣在撰写诰敕之暇"即修订先世图系"则可，说"诰敕修国史之暇，即修订先世图系"则不可，因为诰敕内容不可能涉及大臣的业余活动、"第二职业"。这真是笑话，恐怕不仅在宋朝，甚至在中国历代都找不到这样的"诰敕"，文豪苏轼绝不可能有如此"杰作"。上举六条，不仅证明《叶氏宗谱序》绝非苏轼所作，而且证明作伪者的低能。高明的作伪者可做到天衣无缝，而此文却漏洞百出，一望可知其伪。

叶瑞汶先生《考证》之误

以上仅就所谓苏轼《叶氏宗谱序》文本分析，已疑点重重。至于叶瑞汶先生《考证》其"真实""可信"，自然更难令人信服。

一、"这部洋洋大观的千年宗谱有八大卷。是'民国丁卯重修'即1927年时刻印成册的。苏轼撰写的《叶氏宗谱序》，注明为淳熙四年序。"正文所录《叶氏宗谱序》的署衔为"（大宋淳熙四年十一月）杭州府通判眉山苏轼撰"。这是证明苏轼《叶氏宗谱序》为伪作的铁证，作者却想自圆其说："在《义乌南阳叶氏宗谱》中写明是修谱的年份，而非苏轼撰写谱序的年份。"——前者说"苏轼撰写的《叶氏宗谱序》，注明为淳熙四年序"，后者说"在《义乌南阳叶氏宗谱》中写明是修谱的年份，而非苏轼撰写谱序的年份"。我们相信前一"注明"，还是相信后一"写明"呢？古人署名不会加括弧，按理应为"大宋淳熙四年十一月杭州府通判眉山苏轼撰"。如果苏轼《叶氏宗谱序》影印件确为如此，那就更证明不是"在《义乌南阳叶氏宗谱》中写明是修谱的年份"，而只是叶瑞汶先生的曲解，而所谓苏轼撰写的《叶氏宗谱序》的落款，就证明它决非苏轼手笔。

二、"从南宋淳熙四年到民国丁卯年（1177—1927年）的750年中，历经十四次的续修，苏轼父子的佚文也经历了十四次的重排重印。"——家谱、族谱与中国的地方志一样，不断重修，不断修订补充。想必这"十四次的续修""十四次的重排重印"本，都还存世，而且叶先生都曾过目，要不，何以断言"苏轼父子的佚文也经历了十四次的重排重印"呢？"南宋淳熙四年"的《叶氏宗谱》想必也存世，叶先生也曾过目，要不，何以断言淳熙四年的初印本就已有"苏轼父子的佚文"，而不是以后续修时某人伪作而加进去的呢？中国典籍历经浩劫，"南宋淳熙四年"的《叶氏宗谱》如果真的存世，堪称国宝；

叶先生有幸能亲睹如此国宝，也堪称幸运。如果"南宋淳熙四年"的《叶氏宗谱》早已不存世，叶先生所见只是"民国丁卯重修"即 1927 年时刻印成册的"本子，那么所谓"苏轼父子的佚文也经历了十四次的重排重印"的结论，就下得太轻率了。

三、"叶祖洽，北宋庚戌科（1070）状元。其时为熙宁三年，苏轼供职监官告院，主持科举之事。应该说，叶祖洽的状元是经苏轼之手得中的。他们是师生关系。"这里除了叶祖洽是该科状元之外，其他都说错了，而且错得太离谱。熙宁三年"主持科举之事"的是臭名昭著的新党首领吕惠卿，而非苏轼。叶祖洽的状元不是"经苏轼之手得中的"，而是经苏轼等多人反对无效，而由吕惠卿一手决定的。《宋史·叶祖洽传》云："熙宁初，策试进士，祖洽所对，专投合用事者，考官宋敏求、苏轼欲黜之，吕惠卿擢为第一。"王文诰《苏文忠公诗编注集成总案》卷六亦云："三月，吕惠卿知举，公（苏轼）为编排官（非主考官）。举子希合，争言成法非是。叶祖洽试策，言祖宗法度苟简因循，当与忠智豪杰之臣合谋而鼎新之。吕惠卿置三等，公（苏轼）奏黜之。叶祖洽竟以第一人及第。公愤甚，《拟进士对御试策》一道上之。"《拟进士对御试策》是苏轼反对新法的著名文章，文长不录。但文前附的一篇《引状》，说明了他不满叶祖洽迎合新法的策文及与吕惠卿在是否录取叶祖洽问题上的分歧，有必要节录于此，以说明叶瑞汶先生的考证毫无根据：

窃见陛下始革旧制，以策试多士，厌闻诗赋无益之语，将求山林朴直之论，圣德广大，中外欢喜。而所试举人（不仅包括了叶祖洽，而且主要是指他）不能推原上意，皆以得失为虑，不敢指陈阙政，而阿谀顺旨者又率据上第。陛下之所以求于人至深切矣，而下之报上者如此，臣窃深悲之。夫科场之文，风俗所系，所收者天下莫不以为法，所弃者天下莫不以为戒。……今始以策取士，而士之在甲科者，多以谄谀得之。天下观望，谁敢不然？臣恐自今以往，相师成风，虽直言之科，亦无敢以直言进者。

苏轼是这次考试的编排官，说"他们是师生关系"，未尝不可，但叶祖洽不是苏的得意门生，在苏轼看来，他是"以得失为虑，不敢指陈阙政，而阿谀顺旨"的不肖之徒。

四、"苏轼应约作序，能在叶祖洽面前倡（？）开心扉，坦露……说明他们的关系非同一般。……叶祖洽'归祭于闽之邵，道经于浙而访轼'，不是巧合，是有心造访。……他（叶祖洽）来杭州前可能有约在先，苏轼欣然命笔作序，并亲手交给叶祖洽。这是完全可能的。"——根据以上所引史实，苏轼在一年前对叶的应试策批评得那样尖锐，无论他们二人如何大度（何况叶祖洽并非大度之人，《宋史》本传称"祖洽性狠愎，喜谀附……人目为'小训狐'"），叶祖洽都不可能"有心造访"苏轼。即使造访，苏轼也只会虚与应酬，不可能也不敢向叶敞开、坦露"心扉"。以他们的这种关系，叶不敢请苏轼作序，苏轼也不可能应叶之约，"欣然命笔作序，并亲手交给叶祖洽"。叶先生说"这是完全可能的"，在我看来，这是完全不可能的，这纯粹是叶先生的主观猜测。说"他们之间的关系非同一般"，也无不可，但这种"非同一般的关系"不是"经苏轼之手"叶祖洽才得中状元，而是他善于投合吕惠卿之所好，故吕惠卿不顾苏轼等人的坚决反对，执意以他为状元。因此，叶祖洽对苏轼的"非同一般的关系"只会是不满，不可能对苏轼感恩戴德，请他作序，以示尊敬。

五、"叶祖洽与苏轼父子不失为故交"——据上所述，苏轼与叶祖洽已很难算什么"故交"，至于其父苏洵更扯不上"故交"二字。叶于1071年才进士及第，苏洵1066年就已去世，苏洵可能根本就不知道叶祖洽为何许人也。

六、"熙宁四年（1071），轼任监官告院，兼判尚书祠部。苏轼首次进京入朝，不仅不能施展自己的政治抱负，反而深深地陷入'熙宁变法'派争之中，使自己处于不可自拔的境地。在生活上，进京当年五月，结发妻子王氏在京过背，次年四月，父亲苏洵在四川病故。"此段叙述也是颠三倒四，错误层出。苏轼首次进京，不是在熙宁四年，而是在嘉祐元年（1056），相距十六年。母死还乡服丧，期满"进京入朝"，是在嘉祐五年（1060），相距十一年。"结发妻子王氏在京过背"并非在"进京当年五月"，而是在治平二年（1065）五月，相距五年。父亲苏洵也不是"在四川病故"，而是在治平三年（1066）

于京城开封病故，相距四年。怎能把十六年中陆续发生的事都说成是在"首次进京入朝"的"当年"呢?"

苏轼佚文的片言只字都是大家乐于知道的，作者留心苏轼佚文的收集，用心是可贵的。但此文确非苏轼所作，《文学遗产》又是在国内外影响很大的刊物，为防以讹传讹及被外国汉学家笑话，故不得不辨。

（原载《文学遗产》1998 年第 1 期）

"身行万里半天下"

——论苏轼的杂记文

苏轼《龟山》（卷六）云："身行万里半天下"；《赠昙秀》（卷四〇）云："人间胜绝略已遍，匡庐南岭并西湖。"苏轼一生，南北东西，走遍了大半个中国，写了大量的诗、词及杂记文。限于篇幅，这里只论其杂记文。

苏轼杂记文特别多，据 1986 年中华书局出版的《苏轼文集》，达两卷六十余篇：（1）《仁宗皇帝御飞白记》（2）《醉白堂记》（3）《盖公堂记》（4）《庄子祠堂记》（5）《李太白碑阴记》（6）《喜雨亭记》（7）《凌虚台记》（8）《超然台记》（9）《眉州远景楼记》（10）《墨妙亭记》（11）《墨君堂记》（12）《宝绘堂记》（13）《墨宝堂记》（14）《李氏山房藏书记》（15）《放鹤亭记》（16）《众妙堂记》（17）《思堂记》（18）《静常斋记》（19）《石氏画苑记》（20）《文与可画筼筜谷偃竹记》（21）《净因院画记》（22）《灵璧张氏园亭记》（23）《游桓山记》（24）《石钟山记》（25）《睡乡记》（26）《南安军学记》（27）《凤鸣驿记》（28）《密州通判厅题名记》（29）《滕县公堂记》（30）《雩泉记》（31）《钱塘六井记》（32）《奖谕敕记》（33）《清风阁记》（34）《中和胜相院记》（35）《四菩萨阁记》（36）《盐官大悲阁记》（37）《胜相院经藏记》（38）《虔州崇庆禅院新经藏记》（39）《黄州安国寺记》（40）《荐诚禅院五百罗汉记》（41）《南华长老题名记》（42）《应梦罗汉记》（43）《成都大悲阁记》（44）《广州东莞县资福禅寺罗汉阁记》（45）《秦太虚题名记》（46）《方丈记》（47）《野吏亭记》（48）《遗爱亭记》（49）《琼州惠通泉记》（50）《传神记》（51）《顺济王庙新获石砮记》（52）《熙宁手诏记》（53）《观妙堂记》（54）《法云寺礼拜石记》（55）《赵先生舍利记》（56）《北海十二石记》（57）《子姑神记》（58）《天篆记》（59）《画水记》（60）《刻秦篆记》（61）《雪堂记》。

一、苏轼杂记文辨伪

以上共六十一篇。有些苏轼集还收有《醉乡记》《睡乡记》《杭州龙井院讷斋记》，实为误收。《醉乡记》为隋代王绩撰，见《东皋子集》。宋陈振孙《直斋书录解题》卷一六云："《东皋子》五卷，唐大乐丞太原王绩无功撰。绩，文中子王通仲淹之弟也，仕隋为正字，嗜酒简放，不乐仕进。晚以大乐吏焦革善酿，求为其丞，不问流品，亦阮嗣宗步兵之意。"王绩《东皋子集》《全唐文》卷一三二皆作王绩文。

《睡乡记》为苏门四学士之一的晁补之所撰，见《鸡肋集》卷三一。《鸡肋集》乃晁补之自辑，今本为明人依宋版重刻，当比明人编纂的苏轼文集可信。前写睡乡，有如仙境，只有黄帝、尧、舜曾游这一仙境，战国、秦、汉之君，"内穷于长夜之饮，外累于攻战之具，于是睡乡始丘墟矣。"只有庄子和山人处士能知这一仙境："蒙漆园吏庄周者，知过之，化为蝴蝶，翩翩其间，蒙人弗觉也。其后山人处士之慕道者，犹往往而至，至则嚣然，乐而亡归，或以为之徒云。"最后感叹自己："幼而行勤，长而竞时，卒不能革，岂不迂哉！"有一篇专论苏轼哲学思想的文章，只字未提苏轼的哲学名著《东坡易传》，却把这两篇误入苏轼集的《醉乡记》《睡乡记》作为小标题写在文章中。

《杭州龙井院讷斋记》，既见于苏轼《苏文忠公全集》卷六六，又见于苏辙《栾城集》卷二三，《栾城集》为苏辙自编，当可信。辩才之所以称辩，是因为"师始以法教人，叩之必鸣如千石钟，来不失时如沧海潮，故人以辩名之"。秦观又以讷名其斋，因为"及其退居此山，闭门燕坐，寂默终日，叶落根荣如冬枯木，风止浪静如古涧水，故人以讷名之"。但在苏辙看来，辩、讷均不足概括辩才，但可名其斋："此非师之大全也。彼其全者，不大不小，不长不短，不垢不净，不辩不讷，而又何以名之？虽然，乐其出而高其退，喜其辩而贵其讷，此众人意也，则其以名斋也亦宜。"

二、苏轼杂记文的编年

《苏轼文集》所收苏轼杂记文并未编年，这里我们先依原书顺序分别考察各篇的写作时间，然后再按写作时间重新编序。

苏轼杂记文的写作时间有六种情况：

一是文末自署写作时间，如《庄子祠堂记》自署"元丰元年（1078）十一月十九日记"；《眉州远景楼记》自署"元丰元年七月十五日记"；《宝绘堂记》自署"熙宁十年（1077）七月二十二日记"；《放鹤亭记》自署"元丰元年（1078）十一月初八日记"；《众妙堂记》自署"戊寅（1098）三月十五日，蜀人苏轼书"，戊寅即为绍圣五年（1098）；《思堂记》自署"元丰元年（1078）正月二十四日记"；《石氏画苑记》自署"元丰三年（1080）十二月二十日赵郡苏轼书"；《灵璧张氏园亭记》自署"元丰二年（1079）三月二十七日记"；《四菩萨阁记》自署"熙宁元年（1068）十月二十六日记"；《黄州安国寺记》，前有"（元丰）七年（1084），余将有临汝之行。……四月六日，汝州团练副使眉山苏轼记"；《南华长老题名记》自署"建中靖国元年（1101）正月一日记"；《滕县公堂记》自署"元丰元年（1078）七月二十二日，尚书祠部员外郎直史馆权知徐州军事苏轼记"；《南安军学记》自署"建中靖国元年（1101）三月四日，朝奉郎提举成都府玉局观眉山苏轼书"；《虔州崇庆禅院新经藏记》，自署"绍圣二年（1095）五月二十七日记"；《野吏亭记》自署"绍圣三年（1096）十一月二十一日记"；《琼州惠通泉记》自署"元符三年（1101）六月十七日记"；《熙宁手诏记》自署"元祐三年（1088）十一月十四日翰林学士朝奉郎知制诰兼侍读臣某谨记"；《法云寺礼拜石记》自署"元祐八年（1093）七月中旬，内殿崇班马惟寡舍"。

二是文末虽未自署写作时间，但文章本身提供了可靠的写作时间，如《仁宗皇帝御飞白记》。记云："熙宁六年冬，以事至姑苏，其子（王）诲出庆历中所赐公端敏字二、飞白笔一以示臣，且请臣记之。"熙宁六年为1073年，此为受托撰记时间。又有仁宗"升遐以来十有二年"语，仁宗升遐在嘉祐八年（1063），下推十二年，当为熙宁七年（1074），此为实际撰记时间。

《墨妙亭记》。记云："熙宁四年（1071）十一月，高邮孙莘老自广德移守吴兴。其明年二月，作墨妙亭于府第之北，逍遥堂之东，取凡境内自汉以来古文遗刻以实之。……是岁十二月，余以事至湖，周览叹息，而莘老求文为记。"熙宁四年后之"明年",则此记当作于熙宁五年（1072）十二月。

《文与可画筼筜谷偃竹记》。记云："元丰二年（1079）正月二十日，与可没于陈州。是岁七月七日，予在湖州曝书画，见此竹，废卷而哭失声。昔曹孟德《祭桥公文》，有'车过''腹痛'之语，而予亦载与可畴昔戏笑之言者，以见与可于予亲厚无间如此也。"元丰二年即1079年。

《游桓山记》。记云："元丰二年（1079）正月己亥晦，春服既成，从二三子游于泗之上。登桓山，入石室，使道士戴日祥鼓雷氏之琴，操《履霜》之遗音。"本此，当作于元丰二年（1079）正月。

《石钟山记》。记云："元丰七年（1084）六月丁丑，余自齐安舟行适临汝，而长子迈将赴饶之德兴尉，送之至湖口，因得观所谓石钟者。"此记即作于是时。

《凤鸣驿记》。记云："始余丙申岁举进士，过扶风，求舍于馆人，既入，不可居而出，次于逆旅。其后六年，为府从事。至数日，谒客于馆，视客之所居，与其凡所资用，如官府，如庙观，如数世富人之宅，四方之至者，如归其家，皆乐而忘去。将去，既驾，虽马亦顾其皁而嘶。余召馆吏而问焉。吏曰：'今太守宋公之所新也。自辛丑八月而公始至，既而逾月而兴功，五十有五日而成。'……余闻而心善之。其明年，县令胡允文具石请书其事。余以为有足书者。"丙申岁指嘉祐元年（1056），"其后六年"即为嘉祐六年"辛丑"（1061），"今太守宋公"指凤翔知州宋选，"其明年，县令胡允文具石请书"，则此记当作于嘉祐七年（1062）。

《雩泉记》。记云："东武滨海多风，而沟渎不留，故率常苦旱。祷于兹山，未尝不应。民以其可信而恃，盖有常德者，故谓之常山。熙宁八年春夏旱，轼再祷焉，皆应如响。乃新其庙。……作亭于其上，而名之曰雩泉。"熙宁八年即1075年。

《钱塘六井记》。记云："熙宁五年秋，太守陈公述古始至，问民之所病。皆曰：'六井不治，民不给于水。南井沟庳而井高，水行地中，率常不应。'公曰：'嘻，甚矣，吾在此，可使民求水而不得乎？'乃命僧仲文、子珪办其事。仲文、子珪又引其徒如正、思坦以自助，凡出力以佐官者二十余人。"熙宁五年即 1072 年。

《奖谕敕记》。记云："熙宁十年（1077）七月十七日，河决澶州曹村埽。"其下详尽记述了徐州防洪的经过，末云："明年二月，有旨赐钱二千四百一十万……改筑外小城。……臣轼以谓黄河率常五六十年一决，而徐州最处汴泗下流，上下二百余里皆阻山，水尤深悍难落，不与他郡等，恐久远仓卒吏民不复究知，故因上之所赐诏书而记其大略，并刻诸石。"熙宁十年后的"明年"，则此记当作于元丰元年（1078）。

《胜相院经藏记》。记云："元丰三年，岁在庚申，有大比丘惟简，号曰宝月，修行如幻，三摩钵提，在蜀成都大圣慈寺，故中和院，赐名'胜相'，以无量宝、黄金丹砂、琉璃真珠、旃檀众香，庄严佛语及菩萨语，作大宝藏。……时此居士，稽首西望，而说偈言。"元丰三年即 1080 年。

《应梦罗汉记》。记云："元丰四年正月二十一日，予将往岐亭。宿于团封，梦一僧破面流血，若有所诉。明日至岐亭，过一庙，中有阿罗汉像，左龙右虎，仪制甚古，而面为人所坏，顾之恻然，庶几畴昔所见乎？遂载以归，完新而龛之，设于安国寺。四月八日，先妣武阳君忌日，饭僧于寺，乃记之。责授黄州团练使眉山苏轼记。"元丰四年即 1081 年。

《秦太虚题名记》。记云："明年予谪居黄州，辩才、参寥遣人致问，且以题名相示。时去中秋不十日，秋潦方涨，水面千里，月出房、心间，风露浩然。所居去江无十步，独与儿子迈棹小舟至赤壁，西望武昌山谷，乔木苍然，云涛际天，因录以寄参寥。使以示辩才，有便至高邮，亦可录以寄太虚也。"苏轼谪居黄州在元丰三年（1080），明年"去中秋不十日"，此记当作于八月上旬。

《顺济王庙新获石砮记》。记云："建中靖国元年四月甲午，轼自儋耳北归，舣舟吴城山顺济龙王祠下。"建中靖国元年即 1101 年。

《赵先生舍利记》。记云："赵先生棠本蜀人，孟氏节度使廷隐之后，今为南海人。仕至幕职，官南海。……轼与先生之子昶游，故得此舍利四十八粒。……昶今为大寺丞，知藤州。元丰三年十一月十五日，以舍利授宝月大师之孙悟清，使持归本院供养。赵郡苏轼记。"元丰三年为 1080 年。

《子姑神记》。记云："元丰三年正月朔日，予始去京师来黄州。"其下有"至之明年"语，当为元丰四年；又有"其明年正月"语，当作于元丰五年（1082）正月。

《天篆记》。记云："江淮间俗尚鬼。岁正月，必衣服箕帚为子姑神，或能数数画字。惟黄州郭氏神最异，予去岁作《何氏录》以记之。"《何氏录》即《子姑神记》，作于元丰五年正月。此谓"予去岁作《何氏录》"，则《天篆记》当作于元丰四年（1081）。

《刻秦篆记》。记云："秦始皇帝二十六年，初并天下。二十八年，亲巡东方海上，登琅琊台，观出日，乐之忘归，徙黔首三万家台下，刻石颂秦德焉。二世元年，复刻诏书其旁。今颂诗亡矣，其从臣姓名仅有存者，而二世诏书具在。自始皇帝二十八年，岁在壬午，至今熙宁九年丙辰，凡千二百九十五年。而蜀人苏轼来守高密，得旧纸本于民间，比今所见，犹为完好，知其存者，磨灭无日矣。而庐江文勋适以事至密。勋好古善篆，得李斯用笔意，乃摹诸石，置之超然台上。……正月七日甲子记。"熙宁九年为1076年。

《雪堂记》。记云："苏子得废圃于东坡之胁，筑而垣之，作堂焉，号其正曰雪堂。"《东坡乐府》卷下《江城子》引云："元丰壬戌之春，余躬耕于东坡，筑雪堂居之。"元丰壬戌即元丰五年（1082）。

三是文章提供了撰写时间的重要线索，加上其他可靠资料，可确定其写作时间，如《醉白堂记》。记云："故魏国忠献韩公（琦）作堂于私第之池上，名之曰'醉白'。……昔公尝告其子忠彦，将求文于轼以为记而未果。公薨既葬，忠彦以告，轼以为义不得辞也，乃泣而书之。"宋神宗《两朝顾命定策元勋之碑》云："熙宁八年六月甲寅，定策元勋之臣、永兴军节度使、守司徒兼侍中、魏国公判相州韩琦薨。……其年十一月庚申，发两河卒，以一品卤簿葬公相州安阳县农安村之原。"根据以上资料，可知此记写于熙宁八年，为1075年十一月。

《盖公堂记》。记云："吾为胶西守，知（盖）公之为邦人也，求其坟墓、子孙，而不可得，慨然怀之。师其言，想见其为人，庶几复见如公者。治新寝于黄堂之北，易其弊陋，达其壅蔽，重门洞开，尽城之南北，相望如引绳，名之曰盖公堂。时从宾客僚吏游息其间，而不敢居，以待如公者焉。"其《胶西盖公堂照壁画赞》（卷二一）云："熙宁九年十一月十五日，命工摹置胶西盖公堂中，且赞之云。"建盖公堂与撰赞于堂中当在同时。其后不久，苏轼被命知河中府，次年正月即离密州赴河中任，有《大雪青州道上有怀东武园亭寄交代孔周翰》（卷一五）："超然台上雪，城郭山川两奇绝。海风吹碎碧琉璃，时见三山白云阙。盖公堂前雪，绿窗朱户相明灭。堂中美人雪争妍，粲然一笑玉齿颊。"本此，当熙宁九年（1076）十一月十五日作。

《喜雨亭记》。记云："余至扶风之明年，始治官舍，为亭于堂之北，而凿池其南，引流种树，以为休息之所。是岁之春，雨麦于岐山之阳，其占为有年。既而弥月不雨，民方以为忧。越三月乙卯，乃雨，甲子又雨，民以为未足，丁卯，大雨，三日乃止。官吏相与庆于庭，商贾相与歌于市，农夫相与忭于野，忧者以乐，病者以愈，而吾亭适成。"扶风即陕西凤翔，根据王宗稷《东坡先生年谱》，苏轼于嘉祐六年十二月到凤翔府签判任，"余至扶风之明年"当为嘉祐七年（1062）三月。

《凌虚台记》。记云："国于南山之下，宜若起居饮食与山接也。四方之山，莫高于终南。而都邑之丽山者，莫近于扶风。以至近求最高，其势必得。而太守之居，未尝知有山焉。虽非事之所以损益，而物理有不当然者，此凌虚之所为筑也。方其未筑也，太守陈公杖屦逍遥于其下，见山之出于林木之上者，累累如人之旅行于墙外而见其髻也，曰，是必有异。使工凿其前为方池，以其土筑台，高出于屋之危而止。然后人之至于其上者，恍然不知台之高，而以为山之踊跃奋迅而出也。公曰：'是宜名凌虚。'以告其从事苏轼，而求文以为记。"太守陈公指陈公弼，他于嘉祐八年六月代宋选知凤翔。嘉祐八年即1063年，此记当作于是年。

《超然台记》。记云："余自钱塘移守胶西，释舟楫之安，而服车马之劳，去雕墙之美，而庇采椽之居，背湖山之观，而行桑麻之野。始至之日，岁比不登，盗贼满野，狱讼充斥，而斋厨索然，日食杞菊。人固疑余之不乐也。处之期年，而貌加丰，发之白者，日以反黑。余既乐其风俗之淳，而其吏民亦安予之拙也。于是治其园圃，洁其庭宇，伐安丘、高密之木以修补破败，为苟完之计。而园之北，因城以为台者，旧矣，稍葺而新之。时相与登览，放意肆志焉。……方是时，余弟子由适在济南，闻而赋之，且名其台曰超然。以见余之无所往而不乐者，盖游于物之外也。"苏轼于熙宁七年九月自杭州通判移知密州（今山东诸城），十二月到密州任，记有"处之期年"语，则当作于熙宁八年（1075）年末。

《净因院画记》。记云："与可之于竹石枯木，真可谓得其理者矣。……昔岁尝画两丛竹于净因之方丈，其后出守陵阳而西也，余与之偕别长老臻师，又画两竹梢一枯木于其东斋。臻师方治四壁于法堂，而请于与可，与可既许之矣，故余并为记之。"可知此记实为文同将赴陵州任前二人同游净因院时作。宋家诚之《石室先生年谱》熙宁四年载："是岁，先生归乡，赴陵州。按：先生作《陵州谢表》云：'臣已于三月五日赴任讫。'又作《榆阴》诗，自序云：'熙熙辛亥岁（即四年）春，予自京师赴陵州。'本此，苏轼此记当作于熙宁四年（1071）春文同离京前。王文诰《苏诗总案》卷五系此事于熙宁三年，与文同诗文所载不合，应以文同诗文及文同年谱为准。

《密州通判厅题名记》。记云："始，尚书郎赵君成伯为眉之丹棱令，邑人至今称之。余其邻邑人也，故知之为详。君既罢丹棱，而余适还眉，于是始识君。其后余出官于杭，而君亦通守临淮，同日上谒辞，相见于殿门外，握手相与语。已而见君于临淮，剧饮，大醉于先春亭上而别。及移守胶西，未一年，而君来倅是邦。……君曰：'吾厅事未有壁记。'乃集前人之姓名以属于余，余未暇作也。及为彭城，君每书来，辄以为言。且曰：'吾将托子以不朽。'"彭城即徐州，苏轼知徐州在熙宁十年（1077），此记当作于是年。

《中和胜相院记》。记云："今宝月大师惟简，乃以其所居院之本末，求吾文为记，岂不谬哉？然吾昔者始游成都，见文雅大师惟度，器宇落落可爱，浑厚人也。能言唐末、五代事，传记所不载者。因是与之游甚熟。惟简则其同门友也。其为人，精敏过人，事佛齐众，谨严如官府。二僧皆吾之所爱，而此院又有唐僖宗皇帝像，及其从官文武七十五人。其奔走失国与其所以将亡而不遂灭者，既足以感慨太息，而画又皆精妙冠世，有足称者，故强为记之。"苏轼《书摹本兰亭后》卷六九云："（摹本兰亭）子由自河朔持归，宝月大师惟简请其本，令左绵僧意祖摹刻于石。治平四年九月十五日。""子由自河朔持归"指摹本兰亭是苏辙任大名府推官时带回，"治平四年九月十五日"，苏轼兄弟在眉山老家守父丧，惟简请摹本兰亭刻石，与请苏轼撰《中和胜相院记》当为同时事，即1067年事。

《广州东莞县资福禅寺罗汉阁记》。记云："东莞古邑，资福禅寺，有老比丘，祖堂其名，未尝戒也，而律自严，未尝求也，而人自施。……东坡居士，见闻随喜，而说偈言。"《苏诗总案》卷四四载，元符三年十月，苏轼赦，自海南北归，行至广州，"祖堂来告东莞资福寺罗汉阁成，作记"。元符三年即1100年。

《方丈记》。康熙《曲江县志》卷二《揽圣第八·寺观》载："月华寺，在城南一百里，天竺僧智药开创。……绍圣初重建，东坡为题梁。"所引题词即此记。曲江即韶州（今广东韶关），绍圣初即1094年，《方丈记》即绍圣元年九月苏轼赴惠州贬所途经曲江时所作。

《遗爱亭记》（代巢元修）。记云："东海徐公君猷，以朝散郎为黄州，未尝怒也，而民不犯，未尝察也，而吏不欺，终日无事，啸咏而已。每岁之春，与眉阳子瞻游于安国寺，饮酒于竹间亭，撷亭下之茶，烹而饮之。公既去郡，寺僧继连请名。子瞻名之曰遗爱。谷自蜀来，客于子瞻，因子瞻以见公。公命谷记之。谷愚朴，羁旅人也，何足以知公。采道路之言，质之于子瞻，以为之记。"巢谷字符修，苏轼《元修菜》（卷二二）诗自序云："菜之美者有吾乡之巢，故人巢元修嗜之，余亦嗜之。元修云：'使孔北海见，当复云吾家菜耶。'因谓之元修菜。余去乡十有五年，思而不可得。元修适自蜀来见余于黄，乃作是诗使归致其子，而种之东坡之下云。"苏轼兄弟服父丧期满"去乡"还朝是在熙宁元年（1068）年底，"余去乡十有五年"，则当在元丰六年，徐君猷罢黄州任在元丰六年（1063）四月末，此记当作于徐离黄前不久。

四是可据宋人所撰较为可靠的苏轼年谱定写作时间，如《墨宝堂记》。《东坡纪年录》："熙宁五年壬子公在杭州……作《墨宝堂记》。"《东坡乌台诗案》："熙宁五年轼任杭州通判日，太子中舍越州签判张次山有书求轼作本家《墨宝堂记》。"熙宁五年即1072年。

《李氏山房藏书记》。《东坡纪年录》："（熙宁九年）十一月朔，作《李氏山房藏书记》。"熙宁九年即 1076 年。

五是可定大体写作时间而不能定具体写作时间者，如《墨君堂记》。记云"凡人相与号呼者，贵之则曰公，贤之则曰君，自其下则尔、汝之。虽公卿之贵，天下貌畏而心不服，则进而君、公，退而尔、汝者多矣。独王子猷谓竹君，天下从而君之无异辞。今与可又能以墨象君之形容，作堂以居君，而属余为文，以颂君德，则与可之于君，信厚矣。"可见墨君堂为文同藏所画墨竹之堂。文同《黄氏易图后题》，自署"熙宁己酉孟冬望日墨君堂书"，熙宁己酉为熙宁二年（1069），苏轼此记当作于此年前后。

六是暂难编年者，如《李太白碑阴记》《静常斋记》《清风阁记》《盐官大悲阁记》《观妙堂记》之类。

根据以上编年，重新将苏文以写作时间先后排序如下：《喜雨亭记》（1062）、《凤鸣驿记》（1062）、《凌虚台记》（1063）、《中和胜相院记》（1067）、《四菩萨阁记》（1068，10）、《墨君堂记》（1069?）、《净因院画记》（1071）、《墨妙亭记》（1072，12）、《墨宝堂记》（1072）、《钱塘六井记》（1072）、《仁宗皇帝御飞白记》（1074）、《醉白堂记》（1075，11）、《超然台记》（1075）、《盖公堂记》（1076）、《李氏山房藏书记》（1076）、《雩泉记》（1075）、《宝绘堂记》（1077，7）、《宝绘堂记》（1077，7）、《密州通判厅题名记》（1077）、《思堂记》（1078，1）、《滕县公堂记》（1078，7）、《眉州远景楼记》（1078，7）、《庄子祠堂记》（1078，11）、《放鹤亭记》（1078，11）、《奖谕敕记》（1077）、《游桓山记》（1079，1）、《灵壁张氏园亭记》（1079，3）、《文与可画筼筜谷偃竹记》（1079，7）、《秦太虚题名记》（1080，8）、《赵先生舍利记》（1080，11）、《石氏画苑记》（1080，12）、《胜相院经藏记》（1080）、《应梦罗汉记》（1081，4）、《天篆记》（1081）、《子姑神记》（1082，1）、《雪堂记》（1082）、《遗爱亭记（代巢元修）》（1083 年春）、《黄州安国寺记》（1084，4）、《石钟山记》（1084，6）、《熙宁手诏记》（1088，11）、《法云寺礼拜石记》（1093，7）、《北海十二石记》（1093，8）、《方丈记》（1094，9）、《虔州崇庆禅院新经藏记》（1095）、《野吏亭记》（1096，11）、《众妙堂记》

（1098，3）、《广州东莞县资福禅寺罗汉阁记》（1100，10）、《南华长老题名记》（1101，1）、《南安军学记》（1101，3）《顺济王庙新获石砮记》（1101，4）、《琼州惠通泉记》（1101，6）。

三、苏轼杂记文的特色

曾国藩说："杂记类，所以记杂事者。……后世古文家修造宫室有记，游览山水有记，以及记器物，记琐事皆是。"（《经史百家杂钞》卷首）杂记文的特点就是杂，苏轼的杂记文尤杂。有楼记，如《眉州远景楼记》；有阁记，如《清风阁记》；有斋记，如《静常斋记》；有驿记，如《凤鸣驿记》；有碑记，如《李太白碑阴记》；有学记，如《南安军学记》；有藏书记，如《李氏山房藏书记》；有台记，如《凌虚台记》《超然台记》；有题名记，如《密州通判厅题名记》《秦太虚题名记》；有山水记，记山如《游桓山记》《石钟山记》，记水如《雩泉记》《钱塘六井记》《琼州惠通泉记》；有石记，如《北海十二石记》《顺济王庙新获石砮记》（实为一篇考古文）；苏轼好书画，记书法的有《仁宗皇帝御飞白记》《刻秦篆记》；记绘画的有《石氏画苑记》《文与可画筼筜谷偃竹记》《画水记》《净因院画记》《传神记》；苏轼所撰亭记、堂记、寺庙记尤多，亭记如《喜雨亭记》《墨妙亭记》《放鹤亭记》《灵璧张氏园亭记》《野吏亭记》《遗爱亭记》；堂记如《醉白堂记》《盖公堂记》《众妙堂记》《思堂记》《庄子祠堂记》《墨君堂记》《宝绘堂记》《墨宝堂记》《滕县公堂记》《观妙堂记》《雪堂记》；苏轼喜与和尚交往，故所撰寺庙记特别多，如《中和胜相院记》《四菩萨阁记》《盐官大悲阁记》《胜相院经藏记》《虔州崇庆禅院新经藏记》《黄州安国寺记》《荐诚禅院五百罗汉记》《南华长老题名记》《应梦罗汉记》《成都大悲阁记》《广州东莞县资福禅寺罗汉阁记》《方丈记》《法云寺礼拜石记》《赵先生舍利记》；记皇帝诏敕有两篇，一为《熙宁手诏记》，是为杨绘而作；一为《奖谕敕记》，是为自己徐州防洪有功所得奖敕而作。苏轼好奇，降神之记也有两篇，即《子姑神记》和《天篆记》。

苏轼杂记文的又一特点是破体为记。杂记文萌芽于先秦，盛于唐，变于宋。杂记文当以记事为主，徐师曾《文体明辨序说》论杂记文的演变云："按

《金石例》云：'记者，记事之文也。'……而《文选》不列其类，刘勰不著其说，则知汉魏以前，作者尚少，其盛自唐始也。其文以叙事为主，后人不知其体，顾以议论杂之。故陈师道云：'韩退之作记，记其事耳，今之记乃论耳。'盖亦有感于此也。"杂记文以记事为主，以描写、抒情、叙事、议论的错综并用为特征，寓情于景。但宋人好发议论，多以论为记，苏轼尤为突出。有先议论而后进入记叙的，如《超然台记》；有先记叙而后议论的，如《凌虚台记》；有记叙在中间，前后为议论的，如《石钟山记》；有议论在中间，前后为记叙的，如《放鹤亭记》；甚至有除用寥寥数语交代本事外，几乎通篇都是议论的，如《清风阁记》《思堂记》。其《李太白碑阴记》甚至无只字记事，而纯是一篇驳论，先摆出李白"失节于永王（李）璘"的靶子，后面都是苏轼的反驳："士以气为主，方高力士用事，公卿大夫争事之，而太白使脱靴殿上，固已气盖天下矣！使之得志，必不肯附权幸以取容，其肯从君于昏乎！"认为李白是"戏万乘若僚友，视俦列如草芥"的东方朔式的人物："太白之从永王璘，当由迫胁。不然，璘之狂肆寝陋，虽庸人知其必败也。太白识郭子仪之为人杰，而不能知璘之无成，此理之必不然者也。吾不可以不辩。"这纯粹是以论为记。茅坤《苏文忠公文钞》卷二五云："古来豪俊所被横口之污蔑者多，长公此一番洗刷，绝是。"

黄庭坚《书王元之竹楼记》云："荆公（王安石）评文章，常先体制而后文之工拙。盖尝观苏子瞻《醉白堂记》，戏曰：'文词虽极工，然不是《醉白堂记》，乃是《韩白优劣论》耳'。"的确如此，《醉白堂记》只有开头一段与最后一段是记事，中间的文字都是论韩、白优劣。先说韩琦为什么羡慕白居易："天下之士，闻而疑之，以为公既已无愧于伊、周矣，而犹有羡于乐天，何哉？轼闻而笑曰：公岂独有羡于乐天而已乎？方且愿为寻常无闻之人而不可得者。"然后从三个方面比较韩、白，先说韩之所有，白之所无，韩之功业非白可比；次言白之所有，韩之所无，功成身退，悠游度过晚年则韩不如白；三是言韩、白之所同："忠言嘉谋，效于当时，而文彩表于后世。死生穷达，不易其操，而道德高于古人。此公与乐天之所同也。""忠言嘉谋，效于当时"是指立功，"文彩表于后世"是指立言，"死生穷达，不易其操，而道德高于古人"是指立德。中国知识分子梦寐以求的立功、立德、立言，他们都达到了。末以韩琦处己厚、取名廉作结："公既不以其所有自多，亦不以其所无自少，将推其同者而自托焉。方其寓形于一醉也，齐得丧，忘祸福，混贵贱，等贤愚，同乎万物，而与造物者游，非独自比于乐天而已。古之君子，其处己也厚，其取名也廉。"黄震云："《醉白堂记》，反复将白乐天、韩魏公参错相形，而终之以取名也廉之说，尊韩之意，隐然自见于言外矣。"（《黄氏日钞》卷六二）

陈师道《后山诗话》载，尹洙戏称范仲淹的《岳阳楼记》为"《传奇》体"。《传奇》是唐裴铏所著小说。其实与其说范仲淹的《岳阳楼记》似传奇小说，还不如说苏轼的《子姑神记》《天篆记》更像传奇小说。《子姑神记》首言苏轼到黄州贬所前，子姑神就知道他将至；次记苏轼到黄后，曾亲自观看其降神："予往观之，则衣草木，为妇人，而置箸手中，二小童子扶焉。以箸画字，曰：'妾，寿阳人也，姓何氏，名媚，字丽卿。自幼知读书属文，为伶人妇。唐垂拱中，寿阳刺史害妾夫，纳妾为侍书，而其妻妒悍甚，见杀于厕。妾虽死，不敢诉也，而天使见之，为直其冤，且使有所职于人间。盖世所谓子姑神者，其类甚众，然未有如妾之卓然者也。公少留而为赋诗，且舞以娱公。'诗数十篇，敏捷立成，皆有妙思，杂以嘲笑。问神仙鬼佛变化之理，其答皆出于人意外。坐客抚掌，作《道调梁州》，神起舞中节。曲终，再拜以请曰：'公文名于天下，何惜方寸之纸，不使世人知有妾乎？'"末以苏轼为答其意而撰此记作结。降神事民间多有，即使所记为实，亦属小说家言。《天篆记》（卷一二）所记事与《子姑神记》相似。以传、记名篇的不少文章实属小说，应引起小说研究者的重视。

以论为记并不妨碍描写、抒情。《石钟山记》（卷一一）是一篇带有考辨性质的游记，是一篇具有某些论说文（特别是驳论文）特点的游记。通篇围绕石钟山山名的由来，先写郦道元和李渤对山名由来的看法，摆出要证明的观点和要反驳的靶子；接着用亲访石钟山的所见所闻，证实并补充了郦道元的观点，反驳李渤的观点，使形象的景物描写为证明和反驳服务。最后，在此基础上得出了不可"事不目见耳闻而臆断其有无"这一中心论点，交代了写作意图。全文思路清晰，结构严谨，说理透辟，文笔流畅。其中夜游石钟山一段，写得非常生动形象。有生动的比喻（大石"如猛兽奇鬼"，鹳鹤"若老人咳且笑者"，水声"如钟鼓不绝"，"如乐作"），形象化的拟人（大石"森然欲搏人"），贴切的象声词（"磔磔""噌吰""款坎镗鞳"），对夜游石钟山的所见所闻作了绘声、绘色、绘形的描写，使人如临其境，如闻其声。行文也有缓有急，抑扬顿挫，波澜起伏，诙谐风趣。大石"森然欲搏人"，上有云霄间栖鹘的惊啼，下有山谷中鹳鹤的怪叫，写得来阴森可怖，寒气袭人。"余方心动欲还"，暂缓紧张气氛；突然又听见"大声发于水上，舟人大恐"，又重趋紧张。经过"徐而察之"，原来是微波冲击石缝发出的声音，又趋缓和，确实写得来舒张有致。文笔也变幻多姿，毫不板滞。写栖鹘，是先点鸟名，再写惊飞，最后写其惊叫；写鹳鹤，是先写怪叫，然后再交代是鹳鹤在叫。前者用象声词"磔磔"形容其惊叫，后者用比喻"若老人咳且笑"形容其怪叫。两处水声的写法，作者也不肯雷同一笔，表现了苏轼驾驭语言的非凡能力。《石钟山记》确如《古文辞类纂》卷五十六刘大櫆所评，是"坡公第一首记文"，是"子瞻诸记中特出者"。

如果说《石钟山记》以写景胜，那么《石氏画苑记》则以刻画人物胜，为我们刻画了一位不好功名富贵，而好读书、收藏的异人："石康伯字幼安，蜀之眉山人，故紫微舍人昌言之幼子也。举进士不第，即弃去，当以荫得官，亦不就，读书作诗以自娱而已，不求人知。独好书法、名画、古器、异物，遇有所见，脱衣辍食求之，不问有无。居京师四十年，出入闾巷，未尝骑马。在稠人中，耳目谡谡然，专求其所好。"形如剑侠，言善滑稽："长七尺，黑而髯，如世所画道人剑客，而徒步尘埃中，若有所营，不知者以为异人也。又善滑稽，巧发微中，旁人抵掌绝倒，而幼安淡然不变色。与人游，知其急难，甚于为己。有客于京师而病者，辄舁置其家，亲饮食之，死则棺敛之，无难色。凡识幼安者，皆知其如此。而余独深知之，幼安识虑甚远，独口不言耳。今年六十二，状貌如四十许人，须三尺，郁然无一茎白者，此岂徒然者哉！"此文重点不在写石氏画苑，而在刻画石康伯之为人。石"善滑稽"，苏轼此记亦"善滑稽"，《苏文忠公文钞》卷二四茅坤评："中多以文为戏，然亦自是佳品。"

苏轼的杂记文还善于小处着笔，以小见大，唐顺之称其《仁宗皇帝飞白御书记》"小题从大处起议论"（《苏文忠公文钞》卷二四）。"小题"，因为所议为仁宗书法之一种；"从大处起议论"，因所议实为仁宗的朝政："合抱之木，不生于步仞之丘；千金之子，不出于三家之市。臣尝逮事仁宗皇帝，其愚不足以测知圣德之所至，独私窃览观四十余年之间，左右前后之人，其大者固已光明俊伟，深厚雄杰，不可窥较；而其小者，犹能敦朴恺悌，靖恭持重，号称长者。当是之时，天人和同，上下欢心。才智不用而道德有余，功业难名而福禄无穷。升遐以来十有二年，若臣若子，罔有内外，下至深山穷谷，老妇稚子，外薄四海裔夷君长，见当时之人，闻当时之事，未有不流涕稽首者也。此岂独上之泽欤？凡在廷者，与有力焉。"

苏轼的《墨宝堂记》《众妙堂记》《李氏山房藏书记》等也善于以小见大。《墨宝堂记》以大半篇幅写世人往往"以己之不好，笑人之好"："世人之所共嗜者，美饮食，华衣服，好声色而已。有人焉，自以为高而笑之，弹琴弈棋，蓄古法书图画，客至，出而夸观之，自以为至矣。则又有笑之者曰：古之人所以自表见于后世者，以有言语文章也，是恶（何）足好？而豪杰之士又相与笑之，以为士当以功名闻于世，若乃施之空言而不见于行事，此不得已者之所为也。而其所谓功名者，自知效一官等而上之，至于伊、吕、稷、契之所营，刘、项、汤、武之所争，极矣。而或者犹未免乎笑，曰：是区区者，曾何足言！而许由辞之以为难，孔丘知之以为博。由此言之，世之相笑，岂有既（尽）乎？士方志于其所欲得，虽小物，有弃躯忘亲而驰之者。故有好书而不得其法，则椎心呕血，几死而仅存，至于剖冢斫棺而求之，是岂有声色臭味足以移人哉！方其乐之也，虽其口不能自言，而况他人乎！人特以己之不好，笑人之好，则过矣。"这是一篇讥刺王安石变法之作，《乌台诗案·为张次山作〈墨宝堂记〉》载苏轼供词云："熙宁五年内，轼往通判杭州日，太子中舍越州签判张次山，有书求轼作本家《墨宝堂记》。除别无讥讽外，云蜀之语曰：'学书者纸费，学医者人费。'此言虽小，可以喻大。世有好功名者，以其未试之学，而骤出之于政，其费人，岂特医者之比乎？轼以谓学医者当知医书，以穷疾之本原。若今庸医瞽伎，投药石以害人性命，意以讥讽朝廷进用之人多不练事，骤施民政，喜怒不常，其害人甚于庸医之未习。"《苏文忠公文钞》卷二四唐顺之评认为，此篇也是以"小题从大处起议论，有箴规之意"。箴规"以己之不好，笑人之好"，讥以"未试之学而骤出之于政"。

（原载上海人民出版社 2011 年版《文化、文学与文体》）

图书在版编目（CIP）数据

苏轼论集 / 曾枣庄著. —成都:巴蜀书社，2017.12
ISBN 978-7-5531-0896-4
（曾枣庄三苏研究丛刊）

Ⅰ.①苏… Ⅱ.①曾… Ⅲ.①苏轼（1036－1101）－
人物研究－文集 Ⅳ.①K825.6－53

中国版本图书馆 CIP 数据核字（2017）第 275117 号

苏 轼 论 集
SUSHI LUNJI

曾枣庄　著

策　　划	侯安国	
封面题字	乐　林	
责任编辑	熊　欣	
封面设计	冀帅吉	
出　　版	巴蜀书社	
	成都市槐树街 2 号　邮编 610031	
	总编室电话：(028)86259397	
网　　址	www.bsbook.com	
发　　行	巴蜀书社	
	发行科电话：(028)86259422　86259423	
经　　销	新华书店	
照　　排	四川胜翔数码印务设计有限公司	
印　　刷	成都东江印务有限公司	
版　　次	2018 年 2 月第 1 版	
印　　次	2018 年 2 月第 1 次印刷	
成品尺寸	240mm×170mm	
印　　张	29.25	
字　　数	500 千	
书　　号	ISBN 978-7-5531-0896-4	
定　　价	128.00 元